mißbraucht
&
verbrannt

Die Hexenprozesse
im
Amt Rotenburg
Bistum Verden

zusammengestellt und erarbeitet von:

Jürgen Hoops   &   Heinrich Ringe
von Scheeßel   von Bartelsdorf

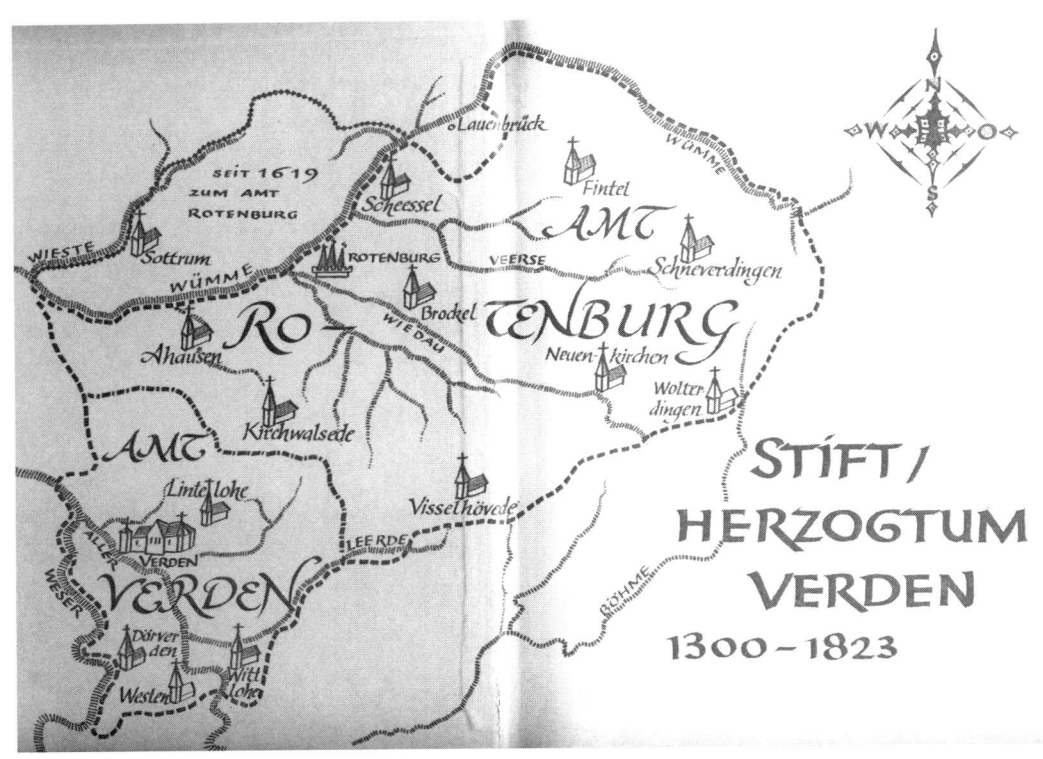

Karte: STIFT / HERZOGTUM VERDEN 1300 – 1823

Jürgen Hoops von Scheeßel
und Heinrich Ringe von Bartelsdorf

mißbraucht & verbrannt

Die Hexenprozesse im Amt Rotenburg
Bistum Verden

ibidem-Verlag
Stuttgart

Bibliografische Information der Deutschen Nationalbibliothek
Die Deutsche Nationalbibliothek verzeichnet diese Publikation in der
Deutschen Nationalbibliografie; detaillierte bibliografische Daten sind im
Internet über http://dnb.d-nb.de abrufbar.

Bibliographic information published by the Deutsche Nationalbibliothek
Die Deutsche Nationalbibliothek lists this publication in the Deutsche Nationalbibliografie;
detailed bibliographic data are available in the Internet at http://dnb.d-nb.de.

∞

Gedruckt auf alterungsbeständigem, säurefreien Papier
Printed on acid-free paper

ISBN-10: 3-89821-999-2

ISBN-13: 978-3-89821-999-0

© *ibidem*-Verlag
Stuttgart 2009

Printed in Germany

Autorenvorwort

Während der gemeinsamen Erstellung der Höfe- und Familiengeschichte des Dorfes Bartelsdorf (*Anno 2006 in der Chronik Bartelsdorf, Teil A veröffentlicht*) in der Kirchengemeinde (*ehemals Kirchspiel*) Scheeßel im Kreis (*ehemals Amt*) Rotenburg sind wir dem vielerorts unterschiedlich im Ausgang und Verlauf beschriebenen und veröffentlichten „Hexenprozess gegen **Tibke von Bartelsdorf**" nachgegangen.

Unser Forschungsergebnis dazu hatten wir in der Novemberausgabe 2006 der „Lebendige Heimat", als Beilage zur Rotenburger Kreiszeitung veröffentlicht.

Bei den meisten Veröffentlichungen sind die anderen beiden Frauen, die mit angeklagt waren, unserer Auffassung nach nicht immer angemessen bedacht worden, da bis zu unserer Veröffentlichung in 2006 ein Schleier über der Frage hing, wer diese Frau wohl gewesen sei. Dieses haben wir in unserer Arbeit mit wissenschaftlichem Anspruch berücksichtigt.

Dass der Prozess von 1665 eine Folge des Prozesses von 1664 gegen **Margarethe MEINKEN und ihre Mutter Mette geborene HOOPS** aus Westeresch im Kirchspiel Scheeßel war, werden wir nachfolgend belegen.

Wir haben uns entschlossen, insbesondere diese beiden Prozesse, da noch hinreichend Unterlagen für eine sachgerechte Aufarbeitung in den Archiven schlummerten, in ein Werk über die so genannten „Hexenprozesse des Amtes Rotenburg" zu fassen, in welchem diese Prozesse abschließend aufbereitet, dokumentiert und für den Leser übersichtlich und erklärend niedergelegt sind.

Dazu haben wir die uns nach Jahren der Forschung bekannten Hexenprozesse des ehemaligen Amtes Rotenburg erfasst und in ihrer Aufarbeitung und Bewertung genealogisch aufbereitet, indem wir die familiären Bindungen sowie die am jeweiligen Prozess beteiligten Personen aufgeführt soweit bekannt mit einer Vita hinterlegt, um auch hier aufzuzeigen, wer die Richter, Denunzianten, Zeugen und Beteiligten neben den Opfern und Familienangehörigen waren. Weiterhin haben wir die Folgen eines solchen Prozesses aufgeführt, auch wer vermeintlich daran verdient hat.

Wir möchten an dieser Stelle ausdrücklich darauf hinweisen, dass es in dieser Arbeit nicht um die Verurteilung des im Namen des Herrn und seiner Vertreter auf Erden begangenen Verbrechen geht. Dieses ist in anderen Werken schon hinreichend belegt und getan worden.

Es geht uns zum einen darum, die verschiedenen und zum Teil unrichtigen Versionen über einzelne Prozesse, meist entstanden durch Übernahme unrichtiger Nachrichten, Veröffentlichungen und irriger Annahmen, anhand der realen Quellen kriminalistisch aufzuarbeiten, sie genealogisch auszuarbeiten und im Zusammenhang, soweit möglich kommentiert, zu veröffentlichen. Wir wollen das Handeln Einzelner, z.B. des Richters oder des Anklägers, nicht bewerten. Wir haben uns aber das Recht herausgenommen, einige Fragen zu stellen, und dem Leser werden sicherlich noch andere einfallen, deren Beantwortung und Bewertung wir ebenfalls dem Leser überlassen möchten.

Weiterhin war zum anderen unser Ziel, eine Prozessakte als Sammlung der noch vorhandenen und überlieferten so genannten „Hexenprozesse" des ehemaligen Amtes Rotenburg zu erstellen, was wir mit diesem Buch umgesetzt haben.

In den Zeitungsartikeln aus dem Januar und Februar des Jahres 2007 in der Rotenburger Zeitung, der Zevener Zeitung und der Rotenburger Rundschau sowie der Lebendigen Heimat vom November 2006 hatten wir dieses Vorhaben schon angekündigt und auch um Informationen aus dem Kreis der Leser gebeten. Für die dann erhaltenen Informationen danken wir.

An dieser Stelle möchten wir uns für die Unterstützung in den genutzten Archiven, bei der Presse als auch bei denen, die uns hilfreiche Hinweise zu Materialien und Veröffentlichungen gaben, aber auch bei unseren Nächsten, sehr herzlich öffentlich bedanken.

Susanne, Julius, Lütke & Christa

Archive
Die Mitarbeiterinnen / Mitarbeiter in den Nds. Staatsarchiven Stade, Wolfenbüttel und Hannover
Frau Ludmilla Mischok, Heimatbund Rotenburg (Wümme) e.V.

Presse:
Herrn Wieland Bonath, freier Mitarbeiter der Redaktion der Rotenburger Rundschau
Den Mitarbeiterinnen / Mitarbeitern aller anderen uns unterstützenden Zeitungsverlagen

Information und Unterstützung:
Frau Heike Buchhaupt, Scheeßel
Herrn Dr. Wolfgang Dörfler, Hesedorf bei Gyhum
Herrn Günther Frick, Hetzwege
Herrn Peter Hoffmann, Rotenburg
Herrn Wilhelm Kranz, Harburg
Herrn Bernd Watolla, Stade
Herrn Dr. Joachim Woock, Verden
Herrn Frank Bleck, Heeslingen
Herrn Dr. Dietmar Kohlrausch (†)

Korrektor und Verfasser Geleitwort:
Herrn Dr. Karsten Müller-Scheeßel, Scheeßel

Die Zahl der Opfer der sogenannten „Hexenprozesse" wurde in vielen älteren Veröffentlichungen auf 1 bis 1,5 Millionen geschätzt. Die nachgewiesene Zahl in den neuesten Untersuchungen und Veröffentlichungen in Europa auf 80.000-100.000 getötete Opfer belaufen.
Wir meinen, jedes Opfer war eines zu viel und die Zahl der geschundenen, verkrüppelten und damit verarmten und in Not geratenen Menschen war sicherlich viel höher, als man erahnen kann. In seiner Veröffentlichung sagt Rolf Schulte (*Universität Kiel, 2001, Gründer des Arbeitskreises für historische Hexen- und Kriminalforschung in Norddeutschland*), dass die Zahl der Opfer zu ¾ Frauen (*Mädchen*) und zu ¼ Männer (*Knaben*) waren.

Weiterhin sei angemerkt, dass wir die Begriffsbestimmungen vorangestellt haben, um die Aufmerksamkeit des Lesers zuerst darauf zu lenken, damit die nachfolgenden Textinhalte, wie z.B. Teufelsbuhlschaft, durch den Leser besser verstanden werden können.

Weiterhin haben wir die Gliederung unseres Buches so gestaltet, das der Leser, wenn er sich dieses Buch von vorne nach hinten erarbeitet, die Prozesse des Amtes Rotenburg wesentlich besser nachvollziehen, verstehen und einordnen kann.

Für uns war es ebenfalls wichtig, sich zuerst mit dem Thema, dann mit jedem einzelnen Fall zu beschäftigen, womit sich unsere hohe Aufklärungsrate begründet.

Die Beteiligung unserer eigenen Vorfahren an einigen dieser Prozesse, ob als Opfer, als Täter, oder lediglich als Beteiligte, war einer der Gründe, dieses Werk anzugehen und somit zugleich die Bearbeitung eines Teils der eigenen Familiengeschichte.

Jürgen Hoops   **Heinrich Ringe**
von Scheeßel   von Bartelsdorf

Geleitwort

Dr. Karsten Müller-Scheeßel

Jürgen Hoops und Heinrich Ringe legen mit diesem Buch eine umfangreiche Arbeit über Hexenprozesse der frühen Neuzeit im Amt Rotenburg vor. Sie sind nicht die Ersten, die sich mit diesem dunklen Kapitel unserer Geschichte befassen, das seiner Grausamkeit wegen immer wieder die Phantasie der Menschen beschäftigt und ihr Interesse geweckt hat.

Über die Prozesse gegen Mette und Margarethe Meinken aus Westeresch 1664 und gegen Tibke Hollmann (Bartelsdorf), Anna Ratken (Westervesede) und Anna Hastede (Hetzwege) 1665 ist seit dem Ende des 18. Jahrhunderts immer von neuem geschrieben worden.
Eine Gesamtdarstellung dieser Vorgänge im Amt Rotenburg existiert jedoch bisher nicht.

Heinrich Ringe aus Bartelsdorf und besonders Jürgen Hoops aus Scheeßel haben sich in der heimatgeschichtlichen Forschung der vergangenen Jahre bereits einen Namen gemacht. Jürgen Hoops ist ein häufig angefragter Ahnenforscher und kennt sich mit Kirchenbüchern als historischer Quelle bestens aus. Aus seiner Feder stammen die Dorfchroniken für Stemmen und Bartelsdorf. Die für Bartelsdorf hat er zusammen mit Heinrich Ringe erarbeitet.

Zwangsläufig stießen sie bei ihren bisherigen Untersuchungen auch auf die Hexenprozesse, mit denen sie sich seit gut zehn Jahren beschäftigen. Was haben sie Neues zum Thema beizutragen? Der im Zentrum des Buches stehende Prozess des Jahres 1664 gegen Mette und Margarethe Meinken ist quellenmäßig gut belegt. Bei Hoops und Ringe kann man den gesamten Prozessverlauf anhand der Originalquellen nachvollziehen. Ihre genealogischen Kenntnisse kamen ihnen bei der Darstellung des sozialen Gefüges in Westeresch und der verwandtschaftlichen Beziehungen der im Prozess auftauchenden Personen zugute. Ein Soziogramm für Westeresch ist Frucht dieses Teils der Untersuchungen. Auch der Frage, wie eigentlich die Angehörigen einer verbrannten Hexe im sozialen Gefüge des Dorfes weiterleben konnten, wird mit aufschlussreichen Ergebnissen erfolgreich nachgegangen.

Im Gegensatz zum Prozess von 1664 ist die Quellenlage für den Folgeprozess von 1665 ausgesprochen schlecht. Entsprechend ungenau waren die bisherigen Darstellungen dieses Prozesses. Hoops und Ringe haben Licht in das Dunkel gebracht, indem sie die Geldregister des Amtes Rotenburg und wiederum die Kirchenbücher systematisch ausgewertet haben. So können sie überzeugend nachweisen, dass Anna Hastede verbrannt, Tibke Hollmann und Anna Ratken aber nur mit der Ausweisung aus ihrer Heimat bestraft wurden. Tibke, die in der bisherigen Literatur immer nur als „von Bartelsdorf" bekannt war, kann eindeutig der Familiennamen Hollmann zugewiesen werden.

Man muss das Buch nicht unbedingt von vorn nach hinten lesen, sondern man kann durchaus mit der Lektüre der Prozessprotokolle von 1664 beginnen und von dort nach vorn und hinten blättern, um sich die notwendigen Zusatzinformationen zum Verständnis der Quellen zu holen. Aber ganz gleich, wo man beginnt, man wird hineingezogen in ein Geschehen, das uns heute unglaublich erscheint: Die soziale Enge eines Dorfes in einer Zeit, in der Ereignisse wie Krankheit und Tod von Mensch und Vieh und Naturkatastrophen nicht rational naturwissenschaftlich erklärt wurden, sondern der Aberglaube Hexerei und Zauberei bemühen musste. Das Ursachengeflecht aus Aberglaube, Ablehnung von Fremdem und Fremden und Dorfklatsch, das Margarethe Meinken und Anna Hastede das Leben kostete, und die Art und Weise, wie selbst die Juristen der Universitäten in Rinteln und Helmstedt damit umgingen, bestürzt uns auch nach mehr als 300 Jahren noch.

Ich wünsche dem Buch eine große Leserschaft.

Inhaltsverzeichnis

Schlussteil

Hinführung

Die hier aufgeführten Prozesse haben wir den Quellen nach in der Gesamtheit der Akten im Originaltext übersetzt, kommentiert und, wo es uns notwendig erschien, mit gezielten Fragen versehen abgedruckt.

Dadurch erhält der Leser die Möglichkeit, sich einen umfassenden Eindruck von den Grausamkeiten im Zuge der Prozesse zu verschaffen und sich die von uns aufgeworfenen Fragen selbst zu beantworten.

Bisherige Veröffentlichungen bestanden meistens nur aus einer für den Leser interessanten kurzen Zusammenfassung, wobei es uns häufig an wichtigen Hintergrundinformationen fehlte.

Dabei wurden vorwiegend Passagen zitiert, die den Leser wegen ihres unterhaltenden Charakters zum Weiterlesen animieren sollten, so wie es auch in der Sensationspresse üblich ist.

Dass sich diese Phänomene der „Hexenverfolgung und des Hexenglaubens" noch heute vielerorts lebendig erhalten haben und häufig unbedacht gepflegt werden, ist hinlänglich bekannt.

Schauen wir nicht allzu fern in die Welt, sondern bleiben im eigenen Lande und in unseren Erinnerungen, dem Erlebten und dem Überlieferten, so stoßen wir schnell auf Begriffe wie z.B.:

- Beschimpfungen
  - „Die Alte ist doch eine Hexe" oder
  - „Du Satansbraten"
  - „Diese Teufels- oder Hexenbrut"
  - „Rabenmutter"
- Hexen reiten in der Walpurgisnacht auf Besen um den Brocken
- Der oder die hat den „bösen Blick"
- Der oder die hat „das zweite Gesicht"
- Freitag, der 13te
- Schwarze Katze von links bringt Unglück
- Märchen, wie „Hänsel und Gretel", in dem die Hexe den Feuertod findet
- Beelzebub
- Fürst der Finsternis
- Manchmal steckt der Teufel im Detail
- „Du bist doch ein Teufelskerl"
- „Pfui Teufel, stinkt das hier"
- Das Märchen „des Teufels drei goldene Haare" u.a.
- „Ich kann doch nicht hexen", wenn es mal schnell gehen soll u.v.m.
- „De Dübel schall di holn"

Die Hexenverfolgung wurde mit vielen uns noch heute bekannten Begriffen belegt, in dem Menschen in Verdacht gerieten, die an:

Orakel, Weissagungen, Besprechungen (*von Krankheiten*), Sehertum, Aberglauben, Zauberei, Magie, Spuk, Beschwörungsformeln, Kaffeesatzlesen, Dämonenglauben, Werwölfe, heidnisches Unwesen, Ketzerei, Hexerei, Teufelswerk, Heilung durch Handauflegen, Scharlatanerie, Wollust und Teufelsglaube glaubten oder dieses praktizierten und dies unter der Folter gestanden.

Folter und Pein, Wasserproben und andere Grausamkeiten waren zur so genannten Wahrheitsfindung angewandt worden, worauf sich dann das Urteil gründete.

Als Strafen wurden Verbrennung, Hängen, Blenden, Aufschlitzen, Rädern, Auspeitschen, Enthaupten (*scheinbar noch die humanste Tötungsmethode unter den genannten*), Handabschlagen oder Verbannung genannt. Dabei sind die Folgen einer Folterung, wie Verkrüppelung oder Wunden mit Wundbrand noch zu bedenken, die nur noch ein Leben als Bettler oder Sterbender in Aussicht stellten und ganz davon abgesehen die seelischen Folgen für die Gequälten.

Johann Kruse [1] aus Hamburg

begründet, warum er sein Buch schrieb, so: „Über den Aberglauben unserer Zeit liegt eine umfangreiche Literatur vor, über seine bösartige Erscheinung aber, den neuzeitlichen Hexenglauben, gibt es keine umfassende Darstellung."

Darin beschreibt und belegt er „Hexenprozesse" in Deutschland noch lange nach dem Ende des II. Weltkrieges.

Dazu gibt Kruse ein Beispiel aus der näheren Umgebung aus dem Jahre 1930/1931: [2]
„Am Abend des 16. Dezember 1930 brach in Klein-Fredenbeck auf dem Hof von Hinrich Höft ein Feuer aus. Der 67jährige und sein Sohn versuchten zu retten, was zu retten war und starben an den Folgen einer auf sie herabstürzenden Gebäudewand. Sein Nachbar und sein Schwager wurden verhaftet. Im Prozess von 1931 bestätigte der Gemeindevorsteher des Ortes, dass der Hexenglaube noch sehr verbreitet ist und beschrieb diesen anhand von Beispielen, von denen wir nur drei anreißen möchten:

♦ Eine als Hexe bekannte Frau aus einem Nachbardorf habe einem Geschäftsmann einen Eichenzweig vor das Haus gelegt. Der Aberglaube sagt, dass der Mann das Unglück im Hause habe, wenn er den Zweig nicht findet und wenn dieser verdorrt.

♦ Wenn Meyer bei dem Gesundbeter in Horneburg gewesen sei, dann sei das Vieh immer sofort gesund geworden.

♦ Die Sauen hätten keine Milch gehabt, und die Enten hätten mit den Flügeln geschlagen und wären krepiert, wenn Frau Höft (*als Hexe verschrien*) sie angesehen hätte.

Aus Kruses vielen Beispielen nach 1945, auch aus der näheren Umgebung, diesmal aus dem Jahre 1950: [3]
Im Dezember 1950 fand in Freiburg an der Niederelbe ein Hexenprozess statt: Ein Bauer im Dorf N. glaubte, dass seine 25 Jahre alte Tochter, die an TBC gestorben war, von der Nachbarsfrau behext worden sei.

Er schrieb dazu weiter, „Es ist nicht meine Absicht, eine erschöpfende Darstellung des gegenwärtigen Hexenglaubens zu geben. Ich begnüge mich mit einem Streifzug, der hinreichend zeigen dürfte, wie weit der Wahn (*noch heute*) verbreitet ist." [4]

Er beginnt seine Arbeit mit den Worten „Der mittelalterliche Glaube an Hexen, der sich in dem Wahn gefiel, dass einzelne Menschen – vor allem Frauen – übernatürliche Kräfte besitzen und diese zum Schaden ihrer Mitmenschen ausnutzen, beherrscht auch heute (Anno 1951) noch weite Kreise unseres Volkes." [5]

In seinem Buch „Hexen unter uns", schreibt Kruse 1951, dass er die Unterlagen seiner Arbeit, die einen Umfang von 80 Ordnern umfasst, an das Völkerkundemuseum in Hamburg gegeben hatte.
Im Internet, recherchiert am 11. Februar 2007 war auf der Homepage des Völkerkundemuseums in Hamburg auch unter dem Begriffe „Kruse" kein Hinweis zu finden.
Dafür erscheint beim Begriff „Hexe" ein einziger Hinweis, nämlich unter: „Ferienprogramme"

... Wasser herstellen, Nadeln zum Schwimmen bringen und die Kunst der Weissagung kennen? All dies bietet der anerkannte Ferien-Workshop für Hexen, Zauberer und Magier von 8 bis 11 Jahren. Hexen-Diplom kann als Abschluss erworben werden!
Museum für Völkerkunde Hamburg, Rothenbaumchaussee 64, 20148 Hamburg
e-mail: ... Größe: 27 K - Erstellt: 29-05-06 - Geändert: 14-06-06 08:38
Pfad: /MONATSPROGRAMM/einzelne Meldung

Wenn das der selige Johann Kruse wüsste, der zeitlebens gegen den Hexenglauben im Volk gekämpft hat, dass man in dem Museum, dem er seine Unterlagen gab, heutzutage Kindern ein „Hexen-Diplom" anbietet, würde er sich im Grabe umdrehen und sicherlich nicht erfreut zeigen.

Im Heimatborn Nr. 21 vom 1. Dezember 1951 [14] ist zu lesen, dass Kruse in Märchen mit Hexen einen Nährboden für diesen Aberglauben sieht und dass die Bekämpfung dieser Gleichgültigkeit (*im Umgang damit*) sein Ziel war. Sie sollen alle aus den Märchen- und Lesebüchern entfernt werden.

Der **Sachsenspiegel** [6] wurde Anno 1222
vom sächsischen Edelfreien Eike von Repgow / Repkow (um 1180 bis nach 1235) im Auftrag
seines Lehnsherrn Graf Hoyer von Falkenstein verfasst. Er enthält das damals geltende
sächsische Stammes- und Gewohnheitsrecht und wird als das bedeutendste deutschsprachige
Rechtsbuch des Hochmittelalters (1127-1254) bezeichnet und wurde zum Vorbild für weitere
Rechtsbücher. Er enthält schon die Regelung von Rechtsfragen, die wir im heutigen Grundgesetz
wiederfinden, wie z.B. der Überhang und der Überfall von Obst und Zweigen, wem gehört das
Obst, welches auf dem Ast über dem Zaun zum Nachbarn reicht.
Schon im Sachsenspiegel steht das Verbrennen als Todesstrafe für Giftmord (II.13) „Svelk
kersten man ungelovich is unde mit tovern ummegat oder mit vergiftnisse, den sik man upper Hort
(*Hürde=Reisholz*) breben." [7]

Die **Professoren Jerouschek und Behringer** [8]

leiten ihre Bewertung des Hexenhammers (*quasi Strafprozessordnung oder auch Handbuch zur
effektiven Führung von Hexenprozessen aus dem Jahre 1486*) wie folgt ein: „Der Malleus
Malficarum oder Hexenhammer hat wie kaum ein anderes Buch seine Leser fasziniert und
abgestoßen. Sein Ruf verdankt sich dem Umstand, dass er für die Schrecken der beispiellosen
und mehrere Jahrhunderte dauernden europäischen Hexenverfolgung verantwortlich gemacht
wird. Im Hexenhammer wurden aus der älteren Literatur systematisch Argumente
zusammengetragen, welche die(se) Menschenjagd legitimieren und rechtliche Hintergründe aus
dem Weg räumen sollten. Für Befürworter der Hexenverfolgung stellte er die grundlegende
Autorität dar. (---) Auf der anderen Seite hat der Hexenhammer von Anfang an Abscheu
ausgelöst."
Weiterhin weisen die Autoren darauf hin, dass seit dem Ende der 1470er Jahre eine tatsächliche
Häufung von Ernteschäden, Krankheiten bei Mensch und Tier vorlag und bringen dies in
Verbindung mit der Klimaverschlechterung, welche als die sogenannte „Kleine Eiszeit" in die
Literatur einging. Es folgten 1480 belegte Preissteigerungen und 1481 wurde ein Rückgang der
Wein- und Getreideernte verzeichnet, denen 1482 ungewöhnliche Krankheiten folgten und bis
1484 in ganz Oberdeutschland Epidemien, darunter auch die „Schwarze Pest", die in vielen
Städten bis zu einem Drittel der Bevölkerung dahinraffte. Im Hexenhammer wird auf diese
Pestepidemien in drastischer Weise hingewiesen (was sich im Nachlesen in aller Grausamkeit
erst begründet, worauf wir hier aber nicht weiter eingehen).
Sie weisen noch auf eine zweite Hauptfrage im Hexenhammer (II/2) hin und zitieren „Besser sei
es deshalb auch die schlimmsten Krankheiten geduldig zu ertragen, als durch magische Gegen-
mittel auch noch das Seelenheil zu verspielen."
Dieses, meinen wir, spiegelt deutlich die Denkweise des Autoren des Hexenhammers wider.

Wilhelm Gottlieb Soldan (1803 bis 1869)
schrieb und veröffentlichte 1843 „Geschichte der Hexenprozesse" [9], welche als Standardwerk
der Hexenprozesse bezeichnet wurde. Soldan war Historiker; Pädagoge, Professor der
Geschichte und Präsident der 2. Kammer der Stände in Hessen, lutherischer Theologe und
hessisch-darmstädtischer Landtagsabgeordneter;

In der Einleitung steht:
„In düsteren, unheimlichen Zügen fällt auf die glänzenden Seiten der Geschichte des Abend-
landes der Schlagschatten eines Ungeheuers, das an Furchtbarkeit alle Greuel des früheren
Mittelalters weit überragt. Dieses Ungeheuer ist der Hexenprozeß."

Das Buch endet im 18. Kapitel mit:
„Unsere Darstellung hatte die Aufgabe, das Wesentliche des Hexenprozesses in seiner äußeren
Erscheinungsform und vor allem auch in seiner Entwicklung und seinen Gründen aufzuzeigen.
Wir haben gesehen (*in den Akten gelesen*), dass das Hexenwesen in fast allen Ländern der
Christenheit in einer Gleichförmigkeit auftrat, die sich bis auf die überraschendsten Einzelheiten
erstreckt. Nirgends ..."

Im Jahre 1880 fasste und veröffentlichte der Professor für evangelische Theologie und Schwiegersohn Soldans, Heinrich Heppe, dieses Werk in einer als „konfessionspolitisch zugespitzten" Fassung des "Soldan" neu.

Noch heute ist die dritte überarbeitete Fassung des „Soldan-Heppe" durch eine Nachfahrin, Henriette Soldan-Heppe, gefasst von Max Bauer aus dem Jahre 1911 in vielen Regalen von Buchhandlungen und Antiquariaten zu finden.

Aus Soldan-Heppe, Geschichte der Hexenprozesse, Nachdruck von 1938:

Diese beiden Autoren Soldan und sein Schwiegersohn Heppe haben nicht nur europaweit, sondern auch in den USA, in Mexico und in Russland die Geschichte der Hexenprozesse erforscht, die Grausamkeit aus den Prozessakten zusammengefasst und sind dabei ihrem Buchtitel treu geblieben. Nun könnte man meinen, da das Buch im Jahre 1938, nach Überarbeitung der Originalausgabe von 1845 herausgegeben wurde, dass es im Denken der Zeit ideologisch verändert gefasst wurde, aber da irrt man.

Soldans Buch gilt als ein seriös und rationalistisch ausgerichtetes Werk der Geschichts-schreibung seines Jahrhunderts. Es setzte neue Maßstäbe, indem es <u>überprüfbare</u> Fälle (*wie im Pfaffenspiegel auch*) präsentiert. Dieses Buch wurde als eines der Grundwerke für die Hexen-forschung gehandelt, was wir aus unserer Sicht nur bestätigen können. Es ist eine sehr authentisch gefasste empfehlenswerte Lektüre, bezogen auf die Beschreibungen aus den Prozessakten, wenn auch eine sehr schwere, die einem beim Lesen, gemessen am grausamen Schicksal der darin beschriebenen schweren Leiden, nahe geht.

Leider ist das Buch im Gegensatz zum Pfaffenspiegel, was Quellen angeht, ohne Anhang und Hinweis der Fundorte, Verzeichnisnummern etc. versehen, wenn auch Ort, Zeit und Art im Text mit Namensnennungen enthalten ist, fehlt die eigentliche Findnummer zur Archivsuche. Es war uns deshalb nicht möglich, die im Buch geschilderten Sachverhalte selbst in Augenschein zu nehmen, was uns aber auch nicht notwendig erschien.

Auf Grund der authentisch klingenden Sachverhalte möchten wir die enthaltenen Situations-schilderungen besonders im Buchteil unter „Verlaufsbeispiel eines Hexenprozesses" auszugs-weise einbringen, weil wir meinen, dass sie einen realen Einblick in das Geschehen geben, den der Leser dann z.B. mit der kompletten Protokollübersetzung des Prozesses gegen Margarethe Meinken aus Westeresch von 1664 selbst vergleichen kann.

Jacob Grimm hatte in seiner Deutschen Mythologie (1835) vorchristlich-germanische Mythen in den Hexenprozessakten zu entdecken gemeint und die Quellen vielfach als Tatsachenberichte gelesen. In diesem Zugriff sei analog zum "Soldan-Paradigma" ein "romantisches Paradigma" in der Hexengeschichtsschreibung ausgemacht worden, schreibt Wolfgang Behringer.

Otto von Corvin (1812-1886)

hat in seinen beiden Büchern [10] [11] deutliche Worte zur Hexenverfolgung, aber auch im Besonderen zur katholischen Kirche schlechthin gefunden, indem er u.a. im Pfaffenspiegel schrieb „Es ist meine ehrliche und aufrichtige Meinung, daß das Christentum unendliches Elend über die Welt gebracht hat. Das Gute, welches es erzeugte, wäre auf anderen Wegen gewiß weit herrlicher erreicht worden, und dann steht es mit dem Bösen, dessen Ursache es war, in keinem Verhältnis."

Er entstammte einer ostpreußischen Adelsfamilie, schloss sich der Freiheitsbewegung in den deutschen Landen an und war 1849 am badischen Aufstand beteiligt, wofür er nach dessen Niederschlagung zum Tode verurteilt, dann aber zu einer mehrjährigen Festungshaft begnadigt wurde.

„Der Pfaffenspiegel ist eine sorgfältig recherchierte Sammlung kirchlicher Verbrechen von Hinrichtungen Andersgläubiger bis hin zu systematischen Urkundenfälschungen zum Zwecke der (*vorsätzlichen*) Aneignung von Ländereien, Rechten oder Privilegien. Corvin musste darüber jahrelang Auseinandersetzungen mit der Preußischen Zensur führen, bei der er jede Behauptung anhand von Quellen nachweisen musste". Dieses macht den Pfaffenspiegel zu einer Urkunden-sammlung und Anklageschrift zugleich.

Hexenkartothek oder H-Sonderauftrag (Himmler-Archive)

Heinrich Himmler ließ von 1935 bis 1944 Archive und Bibliotheken auf der Suche nach Spuren frühzeitlicher Hexenverfolgung durchsuchen, die im Ergebnis aus eine Kartei von über 33.000 Erhebungsbögen bestand und als Kopie im Bundesarchiv, Außenstelle Frankfurt, liegt. In der unter [16)] aufgeführten Quelle wird „Das Interesse des Nationalsozialismus an der Hexenverfolgung" untersucht und ausführlich beschrieben. Die Kartothek enthält keine für unsere Region neuen Erkenntnisse, weswegen sie hier nur der Vollständigkeit halber angeführt wird.

Dieser Sonderauftrag einer Hexenkartothek wurde bekannt unter H(*exen*)-Sonderauftrag. Dazu wird unter „http://de.Wikipedia.org/wiki/Hexenkartothek" auf folgenden Quellen hingewiesen, die sich mit der Hexenkartothek beschäftigen:

a. Lorenz, Sönke, Bauer, Dieter R., Behringer, Wolfgang und Schmidt, Jürgen Michael: Himmlers Hexenkartothek: Das Interesse des Nationalsozialismus an der Hexenverfolgung, in Hexenforschung Band 4, Bielefeld 2000 [16)]
b. Wistrich, Robert: „Wer war wer im Dritten Reich" ? in ein biographisches Lexikon: Anhänger, Mitläufer, Gegner aus Politik, Wirtschaft und Militär, Kunst und Wissenschaft, Frankfurth am Main, 1987
c. Kloth, Hans Michael: Wo die Raben kreisen, in DER SPIEGEL, Hamburg, 2/2000-10. Januar 2000
d. Vicki Prause: Aufsatz „Die Hexenkartothek: Himmlers Interesse an der Hexenverfolgung", Universität Koblenz-Landau, 2002
e. DVD „Hexen – Magie. Mythen und die Wahrheit" von Jan Peter und Yury Winterberg, erschienen 2004 bei ICESTROM Entertainment, der 3. Teil in der Reihe beschäftigt sich mit dem H-Sonderauftrag der SS.

Wir wollen den Leser nicht auf die so genannte Folter spannen, wie es die Nachrichter (Scharfrichter / Henker) taten. In Wikipedia steht zu den Gründen für Heinrich Himmlers Interesse an der Hexenverfolgung zu lesen: „Ein Vetter namens Wilhelm August Patin, SS-Untersturmführer, verbreitete gern, eine Urahnin Heinrich Himmlers namens *Passaquay* sei einst als Hexe verbrannt worden."

Im Rahmen der Erforschung des Hexenwesens war man auf eine vorgebliche (*angebliche*) Ahnfrau Himmlers mit Namen Margareth Himbler aus Markelsheim gestoßen, welche am 4. April 1629 in Mergentheim als Hexe verbrannt wurde."

Dr. Joachim Woock hat in „Praxis Geschichte", Das H(exen)-Sonderkommando des Heinrich Himmler, Seite 43, 4/1991" eine kurze Zusammenfassung geschrieben.

Prof. Sönke Lorenz vom Institut für Geschichtliche Landeskunde an der Universität Tübingen schreibt 1999 u. a.:

„SS-Chef Heinrich Himmler, der große Verfolger der Juden im Dritten Reich, wollte mit seinem Interesse für die Verfolgung der frühen Neuzeit "keineswegs als Verfolger von Verfolgern lernen". Vielmehr sah er in den Hexenprozessen ein großes Verbrechen am deutschen Volk. Nach der von ihm und seinen Mitarbeitern vertretenen Geschichtsauffassung hatte die christliche Kirche mit den Hexenprozessen versucht, altgermanisches Erbe zu vernichten. Besonders die Vermutung, daß letztendlich "der Jude" seine "blutige Hand" im Spiel gehabt hätte, konnte sich nie erhärten. Nach neun Jahren Forschung, in denen sich die SS-Männer bemühten die angeblich vernichteten Reste altgermanischen Kulturerbes zu Tage zu fördern, wurden die Ergebnisse nie ausgewertet." Himmlers Hexenkartothek wird heute in Posen (*Polen*) aufbewahrt. Mehr dazu erfahren wir in „Himmlers Hexenkartothek. Das Interesse des Nationalsozialismus an der Hexenverfolgung." Sönke Lorenz (Hrsg.) u. a., (Hexenforschung Bd.4), Bielefeld: Verlag für Regionalgeschichte 1999, S. 218 ;

Carl van Bolen zeigte 1951

in zwei Artikeln seines Buches „Geschichte der Erotik" [13] Zusammenhänge der Themen Erotik und Hexenprozesse auf, die wir hier nur auszugsweise wiedergeben können.

Bevor uns dieses Buch in die Hände fiel, waren wir zu ähnlichen Überlegungen in den Fragestellungen gekommen, warum foltert jemand und was empfindet dieser Mensch, ob Henker, Richter oder Ankläger? Ist es (*sexuelle*) Lust nackte Frauen zu sehen und zu quälen, zu foltern, anzufassen und somit Macht über andere auszuüben, sich selbst damit auf eine höhere Stufe stellen zu können und das auch noch im Namen des Herrn, also völlig legitim, oder sind es gar noch andere niedere Beweggründe ?
Carl van Bolen beschreibt es wie folgt und wir lassen ihn selbst sprechen:

- aus „Das Christentum als Kraft gegen den Verfall" [12] :

„Überwindung der Antike – Das Ende der Sklavenmoral – Der Leibeigene und sein freies Stück Welt – Das Lebensgefühl der Würde – Egoismus der römischen Verfallszeit und (*die*) Nächstenliebe des Christentums - …"

„Die bedeutendste Leistung der christlichen Moral auf diesem Gebiet (*der Sexualität*) bestand vor allem darin, dass Sexualität und Ehe, die so lange Zeit (*in der Antike und dem römischen Reich*) auseinander gefallen waren, nun wieder zu einem unlöslichen Ganzen verschmolzen wurden. Hatte die Antike ein sinnliches Schönheitsideal, so predigte das Christentum ein ethisches Reinheitsideal."

- aus „Der Sturm des Hexenwahns" [13] :

„Das Mysterium des Hexenwesens – Die Frau als Sündenbock – Das Weib ist die Pforte der Hölle – Dämonen des Lasters – Teuflische Erotik in der Bulle Papst Gregors XI. – Der Hexensabatt – Die erste Hexe … – Erotische Bedeutung des Hexenwahns – Sadismus der Gerichtsbarkeit und des Strafvollzugs – Pervertierte Sexualität der Verfolgung (*Jagd / Hetze*) – Sinnenkitzel der Folter – Die Erniedrigung und Beleidigung der Frau – Der Sadismus als Element der Erotik – Der Geschlechtsakt als grosses Thema – der Stempel der Sünde – Der Hexenhammer – Die Lockung der verbotenen Frucht."

„Schon ein Konzil der frühchristlichen Zeit bediente sich der Sprache der Verdammung, wenn es vom weiblichen Geschlecht zu reden hatte: >> *Das Weib ist die Pforte der Hölle, der Weg zur Unzucht, der Stachel der Skorpione, ein unnützliches Geschlecht* << Das ist starker Tobak, wenn man bedenkt, dass es schließlich von Müttern geborene Söhne waren, die sich dieser Sprache befleißigten."

„In einem Beschluss der Synode von Paderborn, den Kaiser Karl der Große im Jahr 785 bestätigte, wurde ausdrücklich die Hexenverfolgung verurteilt und die Todesstrafe für solchen praktisch getätigten Aberglauben statuiert. Es heißt dort >> *Wer, vom Teufel verblendet, nach Weise der Heiden glaubt, es sei jemand eine Hexe, und diese deshalb verbrennt, der soll des Todes sein.* <<"

Nun bringt van Bolen den Kirchenmann Thomas von Aquino [15], auf den sich 1486 auch Heinrich Kramer in seinem Hexenhammer bezieht, ins Spiel. Dieser vertrat „schon die Ansicht, dass Dämonen als Verkörperung des Lasters wirklich existierten und wirklich Schaden stiften können. Auf der einen Seite steht die Idee Gottes als die Idee des Guten, auf der anderen Seite Satan als der Alleszerstörer, der Feind jeder Ordnung und jeder Sittlichkeit. Mit dieser Wendung in den christlichen Anschauungen ist die Grundlage für den Hexenwahn neu geschaffen."

„So entstand auch die Bulle von Papst Gregor XI. Der Anlass bestand darin, dass ein friesischer Volksstamm (*die Stedinger*) dem Erzbischof von Bremen (*Gerhard II., Erzbischof von Bremen 1219-1258, Sohn des Edelherrn Bernhard von der Lippe, 1216 Probst zu Paderborn, starb am 27. Juli 1258*) die Ablieferung des Zehenten verweigerte. Der Bischof belegte den Stamm mit dem Bann und die ganze Völkerschaft wurde schliesslich zu Ketzern erklärt."

Häufig führt van Bolen den Kuss auf das Hinterteil eines Tieres oder des Teufels als erotisches Zeichen an, welches in der Bulle genannt wird, und bezeichnet dieses als „Propagandainstrument ersten Ranges".

Er führte den Erlass „Summi desiderantes' von Papst Innozenz VIII. (*Kardinal Giovanni Battista Cibo wurde am 12. September 1484 zum Papst gekrönt und nannte sich Innozenz VIII., 1467 war er Bischoff von Savona, 1472 Bischof von Malfetta und 1473 war er Kardinal, geboren 1432 in Genua, gestorben am 25. Juli 1492 in Rom*) an, in dem es heißt:
"Nicht ohne geheuren Schmerz ist jüngst zu unserer Kenntnis gekommen, dass es in einigen Teilen Deutschlands, besonders in der Mainzer, Kölner, Trierer, Salzburger und Bremer Gegend, sehr viele Personen beiderlei Geschlechts, uneingedenk ihres eigenen Heils und abirrend vom katholischen Glauben, sich mit Teufeln, in Manns- oder Weibergestalt, geschlechtlich versündigen und mit ihren Bezauberungen, Liedern, Beschwörungen und anderem abscheulichen Aberglauben und zauberischen Ausschreitungen, Lastern und Verbrechen die Niederkünfte der Weiber, die Leibesfrucht der Tiere ..... verderben und ..."

Van Bolen schreibt zu dem Erlass: „Der alte Aberglaube hatte seit Jahrhunderten noch aus heidnischer Zeit in den Menschen geschlummert. Nun nützte ihn die Kirche und gab ihm neue zeitgenössische Akzente, machte Menschen daran interessiert, die Verfolgung (*anderer Menschen*) aufzunehmen, erliess Bullen gegen Hexen und Teufel, liess von den Kanzeln dem Volk den Aberglauben im Dienste des Glaubens einhämmern."

„Kein Zweifel, dass Inquisitoren, denen die Verhöre mit den eingekerkerten Frauen anvertraut waren, durch Suggestivfragen diese Geständnisse erzeugten und dass die Kundmachung dieser Geständnisse beim Volk eine Mischung aus sexuellem Kitzel und sadistischer Grausamkeit erzeugten."

„Übereinstimmend erklärten jedenfalls alle Hexen, dass der Same des Teufels kalt sei. Das entsprach natürlich nicht irgendeiner wirklichen oder auch nur eingebildeten Erfahrung, sondern geschah bloss in Übereinstimmung mit der von den Theologen entwickelten Lehre von den Dämonen. ... Der Teufel konnte entweder als Incubus oder als Succubus erscheinen. Natürlich sind die Succubi (*die darunter Liegenden*) seltener, denn diese pflegten den Verkehr nur mit Männern. Den Hexen ist der Incubus vorbehalten."

„Sicherlich, die Dummheit (*ungebildet gehalten*), die Geldgier der Inquisitoren, die sich am Vermögen der Verurteilten bereicherten - all das mag treibendes Motiv der Hexenverfolgung gewesen sein. Aber in vielen oder gar nicht so wenigen Fällen spielte sicherlich noch ein anderes Motiv mit, die Lust, unschuldige Frauen zu quälen, die Gier der Richter und Folterknechte, sich als Herren der Seelen und der Körper von Frauen (*Männern und Kinder*) aufzuspielen."

"Das Wüten eines solchen (*Hexen-*)Wahns mit all seiner theologisch verbrämten Pornographie, mit seiner juristisch getarnten sadistischen Grausamkeit, mit seiner Erregung der animalischen Urtriebe der Bestie im Menschen, konnte sich nicht auf das öffentliche Leben beschränken. Alle diese Vorstellungen mussten auch in die private Sphäre übergreifen und die Ideen des Hexenwahns wurden in veränderter Gestalt zu den Ideen der Sexualität dieses Zeitalters ... ."

„Die Anschaulichkeit, mit der der Hexenhammer (1486) auf die teuflische Sexualität einging, entsprach ebenso sehr dem Bedürfnis der Inquisition, wie der Sensationslust eines sexuell und erotisch jahrhundertelang verdorbenen Publikums".

Thomas von Aquin († 1274)

wurde stets als Kirchenlehrer, Philosoph und Theologe bezeichnet. Zur Person: geboren um 1225 auf Schloß Roccasecca bei Aquino in Italien als siebter Sohn des Herzogs Landulf, gestorben am 7. März 1274 im Kloster Fassanova. Er war Dominikaner.

Im Heimatborn [15)] steht zu lesen:

<u>Wie begründete der große mittelalterliche Kirchenlehrer Thomas von Aquin / Aquino († 1274) die Inquisition?</u>

„Es gibt die Sünde, für die diejenigen, die sie begehen, nicht nur die Ausstoßung aus der Kirche verdienen, sondern den Ausschluß aus dem Leben durch den Tod. Denn es ist eine viel ernsthaftere Sache, den Glauben zu verderben, durch den die Seele ewiges Leben erlangt, als Geld zu fälschen, mit dem nur das irdische Leben gefristet wird. Wenn also Geldfälscher oder andere Übeltäter mit Recht von weltlichen Fürsten zum Tode verurteilt werden, so können Ketzer nach ihrer Überführung mit noch größerem Recht nicht nur ausgestoßen, sondern hingerichtet werden.

Aber auf Seiten der Kirche besteht Gnade im Hinblick auf die Bekehrung derer, die irren, und daher verurteilt die Kirche nicht ohne weiteres, sondern erst nach einer ersten und zweiten Ermahnung, wie es der Apostel lehrt (Titusbrief III/10). Wenn danach der Schuldige sich noch immer hartnäckig erweist, dann gibt die Kirche die Hoffnung auf seine Bekehrung auf und sorgt für die Sicherheit der übrigen, indem sie den Verbrecher aus der Kirche ausstößt und dem weltlichen Gericht überantwortet, damit er aus der Welt durch den Tod ausgetilgt werde."

Johann Wolfgang von Goethe machte einst eine wirklich kluge Bemerkung:
„So lange der Wahn währt, besitzt er eine unüberwindliche Wirklichkeit."

Friedrich Spee von Langenfeld [17)]

Im Mai 1631 erschien das Werk „Cautio Criminalis" von Friedrich Spee von Langenfeld. Es wurde als mutiger Appell zur sofortigen Abschaffung der Hexenprozesse verstanden. Sein Kampf gegen die Folter und für die Rechte der Angeklagten ist rechtsgeschichtlich bis hin zur Erklärung der Menschenrechte wegweisend, schreibt Ritter in seiner Übersetzung von 1892.
Gerade in der Zeit des 30jährigen Krieges verlegte Spee dieses Werk, ließ es aber anonym herausgeben, denn er musste fürchten, dass man ihn bezichtigte, Hexen in Schutz zu nehmen und das Vorgehen und die Strafen für Hexen und Ketzer war ja bekannt.
Friedrich Spee aus dem Hause Spee von Langenfeld war ein Jesuitenpater, Lyriker und Schriftsteller, der am 25. Februar 1591 in Kaiserwerth bei Düsseldorf geboren wurde und bereits am 7. August 1635 in Trier an der Pest verstarb.
Die Bundesrepublik Deutschland hat durch Herausgabe einer Briefmarke die Verdienste von Friedrich Spee von Langenfeld zu seinem 400. Geburtstag gewürdigt.
(1991, Ersttagsbrief vom 14.2.1991).

Heilige Schrift / Altes und Neues Testament

Im 1. Buch Mose 22,1-2 [18)] wird schon ein Menschenopfer belegt. (1.Absatz) „Nach dieser Geschichte versuchte Gott Abraham und sprach zu ihm: Abraham! Und er antwortete: Hier bin ich. Und er sprach: Nimm Isaak, deinen einzigen Sohn, den Du liebhast, und geh hin in das Land Morija und opfere ihn dort zum Brandopfer auf einem Berge, den ich dir sagen werde."

Im 2. Buch Mose 22,17 [18)] steht:
„Die Zauberinnen sollst Du nicht am Leben lassen"

Im 2. Buch Mose 22,18 [18)] steht:
„Wer einem Vieh beiwohnet, der soll des Todes sterben"

Im 3. Buch Mose 19,26 [18)] steht:
„Ihr sollt nicht essen, in dem noch Blut ist. Ihr sollt nicht Wahrsagerei noch Zauberei treiben"

Im 3. Buch Mose 20,6 [18)] steht:
„Wenn sich jemand zu den Geisterbeschwörern und Zeichendeutern wendet, dass er mit ihnen Abgötterei treibt, so will ich mein Antlitz gegen ihn kehren und will ihn aus seinem Volk ausritten"

Im 3. Buch Mose 20,27 [18)] steht:
„Wenn ein Mann oder eine Frau Geister beschwören oder Zeichen deuten kann, so sollen sie des Todes sterben; man soll sie steinigen; ihre Blutschuld komme über sie"

Im 1. Samuel Kap 28 [18)] steht eine Geschichte über die „Hexe von Endor"

Im Alten Testament ist die Todesstrafe ausdrücklich vorgesehen.

Im 1. Buch Mose 9,5 [18)] steht: Auch will ich euer eigen Blut, das ist das Leben eines jeden unter euch, rächen und will es von allen Tieren fordern und will des Menschen Leben fordern von einem jeden Menschen.

Im 1. Buch Mose 9,6 [18),] steht: Wer Menschenblut vergießt, dessen Blut soll auch durch Menschen vergossen werden; denn Gott hat den Menschen zu seinem Bilde gemacht.

Im 2. Buch Mose 21,12 [18)] steht: Wer einen Menschen schlägt, dass er stirbt, der soll des Todes sterben.

Im 3. Buch Mose 20,10 [18)] steht: Wenn jemand die Ehe bricht mit der Frau seines Nächsten, so sollen beide des Todes sterben, Ehebrecher und Ehebrecherin, weil er mit der Frau seines Nächsten die Ehe gebrochen hat.

Im 3. Buch Mose 20,13 [18)] steht: Wenn jemand bei einem Manne liegt wie bei einer Frau, so haben sie getan, was ein Greuel ist, und sollen beide des Todes sterben; Blutschuld lastet auf ihnen.

Im 2. Buch Mose 21,23 [18)] steht: Entsteht ein dauernder Schaden, so sollst du geben Leben um Leben, Auge um Auge, Zahn um Zahn, Hand um Hand, Fuß um Fuß ... ! Das 5./6. Gebot hat mit einem Verbot der Todesstrafe nichts zu tun. Es bedeutet inhaltlich das Verbot des Mordens. Eine Übertretung des Gebotes zog seinerzeit in aller Regel die Todesstrafe nach sich.

Aus diesen wenigen Zitaten konnten die Verfasser des Hexenhammers und die sich daran orientierenden weltlichen Richter hinreichend Stoff finden, die Hexenjagd und die Urteile zu begründen.

Wir Autoren dieses Buches fanden z.B. im Hexenprozess von 1664 gegen Margarethe Meinken (*natürlich*) die Fragen aus dem Hexenhammer in den Befragungsprotokollen wieder. Es ist uns deswegen sehr wichtig, den Hexenhammer, eine der wichtigsten Grundlagen für das geschehene Unrecht zusammen mit den anderen hier genannten Stimmen an dieser Stelle, vorab anzuführen.

Weiterhin sind wir der Meinung, dass die hier und nachfolgend aufgeführten Auszüge und Beispiele einen kleinen Einblick in das geben und mehr Verständnis für das hervorrufen, was dann folgt: nämlich die Schicksale der Menschen während und in den

„Hexenprozessen des ehemaligen Amtes Rotenburg"

„Quellen"
[1] **Hexen unter uns**, Verlag Schuster, Leer, 1951, Nachdruck 1978, Seite 9, 1.Satz
[2] dto, Seite 87/88
[3] dto, Seite 87
[4] dto, Seite 9, 2.Absatz, 1.Satz
[5] dto, Seite 11, 1.Satz
Johann Kruse, ✳ 30.12.1889 als Sohn eines Bauern in Brickeln bei Quickborn, Dithmarschen, seit 1911-1942 Lehrer, wohnhaft zuletzt Hamburg-Altona, lebte 1978 beim Nachdruck noch
[6] Eike von Repgow. **Der Sachsenspiegel**, Hrsg. Clausdieter Schott, Manesse Bibliothek der Weltliteratur, Zürich 1996
[7] **Geschichte des deutschen Strafrechts** von Dr. Wilhelm Eduard Wilda, Erster Band, Halle 1842, Seite 504 mit Hinweisen zu gotischen und germanischen Rechten, sowie dem Sachsenspiegel
[8] **Malleus Maleficarium**, Heinrich Kramer (1486, bekannt als „Der Hexenhammer", in der kommentierten Neuübersetzung von Jerouschek / Behringer, Deutscher Taschenbuch Verlag, 5.Aufl., 2006
[9] **Geschichte der Hexenprozesse** von 1843/Soldan; Soldan-Heppe. Neu bearb. und hrsg. von Max Bauer. - [3. Aufl.].–München: Müller. 1-2 [1911]; Neudruck im Antäus Verlag Lübeck-Leipzig, 1938
[10] **Pfaffenspiegel**, Otto von Corvin, 1845, Nachdruck in den 1930ern, Verlag Hubert Freistühler, Schwerte/Ruhr
[11] **Die Geißler**, Otto von Corvin, Historische Denkmale des Fanatismus in der röm-kath. Kirche, A. Bock Verlag, Berlin, 1879 als Ergänzungswerk zum „Pfaffenspiegel"
[12] **Geschichte der Erotik**, Erotik und Sexualwissenschaft der Menschheitsgeschichte, Carl van Bolen, 1951, World-Copyright 1951 by NIGGLI & VERKAUF, Teufen (AR), Schweiz Artikel Seite 98-105 „Das Christentum als Kraft gegen den Verfall"
[13] **Geschichte der Erotik**, Erotik und Sexualwissenschaft der Menschheitsgeschichte, Carl van Bolen, 1951, World-Copyright 1951 by NIGGLI & VERKAUF, Teufen (AR), Schweiz Artikel Seite 114-130 „Der Sturm des Hexenwahns"
[14] **Heimatborn** Nr.21, Beilage zur Rotenburger Zeitung vom 1. Dezember 1951 „Johann Kruse schützt die Hexen"
[15] **Rotenburger Schriften**, 1974, Heft 41, Seite 121-122
[16] **Himmlers Hexenkartothek**, das Interesse des Nationalsozialismus an der Hexenverfolgung, Band 4, Verlag für Regionalgeschichte, 2000, hrsg. von Sönke Lorenz, ISBN 3-89534-313-7
[17] **Cautio Criminalis**, Friedrich Spee von Langenfeld, Nachdruck 182, ISBN 987-3-423-30782-6
[18] **Bibel**, die ganze Heilige Schrift des alten und neuen Testaments nach der deutschen Übersetzung von Dr. Martin Luther.

Begriffserklärungen / Legende

Teil 3

Begriffserklärungen

Die meisten Begriffe werden unmittelbar im Text kurz erläutert. Es erscheint uns dennoch erforderlich, zu versuchen, die unten aufgeführten Begriffe ein wenig ausführlicher zu erläutern, weil sie meist nicht mehr in Gebrauch, überholt oder unterschiedlich ausgelegt wurden oder aus Platzgründen hier zweckmäßiger untergebracht erscheinen. Sie sind alphabetisch gelistet.

Zur Rechtschreibung alter Texte und übernommener Arbeiten sei angemerkt, dass diese übernommen wurden, wie sie seinerzeit geschrieben und veröffentlicht wurden.

Eine Überarbeitung alter Texte anhand der neuen Deutschen Rechtschreibung fand unsererseits gewollt nicht statt. So ist z.B. der "Prozeß" immer noch als "Prozeß" zu lesen.

Ähnlich verhält es sich mit der Schreibweise der Vor- und Familiennamen. Sie wurden sehr unterschiedlich für ein und den selben Mensch geschrieben, je nach Schreibers und selbst dieser variierte hier erheblich.

Wir haben uns die Mühe gemacht, dieses nicht zu verändern. So liest sich Margarethe / Margaretha / Magrete / Margreta / Margarete / Margrethen / Margareta / Margreten MEINKEN / MEINEKEN / MEINCKEN / MEINIKEN, aber es handelt sich stets um die als "Gretke" gerufene Margarethe MEINKEN aus dem Ort Wester Esch / Westeresch im Amt Rotenburg.

A

Affirmat	Bejahung, sie bejaht es
adhibirten	angewendeten
Actum	Akt, Handlung; verhandelt, geschehen
Actum Mortis	Todesurteil aus: Actum - Akt, Handlung verhandelt, geschehen & mortis (*Genitiv*) - Tod
Ad tortruam	zur Folterung
Ad interrogatorium	auf die Frage
Actum Saturni	Sonnabend
articuliret	gesprochen, nacheinander deponiret = nacheinander beantwortet
articulos	Fragenkatalog / Artikel
approbiren / approbare	zustimmen, genehmigen
ante confessionem et	
absolutionem	vor der Beichte frei zu sprechen (*Sünde vergeben*)
Assessoren	Assessor = Beisitzer

B

Burnoiter	Junck erklärt den Namen so, dass es sich vielleicht um einen Stoff handelte, der den Bauern in Not brachte, dadurch, dass ihm mit Hilfe dieses "schwarzen Zeuges" das Vieh getötet wurde. Bur = Bauer / Noiter = Nöte
Begräbnis versagen	Mette MEINKEN, die sich 1664 selbst erhängte und die nicht verurteilt war, wurde zum Galgenberg geschleppt und dort verscharrt. Wäre sie nur eine Selbstmörderin gewesen, so hätte man ihr ein Begräbnis auf geheiligtem *Boden (Kirch- oder Friedhof)* verwehrt, Sie wäre am Rande begraben worden, denn Selbstmord wurde als Todsünde betrachtet. Friedrich Spee beklagt auf Seite 211 (I, II) seines Buches, da obwohl kein gesetzmäßiges Geständnis vorliegt, diese Menschen als verurteilte Hexen behandelt werden und Ihnen ein Begräbnis verweigert wird. Er schrieb: II. "*Mann versagt ihm auch nicht nur das gebührende Begräbnis (auf*

	dem Friedhof), sondern tut ihm noch überdies die Schmach eines entehrenden Begräbnissses an. Er wird vom Henker unter den Galgen geschleppt und dort eingescharrt."
bonis cediret	ist eine Situation, in der jemand viele Gläubiger hat, der sonst nicht zahlen kann, weil er verarmt oder bankrott ist.
behueff	wegen / bezüglich / betreffend; z.B. behuff eines Brunnens; behuff Ausbau der Kirche

C

contract	zusammengezogen, verkrümmt, gelähmt
collegialiter	kollegial
confrontieren	einander gegenüberstellen
consuetudinis	dass es am Orte nicht der Gewohnheit entspräche
Custodi	Gefängnis
ad custodiam	ins Gefängnis
(*nach geleisteter*) Caution de sesistendo toties quoties	sinngemäß: dass sie sich so oft dem Gericht stellt, so oft sie verlangt wird ... [toties quoties: siehe unter **T**]
custodi halber	Umstände halber
Collegialiter woll	Floskel = kollegialem Wohl
Caution de se sistendo toties quoties	gegen Kaution aus der Haft zu entlassen
confirmieren / confirmare	für rechtsverbindlich erklären
Citation	Vorladung, Zitierung
Cessat	es möge aufhören, (cessat effectus (lat.), Sprichwort: „Beim Aufhören der Ursache, hört die Wirkung auf"
confrontativen	gegenüberstellen, auseinandersetzen
compariren	compare = sich vor Gericht stellen, sich einfinden
caviren	bürgen, gut sagen
ad cavendum	man muss sich davor hüten
custodi	Verwahrung (Gefängnis / Zelle)
Collegiatiter woll	kollegialem Wohl, amtsbrüderlich auch einmütig
continenti	auf der Stelle, sogleich

D

divini	göttlich
dimittiret	entlassen
deferiren	entsprechen
deposition	Aussage
die Denunciantin nur unica et singularis nec omni exceptione major testis	sinngemäß: Alldieweil, aber die Denunziantin nur eine, nicht eine genügende (*größere*) Aussage vorbringt, ist auf die Wasserprobe (*das bahden*) [siehe Satz bei Junck im Teil 6.2]
Denunciantinne	Denunziantin
Desperation	Verzweiflung, Hoffnungslosigkeit
Dilation	Aufschub, aufschieben, verzögern
dimittiret	ausgeschlossen
defendiren	hier = reagieren
Deposition	depositio cornuum = "das Ablegen der Hörner"

E

exculpiren	von der Schuld reinigen
expedition Versand	
Examen ad effectum	und obgedachte Prüfung (*im Verhör*) zur Ausführung zu bringen
enteret	entehren, entehrt (mittelhochdeutsch) siehe "Schedelsche Weltchronik", 1493, S.82 > Der tempel wardt von iuda vnd seinen bruedern geraynigt als er drey iar enteret gewesen was <
Examiniret	befragen; prüfend ausfragen-/ untersuchen, ausforschen,

F

Freikauf

Soldan-Heppe führt in seinem Buch „Geschichte der Hexenprozesse" auf Seite 138 an: „Agrippa von Nettesheim erzählt, daß einzelne Inquisitoren gewisse, der Hexerei verdächtige Personen zu besteuern pflegten, und daß diese gerne die jährliche Rente bezahlten, weil sie sich nur dadurch vor der Verhaftung schützen konnten." Ansonsten war auch die Zahlung einer bestimmten Summe oder der Einzug des Vermögens in Verbindung mit Landesverweisung möglich.

Fastelabendt

ist die Zeit vom Donnerstag vor Estombini (Esto mihi domine (*auch Palmar*) ist der Sonntag vor Ostern = Pascha) bis Dienstag danach, besonders der Vastelavebdes (*Fassnacht*), der Abend vor Ascher Mittwoch war seinerzeit, da noch der Julianische Kalender galt, stets der Dienstag nach Domini Estomihi. An diesem Tag des Jahres 1662, am 11. Februar 1662, nahm alles seinen verfänglichen Anfang. Deswegen fügen wir an dieser Stelle eine kleine Geschichte aus dem Jahr 1662 in Verbindung mit dem Fasten ein, die das Erzbistum Köln in ihrer Homepage (Stand 09.09.2008) zum Thema "Sinn des Fastens" eingestellt hat:

[...] Das galt natürlich auch für die Fastenzeit. So wurde zum Beispiel die Schokolade als Fastenspeise legitimiert. 1569 hatten die Bischöfe von Mexiko eigens Fra Girolamo di San Vincenzo in den Vatikan zu Papst Pius V. (1566-1572) gesandt, damit dieser entschied, ob das Getränk mit dem Namen Xocoatl von der Frucht des Cacahatl und dem Baum Cacahaquahuitl in der Fastenzeit getrunken werden dürfe. Das Konzil von Trient (1545-1563) hatte gerade die Kirchendisziplin zu verschärfen gesucht, natürlich auch das Fastengebot. Als der Papst widerwillig von der heißen Schokolade gekostet hatte, soll er gesagt haben: "Potus iste non frangit jejunium" - Schokolade bricht das Fasten nicht. Seinen Siegeszug trat der Kakaotrunk an, als in einem Kloster entdeckt wurde, dass man das Fett vom flüssigen Kakaobrei abschöpfen und diesen durch Beimischung von Vanille und Zucker trinkbar machen kann. In Guatemala erfanden Klosterköche, wie man Schokolade in Form von Tafeln als feste Speise konservieren konnte. Von Italien aus trat die Schokolade einen Siegeszug in Europa an - und führte Anfang des 17. Jahrhunderts zu einer erbitterten Auseinandersetzung zwischen den Jesuiten und den Dominikanern. Während die Jesuiten für die Schokolade eintraten, führten die

Dominikaner einen Feldzug dagegen. Zahlreiche Schriften erschienen; erst 1662 fand die Auseinandersetzung ein Ende - durch eine Schrift des Kardinal Brancaccio zu Gunsten der Schokolade. [...]

G

gekleihet
gekratzt

Gevatter Hein
der personifizierte Tod, auch als der Sensenmann bekannt, der die sterbende Seele abholt und sie ins Totenreich geleitet, wie der Fährmann, der die Seele über das Wasser ans andere Ufer trägt.

H

Hexensabatt
Hexensabbate sind weder wilde Orgien noch grausige Blutopfer. Dies ist ein Zerrbild, das von Inquisitoren und durch Medien, wie z.B. durch Gruselfilme verbreitet wurde.
Man behauptet, die Sabbate sind die Feiertage der Hexen, an denen sie sich mit den Energien des Kosmos und den Göttern vereinigen.

Hexenkräuter
Mit dem Begriff „Hexen..." wurden verschiedene Kräuter, Wurzeln und Pflanzen bezeichnet.
Hexenbesen
- ◆ Mistel   = Viscum album L.
  [auch als Hexenkraut o. Hexennest bezeichnet]
- ◆ Birke   = Betula
Hexenkraut
- ◆ Bärlapp   = Lycopodium clavatum
- ◆ Johanniskraut   = Hypericum perforatum L.
- ◆ Gr. Hexenkraut   = Circaea lutetiana L.
Hexenzwiebel
- ◆ Bärlauch   = Allium ursinum
  [auch als Zigeunerlauch bezeichnet]
  Auch mit dem Begriff „Teufel ..." wurden verschiedene Kräuter, Wurzeln und Pflanzen bezeichnet
Teufelsauge
- ◆ Bilsenkraut   = Hyoscyamus niger L.
Teufelsdarm
- ◆ Zaunwinde   = Convolvulus sepium
Teufelsflucht
- ◆ Johanniskraut   = Hypericum perforatum L.
Teufelsglocken
- ◆ Roter Fingerhut   = Digitalis prupurea L.
  [auch als rote Totenglocke bezeichnet]
Teufelsklauen
- ◆ Bärlapp   = Lycopodium clavatum
  [auch als Zigeunerkraut bezeichnet]
Teufelskralle
- ◆ N.N., schwarz   = Phyteuma nigrum Schmidt
Teufelskraut
- ◆ Schöllkraut   = Chelidonium majus
- ◆ Hahnenfuß   = Ranunculus spp.
Teufels-Peterlein
- ◆ Gefleckter Schierling = Conium maculatum L.
Teufelswurz
- ◆ Herbstzeitlose   = Colchium autumnale

Hexenmal	Das "Hexenmal" wurde als Zeichen eines Bündnisses mit dem Teufel (*Teufelspakt*) gewertet. Viele glaubten es in besonders auffallenden Muttermalen, Warzen, Leberflecken oder dergleichen Hautveränderungen zu erkennen. Im Rahmen der Hexenprozesse konnte bei gezielter Suche, ggf. nach völliger Enthaarung bei fast jedem Angeklagten eine solche als Beweis gefunden werden. Zur Beweisführung wurde dann die Nadelprobe durchgeführt. [Nadelprobe, siehe im Teil 4 LfdNr.9] Es gibt ein Gemälde "Madonna mit der Erbsenblüte" vom Meister der heiligen Veronika, entstanden um 1400/1410 in Köln. Bem.: Erbsenblüte, Erbsen dienten einst zur Vertreibung von Warzen, wozu es viele Rezepturen gab, z.B. wird berichtet: "Man legt soviel Erbsen, wie man Warzen hat, unter die Dachtraufe, dann würden die Warzen verschwunden sein, wenn die Erbsen verrottet sind.

I

incommodiret	belästigt
indicia	Indiz, Anzeichen
Indiction	Ankündigung
inquisita	die Untersuchte
Inquisitinn	die der Hexerei angeklagte / in bösem Verdacht der Hexerei stehend
inhibition	ohne Widerspruch und Hemmungen
inquirendo	um zu untersuchen
Interrogatoria	Fragen
Intercediren	dazwischentreten, sich ins Mittel legen
Instrumente ad torquendum	Folterinstrumente
Indificirt	um die Erlaubnis bat, Angaben machen zu dürfen
item	item = ebenso, ebenfalls
Insiegel	Siegel
intercediren	dazwischentreten, sich ins Mittel legen
in puncto veneficii inquirendo	eine Untersuchung, Hexerei betreffend
Injuriarum	belangen, jemand wegen einer Beleidigung verklagen
inquisitinnen	die zu Untersuchende
inquiriren	untersuchen (?)
interrogatoria	Fragenkatalog
Injurianten	Angeklagten
Injuriantinnen	Anklägerin
impliciren	mit einbeziehen / mit einschließen / mit einbehalten

J

Jutificativa	Erklärung, Grund, Rechenschaft, Rechtfertigung
juramentum	feierliche Wahrheitsversicherung

Kirchspiel

Unter Kirchspiel wurden die Gemeinschaft der Dörfer und einstelligen Höfe bezeichnet, die zu einem Kirchort gehörten. Diese Ordnung unterschied sich zum Teil von der Aufteilung der weltlichen Ordnung des Landesherren.
Z.B. gehörte der Ort Lauenbrück, welcher als adliges Gericht galt, weltlich zum lüneburgischen Machtbereich, also nicht zum Amt Rotenburg und somit auch nicht zum Stift oder Bistum Verden. Das Dorf Lauenbrück war aber zum Kirchspiel Scheeßel eingepfarrt, welches zum Amt Rotenburg gehörte. Die Einteilung eines Landes in Kirchspiele, Gaue, Vogteien, Vörden, Stifte, Bistümer etc. ist in einschlägiger Literatur nachzulesen und deswegen hier nicht weiter betrachtet worden.
Über "Herrschaft und Landesgrenzen" bietet sich das gleichnamige Buch von Dr. Wolfgang Dörfler an.

Kosten des Verfahrens

Wie aus den Kostenaufstellungen des Amtes Rotenburg zu ersehen ist, hat ein solcher Prozess immense Summen an Geld verschlungen.
Für die Ausschleppung von 2 Hexen (Tibke HOLLMANN und Anna RATKEN) 1665 erhielt Meister Hanß 8 Taler.
Für die Wasserprobe von Margarethe MEINKEN und das Ausschleppen der Leiche ihrer Mutter Mette insgesamt 21 Taler.
Für 2 Tage Folter (22. - 23. Juli 1664) von Margarethe MEINKEN 26 Taler und für die Hinrichtung von Anna HASTEDT 22 Taler.
Vergleicht man im Jordebuch von 1692/94, was der Vollhof von Claus MEINKEN für Abgaben (*Dienstgeld, Michaeliszins, Weinkauf*) nur an das Amt in einem Jahr zu entrichten hatte, die sich auf 12 Taler 22 Schillinge rechneten (S.91ff), stellt das schon ein Vermögen dar, wenn davon auch die Helfer des Scharfrichters, das Holz u.v.m. bezahlt wurden.
Soldan-Heppe führt in seinem Buch "Geschichte der Hexenprozesse" auf Seite 138 an, daß der Scharfrichter von Dieburg für die Jahre 1628/1629 die Summe von 253 Gulden erhielt.
In welcher Weise Claus MEINKEN für den Prozess zahlen musste, ist nicht überliefert. Fest steht, er wurde nicht abgemeiert und behielt seinen Hof als Wirt, den die Tochter später erbte.
Der Hexenhammer belegt, dass das Vermögen eines Verurteilten „als verfallen" angesehen wurde (Codex Iustianianus 1,9,18), d.h. es konnte eingezogen werden. Hier aber scheint die Kasse des Amtes Rotenburg die Schatulle gewesen zu sein, die die Kosten übernahm, wie den Amtsrechnungen zu entnehmen ist. [siehe im Teil 6.4]

Konsistorium

oberste Verwaltungsbehörde einer ev. Landeskirche. In Stade war es zu dieser Zeit das "Königliche Konsistorium", zuständig für Ehesachen und die Kirchen- und Schul-aufsicht.

L

Lini	Schnur, Leine
Landesverweisung	war im mittelalterlichen Recht ein Instrument der Gnade (*Bewährungsstrafe*). So konnte eine bereits verhängte (*ausgesprochene*) Todesstrafe gewandelt und gemildert werden. Der Verurteilte musste dazu aber die "Urfede" schwören. Ein bekanntes Beispiel für Landesverweisung ist: Maria RAMPENDAHL aus Lemgo (1645-1705), die als Hexe 1681 verhört worden war. Trotz Folter hatte sie kein Geständnis abgelegt. Dennoch wurde sie am 15. April 1681 ausgeführt und somit des Landes verwiesen. Sie zog nach Varel in die Heimatstadt ihres Mannes, wohin ihr die Familie folgte und wo sie 1705 verstarb.
linnen tueg	Leinentuch
Leimuth	Leumund

M

More solito	nach althergebrachter Sitte
moderate	mäßig
Moviren	unternehmen
mediante tortura	mittels der Tortur
medeficati	Angezauberte
Mutatis mutandis	mit den nötigen Abänderungen, auch Abänderungsklage

N

Negat	Verneinung, Leugnen

O

ohnveränderlich persistiret	unveränderlich behaupten / an der Aussage festhalten

P

petitis	Gesuchen
praecipitiren	vorwegnehmen
praetendieren	einwenden
pro studio et labore	für Studium und Arbeit
Präparatoria	Vorbereitungen
Praesentibus	anwesend, gegenwärtig
Publicus Caesarius subscriphim	öffentlicher kaiserlicher Schreiber
procediret	Prozedur
pätten	bäten, bitten
Path	Bitte
Pittschafft	Pettschaft = Siegel am Holz oder Metallschaft
petito	hier: mit wiederholter Lektion = Belehrung, Zurechtweisung
prastiren	was geleistet werden muss; das Seine tun; leisten
inn particulier	im Stadthaus, Inhaltlich bezeichnet der Begriff im französischen das Hotel particulier, das Stadthaus des 17. Jh. Adliger, Kleriker oder privilegierter Beamter. Hotel particulier ist in Frankreich ein feststehender architektonischer Begriff, für den es im Deutschen keinen Begriff gibt.

persuadiren	überreden, überzeugen, bekehren, persuadieren, weich klopfen
previa avisatione	nach vorausgegangener Verwarnung *(bei Eidesleistung)*
perjurii	Meineid / Eidbruch

R

recusiret	geweigert
reichs constitutionen	Reichsverordnungen
refesiret	Bericht erstatten
Reskript	amtlicher Bescheid, Erlass, Verfügung
Responsion	Antwort
Responsi super fama	Responsi = Antwort, super fama = wegen des Gerüchts
Responsiones ad interrogatoria	Antworten auf die Fragen
Responso	das Urteil / die Entscheidung / der Bescheid / die Antwort
Relationiren	Bericht erstatten
respective	möglicherweise
Relaxationen	bezeichnet die Entspannung nach der Anspannung
rescribiret	durch Reskript befohlen (per Reskript wurden Anfrage oder Eingabe öffentlicher oder privater Personen schriftlich durch den Gesetzgeber beantwortet)
et rumor	ein Gerücht
remittirung	zurücksenden
ridendo	komisch / schertzend
reliquien	Überbleibsel

S

Syndikus	Stadtrichter und Rechtsvertreter des Magistrats
sollicitatur	Belästigung
suspectirte	verdächtigte
special inquisition	spezielle Untersuchung (*im Strafverfahren*)
salva justitia	geltendes Recht
super fama	wie verlautet, auch wegen des Gerüchts
salva venia	mit gnädiger Nachsicht
sufficient	genügend
Subceripherunt	das Vorstehende unterschreiben in Treue
Schweigezauber	Das Schweigen eines Verdächtigen unter der Folter wurde als Indiz für den Teufelspakt gewertet. Man nahm an der Teufel würde ihm helfen, keine Schmerzen zu haben.
Staupenschlag	Mit der Ruten streichen bedeutet auch mit einem Stock oder einer Peitsche züchtigen.
Schierlingssaft	galt als Mittel, welches bei Verlust der Manneskraft gegeben wurde und man glaubte, dass es die Hexen fliegen ließ. Die Schierlingswurzel, auch als Giftkraut bezeichnet, ist ein Doldengewächs (Apiaceae) und gilt als sehr giftig.
sistiren	etwas einstellen, unterbrechen
signum	Zeichen
salva venia	mit Erlaubnis zu reden; es sei erlaubt

T

teste Protocollo deponiert	wie das Protokoll zeigt, ausgesagt hat
Tortura	Handlung mittelst der Tortur
Torta	die Gefolterte
toro judicii	vor den Sitzen des Gerichts
testimonii causa	testimone d'accusa = Belastungszeugin
toties quoties	jederzeit, so oft wie [toties quoties siehe unter **C**]
de toties quoties	
coram judicio fifti	[...] sie (*die Zeugen*) sind in aller Öffentlichkeit vom Gericht zu zweit in ihre Zellen gebracht worden. [...]
Territion	zeigen der Folterinstrumente als Drohung und ersten Stufe

U

Urfede

Im Hexenhammer steht dazu: „... *die Beschuldigte ist gänzlich loszusprechen und freizulassen unter der gebührenden Versicherung, sich nicht rächen zu sollen etc., wie es richterlicher Brauch ist*".
Der Bruch der Urfehde wurde als Meineid eingestuft, verfolgt und bestraft. Eine ausgesetzte Todesstrafe konnte so doch noch vollstreckt werden.
Der Text des Schwurs lautete in Mecklenburg:
„*Ich N.N. schwere zu Gott dem Allmächtigen, daß ich meine gefängliche Haft und an mir vollzogenen Straffe, so wenig an hiesigen Durchlauchtigsten Landes Herrn als dero fürstl. Hause und angehörigen, Ministern, Räthen, Bedienten und Unterthanen oder deren Haabe und Güter auf keine Weise oder wege mich räche, noch in Diesem Lande mich jemals wieder einfinden will. So wahr mir Gott helfe und sein heiliges Wort*"
Abschrift eines handschriftlichen Eintrages in einer mecklenburgischen Kanzleiordnung des 17. Jh.
Es kann davon ausgegangen werden, dass es auch im Amt Rotenburg eine festgelegte Formel gegeben hat.

unverhalten sollen

haben solches unverhalten sollen = wir haben Euch solches nicht vorenthalten sollen

V

Veneficii	der Zauberei angeklagt
Veneficii inquirirende	Rücksichtnahme für die der Zauberei angeklagten.

Ein Gebot / eine Auflage der Universität: Der inquirirende Richter hatte die Tortur so einzurichten, dass dem Delinquenten einesteils nicht zu wenig und andernteils an seiner Gesundheit und den Gliedmassen nicht zu viel geschehe.

verificiret

von lat. Veritas = Wahrheit; der Nachweis, dass ein behaupteter oder und vermuteter Sachverhalt wahr ist.

W

Wettermachen

Noch heute ist uns eine Geschichte als Märchen "Goldmarie und Pechmarie" durch die Gebrüder Grimm überliefert. Schüttelte Frau Holle ihre Betten auf, so schneite es auf der Erde. Nach Ansicht von Frau Heide Göttner-Abendroth deutet die Herkunft von "Frau Holle" auf eine große Muttergöttin der Jungsteinzeit zurück, wobei der Historiker Karl Kollmann zu einer ähnlichen Schlussfolgerung kommt.

Aus Sicht der Ankläger der damaligen Zeit war Wettermachen Heidenwerk und Hexerei und somit mit dem Tode zu bestrafen.

In der kommentierten Neuübersetzung des Malleus Maleficarium, Heinrich Kramer, 1486, bekannt als „Der Hexenhammer", schreiben Jerouschek / Behringer, Deutscher Taschenbuch Verlag, 5. Aufl., 2006, Seite 19 eine Erklärung, warum der Schadzauber und das Wettermachen seinerzeit im Volke als Aberglaube tief verwurzelt festsaß. "Die Akzentuierung des Schadzaubers im Hexenhammer traf den Nerv der Zeit, weil gerade seit dem Ende der 1460er Jahre eine tatsächliche Häufung von Ernteschäden, Krankheiten ..... vorlag. In diesen Jahren setzte nämlich eine neue Welle der Klimaverschlechterung ein, welche in den vergangenen Jahrzehnten im Zusammenhang mit der sogenannten Kleinen Eiszeit in die Literatur eingegangen ist. Viele der klimatischen Erscheinungen, aber auch ihre Folgen für die Landwirtschaft, wurden von den Menschen als >unnatürlich< betrachtet. Das Hexereiparadigma eröffnete nicht nur eine Erklärung für Krankheiten und Ernteschäden, sondern auch die Möglichkeit zu konkreten Gegenreaktionen."

Da der Mensch versucht Unerklärliches zu erklären und zu verstehen, war hier die Suche nach einem Verursacher (*Schuldigen*) im damaligen Weltbild schnell gefunden. Hier waren es Hexen, zu anderen Zeiten andere, z.B. andere Religionen, wie Christen bei Kaiser Nero oder Juden in vielen Epochen.

Z

Zauberkunst

Der Dominikanermönch und Bischof von Regensburg Albertus Magnus (1193-1280) schrieb insgesamt sieben Bücher über Pflanzen und Pflanzenheilkunde.

Er stand im Ruf ein großer Gelehrter gewesen zu sein und über die Befähigung zu allerlei Zauberkünsten zu verfügen.

In der Reichsverordnung "Capitulare de villis" um 812 von Karolus Magnus erlassen, steht in einem der Kapitel „... ca. 90 Pflanzen, die in den kaiserlichen Hofgütern gepflanzt werden sollen, u.a. auch viele Heilpflanzen ... ."
Man glaubte schon an die Kraft der Pflanzen.

War die entscheidende Frage, <u>wer</u> damit umging ?

Legende

[für das ganze Buch]

s.B.	siehe Begriffserklärung	∞	Heirat (*einzige*)
z.B.	zum Beispiel	∞1	1. Heirat
* r	Geburt errechnet	∞2	2. Heirat
* um	Geburt geschätzt	o	Verlobung
~	Taufe	o/o	Scheidung
†	Tod	o-o	unehelich geboren
† *	totgeboren	Anna	Rufname ist unterstrichen
† um	Tod geschätzt	...	unbekannt
⚑	gefallen, vermisst	ebenda	am gleichen Ort
▫	Begräbnis	eodem	zum gleichen Zeitpunkt, Tag
hl.	hochlöblicher	N.N.	Familien- oder Vorname nicht bekannt
Kö	Kötner (Kate)	Hsl	Häusling(shaus=Nebenhaus eines Hofes)
Bm	Baumann (Vollhof, Halbhof)	Rtbg	Rotenburg
(i)	Interimswirt	Lit. A	Anlage A
n.b.	nicht bekannt	Jh.	Jahrhundert

[...] ... Textausschnitte .... [...]	: einen Textteil auszugsweise wiedergegeben
einen "*zitierten Text*" wiedergegeben	: einen zitierten wiedergegeben und markiert
... (?) Übersetzung nicht sicher	: da z.B. Text nicht zu entziffern oder Tintenklecks etc.
[122] Hinweis im Text [122], bedeutet	: dass nachfolgend eine Erklärung vorhanden ist; auf diesen Hinweis wird auch in einem anderen Teil Bezug genommen, z.B. zwischen Teil 6.2b und 6.2c
28) Hinweis im Text 28), bedeutet	: dass nachfolgend eine Erklärung vorhanden ist z.B. 28) im Stadtarchiv Rotenburg
Rep 76 Nr. 1399 Seite 27 R	: Archivsignatur z.B. im Staatsarchiv Stade
Nachdem das Gutachten (*aus Helmstedt*) eingegangen ...	: eingefügte Erklärung (*in Kursiv*) durch den Autoren oder Hinweis auf eine Quelle
Westeresch bezeichnet.[siehe im Teil 6.2c [468]]	: Hinweis auf eine Stelle in einem anderen Teil des Buches = 6.2c mit dem Hinweis auf eine bestimmte Stelle
Daniel MUNTHER (MÜNTER)	: in der Klammer eine andere Schreibweise des Namens
Abgabe von 1-4-0	: Abgabe in Taler - Schillinge - Pfennige

* * *

Möglicher Verlauf eines Hexenprozesses

(das Drehbuch)

[Teil 4]

Dieser hier dargestellte mögliche Verlauf eines Hexenprozesses sowie die überlieferten und in die Hinführung aufgenommenen Beispiele der furchtbaren Qualen, welche den Menschen während dieser Zeit zugefügt wurden, sollen den Leser für die umfassenden und sehr aussagekräftigen Prozessprotokolle, die in diesem Buch enthalten sind, sensibel werden lassen.

Beim Lesen der eigentlichen Prozessniederschriften werden dem Leser selbst die Greuel, das Leid und die unvorstellbaren Schmerzen sowie das unermessliche Unrecht, das den Menschen widerfahren ist, unmittelbar z.B. durch den *Zeitzeugen, den Schreiber* dieser Protokolle vor Augen geführt. Das ganze menschenverachtende Verfahren wird dadurch realer erlebbar und man begreift besser, was wirklich geschehen ist. Dieses sind wahrlich keine spannenden Geschichten, an denen man sich erfreuen kann und darf, es sind Niederschriften und Zeugnisse von nicht wieder gutzumachendem schwerem Leid.

Der „Hexenhammer" gab ein neues Prozessverfahren vor, welches der bisherigen üblichen Prozessführung sowie dem kanonischem (s.B.) Kirchenrecht entgegenstand. Die Einführung der Inquisitionsgerichte gab den Inquisitoren, die nun an keine (*förmliche begründete*) Anklage-(*schrift*) gebunden waren, freie Hand. (2, Seite 44).

Im Wesentlichen haben wir acht Quellen für die nachfolgende Arbeit dieses Artikels als Grundlage genutzt:

(1) **„Malleus Maleficarium"**, Heinrich Kramer, 1486, bekannt als **„Der Hexenhammer"**, in der kommentierten Neuübersetzung von Jerouschek / Behringer, Deutscher Taschenbuch Verlag, 5. Aufl., 2006
(2) Soldan-Heppe **„Geschichte der Hexenprozesse"**, Antäus Verlag, Lübeck / Leipzig, Neuauflage 1938
(3) **Hexenprozessakte** von 1664, MEINKEN Margrethe StA Stade, Rep. 72 172 Rtbg Nr.1
(4) Johann Kruse, **„Hexen unter uns"** und seine Archivunterlagen in Hamburg
(5) **„Pfaffenspiegel"**, Otto von Corvin
(6) **„Hexenjagd"**, Brian P. Levack
(7) „Cautio **Criminalis"**, Friedrich Spee
(8) Wolfgang Schild: **„Von peinlicher Frag"**. Die Folter als rechtliches Beweisverfahren, Schriftenreihe des Mittelalterlichen Kriminalmuseums Rothenburg o. d. Tauber, Nr. 4), Rothenburg

Themenbezogene Bilder und Zeichnungen haben wir in diesem Teil nicht aufgenommen.
Sie sind in zwei Themenbereichen ausgewählt, aus den sehr umfangreichen überlieferten und erhaltenen Sammlungen erläutert und anzusehen.

Sie geben die bildlichen Vorstellungen aus der Zeit des Mittelalters wieder, zeichnen aber auch die Vorstellungen in den Köpfen der Menschen in jener Zeit.

Des Weiteren sind sie nicht nur überlieferte Zeitzeugnisse, sondern auch Veröffentlichungen, die bestimmte oder gesteuerte Bilder in die Bevölkerung transportieren sollten.

Die Macht der Bilder war schon zur damaligen Zeit ein Mittel der Mächtigen und ihrer Gegner.

- ◆ Teil 5 Bilder / Zeichnungen: Thema **„Folterinstrumente, Kerker und Hinrichtung"**
- ◆ Teil 10 Zeichnungen: Thema **„Hexerei & Ketzerei"**

Die nun folgenden Begriffe mit ihren Erläuterungen können unter anderen Überschriften in ähnlicher Weise wieder auftauchen. Dieses zeigt die Verflechtungen und die Beziehungen sowie die Abhängigkeiten zueinander nur deutlicher auf.

Nachfolgend versuchen wir hier dem Leser eine Einstimmung in die Erklärung der nachfolgenden Begriffe zu geben. Damit soll die Bandbreite des Grauens aufgezeigt werden, die ein Mensch, der damals im Mittelpunkt der Anschuldigungen und Ermittlungen stand, möglicherweise zu erwarten hatte. Mit diesem Wissen, meinen wir, lesen sich die weiteren Artikel dieses Buches aus einem anderen Blickwinkel des Betrachters.

1. Anschuldigung / Denunziation

Verdächtigungen zur Hexerei und Ketzerei entstanden meist aus Problemen auf der Beziehungsebene, wie Unverträglichkeiten im Zusammenleben unter- und miteinander.

Nicht die Seher, Besprecher, Heiler und die Wahrsager oder Hebammen, sondern die Nachbarschaft oder die liebe Verwandtschaft, die bei jedem Streit um Besitz, Vorteile, Ehre, Eifersucht und Stolz ihren schlechten Charakter und ihre böse Gesinnung unter Beweis stellten und Rache nehmen wollten, waren meist die Denunzianten.

Weitere Gründe waren sicherlich Neid oder Habgier, aus der Angst selbst angeklagt zu werden (*also einen anderen zu opfern, den man entbehren wollte oder konnte*), aus Lust am Leid anderer, zum Begleichen alter Rechnungen im Dorf oder in der Stadt, einer Familie, eines Berufsstandes oder durch Zufälle, aber auch aus falscher Ruhmessucht, auch einmal wenigstens mit geholfen zu haben, dass eine Hexe verbrannt wurde und um damit zu irdischen Zeiten prahlen zu können und um beim Hintreten vor den Schöpfer eine so genannte gute Tat vorweisen zu können.

Diese Erscheinungen, die Suche nach Erklärungen (*z.B. für unerklärliches Leid, wenn die Ernte schlecht ausfiel, ein Kind starb, das Vieh aus unerklärlichen Gründen verreckte oder ein Unglücksfall oder eine Erkrankung Nachteile verursachte, auch wenn einer mehr Glück als ein anderer hatte oder gar aus Eifersucht und verschmähter Liebe oder einfach nur aus tiefem Hass*) und die negativen Erfahrungen im internen Umgang der Menschen im Dorf und der Familie machten Einzelnen plausibel, wer für einen Unglücksfall oder eine Erkrankung verantwortlich zu machen war. Diejenigen, mit denen man in einem andauerndem Streit lebte, sowie mit Personen, welche die Gerüchteküche unter Hexenverdacht stellte, waren somit eine leichte Beute und Opfer.

Der Zusammenhang von Streit und Gerücht liegt auf der Hand und war unmittelbar gegeben, denn in einem Streitgespräch konnte man in einer sehr wirkungsvollen Art und Weise Beleidigungen und den Vorwurf der Hexerei auf der Straße vor den Augen und Ohren der Dorfgemeinschaft unauslöschbar in ihr Gedächtnis schreien. Heute findet man dieses Verhalten auch unter dem Begriff „Mobbing" wieder, welches ja auch das Ziel hat, einen anderen Menschen aus niederen Beweggründen zu denunzieren, mal mehr und mal weniger geschickt, aber immer mit dem Ziel, dem anderen nachhaltig zu schaden.

2. Schutz der Denunzianten

Keinem Inhaftierten / Angeklagten durfte ein Belastungszeuge oder Denunziant namhaft gemacht werden. Dieses bestätigte Papst Innocenz IV. bereits im Jahre 1254 in einer Bulle, denn die Inquisition ist wesentlich älter als der Hexenhammer von 1486, und begründet dieses wie folgt mit einer Bemerkung, dass aus der Namhaftmachung eines Belastungszeugen nur Ärgernis und Gefahr hervorgehen würde (2, Seite 45).

3. Anklage / Verteidigung

Es genügte eine Denunziation oder eine Beschuldigung unter der Folter, damit ein Mensch der Hexerei oder Ketzerei angeklagt werden konnte. Eine Verteidigung wurde im Sinne einer Pflichtverteidigung geregelt, indem der Richter einen Anwalt (*Advocat*) zuließ, indem er ihn bestimmte, wenn überhaupt. Eine Verteidigung war ja schon das Eingeständnis einer Schuld, denn ein Unschuldiger brauchte ja nichts zu fürchten, so die Begründung. Ein Anwalt, der einen Beschuldigten verteidigen wollte, setzte sich selbst der Gefahr aus beschuldigt zu werden, einer Sekte der Hexen- oder Ketzer anzugehören und somit auch angeklagt zu werden. Auch wurden nur Zeugen der Anklage, sogenannte Belastungszeugen, zugelassen. Entlastungszeugen stünden stets im Fokus Mitverschwörer und vom Teufel als Hilfe gesandt worden zu sein. Außerdem war man ja der Auffassung, dass ein Unschuldiger keine Not und keinen Anlass hatte sich zu verteidigen.

4. **Grundsatz** (*zur Denkweise im Hexenhammer*)

   a. **Wer gesteht, ist schuldig und ist hinzurichten !**
   b. **Wer nicht gesteht oder leugnet, dem wird vom Teufel geholfen und ist schuldig und hinzurichten !**
      Es war eigentlich niemandem möglich, einmal angeklagt, der Verurteilung zu entkommen.

5. **Verhaftung / Habhaftwerdung**

   Hierzu finden wir ein Beispiel in den Abrechnungen im Prozess von 1664 im Teil 6.4.
   Die Verhaftung und Überstellung eines Verdächtigen wurden im ehemaligen Amt Rotenburg durch eine Anordnung über den Amtsvogt durch den Untervogt ausgeführt.

6. **Verliess / Gefängnis / Haftbedingungen**

   Allein die Tatsache, in einem Kerker eingesperrt zu sein, den möglichen Tod und die Qualen der Folter vor Augen in einem Kerker der damaligen Zeit erscheint uns heute schon Tortur genug. Was ist in einem Menschen seinerzeit wirklich vorgegangen, der das Verliess / das Gefängnis mit Kälte, Hunger, Ungeziefer, Entbehrungen und vielen anderen Haftbedingungen, die uns noch einfallen könnten, am eigenen Leibe erlebte ? Dazu die Möglichkeit der Einzelhaft in dunkler Kammer, die Schild (8) in seinem Text wie folgt beschreibt: „Bei der **Camera silens** (*lat. schweigender Raum*) – fälschlich auch Camera Silence genannt – handelt es sich um einen vollständig dunklen und schallisolierten Raum. Ein längerer Aufenthalt dort kann zu Halluzinationen und anderen Beeinträchtigungen der Wahrnehmungsfähigkeit führen. Die Camera silens wurde und wird teilweise als Folterinstrument verwendet, wobei die bloße Androhung oft schon reichte, um jemanden zum Reden zu bringen, da die Auswirkungen weit bekannt waren. Selbst in der heutigen Zeit ist es schwer nachzuweisen, ob jemand auf diese Art gefoltert wurde, da diese Art der Folter keine sichtbaren Spuren hinterlässt und daher zu den weißen (*im Gegensatz zu den schwarzen*) Foltermethoden gehört.
   Aus experimentalpsychologischen Untersuchungen weiß man mit Gewissheit, dass solche Bedingungen in kürzester Zeit Menschen physisch und psychisch zerrütten können. Physisch tritt eine allmähliche Zerstörung der sogenannten vegetativen Funktionen ein, was sich unter anderem in krankhaften Veränderungen bezüglich des Schlaf-, Nahrungsaufnahme- und Urinierbedürfnisses wie auch in Kopfschmerzen oder Gewichtsverlust auswirkt. Psychisch kommt es zu emotionaler Instabilität, in kurzer Zeit unter anderem auch zu zeitlicher und räumlicher Desorientierung, Konzentrationsschwierigkeiten, Gedankenflucht und schlechtem Erinnerungsvermögen sowie Sprach- und Verständnisdefiziten.
   In manchen Filmen (*z.B. Das Experiment*) wird die „Camera silens" als „Black Box" dargestellt, die neben absolutem Schall- und Lichtmangel auch Bewegungsmangel herbeiführt, was die Gefolterten noch eher zum Wahnsinn treibt.

   Eine Beschreibung eines Zeitzeugen aus dem Jahre 1613 liest sich wie folgt:
   „Eine der Hexerei beschuldigte weibliche Person wurde als erstes in ein Gefängnis gesteckt. Schon diese Gefangenschaft war mit körperlichen Leiden verbunden: "In dicken, starken Thürmen, Pforten, Blockhäusern, Gewölben, Kellern, oder sonst tiefen Gruben sind gemeinlich die Gefängnussen. In denselbigen sind entweder große, dicke Hölzer, zwei oder drei über einander, daß sie auf und nieder gehen an einem Pfahl oder Schrauben: durch dieselben sind Löcher gemacht, daß Arme und Beine daranliegen können. Wenn nun Gefangene vorhanden, hebet oder schraubet man die Hölzer auf, die

Gefangenen müssen auf ein Klotz, Steine oder Erden niedersitzen, die Beine in die untern, die Arme in die obern Löcher legen. Dann lässet man die Hölzer wieder fest auf einander gehen, verschraubt, keilt und verschließet sie auf das härtest, daß die Gefangen weder Bein noch Arme nothdürftig gebrauchen oder regen können. Das heißt, im Stock liegen oder sitzen. Etliche haben große eisern oder hölzern Kreuz, daran sie die Gefangen mit dem Hals, Rücken, Arm und Beinen anfesseln, daß sie stets und immerhin entweder stehe, oder liegen, oder hängen müssen, nach Gelegenheit der Kreuze, daran sie gehefet sind.

Etliche haben starke eiserne Stäbe, fünf, sechs oder sieben Vertheil an der Ellen lang, dran beiden Enden eisen Banden seynd, darin verschließen sie die Gefangenen an den Armen, hinter den Händen. Dann haben die Stabe in der Mitte große Ketten in der Mauren angegossen, daß die Leute stäts in einem Läger bleiben müssen."

(Prätorius, "Von Zauberey und Zauberern", 1613)

7. erstes Verhör / Peinliche Befragung

a. Peinliche Befragung

Die peinliche Befragung bezeichnet ein Verfahrenselement der Gerichtsbarkeit des frühen und späten Mittelalters sowie der Frühen Neuzeit. Die peinliche Befragung wird auch scharfe Frage oder Tortur genannt. Der Begriff peinlich ist dabei abgeleitet von Pein im Sinne von Qual und wurde als "Peinliches Verhör" bezeichnet. Ursprünglich war die peinliche Befragung die Hauptvernehmung des Angeklagten bei Inquisitionsprozessen, später hat man unter der peinlichen Befragung schlicht und einfach den Einsatz der Folter verstanden, um von einem Angeklagten ein Geständnis zu erwirken.

Die peinliche Befragung sollte erst dann eingesetzt werden, wenn zuvor weder durch ein Geständnis noch durch die Verfahrensmethode der Beweisung der Angeklagte überführt worden war. Außerdem musste ein dringender Tatverdachtsbestand vorliegen. Vom ursprünglichen Prinzip her konnte die peinliche Befragung also nicht willkürlich eingesetzt werden Ausgeschlossen von der peinlichen Befragung als Anwendung waren lediglich Kinder unter 14 Jahren, Behinderte, Greise, schwangere Frauen, Geisteskranke, sturme Menschen sowie kranke Personen, welche die peinliche Befragung von Haus aus nicht lebend überstanden hätten.

Die Folter wurde schon seit jeher von allen Völkern gleichermaßen als Methode des Verhörens eingesetzt, entwickelte sich jedoch in ihren schlimmen Ausprägungen regional höchst unterschiedlich. Traurige Berühmtheit erlangte sie in Europa in der frühen Neuzeit im Zuge der Inquisition und der Hexenprozesse.

Als reichseinheitliche Halsgerichtsordnung wurde sie 1532 unter Kaiser Karl V. beurkundet, womit die so genannte Constitutio Criminalis Carolina oder auch Peinliche Halsgerichtsordnung von Karl V. als erstes allgemeines, deutsches Strafgesetzbuch gilt.

b. mit Geständnis

Ein Geständnis ersparte in den meisten Fällen die nachfolgende Folter. Ihm gingen leichte Formen der Torturen voraus: Einkerkerung, oft über mehrere Monate unter den widrigsten Bedingungen bei Hunger und Kälte sowie der Angst vor dem Ungewissen, Einschüchterung in den Vernehmungen, Androhung der Folter und des Todes, zeigen der Folterinstumente, ggf. auch Schändungen und / oder Folter Angehöriger.

Dennoch konnte ein Geständnis stets widerrufen werden und häufig diente dennoch die Folter der Festigung der „Beweise" für den Schuldspruch, falls ein Widerruf erfolgte. Dann hatte man noch immer den Beweis und die Drohung der Folter. Dennoch gab es einige wenige, die Wochen und Monate der Folter aushielten und nicht gestanden. Wenn die Menschen dieses überlebten, waren sie bei Freilassung für das Leben an Körper und Seele gezeichnet.

Anmerkung:

Während aller Grade eines Verhörs und der Folter wurden die Angeklagten stets aufgefordert, weitere Personen zu benennen, die sich einer Tat im Sinne der Hexenprozesse schuldig gemacht hatten. Es wurden Personen gesucht, die mitgemacht hatten, die „die eigentliche" Schuld am Verhalten des Angeklagten hatten. Die Hoffnung des Opfers, die Beschuldigungen gegen sie könne fallen gelassen werden, wenn es nur einen anderen gäbe, der die Schuld trüge, erhöhte sicherlich die Bereitschaft, andere Menschen, in der Hoffnung, es (Folter/Gefängnis) möge damit bei einem selbst vorbei sein, anzuschuldigen. Es kam auch vor, dass gezielt gefragt wurde, ob z.B. der Nachbar X nicht auch mit- oder vorgemacht habe. Es kann anhand vieler Fälle unterstellt werden, dass hier gezielt Namen persönlicher oder politischer Feinde vorgesagt wurden, um gegen diese vorgehen zu können.

Dieses Verfahren eröffnete die Möglichkeit Gegner aus dem Weg zu schaffen, sich dadurch deren Vermögen anzuzeigen und deren Stellung zu zerschlagen. Es führte auch zu einer Ausweitung der sogenannten Hexenprozesse, welche ja nachweislich eine lohnende Einnahmequelle für bestimmte Gruppen waren.

c. ohne Geständnis

Als erste Stufe der Folter nach einer Befragung ohne Geständnis versuchte man die Menschen durch das bloße Zeigen der Folterwerkzeuge zu einem Geständnis zu bewegen. Dies nannte man Territion, die Schild wie folgt erklärt:
„Die **Territion** (*dt. Schreckung*) bezeichnet das Zeigen der Folterinstrumente. Teilweise wurden den Angeklagten bzw. Verdächtigten die Folterwerkzeuge auch angelegt, aber ohne Schmerzen zu verursachen. Dies wurde häufig bei der Inquisition als Vorstufe der peinlichen Befragung benutzt.

Mit der „Constitutio Criminalis Carolina" (1532), dem Strafrechtskodex Karls V., wurde die „Schreckung" bis zum Ende des 18. Jahrhunderts Bestandteil der Straf-rechtspflege."

Er schreibt zur Folter, sie ist das gezielte Zufügen von psychischem oder physischem Leid (*Gewalt, Qualen, Schmerz*) an Menschen durch andere Menschen, meist als Mittel für einen zielgerichteten Zweck, beispielsweise um eine Aussage, ein Geständnis, einen Widerruf oder eine wichtige Information zu einem bestimmten Sachverhalt zu erhalten oder um den Willen und Widerstand der Folteropfer (*dauerhaft*) zu brechen. (8)

8. Wasserprobe

Es gab zwei Arten der Wasserprobe. Eine mit kaltem und eine mit heißem Wasser. Bei der Wasserprobe im kalten Wasser wurde der Angeklagte / die Angeklagte gefesselt und mit einem Seil in ein stehendes Wasser heruntergelassen. Das Seil diente dabei dazu Unschuldige, die untergingen, vor dem Ertrinken zu retten. Zu dieser Wasserprobe ist eine Gebetsformel überliefert, die da lautete: „Lass das Wasser nicht empfangen den Körper dessen, der, vom Gewicht des Guten befreit, durch den Wind der Ungerechtigkeit empor getragen wird."

Die Wasserprobe mit kaltem Wasser wurde auch nach dem Mittelalter noch als Hexenbad angewandt. [siehe im Teil 5 die Bilder 13, 18]

Die Wasserprobe mit heißem Wasser (*Kesselprobe*) verlief wie folgt: Der Angeklagte musste mit nacktem Arm z.B. einen kleinen Stein aus einem Kessel mit kochendem Wasser fischen. Der verbrühte Arm mit der Hand wurde anschließend verbunden und erst nach einigen Tagen wurde der Verband entfernt. Eiterte die Wunde nicht, war die Probe bestanden und die Unschuld belegt.

Ging der Angeklagte nicht unter, wurde die Schuld angenommen. Alle Hexen, so argumentierte man seinerzeit, konnten ja fliegen und waren deswegen eben leicht und schwammen somit oben.

In Soldan-Heppe steht dazu (2, Seite 167), dass am 9. Januar 1594 ein Gutachten der Professoren der Medizin und der Philosophie zu Leiden *(in Holland)* ausgestellt wurde, um die Zulässigkeit der Wasserprobe zu bewerten. Es steht im Gutachten, „dass die Wasserprobe in keiner Weise als ein Beweismittel gelten könne. Wasser könne weder beratschlagen, noch beschließen, und wenn das Wasser die Hexen für schuldig erkennt, warum trägt sie die Erde, warum gibt ihnen die Luft Lebensatem?

Dass angebliche Hexen oft auf dem Wasser schwämmen, erkläre sich aus der Art, wie sie kreuzweise gebunden ins Wasser gesenkt würden; dabei kämen sie mit dem Rücken wie kleine Schiffchen auf die Wasseroberfläche zu liegen".

Es hat danach dennoch weiter Anklagen und Hinrichtungen gegeben, denken wir an Margarethe MEINKEN aus Westeresch im Jahre 1664 [siehe im Teil 6.2c] und Anna HASTEDE aus Hetzwege im Jahre 1665 [siehe im Teil 6.3].

9. Nadelprobe

Die Nadelprobe war eine der am häufigsten angewandten Hexenproben, die zur Anwendung kam, weil die Manipulation durch die Folterknechte mit am größten war. Wenn eine Angeklagte nicht geständig war, wurde sie häufig nach dem auch das Zeigen der Werkzeuge ohne Erfolg blieb, der Nagelprobe unterzogen. Hierbei wurde am Körper ein sogenanntes „Hexenmal" *(z.B. Muttermal)* gesucht. Das bedeutete zunächst die Entkleidung und das Absuchen am ganzen Körper mit den Händen und Augen. Fand man nun ein solches Hexenmal, unterzog man es der Nadelprobe. Man glaubte, dass der Teufel als Bündnispartner ein Zeichen der Verbundenheit hinterlassen hatte, es schmerzunempfindlich sei und dass daraus niemals Blut fließen könne. Im Rückschluss daraus ergab sich, sticht man in ein solches Mal und der Angeklagte / die Angeklagte spürte keinen Schmerz, konnte es nur ein Hexenmal sein. Die Bestätigung bekam man, wenn beim Einstich kein Blut floss.

Nachweislich wurden dabei auch Nadeln benutzt, die unter Druck die Nadel im Schaft verschwinden ließ. Damit sahen alle die zuschauten, es tat dem Angeklagten nicht weh und es floß auch kein Blut. Dieser Betrug überzeugte natürlich alle Anwesenden, die nicht wussten, was hier geschah.

Anzumerken sei, daß der Nachrichter, der ja auch der Henker war und die Torturen mit seinen Gesellen durchführte, jede Tortur in Rechnung stellte und somit verdiente.

Würde seine Methode nicht die Schuld beweisen, würde möglicherweise sein Ruf als Nachrichter Schaden nehmen und er brotlos werden. Je mehr Torturen er anwenden konnte, welche die Schuld belegte und es zur Verurteilung und Hinrichtung kam, je mehr konnte er am Ende abrechnen. Hier liegt die Motivation und die Zielrichtung für alle offen.

10. Feuerprobe

Diese Probe ist mit dem Ziel der Wasserprobe gleichzusetzen. Sie soll als „Gottesurteil" die Unschuld des Beschuldigten beweisen. Es war keine Foltermethode. Als Beweis der Unschuld wurde das Fehlen von Brandmalen oder das schnelle Abheilen von Brandwunden gewertet. Eiterte die Wunde nicht, war die Unschuld erwiesen. Die Durchführung erstreckte sich auf das Anfassen glühenden Eisens, das Gehen auf glühendem Eisen und das Halten der Hand in ein Feuer.

Möglicherweise stammte von der letzten Variante die Redensart „dafür lege ich die Hand ins Feuer".

In Soldan-Heppe steht (2, Seite 113) dazu, dass die Feuerprobe ein altes Beweismittel war, welches schon bei Sophokles (*) zu finden ist, auch bei Germanen und Slaven nicht unbekannt war.

Er schreibt weiter, dass diese Methode von Konrad von Marburg und anderen Inquisitoren gegen Ketzer angewendet wurden und in den Hexenprozessen nur in der Anfangszeit vorkam, so wie der Hexenhammer diese Probe gänzlich verwirft.

(*) Sophokles war in der Antike ein griechischer Dichter der u.a. Tragödien schrieb. Im Jahre 442 v. Chr. wurde sein Erstwerk „Thebanische Trilogie" in einer Uraufführung vorgestellt, zu der „König Ödipus" gehörte.

11. weitere Verhöre (*Fortsetzung*)

a. Brustreißen

Ein **Brustreißer** (*auch: Brustkralle, Brustknacker*) ist ein angebliches Folterinstrument aus dem Mittelalter. Der kalte oder glühende Brustreißer soll dazu gedient haben, zur Strafverschärfung Frauen auf dem Weg zur Hinrichtung die Brüste auszureißen.

Die Foltermethode des Brustausreissens ist zwar historisch belegbar, z.B. heißt es in der Constitutio Criminalis Theresiana aus dem Jahr 1769, die Hinzurichtende solle *„auf die gewöhnliche Richtstatt geführet, ihr beide Brüste mit glühenden Zangen herausgerissen, und sie folgendes mit dem Schwert vom Leben zum Tod hingerichtet werden"*. Für die Anwendung der heute als Brustreißer bekannten Geräte, von denen es etliche Abbildungen im Internet gibt, gibt es jedoch keine verlässlichen historischen Quellen, so dass die Möglichkeit besteht, dass es sich bei den gezeigten Geräten wie bei der Eisernen Jungfrau um Fälschungen aus späteren Zeiten handelt. (8) [siehe Bild 5 im Teil 5]

b. Mundbirne

Sie ist ein mittelalterliches Folterinstrument und gehört zu den sogenannten Schädelschrauben. Sie besteht aus zwei oder mehr löffelförmigen Schalen, die in namensgebender Birnenform zusammengelegt und am verjüngten Ende beweglich miteinander verbunden sind. Im Inneren befindet sich ein einfacher Gewindemechanismus, über den die Teile auseinandergedrückt werden können, indem das Gewinde, üblicherweise mittels einer Schraube am verjüngten Ende, entsprechend bewegt wird. Neben einer schmerzhaften Kiefersperrung konnten diese Geräte üblicherweise so weit aufgespannt werden, dass Zähne oder Kiefer brachen. Die Verwendung einfacherer, starrer Modelle war in der Psychiatrie des 18. Jahrhunderts durchaus üblich, um das Sprechen der Patienten zu unterbinden, ein Brüllen war damit jedoch immer noch möglich. Heute gibt es Nachbauten der historischen Mundbirne als Knebel im BDSM-Bereich. (8)
(BDSM = **B**ondage & **D**iscipline, Dominance & **S**ubmission, Sadism & **M**asochism = Sadomasochismus).

c. Streck- oder Folterbank

Die Streckbank (*auch Folterbank*) ist ein Folterinstrument. Sie gehörte zur peinlichen Befragung und galt als ein Mittel zur Wahrheitsfindung der Rechtsprechung.
Die Streckbank war in Europa vom Mittelalter bis zum beginnenden 19. Jahrhundert im Gebrauch. In deutschsprachigen Gebieten war mit dem Begriff „Folter" meistens die Folterbank gemeint.
Das auf einem langen Tisch liegende Folteropfer wurde an den Armen und Beinen gefesselt. An einem Ende wurde mit einem Handhebelrad das eine Seil, mit dem meistens die Arme in einer Schlinge gefesselt waren, langsam angezogen, so dass die Gelenke gedehnt oder die Knochen der Gepeinigten aus den Gelenken gelöst wurden. Das andere Ende hingegen, in welchem die Beine an den Füßen gefesselt waren, blieb unbewegt, oder Teile der Bank konnten auseinander gekurbelt werden.

Zum Teil wurden zugleich Feuer oder andere Werkzeuge wie glühende Zangen oder Kohlen eingesetzt. Ein ähnliches Instrument wie die Streckbank ist die Streckleiter.
(8) [siehe Bild 1, 2, 7, 15 im Teil 5]

d. Spanische Stiefel

Der Spanische Stiefel, auch Schraubstiefel oder Beinschraube ist ein spätmittel-alterlich-frühneuzeitliches Folterinstrument, das bei der peinlichen Befragung eingesetzt wurde. Es diente dazu, Geständnisse zu erwirken und gehörte somit zu den gebräuchlichen Mitteln der „Wahrheitsfindung."
Der Spanische Stiefel bestand oft aus zwei Eisenplatten, die dem Unterschenkel angepasst waren. Diese wurden um das Schienbein und die Wade gelegt und dann zusammengedreht – manche Versionen spannten lediglich den Fuß ein.

Bei einfacheren Versionen wurde ein Holzklotz verwendet, der mit Eisenschienen beschlagen war, um so an den Gewindestäben geführt zu werden. Um die Schmerzen zu erhöhen, wurden zusätzlich Holzkeile mit unterschiedlicher Länge und Dicke zwischen die Bretter geschlagen, um die Qualen des Delinquenten zu erhöhen (siehe F. Helbig, Die Tortur, Grandiers Verbrennung). In den Spanischen Stiefeln wurde der Fuß oder der gesamte Unterschenkel einzeln eingespannt, während immer wieder heißes Pech hineingegossen wurde. Häufig traten dabei Frakturen und Quetschungen auf. Das Instrument wurde zuerst in Spanien angewendet, war seit dem 16. Jahrhundert aber beinahe in ganz Europa verbreitet. Der Spanische Stiefel war bei den Inquisitions- und Hexenprozessen von eher untergeordneter Bedeutung. Er diente dort wohl fast ausschließlich der Territion. [siehe hier unter 7b]

Bis in die Mitte des 18. Jahrhunderts war der Spanische Stiefel in Europa noch in Verwendung. Preußen war der erste Staat, der diese Foltermethode abschaffte. Im Wienerischen hinterließ diese Foltermethode den Ausdruck: "Jemanden die Wadln viererichten" (*Jemanden unsanft zu Wohlverhalten bringen*). (8) [siehe Bild 3 im Teil 5]

e. Peitsche

Eine Peitsche oder Knute ist ein Schlaggerät aus einem sehr schmalen Lederriemen oder Strick an einem mehr oder weniger langen Stiel. Den Griff einer Peitsche nennt man Knauf, der Strick oder Riemen wird Peitschenschnur oder Schlag genannt. Der Faden am äußersten Ende der Schnur heisst „Treibschnur" oder „Schmitze". Das Ende einer Peitsche kann bei korrektem Schlag auf Überschallgeschwindigkeit beschleunigt werden, was den berühmten „Peitschenknall" hervorruft.
Genau genommen, rührt der Knall von der Bildung einer Schlaufe her, die mit steigender Geschwindigkeit aufs Peitschenende zurollt und dabei Schall-geschwindigkeit erreicht. Die Spitze selbst hat zum Zeitpunkt des Knalls bereits etwa doppelte Schallgeschwindigkeit. Der theoretische Nachweis dieses Phänomens gelang dem deutsch-ungarischen Physiker István Szabó, der in seinen Vorlesungen über die technische Mechanik zunächst eine solche Peitsche knallen ließ und anschliessend zur Erklärung die notwendigen Gleichungen an die Tafel schrieb. Verschiedene Bauarten dienten lange Zeit als Folter- oder Bestrafungsinstrument (*siehe Staupenschlag*), daher rührt auch ihre Verwendung im BDSM-Bereich. (8)

f. Mund- oder Kiefersperre

Eine Kiefern- oder Mundsperre war ein Folterinstrument im Mittelalter. Sie hatte in etwa die Form eines Trichters oder eine Röhre und diente dazu, zum Beispiel bei Verhören, den Mund des Verdächtigen offen zu halten. Sie ist in gewissem Sinne das Gegenteil eines Knebels.
Die Mundsperre wurde eingesetzt, damit der Verdächtige oder Angeklagte seinen Mund nicht schließen konnte. Je nach Verarbeitung und Tragedauer konnte die Mundsperre starke Schluck- und Kiefernschmerzen hervorrufen. Außerdem empfanden die Verdächtigen das Tragen der Mundsperre während der Verhöre oft als beschämend, weil sie dabei nicht mehr in der Lage waren, richtig zu sprechen. Überdies konnten sie ihren Speichelfluss nicht mehr kontrollieren, was die Verhörten noch stärker demütigte.

Häufig wurde die Mundsperre auch dazu eingesetzt, dem Verhörten gegen dessen Willen Flüssigkeiten jeglicher Art einzuflößen. Um ihren Stolz und ihre Selbstachtung zu brechen, wurden ihnen zum Beispiel Kot, Urin, Menstruationsblut, Erbrochenes oder Schweineblut eingeflößt, aber auch Säuren, welche die Speise- und Luftröhre verätzten oder Teer, um den Gefolterten zu ersticken. (8)

g. Daumenschrauben

Die Daumenschraube, die in der Constitutio Criminalis Theresiana von 1769 als Daumenstock bezeichnet wurde, war ein Folterinstrument zur „Wahrheitsfindung" der Rechtsprechung im Mittelalter und der frühen Neuzeit, schrieb Schild (8). Er schrieb weiter „Sie wurde bei einer peinlichen Befragung zur Erwirkung von Geständnissen eingesetzt. Dabei werden der Daumen oder andere Finger in eine Zwinge gespannt und deren durch Gewinde miteinander verbundene Backen schraubenförmig zusammengezogen.
Dieser Prozess ist äußerst schmerzhaft und nicht selten mit Frakturen verbunden, welche bleibende Schäden an der Hand verursachen können. Sehr oft wurde diese Form der Folter zu Geständnissen bei der Hexenverfolgung eingesetzt.
Die Folter wurde oft von medizinfachkundigen Menschen durchgeführt, wobei die Daumenschraube nur so weit zugedreht wurde, dass die Finger gebrochen waren. Somit erzielte die Folter sehr häufig Geständnisse."

12. Tortur / Folter

a. Zeigen und erklären der Gerätschaften

Die „**Territion**" (*dt. Schreckung*) bezeichnet das Zeigen der Folterinstrumente.
[siehe in diesem Teil oben unter 7b]

b. Anwenden der Gerätschaften

Das Anwenden der gezeigten Foltergerätschaften, wie in diesem Artikel beschrieben, war die Steigerung der Folter in verschiedenen Graden.

c. Tränen

Hierzu steht im Hexenhammer „....unter Befolgung der unten verzeichneten Vorsichts-regeln. Wenn er (*der Richter*) erforschen will, ob (*die Hexe*) vom Schweigezauber geschützt wird, achte er darauf, ob sie weinen kann, wenn sie vor ihm steh oder er sie der Folter aussetzt." (1, Hexenhammer III/2,15; Seite 678)

Ob diese Tränen nun wahre oder falsche Tränen waren, sollte der Richter durch das Auflegen seiner Hand auf das Haupt und das Aufsagen eines Beschwörungstextes im Namen Jesu Christus herausfinden. In der Bewertung konnte der Richter seiner Interpretation freien Lauf lassen, und so waren ihm die Angeklagten ausgeliefert.

d. Geständnis und der Trick

Hier wird der Angeklagte regelrecht ausgetrickst, indem ein Richter ihm verspricht, wenn er gestehe, würde er ihn nicht verurteilen und hinrichten lassen. Unausgesprochen blieb, dass es aber ein anderer tun würde. An diesen Strohhalm geklammert, ist wohl so mancher hereingefallen und gestand. „Es gibt eine dritte Gruppe von Leuten, welche sagen, der Richter könne ihr getrost die Erhaltung des Lebens zusagen, jedoch so, daß nicht er selbst sich danach das Urteil fällt, sondern ein anderer an seiner Stelle." In den folgenden Passagen begründet Kramer sein Vorgehen. (1, Hexenhammer III/2,15; Seite 676)

e. Leugnen

Die Zeilen im Hexenhammer belegen, dass dem Richter die Auslegung der Aussage stets frei stand und er Varianten hatte, dem Angeklagten, egal was er tat oder sagte, damit die Schuld zu beweisen.

„Befragt, ob sie (*die Beschuldigte*) glaube, daß es Hexen gebe und solches geschehen könnte, was berichtet wird (*Vieh wurde behext*), wie Unwetter zusammenbrauen, Vieh und Menschen infizieren, sagte er .... Und merke, dass die Hexen meisten (*meist / oft*) beim ersten Verhör leugnen, wodurch mehr Verdacht entsteht als wenn sie antworten würden: „Ob es die gibt oder nicht gibt, überlasse ich Höheren." (1, Hexenhammer III/2,15; Seite 645)

So geht es weiter in einem Teufelskreis, aus dem der Angeklagte Mensch bei einem geschickten Ankläger nicht mehr herauskam. Er war stets als schuldig anzusehen, egal, was er sagte oder tat. Dafür sorgte der Hexenhammer, quasi als „Prozessordnung".

13. Prozessführung und Verlaufsdauer

„(*Der Richter*) beginne den Prozess durch eine allgemeine Vorladung, die er an die Doppeltüren der Pfarrkirche oder des Rathauses heftet, folgendermaßen (*lautet*): Dass wir, der Vikar dieses oder jenes Ordinariums oder der Richter dieses oder jenes Herr, mit allen unseren Kräften begehren und aus vollem Herzen wünschen, dass das uns anvertraute Volk in der Einheit und Erhabenheit des rechten Glaubens eifrig unterwiesen und von aller Pest der ketzerischen Verkehrtheit innerlich ferngehalten werde, daher ordnen wir an, der genannte Richter, dem dies nach dem übertragenen Amt zusteht, zum Ruhm und zur Ehre des verehrungswürdigen Namens Jesu Christi und zur Erhöhung des heiligen, rechten Glaubens, wie auch zur Niederdrückung der ketzerischen Verkehrtheit besonders bei den Zauberern und Hexen im allgemeinen und besonderen; je nach Sachlage ....(u.s.w.)" (1, Hexenhammer III/2,15; Seite 628 ff)

Die Ergreifung und die Festsetzung in den Gewahrsam folgte. Der Notar oder der Richter eröffneten den Prozess in einer im Hexenhammer vorgegebenen Weise.

Der Denunziant und die Zeugen wurden unter Ausschluß der Öffentlichkeit vernommen und auf ihre Beschaffenheit (*Glaubwürdigkeit und Beweggründe*) befragt. Zeugen, die falsch aussagten, wurde Glaubenseifer nachgesagt, welcher mit einer geringen Buße belegt wurde (Seite 637).

Die Dauer eines Prozesses konnte sich über Monate, gar Jahre hinziehen. Wurde ein Urteil gefällt, wurde es bei Anfechtung bis zur Entscheidung der nächsten (*und letzten*) Instanz ausgesetzt.

Kramer, der den „Hexenhammer" schrieb, führte die Innsbrucker Hexenprozesse, die wegen seiner gezielten Fragen auf die weibliche Sexualität abgebrochen wurden. (Hinweis 151, Seite 647)

14. Mögliche Folgen für den Richter / den Ankläger bei einem Freispruch

Außer seinem beruflichen Ansehen im Kreise der Richterkollegen, in den Augen des Landesherrn und im Kreise seiner Familie konnte man an seiner Qualifikation als Ankläger und Richter zweifeln. Möglicherweise wurde der Freispruch als persönliche Niederlage empfunden, was der nächste Verdächtige sicherlich zu spüren bekam. Weiterhin musste er die Kosten des Verfahrens tragen, der Denunziant die Folgen.

15. Das Urteil

Im Hexenhammer zeigt der Autor die verschiedenen Formen der Urteilsfindung ab der zwanzigsten Frage auf und beginnt dort mit der ersten Form das Urteil zu fällen.
Er führte mehrere Formen der Urteilsfindung an, die nach der Schwere der Schuld abgestuft waren.

Hier einige Möglichkeiten der Verurteilung die der Autor anführt:
- ◆ Abschwörung (S.722)
- ◆ Dem Feuer überantworten (S.731)
- ◆ Exkommunikation (S.733/734)
- ◆ Kerker auf Zeit oder ewiglich (S.736)
- ◆ Vollstreckung der Exekution ohne oder mit Abmilderung (S.749)
- ◆ Milderung oder Verschärfung der verhängten Strafe nach Jahr und *Tag (also frühestens nach 366 Tagen, S.759)* durch den Bischof oder den Richter
- ◆ aus Barmherzigkeit als bußfertiger Ketzer angenommen und auf ewig eingemauert (Seite 762), d.h. Hausarrest
  (1, Hexenhammer III/3,4 Seite 710 ff)

Die Verkündung eines Urteils in der Öffentlichkeit beschreibt der Autor wie folgt:
„... scharrt sich das Volk auf einem Platz oder Ort außerhalb der Kirche zusammen, um das Endurteil zu vernehmen. Vom Inquisitor wird eine Predigt gehalten, und der Rückfällige wird auf eine Empore gestellt. [...] ... wird der Offizial den Notar, einen Mönch oder Kleriker mit der Verlesung des Urteils beauftragen." Dieser soll in der Urteilsbegründung natürlich auch die Vorwürfe und die Geständnisse enthalten, damit dem Volk der Grund der Verurteilung bekannt wird. (Seite 745/747)
Es wird weiter empfohlen (Seite 751 oben), „daß solche Urteile auf Auslieferung an das weltliche Gericht nicht an einem Fest- oder Feiertage noch auch in der Kirche, sondern außerhalb (dieser) auf einem Platz zu geschehen pflegen, weil es ein Urteil ist, welches zum Tode führt. Und es ist geziemender *(angebrachter)*, daß es an einem Werktag und außerhalb der Kirche ergeht, da der Feiertag und die Kirche dem Herrn geweiht sind."
Dafür hatte man ja Hinrichtungsstätten in den Ämtern und Städten vorgesehen, allgemein z.B. als Kreuzberg oder Galgenberg bekannt, wo auch viel Volk teilnehmen konnte, musste und sicherlich auch wollte. In Städten geschah dieses in der Regel auf einem Platz außerhalb der Stadtmauern, also außerhalb der Gemeinschaft. Ein gehängter oder geräderter Mensch blieb über längere Zeit zur Abschreckung und Mahnung hängen und die Überreste wurden auch dort begraben bzw. sprachüblich *(ohne Ehren)* verscharrt.

„Die letzte Hinrichtung in Rotenburg"

Im Heimatborn Jahrgang 29, Nr.22 vom 11. November 1961 berichtet Karl Wedekind, dass „die letzte Hinrichtung in Rotenburg" im Jahre 1828 stattfand.
Hierbei war es der Altenteiler und Krüger Hilmer BEHRENS aus Wohlsdorf *(Hof-1, PEETS)*, der am 27. August 1828 auf seiner Wümmewiese arbeitete und bevor er nach Hause fuhr noch einmal nach den Bienen seines Nachbarn Hinrich KRACKE *(Hof-9 KRACKEN)* schauen wollte, als er wenige Schritte vor dem Bienenstock die Leiche eines Mannes fand. Sogleich meldete er dieses dem Amt.
Der am 2. September 1828 gefasste Mörder wurde verurteilt und hingerichtet.
Wir haben hier mit Absicht gekürzt.

16. Folgen für den Angeklagten / die Angeklagte bei einer Verurteilung

a. Der Pranger

Vor der Scheeßeler Sankt-Lucas-Kirche unter der alten „Gerichtslinde" steht seit Anfang der 1990er Jahre wieder ein Pranger- / Schandpfahlnachbau, wie er einst als solcher an dieser Stätte genutzt wurde. Er wird heute nur als Schauobjekt genutzt, leider ohne Hinweistafel mit einer Begründung.

Im Internet unter ...Wikipedia.org/wiki/St.Lucas-Kirche... steht, dass dieser Pfahl früher am Zuweg zur Kirche als öffentlicher Pranger gedient habe, an dem „Sünder" am Hals angekettet öffentlich zur Schau gestellt wurden, ehe er 1945 vom Kirchhof entfernt worden war.

Ein Beispiel, aber mit gekürztem Text:

*„In Otterndorf .... drauf verwarnet, bey Vermeydung schwerer Straffe nicht wieder ins Landt zu kommen, **am Lindenbaum ins halßeysen gestellt** und verwiesen." Doch 1735 (!) schien sich die Aufgeklärtheit der Verantwortlichen vernebelt zu haben.* [Woock, Joachim in historicum.net, URL: 25.01.2006 (25.08.2008)]

b. Verbannung (Ausschleppung / Ausweisung)

Die Verbannung oder auch ewige Verweisung bedeutete, dass der Verurteilte nie wieder an seinen Wohnort (*bzw. Gerichtsbezirk*) zurückkehren durfte. [Vgl. Junck 1927, Nr. 10 / Woock, Joachim in historicum.net, URL: 25.01.2006 (25.08.2008)]

Wir sind der Auffassung dass der gemeinte „Gerichtsbezirk" mit dem jeweiligen Amt, welches das Recht zum Hand- und Halsgericht innehatte, vergleichbar und identisch ist. Die im ehemaligen Amt Rotenburg des „Landes" verwiesenen mussten also selbiges Amt verlassen und hierzu einen Eid am Grenzstein leisten, den Ort oder die Stadt nie wieder betreten zu wollen.

Auch hierzu nehmen wir o.a. Beispiel, aber mit vollem Text:

*In Otterndorf in der Nähe von Cuxhaven wurden 1668 Lucia Mahlers und ihr Sohn Otto zu einer Geldstrafe verurteilt, weil sie eine Frau fälschlich der Hexerei bezichtigt hatten. Im Jahre 1673 beschuldigte das junge Mädchen "Margritchen" sich selbst und andere Frauen der Hexerei. Das Gutachten der Universität Kiel erklärte die Aussage des Mädchens für gelogen und wertlos. Margritchen wurde als Verleumderin ehrlicher Personen bestraft: "hinterwerts mit 2 Ruthen vollgestrichen, **drauf verwarnet, bey Vermeydung schwerer Straffe nicht wieder ins Landt zu kommen,** am Lindenbaum ins halßeysen gestellt und verwiesen." Doch 1735 (!) schien sich die Aufgeklärtheit der Verantwortlichen vernebelt zu haben.* [Woock, Joachim in historicum.net, URL: 25.01.2006 (entnommen am 25.08.2008)]
[siehe im Teil Begriffserklärung unter Landesverweisung]

Dr. Dörfler führt in seinem Buch auf Seite 647 ein Beispiel für eine Ausweisung an: *„Lippoldt von Bottmer, gewesener Droste zu Rotenburgk, (hat) bei Bischoff Eberharten Zeiten (1566-1586) eben daselbig Weib von Höperhöfen davon jetzo (1596) der Streit, ihrer Unzucht halber, so sie getrieben, nicht allein von Haus und Hof sondern auch gahr aus dem Stifft Verden und Ambt Rotenburgk verjaget und getrieben und den Katen, darin sie damals gewohnet, in ein Brandt stecken und niederreißen lassen. [...]"*

c. Ausweisung auf Zeit

(siehe oben 16 b.) Der Unterschied war, dass die Verbannung zeitlich befristet auf einige Jahre beschränkt blieb und nicht zeitlebens, wie unter b. beschrieben, galt.

d. Pfählung

Unter der schon bei den Assyrern und Ägyptern praktizierten Hinrichtungsmethode der Pfählung wird dem Verurteilten mit der Spitze des aufgerichteten Pfahls von unten durch die Brust gebohrt. Er wurde förmlich aufgespießt, so dass er mit dem Oberkörper nach vorne hing. Auch wird berichtet, dass man einen abgerundeten Pfahl (Stange) in den Anus oder die Vagina schob und durch das Körpergewicht sich der Pfahl in den Körper schob, was zu einem sehr qualvollem Tod führte.
In einer mittelalterlicher Zeichnung der Brodoc-Chronik ist die Pfählung als Massenhinrichtung in Europa dokumentiert. Hier sitzt der rumänische Fürst Vlad III. als Draculea speisend am Tisch.
Wer hier mehr Details möchte, dem empfehlen wir die o.g. Chronik als Lektüre.

e. Rädern / Knochenbrechen

Rädern oder auch Knochenbrechen ist eine Form der Hinrichtung mittels eines großen Wagenrades. In und auf die Speichen wurde der Körper des Verurteilten gebunden und zur Schau gestellt, nachdem man seine Gliedmaßen mittels des Rades zerschmettert hatte. [Bilder 9 und 12 im Teil 5]
Dieses war eine sehr grausame Form der Hinrichtung. Der Verurteilte wurde auf den Richtplatz gebracht und auf dem Rücken liegend festgebunden. Der Henker zerschmetterte ihm die Knochen, indem er ein Wagenrad quasi als Hammer / Ramme benutzte, indem er es mit der Laufschiene auf die Körperteile fallen ließ.
Beim Urteil „von oben herab" wurde gleich zu Beginn der Prozedur der Schädel des Verurteilten zerschmettert. Damit waren die Qualen schnell zu Ende. Beim Urteil „von unten herauf" dagegen, es wurde bei besonders schweren Vergehen verhängt, begann die Hinrichtung mit dem Zerschmettern der Beine. Der Henker ließ das Rad zuerst auf die Füße, dann auf die Unterschenkel fallen und arbeitete sich dann kopfwärts über den Oberkörper und die Arme hinauf. Nach der Prozedur wurde der Hingerichtete mit seinem zertrümmerten Körper auf dem Richtplatz zur Schau (auf)gestellt.
Begründet wurde diese besonders grausame und langandauernde Tötungsart als angemessene Vergeltung (sogenannte „analoge Talion") bei schweren Verbrechen und unter dem Gesichtspunkt der Abschreckung. Der Vollzug der öffentlichen Hinrichtung wurde als ein wesentlicher Teil der Prävention betrachtet.
Der Begriff, sich, wie „gerädert fühlen", kann wohl auf diese Hinrichtungsart zurückgeführt werden. Als bekanntes Beispiel in der Geschichte dient der Kaufmann Hans Kohlhase (auch bekannt als Michael Kohlhas), der dem Junker von Zaschwitz 1534 die Fehde erklärte und Häuser in Wittenberg niederbrannte, wovon ihn auch ein mahnender Brief Martin Luthers nicht abgehalten hatte.
Weil er noch weitere Verbrechen beging, wurde er verurteilt und am 22. Mai 1540 in Berlin öffentlich gerädert.

„Die letzte Hinrichtung durch das Rad im Hannoverland"

fand vor 145 Jahre statt, so steht es im Heimatborn, 26. Jahrgang, Nr. 9 vom 3. Juni 1967 geschrieben. Dort heißt es: "So wurde noch im Jahr 1822 in Celle ein Übeltäter zum Tode durch das Rad verurteilt. Es war hier die letzte Hinrichtung dieser Art".

Als Begründung, warum dieses rechtlich noch möglich war, heißt es weiter:
"Die Tortur wurde im Hannoverlande durch einen Erlaß vom März des Jahres 1822 aufgehoben. Aber sonst blieb die „Carolina", die Hals- und peinliche Gerichts-ordnung" Kaiser Karls V., die im Jahre 1532 auf dem Reichstag zu Regensburg als für ganz Deutschland geltend veröffentlicht wurde, und von der die Tortur oder Folterung einen Teil ausmachte, bis zum Jahre 1840 in Hannover bestehen."

f. Zersägen

Diese Hinrichtungsmethode geschah bei lebendigem Leib und vollem Bewußtsein, wobei hier schnell der Tod eingetreten sein soll.
In einer Zeichnung von Lucas Cranach dem Älteren aus dem Jahre 1539 ist das Zersägen bildlich dargestellt und bedarf keiner weiteren Erläuterung, wie wir meinen.
[siehe im Teil 5 Bild 23]

In der Bibel finden wir eine Stelle in Hebräer 11,37, in der es heißt: „Sie (andere als z.B. David und die Propheten, siehe 11,32) wurden gesteinigt, gefoltert, zersägt, durchs Schwert getötet, sie sind untergegangen im Schafspelz und Ziegenfellen, mit Mangel, mit Trübsal, mit Ungemach."

g. Ertränken (im Sack oder Weinfass)

Hierbei wurde der Verurteilte in einen Sack eingenäht (*war gefesselt*) oder in ein zugenageltes Holzfass mit und ohne zusätzliche Gewichte (*z.B. Steine*) gesteckt und mit dem Ziel des Ertränkens (*Erstickungstod*) ins Wasser gestoßen und z.B. mittels Stangen unter Wasser gedrückt.

Da dem Wasser wie dem Feuer reinigende Kraft zugesprochen wurde, spielte bei diesen Hinrichtungsmethoden der Symbolcharakter eine wichtige Rolle.
Eine Quelle wird im Staatsarchiv Wolfenbüttel, 8 Alt Wolfb Nr.1199 zum Thema „... hochpeinliche Halsgerichtsverfahren" verwahrt und enthält u.a. Ertränken im Sack wegen Kindsmord und Hinrichtung durch das Schwert, Schlagen mit Ruten und Verweisung des Landes bei Inzest, 1663-1664

h. Erhängen (alt henken, daher Henker)

Das Erhängen wurde mit einem Ziel, aber in verschiedenen Arten durchgeführt. Ziel war es den Verurteilten zu Tode zu bringen, wobei die Hände auf den Rücken gefesselt waren. Die Arten der Ausführung waren u.a.:
- Hängen durch Hochziehen (*Abschnüren der Luft- und Blutversorgung*) bis der Tod eintrat.
- Hängen durch Wegziehen des Bodens unter den Füßen (*Leiter / Stuhl / Bock / Klappe*) mit dem Ziel durch Genickbruch den Tod herbeizuführen.

Der Tod trat nicht immer sofort ein. Das langsame Ersticken durch das Hängen in der Schlinge, das Enthaupten durch Abreißen des Kopfes (*bei zu langer Falltiefe möglich*), der Genickbruch oder lediglich eine Wirbelsäulenverletzung, die dann zum qualvollen Ersticken führte.
Der Henker hatte viele Möglichkeiten, die Todesart zu beeinflussen. Die Art des Stricks, ob aus Hanf oder aus Metall, dünn oder dick, ergaben sehr unterschiedliche Ergebnisse, wenn auch das endgültige Resultat der Tod war. Die Wahl der Position des Knotens am Hals entschied über Genickbruch oder Ersticken. Das eigene Körpergewicht des Verurteilten entschied ebenfalls die Todesart. Hier hatte der Henker die Möglichkeit das Gewicht des Körpers durch zusätzliche Gewichte zu erhöhen (*z.B. Sandsack als Zuggewicht*).

Entweder wurde ein Galgen errichtet oder auch der Ast eines Baumes genutzt. Die Hinrichtungsstätten befanden sich meist auf einer Anhöhe und stets außerhalb der Ortschaften (*Galgenberg, Kreuzberg*).

i. Richten mit dem Schwert / Enthaupten

Das uns durch Kino und Film bekannte Enthaupten auf dem Richtblock, wie in England in der Zeit von Heinrich VIII. (1491-1547) mit einem Richtschwert oder Richtbeil üblich, fand in Deutschland in einer anderen Form statt.
Das Enthaupten aufrecht im Knien blieb in England dem Adel vorbehalten.
In Deutschland saß der Verurteilte aufrecht auf dem Richtstuhl gebunden, und der Henker trennte mit einem Schlag durch ein Richtschwert den Kopf vom Rumpf.
Diese sehr schwierige, von wenigen beherrschte Methode führte allerdings dazu, dass der Schlag ab und an sein Ziel (den Hals) verfehlte und der Hieb z.B. in die Schulter oder den Kopf fuhr. Der Henker musste den Schlag so lange wiederholen, bis der Kopf vom Rumpf getrennt war. Dabei hatte solch ein Fehler natürlich nicht nur Folgen für den Ruf als Nachrichter.
[siehe „Tod eines Scharfrichters" im Teil 6.8c]

Die vor der französischen Revolution (14. Juli 1789) erfundene Guillotine war ein Versuch, diese Hinrichtungsmethode humaner erscheinen zu lassen. Sicher war eins, es konnten mehr Menschen schneller und sicherer vom Leben zum Tod gebracht werden.
Die Geschichte, dass der Likedeeler oder auch als Vitalienbruder und Pirat bekannte Klaus Störtebecker nach seiner Enthauptung am 20. Oktober 1401 in Hamburg noch an 11 seiner Mannschaftsmitglieder vorbeilief, um der Sage nach diese vor der drohenden Hinrichtung zu retten, ist überliefert.

j. Verbrennen auf dem Scheiterhaufen

1. Bei lebendigem Leib ohne Verschärfungen

Diese Variante war die übliche. Meist konnte dem Delinquenten noch die Möglichkeit eingeräumt (*auch eingeredet*) werden, seine Schuld zu gestehen und Buße für sein Seelenheil zu tun. Dieses wirkte auf das Volk erziehend und abschreckend und zeigte den Stellenwert und die Unabhängigkeit der damaligen Justiz in keinem guten Licht. War man sich nicht sicher, so wählte man einen Knebel.
Ein spektakulärer Fall ist aus Verden überliefert. Der Lutheraner und Prediger BORNEMACHER wurde im Jahre 1525 in Verden als Ketzer gefoltert und auf dem Scheiterhaufen verbrannt.
Der Landschaftsverband Stade berichtet in seinem Faltblatt 42 in der Reihe „Wege in die Kulturlandschaft zwischen Elbe und Weser" unter Nr. 9 und der Überschrift >Der Bornemacher – Gedenkstein<
„Am Domgymnasium vorbei erreicht man den „Burgberg". Der Name dieser ruhigen Wohnstraße mit herrlichem Blick über die Allerwiesen erinnert an die alte Heinrichsburg aus dem 10. Jh., welche sich gegen die Ungarn- und Wikingereinfälle am steil herabfallenden Allerufer erhob. Hier kommt der Besucher an einer schlichten Steinsäule mit der Jahreszahl 1526 vorbei. Dieser Stein erinnert an ein gräßliches Ereignis aus der Zeit der Reformation: Der Zisterziensermönch Johann Bornemacher aus Bremen hatte sich von den Predigten und Schriften Martin Luthers inspirieren lassen. Am Tag nach Mariä Empfängnis (8. Dezember) besuchte Bornemacher den Gottesdienst im hiesigen Dom und griff öffentlich den dortigen Prediger (*mit Worten*) an. Dieses ließ den Verdener Bischof Christoph, Herzog von Braunschweig-Lüneburg, als Erzfeind des lutherischen Glaubens nicht ruhen. Johann Bornemacher wurde gefangengenommen, schwerstens gefoltert und zum Tode verurteilt. Gerüchte besagen, daß diesem Ketzer niemand einen anständigen Scheiterhaufen spendieren wollte. So nahm man feuchtes Schwemmholz vom Allerufer, welches zunächst nicht brennen wollte. Erst als man aus des Bischofs Weingarten weiteres Buschwerk holte, fing der Scheiterhaufen Feuer und Johann Bornemacher starb, standhaft bis zuletzt, einen entsetzlichen Tod ..."
Auch Enno HEYKEN berichtet in seinem Buch auf der Seite 111 davon.

2. Bei lebendigem Leib mit Knebel

Der Knebel verhinderte einen Widerruf des Geständnisses oder gar das Aufwiegeln des Volkes. Die Richter und Henker hatten kein Interesse an einem solchen Schauspiel, konnte das Pendel der Emotion doch schnell umschlagen und die Großen durch den Volkszorn und Lynchjustiz treffen.
Man war an reuigen und schuldigen Verurteilten interessiert, die ihr Urteil in Buße und Scham annahmen.

3. Bei lebendigem Leib mit einem Brandbeschleuniger

Hierzu verwendetete man Öle, Fette, Pech oder Harz. Sie führten dazu, dass das Feuer schnell auf den Körper übersprang und die Leiche besser verbrannte. Als Grund, dem Verurteilten „größeren Qualen" zuzufügen und dadurch der Menge ein „Schauspiel" zu bieten, kann nicht ausgeschlossen werden.

4. Bei lebendigem Leib mit Pulversäcken

Diese Methode führte zu einer kleinen Explosion oder Explosionen am Körper des Delinquenten, sobald das Feuer die Stellen erreichte. Ob er dann noch lebte, ist zu bezweifeln. Es diente wohl eher zur Abschreckung des anwesenden Volkes. Diese waren zwar zur Teilnahme verpflichtet, aber die Schaulust spielte sicherlich auch eine große Rolle.
Soldan-Heppe führt in seinem Buch "Geschichte der Hexenprozesse" auf Seite 166 ein Beispiel an, wo 1577 bei einer Exekution in Bommel, der Scharfrichter beim Entzünden des Pulversacks aus Ungeschick selbst verbrannte.

5. Tod nach vorherigem Gnadenakt der Tötung durch das Schwert oder durch Erdrosseln als Akt der Gnade

Dieses war eine barmherzige Methode und galt als Akt der Gnade, die Margarethe Meinken aus Westeresch ereilte. Sie soll nicht lebend verbrannt, sondern vorher enthauptet worden sein. (lt. Dr. Joachim WOOCK)

Wie könnte eine Wohnstätte um 1664 ausgesehen haben?
Kötnerhof in Oldendorf, Krs Celle mit Flechtzaun als Umfriedung, Kate erbaut um 1750, Kleinspeicher (li) erbaut um 1850 [I-11]
Quelle: Institut für Heimatforschung, Titel „Bilder von alten Höfen ab Anno 1500"

17. Folgen für die Hinterbliebenen

Die Folgen für diese Menschen kann sich jeder lebhaft vorstellen. Sie mussten die Kosten des Prozesses tragen und verloren dabei meist alles Hab und Gut. Dadurch wurden sie mittellos und im Stand gehörten sie dadurch plötzlich zu den Geringsten im Dorf, wenn sie dort überhaupt blieben. Plötzlich war ein Halbhöfner nur noch ein Knecht oder gar Bettler, der nicht auf Altenteil sondern im Armenhaus lebte. Hinzu kam die „empfundene Schande" im Dorf, im Kirchspiel und darüber hinaus. Das Gerede und der Fingerzeig auf diese Gruppe muss nach unserer Vorstellung qualvoll für die Betroffenen gewesen sein.

Im Fall der Margarethe MEINKEN aus Westeresch zeigt sich allerdings ein anderes Bild.
[Einzelheiten dazu lesen sie im Teil 6.2a]

Selbst bei einem Freispruch stellen wir uns das Leben im Dorf für die am Prozess Beteiligten recht schwierig vor. Ein Sprichwort sagt „Es bleibt immer etwas Senf an der Hose, auch wenn nichts war".

18. Kosten des Verfahrens / der Haftzeit

Eines stand wie heute auch fest, irgend jemand musste die Kosten für das Verfahren tragen. Damals entweder der Verurteilte oder der Ankläger. Ziel der Ankläger war es natürlich, alle Angeklagten zu verurteilen und so denen und deren Hinterbliebenen die Kosten aufzulasten, um nicht selbst die Zeche zahlen zu müssen.
Die Mittel dazu lagen in der Hand der Ankläger, die haushoch im Vorteil waren und das sogenannte „Recht" dazu auf ihrer Seite wähnten. Ein solcher über Monate und Jahre währender Prozess verursachte erhebliche Kosten. Diese bestanden aus den

Hauptkosten, wie:
♦ Advocaten = Rechnungen, also Anwaltskosten
♦ Procuraters = Rechnung, Rechtsbeistand z.B. Fakultät Rinteln
♦ Kosten für den Amtsschreiber
♦ Forderungen des Konsistoriums, also Unterhaltskosten incl. Verzehr- und Wegelohn für die Ankläger
♦ Boten- und Postlohn für das Einbestellen von Zeugen, Überbringen von Schreiben und Akten sowie das Abholen dergleichen
♦ Wartegeld für Boten
♦ Aufwendungen für den Nachrichter und seine Gesellen für Folter, Hinrichtung und Beseitigung der Leichen (*meist als verscharren bezeichnet*)
♦ Lohn für den Feldscherer um nach einem Mal (*Hexenmal*) zu suchen
♦ Lohn für das Ausschleppen (*Ausweisen*) von Verurteilten für den Nachrichter
♦ Geld für den Landesherren oder dessen Vertreter
♦ Geld für den Probst
♦ Geld für die beteiligten Amtsvögte
♦ Geld für den Notar
♦ Geld für die beteiligten Pastoren

und den Nebenkosten, wie:
♦ Reisekosten, Wegzehrung z.B. für die Boten incl. Unterkunfts- u. Übernachtungs-geld, (Stiefelgeld für den Boten zu Fuß)
♦ Verpflegungskosten für die Angeklagten im Gefängnis
♦ Reinigen der Zellen durch die Wärter
♦ Kosten für die Hinrichtungen, wie z.B. Holz zum Verbrennen
♦ Anfertigen, Kauf oder Ausleihen von Foltergeräten oder Stricken zur Wasserprobe
♦ Wein oder Bier für erkrankte Angeklagte (*war einst eine Art Heilmittel*)
♦ Verbringung von Gefangenen / Gefangennahme von Verdächtigen durch z.B. den Untervogt der jeweiligen Vogtei, der ein Amtsvogt vorstand.
♦ Urteilsgebühren

Dieser kleinen Auswahl könnten noch manche Posten hinzugefügt werden. Es wurde alles in Rechnung gestellt. Als Beispiel führen wir Kostenaufstellungen der Prozesse von 1664 / 1665 im Teil 6.4 an.

Dr. Joachim WOOCK kommt im Fall des Hexenehepaares WOLPMANN (1655-1659) zu dem Schluss, dass Rechnungen zu Ungunsten der Angeklagten manipuliert wurden. Damit bestätigt sich unsere Annahme, dass diese Verfahren für bestimmte Gruppen und Einzelpersonen eine lohnende Einnahmequelle und ein lukratives Geschäft waren.

WOOCK führte hier einen Fall aus Verden an, wo es zu keiner Verurteilung gekommen ist. Er schreibt u.a. : „[...]. Zum Schluss führt er "Neben=Ohnkosten, so in den verfluchten handeln an Reise-Zehrungen vnd anderen angewendet worden" in Höhe von 253 Rt. und 41 ½ gr. auf! Die "summa aller verfluchten ohnkosten" beziffert er dann mit 319 Rt. und 9 gr. Die Höhe der Reisekosten macht stutzig, fehlen doch Namen und Begründungen für diese Reisen. Hinzu kommt, dass die Rechnung offensichtlich manipuliert wurde. Als Summe stand zuerst 119 Reichstaler, die erste Ziffer "1" wurde dann zu einer "3" korrigiert und vor die Ziffern "53" a s Summe der Reisekosten, wurde eine "2" gesetzt, um auf Reisekosten in Höhe von insgesamt 253 Reichstalern zu kommen!" [Woock, Joachim in historicum.net, URL: 25.01.2006 (25.08.2008), siehe auch Hauptquellenverz. Nr.55]

19. Kosten der Vollstreckung

Der Nachrichter / Scharfrichter oder auch Henker genannt erhielt Geld für seine Arbeit. Selbstverständlich musste die Hinrichtung sowie die Beseitigung der Leichen etc. bezahlt werden. Hier sind Beispiele der Kostenaufstellungen im Teil 6.4 angeführt.

20. Der Richter

Der Hexenhammer gab den damaligen Richtern die Handhabe, das **_Herbeiführen von Tatbeständen_** im laufenden Prozess wesentlich zu beeinflussen. Ihre Unabhängigkeit ist mit dem Berufsstand der heutigen Richter in Deutschland in keiner Weise vergleichbar.

21. Der / die Amtsschreiber

Der Amts- oder auch Kornschreiber war derjenige, der das Protokoll zu führen hatte. Er unterstützte damit den anwesenden Notar und Richter. Da es zu der Zeit noch keine Stenographie gab, war er auf seine individuelle Auffassungsgabe und das Schreib-vermögen sowie seine Auffassungsgabe und Merkfähigkeit angewiesen. Sicherlich wurde hier kein Wortprotokoll geführt. Eher vorstellbar ist, dass ihm gesagt wurde, „schreib er, ...", was der Richter / Ankläger ins Protokoll haben wollte. Wir unterstellen hier schon Manipulation und glauben daran, weil die Texte in den Originalakten der Protokolle diesen Schluss zulassen, wenn es auch Passagen gibt, die seiner eigenen Wahrnehmung entstammen könnten.

Die Amtsschreiber kannten meist auch die Familien des Amtes, erstellten sie doch die Abgabenlisten, z.B. Michaeliszins, Amtsgeldrechnungen ...

22. Der Henker / Nachrichter / Scharfrichter

Meist waren diese Abdecker von Beruf, denn ein Henker hatte nicht das ganze Jahr etwas zu tun, um davon Leben zu können. So verrichtete er quasi im Nebenamt diese Tätigkeiten, die sich schon lohnte [siehe im Teil 6.4.]. Sowohl der Berufsstand des Abdeckers als auch des Henkers erfreuten sich geringer Beliebtheit. Besondere Folterwerkzeuge wird er nicht vorrätig gehabt haben. Sie wurden neu angefertigt oder ausgeliehen, wenn nicht im Amt vorhanden. Es kam schon mal ein Henker ums Leben, weil er seine Arbeit schlecht verrichtete. [siehe im Teil 6.8c]

Der Beruf des Henkers war nicht sehr angesehen. Die Söhne hatten praktisch nur die Berufswahl, dem Vater zu folgen und Töchter anderer Nachrichter zu ehelichen. So wie der Tod als Gevatter Hein benannt wurde, wurde der Nachrichter oft als **Meister Hans** bezeichnet, ohne seinen Vor- und Familiennamen zu nennen. Es gab auch namentliche Erwähnungen, wie z.B.: **Meister Wilhelm oder Meister Adam, aber auch Meister Hans**

Bei einem umfangreichen Prozess benötigte ein Henker auch mal fachkundige Unterstützung. Aber auch beim Ausfall (*z.B. durch Tod*) eines Henkers musste ein Ersatz oder eine Vertretung gefunden werden.

Im Jahre 1617 benötigte das Domkapitel zu Verden Unterstützung, nachzulesen im Staatsarchiv Hannover, Celle Br.33 Nr.107 „Ersuchen des Domkapitels zu Verden um zeitweise Überlassung des Scharfrichters zu Winsen (*Luhe*) zur Examierung etlicher festgesetzter (inhaftierter) Hexen."

Es gibt den Begriff „gerichtliche Examierung".

Examierung = examina, das Zünglein an der Waage, Verhör oder Untersuchung.

23. Die Zeit nach dem Prozess

Das Leben im Dorf oder der Stadt ging aber weiter, wobei man sich in der Stadt schon eher als auf dem Lande aus dem Wege gehen konnte.

Auf dem Lande traf man sich aber mindestens jeden Sonntag zur Messe, Täter und Opferfamilien. Dieses blieb auch noch über die Jahrhunderte in den Gedächnissen der Menschen haften und wurde weitergegeben: Auf dem Hof X lebte einmal eine verurteilte Hexe oder einer, der unsere Oma auf den Scheiterhaufen gebracht hat. In die so gebrandmarkten Familien, blieben sie im Dorf, wurde ungern eingeheiratet.

24. Freikauf, als Möglichkeit Angeklagte aus der Haft zu befreien

Im Prozess der Margarethe MEINKEN ist ein Beispiel enthalten, in dem der Scheeßeler Müller für Catharina MEINKEN einen Freikauf von der Anklage erreicht. Margarethes Vater scheint hierzu nicht die Mittel gehabt zu haben, außerdem hatte er ja eine ganz andere Zielsetzung verfolgt. [siehe im Teil 6.2c] Diese Möglichkeit bestand aber nur bei geringem Verdacht und vor der Anklageerhebung.

Wohn- und Lebensverhältnisse in alten Zeiten
Hier ist das Flett mit dem Feuerrahmen (up platt Füerrähm) über der Feuerstelle im Halbhof HOOPS in Stemmen Nr.13, Ksp Scheeßel, Baujahr 1828 [I-73] zu sehen.
Quelle: Institut für Heimatforschung, Titel „Bilder von alten Höfen ab Anno 1500"
Auch abgebildet in Stemmen, Stemmen und abermals Stemmen, 2006, Heimatverein Stemmen und Jürgen Hoops, „Außen- und Innenansichten alter Höfe".

Bilder / Zeichnungen
zum Thema
„Folterinstrumente, Kerker und Hinrichtung"

[Teil 5]

< Folterbank
(1)

oben, **Streckleiter**
(2)

< Spanischer Stiefel
(3)

(4) **Daumenschraube >**

Die Bilder 1-4 entstammen dem Buch von
Wolfgang Schild: „Von peinlicher Frag". Die Folter
als rechtliches Beweisverfahren, (= Schriftenreihe
des Mittelalterlichen Kriminalmuseums
Rothenburg o. d. Tauber, Nr. 4), Rothenburg

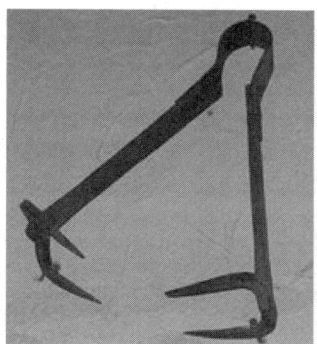

< Brustreißer
(5)

Eisenkäfig >
auch "einserne Jungfrau"
(6)

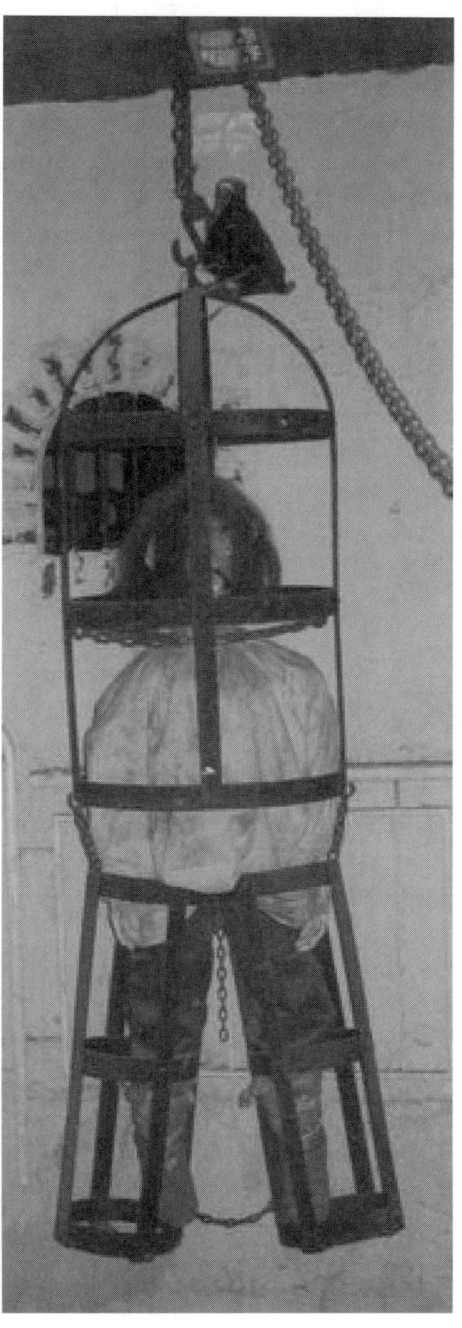

Theresiana-Leiter, oben
(7)

Die Bilder 5-7 entstammen dem
Buch von Wolfgang Schild: „Von
peinlicher Frag". Die Folter als
rechtliches Beweisverfahren,

(Schriftenreihe des Mittelalterlichen
Kriminalmuseums Rothenburg o. d.
Tauber, Nr. 4), Rothenburg

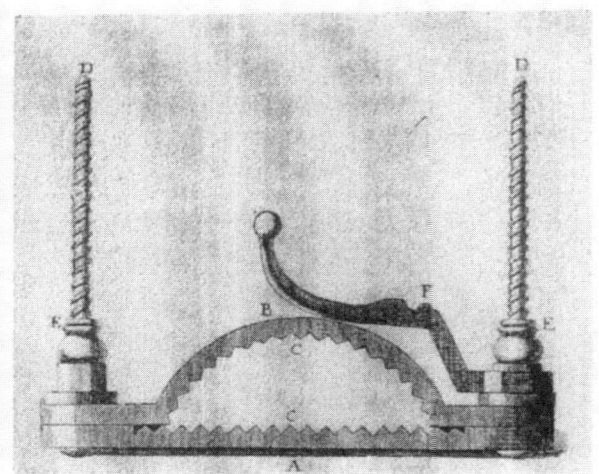

< Spanischer Stiefel
(8)
oder Beinschrauben

Dieses Intrument gab
es in den verschieden-
sten Ausführungen.
Sie sind Knochen-
brecher aus Metall,
die um das Bein
geschlossen und dann
immer fester
zugeschraubt werden.
aus: Hausschild, Seite 45

unten,
Knochenbrecher
Wolfgang Schild:
„Von peinlicher
Frag". (9)

< Aufziehen (10)
Theresiana Hochziehen; Die Hände wurden auf den
Rücken gefesselt und aufgezogen, wobei an den
Füßen noch ein Gewicht gehängt wurde.

**Verbrennung von 18 Personen
in Salzburg, Anno 1528, >**
von Jan Luyken (11)

Rädern
(12)

Wasserprobe (13)

Das Bild entstammt dem Buch von Wolfgang Schild: „Von peinlicher Frag". Die Folter als echtliches Beweisverfahren, (= Schriftenreihe des Mittelalterlichen Kriminalmuseums Rothenburg o. d. außer, Nr. 4), Rothenburg

„Die Hexenprobe", Stich von G. Franz, aus „Germania" von Johannes Scherr, Stuttgart 1878 ...
Bem.: Pieke und Seil sind hier abgebildet.

brennen, brechen, enthaupten
(14)
Hinrichtung des Werwolfs Peter Stump zu Bedburg / Kerpen bei Köln, Flugblatt 1589

Folterwerkzeuge

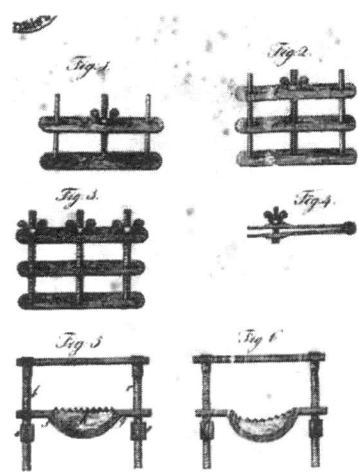

Daumen- und Beinschrauben
Foto: Staatsarchiv Detmold

< **Daumen- und Beinschrauben**
(15)

unten **Folterstuhl**
(16) Ronda, Privatmuseum, Internt,
Autor Klaus Graf

unten **Tränenprobe**
(17) zur Ermittlung des Teufelsbundes,
aus Hauschild, Seite 46

Verbrennung (18)

„Verbrennung der Hexe Lise
Plainacher in Mank"
Zeichnung von V. Katzler, 19.
Jahrhundert
aus Hauschild, Seite 87

< Wasserprobe mit Fessel
(19) aus Justiz in alter Zeit, Band VI c der Schriftenreihe des Mittelalterlichen Kriminalmuseums Rothenburg ob der Tauber,
Abruck auch: Heimatkalender für den Landkreis Verden 2001, Die letzten Hexenverfolgungen in den schwedischen Herzogtümern Bremen und Verden, Dr. Woock, S. 259

Das **„Zwicken mit glühender Zange"** und die Hinrichtung in den Flammen, Miniatur aus einer Handschdschrift um 1514
(20)
Abb.8 aus „Hexen und Hexenprozesse", Lorenz / Midelfort, Seite 9.

< Peinliches Verhör
(21) aus Hauschild, S.46

Verhör / Folter >
(22)
„Du sollst so dünn gefoltert werden, daß die Sonne durch dich scheint"
Johannes Scheer, Germania, Stuttgart 1878, Stich von F. Pioty
siehe Hauschild, Seite 87

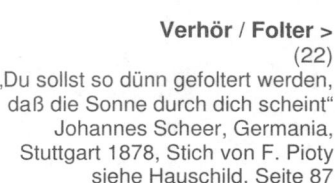

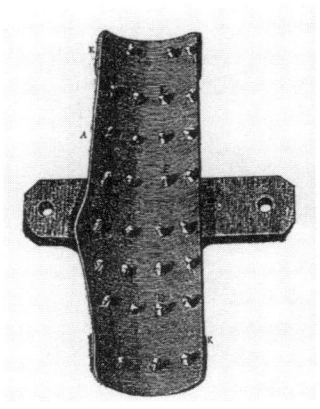

Beinschraube / Spanischer Stiefel
(24)
Quelle: H. Bauer,
Die Tortur, 1926 S.357

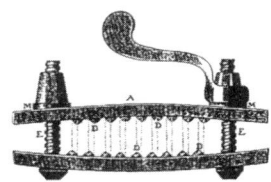

Daumenstock (25)
Quelle: H. Bauer,
Die Tortur, 1926 S.365

**< Tod
auf
dem
Scheiter-
haufen**
(26)
Zentral-
bibliothek
Zürich

Tod einer „Hexe" auf dem Scheiterhaufen in Schiltach (1533)

< Enthauptung (27)

Hinrichtung von Johann Sylvanus,
1672
aus Thesaurus Pictuarum

Eine Hinrichtung mit dem
Richtschwert aufrecht kniend

Auf diesen Darstellungen ist der
z.B. in England verwandte
Richtblock nicht zu sehen.
Teilweise wurden die
Enthauptungen in Deutschland
auch aufrecht sitzend auf einem
Richtstuhl gebunden durchgeführt.

< Enthauptung
(28)
Hinrichtung von
Hans Waldmann

Darstellung aus
dem Höngger
Bericht 1489
Source:
Abenteuer
Schweiz, hrsg.
Migros
Genossenschafts
bund, Zürich
1991

< Urteilsverkündung
(29)
Der Gerichtsdiener verliest
das Geständnis und die
Urgicht des Übeltäters.

Holzschnitte aus dem
Tenglerschen
Layenspiegel, Schöffler,
Mainz, 1508

Enthauptung als „Gnadenakt"
unbekannt
Im Hintergrund brennt schon der
Scheiterhaufen. (30)

Folterung durch Beinschrauben
„Spanischer Stiefel"   >
Holzschnitt aus Mileaeus „praxis
criminalis", 1541 (31)

Hexenjäger machen verschiedene „Hexenproben, Deutscher Stich 1509, links
= brennen / reißen mit einer glühenden Zange; oben = Daumenschrauben; rechts =
das Aufziehen, (32)

Hexenprozesse
im
Amt Rotenburg

1641-1668

[Teil 6.1]

incl. Teilveröffentlichung Wichern gegen Wichern aus „Höfe- und Familienbuch Stemmen", 2006

Junck schreibt im Heimatborn von 1927 Nr.10: … da findet sich in einem Aktenbande ein Inhaltsverzeichnis, das offenbar früher einmal zu einer Reihe anderer Bände gehört hat. Es stammt aus dem Jahre 1666 und lautet in dem hier in Frage kommenden Teil folgendermaßen:

„Verschiedene Acta Criminalia"

1.

1. inn Sachen Marien Bruggemanns
2. Katharinen und Margarethen Meineken (*Westeresch*)
3. Anderer ad. 1664 inhafftiert gewesener, auch ad cautionem erlaßner Weiber, alles in pto veneficus (*pto =Punkt; veneficus = der Zauberei betreffend*)
4. Des Herrn Pastorn Ernst Stahlen eo. Consorten etc.: contra zu Rotenburgh gefänglich eingegete in actis benandte mägde

2.

in einem anderen Convolut

1. In Peinlichen Sachen Henrich von Fintel contra Clauß Röhrß. (*beide aus Schwalingen*) (1668)

2. In Peinlichen Sachen Jürgen Wichers contra Jochimb Wichers zu Stemmen (1664) Es folgten eine Reihe von „Entleibungssachen" und ...

3. ... (siehe 2.3.)

4. ... (siehe 2.4.)

5. In Sachen Agnesen Peterßen zu Rotenburgh contra Cathrinen, Henrich Ottens Frauen daselbst. (1664)

Offenbar handelt es sich in allen diesen Fällen um Hexenprozesse. Nachzuweisen ist dies für die im 1. Convolut (*Band*) genannten Akte.

Der im 1. Convolut (*Band*) unter Nr. 4 genannten Sachen des Pastoren Stahlen spielte sich schon Anno 1647 ab, so schreibt JUNCK.
Ende des Auszugs aus [2]

Junck schreibt weiter „Aufgrund der fehlenden Akten können keine weiteren Aussagen über die Prozessverläufe gemacht werden." [3] [Vgl. JUNCK 1927, Nr.10]

_____

„inn Sachen Marien Bruggemanns" (*das genaue Jahr ist nicht bekannt*)
Zum damaligen Amte Rotenburg gehörten folgende Kirchspiele: Ahausen, Kirchwalsede, Neuenkirchen, Sottrum, Rotenburg, Scheeßel, Schneverdingen, Visselhövede und Brockel.
In der vermeintlichen Zeit von 1575-1690 gab es nur in 2 der vorher genannten Kirchspielen „Brüggemanns", nämlich in Neuenkirchen und Sottrum.
Im Kirchspiel Neuenkirchen gab es von 1575 bis 1682 nur eine einzige Familie und diese lebte in Behningen und wurden namentlich für die betreffende Zeit zwischen 1647-1668 folgende Personen erwähnt:
Kontributionsregister von 1646: Jacob (*Bm*), Cordt (*Hsl*), Hans (*Hsl*)
Kirchspielbeschreibungen 1651 und 1657: Akte nicht vorhanden
Kopfschatz 1663: enthält keine Namen, nur Zahlen
Landesmilizrolle 1675: Stoffer
Landesmilizrolle 1682: Christopher (*als 3ter Bm ohne Altersangaben*)
Kontributionsrolle 1691: Christopher
Landesmilizrolle 1692 und 1710: kein BRÜGGEMANN mehr erwähnt.
Im Kirchennebenbuch 1715-1726 sind keine Einträge mit BRÜGGEMANN enthalten.

Am 3. November 1729 heiratete zu Neuenkirchen Hinrich BRÜGMANN (✳ *n.b., wohl vor 1691*) aus Ilhorn, Sohn des Hinrich BRÜGMANN, Hausvater zu Ilhorn (1673-1756), der als Sohn des 1675 und 1682 erwähnten Christopfer BRÜGGEMANN angenommen werden kann, da es zuvor in Ilhorn keine Familie BRÜGGEMANN gab.

Im Kirchspiel Sottrum gab es von 1575 bis über das Jahr 1700 hinaus mehrere Familien.
Eine Familie lebte in Steinfeld, welches zum Amt Rotenburg gehörte und es waren:
Wirteverzeichnis Amt Rtbg um 1650: Jürgen B., Bm in Steinfeld (*Rotenburgmeyer*)
Landesmilizrolle 1675: Jürgen B. in Steinfeld (∞ *13.10.1657/Sottrum*)°
Landesmilizrolle 1691: Jürgen B., 2/3 Höfner in Steinfeld (*Amt Rtbg*) mit Sohn Claus
Landesmilizrolle 1710: Claus B., 2/3 Höfner in Steinfeld (*Amt Rtbg*) (∞um 1697/...)
Die 1te Ehefrau von Jürgen B. hieß Töppke (Tibke) RATHJEN und starb um 1662 (∞1657)°
Die 2te Ehefrau von Jürgen B. hieß Töppke (Tibke) SCHMIDT und starb um 1674 (∞ 1663)
Die 3te Ehefrau von Jürgen B. hieß Adelheid und starb 1737 im Alter von 87 Jahren und wäre somit um 1650 geboren worden
Es war keine Marie dabei.
Auf den ersten Blick lässt sich nicht mehr eindeutig feststellen, zu welcher Familie der beiden Dörfer aus den beiden Kirchspielen Marie BRÜGGEMANN nun gehörte. War sie als Tochter oder Ehefrau angeklagt und weswegen.
Das oben beschriebene Ausschlussverfahren lässt nur den Schluss zu, dass sie die Ehefrau des Christopher BRÜGGEMANN (*1682 erwähnt als 3ter Bm*) aus Behningen gewesen sein kann. Es gab auch BRÜG(G)EMANN, die lebten in folgenden Dörfern, die zum Amt Ottersberg gehörten: Taaken, Clünder und Sottrum jenseits der Wieste. Diese Familien kommen nicht in Betracht, da sie der Gerichtsbarkeit des Amtes Ottersberg unterstanden und somit nicht in dieser Aufstellung enthalten sein könnten.
In den anderen Kirchspielen des Amtes Rotenburg sind zu der Zeit keine BRÜGGEMANN erwähnt.

---

1. 2: (1664)

„Katharinen und Margarethen Meineken (Westeresch)" *von 1664*

siehe unter Hexenprozess aus dem Jahre 1664 im Kirchspiel Scheeßel im Teil 6.2c

Der Folgeprozess ist zu finden unter:

siehe unter Hexenprozess aus dem Jahre 1665 im Kirchspiel Scheeßel im Teil 6.3

---

1. 3: (1664)

„Anderer ad. 1664 inhafftiert gewesener, auch ad cautionem erlaßner Weiber, alles in pto veneficus (Zauberei betreffend)"

Da hier keine Namen erwähnt wurden, um welche gegen Kaution entlassenen Frauen es sich hier handelt, endet unsere Recherche in diesen Fällen hier.

Die Möglichkeit, Angeklagte im Freikauf aus der Haft zu befreien, ist im Teil 4 dieses Buches beschrieben. In diesen Fällen hat noch keine „Tortur im Peinlichen Verfahren", also noch keine Folter stattgefunden und es lag noch kein Geständnis vor. Gegen Kaution entlassene wurden meist des Landes be- oder unbefristet verwiesen und fristeten dort ein Bettlerleben, wenn es keine Verwandten dort gab, die sie mit dem Makel des Verdachts aufnehmen konnten und wollten, ohne dabei selbst der Gefahr der Verdächtigung ausgesetzt zu sein.

Hier kann es sich nur um die von Margarethe MEINKEN am 9. September 1664 beschuldigten Frauen, die nicht im Prozess 1665 angeklagt und verurteilt wurden, gehandelt haben.
Es waren:
- Margaretha SONNENBERG
- Cillia BASSEN
- Cillia (*MEINKEN*) von Borstel
- Anna FERSEMANß (*Piepen Amke = Anna VERSEMANN*)
- Catharina BUDDEN (*HEITMANN geb. BADEN*)
- Greten Henrich (*Grete HEITMANN geb. NN, Ehefrau von Henrich HEITMANN*)
- eine Frau aus Westerholz
[siehe im Teil 6.2b]

Die drei Frauen, die 1665 angeklagt wurden (*HOLLMANN, HASTEDE, RATKEN*), wurden erst am 25. Mai 1665 eingeschlossen. [siehe im Teil 6.3]

----

1. 4: (1647)

„Des Herrn Pastorn Ernst Stahlen eo. Consorten (*) etc.: contra zu Rotenburgh gefänglich eingegete in actis benandte mägde" aus dem Jahre 1647

Ernst **STAHL** war von 1614 bis 1658 Superintendent (*Pastor*) zu Rotenburg im Bistum Verden.
✳ um 1585 in Rehme in der Grafschaft Ravensberg südlich Minden, wo sein Vater Pastor war.
† 1658 Rotenburg
∞ um 1614 ... mit
N.N. (* consorte = Ehegatte / Ehegattin)
✳ ...   † nach 1663 Rotenburg
Sie wurde im Kopfschatz von 1663 zu Rotenburg als Witwe ohne Vorname erwähnt.
Kinder 3/2/1 bekannt
a. Anna Elisabeth   ✳ r 1617 Rotenburg   † 10.12.1679 Brockel
   Sie starb an den Folgen eines Schlages, den sie drei Jahre zuvor erlitt.
   ∞ um 1658 ... mit Johann Daniel MUNTHER (MÜNTER) aus Minden, Pastor zu Brockel
b. Eckhardus   ✳ um 1625 Rotenburg † ...
   Er wurde 1656 als Pate im Kirchspiel Scheeßel aus Rotenburg gebürtig erwähnt.
c. Philip   ✳ um 1630 Rotenburg † vor 1669 ...
   ∞ vor 1663 ...; 1664 genannt und in der Umlage 1669 wurde seine Witwe erwähnt

Aus dem Buch „Rotenburg-Kirche-Burg-Bürger" von Enno HEYKEN, 1966, Rotenburger Schriften, Sonderheft 7, Seite 94-95 mit dem Quellenverweis in der Schrift "Verda Evangelica" von Johann Friedrich von Stade junior, in der die Spezial-Superintendenten für die Gemeinde Rotenburg für die Zeit von 1567 bis 1658 verzeichnet sind. Quelle: Schrift "Verda Evangelica", StA Stade Nds, Rep (alt) 8, Fach 27 Nr.13 Fasz. 6 Bl. 16/16 b, Intradenverzeichnis der Rotenburger Kirche von 1661.

Als 4ter wurde Ernst STAHL für die Zeit von 1614-1658 ebenda erwähnt. HEYKEN schreibt weiter, dass nur von Ernst STAHL die genauen Jahreszahlen überliefert sind. Auf seiner nicht mehr vorhandenen Grabplatte, die einst vor dem Altar in der Rotenburger "Friedenskirche" von 1648 gelegen hat, stand die Inschrift:

>> Dynastiae Rotenburgensis per XIV annos
Superint(endens) Secialis. Denatus a(*nno*) 1658 <<
(*Im Amt Rotenburg 14 Jahre lang Spezialsuperintendent, gestorben im Jahre 1658*)

Ihm folgte Pastor Magister Henning SCHRÖDER, der als erster Probst in Rotenburg eingesetzt wurde und im Hexenprozess von 1664 erwähnt wurde und auf den wir an anderer Stelle wieder zu sprechen kommen.

Enno HEYKEN beschreibt in „Rotenburg-Kirche-Burg-Bürger", 1966, Rotenburger Schriften, Sonderheft 7, Seite 151 die Lebensgeschichte von Ernst Stahl, die wir hier auszugsweise wiedergeben:

Während seiner Amtszeit in Rotenburg wurde Rotenburg von vier Bränden heimgesucht (*1626, 1632, 1647 und 1658*). Er selbst stand dabei zweimal 1626 und 1647 mit seiner großen Familie vor den rauchenden Trümmern des Pfarrhauses, schreibt HEYKEN.

Im Jahre 1630 wurde er im Zuge der katholischen Gegenreformation mit allen anderen evangelischen Pastorenfamilien des Landes verwiesen. Nach dem Sieg der Evangelischen im Jahre 1632 kehrte er aus der Verbannung zu seiner Rotenburger Gemeinde in den Ort des Schreckens zurück, schreibt HEYKEN weiter.

Er hat in verschiedenen Kirchen ebenda gepredigt: Seit 1614 in der Reformationskirche, in der 1621 neu erbauten und dann beschädigten ev. Kirche, dann in der Kriegskirche von 1639 und seine letzten 10 Amtsjahre in der 1648 neu erbauten Friedenskirche, auf deren Platz in Rotenburg heute noch die alte evangelische *Kirche* (*erbaut 1860-62 mit dem alten Glockenturm von 1752*) steht.
Zu dem oben verzeichneten Vermerk des Herrn Pastor Ernst STAHLEN lässt sich nur Folgendes sagen, dass es in Rotenburg im Jahre 1647 fast am Ende des 30jährigen Krieges erneut einen großen Brand gab und 1648 eine neue Kirche erbaut wurde. Ob der oben genannte Vermerk **„Des Herrn Pastorn Ernst Stahlen eo. Consorten etc.: contra zu Rotenburgh gefänglich eingegete in actis benandte mägde"** mit dem Brand von 1647 in Verbindung steht, lässt sich nicht sagen. Ebensowenig können wir sagen, ob es sich um eine Angelegenheit gemäß der Carolina (Artikel 109), also Zauberei gehandelt hat. Dennoch haben wir ihn unter LfdNr.47 im Teil 11 aufgelistet.

In den Aufzeichnungen des Scheeßeler Pastoren Ernst MUSHARD vom 14. Juni 1731 unter Lfd Nr.19 steht als Wappenbeschreibung: *„Der Pastor Stahe zu Rotenburg hat im Schilde geführtet acht runde Monde oder Weißbrote, zwei in der Mitte und drei zu beiden Seiten, und auf dem Helm ist dieselbe Figur. Die Unterschrift ist: Herr Ernst Stahe, P. zu Rotenburg. 1625."* Dieses hat sich neben vielen andern als in den Fenstern der alten Scheeßeler Kirche befunden.

----

2. 1: (1668)

„In Peinlichen Sachen Henrich von Fintel contra Clauß Röhrß. (bd aus Schwalingen) (1668)"

Da hier keine Gerichtsakten mehr vorhanden sind und es schon 1927 nicht waren, können wir nur durch genealogische Forschungen feststellen, wer diese Männer waren.

Heinrich von FINTEL aus Schwalingen († zwischen 1675-07.06.1682)
♦ bereits 1575 und 1587 wurde zu Schwalingen ein(e Familie) v. FINTEL im Michaeliszins ebenda erwähnt
♦ bereits 1591/92 wurde zu Schwalingen ein (e Familie) von FINTEL im Roggenzins ebenda erwähnt
♦ 1628 im Michaeliszins wurde Hans von FINTEL ebenda erwähnt
♦ 1675 wurde in der Landesmilizrolle ein Hinrich von F. ebenda erwähnt
♦ 1682 in der Landesmilizrolle ebenda nicht mehr erwähnt, aber eine Witwe Geske mit dem Sohn Christopher als 13ter Halbhöfner in der Liste (kann nur Hinrichs Witwe gewesen sein)
Fazit: wir gehen davon aus, dass Heinrich / Hinrich ein Nachfahre des oben genannten war.

Heinrich / Hinrich von FINTEL, Sohn von Hans und Margarethe geb. N.N.
∞ um 1652 ... mit
N.N. Geseke
Kinder 1/1/0 bekannt
a. Christopher
Die Familie von FINTEL saß auf Hof-3a (FINTELMANN) in Schwalingen

Clauß RÖHRS aus Schwalingen (1670/71 des Landes verwiesen)
♦ 1646 wurden im Kontributionsverzeichnis zu Schwalingen mit einer Abgabe erwähnt: Clauß mit 1-4-0, Michael mit 1-27-0, Tonnies mit 0-34-0 (Kö) und Cathrina mit 0-8-0 (Hsl)
♦ 1675, 1682 und 1691 in der Landesmilizrolle wurde Clauß ebenda nicht mehr erwähnt
♦ 1675, 1682 und 1691 in der Landesmilizrolle wurden zwei andere RÖHRS im Dorf erwähnt, also hatte Clauß Nachfahren.
♦ bereits 1575 u. 1587 wurde zu Schwalingen ein(e Familie) RÖHRS im Michaliszins erwähnt
♦ 1591/92 wurde zu Schwalingen ein (e Familie) RÖHRS im Roggenzins erwähnt
♦ 1600 wurde zu Schwalingen ein (e Familie) RÖHRS im Nottenzins erwähnt
♦ 1610 wurden zu Schwalingen zwei (Familien) RÖHRS im Bruch ebenda erwähnt
♦ 1675 wurden zu Schwalingen Jürgen, Michael und Cord RÖHRS erwähnt
Leider gibt es für diesen Raum keinen namentlichen Kopfschatz für das Jahr 1663.

Es steht fest, dass beide Männer zu Schwalingen auch in anderen Listen von 1646 bis 1675 zu finden sind und es scheint, als seien sie beide möglicherweise Nachbarn gewesen, zumindest wohnten und lebten sie dicht beieinander. Dazu möge sich der Leser die Karte des Dorfes Schwalingen zur Hilfe nehmen.
Es steht weiterhin fest, dass sich beide Familien schon über Generationen im Dorf kannten und es ist sehr wahrscheinlich, dass sie auch untereinander geheiratet hatten.
Als Ursache dieses Gerichtshinweises aus dem Jahre 1668, der nur auf eine Anzeige geschehen konnte, stehen mehrere Möglichkeiten erfahrungsgemäß zur Auswahl: z.B. der klassische Nachbarschaftsstreit, Neid, Familienangelegenheiten, Untreue, Eifersucht.
Im Heimatborn, JUNCK, Walter: Aus alten Akten, in der Beilage zum Rotenburger Anzeiger, Nr. 9 von 1927 und Nr. 10 von 1927 steht dazu geschrieben:
Clauß Röhrß aus Schwalingen bei Tewel behauptete 1668, "Margarethen von Fintel auf seines Vaters Hofe unter einem Eichbaum nackend (damals ein Zeichen, dass sie eine "Hexe" war) gesehen" zu haben. Daraufhin strengte sie, zusammen mit ihrem Sohn (Hinrich von FINTEL), eine Beleidigungsklage gegen den Denunzianten an. Das war, wie im Fall Margarethe MEINKEN gesehen, nicht ungefährlich. Da Clauß RÖHRS den Beweis der Hexerei aber nicht liefern konnte, endete dieser Prozess nach fast drei Jahren (1668-71) mit seiner Verurteilung: er wurde vom Rotenburger "Peinlichen Notgericht" mit ewiger Verweisung bestraft. Das bedeutete, dass er nie wieder an seinen Wohnort (bzw. Gerichtsbezirk) zurückkehren durfte.

Amtsgeldrechnungen

Anno 1665
(auszugsweise)

Rep 76 Nr. 1400 Seite 45 R 1665

Außgabe Saltz

fl

[...]

Den 9. Junii alß Nachgerichte über den Kerl
von Schwaling geholten

¼ [1]

[...]

Den 10. Julii uff des Herrn Commissarius alß
Herrn Düringk, Herrn Landwehren, hl. Drosten
undt Sembtlichen Voigten Ablager

¾ [2]

[...]

Bem:
[1] Könnte es sein, daß dieser Streit des Claus RÖHRS schon Anno 1665 begann ?
Natürlich könnte es sich auch um einen anderen Mann als Claus RÖHRS gehandelt haben.
[siehe im Teil 11, Lfd Nr. 29]

[2] Möglicher Hinweis, dass es sich hier um eine wichtige Sache, wie z.B. eine Vernehmung,
gehandelt haben könnte, auch wenn vier Wochen, nachdem ein „Kerl" geholt wurde, dieses
Gremium zusammentrat. Hierbei könnte es sich um einen der oben erwähnten Kontrahenten
gehandelt haben.

von Walter Junck
im Heimatborn
(auszugsweise Begriffserklärungen)

Prozess Claus Röhrs gegen Heinrich von Fintel und seiner Mutter aus Schwalingen

Seinen Hals von der Obrigkeit lösen wolle, d. h. seinen Hals durch eine Geldbuße von der
Obrigkeit auslösen wolle. Stellte sich also heraus, daß die Anklage des Claus Röhrs falsch wäre,
so sollte diesen dieselbe Strafe treffen, die der Angeklagten auferlegt würde, falls sie schuldig
befunden wurde.

Injurianten	= Angeklagten
Injuriantinnen	= Anklägerin

Eydtliche Ur Phede = Unter Urfehde verstand man im früheren Strafverfahren ein eidliches
Versprechen, das der Verurteilte dahin abgeben musste, keine Wiedervergeltung zu üben oder
auch den Ort bzw. das Land, aus dem er verwiesen war, nicht wieder betreten zu wollen. In dem
vorliegenden Fall konnte der Ankläger seine Anklage nicht aufrecht erhalten und wurde dafür hart
gestraft.

\- \-

<u>2. 2: (1664)</u>

„In Peinlichen Sachen Jürgen Wichers contra Jochimb Wichers zu Stemmen"

Teilveröffentlichung Wichern gegen Wichern in der Ortschronik Stemmen im Jahre 2006

Wer waren nun die beiden Männer aus Stemmen, die im Jahre 1664 in einem Hexenprozess (*Peinliche Sachen, s.B.*) zu Rotenburg vor Gericht standen ?
Da der Familienname WICHERN in Stemmen sehr häufig vertreten war, zeigen wir an dieser Stelle die Möglichkeiten auf, weil nicht beide Kontrahenten eindeutig zuzuordnen waren.

<u>Wer war der hier genannte Jürgen WICHERN ?</u>

A WICHERN Jürgen I.   1618-n. 75...   7. Wirt Stemmen-18 (*JOHMS*), Interimswirt
B WICHERN Jürgen II.   1655-...   ∞ 1687 Sohn aus Stemmen-18 (*JOHMS*)

<u>Wer war der hier genannte Joachim WICHERN ?</u>

C WICHERN Joachim I.   1610-1696   ...   Vater von D
D WICHERN Joachim II.   1641-1694   ∞ 1686 7. Wirt Stemmen-5 (*SCHRÖRS*)
E WICHERN Joachim   um 1640-n.82 ...   Sohn aus Stemmen-17 (*FICKEN*)
F WICHERN Joachim IV.   1616-1696   ∞ 1658 8. Wirt Stemmen-18 (*JOHMS*)
G WICHERN Joachim   1620-1651   ...   7. Wirt Stemmen-9 (*BRUNKS*)

<u>Fest steht:</u>
Keiner der beiden Kontrahenten ist durch den Prozess von 1664 zu Tode gekommen

<u>Es scheiden bei der Betrachtung aus:</u>
B, weil zu jung und von keinem Knaben geschrieben wurde
G, weil schon tot

<u>Möglichkeit 1:</u>
Jürgen WICHERN (A) war der Interimswirt auf JOHMSHOF und der Kontrahent könnte Joachim WICHERN (C), wohl Häusling und Vater vom 7ter Wirt auf SCHRÖRSHOF in Stemmen-5 gewesen sein.

<u>Möglichkeit 2:</u>
Jürgen WICHERN (A) war der Interimswirt auf JOHMSHOF und der Kontrahent könnte Joachim WICHERN (D), ab 1686 7ter Wirt auf SCHRÖRSHOF in Stemmen-5 gewesen sein.

<u>Möglichkeit 3:</u>
Jürgen WICHERN (A) war der Interimswirt auf JOHMSHOF und der Kontrahent könnte Joachim WICHERN (E), Sohn aus FICKENHOF in Stemmen-17 gewesen sein.

<u>Möglichkeit 4:</u>
Jürgen WICHERN (A) war der Interimswirt auf JOHMSHOF und der Kontrahent könnte sein eigener Stiefsohn Joachim WICHERN (F), Anerbe und 8ter Wirt auf JOHMSHOF gewesen sein.

Da es keine Prozessakte mehr gibt, wird es bei diesen vier Möglichkeiten bleiben müssen. Sicher gibt es noch Argumente, weitere Möglichkeiten auszuschließen, aber möge sich jeder Leser sein eigenes Urteil bilden.

<u>2. 3:</u>	Da im Heimatborn keine Quellenangaben enthalten sind, war die Originalquelle trotz intensiver Mühen nicht auffindbar und somit bleiben die Punkte 2.3 und 2.4. unbearbeitet als andere Entleibungssachen, also Hinrichtungen mit dem Schwert,
<u>2. 4:</u>	wobei in den beiden Fällen offenbar Straftaten die Ursache der Verurteilung waren.

„In Sachen Agnesen Peterßen zu Rotenburgh contra Cathrinen, Henrich Ottens Frauen daselbst. (1664)"

Agnesen Peterßen zu Rotenburg

- ♦ 1664 wurde zu Rotenburg ein Carsten PETER im Umlageverzeichnis erwähnt.
- ♦ 1669 wurde zu Rotenburg ein Carsten PETER im Umlageverzeichnis erwähnt.
- ♦ 1675 wurde zu Rotenburg ein Carsten PETERS jun. in der Landesmilizrolle (LMR)
  als Soldat der 13ten Kompanie in dänischen Diensten erwähnt.
- ♦ 1675 wurde zu Rotenburg ein Carsten PETERS in der LMR als Soldat erwähnt.
- ♦ 1675 wurde zu Rotenburg ein Hinrich PETERS in der LMR als Soldat erwähnt.
- ♦ 1692 wurde im Flecken Rotenburg im Bürgerverzeichnis ein Hinrich PETERß genannt.
- ♦ 1703-1727 wurde zu Rotenburg der 1te Apotheker Cyriacus PETERS genannt.

Die Kirchenbücher in Rotenburg beginnen erst im Jahre 1682. Bis 1710 ist kein Sterbeeintrag einer Agnesen PETERS / PETERßEN ebenda enthalten.

Cathrinen, Henrich Ottens Frauen zu Rotenburgh

- ♦ 1625 und 1635 wurde im Umlageverzeichnis zu Rotenburg ein Harmen OTEN erwähnt.
- ♦ 1664 wurde im Umlageverzeichnis zu Rotenburg ein Hinrich OTTENS erwähnt.
- ♦ 1669 wurde im Umlageverzeichnis zu Rotenburg ein Hinrich OTTENS erwähnt.
- ♦ 1675 wurde zu Rotenburg ein Hinrich OTTENS in der LMR als Soldat erwähnt.
- ♦ 1692 wurde im Bürgerverzeichnis ein Jchann Hermann OTTENS im Flecken
  Rotenburg genannt, ein Hinrich nicht mehr.
- ♦ am 21. Juni 1693 wurde der 56jährige Johann Hermen OTTEN in Rotenburg begraben.
- ♦ am 29. August 1690 wurde die 70jährige Catharina OTTEN in Rotenburg begraben.

Ein Urteil dieses Prozesses liegt ebenso wenig vor, wie die Prozessakten schlechthin. Da hier Agnesen PETERßEN als Anklägerin dasteht (contra Cathrinen) und Cathrinen Anno 1690 beigesetzt wurde, kann dieses als einziges Ergebnis mit vielen Rückschlüssen zum Prozessausgang gedeutet werden, aber nicht mit einer Verurteilung als Hexe.

Hinweis:
Vom Verfasser in die Texte eingefügte Erklärungen: z.B. (beide aus Schwalingen)

Quellen:
[1] Hexen und Hexenprozesse, ein historischer Überblick von Sönke Lorenz und H.C. Erik Midelfort
[2] Heimatborn 1. Jahrgang / Nr.10, Rotenburg / Oktober 1927 von Walter Junck
[3] Woock, Joachim, Geschichtswerkstatt Verden
[4] Hexenprozess gegen Margretha Meinken aus Westeresch, 1664, StA Stade Rep.72 172 Rtbg Nr.1
[5] Heimatborn 1. Jahrgang / Nr.9, Rotenburg / Oktober 1927 von Walter JUNCK

die wichtigsten allgemeinen Quellen:
"Verda Evangelica", StA Stade Nds, Rep (alt) 8, Fach 27 Nr.13 Fasz. 6 Bl. 16/16 b, Intradenverzeichnis der Rotenburger Kirche von 1661
„Rotenburg-Kirche-Burg-Bürger", Enno HEYKEN, 1966, Rotenburger Schriften, Sonderheft 7, S. 94-95
Geldregister 1681, alt: Rep 74 Rtbg AllgF.30, Nr.31, Bl. 150-170
Kontributionsrollen des Amtes Rotenburg 1646, 1690
Wirteverzeichnisse des Amtes Rotenburg um 1650
Kopfschatz des Amtes Rotenburg 1663, 1701
Kontributionsrolle 1691, alt StA Stade alt: Rep 5b F.121, Nr.192, Bl. 185-188
Landesmilizrollen des Amtes Rotenburg 1651, 1675, 1682, 1691, 1710
Kirchen- und Kirchennebenbücher der genannten Kirchspiele
Kirchspielbeschreibungen 1651 und 1657

* * *

Sammlung
bisheriger Veröffentlichungen
zum Prozess von 1664

[Teil 6.2]

♦ „Ein Hexenprozeß aus dem 17. Jahrhundert", Hermann Ruete, 1895
♦ Zusammenfassung von Dr. Joachim Woock, 2006
♦ Radioerzählung „ein altes Dokument", Dr. Ingolf Wachtler, 1969
♦ Aus „Frauenwelten" von Angela Dinghaus, 1993
♦ „Eindrücke der Hexenverfolgung", Georg August Richelmann, vor 1893
♦ Das letzte Gottesurteil in Niedersachsen, Lug ins Land, 1929
♦ Wasserprobe im 17. Jh., Journal von und für Deutschland,1785
♦ „Der Hexenprozeß gegen Margarethe Meinecken", Dr. Dietmar Kohlrausch, 1994
♦ „Der Hexenprozeß vor 350 Jahren, Matthias Blazek, 2007

„Ein Hexenprozeß aus dem 17. Jahrhundert"
Hermann Ruete

Bereits 1895 verfasste der oben erwähnte Schulrat Hermann RUETE einen Artikel über Hexenprozesse im ehemaligen Bistum Verden und im ehemaligen Amte Rotenburg, dessen grobe übersichtliche und punktuelle Beschreibung dem entspricht, was vorgefallen und sich mit unserem Ergebnis deckt. Deswegen verzichten wir an dieser Stelle auf einen eigenen zusammenfassenden Überblick, den Verlauf in Kürze zu schildern und nehmen den Artikel an dieser Stelle in unser Buch in seiner Gesamtheit bezogen auf diesen Prozess auf, wobei er sich erst in den Seiten 268 (*unten letzter Absatz*) bis 272 mit diesem Prozess befasst. Unsere Anmerkungen und Kommentare dazu setzen wir kursiv in Klammern.

Er wurde veröffentlicht unter „Ein Hexenprozeß aus dem 17. Jahrhundert" in:
Gedenkblätter zur 700jährigen Jubelfeier am 21. Juli 1895, Der Flecken Rotenburg in Hannover in Vergangenheit und Gegenwart, Hermann Ruete, Schulrat in Frankfurt/O., Druck von August Temme, 1895, Seite 266-273;

„Nach 14 Jahren [1] brannte ein Scheiterhaufen in Rotenburg. Am 9. September 1664 wurde **die 17jährige Margarete Meineken** aus Westeresch im Kirchspiel Scheeßel > wegen begangener und selbst zugestandener Zauberei < nach peinlichem Halsgerichte verbrannt. Vier Monate lang [2] hatte der Prozeß gedauert, der von dem Vater des unglücklichen Mädchens, Klaus Meineken, angeregt worden war. Er ahnte wohl nicht, welchen Ausgang die Sache nehmen würde, als er gegen Dorothea Holsten (*seine direkte Nachbarin in Westeresch*) eine Klage einreichte, weil diese seiner Tochter Hexerei nachgesagt hatte, und um Erhebung der Beweise bat.

[1] 1649 Verbot der Hexenprozesse durch die schwedische Königin Christine
[2] d.h. auch 5 Monate Haft im Kerker, wenn auch im Frühjahr und Sommer, dazu die Augenblicke der Folter für diese junge Frau, den Tod vor Augen

Die Untersuchung nahm am 3. Mai 1664 ihren Anfang. Es ging das Gerede, dass Margarete Meineken der ihr verwandten Katharina Meineken (*Cousinen*), mit der sie in Buxtehude gedient, das Hexen habe lehren wollen und dass sie die Kuh des Johann Holsten (*Nachbar u. Ehemann der Dorothea*) in Westeresch totgezaubert habe. Die eigene Verwandte (*Catharina MEINKEN*) sagte bei der Vernehmung aus, dass Margarete sie habe das Zaubern lehren wollen und sie aufgefordert habe, ihr die Worte nachzusprechen: Hier stehe ich auf dem Mist, verschwöre den Herrn Christ, Sonn' und Mond und keinem Menschen Gutes zu thun, denn nur allein dem Teufel. Sie habe hinzugefügt, dass sie und ihre Mutter des Holsten Kuh totgezaubert hätten.

Die Angeschuldigte, deren >> Geschichte etwas verdächtig scheint <<, leugnete alles und schob die ganze Sache auf Feindschaft zwischen ihr und Katharine; sie und ihre Mutter (Mette MEINKEN geb. HOPES) verlangten die Wasserprobe (*was ihnen nach der Klage des Ehemannes und Vaters dann zum Verhängnis wurde*). Die Zeugen bestätigten das auffällige Sterben der Kuh (*bei der Familie Holsten*), und Berendt Müller (*der Mühlenpächter*) aus Scheeßel, der Vater der Ehefrau (*Dorothea*) Holsten, erzählte noch einige Krankheitsfälle [3], bei denen man die Margarete im Verdacht der Zauberei gehabt habe [4].

[3] beim Müller kamen einst alle Bauern wie heute beim Herrenfriseur zusammen und man tauschte Neues aus
[4] an dieser Stelle darf nicht vergessen werden, dass Clauß MEINKEN gegen des Müllers Tochter klagen wollte

Diese Ergebnisse wurden der juristischen Fakultät in Rinteln zugesandt, welche zunächst die eidliche Erhärtung der Zeugenaussage anordnete und die Abhaltung der gewünschten Wasserprobe empfahl, >> ob man gleich solche Probe für kein Argument der Schuld und Unschuld halten thut << (*warum bei der Argumentation selbige dennoch empfohlen wurde, bleibt den Spekulationen des Einzelnen überlassen*).

Am 6. Juni fanden die eidlichen Vernehmungen statt, und am 14. Juni wurde die Wasserprobe vorgenommen. Zwei Nachrichter (*Henker*) aus Rotenburg und Verden banden in der Mühlenkuhle (*vor der heutigen Mühle in Rotenburg*) bei dem Schloß (*links die Mühle, in der Mitte das Schloß, heute Heimathausgelände und rechts die Amtsbrücke*) zwei kleine Schiffe zusammen, und der Drost (*Jost PROTT*) und seine Beamten fanden sich mit einigen Hundert Zuschauern bei der Mühlenkuhle ein. Nachdem die Hände und Füße der Margarete kreuzweise gebunden und ihre Haare gelöst (*hatte wohl lange Haare*) waren, ließ man sie dreimal in das Wasser (*fallen*). Jedesmal >> fing sie wie eine Gans zu treiben an <<, (*Strömung zum Mühlenwehr ?*) und trotz aller Anstrengungen gelang es ihr nicht, unter das Wasser zu kommen. Sie wurde in das Gefängnis (*zurück*)gebracht und beteuerte bei dem Verhör [5] ihre Unschuld.

[5] Beleg dafür, dass die Verhöre nicht in der Öffentlichkeit oder im Freien an der Amtsbrücke stattfanden, wie anderwärts behauptet.

Die Akten gingen wieder nach Rinteln[6], aber die juristische Fakultät hielt (*befand*) nicht dafür, dass man nun zur Folter schreiten müßte[7].
Das hat wahrscheinlich den Richtern nicht gefallen[8], denn in dem weiteren Verlaufe des Prozesses wandten sie sich an die Fakultät in Helmstedt, die (*Gott sei es gedankt*) in der gewünschten Weise entschied (*müssen die Antragsteller erleichtert gedacht haben*).

[6] Rinteln, Fakultät (*Hochschule*)
[7] an dieser Stelle müsste nun eigentlich das Verfahren abgeschlossen werden, aber ...
[8] Wer kann in seiner Laufbahn einen solchen spektakulären Fall, wie diesen hier, ohne Urteil abschließen ?
Dann könnte man daheim sicherlich keine Geschichte erzählen, dass man auch eine Hexe zur Strecke gebracht hatte. Außerdem, wie hätte man als Richter dem Landesherrn begründen können, dass man die Kosten des Prozesses zu tragen hätte, nur weil man einem Mädchen nicht nachweisen konnte, eine Hexe zu sein, obwohl der Hexenhammer eine sichere Anleitung dazu vorgibt. Was wäre das für eine Schmach auch im Kollegenkreise – oder ?
Die „Peinliche Befragung" von Jürgen WULLENWEVER aus dem Jahre 1536 war sicherlich noch gut im Gedächtnis der damaligen Elite. Strebten nun die damaligen Beteiligten ein ähnlich rühmliches Ergebnis an ? An dieser Stelle bitten wir den heutigen Berufsstand der Richter um Nachsicht mit uns, wenn wir diese schwarzen Schafe derart angehen, was nichts mit dem Berufsstand der Richter gemein hat, insbesondere in der heutigen Zeit. Es gab eben in vielen Epochen der Menschheitsgeschichte, ob im Absolutismus, während einer Diktatur oder in einem eher rechtsfreien Raum Menschen, die ihre Macht skrupellos ausnutzten. (z. B. Volksgerichtshof unter Herrn Freisler)

In Rinteln wurde 1619 die Universität „Alma Ernestina" im ehemaligen katholischen Jacobskloster (*auch Academica Ernestina*) gegründet, die bis 1809 existierte. Sie war zu der Zeit in Nordwestdeutschland die einzige lutherische Universität, die auch als Volluniversität bezeichnet wurde. Anno 1623 wurde Rinteln durch Benediktinermönche aus Hildesheim übernommen (*Gegenreformation*). Im Jahre 1631 (*Jahr der Herausgabe von Cautio Criminalis*) bestand ebenda eine katholisch-theologische Fakultät in Rinteln. Friedrich Spee lehrte an dieser Universität.

Die Universitäten Rinteln, Rostock und Wittenberg waren führende gutachterliche Universitäten während der Zeit der Hexenprozesse. Die juristischen Fakultäten der Universitäten Helmstedt und Rinteln galten als sehr konservativ und würden nach heutigem Stand als „Hardliner" bezeichnet.

Inzwischen begehrte (*also bat*) Margarete eine Unterredung mit dem (*Rotenburger*) Amtmann, der sie unter (*dem*) Hinweis auf den Ausgang der Wasserprobe (*als Schuldbeweis*) zum Geständnis und zur Bekehrung ermahnte und den Probst Henning Schröder (*zur Unterstützung*) kommen ließ, der ihr freundlich aus Gottes Wort zusprach [9] und sie zum Eingeständnis [10] vermochte (= *verleiteten wollte*), dass sie die Worte >> *Hier steh ich auf dem Mist* u.s.w. << gesprochen haben könnte. [11]

[9] an dieser Stelle fragten wir uns, geht man so mit einer Hexe um ?
[10] wissend, dass sie dann verbrannt werden würde, aber gerettetes Seelenheil war wichtiger
[11] könnte = was im Konjunktiv als indirektes Geständnis gewertet wurde, um die Tortur rechtfertigen zu können.

Am 29. Juni (*nach fast 2 Monaten*) erhängte sich ihre Mutter an einem zusammengedrehten Hemde im Gefängnis, welches (*in Rotenburg*) unter der Kirche lag, [12] und die Knechte des Scharfrichters schleiften die Leiche mit zwei Pferden nach dem Galgenberge, wo sie verscharrt wurde.

[12] ein Selbstmord wurde stets als Schuldeingeständnis- und Beweis gewertet. Die Aussage und Schlussfolgerung, dass sich in der Kirche ein Gefängnis befunden habe, wo sich Mette erhängte, erscheint uns zweifelhaft und unbegründet. Mette saß, wie die Tochter, zu diesem Zeitpunkt im Gefängnis und das befand sich im Schloss unter der Treppe. Der Hinweis unter der Predigt, könnte darauf hinweisen, dass es darüber einen Andachtsraum gegeben haben könnte. [siehe im Teil 6.2c Nr.35]

Am folgenden Tage gestand Margarete (*sicher unter dem Eindruck der Trauer über den Tod der Mutter und im Gefühl nun im Gefängnis alleine zu sein*) im Verhör, dass sie eine Hexe wäre (*was die Rechtsgrundlage zur Folter öffnete*), leugnete aber die Verübung böser Thaten und die Teilnahme am Hexentanze. Als die Richter befürchteten, sie würde ihr Bekenntnis zurücknehmen [13], schlossen sie die Verhandlung und sandten nun die Akten (*natürlich*) nach Helmstedt [14] (*und nicht nach Rinteln*).

Nachdem das Gutachten (*aus Helmstedt*) eingegangen war, wurde Margarete den Forderungen gemäß am 25. Juli [15] zunächst nochmals in Güte befragt. Der (*Rotenburger*) Drost Prott (a), der (*Rotenburger*) Amtmann Bapst (b) / Pappst, Oberförster (*Johann*) Jordan aus Scheeßel (*1670-75 Amtsvogt in Scheeßel*), Amtsvogt von Münchhausen (c) aus Ahausen, Kornschreiber Schmidt (d) aus Rotenburg, Amtsvogt Reden (e) aus Schneverdingen und Bürgermeister Dammann (f) aus Rotenburg versammelten sich im Gerichtszimmer [16], und der Scharfrichter war mit seinen Instrumenten zur Hand. Der Büttel [17] führte die Gefangene herein und nach >> fleißiger Ermahnung <<, die Wahrheit zu bekennen, begann das Verhör. Sie bekannte, dass sie von ihrer Mutter (*die nun tot war und der nichts mehr Schlimmes geschehen konnte, möglicherweise im Glauben, nun freigelassen zu werden*) das Hexen gelernt (*zu haben*), dass sie Gott abgesagt, aber nicht, dass sie mit dem Teufel gebuhlt [18] und jemanden mit ihrer Zauberei Schaden gethan hätte [18].

a. Drost Jost PROTT, Oberinspektor bei Graf KÖNIGSMARCK
b. Peter PAPST, Amtmann unter Graf KÖNIGSMARCK
c. Die Familie hatte das Patronatsrecht in Kirchwalsede inne, d.h. sie bestellte z.B. die Pastoren und Küster
d. Borchert / Burchardt SCHMIDT, 1ter Amts- und Kornschreiber seit vor 1636 in Rotenburg
e. ohne Vornamensnennung; ...
f. ohne Vornamensnennung; wohl Sohn des Pastoren Johannes DAMMANN aus Verden

Quelle a-f: Rotenburg-Kirche-Burg-Bürger" von Enno HEYKEN, 1966, Rotenburger Schriften

[13] sie hätten bei einem Freispruch die Prozesskosten zahlen müssen
[14] Helmstedt, Fakultät (Hochschule)
[15] vier Wochen nach ihrer Mutter Tod und 3 Monate nach Prozessbeginn
[16] sicherlich in den Amtsräumen des Amtmanns von Rotenburg
[17] Büttel = Gerichtsdiener (hochdeutsch Bannwart)
[18] was in jedem Falle mit dem Tode bestraft wurde

Nun musste die Folter nachhelfen (*um ein Geständnis zu erreichen, damit man sie verbrennen konnte*). Der Scharfrichter kramte vor ihren Augen seine Marterwerkzeuge aus [19] (*zeigte*) und beschrieb (*ihr*) deren Anwendung (und was sie für Schmerzen bewirken würden). Es war (*aus Sicht der Richter*) alles vergeblich. Wie gewöhnlich (*in dieser Situation*) legte der Gehülfe (*ihr*) zuerst die Daumenschrauben an, in welcher der Daumen durch langsames Zuschrauben zerquetscht wurde. Sie versprach (*nun in Angst und wohl unter den Schmerzen*) zu bekennen, that es aber nicht, als man sie (*von den Daumenschrauben*) losließ und man führte sie zur Leiter (*an der man sie an den Händen nach hinten hochgezogen hängen lassen würde*), deren Anwendung wir bei der Folterung des Jürgen Wullenweber [20] noch kennen lernen werden. Sie sperrte sich und versprach zu bekennen.

[19] erste Stufe der Tortur
[20] siehe Fall Jürgen WULLENWEBER aus dem März 1536 im Teil 6.5. Dieser Fall war zwar kein Hexenprozess, aber für Rotenburg und seine Elite war er seinerzeit sicherlich ein spektakuläres Ereignis. Die überlieferte Aktenlage beschreibt und belegt die Qualen eines Menschen unter der Folter, wie sie 128 Jahre später Margarethe MEINKEN und andere sicherlich ebenso erlebten.

Als sie sich wieder nicht dazu verstand (*also es wieder abstritt*), nahm der Henker die Beinschrauben oder (*auch*) spanischen Stiefel (*genannt*) zur Hülfe [21], die Schienbeine und Waden plattpreßten und die Knochen zu Splittern (*und somit den Menschen mindestens zum erwerbslosen Krüppel*) machten. Der Henker sollte nach Anweisung (*der Richter*) alles >> nur gar gelinde << thun [22], erreichte (*er*) aber beim Anspannen (*schon*), daß sie (*endlich*) auch das Buhlen (*,was nun das erste ernsthafte eigene strafbare Schuldeingeständnis darstellte, welches dann auch die Fakultät anerkennen würde*) zugab und elf (*weitere*) Fälle (*wohl in der Hoffnung, es würde aufhören und sie dann wieder nach Hause kommen*) erzählte (*obwohl dieses das eigentliche Todesurteil besiegelte*), in denen sie Kühe, Ochsen, Kälber, Schafe, Pferde und Schweine totgezaubert hätte [23].

[21] was eine Verschärfung und die nächste Stufe der Tortur darstellte
[22] hatten hier die Richter Skrupel vor der eigenen Courage ?
[23] sie hätte wohl in diesem Augenblick alles zugegeben, was sie zugeben sollte, wenn nur der Henker seine Tortur nicht fortsetzen würde.

Freiwillig (?) bekannte sie (*wohl als Zugabe in der Hoffnung, dass es dann vorbei sei*) noch, dass sie auch bei einem Hexentanze hinter dem Hause des (*anwesenden*) Oberförsters (*JORDAN aus Scheeßel*) zugegen gewesen wäre. Der Oberförster erhielt den Auftrag, bei den Leuten, denen das Vieh (*im Kirchspiel Scheeßel*) umgebracht war, über die Thatsachen Erkundigungen einzuziehen. Alle (*Zeugen*) mit Ausnahme von Heinrich Rotken (*RATCHEN / RATHJEN*) in Westeresch (Hof-2 RÖTEN), der von nichts wissen wollte (*also nichts gehört und gesehen hatte*), bestätigten die Angaben. [siehe Prozessakten im Teil 6.2c] Wir (*die Leser und Betrachter*) sehen, wie tief der Aberglaube (*oder eine mögliche Abneigung gegen die Familie MEINKEN zu der Zeit oder die Angst ums eigene Leben*) im Volk eingedrungen (*oder noch immer vorhanden*) war, und die Erscheinung ist um so schrecklicher, da sich unter den Geschädigten Margaretens eigener Vater (*Clauß MEINKEN*) befand, der also auch zugegeben hat, dass ihm ein junger Ochse, ein Schaf und ein Pferd (*welche wohl für die Menschen zu der Zeit auf unerklärliche Weise starben*) von seiner (*eigenen*) Tochter totgezaubert seien (*womit er seine Tochter Margarete nun dem Richter glaubhaft ans Messer lieferte, aus welchen Gründen auch immer. Er war der Vater und hatte doch schon seine Frau verloren*).

Als sie nach fünf (*weiteren*) Tagen (*im Gefängnis*) ihre (*erfolterten*) Geständnisse (*wohl in Angst vor einer erneuten Tortur*) wiederholt hatte, wurden die Akten (*zur Bestätigung*) nochmals nach Helmstedt (*und aus der Erfahrung heraus nicht nach Rinteln*) gesandt. Das Kollegium der Juristen (*in Helmstedt*) >> erwog alles im gehörigen Fleiß << und gab das Erkenntnis (*Urteil*) ab, Margarete sollte vor das öffentliche hochnotpeinliche Halsgericht gestellt werden (*was bedeutete, dass, wenn*). Wenn sie nochmals bekannte, so war >> sie mit dem Feuer vom Leben zu Tode zu strafen <<.

Am 1. September (*1664*) machte sie einen (*verzweifelten und von vornherein aussichtslosen*) Fluchtversuch (*der wiederum als Schuldeingeständnis gewertet wurde*). Die Wärter hatten (*wie es aussieht*) das Gefängnis (*vorsätzlich und wohl auf Anweisung*) geöffnet und ihren Posten verlassen (*was nach einer Fallenstellerei aussieht*). Sie kam (*natürlich*) aber nur bis zum Schlagbaum an der vordersten Brücke, wo sie (*wohl wie geplant*) wieder festgenommen (*und ins Gefängnis zurückgebracht*) wurde.

Nach einigen Tagen wurde ihr (*ohne das von Helmstedt geforderte öffentliche Geständnis abzufordern, weil ja die Flucht als solches gewertet wurde*) eröffnet, dass sie am Freitag, den 9. September (*1664*) hingerichtet werden sollte. Das arme (*verzweifelte*) Mädchen weinte bitterlich (*und alleingelassen*), fügte sich aber willig (?) in ihr grausames (*ausweglose*) Los [24]. Ihr Vater wollte (*wohl aufgrund der eigenen Schuldgefühle*) nicht, dass sie (also seine Tochter) allein den Schimpf (und Schande, die er wohl mehr fürchtete) hätte, und suchte (*also veranlasste*) die Verurteilung von anderen (*von ihm ausgesuchten*) Hexen herbeizuführen. [25]

[24] Schicksal

Margarete bezeichnete (*durch den Vater angehalten und wohl stellvertretend*) sechs Mädchen (*mit deren Familien er möglicherweise noch etwas offen hatte* [25]), welche in Scheeßel am Hexentanze (*hinterm Haus des Oberförsters*) teilgenommen hätten und wiederholte noch eine Stunde vor der Hinrichtung die Beschuldigungen (*die dann 1665 zu einem weiteren Hexenprozess mit tödlichem Ausgang führten*). [26]

[25] siehe Soziogramm der Familie MEINKEN im Teil 8
[26] siehe Teil 3 dieses Buches

Unten vor der Brücke (*es war nicht die „Amtsbrücke"*) wurde das peinliche Gericht (*der Verbrennung eines Menschen*) gehegt (*also üblicherweise durchgeführt und*) [27]. Als Margarete sich nochmals zu allen Übelthaten bekannt hatte, wurde das Urteil verkündet, welches von Graf Otto Wilhelm von Königsmarck (*dem weltlichen Vertreter der schwedischen Krone im Schloss Rotenburg*) bestätigt worden war. Der Scharfrichter führte sie (*aus dem Gefängnis und dem Gerichtsraum*) hinaus (*zum Richtplatz am Galgenberg*), und bald loderten die Flammen des Scheiterhaufens empor (*was auch das grausame Ende dieser unmenschlichen Marter für die junge Frau bedeutete*)."

[27] hier sind wir der Meinung, dass der eigentliche Prozess nicht im Freien stattfand. Zum Einen, weil die Tortur nicht öffentlich war und zum Anderen ist im Teil 6.2c eindeutig belegt, dass der Galgenberg die Hinrichtungsstätte war und das war öffentlich, wie auch die Wasserproben schon zuvor, wobei hier der Ort sicherlich nicht mit dem in Rotenburg an der heutigen Amtsbrücke aufgestellten Gedenkstein [28] übereinstimmt, denn in den Protokollen steht „in der Mühlenkuhle" und die lag nun mal auf der anderen Seite des Schlosses Rotenburg, deren Weg nach Verden führte. [siehe auch im Teil 6.2c und 6.8c]

Bem.: An der „Brücke" nach Bremen fand sicherlich nichts statt. Denn diese lag einst an anderer Stelle als das heute als „Amtsbrücke" bekannte Bauwerk, wobei im Zuge dieses Bauvorhabens auch der Verlauf der Wümme verändert wurde. Die Brücke an der Mühle und die nach Bremen lagen genau entgegengesetzt zur Richtung der Hinrichtungsstätte auf dem Galgenberg. Sicherlich wurde das letzte Geständniss der jungen geschundenen Frau in der Öffentlichkeit an der Brücke [siehe im Teil 6.2c unten] aus dem Grund wiederholt, um die anwesende Menge von der Schuld, durch das öffentliche Geständnis, zu überzeugen.
Die Urteilsverkündungen und die Hinrichtungen waren öffentlich, wobei hier unterschieden werden muss zwischen der ordentlichen Amtsgerichtsbarkeit und der in den Hexenprozessen.

siehe: „Rotenburg-Kirche-Burg-Bürger" von Enno HEYKEN, 1966, Rotenburger Schriften, Sonderheft 7, Anlage, Skizze um 1650
[28] im Stadtarchiv Rotenburg sind dazu keine Unterlagen vorhanden

Dr. Joachim Woock
fasst den Prozess in der Kürze wie folgt zusammen:

In Westeresch bei Scheeßel wurde 1664 die 17jährige Margarethe Meineke der Hexerei verdächtigt. Ein sog. Injurienprozess wurde von Margarethes Vater angestrengt. Er ahnte nicht, welchen Ausgang die Sache nehmen würde, als er gegen Dorothea Holsten eine Beleidigungsklage einreichte, weil diese seiner Tochter Hexerei nachgesagt hatte, und die Erhebung der Beweise forderte. Doch Mutter und Tochter wurden inhaftiert. Der Mutter wurde vorgeworfen, sie hätte der Tochter das Hexen gelehrt. Die Mutter erhängte sich im Gefängnis und Margarethe gestand unter der Folter alle ihr zur Last gelegten Taten. [a]
Die Witwe des schwedischen Gouverneurs Graf Hans Christoph von Königsmarck griff in den Prozess allerdings eher halbherzig ein: "Am Freytage soll die Inhafftirte Hexe verbrand werden, das hochgräfliche Frauenzimmer zu Stade [b] intercediren, [c] daß **ihr zufödrist das Haubt möge abgeschlagen** werden." [d] Es galt damals als besondere Gnade wenn die Delinquenten vor dem Verbrennen enthauptet wurden. Warum die schwedische Regierung in Stade nicht diesen Prozess verhinderte, bleibt im Dunkeln. [e]

[a] Vgl. Junck 1927, Nr. 9.
[b] Gräfin Agathe von KÖNIGSMARCK hatte bis 1675 ihren Witwensitz in Agathenburg bei Stade (Jobelmann 1876, S. 229). Hans Christoph († 1663) hatte von Königin Christina die Güter Rotenburg und Neuhaus geschenkt bekommen. Sein Sohn Graf Otto Wilhelm (✳ 1639) erbte auch diese Güter und war somit oberster Gerichtsherr in Rotenburg (vgl. Junck 1927, Nr. 10). Er war aber kaum im Lande und konnte auch so nicht persönlich in die Hexenprozesse eingreifen. Von 1661 bis 1664 war er im diplomatischen Dienst in England und Frankreich. Im Jahre 1664 war er Oberst des schwedischen Leibregiments zu Pferde und 1666 beteiligte er sich an den Kämpfen gegen Bremen. 1672 wurde er "Vicegouverneur" der Herzogtümer Bremen-Verden (vgl. Jobelmann 1876, S. 225). Da er erst im Jahre 1682 heiratete, gab es zu diesem Zeitpunkt nur Agathe als "hochgräfliches Frauenzimmer"!
[c] interceldiren = dazwischentreten, sich ins Mittel legen.
[d] Vgl. Junck 1927, Nr. 10.
[e] Vgl. Ruete 1895, S. 266-272.

Quelle: Woock, Joachim: "... so sie angeregten Lasters verdechtig machet...". Die letzten Hexenverfolgungen in den schwedischen Herzogtümern Bremen und Verden, in: historicum.net, URL: 25.01.2006 (25.08.2008) auch im Heimatkalender für dem Landkreis Verden 2001, Dr. Joachim Woock, Seiten 252-278 erschienen.

Dr. Ingolf Wachtler
Hexenverbrennung im Rundfunk
(auszugsweise)

Der Heimatborn, Beilage der Heimatzeitung für den Kreis Rotenburg, Nr.5, 8. März 1969.
In dieser Ausgabe unter der Überschrift „Hexenverbrennung im Rundfunk" wurde von der Sendereihe „Ein altes Dokument" von Dr. Ingolf Wachtler bei Radio Bremen erzählt, dass er mit „seinen Mitarbeitern, von jener unseligen Hexenverbrennung, der am 9. September 1664 die 18jährige [a] Margarete Meincken aus Westeresch zum Opfer fiel." ....? Weiterhin steht dort: [...]
Dr. Wachtler fand eine neue Version, in der er die Vermutung aussprach, dass vielleicht ein abgewiesener Freier sich auf diese Weise an dem jungen Mädchen habe rächen wollen. Die Richtigkeit einer solchen Version kann natürlich nicht ausgeschlossen werden. [...] [b]

In der Sendung wurde u.a. erwähnt, daß Rotenburg noch kein Stadtarchiv besaß, daß Dr. Wachtler Auszüge aus Akten des Landesarchivs in Hannover genutzt habe, die selbst vermutlich (Fortsetzung nächste Seite) ebenfalls in ihrem Original den Kriegswirren zum Opfer gefallen seien. [c] [...]
Dr. Wachtler stellte dabei folgende These auf: „Von der 18jährigen [d] Margarete Meinecken ist zu vermuten, daß sie vielleicht ein wenig medial veranlagt gewesen ist und eine überspannte Phantasie hat(te). [e]
Als ein abgewiesener Liebhaber [f] sei vielleicht jener Bauer Johann Holsten nach Hause gekommen, wo eine keifende [g] Ehefrau Dorothea und eine seit zwei Tagen tote Kuh auf ihn warteten. War nicht gerade Margarete um das Haus geschlichen, als die Kuh starb ? [...]

Hier lassen wir den Auszug aus dem Artikel von Dr. Wachtler enden. Sicherlich muss eine Hörfunksendung mit Leben gefüllt werden und das hat er unserer Meinung nach auch mit sehr viel Phantasie getan. Leider konnten wir keine weiteren Informationen über ihn finden, z.B. welcher Fakultät er angehörte.

[a] sie wurde aber stets als 17jährige bezeichnet.

[b] er belegte den Vorwurf nicht, stellte ihn nur in den Raum

[c] man hatte ihm die Originale nicht gezeigt, eher eine Abschrift

[d] 17-jährigen

[e] woher nimmt er diese Vermutung, sie sei vielleicht medial veranlagt ?

[f] seine Behauptung „des abgewiesenen Liebhabers", entbehrt jeder Grundlage, die ihm sicherlich durch die Akten fehlte und warum sollte der Bauer 2 Tage nicht zu Hause gewesen sein ?
Spannend für den Hörer, aber für den Leser fehlen die Passagen in den Unterlagen.

[g] in keiner Passage ist der Begriff einer „keifenden Ehefrau" auch nur annähernd zu finden

Angela Dinghaus
Buch „Frauenwelten"
Georg Olms-Verlag, Hildesheim, 1993
ISBN 978-3-487-09727-5
(auszugsweise)

Auf den Seiten 59 bis 63 unter dem Titel „In peinlichen Sachen der Margarete Meineken – angeklagt der Zauberei" schreibt Dinghaus in Bezugnahme auf die Quellen Pfannekuche, Ruete, Enno Heyken, Junck, Schormann und Kurt Baschwitz einen zusammenfassenden Bericht über diesen Prozess, wobei sie auf Seite 62 über das letzte Verhör, bezugnehmend auf Junck, aus alten Akten zitiert *„Alß nun Torta gesaget, daß Sie nun nichts mehr wüßte. Sondern alles bekennet, man mogte Sie wieder gehen laßen, so wolle Sie noch etwas sagen. Worüber man sich verwundern sollte, und gefraget, was solches den wehre, hatt sie auff eine oder andere Frauvens bekennet, so auch zaubern kondten undt daß Sie einstmahls auffm Bringke hinter des Oberförsters Hauße mit aufm Tantz gewesen, sonst aber nicht mehr ..."* und schlußfolgert: *„Um welche Frauen es sich handelte und aus welchen Motiven Margarete Meineken diese Frauen „besagte" (beschuldigte), kann nicht mehr rekonstruiert werden. [...]*

Das von Dinghaus Zitierte stammte aus einem Vernehmungsprotokoll, welches Junck auszugsweise im Heimatborn Nr.10 vom Oktober 1927 auf Seite 2 rechts unten anführte.
[siehe im Teil 6.2c Nr.47 „Beschuldigungen" vom 9. September 1664"]

Wir freuen uns sehr, hier ergänzend tätig werden zu können.
Ein Blick in die Prozessakten genügte, die zehn Frauen (eine ohne Namensnennung) inclusive der Vorwürfe herauszufinden. Weiterhin haben wir anhand anderer Originalunterlagen, wie z.B. der Kirchenbücher, alle Familien der dort beschuldigten Frauen herausarbeiten können sowie deren Schicksale weitestgehend klären können, wie in diesem Teil zu lesen war.
[siehe Teil 6.2a, 6.2b und 6.3]

Bem.: Die wahren Motive, warum Margarethe ausgerechnet diese zehn und keine anderen, den eigenen Feuertod vor Augen, beschuldigte, wird niemand wirklich beantworten können.

In diesem einen Punkt zur Frage der Motive stimmen wir mit der Autorin überein.
Margarethe wird ihre Gründe gehabt haben. Diese aber (*spekulativ*) aufzuarbeiten, überlassen wir gerne Anderen, die sich dazu berufen fühlen.

Georg August Riechelmann
1886-1893 Pastor in Scheeßel
(auszugsweise)

Der Heimatborn, Beilage der Heimatzeitung für den Kreis Rotenburg, Nr.21, 1931

In dieser Ausgabe steht ein Artikel abgedruckt, in dem Pastor Riechelmann über seine Eindrücke der Hexenverfolgung im Stift Verden berichtete und dazu u.a. schrieb „Verden hat in der zweiten Hälfte des 16. und in der ersten Hälfte des 17. Jahrhunderts noch allerlei dunkle Dinge zu verzeichnen". Er spricht mehrere Fälle an, die wir nur auflisten, aber nicht kommentieren möchten, da sie sich offensichtlich außerhalb des ehemaligen Amtes Rotenburg zugetragen haben:

♦ 1555 ein Kuhhirte, der zum Schmoken [∞] verurteilt wurde
♦ Zwei Verbrennungen unter Bischof Eberhard von Holle in dessen zwei letzten Lebensjahren, † 5. Juli 1586, also meinte er die Jahre 1584-1586
♦ 1617 das 16jährige Mädchen Margaretha **SIEVERS** geköpft und dann verbrannt
♦ Infolge des o.g. Prozesses noch weitere 4 Frauen, ausgelöst durch die Aussage 1648/1649 durch den Magister RIMPHOF, Superintendent in Verden, der an die Ausrottung aller Zauberei und Hexerei glaubte
♦ Im Zuge von RIMPHOFS Einflusses sagte das 9jährige Mädchen Anna **GARBERS** gegen ihre Großmutter aus, sie sei „von ihr zur Zauberei verführt" worden.
   Die Großmutter starb unter der Folter wie auch drei weitere Frauen. Drei weitere Frauen wurden im Zuge dieses Prozesses verbrannt, berichtete Riechelmann weiter.
♦ Im Zuge dieses o.g. Prozesses kam es zum Prozess gegen die Ehefrau des Verdener Bürgermeisters **WOLPMANN**, des Magistratsmitglieds Franz **PANNING** und gegen die Ehefrau eines anderen Magistratsmitglieds namens **WULF**.

Durch gemeinsames Vorgehen dagegen und Einspruch erwirkten die Beklagten eine Verfügung der Königin Christine von Schweden vom **16. Februar 1649**, die da lautete, dass „alle Inquisition und Prozeß in diesem Hexenwesen" einzustellen sein.

Zur Person:
Georg August Riechelmann war der 15te evangelische Pastor im Kirchspiel Scheeßel und wurde 1830 in Apensen geboren. Er studierte in Göttingen Theologie und arbeitete zunächst als privater Lehrer, bis er 1860 als Hilfsprediger (2ter Pastor) u. a. in Rotenburg und Scheeßel eine Verwendung fand. Ab 1862 war er Rektor in Buxtehude, wo er auch zum ersten mal geheiratet hat. Nach dem Tod seiner Ehefrau heiratete er erneut. Seine Pfarrstellen waren in Bramel, Drochtersen, Beverstedt und ab 1886 in Scheeßel. Im Sommer 1893 erkrankte er und starb am 12. Juli des selben Jahres.

Quelle: Geschichte des Kirchspiel Scheeßel, Meyer, 1955, Seite 464-465
[∞] langsamer Feuertod; in der plattdeutschen Umgangssprache wird nicht gefragt, ich rauche nun erst einmal eine ..., sondern „ikk schmök ers mol"

Ein Hexenprozeß in Scheeßel 1665
„Lug ins Land", Illustrierte Blätter für niedersächsische Heimatkunde
(Sonderbeilage) der Hildesheimischen Zeitung, 5. Jg., Nr. 25. 1929. S. 200
(ohne Nennung des Autoren)

Delikte, wie Zauberei und Hexerei, von der Kirche bekämpft, gehörten zur Ketzerei. Geistliche und weltliche Gerichte nahmen die Kompetenz dafür in Anspruch. In der Untersuchung solcher Fälle spielte die Folter als Mittel zur Erzwingung eines Geständnisses eine Rolle. Formale Beweismittel, wie der Eid, traten dabei in den Hintergrund; der Zeugenbeweis wurde wichtig. Das wichtigste Beweismittel war nun das Geständnis des Angeklagten. Jedes Mittel war recht, dieses herbeizuführen. Androhung und Anwendung körperlicher Zwangsmaßnahmen, die Folter, war bei der gerichtlichen Beweiserhebung gang und gäbe. Der Angeklagte war der Willkür des Gerichts und der Folterknechte ausgeliefert.

Am 26. Mai 1665 ist auf dem Amthause in Rotenburg (*Hannover*) in Gegenwart des Herrn Drosten's, Amtmannes Lind sämtlicher Voigte folgendes verhandelt: Drei Weiber aus dem Kirchspiel Scheessel. Anna Hastedtin und Tibke von Bartelsdorf, und Anna Ratken von Westervesede, waren der Hexerei beschuldigt, leugneten ihre Schuld, sagten, sie hätten keine Hexerei gelernt und wären Gottes Kinder. Ihre Ehemänner, Söhne, Töchter und Bürgen hatten sich gleichfalls freiwillig eingestellt und verlangten ganz eifrig, daß sie wollten ihre Unschuld durch die Wasserprobe beweisen. Es wurde ihnen vom Gerichte vorgehalten, daß sie für schuldig zu erkennen seien, wenn sie oben schwimmen und nicht zugrunde gehen könnten. Sie wurden befragt, ob sie in diesem Falle bekennen wollten, daß sie Hexen und Zauberinnen wären, worauf sie einstimmig Lind mit ja geantwortet: wer oben treiben würde, welches aber keine Not hätte, und sie nichts denn das liebe Vaterunser und von Gott wüßten, so würde die Obrigkeit wohl wissen, was mit ihnen zu machen wäre, bäten aber, daß sie mit ihren Verwandten selbst nach dem Wasser gehen und nicht durch die Amtsdiener hingeführt werden möchten, wellen sie noch zur Zeit unschuldig.

Ist ihnen solches gestattet und wie sie an's Wasser bei den Mühlen gekommen, haben sie sich selbst, eine nach der anderen entkleidet, worauf sie von dem Nachrichter Meister Hansen und seinen Leuten angenommen, in's Schiff geführt und dreimal auf die Mühlenkuhlen Pinkentief geworfen: die zwei ersten machten Hände und Füße kreuzweise, more solito über und aneinander gebunden: sie hatten außerdem Stricke um den Leib, um sie damit wieder zurück- und heraufzuholen.

So wurden sie aufs Wasser geworfen, haben aber alle oben geschwommen wie die Gänse; sie faßten sich selbst bei dem Kopf und bei den Haaren, in der Meinung, sich dadurch unter Wasser zu bringen; war aber alles vergeblich. Zuletzt hat Diedrich Hastedt auf seiner Frauen Anhalten gebeten, ihm zu vergönnen, von dem Krämer Valentin einen neuen Strick zu kaufen und damit dieselbe noch einmal hinaufzuwerfen, welches auch placidieret: ist sonst umgebunden wieder hinaufgeworfen, hat aber nach wie vor dahingeschwommen. Danach ist den Amtsdienern anbefohlen, sie wieder aufs Haus zu bringen und einzusperren. Nachmittags seien die Weiber eine nach der anderen wieder neugerichtlich vorgefordert und ihnen vorgehalten, daß sie alle oben getrieben und nicht ein einzigmal unter Wasser gewesen, daß sie vorher ihr eigen Urteil gesprochen; nun möchten sie sich schuldig bekennen, ihre Sünde bereuen und zu Gott bekehren.

Anna Hastedtin will nichts zugestehen, saget, daß sie ein Gottes Kind wäre und keine Hexerei gelernt hätte, wobei sie aber ganz wehmütig anzusehen gewesen und etliche tiefe Seufzer getan. Tibke von Bartelsdorf und Anna Ratken von Westervesede haben desgleichen geleugnet. sind aber frech und verwegen gewesen, also daß aus ihren Gesichtern nichts Gutes zu praeservieren gewesen. Sagen, Gott müßte es ihnen zur Wrate getan haben, daß sie nicht könnten zu Grunde gehen. Mit Güte war nichts weiter herauszubringen.

Eine jede ist wieder in ihr Loch ins Gefängnis gebracht. Darnach sind die drei Weiber lebendig verbrannt. Die Landdrostei hat aber dem Drosten zu Rotenburg zu verstehen gegeben, daß solch ein Gerichtsverfahren, das sich auf die Wasserprobe gründe, nicht mehr zeitgemäß sei und inskünftig von dergleichen abgesehen werden müsse."

Abgedruckt auch in der Chronik Scheeßel, 1996, Seite 45
Bem.: Der Leser wird gebeten sich vorzustellen, einen neuen Strick (wohl aus Hanf) auf das ruhende Wasser zu werfen. Geht dieser unter, oder muss er sich erst langsam mit Wasser voll saugen ? Hatte die Nutzung eines trockenen Stricks Auswirkungen auf die Schwimmfähigkeiten ?

Wasserprobe der Hexen im XVIII. Jahrhundert

Journal von und für Deutschland
1785

XVI.

Wasserprobe der Hexen im XVII. Jahrhundert.

Mit diesen Veröffentlichungen aus den verschiedenen Zeiten möchten wir dem Leser einen Einblick in das bisher den Menschen Bekannte verschaffen. Es sind aber immer nur Berichte des Geschehenen, die meist als Ausschnitt oder als Zusammenfassung das Geschehene wiedergeben, was für einen Zeitungsartikel auch ausreichend ist. Die Artikel fußten aber überwiegend auf anderen Veröffentlichungen und weniger auf eine Originalquelle. Die Veröffentlichungen von JUNCK und MIESNER im Heimatborn haben wir an dieser Stelle weggelassen, denn beide haben noch Originale gesehen und diese auch so berichtet. Ihre Arbeiten sind in diesem Buch eingearbeitet und als von beiden stammend kenntlich gemacht worden.

In unserem Werk ermöglichen wir es dem Leser nachfolgend, anhand der übersetzten Protokolle des Prozesses im Teil 6.2c sowie weiterer, den Prozess betreffender Schriftstücke im Teil 6.4, sich einen eigenen Eindruck über das gesamte Geschehen von 1662-1664 und das Schicksal der daran beteiligten Menschen zu machen.

Im Teil 6.2b findet der Leser die an dem Prozess beteiligten und erwähnten Personen in einer erklärenden Weise, einer Art „Vita", um z.B. zu erfahren, wer denn der Amtsschreiber, der öfters erwähnt wurde, denn war.

Der Hexenprozeß gegen Margaretha Meinecken

„800 Jahre Rotenburg (Wümme)", Dr. Dietmar Kohlrausch
1994, Seite 81-84

Dr. Dietmar Kohlrausch war der hauptamtliche Archivar der Stadt Rotenburg (Wümme)

Aus diesen Artikel haben wir lediglich auszugsweise zitiert, da es sich um eine dreiseitige Zusammenfassung über das Geschehen handelt. Zusätzlich hat er das Protokoll über den Selbstmord von Margarethes Mutter Mette am 29. Juni 1664 als Abschrift aufgenommen.

„Im Mai 1664 ging der Vater der Margaretha Meinecken einen folgenschweren Gang. Er zeigte eine Frau an, weil sie das Gerücht verbreitet hatte, daß seine Tochter eine Hexe sei. Was als Schutz für seine Tochter gedacht war, endete mit ihrem Tode und dem Selbstmord der Mette Meinecken, Mutter der Margaretha. Wie konnte solches geschehen ?"
[...]
„Die Wasserprobe, die damals als ein legitimes Mittel im Rechtsverfahren galt, beruhte auf folgender Überlegung: Ein Mensch, der auf ein Wasser gelegt wird, geht unter. Wer nicht untergeht, muß mit übernatürlichen Mächten im Bunde sein, also Unterstützung vom Teufel haben. Viele Hexen gingen nicht unter. Dies hatte einen einfachen Grund. Weil die Frauen mit ihren meist weiten Röcken auf das Wasser gelegt wurden, konnte sich unter diesen Luft sammeln und sie so über Wasser halten. [...]"

Der Hexenprozess vor 350 Jahren

Der „Sachsenspiegel", Nr.21, 2. Juni 2007 von Matthias Blazek
Blätter für Geschichts- und Heimatpflege, Beilage der Celleschen Zeitung

Matthias Blazek ist ein Heimatkundler, der sich viel mit dem Thema der Hexenprozesse im Lüneburgischen Raum beschäftigt sowie Bücher und Artikel dazu veröffentlicht hat.

Die oben erwähnte Veröffentlichung beginnt er mit folgender Eingangsfrage: „Stellt sich die Frage, wann die Hexenverfolgung im Raum Verden endete, dann wird immer auf das Verbot des langjährigen Hexenprozesses (1647-1649) verwiesen."

Weiterhin schreibt er: „Anna Haßtedte wurde zwei Monate nach der Wasserprobe am 24. Juli 1665, lebendig verbrannt. Wann die beiden anderen Frauen auf dem Scheiterhaufen endeten, ist unbekannt". Als Quelle für beide Aussagen führt er Dr. Woock, Geschichtswerkstatt Verden, Internetauftritt 2005, an.

Seine Ausarbeitung über die Wasserprobe, haben wir an dieser Stelle auszugsweise und ohne eigene Anmerkungen aufgenommen.

>> [...] Die Wasserprobe stützt man bald auf die Meinung, dass den Hexen vom Teufel eine spezifische Leichtigkeit des Körpers verliehen sei, welche sie nicht sinken lasse, bald auf den Satz: „Das Wasser nehme die nicht in seinen Schoß auf, welche das Taufwasser – bei der Lossagung vom christlichen Glauben – von sich geschüttelt hätten." Eine andere Vorstellung beruhte darauf, dass Hexen sehr leicht sein mussten, um fliegen zu können und daher nicht untergehen konnten. Die Wasserprobe wurde grundsätzlich bei Mitgliedern unterer Klassen angewendet. Oft aber wurde erhoben, wie der Henker boshafter Weise die Unglückliche in der Art an seinem Seil über dem Wasser gehalten hatte, dass sie nicht sinken konnte. Und die medizinische und philosophische Fakultät zu Leiden gab ihr Gutachten schon unter dem 9. Januar 1594 dahin ab, dass die Wasserprobe in keiner Weise als Beweismittel gelten könne, denn, dass die angeblichen Hexen so oft auf dem Wasser schwämmen, erkläre sich aus der Art, wie sie kreuzweise gebunden ins Wasser gesenkt würden, indem sie auf dasselbe mit dem Rücken wie kleine Schiffchen zu liegen kämen. [...] <<

Westeresch

[Teil 6.2a]

um Anno 1024-1028

Urkundenbuch Mindermann, Bd.1 No.56

[wohl 1024 Juli 13 - 1028 November 23][1]   *56*

Bf. Wigger von Verden bekennt, daß der Verdener Diakon Folkhard in Anwesenheit des Bf.s Erich von Havelberg[2] *und der namentlich genannten Verdener Domherren den Herrenhof Borchen (bei Paderborn)*[3]*, gelegen im Padergau, der bischöflichen Kirche zu Verden übertragen hat und daß er dem Folkhard als Ersatz dafür den folgenden Besitz übergeben hat: den Herrenhof* Nianford[4] *mit Hörigen und Zehnten und außerdem die Zehnten in den Dörfern Hamersen, Nord-Meckelsen (heute Klein Meckelsen), Vierden, Tiste, West-Sittensen (heute Sittensen) (alle Kr. Rotenburg), Avensen, Rade, Mienenbüttel (?*[5]*), Dierstorf (alle Kr. Harburg) und Süd-Meckelsen (heute Groß-Meckelsen) (Kr. Rotenburg) sowie die Zehnten von zwei Hörigen namens Diarwini und Rothger. Nachdem derselbe Folkhard später der Verdener Kirche den Hof* Nianford *mit den Hörigen und dem Zehnten des (zum Hof gehörigen) Dorfes zurückgegeben hat, hat ihm Bf. Wigger im Tausch den Zehnten des Dorfes* **Westeresch** *(Kr. Rotenburg) übertragen, wobei Folkhard die Kirche in* [Nianford] *mitsamt dazugehöriger Zehnten und mitsamt den Zehnten in den ebengenannten Dörfern bis an sein Lebensende besitzen soll. Abschließend erklärt Bf. Wigger, daß er Folkhard zudem die Zehnten in Hetzwege, hier einschließlich der Rodezehnten in drei dazugehörigen (namentlich nicht genannten) Dörfern, sowie in Elsdorf, Hatze und Ehestorf (alle Kr. Rotenburg) übertragen hat, aus deren Erträgen Folkhard jährlich ein Pfund zufallen soll. Der Rest der Erträge aus diesen Zehnten dagegen gehört zu den bischöflichen Einkünften (also zum bischöflichen Tafelgut).*[6]

Or. Perg.: StA Stade, Rep. 2 (Domstift Verden), nr. 11 (stark beschädigt; mit Leinwand hinterklebt; aufgedr. Siegel ab) (A).
Abschrift: (StA Hann., tMS B 18, Bd. 8, nr. 1; 1943 verbrannt) (B).
Druck: Wichmann, Untersuchungen, Tl. 2, 5.187 f., nr. 2 (nach A) (Wi). - Heyken, Bischofsurkunde, S. 30, 32 u. 34 (nach A) (He). - Heyken, Studien, S. 36, 38 u. 40 (nach A; weitgehend mit dem vorgenannten Werk Heykens identisch) (He).
Übersetzung: Heyken, Bischofsurkunde, S. 31, 33 u. 35. - Heyken, Studien, S. 37, 39 u. 41.
Reg.: Rep. Möhlmann 1, nr. 21 (datiert, (1028 Ende Nov) ?; nach A). - Förste, Forschungen, S. 207f.
Erwähnt: Meyer, Scheeßel, S. 155 u. 340. - Heyken, Bischofsurkunde, S. 27-75. - Heyken, Studien, S. 31-111. Hofmeister, Elbmarschen 1, S. 236, nr. 77 u. S. 238. - Müller, Besitz- und Herrschaftsverhältnisse, S. 71f. – Viets, Börde Sittensen, S. 11, 123, 135, 146 u. 153. - Förste, Forschungen, S. 208-213. - Vogtherr, Verden, S.286.

A; Ausschnitt).
(c.)[11] In nomine sanctae et individuae trinitatis. Witgerus sanctae Fardensis aecclesiae episcopus. Omnes huius et futuri temporis fideles dili[center] adtendere et memoriae cupimus commendare, 11 qualiter Folchardus nostrae aecclesiae filius et diaconus cortem unam Burgnun nuncupatam in pago Pothergo cum Omnibus ad eam per[tin]entib[us] [c]onsentientibus et approbantibus suis heredibus, suis scilicet sororibus, sub precarii iuris pactione iuste et legaliter eidem nostrae

Westeresch wurde in der Originalurkunde als „uuestereschun" geschrieben. (uu = w)

Wester Esch
in alten Zeiten

Das Dorf und seine Menschen
in einer Rekonstruktion
um Anno 1664

Die beiden Halbhöfe Nr. 8 und 9 sind einst aus der Teilung eines alten Vollhofes vor 1536 entstanden. Die Häuser Nr. 4, 5, 6, 10 ff wurden weit nach 1700 gegründet und errichtet.

Rekonstruktionsversuch des Dorfes Westeresch um 300 Jahre zurück ins Jahr 1664 anhand der „Rezeßkarte vom 4. Juli 1864"

Es ist nichts bekannt, dass z.B. ein grosser Brand eine Aussiedlung der Höfe zur Folge hatte. So ist anzunehmen, dass die heutigen Höfe noch am selben Platz wie vor 350 Jahren standen. Entgegen den bisherigen Veröffentlichungen haben wir festgestellt, dass bereits im Jahre 1662 das erste Schreiben [Siehe im Teil 6.2c Nr.1] die Ereignisse von 1663 und 1664 auslöste, was im Teil 6.2b dieses Buches nachzulesen ist. Ohne die Klageerhebung von Claus MEINKEN im Jahr 1662 als Auslöser des Prozesses von 1664 wäre es 1665 nicht zum Folgeprozess gekommen und Anna HASTEDT wäre nicht verbrannt worden. [siehe im Teil 6.3]

Die betroffenen Familien der Angeklagten

MEINKEN Clauß
✳ r 1624 Westeresch-3 TIETEN   ☐ 04.10.1696 Scheeßel
Sohn vom Vollhöfner zu Westeresch:
Tietke **MEINKEN** († 1669-1681) und Margrethe **N.N.** ☐ 11.01.1683 Scheeßel

∞1 um 1644 wohl in Sottrum mit
HOPES (HOOPS) *Mette*
✳ um 1624 Höperhöfen-HOOPS   † 29.06.1664 Rotenburg
Sie erhängte sich (*Selbstmord*)   ☐ 29.06.1664 verscharrt a.d. Galgenberg / Rotenburg

Durch den Hexenprozess gegen sie und ihre Tochter nahm sie sich das Leben, indem sie sich mit einem zusammengedrehten Hemde im Gefängnis in Rotenburg selbst erhängte.

Die Knechte des Scharfrichters schleiften die Leiche mit zwei Pferden nach dem Galgenberge, wo sie verscharrt wurde. Detail dieses grausamen Leidensweges sind im Teil 6.2 beschrieben. Tochter von: Joachim **HOPES** und **N.N.** (Joachims Ehefrau *wurde auch als Hexe verdächtigt*); er war Halbhöfner zu Höperhöfen im Kirchspiel Sottrum.

Zwei von Joachims Söhnen ehelichten Frauen mit dem Namen:
Tibecke N.N. und Tibcke MAHNKEN.

Kinder 4/1/3
a. ***Margarethe***   ✳ 1646/1647 ebenda   † 09.09.1664 Rotenburg
    Sie wurde zwischen dem 9. September 1646 und dem 11. Februar 1647 geboren.
    Durch Gerichtsurteil vom 6. September 1664 als Hexe verurteilt und am 9. September 1664
    in Rotenburg auf dem Scheiterhaufen durch Verbrennen hingerichtet. Sie soll vorher
    enthauptet worden sein.
    In einem der Protokolle mit dem Rufnamen „**Gretke**", der Kurzform von Margarethe erwähnt.
b. Tietke   ✳ um 1649 ebenda   †...
    1690 als lediger Knecht zu Bartelsdorf erwähnt.
c. Adelheit   ✳ r 1651 ebenda   ☐ 16.08.1712 Scheeßel
    Erbtochter zu Westeresch auf TIETENS
    ∞ 10.05.1682 Scheeßel mit Harm LÜDEMANN aus Abbendorf, Hof-2 NEMANNS
d. Maria   ✳ um 1653 ebenda   † vor 31.12.1681 Westeresch
    ∞ 27.11.1672 Scheeßel mit Joachim RATKEN aus Helvesiek, Schäfer zu Westeresch

Peter **MEINKEN**, Häusling auf dem Hof und Bruder von Claus
✳ um 1613 ebenda   † vor 27.10.1672 Westeresch
∞ um 1638 vermutlich Scheeßel mit **N.N.**
Kinder 3/2/1 bekannt
a. Anna   ✳ um 1640 ebd   †...
b. Johann   ✳ um 1650 ebd   †...
    ∞ 04.11.1682 Scheeßel mit Margretha INDORP aus Westervesede, Knecht in Westerholz
c. Tietke   ✳ r 1654 ebd   ☐ 10.02.1700 Scheeßel
    Lediger Knecht beim Vetter auf TIETEN in Westeresch Hof-3 TIETENS

Bem.: Häufig haben wir gesagt bekommen: meine Oma hieß aber Anne / Christine / Catharine / Margarethe / Marie ... und nicht Anna / Christina / Catharina / Margaretha / Maria ... ! Es stimmt, sie wurden umgangssprachlich mit (e) am Ende gerufen. Im Taufregister stehen sie überwiegend mit (a) am Ende. Für Margarethe mit haben wir uns auf Grund des Eintrags auf dem Deckel der Prozessakte entschieden. Dieses war nachweislich auch die amtliche Schreibweise. Umgangssprachlich deutet der Rufname "Gretke" auch eindeutig auf Margarethe hin. Vereinzelt steht sie als: Margaretha in den Akten.

Joachim **MEINKEN**, wohl <u>Knecht oder Häusling auf dem Hof</u> und Bruder von Claus.
Joachim wurde während des Prozesses 1664 als Trines Vater bezeichnet, die gebürtig aus Wester Esch stammte. Weiterhin bezeichnete sich Trine 1664 als „elternlos", also Vollwaise.
Trine wurde auch aus Oldenhöfen gebürtig genannt, weil sie offensichtlich bei Pflegeeltern aufgewachsen ist. Diese waren nach unseren Recherchen:

Peter **MEINKEN** (✳ r 1600) und seine Ehefrau Cillie geb. **N.N.**, Einviertelhöfner in Oldenhöfen Hof Nr.2 PEETS.
Cillie MEINKEN wurde von Margarethe MEINKEN während des Prozesses als Hexe beschuldigt.
Sowohl Joachim als auch seine Frau oder Witwe sind 1663 nicht im Kopfschatz oder einer der Steuerlisten zuvor seit 1646 genannt worden. Es ist sicher anzunehmen, dass beide sehr früh, d.h. wohl vor 1646 bereits starben.
✳ um 1615 ebenda   † wohl schon vor 1646 Westeresch
∞ vor 1642 ... vermutlich Scheeßel mit
N.N.
✳ um 1617 ...   † wohl schon vor 1646 Westeresch
Kinder 1/0/1 bekannt
a. Catharina / Trine   ✳ r 1643 Westeresch   † ...
    Sie ist offensichtlich bei Pflegeeltern in Oldenhöfen aufgewachsen.
Sie wurde im 4. Protokoll im Mai 1664 als „**Verursacherin dieses Proceshes**" bezeichnet und in den Protokollen mehrfach mit dem Rufnamen „Trine", der Kurzform von Catharina erwähnt.

* * *

Von der Familie MEINKEN auf Hof Nr.3 in Westeresch blieben der Vater und Witwer Clauß MEINKEN, der noch 32 Jahre im Dorfe mit seinen Nachbarn lebte, die Halbwaisen Kinder Sohn Tietke, die Töchter Adelheit und Maria und die älteste und schon verheiratete Tochter Catharina, übrig. Warum Tietke als Sohn den Hof nicht erbte, ist nicht überliefert. Aber Claus hatte 1666 wieder geheiratet:

Clauß MEINKEN
∞2 1. November 1666 Scheeßel durch Pastor Hinrich Meyer mit
PETERS Anna, aus Stemmen-25 PEETS (*Halbhof & Herrenmeyer*)
✳ r 1633 Stemmen-25
☐ 01.03.1697 Scheeßel
Kinder 1/1/0
Clauß   ~ 08.09.1667 Scheeßel   †...
Die 5 Paten von Clauß und somit den Eltern freundschaftlich verbunden waren:
1. Johann HOLST aus Westeresch (*CARSTENS*)
    Seine Familie ist ausführlich in diesem Teil aufgeführt. Er war der Nachbar, dessen Ehefrau dem Kindsvater im Prozess von 1664 noch gegen die 1te Frau und Tochter von Claus als Prozessgegner gegenüberstand.
2. Cordt BRUNKHORST, Baumann in Vahlde (*BRUNKS*)
3. Tietke MEINKEN aus Westerholz (*HELKEN*)
4. Anna FICKEN, Ehefrau von Hinrich in Westeresch (*RÖTENS*)
    > Die Familie siehe nachfolgend in diesem Teil <
5. Barbara GERKEN, Tochter von Peter in Jeersdorf (*GERKENS*)

<u>Feststellung</u>:
Der erst genannte Pate war Johann HOLSTEN, der Ehemann von Dorothea HOLSTEN, gegen die der Kindsvater noch 3 Jahre zuvor seine Klage angestrebt hatte. Die Folge war der Tod der beiden Frauen Margarethe und Mette MEINKEN.

Fragen dazu:

- War diese Patenschaft die Versöhnung beider Familien und Nachbarn ?
- Hatte Clauß MEINKEN in seinem Aberglauben nun wirklich geglaubt, dass seine Frau und seine Tochter Hexen waren ?
- Was wurde über die anderen Töchter der Familie gedacht, die ja alle drei geheiratet und ein normales Leben, auch im Kirchspiel Scheeßel weitergeführt hatten ?
- Warum hat der Sohn den Hof nicht übernommen ? Wollte er nicht beim Vater bleiben ?
- Hat er den Tod der Mutter nicht verkraftet ? Er war später Knecht in Bartelsdorf und ist dann unbekannt verzogen.
- War die Verurteilung der Familienmitglieder gleichzeitig der moralische Freispruch für den Rest der Familie ?
- War die innere Versöhnung mit des Vaters Rache durch die der Tochter Margarethe ins Ohr geflüsterte Denunzierung durch den Folgeprozess von 1665 vollzogen, dass er nun frei war, erneut zu heiraten ?
- Was hatte Clauß MEINKEN dazu veranlasst, gerade diese sechs Mädchen (*drittletzter Absatz oben*) anzuklagen, am Hexentanz teilgenommen zu haben ?
- In welcher Beziehung standen die MEINKEN mit diesen insgesamt zehn Familien ?

Wir wollen sehen, ob wir auf einige dieser Fragen nachfolgend Antworten finden.

Harm LÜDEMANN aus Abbendorf traute sich in die Familie von schuldig gesprochenen und verurteilten Hexen einzuheiraten und übernahm den Hof 1682 vom Schwiegervater Clauß MEINKEN.

* * *

Wie das Leben im Dorf und im Kirchspiel für die Überlebenden nach dem 9. September 1664 zunächst wohl weiterging, macht der Prozess von 1665 im nächsten Teil dieses Buches, aber auch die nachfolgenden Texte deutlicher.

Dem Resüme von Hermann RUETE, „dass unser (*aller*) Urteil durch die Tatsache gemildert werden sollte, indem wir in den Zauberern und Hexen nicht nur Opfer blutrünstiger Richter sehen dürfen", können wir nicht teilen, auch wenn die Todesstrafe seinerzeit üblich war. In den Hexenprozessen wurden die Menschen, wie wir am Beispiel von Margarethe MEINKEN belegt und überliefert haben, vorsätzlich dem Tode überantwortet, also nach geltendem Recht ermordet, und es wurde nicht Recht gesprochen. Dieses ist unserer Auffassung nach auch nicht mit dem Aberglauben eines (aus)gebildeten Richters in damaliger Zeit zu erklären oder zu entschuldigen, auch wenn es nur Menschen waren.

„Wat Recht ist, mutt Recht blieben"

Wir haben uns vorbehalten, unsere eigene Übersetzung der Originalprozessakten noch ausführlich zu kommentieren. Dazu möchten wir anmerken, dass in dieser Kurzschilderung einige Worte und Inhalte vorkommen, wie Nachbar, Verwandte, das Gerede, Selbstmord, Verleumdung, Vergeltung, Mord, Lust, Verzweiflung, Eitelkeit und Macht, die einige Befindlichkeiten wiedergeben.

Familien-, Nachbarschafts- und Wohnverhältnisse
im Dorf Wester Esch
Anno 1664

Die Karte am Anfang dieses Teils ist der Scheeßeler Chronik von 1996 entnommen und stellte ursprünglich die Verkopplungskarte um 1850 dar. Sie wurde auf die Hausplätze des Jahres 1664 reduziert, damit die Wohnstruktur des Dorfes mit wenigen Familien deutlicher wird. Die Nennung der Paten zu den Kindern macht die sozialen Bindungen im Dorf, aber auch nach und von außerhalb deutlich. Ebenso werden Verbindungen und Beziehungen aufgezeigt. Der Auflistung können auch die Altersstruktur im Dorf, also mögliche Generationssituationen entnommen werden.

Hof 1 **CLAUS/KLAUS**   Vollhof   Wirt: **BADEN** Claus

Claus **BADEN**, Anerbe   Vater: Jacob starb vor 1663, die Mutter zwischen 1663-1681
✳ r 1632 ebenda   ☐ 25.04.1684 Scheeßel
∞ 19.10.1656 Scheeßel mit
Maria **BEHRENS** aus Vahlde
✳ r 1634 Vahlde   ☐ 17.01.1715 Scheeßel
Kinder 6/4/2

a. Jacob   ~ 12.03.1658 Scheeßel   , 1692 lediger Knecht beim Bruder
    Paten: Hinrich RATHJEN aus Westeresch (*RÖTENS*)
               Peter HOPS aus Vahlde (*HOOPS*)
               Dorothea HOLSTEN aus Westeresch (*CARSTENS*), Ehefrau von Johann
b. Johann   ~ 31.03.1661 Scheeßel   , Hoferbe 1684
    ∞ 16.11.1688 Scheeßel mit Margaretha SCHRÖDER aus Wittkopsbostel-5 (*HOOPS*)
    Paten: Heinrich HOPS, Häusling in Westeresch (*gebürtig aus Vahlde*)
               Peter Schülermann, Knecht in Bartelsdorf
               Hans HEITMANN aus Westeresch (*DEDEN*), Sohn von Lütke
               Margretha MEINKEN aus Bartelsdorf (*RAMAKERS*), Ehefrau von Dietrich
               Anna BADEN aus Wenkeloh (*BADEN*), Ehefrau vom Baumann Johann
c. Margretha   ~ 18.12.1664 Scheeßel
    Paten: Hans HEITMANN aus Westeresch (*DEDEN*), Sohn von Lütke
               Joachim RATHJEN, Schäfer in Westeresch
               Catharina BADEN aus Wenkeloh (*BADEN*), Tochter vom Baumann Johann
               Anna BEHRENS aus Wohlsdorf (*LANGEN*), Ehefrau von Claus
d. Claus Junior   ~ 17.12.1665 Scheeßel
    Paten: Johann HOLSTE aus Westeresch (*CARSTENS*)
               Joachim RATHJEN aus Helvesiek (*OTTENS*)
               Margretha BADEN aus Westeresch, Ehefrau vom Häusling Cordt B.
e. Engel   ~ 30.06.1667 Scheeßel
    Paten: Joachim RATHJEN aus Helvesiek (*OTTENS*)
               Joachim HEITMANN aus Westeresch (*DEDEN*), Sohn von Lütke
               Anna BEHRENS aus Wohlsdorf (*LANGEN*), Tochter von Claus
               Dorothea HOLSTE aus Westeresch (*CARSTENS*), Ehefrau von Johann
               Margretha BADEN aus Westeresch, Ehefrau vom Häusling Cordt B.
f. Meinke   ~ 05.10.1673 Scheeßel
    Paten: Hinrich GERKEN aus Bartelsdorf (*ECKEWORT*)
               Claus BADEN aus Westeresch (*LÜTEN*), Sohn von Harm
               Meinke BADEN aus Wenkeloh (*BADEN*), Sohn von Johann
               Catharina HEITMANN aus Westeresch (*DEDEN*), Sohn von Lütke
               Anna BRUNKHORST aus Jeersdorf (*NACKEN*), Sohn von Johann

Cordt **BADEN**, Häusling auf dem Hof und Bruder von Claus
* um 1640 ebenda   □ 01.05.1689 Scheeßel
∞ 04.11.1663 Scheeßel mit
Margretha **DITTMER** aus Helvesiek-22 (*LÜTKENS*)
* um 1640 Helvesiek   † vor 31.12.1681 ...
Kinder 6/2/4

a. Engel   ~ 16.10.1664 Scheeßel
     Paten: Jürgen MAHNKEN aus Wenkeloh (*DITTMER*)
                Ernst BADEN aus Scheeßel (*HILMERS*), Sohn von Tietke
                Adelheit MAHNKEN aus Jeersdorf (*BROCKMANNS*), Ehefrau von Johann
                Maria BADEN aus Westeresch (*KLAUS*), Ehefrau von Claus (Schwägerin)
                Dorothea HOLSTEN aus Westeresch (*CARSTENS*), Ehefrau von Johann

b. Margretha   ~ 01.11.1666 Scheeßel
     ∞ 25.10.1688 Scheeßel mit Lorentz ROSEBROCK aus Lauenbrügge-16 (*ROSEBROCK*)
     Paten: Hans HEITMANN aus Westeresch (*DEDEN*), Sohn von Lütke
                Lütke DITTMER der Jüngere aus Helvesiek (*LÜTKENS*)
                Cath. VEERSEMANN aus Ostervesede (*KATMANN*), Tochter vom sel. Peter
                Maria DITTMER aus Helvesiek (*LÜTKENS*), Ehefrau von Johann

c. Catharina   ~ 17.04.1669 Scheeßel
     Paten: Claus BADEN aus Westeresch (*LÜTEN*), Sohn von Harm
                Johann HOPS (*Knecht*) aus Hetzwege (*gebürtig aus Vahlde*)
                Catharina MAHNKEN aus BROCKMANNSHUS in Jeersdorf, Tochter von Joh.
                Catharina MAHNKEN aus Wenkeloh (*DITTMER*), Tochter von Jürgen
                Maria BADEN aus Westeresch (*KLAUS*), Ehefrau von Claus

d. Johann   ~ 28.04.1672 Scheeßel
     Paten: Johann HOPES aus Westeresch (*1669 noch zu Hetzwege*), Sohn von Hinrich
                Lütke DITTMER aus Helvesiek (*LÜTKENS*)
                Claus BADEN aus Westeresch (*LÜTEN*), Sohn von Harmen
                Margretha MAHNKEN aus Wenkeloh (*DITTMER*), Tochter von Johann
                Margretha MAHNKEN aus Jeersdorf (*BROCKMANN*), Tochter von Johann

e. Jacob   ~ 29.03.1676 Scheeßel
     ∞ 25.11.1706 Scheeßel mit Adelheit FIKKEN aus Hetzwege-3 (*JACOBS*)
     Paten: Claus BADEN aus Westeresch (*LÜTEN*), Sohn von Harm
                Jacob BADEN aus Westeresch (*KLAUS*), Sohn von Claus
                Margretha MAHNKEN aus Wenkeloh (*DITTMER*), Tochter von Jürgen

f. Anna   ~ 29.05.1683 Scheeßel
     Paten: Meinke BADEN aus Westeresch (*LÜTEN*) (Sohn vom seligen Harm)
                Johann MEINKEN (*Schäfer*) aus Westerholz
                Engel BADEN aus Westeresch (*KLAUS*), Tochter von Claus
                Marlena FICKEN aus Westeresch (*RÖTEN*), Tochter von Hinrich

Bereits im Artikel „Zur Entstehung der Hausnamen" und ihrer Bedeutung im Kirchspiel Scheeßel wurde darauf hingewiesen, dass im Taufregister des Kirchenbuches Scheeßel die Haus- und Hofnamen bei den Paten häufig genannt wurden, womit die Zuordnung einfach war.
Siehe: Höfe- und Familienbuch Stemmen, 2006, Heimatverein Stemmen & Jürgen Hoops

Die Geschlechtermischung der üblichen 5 Paten im Kirchspiel Scheeßel betrugen bei einem Knaben 3 Männer / 2 Frauen und bei einem Mädchen war es umgekehrt. Weniger Paten waren eher unüblich, es sei denn, man fand nicht mehr die wollten oder zu dem Zeitpunkt konnten, denn es war ja auch das Patengeschenk zu entrichten.

* * *

Hof 2 **RÖTEN**   Vollhof   Wirt: **FICKEN** Hinrich

Hinrich **FICKEN**,
1664 wurde er unter dem Namen seines seligen Schwiegervaters als „der Postwirt"
bezeichnet. [siehe dazu im Teil 6.2b unter Hinrich RATKEN]

✳ r 1632 Hetzwege-3   ☐ 10.07.1684 Scheeßel
∞ 01.11.1660 Scheeßel mit
Anna **RATHJEN**, Erbtochter   , Vater Hein starb vor 1663, Mutter Anna zwischen 1663-81
               , Schwester Gesche lebte 1665 noch im Hause
               , Schwester Engel lebte als ledige Magd auf dem Hof
✳ r 1637 ebenda   ☐ 11.11.1713 Scheeßel
Bem.: [...] die Angeklage Margarethe MEINKEN, weil er ihres Vadders Gänse (*einst*) geschlage,
hätte sie seinen schwartzen Hengst (*von Hein RATKEN*) umgebracht. [...]
Danach gefragt, war er der einzige im Dorf, der nicht gegen Margarethe ausgesagt hat, indem er
sagte, "davon wüsste er nichts". Es war Hinrich FICKEN, nicht der Schwiegervater Hein RATKEN
(*letzterer war schon tot*), der mit Hofnamen als Hinrich RATKEN (RÖTEN up platt / Schreibweise
RATCHEN / RATHJEN) oder bezeichnet wurde und deswegen so in den Akten steht.
Kinder 7/6/1

a. Marlena   ~ 25.08.1661 Scheeßel   , Erbtochter
    ∞ 29.10.1685 Scheeßel mit Claus RIFESEL aus Sothel-4 (*JOHANNS*)
    Paten: Anna HOYNS aus Oldenhöfen (*WARNKE*), Ehefrau von Hinrich
               Anna LÜDEMANN aus Abbendorf (*JOHMS*), Ehefrau von Hinrich
               Anna MEINKEN aus Jeersdorf (*PEETS*), Tochter von Johann
               Hans SCHLEEßELMANN aus Hetzwege, ein Schäfer
               Hinrich HEITMANN aus Emmen (*einstelliger Vollhof*), Sohn von Johann
b. Hinrich   ~ 09.08.1665 Scheeßel   , lebte als led. Knecht auf dem Hof
    Paten: Claus MEINKEN aus Westeresch (*TIETEN*)
               Dietrich BRASE, Knecht in Westeresch (*Hof-2*)
               Catharina MAHNKEN aus MEINKENHAUS in Jeersdorf, Ehefrau von Johann
c. Jacob   ~ 28.07.1667 Scheeßel
    Paten: Claus MEINKEN aus Westeresch (*TIETEN*)
               Johann HOYENS aus Oldenhöfen (*WARNKE*)
               Reinke WICHERN aus Abbendorf (*GESCHEN*)
               Anna HEITMANN aus Emmen (*einstelliger Vollhof*), Ehefrau von Hinrich
               Gesche MAHNKEN aus MAHNKENHAUS in Jeersdorf, Tochter von Johann
d. Dietrich   ~ 19.09.1669 Scheeßel
    ∞ 23.11.1693 Elsdorf mit Gesche MEYER, eine Halbhöfnerswitwe zu Ehestorf
    Paten: Dietrich HEITMANN aus Emmen (einst. Vollhof), Sohn von Johann
               Hein BEERMANN aus Westerholz (*RÖHRS*)
               Johann HOLSTE aus Westeresch (*CARSTENS*)
               Anna HEITMANN aus Emmen (*einstelliger Vollhof*), Ehefrau von Hinrich
e. Johann   ~ 26.11.1671 Scheeßel   , lebte als led. Knecht auf dem Hof
    Paten: Cordt RATHJEN aus Lauenbrück (*Haus 28*)
               Johann MEINKEN, Knecht in Hunhorne (*gebürtig aus Jeersdorf-PEETS*)
               Johann HOYENS aus Westerholz (*MEYER*), Sohn von Jacob
               Anna HEITMANN aus Emmen (*einstelliger* Vollhof), Ehefrau von Hinrich
f. Claus   ~ 16.08.1674 Scheeßel
    Paten: Claus BADEN aus Westeresch (*BADEN*), Sohn von Harm
               Meinke BADEN aus Wenkeloh (*BADEN*), Sohn von Johann
               Dorothea HOLSTEN aus Westeresch (*CARSTENS*), Ehefrau von Johann
               Catharina HEITMANN aus Westeresch (*DEDEN*), Tochter von Lütke
g. Meinke   ~ 12.09.1680 Scheeßel
    ∞ 21.10.1718 Elsdorf mit Margretha BAMMANN aus Burg Elsdorf
    Paten: Dietrich HEITMANN aus Emmen (*einstelliger Vollhof*), Sohn von Johann
               Jürgen MAHNKEN aus Jeersdorf (*BARTELS*), Sohn vom seligen Johann
               Meinke BADEN aus Westeresch (*LÜTEN*), Sohn vom seligen Harm
               Gesche HOYNS aus Oldenhöfen (*WARNKE*), Tochter von Hinrich
               Catharina LÜDEMANN aus Abbendorf (*JOHMS*), Ehefrau von Hinrich
Eine Häuslingsfamilie ließ sich für diese Zeit auf dem Hof nicht feststellen.

Hof 3 **TIETEN**   Vollhof   Wirt: **MEINKEN** Clauß

[Initiator des Prozesses]
siehe oben unter: „Die betroffenen Familie der Angeklagten"

* * *

Hof 7 **DEETEN**   Vollhof   Wirt: **HEITMANN** Lütke

(auch DEDEN genannt)
Lütke **HEITMANN**, Anerbe   , Vater Tietke und Mutter N.N. lebten 1663 nicht mehr
                                 , Bruder Hinrich lebte noch 1684 mit seiner Tochter a. d. Hof
                           ∞ um 1637 ... mit Grete N.N. (*1664 beschuldigt*)
                           Kinder 1/0/1 bekannt
                           a. Anna   * um 1655 ebenda

* um 1610 ebenda   † zwischen 24.01.1675 und dem 31.12.1681 ...
∞ um 1635 ... mit
Margaretha <u>Elisabeth</u> **N.N.** (*1664 als Margretha erwähnt, starb als Elisabeth*)
* um 1613 ...   □ 09.09.1683 Scheeßel
Kinder 4/3/1 bekannt
a. Claus   * r 1639 ebenda   , Anerbe
    ∞ vor Juni 1676 ... mit Catharina HEITMANN aus Emmenhof
b. Joachim   * r 1642 ebenda   , Häusling & Schäfer ebenda
    ∞ 11.09.1678 Scheeßel mit Gesche SCHARPEN aus Abbendorf
c. Hans   * um 1645 ebenda   , Schäfer in Westeresch
    ∞ 26.10.1682 Scheeßel mit Anna LÜDEMANN aus Abbendorf-1 (*HARMS*)
d. Catharina   * um 1650 ebenda
    ∞ 16.05.1676 Scheeßel mit Hans HEITMANN aus Emmenhof

Als Häusling ließ sich für diese Zeit der oben erwähnte Bruder Hinrich feststellen, dem Lütkes Sohn Joachim folgte.

* * *

Hof 8 **CARSTENS**   Halbhof   Wirt: **HOLSTEN** Johann

[Prozessgegner]
Johann **HOLSTEN**, Anerbe
Sein Vater Johann war 1663 schon selig, während die Mutter Adelheit im Jahre 1662 noch lebend in der Klageschrift von Clauß MEINKEN erwähnt wurde.
* r 1630 ebenda   □ 26.01.1711 Scheeßel
∞ 21.10.1656 Scheeßel mit
Dorothea **MÜLLER**, Tochter des Berendt MÜLLER, Mühlenpächter in Scheeßel
* r 1636 Scheeßel   □ 04.10.1698 Scheeßel
Kinder 7/6/1
a. Berendt Borchert ~ 20.12.1657 Scheeßel   , lebte als led. Knecht auf dem Hof
    Paten: Reinhard TEXTORIUS, (*der alte*) Küster in Scheeßel
                  Claus GERKEN, Baumann in Scheeßel (*HARMS*)
                  Peter MÜLLER, Müller in Lauenbrügge (*heute Lauenbrück*)
                  Maria MEYER aus Scheeßel (*MEYER*), Ehefrau von Meinke MEYER
                  Maria BADEN aus Westeresch (*CLAUS*), Ehefrau von Claus
b. Johann   ~ Aug. 1660 Scheeßel
    ∞ 28.10.1690 Scheeßel mit Gesche BELLMANN aus Wenkeloh-1 (*BADEN*)
    Paten: Joachim MEYER aus Deepen (*MEYER*)
                  Peter MÖLLER aus Deepen (*Bruder von Berend Müller, dem Mühlenpächter*)
                  Johann HASTEDE aus Hetzwege (*HASTEDE*), Sohn von Dietrich, dessen
                  Ehefrau 1665 als Hexe verbrannt wurde
                  Maria HOLSTE aus Westeresch, Ehefrau von Harmen
                  Hinrich TEXTORIUS aus Scheeßel, Sohn von Johann (*dem Küster*)

c. Lütke   ~ 06.12.1663 Scheeßel
   Paten: Johann BELLMANN, Baumann in Grimshop
            Harmen ÖLRICH, Baumann in Scheeßel (*SCHNIEDERS*)
            Tietke MEINKEN aus Westeresch, z.Zt. Knecht in Rtbg, Sohn von Claus
            der Nachbar, der 1664 eine Klage gegen die Kindsmutter anzettelte.
            Catharina MIESNER aus Jeersdorf (*TIETENS*), Tochter von Elisabeth
            Maria MEYER aus Deepen (*MEYER*), Tochter vom Baumann Joachim

d. Tönnies   ~ 08.04.1666 Scheeßel   , Anerbe
   ∞ 30.11.1692 Scheeßel mit Anna BELLMANN aus Riepe-1 (*BELLMANN*)
   Paten: Claus MEINKEN aus Westeresch, z.Zt. Knecht in Rtbg, Sohn von Claus
            der Nachbar, der 1664 eine Klage gegen die Kindsmutter anzettelte.
            Johann MEINKEN, Sohn von Peter, Häusling in Westeresch (*Hof-3*)
            Hans HEITMANN aus Westeresch (*DEDEN*), Sohn von Lütke
            Margretha HOLSTEN aus Westeresch, Ehefrau von Tietke
            Maria HOLSTEN aus Bult (*NABERS*), Ehefrau von Harm

e. Tietke   ~ 19.04.1668 Scheeßel
   Paten: Hinrich HEITMANN aus Emmen (*einstelliger Vollhof*)
            Johann HASTEDE aus Hetzwege (*HASTEDE*), Sohn von Dietrich, dessen
            Ehefrau 1665 als Hexe verbrannt wurde
            Margretha HOLSTEN aus Helvesiek (*KATENS*), Ehefrau von Tietke
            Gerdruth MÜLLER aus Scheeßel, Ehefrau des Müller Tönnies
            Johann MEINKEN, Sohn vom Häusling Peter in Westeresch

f. Anna   ~ 03.11.1672 Scheeßel
   ∞ 02.11.1692 mit Hinrich HOYENS aus Oldenhöfen-3 (*WARNKEN*)
   Paten: Johann HARMENS, Kötner in Sittensen
            Hinrich HEITMANN aus Emmen
            Gerdruth MÜLLER aus Scheeßel, Ehefrau des Müllers Tönnies M.
            Margretha MÜLLER aus Rotenburg, Ehefrau des Müllers Jacob M.
            Margretha HOLSTEN aus Bult (*NABERS*), Ehefrau von Harm

g. Hinrich   ~ 15.09.1678 Scheeßel
   ∞ 01.05.1711 Scheeßel mit Anna SCHRÖDER aus Hellwege
   Paten: Hinrich MEYER, Pastor in Scheeßel
            Joachim MITTELSTEDE, der Küster in Scheeßel
            Hinrich HEITMANN aus Emmen
            Gerdruth MÜLLER aus Scheeßel, Ehefrau des Müllers Tönnies M.

Eine Häuslingsfamilie ließ sich für diese Zeit auf dem Hof nicht feststellen.

In dem Protokoll Sottrumb von 1619 steht auf Seite 323 7: „*Johan Holste zu Westeresche hatt über die Schavenßbergk 10 Fuder heide gehauwen*" wofür der 18 Taler Strafe zahlen musste. Er war der Urgroßvater von Johann HOLSTEN, dem Ehemann von Dorothea geb. Müller, der also 1619 noch lebte und zu dem Zeitpunkt ca. 75 Jahre alt war.

Wohn- und Lebensverhältnisse in alten Zeiten
Postkartenausschnitt: Heimathausgelände Scheeßel, um 1974, Verlag F. Lagerbauer, HH

Hof 9 LÜTEN   Halbhof   Wirt: **BADEN** Harm

Harm **BADEN**
* um 1615 Westeresch-1   † zwischen 1677-1678 ...
∞ um 1640 ... mit
Gesche **HOLSTEN**, Erbtochter, der Vater Lütke war 1663 schon lange selig
* um 1623 ebenda   □ 17.03.1710 Scheeßel
Kinder 6/2/4 bekannt

a. Anna   * um 1642 ebenda
    ∞ 04.11.1663 Scheeßel mit Jürgen MIESNER aus Sothel-1 (*LÜTEN*)
b. Gesche   * um 1647 ebenda
c. Claus   * r 1650 ebenda   , Anerbe
    ∞ 09.11.1681 Scheeßel mit Beke HASTEDE aus Sothel-5 (*HEEßELS*)
d. Meinke   ~ 18.05.1656 Scheeßel
    ∞ 18.11.1685 Scheeßel mit Beke MIESNER, Erbtochter aus Sothel-1 (*LÜTEN*)
    Paten: Claus MEINKEN, Baumann aus Westeresch (*TIETEN*)
                 Johann HOLSTEN, Baumann aus Westeresch (*CARSTENS*)
                 Claus BADEN, Baumann aus Westeresch (KLAUS)
                 Anna RATHJEN aus Westeresch (*RÖTEN*), Tochter von Hein
                 Beke TÖDTER aus Wenkeloh, Ehefrau von Borchert, einem Knecht
e. Dorothea   ~ 10.11.1661 Scheeßel
    Paten: Dorothea HOLSTEN aus Westeresch (*CARSTENS*), Ehefrau von Johann
                 Maria BADEN aus Westeresch (*KLAUS*), Ehefrau von Claus
                 Ernst BASSEN aus Wittkopsbostel (*HILMERS*), Sohn von Titke
f. Margretha   ~ 12.05.1667 Scheeßel
    Paten: Joachim RATHJEN aus Helvesiek (*OTTENS*)
                 Dorothea HOLSTEN aus Westeresch (*CARSTENS*), Ehefrau von Johann
                 Margretha BADEN aus Westeresch, Ehefrau vom Häusling Cordt

Eine Häuslingsfamilie ließ sich für diese Zeit auf dem Hof nicht feststellen.

* * *

Häuslingsfamilien zu der Zeit im Dorf, die sich den Höfen nicht eindeutig zuordnen lassen:

Claus **BADEN**
* um 1610 vermutlich Westeresch-1   † zwischen 1669-1679 ebenda
∞ um 1640 ... mit
Maria **N.N.**
* um 1615 ...   □ 16.01.1691 Scheeßel
Kinder 2/1/1 bekannt
a. Clauß   * um 1648 ebenda
b. Anna   * um 1650 ebenda

Joachim **BADEN**
* um 1612 vermutlich Westeresch-1   † vor 31.12.1681 Westeresch
∞ vor 1650 ... mit N.N.
Kinder 1/0/1 bekannt
a. Margretha   * um 1651 ebenda

Hans **WILCKENS** (*stammte ggf. aus Marschhorst / Kl. Meckelsen im Kirchspiel Sittensen*)
* um 1642 ...   □ 26.04.1693 Scheeßel, † Westeresch
∞ 25.04.1669 Sittensen mit
Beke **DEDEN** (Rebecca)
* um 1643 Tiste   □ 04.03.1683 Sittensen, † Marschhorst
Kinder n.b.

Aus den vorab angeführten Familiengenealogien ergeben sich für das Dorf folgende soziale Strukturen, die in zwei Soziogrammen als Gruppenanalysen (*Gruppe = Familie / Hofgemeinschaft*) die Isolierung der Familie MEINKEN im Dorfe während der Zeit vor und während des Prozesses deutlich macht. Diese löst sich erst nach dem Prozess allmählich auf. Jeder belegbare Kontakt wurde aufgezeigt.

Begleittext, Erklärungen und Soziogramme sind im Teil 7 und 8 enthalten

1. Soziogramm der Dorfschaft Westeresch ohne die Familie MEINKEN auf Hof-3
2. Soziogramme der Familie MEINKEN aus Hof-3 vor, während und nach dem Prozess

Westerescher Flurbezeichnungen

In dem Jordebuch des Amtes Rotenburg der Jahre 1692/1694 sind in Westeresch die folgenden Flurbezeichnungen auffällig:

Seite 93 unter Trifften
„.... Ferner hätten Sie die Huth (...) in und durch den Westerescher und Jeerßdorffer Stüh bis an den Heidt- oder **Teuffels Kamp** und an das **Blutfeldt**.“

1. War der Teuffelskamp oder das Blutfeld der Platz, den der Lehrer WAHLERS 1906 beschrieb? [siehe im Teil 9b]
2. Welche Ereignisse liegen dem Flurnamen Blutfeldt zugrunde ?

Seite 93 unter C (1.)   **Johan Baden (*Hof-1 KLAUS*)**
1 St.(*ück*) beym Kirchbaum zw.(*ischen*) (*Claus*) Rieffesehl (*Hof-2 RÖTEN*) und Johan Meincken (*Hof-7 DEETEN*).

Als „Kirchbaum" wurde der Baum bezeichnet, der Treffpunkt der Menschen aus den Dörfern Westeresch, ... und auf dem Weg zur Kirche war. Der Bartelsdorfer Kirchsteg war auch so ein bekannter Orientierungspunkt.

Dieser Gedanke wird in HESSMANN, Flurnamen des nördlichen und östlichen Kreises Rotenburg (Wümme), Seite 274 gestützt.
Beym Kirchbaum (1692 JB 93b) – Wesch 29-
In den Kirchbäumischen Stücken (1753 StA Rep 74 Ro Dom F 57 Nr.25); Karckbohm (1692 Jordebuch 94b).
Der 1692 überlieferte Name wurde 1753 wohl als Personenname aufgefasst und entstellt. Möglicherweise war der „Kirchbaum" ein auffallender Baum (*dessen Standort leider nicht genau festgestellt werden kann*), der am Kirchweg von Abbendorf nach Scheeßel wuchs. [...]

einige auffällige Flurnamen in der Gegend sind:
♦ Blutfeldt (*oben genannt*), Nr.46 Gemarkung Westeresch
♦ Heid- und Teufelskamp (*oben genannt*), Nr.117, Nähe Nr. 40 Gemarkung Westeresch
♦ Hölln Kamp, Nr.41 Gemarkung Wittkopsbostel
♦ Höllenmoor, Nr.26 Gemarkung Wittkopsbostel
♦ Düwelskuhle, Nr.37 Gemarkung Westerholz

Schlussbemerkung zu dieser Familie:
Am 2. Januar 1670 waren Claus MEINKEN (*aus TIETENS*), der seligen Margrethes Vater und die Nachbarin und Prozessgegnerin Dorothea HOLSTEN geb. MÜLLER gemeinsam als Paten beim Kind vom Knecht Hans von LOHE (*LOHMANN*) zu Westeresch im Kirchenbuch eingetragen, sechs Jahre nach dem Prozess. Das Leben ging weiter.

Ortsbild Wester Esch um 1770

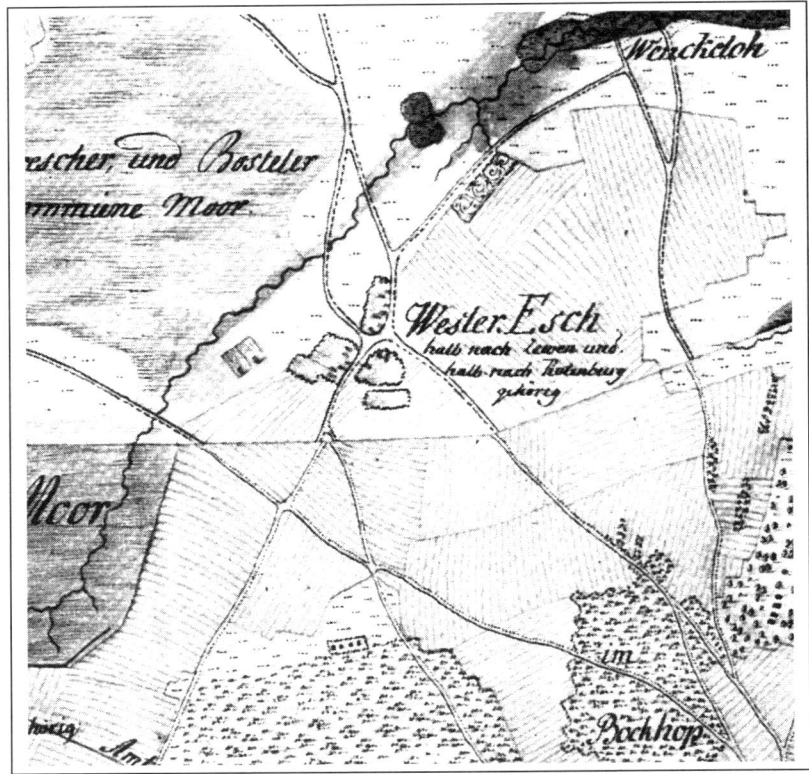

Ausschnitt aus der Kurhannoverschen Landesaufnahme von 1770

Wie schon im oben gezeigten Rekonstruktionsmodell für das Jahr 1664 ist zu sehen, dass die Straße das Dorf teilt, aber über vier Wege mit den anderen Dörfern verbunden ist.
Der Hinweis, welcher das Dorf auf zwei Ämter teilt, steht unter dem Dorfnamen Wester Esch.
„halb nach Zewen und halb nach Rotenburg gehörig"
Noch 1770 besteht die Problematik der unten beschriebenen Zuständigkeit der Gerichtsbarkeit für das Dorf und seine Menschen.
In „Begriffserklärungen" sind mit s.B. gekennzeichnete Begriffe sowie andere ausführlich beschrieben und erklärt.

Quellen zur Zusammenstellung der Familien:
Kirchenbücher der betroffenen Kirchspiele
Kirchennebenbücher der betroffenen Kirchspiele
Die im Teil 6.2c, 6.3 und 6.4 beschriebenen Quellen der Gerichtsakten
Amtsgeldrechnungen
Landesmilizrollen 1610, 1651, 1675, 1682, 1691, 1710
Jordebücher 1676, 1692/94
Häuslingslisten der Zeit
Kopfschatz 1663
Kontribution 1646, 1690
Dienstgeldregister 1652-1659
Wirteverzeichnisse des Amtes Rotenburg um 1650
Spezifikation der Hauswirte 1682
Kirchspielbeschreibungen 1651 und 1657
Michaeliszins, Schmalzehnt, Pflugschatz ... u.v.m.

Grundherren und die Gerichtsbarkeit
im Dorf Westeresch

Im Dorf Westeresch gab es - wie in den meisten Dörfern der Umgebung - keine freien Bauern sondern nur „Meier", also Erbpächter, die auf dem Land eines Grundherren wirtschafteten. Grundherren waren die Bischöfe oder weltliche Fürsten bzw. von ihnen mit der Grundherrschaft belehnte Niederadelige oder Stifte (*Domkapitel, Klöster, Andreasstift Verden*) und einzelne Kirchen. An den Grundherren waren die Meiergefälle - oft die höchsten Abgaben eines Hofes - zu leisten. Daneben gab es weitere Abgaben, die der Kirche oder dem Amt zustanden. Westeresch lag in einem zwischen den Stiften Bremen und Verden strittigen Gebiet. Seit der Säkularisierung (*1648, nun unter schwedischer Herrschaft*) wurden die Stifte Herzogtümer genannt. Zum Stift / Herzogtum Verden gehörte das Amt Rotenburg, zu Bremen das Amt Zeven. Beide Ämter erhoben Anspruch auf die Landesherrschaft in der Gegend und hatten von ihnen abhängige Bauern in dem Dorf. Eingepfarrt war Westeresch zur Kirche nach Scheeßel. Scheeßel seinerseits lag im Amt Rotenburg.
Im Dorf Westeresch sah das 1664 wie folgt aus:

Hof-1	CLAUS	Vollhof	Herrenmeyer	Amt Rotenburg
Hof-2	RÖTEN	Vollhof	Herrenmeyer	Amt Rotenburg
		Jägermeyer, ein Dienst für das Amt		
Hof-3	TIETEN	Vollhof	Herrenmeyer	Amt Rotenburg
Hof-4	HEITMANNS	Neubauer	wurde erst 1764 gegründet	
Hof-5	BEHRENS	Neubauer	wurde erst 1764 gegründet	
Hof-6	NEPERS	Neubauer	wurde erst um 1791/1794 gegründet	
Hof-7	DEETEN	Vollhof	Junkernmeyer	von Zahrenhausen
				Im Rezeß: von Scheither, Trochel

Im Mannzahlregister (*Vorwirteregister*) von 1721 wurde der Hof als Herrenmeyer bezeichnet mit dem Zusatz „gehöret unter Sittenser Jurisdiction"
Hatte die Familie von SCHULTEN vor 1720 den Hof übernommen ?

Hof-8	CARSTENS	Halbhof	Herrenmeyer	Sittensen

Im Mannzahlregister (*Vorwirteregister*) von 1721 wurde der Hof als Herrenmeyer bezeichnet mit dem Zusatz „gehöret unter Sittenser Jurisdiction"

Hof-9	LÜTEN	Halbhof	Herrenmeyer	Sittensen

Im Mannzahlregister (*Vorwirteregister*) von 1721 wurde der Hof als Herrenmeyer bezeichnet mit dem Zusatz „gehöret unter Sittenser Jurisdiction"
Haus-10 ist das Schulgebäude

Hof-11	JOHMS	Anbauer	wurde erst um 1847 gegründet
Hof-12	BADEN	Anbauer	wurde erst um 1848 gegründet

Die beiden Höfe CARSTENS und LÜTEN sind aus der Teilung eines Vollhofes vor 1536 entstanden.

Die Gebäude mit den Hausnummern 4, 5, 6 und ab 10 sind im Jahr 1664 nicht existent.

Hinweis zum Hof Nr.1 und Hof Nr.2:
Nr. 28 Bremervörde und Bremen, 11.-13. Oktober 1600;
StA Stade, Bestand Domstift Verden Nr.408

Der erwählte Bremer Erzbischof Johann Friedrich tut kund, daß Dietrich Schulte, Burgmann zu Horneburg, von dem Verdener Bischof Philipp Sigismund und dem Verdener Domkapitel die Mühle, einen Kohlhof und einen Meierhof zu Sittensen eingetauscht und dafür dem Verdener Bischof und Domkapitel **zwei Meierhöfe zu WesterEsche** überlassen hat. Der Bremer Erzbischof und das Bremer Domkapitel genehmigen, daß in Zukunft die Landfolge und Landsteuern von der Mühle und dem Meierhof zu Sittensen an das Erzstift Bremen, von den beiden Meierhöfen zu Westeresch an das Stift Verden geleistet werden.
Von Gottes Gnaden wir Johan Friederich, erwölter Ertzbischof zue Bremen, Erbe zue Norwegen, Hertzogk zue Schleßwigk, Holdtstein, Stormarn und der Dittmarschen, Grafe zue Oldenburgk und Delmenhorst etc. thuen kundt hirmit vor uns und unsere Nachkommen am Ertzstift Bremen

offentlich bekennen, das uns der ehrnvester unser lieber getrewer Ditrich Schulte, Burchman zue Horneburgk, underthenigst hat zu erkennen gegeben, das von dem hochwurdigen und hochgebornen Fursten und Hern Philip Sigißmundt, Bischoffen zue Oßnabrugh und Verden, Hertzogen zu Braunschwig und Luneburg etc., unserm freundtlichen lieben Oheimb etc., mit S(einer) L(iebden) verdischen Thumbcap tel Consens und Volbordt er die Mulen zue Zittensen zuesambt einem Kholhofe und Meygerhofe darselbst gelegen, welchen **Hans Hermens** jetzo zue Meygerrechte innehaben solle, durch einen rechtmeßigen Tausch mit alle ihren Pertinentien erlangt, und dajegen S(einer) L(iebden) und deßen verdischen Thumbcapitel und deren Successoren er Ditrich Schulte zwey ihme zuegestandene Meygerhofe zue Westerstede belegen, welche jetzo **Jacob Bade** und **Claws Elers** bebawen und dem Stifte Verden und Haus Rodenburgh fast wol gelegen, mit alle ihren Gerechticheiten widerumb abgestanden und ubergelaßen haben solle; wie er uns deßen die zwischen dem Hern Bischofen und S(einer) L(iebden) verdischen Thumbcapitel und ihme vorfassete Wechselschriften in originali underthenigst furgezeiget hat, mit ferneren underthenigstem angehaftetem Bericht, weih die Mhule und Meygerhof zue Zittensen dem Stifte Verden die Folge und Landtschatzung, die zwei Meygerhofe aber zue Westerestede gelegen unserm Ertzstifte Bremen beide Folge und Schatzung hiebevorn geleistet und gereichet hetten, und sich aus unsers Ertzstifts inhabenden Schatzregistern befinden thete, das der eine Hof zue Westerestede auf jedes Quartal 30 Schilling 9 Pfennig, der ander aber nur 30 Schilling 7 Pfennig pro quota gegeben, und uns Ditrich Schulte underthenigst gebeten, weih in den vorfaßeten Wechselbriefen sonderlich in specie caviret were, das die Mühle und Meygerhof zue Zittensen nhun und kunftiglich unserm Ertzstifte Bremen, die zwei Meyger aber zue Westerestede belegen hinwiderumb vice versa die Folge und Schatzung dem Stifte Verden fur und fur leisten und reichen sollen, und wir derwegen in Gnaden geruhen und nachgeben wollen, das solche Folge und Schatzung mit unserm Consens wie auch unsers bremischen Thumbcapitels und Ertzstifts Stenden Bewilligung umb beßerer Richtigkeit und Gelegenheit willen also umbgesetzt und transferirt werden mugten. Und wir nun auf fleyßige besehene Nachtrachtung im Werck befunden, das obgemelter Tausch und die darbei jetzo in Underthenigkeit gesuchte und gebetere Alteration und Translation solcher Folge und Landtschatzung unserm Ertzstifte Bremen und deßen Hoheit und Regalien uberaus nicht praeiudicirlich, der hochwurdiger hochgeborner Furst, Herr Johan Adolf Bischof zu Lubeck, Erbe zu Norwegen, Hertzog zue Schleßwig und Holdtstein etc., unser freundtlicher geliebter Herr und Bruder, ehe und bevohr S(eine) L(iebden) den Ertzstift abgetreten, auch darzue albereits deren Consens gegeben und sich diese Translation gefallen laßen betten, auch Ditrich Schulte biß dahero uns und unserm Ertzstifte uffwertig gewesen und alle getrewe mugliche Dienste unweigerlich gerne geleistet, die auch noch hinfuro zue leisten anerpotig und willig were, so haben wir in gnedigster Erwegung deßen und daß wir mit sondern Gnaden Ditrichen Schulten zuegethan undt gewogen sein, vor uns und unsere Nachkommen am Ertzstifte Bremen uf vorhergehnde Mitwißenschaft unsers bremischen Thumbcapitels und Stenden in obangezogene Alteration und Translation der Folge und Schatzung gnedigst vorwilliget, thuen das auch kraft dieses Brefes also und dergestaldt, das die von Ditrichen Schulten abgestandene zwei Meigere zue Westerestede nun und hinfuro ihre Landtfolge und Schatzung dem Stifte Verden, uns aber und unsern Nachkommen am Ertzstifte Bremen die vom Hern Bischofen und verdischen Thumbcapitel darentjegen ubergelaßene Mhule und Meygerhof zue Zittensen die schuldige Folge und Schatzung nun und hinfuhr leisten mugen, sollen und wollen, das auch daruf furderlich von beiderseits Beambten die Anweisung unc Umbsetzung ins Werck gerichtet und wie sich das eigenen und gezimen wolle bei deine alle geburliche Richticheit erfolgen solle. Jedoch mit dem Angedinge, das uns und unserm Ertzstifte diese Translation in andern deßen habenden Regalien, Hoch- und Gerechticheit allewege unabbruchig sein und verstanden werden solle. Wie dan gleichsfals, da inskunftige durch gemeinen Reichsbeschlus ein anders statuiret, auch da wir uns mit S(einer) des von Verden L(iebden) in Rechte oder je in Guete deßwegen entscheiden laßen wurden, das ein iglicher Underthan seinen Landesfursten steuren und folgen solte, das uns dan sothanes vorbehalten pleibe.

Deß in Uhrkundt haben wir diese Vorwilligung mit unserm furstlichen Insiegel vor uns und unsere Nachkommen am Ertzstifte Bremen wißentlich vorsiegeldt und dieselbe mit unser Handt under-schrieben. Actum uf unserm Sehlos Vorde, am elften Octobris Anno eintausendtsechshundert etc.

Und wir Thumbprobst, Dechandt, Senior und Thumbcapitel zue Bremen thuen kundt hirmit vor uns und unsere Nachkommen offendtlich bekennen, weiln wir auch unsers Theils befunden, das die bei hochstermeltem unserm gnedigsten Fursten und Hern von Ditrichen Schulten undertheinigst gesuchte und gebetene Translation der Folge und Schatzungen dem Ertzstifte Bremen nicht nachteilig oder einigermaßen an deßen Hoch- und Gerechticheit schmelerich gewesen, so haben wir zu solcher Translation unsern Consens neben andern Stenden auch gern gegeben. Thuen das auch in bester Form rechtens hiermit creftiglich, und haben neben unserm gnedigsten Fursten und Hern dieselbe mit unsers Thumbcapitels Insiegel umb mehrer Besterckungh willen hiermit wissentlich befestiget. Actum Bremen am dreyzehnden Octobris Anno eintausendtsechßhundert. J(ohan) Friderich m(anu) p(ropria)

StA Stade, Bestand Domstift Verden Nr. 408, Pergament, Ausfertigung. Anhängend das Siegel des Erzbischofs und das stark beschädigte Siegel des Bremer Domkapitels. Eigenhändige Unterschrift des Erzbischofs unter der Plica.
Vgl. die folgende Urkunde von 1605 Oktober 14 (StA Stade, Bestand Domstift Verden Nr. 421)
Johann Friedrich: von 1596 bis 1634 Erzbischof von Bremen
Horneburgk: Horneburg, Kreis Stade
Philipp Sigismund: gehörte der Wolfenbütteler Linie der Herzöge von Braunschweig-Lüneburg an Er war von 1586 bis 1623 Bischof von Verden, seit 1591 auch Bischof von Osnabrück
(Enno Heyken, Rotenburg, Kirche, Burg und Bürger, Rotenburg 1966. S. 58)
Zittensen   = Sittensen, Kreis Bremervörde
Westerstede = Westeresch, Kreis Rotenburg, Rodenburgh: Rotenburg (Wümme).
<u>Vorde</u>   = <u>Bremervörde.</u>

Anmerkung der Autoren:
Beim Eintrag der zwei Meyerhöfe handelt es sich um zwei volle Höfe, wobei die Namen der Wirte glücklicherweise erwähnt wurden, sie sich somit zuordnen ließen. Die Bedeutung als Meyerhöfe hatten sie damals bereits verloren. Bei diesem Vorgang ist es unstrittig, was die Abgaben und die Gerichtsbarkeit zum Amt Rotenburg nach dem Tausch betraf. Das gleiche galt für die Tauschobjekte.
Bei den anderen Höfen im Dorf allerdings gab es darüber noch viele Streitigkeiten, die wir hier nur auszugsweise in den wichtigsten Passagen für das Verständnis der Zuständigkeit der Gerichtsbarkeit des Amtes Rotenburg wiedergeben wollen.
Hierbei haben wir die Hinweise und die genannten Urkunden aus dem Buch von Dr. Dörfler (Quelle A) genutzt und empfehlen nachdrücklich das Werk in seiner Gesamtheit zu lesen, wenn jemand sich darüber umfassend informieren möchte.
♦ Hans **HERMENS** war Halbhöfner im Meyerhof auf Hof-35 HELMKEN in Groß Sittensen
   Dieser Hof ist vergleichbar mit dem als "Meyerhof" zu Scheeßel bekannten Hof, der eigentlich kein Meyerhof war, sondern nur eine Hälfte nach der Teilung des alten Meyerhofes. Der Hofname ist MARTENS mit der alten Hausnummer 2 und der links neben ihm liegende Halbhof HARMS mit der alten Hausnummer 3. Beide waren einst ein Vollhof und ein Meyerhof. Dieser hatte seine Bedeutung und Aufgabe mit der Teilung verloren. Die Befugnisse gingen an den Untervogt über, der Vollhöfner mit dem Hofnamen UNTERVOGT und der alten Hausnummer 4 war (Der Hof liegt heute zwischen ALDI und EDEKA).
♦ Jacob **BADE** war Wirt auf Hof-1 KLAUS in Westeresch
♦ Claws **ELERS** war Interimswirt auf Hof-2 RÖTENS in Westeresch

Hinweis zum Hof Nr.2:
In den Prozessakten von 1664 wurde Hinrich FICKEN als „Hinrich RATKEN" als <u>Postwirt</u> zu Westeresch bezeichnet. [siehe im Teil 6.2c [468] [480]]
Im Jordebuch des Amtes Rotenburg von 1692/94 ist kein Hinweis auf Briefträgerdienste für seinen Nachnachfolger enthalten.
In dem Buch von Dr. Dörfler (Quelle A) steht etwas sehr Interessantes, was diesen „Spitznamen" möglicherweise erklären könnte. Er schreibt auf Seite 200:
In einer der späteren Grenzbeschreibungen kommt nämlich ebenfalls ein Bach mit dem Namen „Post Reite" vor, der nördlich von Bult und westlich von Westeresch verlief. Er muss allerdings sehr klein gewesen sein, da er nur von einer der drei folgenden Beschreibungen benützt wurde und heute dort nur noch ein namenloser Graben aufzufinden ist.

Die drei folgenden Beschreibungen sind auf Anno 1546, 1589 und 1719 datiert, auf die wir hier nicht weiter eingehen.

Den Namen „Post Reite" erklärt Dr. Dörfler wie folgt:

„Post ist die mundartliche Form von Porst, dem Gagelstrauch (Hessmann S. 380, Scheuermann S. 198) und Riede, Reith, Reien ist der kleine Bach, der Bachrand, ein erhöhter Rand überhaupt (Hessmann S. 392, Scheuermann S. 208)."

Sollte der Begriff „Postwirt" mit dem alten Bachnamen „Post Reite" in engem Zusammenhang stehen, dann könnte man vermuten:

1. der Bach floss einst direkt an dem Hof Nr.2 in Westeresch vorbei, weswegen der Bauer so genannt wurde.
2. der Hof Nr.2 war eine Pferdewechselstation für Postreiter, zumal die Grenze zweier Ämter das Dorf teilte.
3. der Hof Nr.2 hatte die an den Hof gebundene Dienstpflicht eines Amtsbriefträgers.
4. die Bezeichnung „Postwirt" und „Post Reite" haben nichts miteinander zu tun.

Die Bezeichnung „Postwirt" konnten wir nicht abschliessend klären.

1. ein Beleg, ein weiterer Hinweis für eine Poststation war nicht zu finden
2. einen Beleg, einen weiteren Hinweis, dass der Wirt auf Hof Nr.2 mit der Dienstbarkeit eines Amtsbriefträgers belegt war, ist im Jordebuch von 1692/1694 nicht enthalten. Möglicherweise hatte der Hof im Jahre 1692 diese Dienstpflicht auch gar nicht mehr zu leisten.

Ob die wiederholte Nennung von Hinrich RATKEN (RATCHEN) mit dem Zusatz „Postwirt" auf die Lage des Hofes zurückgeführt werden könnte, sollte der Bach mit dem Namen „Post Reite" unmittelbar am Hof vorbei geflossen sein, bleibt ebenso ungeklärt, aber möglich.

Hinweis zum Hof Nr.3: [A]

Dr. Dörfler schreibt in seinem Buch auf Seite 179, dass je ein Bauer aus den rechtswümmischen Dörfern Hetzwege, Abbendorf, Jerßdorff, Oldenhöfen und **Wester Esche** 1664 von dem Notar Philip Rudolph DAMMANN [1] im Rahmen der Beweiserhebung für einen Prozess vor dem Obertribunal zu Wismar [2] nach ihren Zugehörigkeiten befragt wurden. [...] und Clauß MEINECKEN aus Westeresch sagte aus: *"zu Landgerichte (sei er) gmeinlich nach Scheeßel gegangen, wiße aber auch, daß sein Vater vor diesem nach Sittensen gegangen sei"* [3]

Bei dem Protokoll einer Befragung vom 26. Januar 1664 in der Vogtey Scheeßel [4] steht:

"imals Clauß Meinecken zu **Wester Esche**, der befragt und sagte, er: "Heiße Clauß Meinecken, sey 38. Jahr alt und Rotenburgischer Meier. Wohne im Hertzogthumb Bremen zu Wester Esche, allda er 16. Jahr gewohnet (und) Sey daselbst geboren. So lange er gewohnet sey Huldigung, Landtfolge, schatz und Contribution nach Rotenburg geleistet und abgestattet , wie er denn wiße, daß die Huldigung, so Ihr. Königl. May. zu Schweden glorwürdigsten und höchst sehl. andenkens allerunterthänigst geleistet, zu Rotenburg verrichtet, auch der Kopffschatz, so nach getroffenen allgemeinen Friede angesetzt, nach Roterburg entrichtet, diese letzte Türckensteuer aber habe er nach Sittenßen gegeben, Die Contribution imgleichen nunmehr bey 2 Monath, zu Landgerichte sey er gemeiniglich nach Scheeßel gegangen, wiße auch daß sein Vater vor diesen nach Sittenßem gangen sey; Bey seiner Zeit, weil er Haußgehalten, sey keine Contribution gedobbelt inns Bremische und Verdische gegeben worden; bey Seiner Zeit wiße er nicht, daß grentzstreittigkeiten wehren vorgefallen, hette auch eben keine sonderliche achtung drauf gegeben, es würden woll ältere seyn die des wegen beßere kundt und nachricht geben könten;"

[*Schlußfolgerung: lt Sterberegister geboren 1624 (alt 38J), Hofübernahme 1648 (vor 16Jahren)*]

Bem.: Claus war also um 1624 geboren und hatte 1664 eine 17jährige Tochter. Er hatte schon um 1644 geheiratet und war dabei im Verhältnis zum üblichen Alter von 27 Jahren mit 20 recht jung gewesen. Möglicherweise war sein Vater nicht mehr in der Lage, den Hof zu führen, weil er kränklich oder durch einen Unfall eingeschränkt war ?

Der Hofname TIETKEN [5] ist für diesen Hof in Westeresch schon im Jahre 1560 in einer Urkunde überliefert und nicht, wie die meisten im Kirchspiel Scheeßel während der Zeit des 30jährigen Krieges verändert worden. Die Hofnamen wurden über Jahrhunderte bis heute weiter genutzt und nur sehr wenige änderten sich.

Allerdings sei angemerkt, dass die Zeit von 1618-1648 auch ein gewaltiger Umbruch und Einschnitt im Leben der Überlebenden bedeutete.

Hinweis zum Hof Nr.8:

Durch den Zusatz im Mannzahlregister von 1721 „gehöret unter Sittenser Jurisdiction" wird deutlich und zugleich bestätigt, worauf sich der Scheeßeler Mühlenpächter Berend MÜLLER, der zugleich der Vater von Dorothea HOLSTEN auf Hof-8 in Westeresch war, im Jahre 1664 berief.
[siehe Aussagen und Anmerkungen im Teil 6.2c [125], sowie im Teil 6.2b [288].]

In einem Protokoll [F] aus der Zeit um 1630, steht geschrieben, wir geben es in voller Länge wieder und versehen es mit Bemerkungen:

[...] von Freitagh Vorhde bis in die Schwartzen Reien, Dannen uff den Bulthoff.

WesterEsch

Jochen HOLSTE

Von dem Hofe zum Bulte, dwer uber den Bonten Mohr, uff den Vaßberg, Uff die Soteler Hofen Buchen, Dann in den Sickbeche.

„Die Leute so allhie zu Gerstorff (*Jeersdorf*) und Westeresche wohnen sein mehrentheils Rotenburgische Meyere, wie auch theils zu Helvesiek, gehören aber von alters hero und noch (*zum Zeitpunkt der Protokollerstellung*) in das **Gericht zu Sittensen**, maßen sie nicht allein uff beschehene abkundigung aldah im Manzahlen vor gericht erscheinen, Clag (*Klage*) anhören, antwort und recht geben und nehmen, sondern auch in allem nach der Vohrdischen (*Bremer*) Beambten und deren nachgesezten Voigten und Greffen gebott und verbott, andern Unterthanen gleich sich richten. Jah, sie, die Rotenburgische Meyer, finden selbst des Ertzstiffts und Bohrd (*Börde*) Sittensen gräntz (*Grenze*) und Schnäde in die Wommen (*Wümme*) und andere orter und schließen ihre Dorfschafften und sich selbst darein, daß sie J.F.fg., des H. Ertzbischoffen und Ertzstiffts Landesfurstlicher Hoch-, und Gerichtsbar- und Bottmeßigkeit in allem unterworffenm gestalt man dießeits deßen [...]."

Wir datieren dieses Protokoll etwa 5 Jahre früher, auf die Zeit um 1624/1625, auf Grund der Wirtezeiten der darin enthaltenen Personen.

Die Wirte auf dem Hof bis 1692 waren:

1. 1536-1570	Carsten	HOLSTEN	
2. 1570-1597	Johann	HOLSTEN	
3. um 1604	Claus	HOLSTEN	
4. vor 1625	Jochen	HOLSTEN	(*Interimswirt*)
5. um 1625-1656	Johann	HOLSTEN (I)	(*das älteste Kind wurde 1626 geboren*)
6. 1656-1692	Johann	HOLSTEN (II)	

Anmerkungen der Autoren:

Die oben beschriebenen Zuständigkeiten geben Klarheit, dass es für die Menschen im Dorf Westeresch in früheren und zu verschiedenen Zeiten unterschiedliche und wechselnde Zuständigkeiten der Gerichtsbarkeit gab.

Für die Höfe 1 und 2 wechselte diese im Jahre 1600 mit dem Tausch vom Erzbistum Bremen zum Bistum Verden.

Für den Hof 3 galt nach Aussage von Claus MEINKEN (✳ r 1625) zu seines Vaters Zeiten (*vor 1644*) dass er zum Landgericht nach Sittensen ging, während Claus nach Scheeßel geht.

Diese Aussage deckt sich mit dem Hinweis, dass Anno 1639 der Verdener Bischof Friedrich dadurch, dass er auch die Landesherrschaft im Stift Bremen [Dr. Dörfler, Seite 495] hatte, eine Entscheidung zwischen der Vogtei Scheeßel und der Börde Sittensen beurkundete [E]. Damit sollte die Gerichtsbarkeit über die Dörfer Jeersdorf und Westeresch auf den Bischof zu Verden übergehen, wohingegen die Familie von SCHULTEN mit Gerichtsbarkeiten in der Börde Sittensen abgefunden wurde. Dr. Dörfler schreibt dazu weiter: Von beiden Dörfern wurde in der Urkunde behauptet, dass sie *in unserem ungezweiffelten Erzstifts Bremen liegen* würden, was eine sehr einseitige Festlegung zu Ungunsten des Stiftes Verden war.

Hinweis: Die Entstehung und Entwicklung der Hausnamen ist in "Stemmen, Stemmen und abermals Stemmen" (2006, Geiger-Verlag, Horb, Heimatverein Stemmen & Jürgen Hoops) auf den Seiten 47 bis 51, bezogen auf das Kirchspiel Scheeßel, ausführlich beschrieben.

Hierauf also berief sich der alte Müller und Mühlenpächter zu Scheeßel, Berend Müller, als er am 3. Mai 1664 zu Protokoll [siehe im Teil 6.2c 125] gab

> *Fürs dritte der Müller zu Scheeßel Berendt Müller*
> *nom: seines Schwieger Sohns Johann und deßen Frauen Do-*
> *rotheen Holsten, entschuldigten, daß dieselbe für hiesigen ge-*
> *richte nicht compariren dörfften, weiln es Ihnen von Ihrer Obrig-*
> *keit inn Hertzogthumb Bremen verboten, wie woll verschie-*
> *dene Subsidiatbriefe ann den Voigtt und Grefen zu Sitten-*
> *ßen desfalls abgangen berichtete auch danebenst, daß Seine*
> *Tochter und Schwieger Sohn mit der sache sonderlich nicht zu*
> *schaffen, hetten auch nicht geklaget, sondern es und bloß bey*
> *dem Ober Förster testimonii causa, wenn etwa Denunciantin ...*
> *... oder sonst anders wohin außerhalb dieses Hertzogthumbs*
> *Verden sich begeben solte, anzeichnen laßen;*

und somit behauptete und quasi Einspruch einlegte, dass das Amt Rotenburg keinerlei Gerichtsbarkeit über seine Tochter Dorothea und ihren Mann hatte. Dieses zeigte offenbar Wirkung, denn in den weiteren Protokollen wurde seine Tochter lediglich nur noch als Zeugin [siehe im Teil 6.2c 314] angehört.

Dr. Wolfgang Dörfler [(A)] führt auf Seite 180 an „Nach dem Tod des mit dem Amt Rotenburg belehnten Hans Christoph von KÖNIGSMARCK dehnten sich die bremischen Gerichts-ansprüche erneut bis hinter Jeersdorf an die Wümme aus, wurden aber von Scheeßel / Rotenburg u.a. mit Hilfe einer Klage vor dem Obertribunal zu Wismar zurückgedrängt".
Berend Müller wird dieses gewusst haben und sich zu Nutzen gemacht haben.

Quellen:
A. „Herrschaft und Landesgrenze", Landschaftsverband der ehemaligen Herzogtümer Bremen und Verden, Dr. Wolfgang Dörfler, Stade, 2004, siehe Auflistung Nennungen Westeresch S.892
B. Mannzahlregister der Vogteien im Amt Rotenburg, 1720-1760, StA Stade Rep 74 Nr.185 (alte Signatur: Rep 74 Rotenburg Allg. F.31 Nr.1)
C. Enno Heyken, Rotenburg. Kirche, Burg und Bürger, Rotenburg 1966, S. 58
D. StA Stade, Bestand Domstift Verden Nr.408, Nr. 28 Bremervörde und Bremen, 11.-13. Oktober 1600;
E. Pratje 1774, Altes und Neues VII, S.281
F. StA Stade Rep 5b F.83 Nr.1 Anfang des 17. Jh. „Schnede oder Grenitz des Gerichts zu Sittenßen", entliehen bei Dr. Wolfgang Dörfler, S.753, Anl. 7

>1< der Rotenburger Bürgermeister Philip Rudolph DAMMANN wurde hier in seiner Funktion als Notar bezeichnet, wie im Prozess 1665. (mehr dazu siehe Personenübersicht im Teil 6.2b)
>2< in Wismar befand sich das Appelationsgericht für den Adel
>3< StA Stade Rep 28 I R Nr.17 Bd. II, Bl. 31-34, entliehen aus Quelle A Seite 179.
>4< Rep 28 I R Nr. 17 Bd II, Bl. 24-34 / identisch mit: Rep 28 I R Nr. 12 Bd. I, Bl. 63-81 aus einer Befragung vom 26. Januar 1664 in der Vogtey Scheeßel,
>5< 16-Pfennigschatz 1560 (*früher falsch auf 1553 datiert*) StA Stade Rep 5b F.101. Nr. 8 Bl.65-76 Grundlage zum Schatzregister Bischoff zu Verden, 12. Februar 1560, Rep 8 F 19 Nr.1 Bl.23-24

Erklärungen von Begriffen aus dem Bereich der Erforschung von Höfen

Die im Teil 3 (*Begriffserklärungen*) erläuterten Begriffe sind sehr allgemein und für das Buch insgesamt geltend gefasst. In diesem Buchteil hingegen sind Begriffe enthalten, die überwiegend hier verwandt wurden und die wir deswegen an dieser Stelle erläutern möchten.

Die Grundherren

In der neueren Forschung ist umstritten, ob die Sachsen vor 800 freie Bauern waren. Um 1300 war der Bauer nicht der Eigentümer "seines" Grund und Bodens, sondern nur der Nutznießer. Der wirkliche Besitzer des Hofes / der Stelle war der Grundherr. Grundherren waren der Landesherr, die Kirche, die Klöster oder Adelige.

Hofgrößen- / Bezeichnungen

Die vollen Höfe wurden in Steuerlisten vor 1700 als „ganzer Hof", „voller Hof" und teilweise auch als „hele Hof" bezeichnet, wobei letzter Begriff die plattdeutsche Form für heil (*ganz*) beinhaltet. Die Begriffe standen sehr häufig nebeneinander in einer Liste und kamen besonders in den Listen der Börde Sittensen so vor.

Halb-, Drittel-, Viertel-, Sechstel-, oder Achtelhöfe sind erst durch Teilung größerer Höfe entstanden, wobei ein Vollhof nicht nur in zwei halbe, sondern auch schon mal in drei Drittelhöfe geteilt wurde. Die Teilung konnte auch schon mal in der Weise erfolgen, dass ein 2/3 Hof übrig blieb und aus dem verbleibenden Drittel ein 1/3 Hof oder gar zwei 1/6 Höfe (*meist als Pflugkaten benannt*) wurden.

In den alten Steuerlisten ist noch heute in den meisten Fällen erkennbar, welche Höfe einst aus der Teilung hervorgegangen sind. Sie wurden zusammen veranlagt, als wäre es noch ein ungeteilter Hof, wobei jeder seinen Teil selbst zahlen musste.

Abgaben und Dienstpflichten

Jeder mit einem Hof oder einer Kate „bemeierte" musste seinem Grundherrn für den quasi „gemieteten oder mit Erbrecht belegten" Hof Abgaben zahlen und Dienste erbringen. Dieses war in den so genannten „Meierbriefen" festgehalten.
Die Dienstpflichten wurden als Hand- und Spanndienste bezeichnet. Diese Dienste waren dann auszuführen, wenn es der Grundherr forderte und umfaßte in der Regel 1-2 Tage je Woche, konnten aber häufiger sein. (*siehe Wochentag: DIENSTtag*). Sie waren für jeden Hof je nach Größe festgelegt und konnten abgezahlt werden.

Bei dem Neubau z.B. der Lauenbrücker Mühle in den Jahren 1659-1660 hatten die an das Haus Lauenbrück bemeierten Wirte diese Baumaßnahme im Rahmen ihrer Dienstpflichten zu unterstützen. Diese Arbeiten umfassten u.a. Holz schlagen, Lehm graben oder Holz transportieren. Waren Handwerker, wie Zimmerleute oder Maurer, unter den Wirten, dann konnten sie durch ihrer Hände Arbeit ihre Pflichten ableisten.
Zu allen Dienstverrichtungen hatten sie entsprechendes Handwerksgeschirr vorzuhalten und mitzubringen, natürlich auch stets Instand zu halten. Mit Spanndiensten belegte Höfe hatten eben ein Pferdegespann mit 1-2 Pferden zu haben.

Auch der Landesherr, z.B. das Amt, aber auch die Vogtei konnten solche Dienste einfordern, wie z.B. Strassen- und Befestigungsbau oder Gefangenenbewachung oder beim Erhalt eines Mühlendammes. Im Amt Rotenburg herrschte bis 1792 für die Menschen „Mühlenzwang", d.h. sie waren verpflichtet bei einer bestimmten Mühle ihr Korn mahlen zu lassen. Verstöße dagegen wurden auf den Landgerichten mit Geldbußen belegt.

Für Dienste, die über die für die Höfe festgelegten Dienste hinausgingen, sind die Menschen entlohnt worden, wenn auch gering.

Häuslinge

Viele Voll- und Halbhöfe hatten ein oder zwei Nebenhäuser, die als Häuslingshäuser bezeichnet wurden. Für die Familien in diesen Häusern war in der Regel eine kleine Fläche Ackerland zur eigenen Bewirtschaftung vorhanden. Das Häuslingshaus befand sich auf dem Hofplatz, oder an anderer Stelle im Dorf.

Der Häusling musste auf dem Hof mitarbeiten und sein kleines Feld bestellen. Er durfte sich selbst Vieh halten und musste der Dorfgemeinschaft, in Ermangelung einer eigenen Wiese, Weidegeld zahlen oder war dafür z.B. als Dorfschäfer tätig. Die meisten Häuslinge waren auch Handwerker und betrieben ein Gewerbe nebenbei.

Häufig blieb eines der Geschwister des Anerben und Wirtes mit der Familie als Häusling auf dem Hof. Hier galten keine Erbrechte. Es konnte ein Häuslingssohn nicht automatisch dem Vater auf dieser Stelle folgen. Ledige gesunde und auch kranke Geschwister blieben zeitlebens als Mägde und Knechte auf dem Hof und durften keine Familien gründen.

Heimfallsrecht

War auf dem Hof bzw der Stelle kein berechtigter Erbe vorhanden, fiel die Hofstelle an den Grundherrn zurück. Der konnte sich dann einen neuen „Wirt" suchen und ihn auf dem Hof neu bemeiern. Dabei wurde seitens des Grundherrn schon berücksichtigt, möglichst einen „geeigneten" Nachfolger aus der Verwandtschaft des vorigen Bauern zu suchen, blieben die Alten doch auf dem Hof und mussten mit versorgt werden.

Sicher wurden auch Vorschläge des bisherigen Wirtes von den Grundherrn berücksichtigt. Das Amt Zeven verlangte in diesem Fall von dem „fremden" Erben den doppelten Weinkauf. (siehe unten unter Weinkauf)

Interimswirt

Starb der rechtmässige Wirt, so konnte die Stelle nur funktionstüchtig bleiben, wenn sie weiterhin uneingeschränkt bewirtschaftet wurde.

Es wurde recht früh nach dem Tod schon bestimmt, wer auf dem Hof als Übergangswirt, als sogenannter Interimswirt, einheiraten sollte. Dieser arbeitete dann schon auf dem Hof, die Hochzeit fand meist aber erst nach Ablauf des Trauerjahres statt. Oft wurden die Brüder des seligen Mannes geheiratet, die den Hof kannten und somit versorgt waren. Er pachtete den Hof im weitesten Sinne. Die Interimszeit war in der Regel stets auf sieben Jahre begrenzt und konnte verlängert werden. Bei kürzeren Zeiten wurde dies vorab geregelt, denn es galt durch einen Interimswirt, die Zeit bis zur Übernahme der Hofstelle durch den Anerben zu überbrücken. Meist blieb der Interimswirt als Häusling oder Altenteiler auf dem Hof beim Stiefsohn oder der Stieftochter.

In den vorhandenen Haus- und Meierbriefen derer von Schulten für die Zeit von 1703-1833, die in der Ritterschaft in Stade lagern, wurde stets von „sieben Hauerjahren" gesprochen.

Dieses galt auch für die regulären Wirte, die danach durch Zahlung „des Weinkauf" die einstige Hofgewinnung als ständige Steuer entrichten mussten. Heute würde man es als Erbschaftssteuer bezeichnen.

Meierrecht

Die Höfe, der Grund und Boden gehörten einem Grundherrn. Es waren in der Regel die ansässigen hochadeligen Familien, die Bischöfe und Klöster. Später traten wieder adlige als Unterlehnsnehmer der alten geistlichen und weltlichen Fürsten auf. Sie bemeierten auf den Höfen ihres Lehens Bauern, die dafür die Pflicht hatten, Abgaben zu zahlen und Dienste zu leisten. Bei jedem Wechsel eines Wirtes wurde ein neuer Meierbrief ausgestellt. Der neue Meier zahlte dazu Hofgewinnung und den Weinkauf. Wenn ein Bauer von der Familie von Kettenburg bemeiert wurde, wurde er als „Kettenburgmeier" bezeichnet.

Weinkauf

Beim Wechsel eines Wirtes, ob durch Tod, Abmeierung oder Übergabe an einen Nachfolger aus Altersgründen, wurde dem neuen „Wirt" ein Meierbrief ausgestellt. Damit er die Stelle übernehmen konnte, hatte er den so genannten Weinkauf, die Hofgewinnung, an den Grundherren zu entrichten. Dieses ist nicht gänzlich mit der heutigen Erbschaftssteuer gleichzusetzen, denn diese Abgabe konnte mitunter auch wiederholt nach Ablauf einer vertraglich festgelegten oder verabredeten Frist verlangt werden.

Der Weinkauf im Bereich des Klosters Zeven, dem späteren Amt Zeven, belief sich in etwa auf die Höhe der jährlichen Abgaben.

Häufig wurde auch der Begriff " B e w e i n k a u f e n " verwendet. Was jeder einzelne Hof an Weinkaufsgeld bezahlen musste, war sehr unterschiedlich, aber festgelegt.

Quellen:

G. Höfe- und Familiengeschichte mit dem „Stemmen, Stemmen und abermals Stemmen", Heimatverein Stemmen & Jürgen Hoops, Geiger-Verlag, Horb a.N., 2006, Seite 594 ff

H. Höfe- und Familiengeschichte in der Dörpschronik Bartelsdorf, Band A, Dörpsverein Bartelsdorf e.V., Jürgen Hoops und Heinrich Ringe, Druckerei Hamelberg, Rotenburg, 2006, S.482 ff

* * *

Wohn- und Lebensverhälnisse in alten Zeiten
Fotografie von Hochzeitsvorbereitungen im Kirchspiel Scheeßel in alten Trachten, vor 1914
unbekannte Herkunft, mehrfach veröffentlicht

Personenübersicht

im

Hexenprozess gegen

Mette MEINEKEN geborene HOPES (HOOPS)

und ihre Tochter

Margarethe MEINEKEN (MEINKEN)

aus Westeresch

Anno 1664

[Teil 6.2b]

Beteiligte und genannte Personen im Verfahren
Quelle: Gerichtsakten 1664 im Teil 6.2c
Extract Uhrgerichtsprotokoll, Lit. A vom 23. Juli 1664

Gliederung
- die betroffene Familie der Angeklagten und deren Anverwandten
- Zeugen / Denunzianten / Verdächtige / Andere
- Die Grafen von KÖNIGSMARCK
- Amtspersonen des Hauses Rotenburg
- Amtspersonen des Flecken Rotenburg und umzu
- Bürger der Stadt Rotenburg (die keine Gerichtszeugen waren)
- Amtspersonen im Amt Rotenburg
- Amtsvögte im Amt Rotenburg
- Pastoren / Küster / ... im Amt Rotenburg
- Amtspersonen von außerhalb des Amtes Rotenburg
- Die während des Prozesses neu beschuldigten Personen

Vorbemerkung:
- Die hier erwähnten Menschen aus Westeresch sind im Teil 6.2a genealogisch bearbeitet.
- Der eigentliche Prozessverlauf von 1664 ist im Teil 6.2c als kommentierte Übersetzung aus den Originalprozessakten enthalten.
- Die Hinweise auf Personen sind im Teil 6.2c erklärt oder mit einem Hinweis auf 6.2b versehen.
- Die Klammer mit einer Ordnungszahl z.B. [314] findet sich im Teil 6.2c, wie auch hier wieder, um auf die Erwähnungen in den Prozessakten hinzuweisen. Dabei sind nicht alle Erwähnungen in diesen Teil übertragen worden.
- Um die Familiennamen besser finden und unterscheiden zu können, sind diese in Grossbuchstaben gesetzt. Dieses trifft auf die Abschriften von Urkunden selbstverständlich nicht zu.

die betroffene Familie der Angeklagten und deren Anverwandten

Mette MEINKEN geb. HOPES

[6][35][252][257][340][369][375][391][401] **Angeklagte** und 1te Ehefrau von Clauß MEINKEN in Westeresch († 1664)

Margarethe MEINKEN

[2 bis 599 vielfach] **Angeklagte** und Tochter von Mette
Gemäß der Gerichtsakten wurde sie in der Zeit vom Mai bis September 1664 als 17jährige bezeichnet. Daraus kann man schliessen, dass sie 1647/1648 geboren/getauft und 1659/1660 konfirmiert wurde. († 1664)

Clauß MEINKEN

[7-606 vielfach] Ehemann von Mette und Vater von Margarethe, Vollhöfner zu Westeresch Hof-3 (1625-1696)
Um seine Anverwandten (z.B. *Schwager*) war es wirtschaftlich nicht besser gestellt als um ihn. Ob dieses der Grund war, dass er die 100 Taler für die Auslösung seiner Tochter nicht aufbringen konnte, ist gut möglich. Möglicherweise wollte er auch nicht zahlen, suchte sein Recht und hoffte auf ein gutes Ende.

Herman / Harm **HOPES** (HOOPS)

[120][186][205] Brinkkötner aus Höperhöfen, Bruder von Mette MEINKEN. ✴ um 1619; er wurde u.a. am 11. Juli 1667 (Rep 74 F91 Nr.1, Amt Rotenburg, Wolfsjagd) im Verzeichnis der Leute der Vogtei Sottrum erwähnt, die zur Teilnahme an der Sommerjagd verpflichtet waren, nicht erschienen und mit einer Strafe von 24 Schillingen belegt wurde.
Seine Ehefrau hieß mit Vornamen Tibecke (1630-1720).
Er war nur Interimswirt und konnte deswegen wohl kein Geld aufbringen, seinem Schwager zu helfen. Er selbst stammte vom Hoopshof in Höperhöfen.
Am 9. September 1664, dem Tag der Hinrichtung seiner Nichte Margarethe, war er nicht mit dem Schwager und den Anverwandten Schwagern in Rotenburg anwesend. Hatte ihn der Selbstmord seiner Schwester schon zu sehr mitgenommen ?

N.N. HOPES geb. N.N.

[37][110][182] Mutter von Mette und Harm HOPES (HOOPS) in Höperhöfen. ✴ um 1585; † vor 1664,
Ehefrau vom Halbhöfner Joachim H. in Höperhöfen. Über sie wurde im Kirchspiel Sottrum und darüber hinaus das Gerücht verbreitet, sie wäre eine Hexe; [siehe z. B. Aussage Pastor Hinrich Meyer im Teil 6.2c]

N.N. PAPE geb. HOPES(HOOPS)

[391][392] Ehefrau von Burchardt PAPE in Bülverstedt, Schwester von Mette und Harm HOPES (HOOPS) in Höperhöfen, ✴ um 1621 ...
Ihr Vorname wurde leider nicht genannt.

Titke / Titge **MEINKEN**

[592] Vater von Claus MEINKEN, Westeresch Hof-3

die alte Margarethe **MEINKEN**

[456] Ehefrau von Titke MEINKEN (✴ um 1595 ▢ 1683)
Nach ihr wurde ihre Enkelin Margarethe getauft.
War Sie anwesend, als ihre Enkelin verbrannt wurde ?

Herman / Harm MIESNER

[608] Halbhöfner in Sothel Hof-1, (✳ um 1631 ☐ 1685); Als Anverwandter von Claus MEINKEN aus Westeresch am 9. Sept. 1664 erwähnt, (*Harm, auch mal als Herman*). Im Jahre 1692/94 (*Jordebuch S.161*) steht geschrieben, dass der Hof wüste gewesen, weswegen die Hofgewinnung und nachstehende Zinsen erlassen wurden. Wir gehen davon aus, dass es um den Hof von Harmen (*auch Hermen*) MIEßNER schon bei Hofübernahme nicht gut bestellt war und er seinem Anverwandten Claus MEINKEN kein Geld zur Auslösung von Margarethe geben konnte.

Cordt HEIDTMANN

[609] Vollhöfner in Ahausen und Sohn von Lütke; Schwager von Claus MEINKEN (✳ um1625),
Seine wirtschaftlichen Verhältnisse sind in den Jordebüchern nicht verzeichnet, weil er ein Junkernmeyer war, dessen Sohn 1692/94 im Jordebuch, S.293 (18) aber aufgeführt wurde. Da er kein Amtsmeyer war, wurde hier die sonst übliche ausführliche Hofbeschreibung nicht aufgenommen.
Der Ahauser Amtmann KNÜTEL, verheiratet mit Elisabeth geb. von MÜNCHHAUSEN, hatte am 17. Dezember 1695 eine Aufstellung der Meyer nach Grundherrenzugehörigkeit erstellt. Dabei führt er drei adlige Vollhöfe auf, deren Wirte allgemein als Junkernmeyer bezeichnet wurden und der adligen Familie „von Schlepegrell" gehörten. Die Familie war ein altes urkundlich schon 1299, 1315 und 1321 genanntes Lüneburgisches Adelsgeschlecht, welches auch ins Bremische, Mindensche, Münstersche, Oldenburgische und Ostfriesländische kam. Theodorus von S. war Domherr zu Verden und starb 1541. (siehe Neues allgemeines deutsches Adelslexikon, S.200-201, Kneschke, 1972 ISBN 3487045575). Die Familie starb mit Elma von LEVETZOW geb. von SCHLEPEGRELL im Jahre 1997 aus. Die Schlepegrellschen Vollhöfe 1873:
- ◆ Haus Nr. 3 OELKERS
- ◆ Haus Nr.24 WOHLS
- ◆ Haus Nr.26 TIMPEN

Auf welchem Hof Cordt HEIDTMANN 1664 bemeiert war, bedarf noch der Erforschung außerhalb dieses Buches. Bei dem Grundherren 1694 handelte es ich um Christoph Gebhard (erwähnt 1675-1695), Sohn des Gebhard. Er wurde im Jordebuch 1692/94, Seite 251 als Herr Landrath bezeichnet und wohnte in Buchholz im Ksp Visselhövede.

Diedrich Christoph HEIDTMANN

[610] Drittelhöfner in Bartelsdorf Hof-9 (✳ um 1620 ☐ 1689); Anverwandter von Claus MEINKEN (*Schwager*) und somit Onkel von Margarethe und Catharina MEINKEN.
Im Kopfschatz von 1663 steht er als Christopf und als Häusling mit einer Abgabe von 0-40-0, obwohl er auf einem Eindrittelhof saß. Es handelte sich bei dem Eintrag eindeutig um den Bauer auf CARSTENS, denn es wurden 13 Bauern erwähnt. Möglicherweise war die Wirtschaftskraft des Hofes derart schlecht, wobei es nicht nur ihm so erging, dass er nur noch als Häusling eingestuft wurde. Immerhin lag der Hof 1663 nicht wüst, was bedeutet hätte, er wurde nicht bewirtschaftet. Er konnte seinen Schwager Claus MEINKEN ebenso wenig finanziell unterstützen wie die anderen Anverwandten.

Joachim **MEINKEN**	[32] Vater von Catharina MEINKEN, Knecht beim Bruder Claus in Westeresch auf Hof-3 († vor 1661/1662). Bei den Vernehmungen im Mai des Jahres 1664 wurde seine Tochter als „Elternlos", also als Vollwaise für das Jahr um 1661 erwähnt.
Catharina **MEINKEN**	[2][33][122][128][146][324] Tochter von Joachim MEINKEN Cousine der angeklagten Margarethe (✳ r 1643) [146] sagte sie aus „sie wehre eine arme Elternlose Dienstmagdt", d.h. sie war Vollwaise. Sie wurde im 4. Protokoll im Mai 1664 als „**Verursacherin dieses Processes**" bezeichnet. Ist darin ein Schuldvorwurf / eine Schuldzuweisung enthalten ? Sie diente als Dienstmagd in folgenden Familien:

♦ ... bei Valentin N. in Buxtehude
♦ ... bei Rosebruch in Hamburg
♦ 1661 bei Ebbers in Rotenburg
♦ 1662 bei Hobörg in Buxtehude zusammen mit ihrer Cousine Margarethe

Ihr Verbleib nach dem Prozess ist unbekannt. Sicher ist aber, dass sie nach dem 6. Juni 1664 aus der Haft und der Anklage entlassen wurde. [324]

Diedrich **MEINKEN**	[10][32][44][158] ehemaliger 2/3 Höfner in Bartelsdorf auf Hof Nr.1, (um 1593 - 1664/1680), als Anverwandter erwähnt, Onkel von Claus MEINKEN
Titke **MEINKEN**	[607]; von Westerholz, Hof Nr.2, 2/3Hof HELKEN (um 1601- 1671/80), Anverwandter erwähnt am 9. September 1664, Onkel von Claus MEINKEN

Bem: als Anverwandte wurden z.B. Schwager, Onkel oder Vetter bezeichnet. Weiter entfernte Verwandte wurden im Ksp Scheeßel als „Freunde" bezeichnet.

Zeugen / Denunzianten / Verdächtigte / Andere

Johann **HOLSTEN**	[5][67] Halbhöfner zu Westeresch Hof-8 (1630-1711), Claus MEINKENS direkter Nachbar
Adelheit **HOLSTEN** geb. N.N.	[19] Mutter des Halbhöfner Johann zu Westeresch Hof-8
Dorothea **HOLSTEN** geb. MÜLLER	[14][16[314]] Ehefrau von Johann HOLSTEN, Hof-8 (1636-1698)
Titge / Tietke **HOLSTEN**	[254][568] im Protokoll der Prozessakten vom 6. September 1664 steht geschrieben: [...] berichtete neben Bernd Müllern derbey, alß Titge Holsten für ohngefere 2 Jahren kränklich gelegen, und sich eingebildet des Er von Mette Meineken, Margreten Mutter behexet, habe Er Titge Holsten, da eben in seinen hause von seinen Bruder Kindtauffe gehalten worden, Metten solten umb solchen verdachts willen geschlagen das Sie geblutet welches Sie den gerne von schwetzet und wäre des andern tages nichts weniger würden zur Kindtauffen kommen worauff Er den nachgehendt würden gesundt worden Inplorentin were in gemeiner sache, das Mette

Meineken Titke Holsten eine solche Kranckheit zur gebracht <u>das Er darvon den Tode nehmen müßen</u> [...]

Bem.:
1. Dieser Titge war 1661/1662 kränklich
2. Sein Bruder ließ 1661/1662 ein Kind taufen
3. Mette soll ihn behext haben, weswegen er krank war
4. Mette soll deswegen blutig geschlagen worden sein
5. Titke wäre am Tag der Taufe nicht gekommen
6. War er tot und man verdächtigte Mette als Verursacherin dieses Schadzaubers ?

Es gab zu dieser Zeit nur einen Tietke HOLSTEN im Kirchspiel Scheeßel verzeichnet, der aber auszuschliessen ist, denn (*Pflugkötner in Helvesiek auf KATENS*) er lebte von 1626 bis 1710 und heiratete erstmals im Jahre 1665.

<u>Welcher HOLSTEN ließ 1658-1662 ein Kind taufen und welcher davon hatte einen Bruder Tietke ?</u>

Jahr	Vater	Ort
1660	Johann (1620-1685)	Jeersdorf-4 **
	ein Bruder Tietge ist nicht bekannt,	
1660	Jürgen (1723-1688)	Scheeßel-15 **
	ein Bruder Tietge ist nicht bekannt	
1660	Harmen	Westeresch
	Bruder Tietke oo 1665, 1673, 1674 °°	
1660	Johann	Westeresch-8
	Bruder Tietke oo 1665, 1673, 1674 °°	

°° beide scheiden aus, weil der Bruder Tietke bis 1710 lebte
** Tietke könnte ein Bruder von einem der beiden aus Scheeßel-15 oder Jeersdorf-4 gewesen sein.
Bei keiner der vier Kindstaufen wurde Berend Müller als Pate erwähnt, dennoch schilderte er diese Geschichte.

Berendt **Müller**

[14][42][100][125][160][168][174][255][277] Müller und Mühlenpächter zu Scheeßel und Dorothea HOLSTENS Vater
✳ vor 1606 ebenda † 23.05.1664-06.04.1665 ebenda
Als Jahrespacht für das Jahr 1653/54 hatte der dem Amt 245 Taler zu zahlen; (StA Stade Rep 76 1381)
Karl Wedekind schrieb im HEIMATBORN, 30.Jg, Nr.17, 1. September 1962:
„Hierzu möchte ich bemerken, daß drei Personen dieses Dokuments im Jahre 1664 im Prozeß gegen die als Hexe angeklagte damals erst 17 Jahre alte Margarethe Meineken aus Westeresch eine wichtige Rolle gespielt haben. Der darin erwähnte Berendt Müller erzählte wahrscheinlich in dem Glauben, damit ein gottgefälliges Werk zu tun, einige Krankheitsfälle, bei denen er Margarethe Meineken im Verdacht der Zauberei gehabt habe (Ruete Seite 269)."
Möglicherweise lag die Motivation vom alten Berendt MÜLLER nicht in dem Glauben ein Gott gefälliges Werk zu tun, sondern darin begründet, seiner Tochter Dorothea beizustehen, die als Prozessgegnerin von Margarethe MEINKEN und ihrem Vater dastand.

Herman **HOBÖRG**	[15][82][189][195][196] um 1661-64 als <u>Bürger in Buxtehude</u> erw.
Christoff **ROSENHAUBT** Hamburg	[144][219] <u>Ehemann</u> von Catharina STACKEBRAND,
Catharina geb. **STACKEBRAND**	[144][219] <u>Ehefrau</u> von Christoff, Hamburg (*auch als Christoffer ROSENBRUCH und dessen Frauen Catharinen STONKEBRANDT geschrieben*) In der Stadt Werden (*an der Ruhr*) gab es Anno 1662 den Amtsmeister und Tuchweber Werner Stockebrand, dessen Familie ebenda bis 1850 verzeichnet war, aus der Catharina stammen könnte. Möglicherweise war Christoff ROSENHAUPT ein Tuchweber oder Wandtmacher wie der Wandtmacher Valentin N.N.. Bei beiden war Catharina MEINKEN in Hamburg in Stellung. Wie kam seinerzeit ein Mädchen in Hamburg zu einer Stellung als Dienstmagd ?
Herman **BADEN**	[458] <u>Halbhöfner zu Westeresch</u> Hof-9 (vor 1615-1677)
Clauws **BADEN**	[459] <u>Vollhöfner zu Westeresch</u> Hof-1 (1632-1684)
Lütken **HEITMANN**	[438][461] <u>Vollhöfner zu Westeresch</u> Hof-7 (vor 1610-1675/80)
Herman **HOLSTEN**	[462] <u>Drittelhöfner zu Bult</u> Hof-2 (um 1632-1678)
Johann **BADEN**	[463] <u>Halbhöfner zu Wenkeloh</u> Hof-1 (um 1608-1690)
Henrich **RATKEN** alias Hinrich **FICKEN**	[460][468][480][482] bezeichnet als „Postwirt Hentrich Ratkenß zu Westeresche". [siehe auch im Teil 6.2a unter Hof 2] Hinrich RATKEN (RATHJEN) war der einzige der nicht gegen Margarethe ausgesagt hatte oder es nicht wollte. Hiermit war Hinrich FICKEN, sein Schwiegersohn, gemeint und in der Niederschrift steht er mit dem Hausnamen (*RÖTENS= RATKEN*). Hinrich RATKEN starb schon vor 1663, denn im Kopfschatz wurde seine Witwe Anna ebenda erwähnt.
Hinrich **FICKEN**	[17] <u>Schwiegersohn vom Postwirt Henrich RATKEN</u> und seit 1660 dessen Nachfolger auf dem Hof-2 in Westeresch.
Johann **SONNENBERG**	[483] Sohn von Claus, der 1664 wie folgt erwähnt wurde: *„Dem Corporal Engel von Cahsit: Lund so mit seinem Sohn von Vehrden hier gewesen, und seine aussage wegen Sonnenbergs Sohne noch mahlen Confirmiret* (belehrt) *uff des hl. Drosten befehl"* Seine Mutter wurde der Hexerei beschuldigt. Es ist anzunehmen, dass er bzw. der Corporal deswegen vernommen wurde. Dass Johann „noch einmal konfirmiert" wurde, hat schon einen strengen Charakter und deutet auf eine Redensart hin, die heute noch üblich ist, wenn man sagt: „den habe ich aber konfirmiert oder die Leviten gelesen". Weiteres ist zu dem Fall der Mutter nicht überliefert. Es zeigt aber, dass es auch Bürger und Handwerker in der Stadt Rotenburg traf, wobei das in Verden ausgeprägter war. (Ehefrau Margaretha, siehe unten unter Beschuldigte)

Jürgen **BASSEN**	[76] und seine Frau. Ihr Vorname ist nicht überliefert. Jürgen (✳ um 1598) stammte, wie die beschuldigte Cillie BASSEN, aus Wittkopsbostel Hof-1 und war Häusling bei seinem Bruder Tietke, dem Grossvater von Cillie. [...] *... an der Jürgen Baße und deßen frau sich Vernehmen laßen Sie haben geferet des jemend alß seiner freundschaft ...* [...]
Frau von Jürgen **BASSEN**	[76] "Jürgen Baßelder Schele ist super spiciem Facti" = Jürgen Bassen Frau wurde zu speziellen Fakten vernommen.
Clauß **INDORF**	[87] Kötner in Bartelsdorf auf Nr.11 KÖTS und Schwager von Tibke HOLLMANN, die 1665 angeklagt wurde; „... alß Peter Hollmann und Clauß Indorfs 1663 zusammen in Buxtehude ..."
Peter **HOLLMANN**	[86] Schwager von Claus INDORF und Ehemann der 1665 angeklagten Tibke [Prozess und Familie siehe Teil 6.3] „... alß Peter Hollmann und Clauß Indorfs 1663 zusammen in Buxtehude ..."
Jacob **EBBERS**	[9][81][107][259] Bürger und Bäcker in Rotenburg und Sohn des bereits 1625 erwähnten Jacob, verheiratet mit Elisabeth.
Elisabeth **EBBERS**	[107][259] Hausfrau und Ehefrau vom Bäcker Jacob in Rotenburg, Bem.: Dorothea EBBERS heiratete 1688 Cord Hinrich SEESEMANN, Halbhöfner in Abbendorf Hof-4 „Jacob Ebbers desgleichen Elisabeth Ebberß verificiret des Catharinen Ebberß (Schreibfehler = MEINKEN)"
Johann **EBBERS**	[145] und seine Frau (n.b.) in Rotenburg, bei dem Ehepaar hatte MEINKEN wohl als Magd gedient. Im Jordebuch 1694 steht, dass Johann INSELMANN Johann EBBERS auf der Stelle folgte.
Johann **MEINKEN**	[50] von Jeersdorf; er stammte aus PEETS, Nr.5 in Jeersdorf, war später Häusling und Schäfer in Westeresch, lebte 1634-1700, heiratete 1680 Anna BADEN aus KLAUSHOF in Westeresch.

Wohn- und Lebensverhältnisse in alten Zeiten
Flett mit Bodenherd und Funkenfang,
Vollhof in Döhlbergen, Krs Verden,
Inschrift Anno 1704 [II-7]
Quelle: Institut für Heimatforschung, Titel „Bilder von alten Höfen ab Anno 1500"

Auch abgebildet in Stemmen, Stemmen und abermals Stemmen, 2006, Heimatverein Stemmen und Jürgen Hoops, „Außen- und Innenansichten alter Höfe", S.557ff.

Die Grafen von KÖNIGSMARCK

Hans Christoph
Graf von **KÖNIGSMARCK**

[-] Auch sein Vater Hans Christoffer war schwedischer Feldmarschall, der seit 1645 zu Stade mit seiner Familie lebte, im schwedischen Dienst als Generalgouverneur von Bremen und Verden herrschte. Er erhielt das Amt Rotenburg als Donation (*Lehen*). Am 8. März 1663 starb er in Stockholm nach über 40 Schlachten, Gefechten und Belagerungen an den Folgen einer Hühneraugenoperation. Für seine Liebste Agathe von LEHSTEN kaufte er 1652 in dem Dorf Lieth bei Stade Grund und Boden. 1655/1656 ließ er dort ein Schloss erbauen. Zu Ehren seiner Gattin ließ er das Dorf in „Agathenburg" umbenennen. Seine Witwe, die Gräfin Agathe von KÖNIGSMARCK bezog bis 1675 ihren Witwensitz in Agathenburg.

◄ Das Stammwappen (1) „von KÖNIGSMARCK";
Blasionierung: In Silber drei Rote, linke Spitzen. Helmzier ein wachsender Frauenrumpf, gekrönt, in silbernem, rotem oder rot-silbern gespaltenem Gewand, drei Rosen in der Rechten haltend. Helmdecken rot-silbern.
Dieses Stammwappen hängt an der Hauptfassade des Schlosses „Eyrichshof". Hausherr ist dort Hermann Freiherr von ROTENHAN.

◄ Das gräfliche Wappen (2) der schwedischen Grafen ab 1651, mit Hans Christoph von KÖNIGSMARCK († 1694) ausgestorben. Nebenlinien führten später (*um 1802*) in Anlehnung an das Wappen der schwedischen Linie als preußische Grafen ein eigenes Wappen. Dieses Wappen ist farbenprächtig in der sogenannten „Schnitger Kirche" zu Neuenfelde im Original zu bewundern. Es erinnert an die Spender für den wesentlichen Teil des Altarbaus von 1688: Graf Otto Wilhelm von KÖNIGSMARCK und seine Ehefrau Charlotte de la GARDIE.
Anmerkung: Der Neuenfelder Kirchenneubau von 1682 wurde in der Amtszeit des dortigen Pastoren und Altländer Probstes Johann Hinrich von FINCK durchgeführt.
Sein Nachfahre, der Scheeßeler Pastor Adolf Johann von FINCK (1715-1797), machte es ihm mit dem Neubau der Scheeßeler St. Lukas Kirche, die im Jahre 1758 eingeweiht wurde, nach.
♦ Siebmachers Wappenbücher ISBN 3-87947-113-4
♦ Foto (1) Dr. Bernhard PETER, 2008, Koblenz
♦ Foto (2) aus dem Innenraum der Kirche Neuenfelde

Kurt Christoph
Graf von **KÖNIGSMARCK**

[-] Er wurde am 24. März 1634 geboren und starb am 31. Oktober 1673 während einer Belagerung vor Bonn.
Nach dem Tod seines Vaters im Jahre 1663 wurde er Vicegouverneur der Herzogtümer Bremen und Verden und Kommandant von Stade.
Wir gehen davon aus, dass Otto Wilhelm seinen Bruder im Amt vertreten hatte.
Kurt Christoph wurde in den Amtsgeldrechnungen für die Zeit eines Aufenthalts im Hause Rotenburg vom 28. bis 30. Mai namentlich, sonst nur als „Vice Gouverneur" erwähnt.

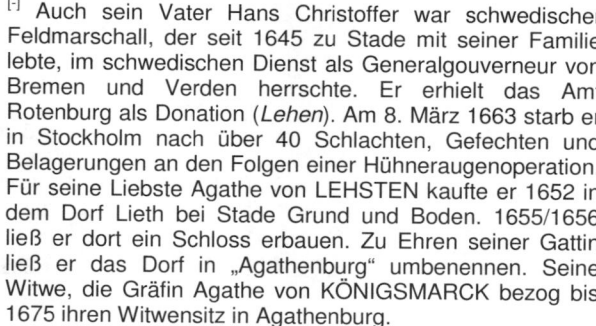

Otto Wilhelm
Graf von **KÖNIGSMARCK**

[626][627] Er wurde am 5. Januar 1639 in Minden geboren und starb am 15. September 1688 in Modon an der Pest.
Im Jahre 1664 wurde er zum Oberst befördert.
In dem Exekutionsurteil von Margarethe Meinken vom 9. September 1664 wurde er als Herr zu Rotenburg bezeichnet. Jost Prott unterschrieb das Urteil als Hochgräflicher Königsmarck`scher Oberinspektor und Gerichtsdirector.
Durch den Tod des Bruders wurde Otto Wilhelm Vicegouverneur der Herzogtümer Bremen und Verden.

Amtspersonen des Hauses Rotenburg

Jost (Jocus) **PROTT(EN)**

[469][578][586][628] 1664 und 1665 in beiden Prozessen als kgl. schwed. Drosten, auch Hochgräflich Königsmarck`scher Ober Inspektor der Herrschafft Rotenburg und 1665 wurde er als <u>Drost und Oberinspektor zu Rotenburg</u> bezeichnet,
Im Sept. 1664 erwähnt als: „...*Herren Jobst Protten, Königl: Schwedl: Woll Verordtneten Drosten zum Blumenthall und Neuenkirchen auch Hochgräffl: Königßmarckischen Ober Inspectore der Herrschafft Rotenburgh* ...“
<u>Weitere Erwähnungen:</u> 23. Oktober 1665 als Jodocus PROTTEN und Rotenburger Ministro (Rep 28 Nr.1203, S.78) und am 6. Juni 1666 als Oberinspektor Jobst PROTTEN (Rep 28 Nr.1203, S.110) HEYKEN nennt ihn nur für die Zeit 1664-1665 als Drost.
[628] Durch seine Stellung als Drost war er der vorsitzende Richter in den Prozessen. Er unterschrieb jedes Protokoll links unten als erster und 1664 das Exekutionsurteil im Namen seines Landesherrn als „Gerichts Director dero Herrschafft Rotenburgh.“
Verhaltensregeln zur Prozessführung aus der damaligen Zeit sind für Rotenburg nicht überliefert. Vergleichbar nehmen wir die „Ordnung von Beverstedt“ aus dem Jahr 1549 [Nds Staatsarchiv Stade Dep.10, Nr.241 C-d, Nr.7, Bl.1-22] [siehe im Teil 6.8, dort ist sie auszugsweise nachzulesen]
Schon der Vater von Jost war ein mächtiger Mann in den Hezogtümern Bremen und Verden gewesen.

Peter **PABST**

[420][425][426][470][538] <u>Amtmann in Rotenburg</u>, von 1652 bis 1664. Am 27. August 1664 schrieb die Fakultät Helmstedt an den Amtmann Pater PABSTEN. Im Amt folgten ihm 1665 Georg Christoph WIETER [siehe im Teil 6.3 und 6.7] und 1673 Albert HARTMANN [siehe im Teil 6.6].
PABSTS Vorvorgänger war Eggerich Johannes LÜBBES aus Padingsbüttel (1599-1661), der an den Universitäten Köln und Leiden studierte. LÜBBES war danach zunächst Verwaltungsbeamter und ging dann als Offizier in die Leibgarde des Verdener Bischofs Friedrich, diente anschließend während des 30jährigen Krieges in schwedischen und französischen Diensten, wobei er es bis zum Hauptmann brachte.

Im Jahre 1644 wurde er zum Amtmann zu Rotenburg berufen, blieb es aber nur kurze Zeit, da er am 2. Juli 1645 zum Oberstleutnant und Chef der Leibgarde des Bremer Erzbischofs Friedrich III., Prinz von Dänemark, ernannt wurde. Seine Laufbahn ist hier aus zwei Gründen angeführt worden:

1. um die Ausbildung und den Werdegang eines Amtmanns aufzuzeigen.
2. kannte er sicher den Rotenburger Pastoren STAHL, der 1647 in eine gefährliche Situation kam.
[siehe im Teil 6.1.1.4]

Burchardt **SCHMIDT**

[251][252][412][423][471] 1ter Amtsschreiber

1630-1650 1ter Kaiserl. Posthalter in Rotenburg

♦ seit ca 1626 Kornschreiber in Rtbg (um 1600 bis nach 1669)
♦ nach 1648 Verwalter beim Drost in Rotenburg
♦ Vater des Sottrumer Untervogts Borchert Joh. (∞ 1660)
♦ Protokollführer im Hexenprozess von 1664 und 1665
♦ im Protokoll von 1664 als Kornschreiber und Postmeister erwähnt.
♦ am 6. September 1664 steht im Schuldspruch „Herrn Gerichts Asessores seien nebst den Herrn Drosten gewesen", womit er sich selbst meinte, aber nicht als solcher unterschrieb, denn das blieb dem Drosten vorbehalten.
♦ im Kopfschatz von 1663 ohne Namensnennung, nur als „der Amtsschreiber vom Amtmann" in Rotenburg mit einer Abgabe von 2-32-0 erwähnt. Als 2ter Amtsschreiber wurde Chr. KEUBLER erwähnt.

Burchardt SCHMIDT war der 1te (= _der_) Amtsschreiber.

Einige Hinweise und Fragen zur Arbeitsweise eines Amtsschreibers im Jahre 1664 mit Tinte oder Galle, Federkiel und Löschsand möchten wir hier als Denkanstoß anfügen.

Die Stenographie war noch nicht erfunden und das Papier war teuer. Schrieb er schnell mit und wenn ja zusammenfassend oder wörtlich ? Machte er Notizen oder schrieb er in Kladde, aus denen er später das Protokoll fertigte ? Wurde ihm ditkiert oder schrieb er frei nach Gehör ? Sollte er auch Stimmungen aufnehmen, oder tat er es aus freien Stücken ? Welche Ausbildung hatte ein Amtsschreiber und Gerichtsdiener ?

StA Stade, Rep 76 Nr. 1399, Ao 1665/66 letzter Eintrag. Handschriftlicher Eintrag des Amtsschreibers Burkhard Schmidt, der schreibt: „Meinem Schreiber", womit der 2te Amtsschreiber gemeint war. Druckgenehmigung vom 23. Januar 2009.

In der Hirarchie war er nach dem Drosten und dem Amtmann der dritthöchste Beamte im Amt Rotenburg.

Christoff **KEUBLER / KRYBELER**	[576] 2ter Amtsschreiber Er wurde am 1ten September 1664 als auffwertiger (*aufstrebender*) Diener Chr. KEUBLER bezeichnet. Im Kopfschatz von 1663 wurde er als 2ter Amtsschreiber des Amtmann, als Christoff KRYBELER zu Rotenburg mit einer Abgabe von 0-24-0 (24 Schillinge) erwähnt.
Johan **MÜHLENFORT**	[46][604] Er war der Holzvogt (Förster) zu Rotenburg. Von 1666 bis zu seinem Tod 1709 war sein Sohn Christoph Holzvogt (*auch als Hausvogt bezeichnet*) zu Rotenburg. Er war dem Vater im Amt gefolgt, welcher am 4. Mai 1664 als seliger Holtzvogt erwähnt wurde. Am 3. Mai 1664 sagte der Scheeßeler Berendt Müller aus, er habe Johan Mehlenforten zum Oberförster Johan Jordan sagen hören, *„Ihr habet einen rechten hexenortschaft"*, womit er Westeresch meinte. Daraus wird der damalige Ruf der Bewohner und die Voreingenommenheit gegen dieses Dorf ersichtlich. Im Kopfschatz von 1663 (Rep 5b F 119 Nr.183) wurde er als Holtz Voigt zu Rotenburg mit einer Abgabe von 1-20-0 genannt. Zum Vergleich: der Amtmann zahlte 5-16-0.
Meister Hanß	[-] war häufig das Pseudonym der Scharf- oder auch Nachrichter. Die Bezeichnung „**Meister Hans**" stand als stellvertretend für den Henker, ohne dass dessen Familienname erwähnt wurde. Rotenburg verfügte nachweislich schon im Jahre 1587 über einen eigenen Henker. Im Kopfschatz von 1663 steht *„Meister Hanß, der Scharfrichter"* mit einer Abgabe von 2-8-0 im Register Im Michaeliszinß 1587 steht geschrieben: Mester Hans **BALBERER** bei dem Langen Phorde 6 Schill. Mester Hans für die Luhner Wiese 4 Schill. Wurde hier einmal der Familienname des Henkers erwähnt, oder bezog sich der Titel „Meister" auf einen anderen Handwerksberuf ? Ein Hans Christoph **ZAPF** wurde als Scharfrichter zu Rotenburg für die Zeit von 1679-1697 in HEYKEN, Anl. D namentlich erwähnt. Er heiratete in Rotenburg 1687 die Bürgermeistertochter Ilse Anna HOHMANN. War Hans Christoph Zapf der Sohn des Meister Hans von 1664 ? *„Ja, wir meinen schon"* [Die Familiengenealogie ist im Teil 6.8 zu finden]
Christoph **RICHTER**	[im Teil 6.4 [27]] der Bote des Hauses Rotenburg Er brachte die Akten nach Stade, Rinteln und Helmstedt und erhielt als Botenlohn im Jahre 1664 für den Transport von Akten nach Rinteln und zurück sowie sogenanntes Wartegeld in Rinteln 2 Taler 30 Schilling Er wurde in den Umlagen von 1664 und 1669, wie 1663 im Kopfschatz, 1675 in der LMR als Soldat, 1664 und 1694 im Jordebuch Amt Rotenburg erwähnt.
Gerdt **SCHELLERMANN**	[71] der Schließer des Hauses Rotenburg Er war der oberste Gefängniswärter auf dem Schloss Rotenburg. Am 19. Februar 1668 wurde er bei einem Eintrag seines Schwiegersohnes als alter Schließer erwähnt. [Rep 76 Nr.1414 S.27V]

Amtspersonen des Flecken Rotenburg und umzu

Philip Rudolph DAMMANN

[115][326][353][414][425][474][584][590][603][625]

Bürgermeister des Fleckens Rotenburg ;
Er wurde von HEYKEN schon um das Jahr 1633 als Bürgermeister auf Seite 39 erwähnt; Am 23. Mai 1664,
25. Juli 1664 und noch am 9. September 1664 wurde er als Bürgermeister und Notar im Prozess bezeichnet, ansonsten nur als Notar.
Sein Hauptberuf war also Notar, der für eine bestimmte Amtszeit auch als Bürgermeister tätig war, aber in diesem Prozess keine Befugnisse als solcher ausübte.

Er unterschrieb auch als "Notaruis Caesrius juratus".
Im Prozess von 1665 wurde er als *"Not. juratus"* bezeichnet. Er war am 16. Mai 1665 also nicht mehr Bürgermeister in Rotenburg.
Als Bürgermeister folgte ihm Hans HOHMANN für einige Jahre (*vermutlich 1665-1668*).

Schon im Jahre 1664 wurde er in dem Protokoll der Bauern aus den rechtswümmischen Dörfern in seiner Funktion als Notar bezeichnet, wie im Prozess 1665.
[siehe im Teil 6.2a bei Grundherren des Dorfes Westeresch]

Sehr wahrscheinlich war er der Sohn des 1611 zu Rotenburg erwähnten evangelischen Pastoren Johannes DAMMANN
(✳ um 1575-1615), der während einer Reise vor 1601 aus der Steiermark verjagt wurde und nach Verden zurückkehrte, wo er zunächst das Pfarramt an St. Andreas übernahm. (HEYKEN, Seite 116). Anno 1614 folgte ihm Ernst Stahl als Pastor zu Rotenburg im Amt.

Bürger der Stadt Rotenburg
(die keine Gerichtszeugen waren)

Peter BUHRLOHE

[492] Peter Burlohe wurde 1664 in den Amtsgeldrechnungen mit einem Lohn von 1 ½ Thalern erwähnt. Weitere Nennungen sind nicht zu finden.

Hinrich WILKENS

[491] 1663-1664 zu Rotenburg erwähnt,
In den Amtsgeldrechnungen 1664 mit einem Lohn von 1 ½ Thalern erwähnt.
Im Jordebuch 1664 steht *"sitzet zuer Heuer und hat weder Wiesen noch Ländereien."*

Daviedt SOMMERLANDT

[490] † zwischen 1664 und 1669
Amtsgeldrechnungen 1664: Lohn von 2 ½ Thalern.
Jordebuch 1664: *"... hat weder Wiesen noch Ländereien und ist daß Hauß in großen Schulden"*
In der Umlage von 1669 wurde seine Witwe zu Rotenburg erwähnt.
Ein Nachfahre, der Schulmeister zu Worth, David Sommerland, heiratete im Jahre 1705 und wurde bei der 2ten Heirat 1719 als Johann David erwähnt.

Friedrich Ernst **BERGSTÄTTE**	[488] 1663-1675 zu Rotenburg erwähnt, 1664 wurde Friedrich Ernst Bergstätte noch mit ½ Thaler Lohn in den Amtsgeldrechnungen erwähnt. Er war möglicherweise der Vater des 4. kaiserlichen Post- halters Hermann Christoph zu Rotenburg
Clauß **SONNENBERG**	[483][508] Bürger & Jurate hiesiger Kirchen zu Rotenburg, Glaser und Vater vom Bäcker Johann (Johann ✳ r 1646) Er war mit Margaretha [siehe 594] verheiratet, die unter den 1664 Beschuldigten in diesem Teil aufgeführt ist.
Johann **LAUWE**	[484][509] Bürger zu Rotenburg, 1664 im Jordebuch und 1669 in der Umlage zu Rotenburg mit Clauß Sonnenberg zusammen erwähnt. Er könnte ein Verwandter des 1662 abgebrannten Hinrich Lehenawe sein, der 1664 als Hinrich Lehebawe mit einer abgebrannten und besonders wüst liegenden Hausstelle erwähnt wurde. Beide könnten Söhne des 1635 in der Umlage der Stadt Rotenburg erwähnten Heinrich Lieba gewesen sein.
Valentin **KANNEN,** der Krämer	[-] in den Amtsrechnungen 2x namentlich erwähnt: 1664/1665 *„Valentin Kannen vor Trahn und andere Sachen, so die woche bey vorgedachter Margarethe Meineken, gebraucht und posten vor Sie an Kääß undt dergleichen geholt worden vermög ..."* 1664/1665 „Behuff der gesessenen Hexen ist von Valentin Kannen" (*laut Amtsgeldrechnungen*) geholet" Im Jordebuch 1664 steht „Valentin Kanne ist ein Kramer sitzet annoch zuer Heuer und hat weder eigene Wiesen noch eigene Länderein." In der Umlage von 1669 wurde er als Valentin Kanne Senior und als Krämer, der vier Hausplätze hat, erwähnt. Schon in der Umlage von 1635 wurde sein Vater zu Rotenburg als KANNE Senior erwähnt, der einen Hausplatz von Dirich STINDT sowie von der THORMANSCHEN (*einer Frau DORMANN*) erhielt (*erwarb*). Am 20. August 1665 lud der Kaufmann Valentin KANNE Junior seinen Schwager schriftlich zur Taufe des Sohnes ein, indem er ihn zugleich als „zukünftigen lieben Gevatter" (*Taufpate*) ansprach. Dieser Brief hat die Zeit überstanden und zeigt die verwandschaftlichen Verhältnisse auf. Der Bürgermeister im Jahre 1665 war Hans HOHMANN. In der Amtsgeldsrechnung steht: Rep 76 Nr.1397 Seite 44 1664/65 *„Die Alt Frawe von Valentin Kannen, an seiffe und staerke wie auch traen geholet, von Trinitatis biß 30. October Anno 1664 40 Schilling"*

Valentin N., der Wandtmacher

[143][220][233] in der Prozessakte 3x namentlich erwähnt
Am 16. Mai 1664 erwähnt als „wandtmacher inn der luetgenstraßen und in der Luetgenstraße ann Flete in Hamburg, wo Catharina etliche Wochen gedient habe.
Wandtmacher = Wollenweber, Grautuch (*Wollstoffe*);
bayerisch=Gwandtmacher
zum Vergleich seien genannt:
Zachweber = der Tuch und Zeugweber
Leinenweber = webte Leinen
Bem.: „in der lütken straße am Flete" = Lütkenstraße am Flett oder kleinen Straße am Flett ?
Es gibt heutzutage in Hamburg: Luetkensallee 22041 Hamburg, Lütt Kollau 22453 HH, Lüttkamp 22547 HH, Lüttkoppel 22335 HH; // Flett 21077 HH, in der Nähe vom Ernst-Bergeest-Weg und dem Handweg, wo viele sehr kleine (kurze) Straßen sind.

Valentin WEßEL, der Bürger

[202][234][235] in der Prozessakte 2x namentlich erwähnt
1664 als „unser Bürger" in Buxtehude bezeichnet.
Antwort Buxtehude vom 18. Mai 1664: da wurde berichtet, dass Valentin WEßEL mit der schwangeren Frau und den Kindern nach Harburg quasi als Tagelöhner verzogen ist. Dieses bestätigt sich, denn Valentin lässt in Harburg eine Tochter taufen und wurde als Tagelöhner bezeichnet. Leider blieb die Mutter dabei ungenannt.
Anna WESSEL, ~ 22. April 1666 Harburg
Paten: Anna ALERß, Catharina KÜLPERß, Ilsabe WULFES. Da das entsprechende Kirchenbuch Lücken aufweist († Reg 1654-1674 / ∞Reg 1655-1677) und das Glockenbuch (*Rechnungsbuch*) erst ab 1675 exestiert,
ist über die Familie ebenda nicht mehr zu finden. Möglicherweise ist die Familie auch weitergezogen.
Bem: 1663 und 1664 wurde die Witwe Magdalene WEßELS zu Rotenburg erwähnt, aber das muss nicht bedeuten, dass beide verwandt waren.

Cordt N.N.

[148] der Brauer wird zwar nicht namentlich in den Gerichtsakten erwähnt, aber das Brauhaus. Er wurde im Kopfschatz von 1663 zum „Amtshauß Rotenburg" gehörig als „Cordt der Brauer" mit einer Abgabe von 1-12-0 erwähnt. Damit wird die Zuordnung der Brauerei angesprochen und erklärt. Wer war der Brauer Cordt ?
In folgenden Registern sind zu Rotenburg folgende Personen mit dem Vornamen Cord erwähnt.
Kopfschatz 1663:
♦ Cordt der Brauer in Rotenburg, 1-12-0
♦ Cordt MIDDEN sen., Häusling in Rotenburg, 0-40-0
♦ Cordt SCHULTE in Rotenburg, 1-44-0
♦ Cordt STEINS Frau in Rotenburg, 0-32-0
Jordebuch 1664:
♦ Cordt HÖLTERMANN
♦ Curdt HEYENß (HEINß / HOYENS)
♦ Curdt HAGEDORN
Umlage 1669:
♦ Curdt HEINß
♦ Curdt HOLDERMANN
♦ Curdt HAGEDORNS Witwe
♦ Curdt SCHÜTZE, gab Hausplatz an KANNE senior

Abraham **LEITNER**	Der Familienname des Brauers Cordt war nicht zu finden, aber sein Knecht wurde in den Amtsgeldrechnungen, wenn auch nicht in den Prozessakten, wie folgt erwähnt::

Rep 76 Nr.1397 Seite 42 1664/65
Continuatio der Außgaben   Ins Gemein
Dem Brawerknecht Abraham Leitner, vermöge quittung bezahlt 6 Taler

Die Register, aber auch die Heiratseinträge enthalten keinen einzigen Hinweis auf einen Krüger zu Rotenburg in besagter Zeit.

Amtspersonen im Amt Rotenburg

Johan **MEYER**	[489] Chirurg zu Rotenburg im Sande, († 1694),
Joachim <u>Hinrich</u> **KÖSTER**	[21] Untervogt & Vollhöfner zu Scheeßel Hof-4, (1614-82)
Stoffer **WOHLBARG**	[84] Stoffer WOHLBARG, lebte um 1600 bis 1669/1681, war Schmied und Jurat in Scheeßel, Haus-14 auf SCHMEERS (*heute Gaststätte „Scheeßeler Hof", in dem der Mitautor Jürgen Hoops aufgewachsen ist*),
Burchardus **SPANNHAKE**	[476][624] 25. Juli 1664, Notarius Publicus Caesareus subscipsi mpp (*Magister*) in Rotenburg, 1663 noch nicht im Kopfschatz, aber 1664 als Notar im Verzeichnis der Wiesen und Ländereien erwähnt

Es gab **zwei** Burchard SPANNHAKE zur gleichen Zeit.

Der Notar Burchard SPANNHAKE
* um 1630 in ...   † ... vermutlich in Bremen
Er heiratete am 20. April 1658 in Elsdorf (*Zeven*)
Marie Elisabeth Christina geb. BEHRENS von Vehrden.
* um 1632 in Verden   † ... vermutlich in Bremen
Burchardt wurde mit dem Hinweis „von Rotenburg" erwähnt, d.h. er lebte Anfang 1658 schon dort. Ob es seine 2te Ehe war, ist nicht bekannt.
Anno 1676 wurde er als Notar in Bremen bei der Taufe seines Sohnes Johann Joachim erwähnt.
Johann Joachim SPANNHAKE heiratete um 1715 ...
* 04.02.1676 in Bremen   † 22.03.1720 Bassum
die Jungfrau Sophia Juliane geb. KNIGGE aus Hoya,
~ 25.06.1695 Hoya   † 08.09.1739 Bassum

Der Pastor zu Kuhstedt Burchard SPANNHAKE war
vor 1658 Rektor in Nienburg und danach schwedischer Feldprediger. Von 1660 bis 1663 war er Pastor in Kuhstedt, wo er verstarb.
(Quelle: Pastorenbuch Lki Hannover; KB Elsdorf)
Sein Vater war Bernhard, der schon 1641 in Nienburg verstorben war.
* 1625 Nienburg (Weser)   ☐ 1663 Kuhstedt

Der Pastor zu Gyhum Eberhardt SPANNHAAKE heiratete am 24. November 1679 in Elsdorf Welmrich Magdalena WIERICHS, die vermutlich eine Pastorentochter war.
Eberhardt starb im Dezember 1693 zu Gyhum und soll aus Nienburg gebürtig stammen, sowie der Sohn des dortigen Rektors Bernhard SPANNHAKE gewesen sein.

Der Zweitprediger zu Nienburg Bernhard SPANNHAKE war bis 1625 Rektor, dann von 1625 bis 1640 Zweitprediger in Nienburg und verstarb dort im Juli 1641.

Möglicherweise waren der Pastor zu Kuhstedt, Burchard SPANNHAKE, und der Pastor zu Gyhum, Eberhardt SPANNHAKE, Brüder.

Der Schulmeister Otto SPANHAKE
Er wurde von 1635-1638 zu Rotenburg als Schulmeister erwähnt. (HEYKEN, S.235)

Gerdt **KÖRßNER**

[344] während der Wasserprobe als Commentarensis erwähnt.
Im Kopfschatz von 1663 wurde zu Rotenburg ein Hanß KORßNER als gewesener stuckfendrig mit einer Abgabe von 1-32-0 erwähnt. Inwieweit beide miteinander verwandt waren, ist nicht bekannt.

Amtsvögte im Amt Rotenburg

Joh. Eberhardt **v. MÜNCHHAUSEN**

[573][581][590][601] **Amtsvogt in Ahausen,** von vor 1654 bis nach 1664. Erwähnt auch als Johann Ernst von MÜNCHHAUSEN [472]
Am 7. September 1664 steht er nicht im Protokoll. Vergessen oder war er in dem Moment nicht vor Ort, und wenn, warum nicht ?
Er war Rittmeister in dänischen Diensten unter König Christian IV. und geriet einmal in kaiserliche Gefangenschaft. Sein Vorgänger wird die Zerstörung des Turms der Kirche in Ahausen Anno 1626 noch erlebt haben. Johann Eberhardt war 2x verheiratet. Seine 1te Ehefrau stammte aus Dänemark und seine 2te war eine Elisabeth, Tochter des Otto Heinrich Amtsvogt BERGER von Schneverdingen und seiner Ehefrau Mette geb. von AHLDEN.
Johann Eberhardt (✳ um 1610 Stelle † 1673 Wolfenbüttel), war der Sohn des Amtsvogts von Ahausen Johann von MÜNCHHAUSEN (1561 - nach 1614) und dessen Ehefrau Elisabeth von AHLDEN (1575-1614) zu Stelle und Hellwege.
Sein Nachfolger wurde Christian KNÜTEL (1658-1714), der Johann Eberhardts Tochter Elisabeth von MÜNCHHAUSEN (1654-1732) im Jahre 1682 zu Daverden ehlichte. Die ältere Tochter Dorothea war eine verheiratete von BISCHWANK. In Kirchwalsede übte um 1665 die Familie von MÜNCHHAUSEN aus Baden bei Achim das *Patronatsrecht (Recht der Bestimmung zur Besetzung der Pfarr-, Küster, Schuldienerstellen)* aus. (HEYKEN, S.101)

Jacob Lorenz **BECKER**	[-]1646-1670 **Amtsvogt in Scheeßel**; sein Sohn Hendrik war ab 1675 Amtsvogt in Scheeßel und Nachfolger von Johann JORDAN (um 1635 – vor 1712) und sein Enkel Josef war 1708 Schreiber auf dem Gut Lauenbrügge der Familie von BOTHMER. Johann JORDAN vertrat ihn 1664 als Amtsvogt.

Jacob Lorenz **BECKER**

[-]1646-1670 **Amtsvogt in Scheeßel**; sein Sohn Hendrik war ab 1675 Amtsvogt in Scheeßel und Nachfolger von Johann JORDAN (um 1635 – vor 1712) und sein Enkel Josef war 1708 Schreiber auf dem Gut Lauenbrügge der Familie von BOTHMER. Johann JORDAN vertrat ihn 1664 als Amtsvogt.

Johann **JORDAN**

[12][13][117][411][422][571][580][587][600] Oberförster und späterer Amtsvogt von Scheeßel von 1670-1674/75, († 1674/1675), Er hatte wohl in Vertretung des damaligen Amtsvogts Jacob Lorenz BECKER am Prozess teilgenommen.

Lüder **CLÜVER**

[572][579] **Amtsvogt in Visselhövede,**
Am 7. September 1664 steht er nicht im Protokoll.
Lüder wurde 1656 zweimal als Pate im Kirchspiel Scheeßel, wohnhaft in Visselhövede, erwähnt.
Mit der damals längst ausgestorbenen adligen Familie von CLÜVER ist er nicht verwandt.
Lüder CLÜVER stand 1647 beim Kind seines Vorgängers Christoff von MANDELSLOH Pate.
Für die Jahre von 1646 bis 1657 ist Christoff von MANDELSLOH nachweisbar.
Verwandte des Christoph, die mit Rotenburg in Verbindung standen, waren:
Hermann Christoph von MANDELSLOH wurde 1629 durch die katholische Seite während der Besetzung Verdens dort als Domherr eingesetzt und wurde noch 1630 ebenda erwähnt. Anno 1658 wurde er als Drost zu Peine bezeichnet.
Georg von Mandelsloh, verheiratet mit Margarethe von Döhren, Domherr und Senior der Stiftskirche zu Verden (*Dom*) und Drost zu Rotenburg, gründete 1562 in Eißel ein Rittergut.

Hinrich **STRÜVER**

[413][424] **Amtsvogt zu Sottrum,** 1664 erwähnt
Er war von vor 1658 bis 1671 Amtsvogt in Sottrum.
Noch 1655 wurde Ulrich PRANGE als Amtsvogt ebenda erwähnt. Er steht mit seinem Namen und der Jahreszahl 1655 als Stifter auf dem Opferstock in der Kirche zu Sottrum.
Hinricus Strüber wurde am 16. Februar 1671 zu Sottrum (ohne Angabe des Alters im Kirchbuch) beigesetzt. Seine Witwe (*ohne Nennung des Vornamens und des Alters*) wurde am 29. Mai 1673 zu Sottrum begraben.
Einzig bekannte Kinder waren:
- Tochter Margreth ~ 21.12.1654 Sottrum
- Sohn Valerius Johann ~ 08.10.1658 Sottrum

Bartholt **GIESEKE**

[574][583][589][602] **Amtsvogt zu Kirchwalsede,** 1664 erwähnt
Im Jahre 1685 starb er als amtierender Amtsvogt.
Er könnte ein Nachfahre des 1598/1599 im Michaeliszins zweimal zu Rotenburg erwähnten Bertholdt GISEKEN gewesen sein.

| Conrad **REHDEN** | [473][575][582][588] **Amtsvogt in Schneverdingen**, vor 1661 bis nach 1669, ∞ vor 1661 mit Clara N.N., welche noch 1682 als Patin und als alte Vögtin bezeichnet wurde. |

[473][575][582][588] **Amtsvogt in Schneverdingen**, vor 1661 bis nach 1669, ∞ vor 1661 mit Clara N.N., welche noch 1682 als Patin und als alte Vögtin bezeichnet wurde.

Die Tochter Anna Sophia (1669-1741) heiratete den Scheeßeler Amtsvogt Heinrich GRAFE, 1689-1727 im Amt. Conrads Vorgänger ist nicht bekannt, aber bis 1642 war der Freihöfner Otto Hinrich BERGER Amtsvogt in Schnevern (Schneverdingen).

Er wurde in den Prozessen 1664 und 1665 in den Akten erwähnt.

Der Vogt war für die Kirchspiele Schneverdingen und Neuenkirchen sowie den Kirchort Wolterdingen zuständig.

Somit war einer seiner Vorgänger Anno 1598 auch für die Ermittlung im Falle des erschossenen Wolterdinger Pastoren zuständig. (siehe Heimatborn 1963, Nr. 23 und in den Amtsgeldrechungen)

Rep 76 Nr. 1368 Seite 135 V (1598/99)

„Am 7. May Philip auffen Berge Alß ich ihn gen Magdburgk geschicket und Alß g. f. und Herrn den Todtschlag des Pastorn zu Wolterding angekundet und bis gen Dordeßen folgen und 33 meil lauffen müssen geben 2 Taler"

Anmerkungen:

Brockel war ein Kirchspiel, aber keine Vogtei. Brockel gehörte zur Vogtei Scheeßel, verfügte aber über einen Untervogt. Im Jahr 1663 (StAStade Rep 5b F.119 Nr.183 III) wurde Hinrich BARCHFREDE als Untervogt zu Brockel erwähnt, dem Johan HOOPS im Amt folgte.

Neuenkirchen war zwar ein eigenes Kirchspiel, erhielt erst 1710 einen eigenen Vogt, der für das Kirchspiel Neuenkirchen und den Kirchort Wolterdingen zuständig war. Neuenkirchen hatte bis dato nur einen Untervogt und das war um 1675 ein N.N. BERGSTEDT.

Der Amtsvogt von Schneverdingen führte das Kirchspiel als zu seiner Vogtei gehörend mit. Dazu standen ihm zwei Untervögte gleichzeitig zur Seite, einer in Neuenkirchen und einer in Fintel.

Pastoren / Küster / ... im Amt Rotenburg

| Henningh **SCHRÖDER** | [59][151][421] 1658-1676 Magister und 1ter Probst in Rotenburg |

[59][151][421] 1658-1676 Magister und 1ter Probst in Rotenburg ✳ 1621 in Belum im Amt Neuhaus † 1676 in Rotenburg,

Er war zunächst Rektor in Lemgo, dann von 1653-1658 Erstpastor in Bellum.

Über ihn selbst ist wenig bekannt, aber möglicherweise war er ein Nachfahre von Henning SCHRÖDER, der von 1582-1604 in Oppeln als Prediger lebte, zuvor 10 Jahre Prediger in Ihlienworth war. Am 17. Mai 1588 wurde Pastor SCHRÖDER die vakante Stelle des verstorbenen Pastors BORNEMANN auf dem Amtshaus in Neuhaus übertragen, er hatte das Amt schon vorher ausgeübt. SCHRÖDER muss vor August 1582 sein Amt angetreten haben. In Oppeln folgte ihm 1604 sein Schwiegersohn Nikolaus BÄHR aus Geversdorf (1575-1653).

| Elardus **von der HUDE** | [612] 1629-1680 Pastor zu Kirchwalsede. |

[612] 1629-1680 Pastor zu Kirchwalsede. Er stammte aus Verden, wo von 1562-1606 ein Elard von der HUDE als Domherr in Verden lebte, der wohl sein Großvater gewesen war. Von 1626-1628 war der Pastor Johann DAMMANN aus Rotenburg sein Vorgänger in Kirchwalsede, der ein enger Verwandter (z.B. Bruder) des Rotenburger Bürgermeisters gewesen war.

Heinrich **MEYER**	[110][611] 1654-1692 <u>Pastor in Scheeßel</u> ✳ 1614 in Hamburg † 02.02.1692 in Scheeßel, Er war Sohn des Magister Hinrich MEYER in Hamburg und der Nachfolger von Pastor Albert DORNEMANN. Zuvor war er um 1645 Pastor in Tostedt und 1654, bevor er nach Scheeßel kam, in Altenwerden tätig.
Gerdruth **MEYER** geb. SCHRÖDER	[siehe 351] Ehefrau von Hinrich MEYER, Pastor in Scheeßel; Tochter des Stillhorner Pastoren Christoph (sie ⌑ 1689). War sie es, die als Pastorenfrau 1664 erwähnt wurde, oder handelte es sich um die Ehefrau von DORNEMANN zu ihrer Zeit ?
Albert **DORNEMANN**	[siehe 351] 1643-1654 <u>Pastor in Scheeßel</u> und Sohn des Dompredigers Hinrich DORNEMANN in Verden.
Johannes **GRELLE**	[156] von 1662-1677 <u>Küster in Scheeßel</u>, Pastorensohn aus Brockel (✳ r 1635) Im Jahre 1664 heiratete er die Tochter des seligen Küsters Johann TEXTORIUS zu Scheeßel. Ihm folgte sein Sohn Johann Ulrich als Küster.
Jacobus **POHLEMANN**	[613] vor 1664-1671 <u>Pastor in Ahausen</u>
Justus Eberhart **WULF**	[614] 1651-1671 <u>Pastor und Rektor zu Rotenburg</u> 1671-1705 Pastor in Ahausen († 1705)
Hermann **SCHACHT**	[-] 1634-1677 <u>Pastor in Schneverdingen,</u> ✳ ... in Verden † 1677 in Schneverdingen, Er war vor 1634 Pastor in Perwarden in Holstein, bevor nach Schneverdingen berufen wurde. Pastor SCHACHT selbst wurde während des gesamten Prozesses nicht erwähnt. Sein Sohn wurde [346] am 14. Juni 1664 im Gerichtsprotokoll genannt, leider, wie der Vater auch, ohne Vorname. Sein Vater Hermann war auch Pastor und starb 1650 in Elmlohe.
N.N. **SCHACHT**	[346] am 14. Juni 1664, der als <u>Pastorensohn aus Schneverdingen</u> und *als „rechtsgelehrter und Conspectator Ms SCHACHT"* genannt. Ms.= Monseniore eher nicht, da Lutheraner = Magister Es wird die Abkürzung für Magister gewesen sein. Es scheint so, als sei er als Berater in einer bestimmten Phase anwesend gewesen, denn er wurde ja als Rechtsgelehrter bezeichnet. Im Oktober 1668 wird als „Königsmarck´scher Sekretär" ein Herr Schacht erwähnt. Es wird sich um ein und dieselbe Person gehandelt haben. (Dr. Dörfler, Seite 538 mit dem Hinweis StA Stade Rep 28 I R Nr.9 Bd.1, Bl.87 vom 6.10.1668)
Peter **BERGSTEDE**	[-] 1662-1702 <u>Pastor in Neuenkirchen</u>, er wurde während des gesamten Prozesses 1664 nicht erwähnt. ♦ 1593 starb der Pastor Johannes JENTIS ♦ 1625-1661 Andreas BERGSTEDE, Vater von Peter und Sohn des damaligen Amtsvogt.

Johann <u>Daniel</u> **MUNTHER** auch **MÜNTER**	[-] 1659-1691 <u>Pastor in Brockel</u>, er wurde während des gesamten Prozesses nicht erwähnt. ✳ r 1625 Minden † 5. März 1691 Brockel, Er war in erster Ehe mit Anna Elisabeth, der Tochter von Ernst STAHL, dem Pastor aus Rotenburg verheiratet. Weitere Pastoren in Brockel waren: ♦ 1620-1630: Johann GRELLE, von den katholischen Truppen vertrieben, starb im Exil ♦ 1633-1658: Ölrich GRELLE, Sohn, Vater des Scheeßeler Küsters Johannes. ♦ 1691-1699 Johann Hinrich DÖPKING aus Neudorf bei Minden, der ehemalige Rektor in Rotenburg und Schwiegersohn von Daniel MÜNTER.
Matthias **PLETZIUS**	[-] 1632-1664 <u>Pastor & Magister in Visselhövede,</u> er wurde während des gesamten Prozesses nicht erwähnt. Vor seiner Verwendung in Visselhövede war er Hofprediger in Harburg. ✳ ... † 6. Januar 1666 Visselhövede, Seine Tochter Hedwig Margarete, ✳ 28.10.1631 Harburg heiratete am 12.09.1666 in Visselhövede den Magister Marcus SCHNERING, der seinem Schwiegervater von 1666-1710 im Amt als Pastor folgte. (✳ 1639 in Bielenberg bei Glückstadt, † 1711 in Visselhövede)

Vier Pastoren aus dem Amt Rotenburg wurden während des gesamten Prozesses nicht erwähnt.
♦ Schneverdingen
♦ Neuenkirchen
♦ Brockel
♦ Visselhövede
Was war der Grund dafür ?

Aus welchen Kirchspielen waren Menschen als Beschuldigte genannt ?
♦ Scheeßel: <u>viele</u> Beschuldigte
♦ Ahausen: <u>nur</u> Anverwandte
♦ Rotenburg: <u>einige</u> Beschuldigte
♦ Kirchwalsede: - niemand, der Pastor war am Tag der Hinrichtung in Rotenburg und bei Margarethe anwesend.
♦ Schneverdingen - niemand
♦ Sottrum (1619) <u>nur</u> Anverwandte
♦ Neuenkirchen - niemand
♦ Visselhövede - niemand
Es scheint, als seien nur die Pastoren, aus deren Kirchspiel Menschen beschuldigt waren oder von Anverwandten gebeten wurden, während des Prozesses 1664 wohl als „Seelsorger beteiligt" gewesen.

Amtspersonen von außerhalb des Amtes Rotenburg

Hieronymus **PETERS**

[230] Actuarii in Hamburg auf der Weinbude, erwähnt am 14. Mai 1664;

Herr Prof. Dechant **N.N.**

[279] der 1664 als Prof. und Dechant (auch Dekan) erwähnte ohne Nennung seines Familiennamens der Juristen Facultät bey der **Universität Rinteln** kann nicht ermittelt werden; Die Universität Rinteln wurde 1619 gegründet und galt als einzige lutherische Volluniversität. Als Dechant „Senoir" wurde der benannt, der die längste Dienstzeit im Amt war. Damit war eine bestimmte Stellung verbunden, analog zur heutigen Zeit eines
DDO = „Dienstältester Deutscher Offizier"
Überlieferte Gelehrte im Jahre 1664 zu Rinteln:
Johannes Henichius, Theologe (1616-1671)

Henrich **KORFF von SCHMIESING**

[547] im Gutachten der Margarethe MEINKEN wurde er als Dechant namentlich erwähnt.
Die **Universität Helmstedt** war die erste protestantische Neugründung einer Universität im Norden Deutschlands und wurde am 15. Oktober 1576 eröffnet. Sie gehörte neben den Universitäten Rostock, Wittenberg und Rinteln zu den führenden gutachterlichen Fakultäten während der Hexenprozesse.
Überlieferte Gelehrte im Jahr 1664 zu Helmstedt:
Hermann Corning, Universalgelehrter (1606-1681) war Professor in Helmstedt und mehrmals Dekan und Rektor.
Justus Georg Schottelius, Sprachgelehrter (1612-1676), der 1642 zum Assessor am Hofgericht ernannt wurde.
Grundsätzlich wurden die Gutachten (*anonym*) mit der Formulierung.
„Decanus Senior auch andere
          Doctories der Juristen
                    Facultät daselbst" [279]
                              versehen.
Man wusste ja, wer der Decanus Senior war und im Gutachten waren die Namen niedergelegt, nicht aber in den Antwortschreiben.

N.N. **FRANTZ**

[288] der Amtsvogt von Sittensen wurde 1664 im Prozess vom Scheeßeler Müller Berend MÜLLER als „*hl. Voigtte zu Sittenßen*" bezeichnet.
Im Kopfschatz der Börde Sittensen1663 steht: der sehl. Ambtmanns Frantz ... [...] (Rep 5a F.190 Nr.1 XVIII)
Ob dieser FRANTZ mit dem in Rotenburg im Jahre 1666 bei Heyken, Seite 123 erwähnten Juraten Martin FRANTZ verwandt war, ist ungeklärt, aber durchaus möglich.
Die Börde Sittensen gehörte zum Amt Bremervörde, auch mal zu Zeven, also ins Bremische.
Überliefert ist, dass Anno 1664 Johann Ernst RIST (1637-1696) als Amtmann in Bremervörde in sein Amt eingeführt wurde. Der Amtmann FRANTZ, den der Scheeßeler Müller als Amtsvogt bezeichnete, war sicherlich dessen Vorgänger. RIST war der älteste Sohn von Johann RIST (1607-1667). [siehe Rist-Archiv und Passionsandachten, Wedel 1664] Im Oktober 1676 wurde als Amtsvogt zu Sittensen Johann HOINß erwähnt.

Caspar WESTERMANN

[222] 1664 erwähnt: „Rathmänne Rath inn Hamburg",
∗ 17. Mai 1622 Hamburg † 30. Juni 1688 Helmstedt
Sohn von Hans W. und Margaretha geb. RADTKENS
Enkel von Hinrich R. und Margaretha geb. BURDORF
Die Eltern ∞ 20. Februar 1622 in Hamburg
Caspar ∞ um 1653 mit Gertrud RÖVER († 10. Juni 1656)
Eltern der Frau: Peter R. und Anna geb. ALVERMANN
einziges bekanntes Kind von Caspar:
Anna Margaretha ∗ 26.11.1654 † 15.05.1718,
sie ∞ 10. Juni 1680 Hamburg mit Peter von LENGERKE,
dem Bürgermeister von Hamburg von 18. November 1697
bis 17. November 1709.
Caspar lehrte in Hamburg Rechtswissenschaften und
wurde Senior des Rathsherrenkollegiums sowie Schulrat in
Hamburg. Im Jahr 1642 veröffentlichte er eine Disputation
über „aristolelische Philosophie". Im Amtshaus zu
Rotenburg wurde 1663 der Schmied Hanß WESTERMANN
erwähnt. Zufall oder ein Verwandter, wie z.B. der Bruder ?

Marcus BUCK

[223] J. U. L. Rathmänne Rath inn Hamburg, 1664
War er ein Verwandter des 1677 erwähnten Ratsherrn Carl
BUCK, Sohn von Lammert, der 1688 Bürgermeister in
Stralsund war ?

Die während des Prozesses neu beschuldigten Personen

Margaretha SONNENBERG

[594][620] Ehefrau des Juraten und Glasers Claus S. in
Rotenburg;
Sie wurde am 9. September 1664 erneut beschuldigt.
Bei dem Sohn von SONNENBERG handelte es sich
offenbar um Johann SONNENBERG, der im Jahre 1646
geboren wurde, Bäcker & Bürger zu Rotenburg war,
verheiratet mit Dorothea Elisabeth N.N. Sie hatten
nachweislich 4 Töchter, Sophia Mette, Margaretha
Catharina, Anna Elisabeth und Anna Gerdruth. Für die
ersten drei Kinder sind Heiraten 1688, 1706 und 1709
nachweisbar, wobei Johann im Jahre 1710 noch erwähnt
wurde, aber im Sterbebuch in Rotenburg nicht enthalten
ist. Da er 1710 noch lebte, kann ihm 1664/1665 nichts
weiter passiert sein.
verdächtigt, beschuldigt, aber nicht angeklagt
[483][508] Johanns Vater war der 1664 erwähnte Bürger und
Jurat in Rotenburg Claus SONNENBERG.
[siehe im Teil 6.4 Rep 76 Nr. 1396 Seite 30 R]

Cillie BASSEN

[435][595][617] lediges Mädchen aus Wittkopsbostel Hof-1
(∗ um 1648) und Tochter des Zweidrittelhöfners Peter
Bassen. Sie ließ in Scheeßel 1677 eine uneheliche Tochter
taufen und wurde als „Cillica zum Bostel" bezeichnet.
Beschuldigt am 23. Juli 1664 als „Zum Borstell Cillie".
Erneut am 9. September 1664 als „Cilli Baßen" eine
Stunde vor Margarethe MEINKENS Hinrichtung durch sie
persönlich bei einer Gegenüberstellung beschuldigt.
verdächtigt, beschuldigt, aber nicht angeklagt

Cillie BASSEN nicht verwechseln mit Cillie MEINKEN:

Cillie **MEINKEN** geb. N.N.

[434] Ehefrau von Peter, Viertelhöfner in Oldenhöfen Hof-2 (um 1600 - 1664/1680)
„Zum Oldenhöffen Peter Meineken fraw Cillie"

Am 11. Juli 1664 wurde sie durch den Scheeßeler Untervogt und seine Gehilfen dem Gericht vorgeführt.
[Amtsgeldrechnungen, siehe im Teil 6.4 [52]]

Am 23. Juli 1664 wurde sie durch Margarethe MEINKEN in einer Vernehmung namentlich als Peters Ehefrau erwähnt.
verdächtigt, vernommen, aber nicht angeklagt

Anna **VERSEMANN** geb. GERKEN

[596],[619] genannt „piepen Annke", Tochter von Claus und KATMANNS Erbtochter in Ostervesede Hof-14, 1664 Witwe des Kötners Joachim VERSEMANN.
Sie wurde schon 1663 im Kopfschatz erwähnt, war da schon Witwe und um die 55 Jahre alt. 1676 wurde sie im Jordebuch als Joachims V. Witwe noch einmal erwähnt, wobei die Kate als „wüst" liegend bezeichnet wurde. Ihre älteste Tochter Tibke (1639-1709) heiratete 1677 Peter INDORF, der dann die Wirtschaft auf der Kate wieder aufnahm.

Worauf sich der umgangssprachliche Rufname bezog, lässt sich nur vermuten. Sie rauchte möglicherweise die Pfeife, die auf plattdeutsch „een Piep" heißt. Die alten Scheeßeler sagten, wenn sie in „Delventhals Gasthof" gehen wollten, sie gingen zur „flachen Anna".

DELVENTHALS Kate brannte 1970 ab. Der Begriff wurde umgangssprachlich als allen bekannter Spitzname, wie auch der Hofname „GERKENS Mudder" oder „Johannsbur" verwandt.

Erneut wurde sie am 9. September 1664 als „Anna FERSEMANß" bezeichnet beschuldigt. Für Anna hatte diese Beschuldigung allerdings Folgen, denn sie wurde eingesperrt. Dieses ist im Teil 6.4 unter Rep 76 Nr. 1396 Seite 31 V (1664/1665) nachzulesen:
„*Dem Schließer Gerth dens Er die Piepen Anna geschloßen, uff des hl. Drost undt Ober Inspectoris befehl geben*".
Dieser erhielt dafür 24 Schillinge.

Da Anna im Jahre 1676 nachweislich noch in ihrem Hause lebte wird man sie freigelassen haben. Warum und unter welchen Umständen, bleibt verborgen.
verdächtigt, beschuldigt, aber nicht angeklagt

<u>nicht verwecheln mit:</u>
Anna VEERSEMANN, Ehefrau des Halbhöfners in Ostervesede auf MEYER Hof-2, (1630-1695)

Catharina **HEITMANN** geb. BADEN

[436][597][616] Ehefrau von Hinrich HEITMANN in Abbendorf Hof Nr.3, ∞ 28.10.1624 in Scheeßel, (um 1600-1664/1680) Am 23. Juli 1664 beschuldigt als „Die Buddische zu Abbendorff".

Am 7. September 1664 beschuldigt als „Catharina BUDDEN" unter Nennung des Geburtsnamen BADEN, der zugleich auch der Hofnamen war.

Erneut am 9. September 1664 als „Catharina BUDDEN" eine Stunde vor Margarethe MEINKENS Hinrichtung durch sie persönlich in einer Gegenüberstellung beschuldigt.

verdächtigt, beschuldigt, aber nicht angeklagt

Protokollum Sottrumb; Rep 5b F83 Nr.13c, S.326
LdfNr.12 Anno 1590 haben die Rotenburgischen Beamten einen bey Westerholtze erhenkten Cörper holen, und dürch den Scharfrichter an gehörigen orth (Galgenberg) bringen lassen.

LfdNr.13 (ohne Jahreszahl) Johan BUDEN zu Abbendorf Tochter wegen verübter Unzucht gefenglich angenommen, nach Rotenburg gebracht und gestrafft worden.

♦ Da Johann BADEN erst nach 1592 den Hof durch Einheirat selbigen übernahm, kann Catharina nicht die hier mit Unzucht erwähnte Tochter gewesen sein.

♦ Die Einordnung des Vorfalls kann sich aufgrund der beiden anderen Fälle auch nur um 1590 zugetragen haben.

♦ Bis ca. 1591 saß Johann BECKER auf BUDDENS und es scheint, als sei er mit altem Hofnamen erwähnt worden, der sich demnach nicht von BADEN abgeleitet hatte. Um 1591 übernahm sein Sohn Hinrich BECKER den Halbhof in Abbendorf.

Es bleiben aber Fragen offen:
Warum wurde Catharina von Margarethe beschuldigt ?
Hatten die Familien MEINKEN einen schlechten Ruf ?
LfdNr.14 (ohne Jahr, muss aber vor 1592 stattgefunden haben, denn danach führte Peter den Hof nicht mehr) „Jasper Peter Robern zu Abbendorf knecht (Jasper hieß der Knecht) hatt einem armen Sinlosen menschen vor Heitzwedel (Hetzwege) holtze bestohlen, und darüber seine gebührliche straffe bekommen"

Tibke **HOLLMANN**
[Prozess siehe Teil 6.3]

[598][621] Sie war die 2te Ehefrau von Peter HOLLMANN dem ehemaligen Interimswirt zu Bartelsdorf Hof-4, und Witwe des Halbhöfners Johann BEHRENS, der vor 1646 verstarb; Sie wurde am 7. und 9.9.1664 als „Tibke HOLLMANß" beschuldigt, dabei am 9. September 1664 sehr ausführlich. Sie wurde **1665 angeklagt, verurteilt und ausgewiesen**.

Grete **HEITMANN** geb. N.N:
[Familie siehe Teil 6.2a Hof Nr.7]

[437] als Greten Henrich zu Westeresch, Häusling bei Lütke HEITMANN und seiner Ehefrau Margrete (Vollhöfner zu Westeresch Hof-7)
verdächtigt, beschuldigt, aber nicht angeklagt

Anna **HASTEDE**
[Prozess siehe Teil 6.3]

[439] Ehefrau von Dierich, Halbhöfner in Hetzwege Hof-6, Sie wurde **1665 angeklagt, verurteilt und hingerichtet**.
† 24. Juli 1665 auf dem Scheiterhaufen verbrannt

N.N.

[440] eine Frau zu Westerholz, Name nicht bekannt
verdächtigt, beschuldigt, aber nicht angeklagt

Anna **RATHJEN** geb. HEITMANN
[Prozess siehe Teil 6.3]

[618] gebürtig aus Westervesede Hof-8. Ehefrau vom
Vollhöfner Lütke in Jeersdorf Hof-4. Sie wurde am 9.
September 1664 als „Anna RATKEN" eine Stunde vor
Margarethe MEINKENS Hinrichtung durch sie persönlich in
einer Gegenüberstellung beschuldigt.
Sie wurde 1665 **angeklagt, verurteilt, ausgewiesen**.

Anmerkungen:
Weiterere Personenübersichten, sowie die Einwohnerstruktur finden sie unter:
♦ Einwohner im Dorf Westeresch um Anno 1664   Teil 6.2a Rekonstruktion Bevölkerung
♦ Die Prozesse 1664 und 1665 im Ksp Scheeßel   Teil 7 Anl.1 Verwandschaftsverhältnisse
♦ Soziogramme: Einwohner Westeresch 1640-85   Teil 8 Soziogramme mit Erklärungen

Bei der Datierung einiger Amtspersonen im Flecken Rotenburg haben uns das Sonderheft 7 der
Rotenburger Schriften von HEYKEN sowie Kirchenbücher und Amtsgeldrechnungen sowie
einzelne Urkunden als Quellen gedient.
Wir sind uns sicher, dass diese Personenaufstellung der an diesem Prozess beteiligten Personen
deutlich macht, welch einen Aufwand ein Prozess schon zur damaligen Zeit verursachte.
Die oben genannten Vorgänger und auch Nachfolger von z.B. Pastoren haben wir eingepflegt,
weil sie den einen oder anderen am Geschehen Beteiligten getauft, konfirmiert, verheiratet oder
begraben hatten. z.B. Pastor DORNEMANN in Scheeßel, der 1664 nicht mehr im Amt war.

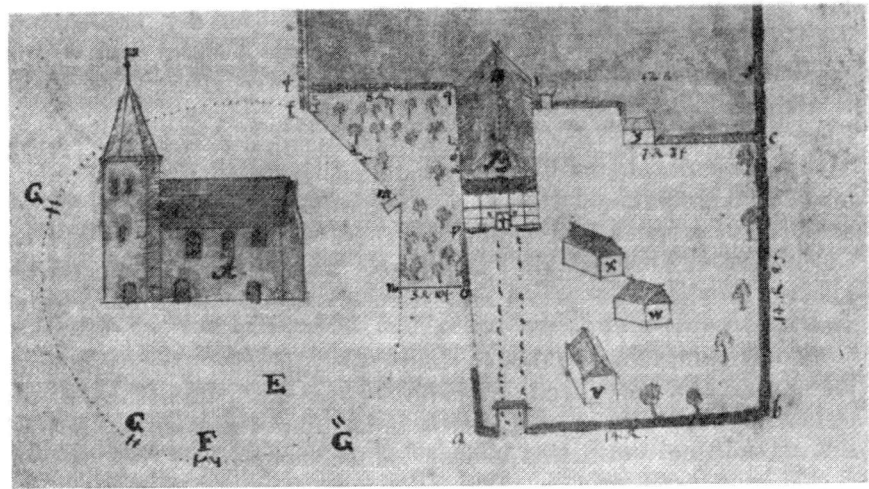

Zeichnung der Scheeßeler Chronik von 1955, Seite 416 entnommen. Die Zeichnung
zeigt die alte Scheeßeler Kirche und den Pfarrhof mit Gebäuden im Jahr 1728. Sie
musste dem fertigen Neubau von 1758 weichen. A = Kirche, B = Pfarrhaus von 1692,
E = Kirchhof, F = Totentor zu Kirchhof, G = Eingänge zur Kirche
Siehe auch „Lebendige Heimat", 20.Jg, Nr.11/2008, 600 Jahre Kirchengeschworene /
Kirchenjuraten im Kirchspiel Scheeßel, Jürgen Hoops von Scheeßel
Es ist die einzig überlieferte Zeichnung der alten Kirche. In dieser Kirche wurde
Margarethe MEINKEN getauft und konfirmiert und ließ Mette MEINKEN geb. HOOPS
auch ihre anderen Kinder taufen. Vermutlich wurde die Ehe mit Clauß MEINKEN hier
vom Scheeßeler Pastor DORNEMANN proklamiert. Die Hochzeit am Altar wurde stets
in der Kirche des Kirchspiels durchgeführt, aus dem die Braut stammte.

Hexenprozess gegen

Mette Meineken geb. HOPES (HOOPS)

und ihre Tochter

Margarethe MEINEKEN (MEINKEN)

aus Westeresch
Anno 1664

[Teil 6.2c]

zur Erklärung vorab
... Fastelabendt [1] hat ... Diese so gekennzeichneten Begriffe sind nachfolgend in kurzen
Abständen im Feld „Anmerkungen" erklärt, ([1] stets der Dienstag nach Domini Estomihi)
oder es wurde ebenda ein Querverweis gemacht,
z.B. „siehe Personenübersicht im Teil 6.2b" oder s.B. „siehe Begriffserklärung".

Die unterschiedlichen Schreibweisen von Namen sollen Sie nicht stören, aber erwähnt
werden.
Einige Worte in den Protokollen waren unleserlich, konnten nicht, oder nicht eindeutig
entziffert oder erklärt werden. Sie sind im Text in dieser Weise ...... gekennzeichnet oder
in der Anmerkung wie im folgenden Beispiel als ungeklärt bezeichnet worden:
[30] spurium Fask = uneheliches Kind / fasc = Windel

Die Prozessakte besteht aus über 90 Seiten, wobei es doppelte Schreiben zu geben
scheint, die bei näherer Betrachtung Unterschiede aufweisen. Deswegen haben wir auch
alle Schriftstücke, Briefe, Notizen und Umschläge angeführt, hier wiedergegeben und
bearbeitet. (Copia) bedeutet Abschrift und Lit. A steht für Beilage A / Anlage A.
Die Abschrift der Protokolle wurde zeilenweise, wie im Original stehend, übernommen!

Übersicht der während des Prozesses entstandenen Vorgänge:

1- 1662, Lit. A, Klageerhebung beim Amtsvogt in Scheeßel, Unterschrift Jordan
   1662, Lit. B, Klageerhebung beim Amtsvogt in Scheeßel, Unterschrift Meinken
   1662, Lit. C, Klageerhebung beim Amtsvogt in Scheeßel, Unterschrift Meinken
2- 1663, 5. Oktober, Klageerhebung beim Amt Rotenburg von Clauß Meinken
   1664, 3. Mai, Aktendeckelaufschrift der Prozessakte
3- 1664, 3. Mai, Protokoll: mit Hinweis 7. Mai 1664
4- 1664, 3., 4., 14., 21. und 23. Mai, Protokolle: Anhörungen
5- 1664, 4. Mai, Protokoll: Anhörung
6- 1664, 4. Mai, Schreiben: Bürger Hobörg, Buxtehude an das Amt Rotenburg
7- 1664, 4. Mai, Schreiben: Bürger Hobörg, Buxtehude an Claus Meinken Lit. C
8- 1664, 7. Mai, Schreiben: Amt Rotenburg an die Bürgermeister und Räte von
   Hamburg und Buxtehude Lit. D
9- 1664, 13. Mai, Schreiben: Bürgermeister und Rat von Buxtehude an das Amt
   Rotenburg Lit. E
10- 1664, 18. Mai, Schreiben: Bürgermeister und Rat von Buxtehude an das
   Amt Rotenburg, Lit. E
11- 1664, 13. / 18. Mai, Aktenvermerk des Amtes Rotenburg zum Schreiben des
   Bürgermeisters von Buxtehude (ohne Inhalt)
12- 1664, 14. Mai, Aktenvermerk: Amt Rotenburg zum Besuch von Claus Meinken
13- 1664, 14. Mai, Umschlag des Schreibens: Amt Rotenburg an den Bürgermeister der
   Hansestadt Hamburg
14- 1664, 16. Mai, Schreiben: Amt Rotenburg an den Bürgermeister von Buxtehude Lit. D

15- 1664, 16. Mai, Antwortschreiben: Hansestadt Hamburg an das Amt Rotenburg Lit. E

    1664, 16. Mai, das Anschreiben der Bürgermeister der Hansestadt Hamburg

    1664, 14. Mai, Anlage zum Antwortschreiben der Hansestadt Hamburg

16- 1664, 16. Mai, Schreiben: Amt Rotenburg an den Bürgermeister von Buxtehude

17- 1664, 18. Mai, Antwortschreiben des Bürgermeisters von Buxtehude

18- 1664, 20. Mai, Fragenkatalog der Juristen Facultät der Universität Rinteln

19- 1664, 21. Mai, Protokoll: Margarethe Meinken

    1664, 23. Mai, Protokoll: Margarethe Meinken

20- 1664, 24. Mai, Schreiben: Amt Rotenburg an die Universität Rinteln

    Rückfrage zum Schreiben vom 14. Mai 1664

21- 1664, 20. Mai, Antwort der Universität Rinteln mit Rechtsbelehrung (Copie)

22- 1664, 23. Mai, Schreiben zur Akte vom 3. Mai 1664 (siehe oben unter 3-)

23- 1664, 4. Juni, Schreiben: Amt Rotenburg an den Scheeßeler Vogt

24- 1664, 6. Juni, Gerichtsprotokoll: Margarethe Meinken

25- 1664, 14. Juni, Protokoll: <u>Wasserprobe</u>, Margarethe Meinken

26- 1664, 6. und 14. Juni, Notiz Amt Rotenburg

27- 1664, 16. Juni, Schreiben: Amt Rotenburg an die Universität Rinteln

28- 1664, 16. Juni, Kopie des Schreibens: Amt Rotenburg an die Universität Rinteln

29- 1664, 22. Juni, Antwort: Universität Rinteln an das Amt Rotenburg

30- 1664, 22. Juni, Copie der Antwort: Universität Rinteln an das Amt Rotenburg

31- 1664, 23. Juni, Protokoll: Margarethe Meinken

32- 1664, 24. Juni, Protokoll: Margarethe Meinken

33- 1664, 25. Juni, Protokoll: Mette Meinken geb. Hoops

34- 1664, 26. Juni, Schreiben: Amt Rotenburg an die Universität Helmstedt (Copie)

    betreffend der torquiirte (Tortur Wasserbad) Margarethe Meinken

35- 1664, 29. Juni, Protokoll: <u>Selbstmord</u> von Mette Meinekens (Copie)

36- 1664, 30. Juni, Protokoll: Margarethe Meineken

37- 1664, 14. Juli, Antwort der Universität Helmstedt auf Anfrage vom 26. Juni 1664

38- 1664, 23. Juli, Extract Uhrgerichtsprotokoll: Margarethe Meinken mit 1te Tortur Lit. A

39- 1664, 25. Juli, Uhrgerichtsprotokoll: Margarethe Meinken

40- 1664, 30. Juli, Uhrgerichtsprotokoll: Margarethe Meinken

41- 1664, 30. Juli, Kostenaufstellung

42- 1664, 30. Juli, Protokoll: Margarethe Meinken mit 2te <u>Tortur</u>

43- 1664, 22. August, Schreiben: Amt Rotenburg an die Universität Helmstedt

44- 1664, 22. August, Schreiben: Haus Rotenburg an den Grafen von Königsmarck

45- 1664, 27. August, <u>abschließendes Gutachten</u> der Fakultät Helmstedt

46- 1664, 27. August, Antwort: Universität Helmstedt auf Anfrage vom 22. August 1664,

    es enthält die Urteilsempfehlung *„mit dem feuer von lebendt zum tode zu straffen"*

47- 1664, 27. August, Aktenvermerk der Übersendung der Akten nach Stade

48- 1664, 1. September, Protokol : *Fluchtversuch* von Margarethe Meinken

49- 1664, 6. September, Protokol : Schuldspruch

    „... daß leben zu Recht aberkant ..."

50- 1664, 6. September, Protokoll: Urteilsverkündung

    „... vom leben zum todte gebracht werden ..."

51- 1664, 7. September, Protokoll: Beschuldigungen weiterer Zauberer / Hexen

52- 1664, 9. September, Protokoll: Beschuldigungen weiterer Zauberer / Hexen

53- 1664, 9. September, **Exekutionsurteil** für Margarethe Meinken

<u>Bem.:</u> Die relativ kurzen Lauf- und Bearbeitungszeiten zwischen den „Behörden" im Jahre 1664, wo EMail, SMS, Fax oder Expressbrief, wie in der heutigen Zeit geläufig, nicht nutzbar waren, lassen doch eine relative Hochachtung über die Effektivität des damaligen Post- und Botenwesens aufkommen. Die Entfernungen waren groß, die Transport- bzw. Reisemöglichkeiten waren auf Pferd, Wagen, Boote und die Füße beschränkt.

- ◆ Rotenburg – Stade   = ca. 74 km (Amtssitz des Gouverneurs)
- ◆ Rotenburg – Hamburg   = ca. 92 km (Rathaus)
- ◆ Rotenburg – Buxtehude   = ca. 65 km (Rathaus)
- ◆ Rotenburg – Rinteln   = ca. 157 km (Universität)
- ◆ Rotenburg – Helmstedt   = ca. 187 km (Universität)

Wir gehen davon aus, dass überwiegend berittene Boten genutzt wurden.

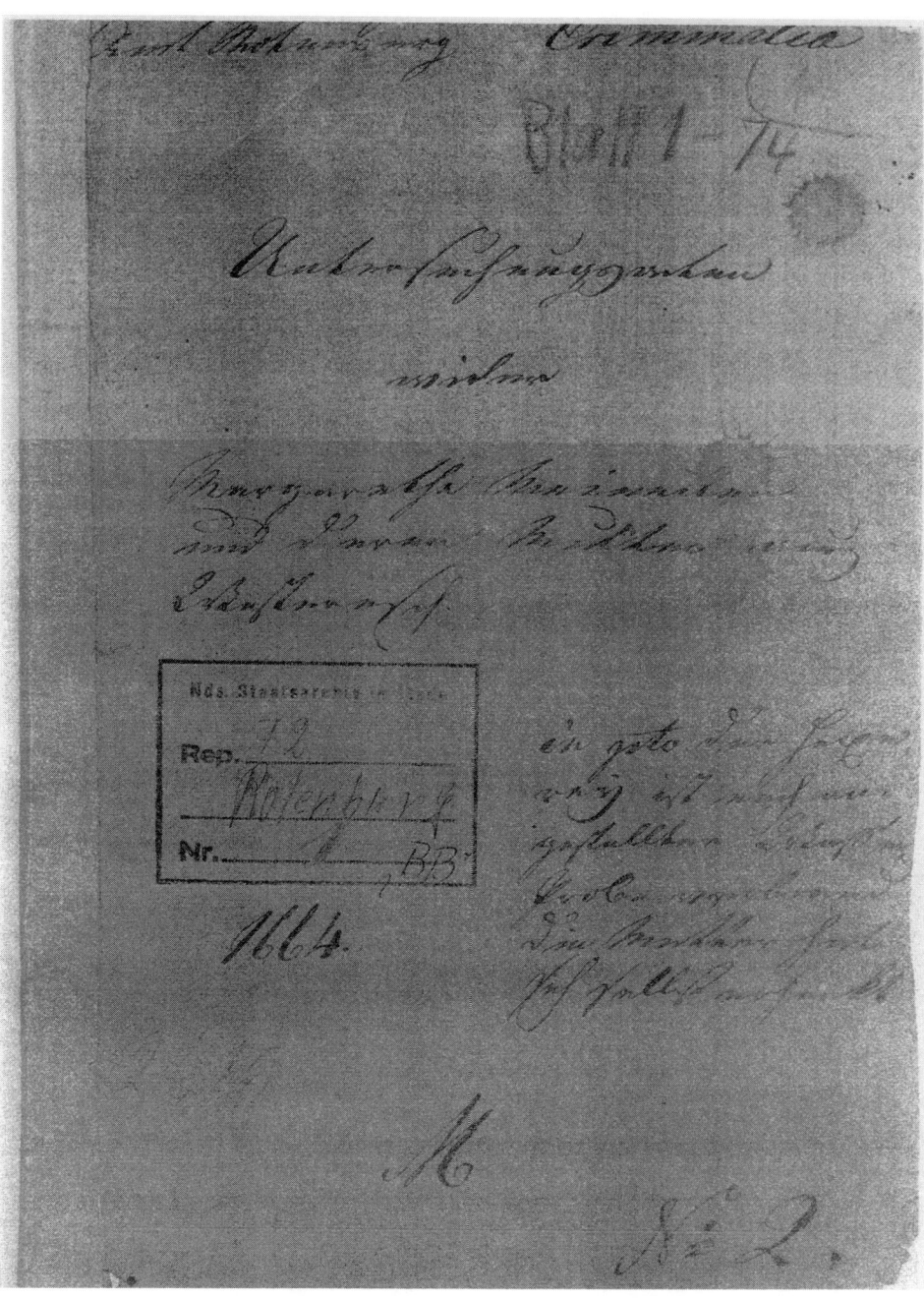

Amt Rotenburg   Criminalia

Untersuchungacten
wider

Margarethe Meinecken   in jetzo der Hexer-
und deren Mutter aus   rey ist nach an-
WesterEsch   gestellter Waßer-
                                          Probe verbrand
1664   die Mutter hat
                                          sich selbst erhenkt

M   No.2

Der Prozessverlauf anhand der Aktenlage

1. Klageerhebung beim Amtsvogt JORDAN in Scheeßel, 1662
(Lit A aus dem Jahre 1662)

Lit: A. Anno 1662

Umb Fastelabendt [1] hat Cathrina Meineken von Wester Veße [2] zu Buxtehude gedienet, und Margreta Meineken [3] von Wester Esche hette auch dar gedienet, so wehre Cathrina Meineken zu Margreta Meineken gegangen und hetten einander gebürstet [4], Catharina hette zu Margreten gesagt, sie solt ihr einmahl zu trinken geben, so hette Margreta gesagt, ja, und hastu auch geldt auszuthun, daß wir was wieder bekommen können, Catrina hette gesagt, Sie hette kein geldt, Margreta hette gesagt, hastu kein geldt, ich kann genug geldt bekommen, Sie wolte ihr es auch lernen, daß sie geldt und alles könnte bekommen, wann sie wolte, und hette Margreta Meineken gesagt, Johann Holsten [5], zu Wester Esche wehre eine Kuh umbkommen, die were umb ein geringes wortt unter den mist kommen, so hette Cathrina gesagt, hastu es dann gethan, so hette Margreta gesagt, ihre Mutter [6] hette dazu geholffen, wann sie lust hette, so wolt sie es Ihr auch lernen, wenn ihre Mutter des Abends aus ginge, so legte Sie ein bund stroh inns bette, so könnte ihr Vater [7] nicht aufwachen, biß Sie wiederkähme, und wen ihre Mutter am donnerstage einmahl außenbliebe, so müste Sie selber ihr bestes Pferd oder Kuhe sterben laßen, und umbbringen, und müsten auch alle Vier Zeit [8] dem Teuffel ein fett Kalb oder fett laemb opffern; Noch hette Margreta zu Cathrinen gesagt, Sie solte mit ihr auf den mist tretten, so wolte sie ihr sagen, was Sie sagen sollte, Cathrina aber hette gesagt, sie solt es ihr erst sagen, darnach wolte sie mit auf den mist gehen, was es wehre, so hette Margreta gesagt, Sie müste ihr nachsprechen, hier stehe ich auf den mist, und verschwere den hl. Christ, Sonn und Mondt undt keinen Menschen gutts zuthun, dann nur allein den Teuffel, darauf hette sich Cathrina gesegnet und davon gangen, so hette Margreta gesagt, wenn sie nicht mehr lernen wolte, so solte sie was anders thun, alß nun Cathrina Meineken wieder nach Rotenburg kommen zum dienste [9], so hette Dieterich Meineken [10] zu Bartelsdorff ihren Herrn, da sie bey gedienet inn Rotenburg gepflüget, so hette Sie es Ihm erzehlet, was zu Buxtehude pashiret wehre, weiln er Margreten verwandter wehre, do hette Dieterich gesagt, Dirn [11] schweig still, das hertz wird mir so groß und hette ihr einen Thaler geben wollen, Margreten Mutter Mette hette auch zu ihr gesaget, Sie solte doch stillschweigen, warumb Sie sie wollte inn einen solchen schnack bringen;

Johann Jordan [12]

Anmerkungen:

[1] Fastelabendt = dem Abend vor Aschermittwoch, (s.B.) = 11. Feburar 1662

[2] Wester Veße war ein Schreibfehler. Sie war die Tochter von Joachim MEINKEN aus Wester Esch. Weitere Nennungen [27][33] besagen, dass Catharina aus Oldenhöfen gebürtig sei und die Tochter von Joachim war.

Dieser scheinbare Widerspruch löst sich auf. Wir nehmen es vorweg, damit die Zuordnung der erwähnten Personen deutlich wird. Cathrine MEINKENS Eltern waren 1664 schon verstorben. Das gibt sie selbst zu Protokoll [146], denn sie bezeichete sich als „Vollwaise" [146]. Vollwaisen erhielten Vormünder, bei denen sie aufwuchsen. Der ihre wird ihr Verwandter Peter MEINKEN gewesen sein, der mit Cillie N.N. verheiratet war. Sie ist also aus Westeresch gebürtig gewesen (dort geboren) und wurde als zu Oldenhöfen gebürtig bezeichnet, weil sie dort bei den Pflegeeltern aufgewachsen war.

[3] Tochter von Claus MEINKEN Westeresch Hof-3 (*TIETENS*)
[4] gebürstet = gestritten (*auf Krawall gebürstet*) oder sich <u>gegenseitig die Haare gemacht</u>
[5] Johann HOLSTEN aus Westeresch Hof-8, Nachbar und Prozessgegner
[6] Mette MEINKEN, Mutter von Margarethe aus Westeresch Hof-3
[7] Claus MEINKEN Westeresch Hof-3
[8] alle 4 Wochen in der Kirche Abendmahl
[9] bei der Familie EBBERS in Rotenburg, nach Westervesede
[10] Dietrich MEINKEN, Onkel aus Bartelsdorf-1, (*RAMAKERS 2/3Hof*)
[11] Dirn / Dirne = Mädchen
[12] Oberförster in Scheeßel, er vertrat seinerzeit den Amtsvogt

<u>Hinweis</u>: alle Personen sind ausführlicher in der Personenübersicht im Teil 6.2b beschrieben; die Westerescher sind mit ihren Familien im Teil 2a ausführlich aufgeführt.
<u>Bemerkung</u>:
Claus MEINKEN aus Westeresch erhebt nachfolgend Klage gegen die Nachbarin Dorothea HOLSTEN geb. MÜLLER, Ehefrau von Johann HOLSTEN, um seine eigene Tochter Margarethe von den Vorwürfen der Hexerei per Gericht freisprechen zu lassen.

_ _

(Lit B aus dem Jahre 1662) (Copia)

Lit: B.
Woll Ehrn Vester u. Insonders Großgeneigster hl. Ober Förster; [13]

Demselben gebe ich hiermit zu verstehen und auch klagen, über meine nechste Nachbarinne Dorotheen Holsten [14], Johann Holsten Seine Fraue von Wester Esche, daß Sie selber zu meiner Tochter gesagt und zugelegt hatt, von wegen der Hexereyen, und daß Holsten leute eine Kuh umbgekommen sey, also daß Dorethee Holsten inn der meinung were, daß die Kuhe solte von meiner Tochter wegen umbgekommen seyn, und da ihnen zu der Zeit umbgekommen ist, da ist meine Tochter zu Buxtehude inn diensten gewesen und wolle gesponnen bey Herman Höborns [15];

Ferner so hat meine Frau Metteke darauf selber nach Dorotheen [16] gegangen und sie derohalben darumb gefraget, woraus Sie das selbe hatt, daß Sie das ihrer Tochter gesaget und, zugeleget habe, da hat Dorothea wieder auf geantworttet, daß Sie aus der andern Dirnen gehöret hatt, Sie hette Ihr das gesaget daß meine Tochter mit der Dirne zu Buxtehude zusammen gewesen und all da vorgefallen wehre, von wegen der Hexereyen zu lernen, da solte meine Tochter darauf gesaget haben, wann Sie das lernen wolte, so wolte Sie ihr das woll lehren, eben sowoll alß ihre Mutter; denn sie wüste es ja sowoll alß ihre Mutter; Zu dem andern so habe ich meinen Nachbarn Henrich Ficken [17] abgefertiget und Doroteen selber darumb befragen laßen, woraus sie dasselbe hatt daß Sie Unß solches zulegt. Da hat Sie Dorothea darauf geantworttet, daß Sie von Unß nichts leges und nichts böses wüste, sondern aus der andern Dirnen ihren munde, daß die Dirne dieses zu ihr gesagt habe;

Also warte und klage ich hierüber Unsern Ergeren [18] Doroteen
Holsten, daß Sie Unß dieses wolle beweißen, daß es doch möchte zu einen ende damit kommen, und kann Sie dasselbe nicht beweißen, so weiß die Hohe Obrigkeit, was darauf erfolgen
wird, dann ich willß Gott und der Obrigkeit zu verstehen
geben, die möchten daßelbe richten, damit dieses zu einen rechten ende komme; Ferner so hat die alte Alheit
Holsten [19] auch zu Scheeßel inn Kruge gewesen, und damahls auch
wortte da von seyn vorgehalten, also daß Alheit Holsten
darauf geantworttet habe und gesaget, daß Clauß Meineken, [20]
der soll damit nur stillgeschwiegen haben, die alte Kuhe wehre
doch alle todt, welches Jochims Henrich der Unter Voigt [21]
selbsten mit angehöret hatt und bestehn will, darumb habe
ich derhalben darüber zu klagen, were ich oder meine frau
oder meine Tochter ihre Kuhe habe sterben laßen, daß
wir dasselbe hinter unsern rügken hören müßen;

Claus Meineken
wohnhaftig zu Wester-
Esche.

Copia
Claus Meineken übergeben
Schriftlichen Clage

Lit: B.

- -

Anmerkungen:
Bem.: Claus MEINKEN gab hier seine Klagebegründung zu Protokoll
[13] Oberförster Johann JORDAN, ab 1670 selbst Scheeßeler Amtsvogt
[14] Tochter des Scheeßeler Mühlenpächters, wohnhaft Westeresch Hof-8
[15] Hermann HÖBORN, Bürger in Buxtehude
[16] Dorothea HOLSTE in Westeresch, Nachbarin auf Hof-8 (*CARSTENS*)
[17] Heinrich FICKEN in Westeresch, Nachbar auf Hof-2 (*RÖTENS*)
[18] uneren ergeren = und klage unsern Ärger gegen Dorothea ...; Claus wollte, dass diese
      Unterstellungen / Anschuldigungen / Verdächtigungen ein Ende haben sollen und
      erhoffte sich ein Machtwort von der Obrigkeit.
[19] alte Alheit HOLSTEN, Mutter von Johann auf Hof-8, Westeresch (* um 1600); dieses
      belegt, dass sich auch Frauen seinerzeit im Krug aufhielten.
[20] Claus MEINKEN, der Kläger
[21] Untervogt Jochims Henrich = Joachim Hinrich KÖSTER (1614-1682), Scheeßel Hof-4

- -

(Lit C aus dem Jahre 1662) (Copia)

Copia Claus Meineken übergebenen schriftlichen Clage

Litera B

Woll Ehrenwerter und insbesondere Großgeneigter Oberförster;

Demselben gebe ich hirmit zu verstehen und auch klagen, über meine nechste
Nachbarinne Dorotheen Holsten, Johan Holsten seine Fraw von Wester Esche, daß
sie selber zu meiner Tochter gesagt und zugelegt hatt, von wegen der Hexereyen,
und daß Holsten leute eine Kuhe umbkommen sey, also daß Dorotheen Holsten inn
der meinung were, daß die Kuhe solte von meiner Tochter wegen umbkommen seyn,
und da ihnen zu der Zeit umbkommen ist, da ist meine Tochter zu Buxtehude inn
Diensten gewesen bey Herman Höborn;

Ferner so hat meine Frau Mette darauf selber nach Doroteen gegangen und Sie derohalben darum gefraget, woraus sie dasselbe hatt, daß sie das ihrer Tochter gesaget und zugeleget habe, da hat Doroteen wieder auf geantworttet, daß sie von der andern Dirne gehöret hatt, die hette ihr das gesaget, daß meine Tochter mit der Dirne zu Buxtehude zusammen gewesen und allda vorgefallen wehre von wegen der Hexereyen zu lernen, da solte meine Tochter darauf gesaget haben, wann sie das lernen wolte, so wolte sie ihr das woll lehren, eben so woll als ihre Mutter, denn sie wüßte es ja so woll als ihre Mutter; Zu dem andern so habe ich meinen Nachbarn Henrich Ficken abgefertiget und Dorotheen selber darumb befragen laßen, woraus sie dasselbe hatt, daß sie uns solches zulegt; Da hatt sie Dorothea darauf geantworttet, daß sie von unß nichts leges und böses wüßte, sondern aus der andern Dirne ihren Munde, daß die Dirne dieses zu ihr gesagt habe;

Also warte und klage ich hierüber unsern Ergern Dorotheen Holsten, daß sie uns dieses wolle beweißen, daß es doch möchte zu einem ende damit kommen, und kann sie dasselbe nicht beweißen, so weiß die hohe Obrigkeit, was darauf erfolgen wird, dann ich willß Gott und der Obrigkeit zu verstehen geben, die möchten dasselbe richten, damit dieses zu einem rechten ende komme; Ferner so hat die alte Alheit Holsten auch zu Scheeßel im Kruge gewesen und damahls auch Wortte davon seyn vorgefallen, also daß Alheit Holsten darauf geantworttet habe und gesaget, daß Claus Meineken; Der soll damit nur stillgeschwiegen haben, die alte Kuhe were doch alle todt, welches Jochims Henrich, der Untervoigt, auch selbsten mit angehöret hatt und bestahn will, darumb habe ich deshalben darüber zu klagen, weder ich oder meine Fraw oder meine Tochter ihre Kuhe haben sterben laßen, daß wir dasselbe hinter unsern rügken hören müßen;

Claus Meineken
wohnhaftig zu Wester Esche

Anmerkungen:
Der Vollzähligkeit der Akten wurde diese Kopie, die unter Litera B, als auch unter Lit. C erwähnt wurde, in die Prozessakten eingefügt.

----

2. Klageerhebung von Clauß MEINKEN beim Amt Rotenburg vom 5. Oktober 1663

(aus dem Schreiben vom 3. Mai 1664 *[LfdNr.3]* ist zu entnehmen, wann und wo die Klage von wem und gegen wen eingereicht wurde)

Actum Hauß Rotenburgh den 3. Maji Anno 1664

Clauß Meinicken vonn Westeresche
Contra
Dorotheen Holsten, Johan Holstenß Ehe-
weib zur Wester Esche.

> Cläger erscheint abgelaßenen Citation [22] zur
> folge, refesiret [23] sich uff die am 5. Oktober
> Ao 1663 eingegebene Clage und das da-
> rauff von dem hl. Oberförster zur Scheeßel
> gehaltenes, und beygelegtes Protocol-
> lum mit wiederholten petito. [24]

Anmerkungen:
[22] Citation = Vorladung, Zitierung (*her zitiert*)
[23] refesiret = Bericht erstatten
[24] petitio = Bitte / hier: mit wiederholter Lektion = Aufforderung

----

3. Protokoll Amt Rotenburg vom 3. Mai 1664 (der Anfang vom Ende)

- ◆ mit dem Hinweis auf das Schreiben vom 5. Oktober 1663, Tag der Klageeinreichung durch Clauß Meineken (siehe oben)
- ◆ mit dem Hinweis auf den 2. Mai 1664, Bernd Müller, Scheeßel
- ◆ mit dem Hinweis auf das Schreiben vom 7. Mai 1664
- ◆ mit dem Hinweis auf das Schreiben vom 23. Mai 1664 (siehe LfdNr.19)

Actum Hauß Rotenburgh den 3. Maji Anno 1664
Clauß Meinicken vonn Westeresche
Contra
Dorotheen Holsten, Johan Holstenß Ehe-
weib zur Wester Esche.

Cläger erscheint abgelaßenen Citation zur
folge, refesiret [25] sich uff die am 5. Oktober
Ao 1663 eingegebene Clage und das darauff von dem hl. Oberförster zur Scheeßel
gehaltenes, und beygelegtes Protocollum mit wiederholeten petito. [26]

so bis 21 Jahre alt und von Oldenhöfen bürdigk auch daselbst ufferzogen *[Randnotiz bezieht sich auf Catarine Meinken]*	Rea [27] ist abermalß ungehohrsamlich außem blieben, Catarine und Margrete Meiniken aber haben sich der gebür eingestellet und obwohl Margrete Meiniken alle diejenigen Formalia so zwischen ihr und Catharinen Meiniken laut Scheeßelischen Protocolli verleugnet verbleibet
°sodann	doch ~~Margrete~~ °patu ann bei [28] ihrer deswegen ein-mahl gethanen ausßage bestedigt und saget es in confrontativen [29] Dorotheen ins angesicht, sonderlich da Sie spuriem Fask [30] Dietrich Meiniken alß einen visilaxten [31] zur Bartelßdorffs erzehlet, das Er mit denen in angeregten Scheeßelischen Protocolle angeführten unterstelle zur Schweigen ihr 1 Taler zue geben sich anerboten
Joachim Meiniken dochter zur Oldenhöfen	Diedrich Meiniken von Bartelßdorf [32] gestehet, als Catarine Meiniken [33] für fast 2 Jahren zur Ihme ufs feld kömmete, und itwaß zur eßen, bracht, des Sie auß freyen mute zur Ihme angefangen zur erzehlen was zwischen Ihr und Margrete Meiniken zur Buxtehude für reden fürgangen, und weß zur Scheeßel angebracht, auch das Er zur antwort gesaget, Trine [34] des soltest nun schweigen das es nicht unter die leute Kehme die eine ist meiner die andere Claußten Frau [35] schetz, solte dir und einen Taler oder was geben laßen, des es nicht unter die leute Kehme, Er für sich hebe deswegen etwas zur geben niemalß gedacht. Sonsten wird von Oberförster Johann Jordan berichtet das ufn Caspell [36] eine gemeine Fraw und zuvor sey, das nicht allein Margreten Mutter Mette und ihre große Mutter [37] in dergleichen Verdacht gefallen werden sonderlich aber

werde ufn Casfel Scheeßel [38] dafür gehalten,
das Mette Meiniken fornem in Kopf
ein eitzschen fuß [39], alß ein signum [40] einer
hexsischen erlatus eingeheilern[41] sein, und
wieder hinwem Berendt Müller [42] mit
mehren noch nicht geben können.
Berend Müller verificiret [43], das Dietrich
Meiniken von Bartelßdorff [44] gegen seinen Sohn [45] in der Mühlen enteret [46], das er
der Catarinen Meiniken 1 Taler geboten
Solte zur schweigen, und von deme zwischen
Ihm und Margreten Meiniken zur Bux-
tehuhde sei gefallenen reden nichtes und
zur sagen, so habe auch Catarina Meiniken in der Mühlen sich vernehmen
laßen wan Sie Margreten ufn Kopf
nach dem ungeziefer gesehen das Sie
vor nach der stirne sich niemals habe
wollen lausen laßen und allezeit
für geschützet, das es Ihr sehr wehe an
selben orte getan habe auch, alle zeit
am selben orte die hand uf gehalten,
gesehen, aber habe Sie nichts, so saget auch Behrendt Müller ein das Er einen
von Johan Mehlenforten [47] gesehet
sagen zum Oberförster, hl Oberförster
Ihr habet einen rechten hexenortschaft [48]
Ihm Euch uf leute, Ich will euch uf
Ins geheltz schicken [49], und were die
nicht der orte schnack so von Margreten
Mutter und große Mutter fürgefallen
Johann Meiniken von Jehrßdorff [50] habe
auch ohnlängst gesagett, ehe die reden zwischen
den beiden darauß fürgangen, habe
sey Ihme Pferde und gut abgestorben,
auch mero aber hette Er guten fer-
de gehabt und were ihme ferner nicht
abgestorben;

Margrete Meiniken bleibet bis elgardo [51]   von 17 Jahren [52]
und saget darbey das Catrine dergleichen
pleudereyen in Buxtehude zwischen ihnen
frawen und den Manne angesuchten
sich unterstanden gestend ufn fell es
erwiesen werden könte.

Claus Meiniken Margreten Vater von
Wester Esche für fürgehalten ob Er
Mutter seine dochter allemahl wieder zur stellen praestiren [53] könne
und wolle

Clauß Meiniken und deßen befrawen
Mette bringen darauf ein weiln Cate-
rine Meiniken sich wieder anderen
Orte zur vermeinten frühabends und
dahero vermutlich sich gar aufen
lande begeben möchte zur erkennen, das Sie bis zur auß

tragh der sache Perßonaliter [54] ufn
Hause verbleiben müße, dehren
gegen Sie sich allen verdacht zur
entziehung und die Sache zur ohne
enkscheft [55] zur befordern ercleret [56]
haben wollten, Ihne respictive dachten
und anverwante [57] Margreten gleich
falß ufn Hause vernehmlich zur
laßen

so ohngefähr da des exande [58] fürgangen
ins Ambte kommen

hl. M. Henning Schröder [59] politen [60] zeiget an, alß Catarine Meineken für
ohngefähr 6 Wochen zur ihme in Beicht-
stell kommen habe Er Sie des auch
gespengeten disin...stis [61] erinnert
und ob Sie diejenige Person sey
so mit Margreten Meiniken wegen
hexerei in irrwegen gerahten da
Sie erstens sich für selbe eroieret [62]
habe Er fleißigk ermahnet worden, die
darüber würde befraget werden, die
wahrheit zur sagen, und niemanden
was nach zur sagen, so sich in wahrheit also nicht verhalte, welches wie
Sie es zur ihnen zur gesaget alß
habe Er Sie darauf ad mittiert [63]

auch dasjenige wes zwischen Ihnen
zur Buxtehude für gefallen, gestendig
gewesen

Clauß Meiniken und consorten ist nochmal [64]
fürgeschlagen Cartrinen de judiciosiert et zu
Dicatum solvi uf 200 R. Taler zur praestiten, [siehe 53]

oder accuhatan neben ihrer dochter und
freuindin doch eine wochte [65]verwehren zur
laßen

Assessores bitten nochmahlß beederseits Personen
gerichtswegen anzurnehmen und hln. In-
quisitivelm er die Sache zur rechte zur enden-
schaffts zur befordern;

Bernd Müller zur Scheeßel erscheinet heutigen abermalß fürn Ambte erinnert sich
weßen 3 dieses in Sachen Claus Meineken
von Wester Esche, deßen Er weibe und dochter,
eines und Doroteen Holsten und deren
dochter Margreten peßiret und fürgangen
wie auch welcher gestald von beiderseits Par-
teien Ci... De judicio sisti et Indion
tum solvi [66] gefordert, Da Er nun mit
seinen Schwieger Sohne [67] zwar deßwegen gerne
gewiße abrede nehmen, und allerdings
umbringen wolten, habe Er doch so urlköm-
lich nicht gelangen können, wolte gebehten,
haben Catarinen Meineken, inmittelß
nichts schimpfliches wieder deßen zur
laßen mit anbieten für Sie biß zur
morgenden endlichen weiteren mit zur
caviren [68] gestald Er dem ein solches mit
Hand gegebener Treue geleitett

den 6. Maji Anno 1664

Clauß Meineken und dazur gefange forderschaft [69] und andere intoreßenten [70], aileren sich
dahin, weiln Ihnen die Action zur verfolgen
und auf zur führen ofend gleich verpoten
alß respective dochter und anverwante [71]
verwehnlich zur laßen und die sache
der hohen Obrigkeit zur rechtlichen,
verfolgk und Jutificativa [72] zur übrigen
welches den wie es wegen Ambts acceptiret [73], Also ist arestata [74] darauf
zur widerwertigen verlesungk
angenommen und incarieriret, [75]

Bey sothenen actes zeiget Clauß Meineken
an das Jürgen Baße und deßen frau sich [76]
Vernehmen laßen Sie haben geferet des
niemand alß seiner freundschaft

sich gegen Catharinen Meineken vernehmen laßen Sie sollte schweigen und von
diesen Sachen und reden ferner nichts
nachsagen oder unter leute bringen, Er
wollte Ihr deswegen 20 Thaler geben, [77]
Catharine Meineken so alsobalden darauf vernommen werden well
darvon nichts wißen noch gestendigk [78]
sein;

Jürgen Baßelder Schele ist super spiciem
Facti [79] vernommen will aber von mehren
nicht wissen alß was Sie von Diedrich
Meineken zur Bartelsdorf des
angebothenen Talers halber geredet zwar
hette Sie darbei gedacht, wen ers
nicht anderß wollte, hette Sie noch eine
des anders dar Ihm gleichfalß geld
geboten, stille zur schweigen habe, [80]
Er niemanden darbey genand,
noch, ob Er schon gefraget ob derselbe
auf der verwandschaften nahmhaft
machen wollen;

Und Sie woll über 20 Taler Ihn kriegen
könte

Catharinen Meineken ist deßen aussage fürgehalten, Sie aber will von anders
niemand wißen der ihr Geld geboten,
alß Dietrich Meineken von Bartelsdorf, Sonsten were zwar nicht anders eine rede, so weß gebeten in
Ebbers hause [81], gegen Sie gedacht, Trine
haste was geredet, so bleibe darbey;
Ich vernehme Sie wollten dier 20 Taler
geben, das Uer die nicht die Fraw aber
habe Sie nicht gekennet, Gesachtet
sonsten darbey, sobalde diese reden anhelt
braucht und bey dem hl. Oberförster an-
geschrieben worden, das Sie sobald
Sie wieder nach Rotenburg kommen
krank worden, und in 14 Tage gelegen
habe auch noch von der Zeit ehe sie die

sache offenbaret, allerhand wun-
derliche derwenen furcht und gnaden
gehabt, noch gefertd aber da Sie es
offenbahret, was Ihr Margrete Meiniken zur Buxtehude oft anbehret
gute ruhe gehabt;

Claus Meineken fraw hat sich
bevorn einen sub deti Buxtehude den
4 Mahle unter Herman Hoburgk [82] abgege-
benes schreiben vernemen Catharinen
Meineken verhalten an Clauß Mei-
neken advertiret [83], Da nun hl. Hinrich Meier
Pastor zur Scheeßel wie auch hl. Johann
Jordan Oberförster dem für weiteren
untersuchen und befunden des Er venen
Stoffer Wolbergen [84] Juraten zur Scheeßel
geschrieben; Da nun Christoff Wolbergen
darauf der prodocielle Brief zur ... gevseiren [85] fürgewiesen und vorherc befraget,
ob Er auch in Buxtehude wohl bekennet
were, und weme Er eigentlich kenne befraget, wie auch ob Er neulich daselbst
gewesen und Er geantwortet, des Er sonder-
derlich mit niemandes alß Peter
Hollmann [86] und Clauß Indorfs [87]
bekennet auch nemlichen nicht alß
8 Tage für Fastellabend 1663 [88] iren
Buxtehude gewesen, hat Er darauf
zwar seine Hemde zwar seine Hand clio geseiret, saget aber excifiln do [89], das Er
undt Clauß Meineken bitte den
brief nun abcopiiret, und würde das
original noch bey Clauß Meineken
zur finden sein;

Die sabbathi war den
7.ten Maji [90]

Das sich Bernd Müller gestrigen ge-
thaner gelobung zur folge wieder an und ..... sich welcher
gestald Er für ~~Margreten~~ Trine Meineken von Westerhold [91] solcher maßen
ceviret [92] des Er gehalten sein
wollen wo arrestate wieder verhoffen [93] solte entgangen sein
deswegen mit 100 Thaler oblige
zur sein auch deto der ferneren
Caution [94] ...... halber erileride [95]
einzurbringen Wann Er denn
die Sache in considerelive [96] genommen und endlich resolvieret [97] die
einmahl Über sich genommenen
Lektion biß zur außganges
des Processus zur centindirten [98]
und de ... Indicio sisbiet sindt
catum soloj [99] Trinen Meineken,
halber gericht zur sein auch deswegen mit verpfeindigk seien
gewesten haab und güten uff

100 Taler sich dagestellich ge-
wehret, So ist es alß denen
Acten beygefüget und …
ta darauff in soweit erlasen
worden;

Bernd Müller referiret [100] unter andern
Dito dabey, alß seiner Dochter, Dorotheen Holsten zur Wester Esche Ihre Kuhe
zue sterben angefangen sonderlich auch
die eine so Plötzlich umbgefallen sei,
Seine Dochter Margreten Meineken zur
rede gestellet und gesaget, wie es
doch kehme, des
Sie zur Buxtehude so einen
schnack [101] hetten wie Ihret Ihm bis
Unß so, worauf Sie weinent worden und gesaget,
Saget doch meinen Vater nichtes darvon, wen Er es erführe, würde
er mich Todt schlagen, wes weiter fürgefallen würde die aber
keinen schutz hab noch 3 und mehren melden;

Des were umb ein geringes werts halber
herkommen das Sie umb unter dem
nicht kommen und als darauff Dorotheen
Holsten weiter zur Margreten gesaget
ob Sie dann den schuld were des
Sie die darauß die Kuhe fremdes.

Catharinen Meineken ist dato abermahls für gerichte gefordert und seind ihr alle diejenigen
Protocolle und dabey abgegebene nachrichtungen
abermahls fürgehalten worden, die den gleich wie,
vormahlß alles desjenige, wes Sie so wohl zur
Scheeßel beim Oberförster geredet alß zur
zweien mahlen beim wiederholten, und weiter
letzlich protocolliret, gestendig gewesen, gestald
Sie der auch inhaftirten Margreten Meineken [103]
ein solches bey gehaltenem Confrontation abermahlß unter augen gesaget und zwar
ohne verendere des gesichtes [104] und den ge-
berde;   portracta fronti [105]
Margrete Meineken erzählt sogleich wie
von alles und jedes und bittet nochmalß Sie mit deletorin [106] Catharinen
Meineken uf die waßer Probe
zur bringen zur laßen, es würde niemand den tagk leben, dem Ihn die ange-
schuldigung überbringen sehen solle,
Jacob Ebbers desgleichen Elisabeth Ebberß [107]
verificiret [108] des Catharinen Ebberß [109] ein Jahr
vorhero ehe Sie nach Boxtehude sich vermietet
bey Ihnen jedesmahl habe sich auch nach-
malß, wie Sie werden von Boxtehude
kommen, wieder in Ihre dienste getreten
und habe sich allezeit from wohl und
Treulich verhalten, also des Sie von derer
gleichen angeblichen reden, so an ietzo zwischen
Ihr und Margreten Meineken fürgehalten
von ihr nichtes gemerket oder vernommen;

Actum, den 23ten Maji
Anno 1664 [102]

und Teuschereien

Hl. Heinrichs Meyer Pastor berichtet, [110] das Er
sonsten zwar von Margreten Meineken und
dero Mutter anders nichts gesehet, oder
wiße, Alß das nuhmero nur gemeine rede
unter den leuten Margreten Mutter und

_____

Anmerkungen:

[25] refesiret = Bericht erstatten [siehe 23]

[26] petito = Belehrung oder Bitte

[27] Rea = bezieht sich auf Dorothea Holsten, die wiederholt nicht erschienen ist. Ihre
Erwähnung beruft sich auf das oben angesprochene Scheeßeler Protokoll. (fehlt)

[28] patu ann bei = patu an / patu bei >> ann bei = doppelt gemoppelte Formulierung
d.h. sinngemäss „... sie will patu an ihrer Aussage festhalten ..."
„patu" geschrieben, wie man es spricht = perdue (ita) = erledigt / kaputt NEIN
„causa perdue" (lat) = défaite (frz) = aussichtsloser Fall
„perdue" bedeutet hier also „sie blieb bei ihrer aussichtslosen Aussage"
„patu" = meint also: gegen besseres Wissen

[29] confrontativen = gegenüberstellen, auseinandersetzen

[30] spuri.. Fask = spurius = uneheliches Kind / fasc = Windel

[31] visilaxten = vialixa = reisender Marketender

[32] Margarethes Onkel aus Bartelsdorf, siehe Personenübersicht im Teil 6.2b

[33] 2. Beleg, dass Catharine in Oldenhöfen lebte. Damit werden die Einträge [2] in den
Protokollen durch den Schreiber ergänzt. Joachim MEINKENS Schwägerin hieß Cillie
und war somit Catharines Tante und Ziehmutter, die von Catharines Cousine
Margarethe als Hexe beschuldigt wurde, denn Catharines Mutter lebte zu dem
Zeitpunkt nicht mehr [146], alle Personen siehe Personenübersicht im Teil 6.2b

[34] Trine = Catharine MEINKEN, siehe Personenübersicht im Teil 6.2b (Joachims Tochter)

[35] Mette MEINKEN, Ehefrau von Claus in Westeresch-3

[36] Caspell = Kirchspiel, s.B.

[37] Ehefrau von Joachim HOOPS aus Höperhöfen

[38] Kirchspielort im Amt Rotenburg am Zusammenfluss von Wümme und Beeke

[39] eitzschen fuß = aisch = ungezogen / schlimm = schlimmen Fuß

[40] signum = Zeichen

[41] hexsischen erlatus eingeheilern = hexenhandlung / Heilung von Hexen Hand ?

[42] der Scheeßeler Müller, Vater von Dorothea HOLSTEN in Westeresch

[43] verificiret = von lat. Veritas = Wahrheit; der Nachweis, dass ein behaupteter
oder und vermuteter Sachverha t wahr ist.

[44] Onkel von Margarethe MEINKEN, siehe Personenübersicht im Teil 6.2b

[45] Tönnies MÜLLER, (1637-1708), Sohn von Berendt in Scheeßel

[46] enteret = entehren, entehrt (mittelhochdeutsch)

[47] Johann MÜHLENFORT, siehe Personenübersicht im Teil 6.2b

[48] hexenortschaft, damit war Westeresch gemeint gewesen. Damit wird deutlich,
welchen Ruf das Dorf im Kirchspiel und darüber hinaus zu der Zeit hatte und wie
weit die Gerüchte bekannt waren und sich auswirkten.

[49] uf Ins geheltz schicken = ins Gehölz schicken / in den Wald jagen

[50] Johann MEINKEN von Jeersdorf, siehe Personenübersicht im Teil 6.2b

[51] bis elgardo = bis ultimo / bis zum Schluss

[52] einzige Altersangabe, * r 1647

[53] prastiren = was geleistet werden muss; das Seine thun; leisten

[54] bis zur außtrag der sache Perßonaliter = ...(?), persönlichen Austragung ?

[55] enkscheft = Feindschaft

[56] zur befordern ercleret = vorher erklärt

[57] anverwante = unmittelbare Verwandte = hier gleich Cousine

[58] exande fürgangen = exakter Vorgang

[59] hl. M. Henning SCHRÖDER, siehe Personenübersicht im Teil 6.2b

[60] politen = politus = kunstvoll / gebildet = sinngemäß wohl: beschreibt umfassend

[61] disin...stis = ...(?)
Bem.: brach Pastor SCHRÖDER mit der Aussage das Beichtgeheimnis ?
[62] eroieret = geprüft
[63] admittieret = zulassen, hinlassen, vor sich lassen, begehen (?)
[64] consorten = Ehefrau; Vorschlag für einen Freikauf mit 200 Reichstalern oder das Fallenlassen der Klage ?
[65] oder accuhatan neben ihrer dochter und freuindin doch eine wochte = accuhatan = ...(?) eine wochte = eine Woche
Freundin = im Ksp Scheeßel wurden nahe Verwandte als Freunde bezeichnet
[66] Citatio De judicio sish et Indion tum solvi = Vorladung zur Gerichtsverhandlung ...(?)
[67] Johann HOLSTEN aus Westeresch, siehe Personenübersicht im Teil 6.2b
[68] cavieren = Bürge sein, gut reden
[69] gefange forderschaft = gefangene Verwandtschaft
[70] intereßenten = Interessenten oder einsitzenden ...(?)
[71] die Familie MEINKEN wird wegen der Klage verspottet, weil die eigene Tochter und die Anverwandte Nichte streiten? Hat dieses die Fronten noch stärker verhärtet ?
[72] Jutificativa = Erklärung, Grund, Rechenschaft, Rechtfertigung
[73] Ambts acceptiret = akzeptiert / angenommen
[74] arestata = arrestiert / eingesperrt
[75] incarieriret also arrestata = eingekerkert
[76] Jürgen BASSEN und seine Frau, siehe Personenübersicht im Teil 6.2b
[77] die 20 Taler bot Diedrich MEINKEN, dafür wollte er, dass sie still sei und darüber nicht mehr reden sollte. Dieses bestritt Catharina MEINKEN.
[78] gestendigk = geständig
[79] Jürgen Baßelder Schele ist super spiciem Facti = Jürgen BASSENS Frau [siehe 76] solle zu speziellen Fakten vernommen ....
[80] hat sie vom Angebot des Schweigegeldes reden hören
[81] Bäcker EBBERS in Rotenburg, siehe Personenübersicht im Teil 6.2b
[82] auch Hermann HÖRBORN, siehe Personenübersicht im Teil 6.2b
[83] advertiret = ...(?)
[84] Stoffer WOHLBERG, siehe Personenübersicht im Teil 6.2b
[85] ... gevseiren = ...(?)
[86] Peter HOLLMANN, siehe Personenübersicht im Teil 6.2b
[87] Clauß INDORF, siehe Personenübersicht im Teil 6.2b
Warum die beiden Schwager für 8 Tage um „Faslamabend" in Buxtehude bei HOBÖRG waren, ist nicht bekannt ? Verband sie mit HOBÖRG möglicherweise über dessen Frau ein verwandtschaftliches Verhältnis nach Bartelsdorf und Westeresch ?
[88] 8 Tage vor Fastellabend 1663 = Fastellabend = Dienstagabend
[89] Hand clio geseiret, saget aber excifiln do = ...(?)
[90] sabbathi = Sabbat = Tag der Ruhe = Sonntag = 7. May 1664
[91] Margreten Trine Meineken von Westerhold = Schreibfehler = Westeresch
[92] ceviret = bürgen, gut sagen
[93] arrestate wieder verhoffen = Eingesperrte wieder verhaften
[94] Caution, gestellt durch Bernd MÜLLER diente ...(?)
[95] erileride = ...(?)
[96] considerelive = consideratus = in Erwägung gezogen
[97] resolvieret = resolvere (Vorwurf) entkräften
[98] centindirten = ...(?)
[99] Indicio sisbiet sindt catum soloj / indicio = in der festgelegten Zeit / ...(?)
[100] referiret = berichtet
[101] Schnack = Spruch; hier: die Zauberformel eines Schadzaubers
[102] Zu diesem Zeitpunkt dauerte der Prozess seit Klageerhebung schon bald 2 Jahre
[103] Margarethe war zum Zeitpunkt am 24. Mai 1664 schon inhaftiert
[104] verendere des gesichtes = „ohne mit der Miene zu zucken"
[105] portracta fronti = hier wohl: die Stirn geboten
[106] deletorin = Zerstörerin
[107] Ehepaar EBBERS, siehe Personenübersicht im Teil 6.2b
[108] verificiret = von lat. Veritas = Wahrheit ; der Nachweis, dass ein behaupteter oder und vermuteter Sachverhalt wahr ist.

[109] muss heißen: Catharinen MEINKEN, siehe Personenübersicht im Teil 6.2b
Hier ist dem Schreiber ein Fehler im Familiennamen unterlaufen.

[110] Pastor Meyer bestätigte damit das gemeine Gerede / Gerücht über die als Hexe
verschriene Grossmutter HOOPS in Höperhöfen, was nicht für die Angeklagten
spricht. Seit 1654 war er in Scheeßel als Pastor tätig gewesen und muß Margarethe
MEINKEN (* r 1646/1647) um 1659/1660 konfirmiert haben und somit besser
gekannt haben, als er hier vorgab, zu kennen; siehe Personenübersicht im Teil 6.2b

- -

Seite 9 ist nicht mehr zu entziffern!

(Umschlag) [111]

Amt Rotenburg   Criminalia

Untersuchungsakten
wieder

Margrete Meiniken
und deren Mutter aus
Westeresch
In puncto der Hexerey
ist angestellter Waßerprobe verbrand.
Die Mutter hat sich selbst erhenkt

- -

Anmerkungen:
Bem.: die Schlussbemerkung „ist angestellter Waßerprobe verbrand" ist im Sinne von
aufgeflogen, wie ein Spion, gemeint. Sie ist durch die nicht bestandene Wasserprobe als
Hexe entlarvt und überführt worden. Stand nun schon das Urteil fest ?

[111] Mit diesem Text auf dem Aktendeckel der Untersuchungs- und Prozessakte aus dem
Jahre 1664 als Überschrift wurden diese Unterlagen aufbewahrt und sind im
Niedersächsisches Staatsarchiv in Stade unter Rep. 72 Rotenburg Nr.172 BB
eingelagert. Es stellt sogleich einen weiteren Beweis dar, was mit den Frauen
geschah.

- -

4. Protokolle vom 3., 4., 14., 21. und 23. Mai 1664

Protocollum et Facti Species [112] inn Sachen Claus Meineken für
Sich und inn nahmen Seiner Ehefrauen und Tochter Metten
und Margrethen Meineken wieder Catharinen Meineken
In puncto Veneficii [113]
Mit Beylagen Lit: A, B, C, D, et E.

Actum, aufn Hause Rotenburg, den 3ten, 4ten, 14ten,
21ten und 23ten May Anno 1664
Praesentiby [114]

hl. Jost Protten Königl: Schwed: Drosten, auch Hochgräflich: Königs Marckischen Ober Inspektorn der Herrschafft Rotenburg, hl. Peter Bapsten und hl. Burchardt Schmiedten,
Ambt Mann und Kornschreibern daselbst, hl. Johann
Jordan, Ober Förstern und Ambts Voigt zu Scheeßel
so dann hl. Philip Rudolph Damman, Bürgermeistern
des Fleckens Rotenburg, als darzu adsibirten [115]
Notarii

Als für ohngefehr 2 Jahren ein gerüchte erschollen, ob solte Margrete Meineken ihrer anverwandtinnen Catharinen Meineken, wie sie miteinander inn Buxtehude inn Diensten, jedoch bey zweien absonderlichen Herren gewesen [116],
das Hexen oder Zaubern lehren wollen und jene zu dieser gesagt haben, daß Sie und ihre Mutter es gethan hetten,
daß ihren Nachbauern zu Wester Esche, Johann Holsten, eine
Kuh umbgekommen, dannen hero derselbe sich bey hiesiger Herrschaft Rotenburg Ober Förstern und Ambts
Voigt zu Scheeßel, Johann Jordan, deswegen angemeldet,
Ihme den Handel erzehlet und aus seinem munde verzeichnen
laßen, der beschuldigten Vater, Claus Meineke obbesagt
aber, nach dem Er ein solches geschrey seiner Tochter halber
vernommen, damit nicht friedtlich seyn wollen, sondern darüber bey ietz erwehnten Ober Förster mit einer Klagschrift
sonderlich wieder des Johann Holsten Frauen, Dorotheen eingekommen und etzliche mahl zu seiner Tochter ehrenrettung
des rechten begehret, darzu Er jedoch seithero, weiln der
Drost und Ober Inspector eine geraume Zeit nacher Schweden und der Ambtmann nach dem Fürstenthumb Halberstadt verreißet gewesen, so schleunig nicht gelangen können,
derohalben auf jüngstgehaltenen Landtgerichte zu Scheeßel
abereinst umb rechtliche Verhelffung nebst theils seiner
anverwandten innständig angehalten; So seyndt allerseits intereshirte Partheyen mit Ihren Klagten und suchen
anhero aufs Hauß Rotenburg zu weiterer Vernehmung, [117]
und Verordtnung verwiesen und wie Ihnen der heutige tag
pro primo Termino ernennet und selbige, so viel mann deren
mächtig werden können, previae Citatione [118] sich angefunden, ist
in der sache procediret [119] und verfahren, wie ab nachgesetzten Protocoll weiters erhellet;

Erstlich erschiene der beschuldigten Margreten Meineken Vater; alß Clagender Claus Meineken, sambt seinen Eheweibe
Metten und deren Bruder Herman Hopes [120] und stelleten Ihre
Tochter und anverwandtinne ietzgedacht gleichergestalt persöhnlich für gerichte; [121]

Fürs andere, Catharina Meineken, als gleichsamb Denunciantinne [122] und Verursacherin [123] dieses Processes;
Fürs dritte der Müller zu Scheeßel Berendt Müller
nom: seines Schwieger Sohns Johann und deßen Frauen Dorotheen Holsten, entschuldigten, daß dieselbe für hiesigen gerichte nicht compariren [124] dörfften, weilen es Ihnen von Ihrer Obrigkeit inn Hertzogthumb Bremen verboten, wie woll verschiedene Subsidiatbriefe [125] ann den Voigtt und Grefen zu Sittenßen desfalls abgangen berichtete auch danebenst, daß Seine
Tochter und Schwieger Sohn mit der sache sonderlich nicht zu
schaffen, hetten auch nicht geklaget, sondern es und bloß bey
dem Ober Förster testimonii causa [126], wenn etwa Denunciantin
sterben oder sonst anders wohin außerhalb dieses Hertzogthumbs
Verden sich begeben solte, anzeichnen laßen; [127]

Ist darauf kegenwertigen Partheyen die Ursach, warumb
Sie zitiret und anhero gefodert erinnerlich vorgehalten, darauf zufödrig das beschriebene Factum von nehrberührten
Ober Förstern, wie Lit: A. besaget öffentlich abgelesen,
wie inngleichen des Claus Meineken vorhin übergebene
schriftliche Clage Lit: B vermeldende;

Catharina Meineken ohngefehr bey 21 Jahr alt, [128] gestehet
alle das jenige nochmahln öffentlich für Gerichte, was inn
den ietzerwehnten Ihnen allerseits vorgelesenen brieffe
enthalten; Und ob woll dieselbe ernstlich vermanet und
apart erinnert worden, Sie solte sich gar woll vor-
sehen, daß sie nicht mehr sagte, als was Sie gedächte
für Gott, der Obrigkeit und inn ihren Gewißen zu ver-
antwortten, mit Vorhaltung, was Ihr im wiedrigen
Fall und da Ihre Befreundinne ohnschuldig seyn und dafür künftig erkandt werden möchte, für straffe darauf wiederfahren würde, und da Sie etwan einigen haß,
feindschaft oder wiederwillen untereinander gehabt
oder noch hetten, solches fahren laßen und ann diesen
Gesetzen und also nichts anders, als was der Wahrheit gemäß wehre, vorbringen solte; So ist sie doch beständig darbey geblieben, daß nehmlich alle die Wortte,
welche bey dem Ober Förster aufgezeichnet, Margreta
inn Buxtehude zu ihr gesagt, welche Sie nochmalen mündtlich wiederholte, inspecie [129] auch die Wörter, so Sie ihr auf
den misthauffen lehren wollen, ihr nachzusprechen, nehmlich
hier stehe ich auf dem Mist, verschwere den Herrn Christ,
Sonn und Mondt und keinen Menschen gutts zu thun, dann
nur allein dem Teuffel;

- -

Anmerkungen:
[112] et Facti Species = Protokoll mit speziellen Fakten
[113] Veneficii = der Zauberei angeklagt
[114] Praesentiby = vorgelegt im Sinne von präsentieren
[115] adsibirten = als dazu einbestellter Notar
[116] zweien absonderlichen Herren gewesen = was waren das für Männer ?
[117] da der Scheeßeler Amtsvogt zu der Zeit im Fürstentum Halberstadt auf Reisen war,
nahm der Vertreter, Oberförster JORDAN das Protokoll der Klage Anno 1662 auf.
[118] previae Citatione = durch die Vorladung im Vorwege / oder: zuvor
[119] procediret = Prozedur / prozessiert (?)
[120] Mettes Bruder aus Höperhöfen, siehe Personenübersicht im Teil 6.2b
[121] Margarethes Eltern brachten sie am 3. Mai 1664 persönlich vor Gericht, d.h.,
da war sie noch nicht eingesperrt und auch die Mutter Mette war noch frei, bzw.
im Hausarrest.
[122] Denunciantinne = Denunzantin
[123] Catharina wurde hier als Verursacherin des Prozesses bezeichnet
[124] nicht compariren = sich nicht vor Gericht stellen, sich nicht einfinden
[125] sie unterstanden nicht der Gerichtsbarkeit des Amtes Rotenburg, das zum einstigen
Stift Verden, nun Herzogtum Verden gehörte. Siehe „das Dorf Westeresch" im Teil
6.2a. Wie zu lesen ist, wurden schon Subsidiatbriefe, d.h. Briefe mit der Bitte um
Hilfe / Beistand / Unterstützung, also beistandersuchende Briefe nach Sittensen
zum dortigen Amtsvogt gesandt.
[126] testimonii causa = testimone d'accusa = Belastungszeugin
[127] Ist dies ein Hinweis, daß Ausgeschleppte nicht nur die Gerichtsbarkeit des Amtes,
sondern die des Herzogtums Verden verlassen mussten ?
Wurde Catharina MEINKEN als Denunziantin des Landes verwiesen? Dieses könnte
gut sein, denn sie ist anschließend im Ksp Scheeßel nicht mehr erwähnt worden.
Möglicherweise ist sie auch fortgezogen, hat geheiratet oder ist ledig gestorben.
[128] ✳ r 1643, schon am 3. Mai 1664 mit dem Lebensalter erwähnt
[129] inspecie = insbesondere

- -

Ist darauf Margreta Meineken mit ihrer antwortt
vernommen und hat alles, was kegentheilige Denunciantin von ihr gesagt und ihr mit vorgelesen, auch inn ihrer
Presenz mündtlich recapituliret, deroselben gantz trotzig und
frech negiret [130] und das geringste nicht gestehen wollen, [131]
sondern gesagt, Catharina, welche sie etzliche vor die
brust von sich weggestoßen [132], fuege ihr solches nach aus
feindschafft, stellete sich sonst ann geberden, als wann
die sache ihr gar nicht zu hertzen ginge, ließ auch keine
eintzige Thränen [133] darumb fallen, sondern bath nur, Sie
mit denuntiantinnen aufs Waßer zu werfen, wodurch Ihre
Unschuldt würde zu tage kommen, Ihr, der Margareten
gesichte scheinete auch inn etwas verdächtig zu seyn;
Catarina Meineken bliebe nach wie vor bey ihren bekäntniß, daß Margreta ihre solche Wörter geredet
und sagte, wie sie wißen können, daß Johann Holsten
zu Wester Esche eine Kuhe umb und unter den mist gekommen, und daß nur solches umb eines geringen worttes halber geschehen, da Sie doch inn Buxtehude mit ihr inn diensten und woll 4 Meil weges davon gewesen, sagte ferner, warumb den ihr, der Margreten blutsfreundt
einer zu Bartelsdorff Diedrich Meineken geheißen,
Ihr einen Reichsthaler geboten, da derselbe ihren wirthe allhir aufn Rotenburger felde geflüget und davon rede vorgefallen [134], daß Sie von angeregten wortten
stillschweigen solte, die Mutter auch selbst offtermahls
ann Sie begehret, daß Sie doch Sie inn keinen Snack bringen möchte, Meineken zu Bartelsdorff werde
solches ihr nicht verweigern;

Der beschuldigten Dirnen Vater Clauß Meineken bath
gar sehr und innständig, daß doch die sache mit ernst vorgenommen, und nur auf einen ende gebracht werden
möchte, es möchte dann gehen wie es wolte, Er köndte niemandten inns Hertze sehen, hette auch von seiner Frauen
und Tochter nichtes böses gemerket, [135] wüste einmahl aus
der leute mäuler, würde sonst endlich zur desperation [136] kommen, dann er fast nirgendts bey ehrlichen leuten kommen
und aufducken dörffte, daß Ihme diese hexenhändel
nicht vorgerucket würden; Seine Tochter wäre da und
erbötig sich mit der kegentheilinnen laßen aufs Wasser Zu
werffen, und weiln Sie beyde annetzo zukegen, bäte Er,
daß eine bey der andern solange und biß die Sache zum
ende, fueß halten möchte, könte ohnmöglich innen solchen arg-
wohn so länger leben;

Mette Meineken, die Mutter, so fast mit der Tochter ei-
nerley verdächtig gesichte ann sich spüren ließe, gestund
nicht, daß Sie denunciantinnen gebeten, Sie und ihre Tochter nicht inn Schnack [137] oder nachrede zu bringen, hette
auch Dieterich Meineken von Bartelsdorff etwas ausgesagt von Reichsthaler ann Katharinen Meineken zu
verehren, umb still von dieser sache zu schweigen, darvon
wüsten Sie, Ihr Mann und Ihre Tochter nichtes zu sagen,
hettens auch noch vielweniger befohlen, begehrte ebenmeßig
wie nebst ihr auch ihr beyständiger Bruder, daß doch
je ehe je lieber beede aufs Waßer geworfen und biß
dahin beede Theile allhie angehalten werden und verbleiben mögten;

Ist darauf dem Vater Claus Meineken gesagt und erinnert, daß Er wegen seiner Frauen und Tochter einmahl
geclaget und solches schriftlich übergeben, so Ihme vorhin auch wiederumb vorgelesen, würde Ihm also obliegen,
seine Clage zu hinterfolgen und desfalls das gerichte
zu verbürgen, bevorab da Er dazu begehrte die denunciantin Catharinen fußfest zu machen, das gerichte würde
darinnen den rechten nach verfahren und den Process, so
viel möglich beschleunigen, d e waßerprobe könte auf
die art noch zurzeit nicht geschehen, mann müste zu fö-
drist erwarten, was das recht geben würde, sobald
die sache etwas weiters inn Verhör und erkündigung genommen, solten die Acta auf eine ohnparteyliche Juristen
Facultät zu einholung einer rechtsbelehrung verschicket
werden; [138]

Claus Meineken gestehet zwar, daß Er aus großer noth
klagen müßen, er wehre aber. wie bekandt, Herrnmeyer [139]
ein ohnvermögener [140] Kerll und hette die mittel nicht Process zu führen, könte auch deswegen nicht caviren [141], sondern
beföhle die sache Gott und der Obrigkeit und solte
seine Tochter selbst bürge bleiben, jedoch daß auch
die andere magd mit dabey bleiben möchte, welche seiner Tochter nicht gutt wehre und rührete die feindtschafft davon her, daß Sie Cathrinen einesmahls, da
Sie von Buxtehude nach Stade gewolt, einen rogk geliehen, worinn 4 schilling gewesen, als Sie nun zurügk
kommendt ihr den rogk wiederumb zugestellet, wehre
das geldt daraus weggewesen und als Sie ihr solches
nicht wieder geben wollen, wehren Sie darüber sich
uneins geworden und auch, so inn unwillen darüber geblieben, producirte auch ein Schreiben von 4ten May Anno 1663,
so ein Bürger aus Buxtehude, Herman Hoburg genandt,
ann Ihn geschrieben, woraus zu sehen, was die denunciantinne und angeklagtinn für eine Persohn wehre und für
ein verschwatztes maul hette, wardt das schreiben gleichfalls
judiciatiter abgelesen, wie Lit: C ausweißet. [142]

Lit: C
Catharine Denunciantinne berichtete dakegen, daß Sie
ihren Herren und Frauen, wobey Sie gedienet, allemahl ehrlich und treu gedienet, so es auch nicht anders
sagen würden und könte woll geschehen laßen, daß
deswegen so woll inn Buxtehude, als inn Hamburg
und hier inn Flecken Rotenburg, respective bey Valentin den Wandtmacher [143] inn der lütken straße ann
Flete, Christoffer Rosenbruch und dessen Frauen
Catharinen Stonkebrandt [144], so dann Johann Ebbers
und deßen Fraue [145] nachfrage geschehen, den Brieff
hette Margreten Vater nur doch so mann zu wege gebracht, inn meinung Sie damit zu vernichten, sich aber
dadurch zu befreyen; den rogk hette Sie zwar von
ihr entliehen und wehre ein halb wöllinner rogk, aber
kein Geld darinnen gewesen, Sie hette ja denselben
erst umbgekehret und inn der Eicken nachgefühlet, anfangs hette die andere Magd Margreta vorgegeben,
es wehren 12 Schilling darinnen gewesen, nach gehendts
wehre es auf 8 ietzo aber auf 4 Schilling gekommen, ge-

stünde solches gar nicht und solte ihr erwiesen werden, wehren auch deswegen nie eine der andern
feind gewesen, Sie wehre eine arme Elterlose
Diensmagdt [146] dienete ietzo allhier aufn Hauße beym
Stück Friedrich und würde nicht entlaufen, wüste
für ihre Persohn keine bürgen zu kriegen und stellete es der Obrigkeit anheimb.

Weiln mann nun in puncto cautionis zu keiner richtigkeit
gelangen können, ist der beschuldigten Vater desfalls
biß morgen dilation [147] gegeben, sich darnach weiters umb-
zuthun entzwischen seynd beyde mägde inns brau-
hauß beym Brauer auf der stuben inn arrest gesetzet worden; [148]

Wie nun eben der hl. Probst allhie, wie auch der hl.
Pastor von Scheeßel zu kegen gewesen und sonsten
inn particulier [149] zu verrichten gehabt, ist wegen beeder
verarrestirten Persohnen leben und wandel einige
nachfrage beschehen, entzwischen auch der Mann von
Bartelsdorff, so Catharinen Meineken den Reichsthaler protocollirter maßen geboten [150] haben solle herein
gefodert, und berichtete demnach der hl. Probst Mag:
Henningius Schröder, [151] daß Er die Magd Margreten vorhin nicht gekandt, Catharina aber wehre Ihm kündig;
hette auch vor diesen inn Flecken gedienet und wehre
sein beichtkindt [152], alß nun die gemeine rede gangen, was
unter diesen zweyen leuten für ein baar Jahren ohngefehr inn Buxtehude passiret, und Sie zu Ihm inn den
beichtstuhl gekommen, hette Er nicht anders gekont, dann
dieselbe ante confessionem et absolutionem [153] darüber eigentlich zu vernehmen, Sie auch mit allen ernste und fleiße
erinnert, nichtes zu sagen, was nicht geschehen und wahr
wehre, damit Sie keine ohnschuldige leute inn schimpff
und schande brächte, auch zeitliche und ewige straffe
auf sich laden thäte, was aber die wahrheit wehre,
solte Sie frey und ohngescheut bekennen, welches Sie auch
zu thun angelobet und Ihme eben dasjenige und die Wortte
gesagt, welche bey dem hohen Ober Förster verzeichnet
worden, worauf Er Ihre beichte gehöret, Sie absolviret und des andern tages, das Hochwürdige abendt-
mahl empfangen, hette auch nie von ihr andersten
gehöret, dann daß sie sich jederzeit Christlich und woll
verhalten;

hl. Henrich

hl. Henrich Meyer Pastor zu Scheeßel sagte, daß auch
beyde bey Ihme communiciret und Er von Sie gleicher
gestalt nichtes böses vernommen, biß die Buxtehudi-
schen händel vorgangen [154] und ruchtbar [155] geworden, von
Margreten groß Mutter, aber, so inn der Voigdey
Sottrumb gewohnet und ihre Tochter, nehmlich Margreten Mutter, nach Wester Esche ausgegeben, wehre überall das gemeine geschrey, daß selbige für eine offenbahre Hexe gehalten worden, desgleichen zeugete auch
der Ober Förster der gleichen offtermahls gehöret
zu haben, wie auch daß die Mutter Mette inn den be-
ruff unter den leuten wehre, von der Tochter, so ietzo
arrestiret, aber hette Er vorhin nichtes gehöret, das

schreiben, so von ihren Vater ietzo übergeben und verlesen worden, hette Ihr Cüster zu Scheeßel [156] geschrieben; weiln nun derselbe gleichergestalt zu-
kegen in loco judicii [157] gewesen und zu verrichten gehat,
ist Er soforth darüber vernommen, gestundt, daß
es seine handt, jedoch nur eine Copey und Ihme von
Claus Meineken ein gleich lautendes schreiben zu gestellet wehre, wornach Er solches abgeschrieben,
kennete aber den Mann und Autoren nicht, wüste auch
sonst nicht, wie es darumb bewandt sey;

Folgendts ist auch Dieterich Meineken von Bartelsdorff
eingeruffen [158] und des vor erwehnten Thalers halber
befraget worden, sagte, daß mehrgedachte Cathrina
Meineken für ohngefehr 2 Jahren, zu Ihme aufs Feldt
kommen und etwas zu eßen gebracht, alß Er ihren
wirth gepflüget, da Sie dann Ihme aus freyen ge-
müthe zu erzelen angefangen, was zwischen Ihr
und Margrete Meineken inn Buxtehude vorgegangen und für reden gewechßelt, auch deswegen zu
Scheeßel angebracht und verzeichnet, worauf Er
zu Ihr gesprochen, Trine, du soltest nur schweigen,
daß es nicht unter die leute kähme, dann ihr beede
meine freunde seydt [159], soltest dir nur einen Thaler oder
was geben laßen, damit es nicht unter die leute kähme,
für seine Persohn aber hette Er Ihr nichtes versprochen noch zugedacht, könte, solches in eventum mit den
Eyde woll erhalten;

Anmerkungen:

Diese Vernehmungsprotokolle belegen fünf Vernehmungen über einen Zeitraum von drei
Wochen auf dem Haus Rotenburg, also im Schloss.
Das Wissenswerte über das Schloss Rotenburg bei Enno HEYKEN, Rotenburg Kirche,
Burg und Bürger nachzulesen. Es wurde 1626 vom kaiserlichen Feldmarschall TILLY
belagert und 1645 kam es durch den schwedischen Einmarsch in den Besitz des Grafen
und Gouverneurs von Königsmarck.

[130] trotzig und frech negiert = in trotziger und frecher Weise schlecht gemacht.
     Das hinterließ beim Richter möglicherweise einen bleibenden negativen Eindruck.
[131] sie leugnete; damit war der Weg zur Tortur frei
[132] „vor die brust von sich weggestoßen" = geschubst
[133] Tränenlosigkeit galt als ein Indiz, mit dem Teufel im Bunde zu stehen und es steht
     sicherlich nicht zufällig im Protokoll.
[134] es wurde ihr Schweigegeld angeboten
[135] wandt sich Margarethes Vater hier heraus und verleugnete er seine Familie ?
[136] desperation = Verzweiflung, Hoffnungslosigkeit
[137] schnacken = reden auf Plattdeutsch, proten auf friesisch; Schnack = Spruch; hier wird
     der Begriff negiert gemeint sein; als Schnacker bezeichnet wird jemand, der „dummes
     Zeug" oder „unwahres erzählt"
[138] Hinweis, einer Stellungnahme zur Rechtmäßigkeit der Wasserprobe
[139] Herrenmeyer = Grundherr war das Amt, hier das Amt Rotenburg; an das Amt
     bemeiert, ein Meyer des Amtes; von Bemeierung, s.B.
[140] ohnvermögener = unvermögend, arm (kein Geld zur Auslösung)
[141] caviren = bürgen, d.h. er konnte die 200 Taler für die Auslösung der Frau und der
     Tochter nicht aufbingen.
[142] Catharina wurde hier als Diebin, Denunziantin und als schlechte Magd dargestellt
[143] Valentin der WANDTMACHER, siehe Personenübersicht im Teil 6.2b
[144] Catharinen STONKEBRANDT, siehe Personenübersicht im Teil 6.2b
[145] Johann EBBERS, siehe Personenübersicht im Teil 6.2b

[146] hier wurde Catharina als Vollwaise bezeichnet, d.h. Ihr Vater Joachim war da schon
selig, was begründet, warum er in den üblichen Listen nicht erwähnt wurde.
[147] dilation = Aufschub, aufschieben, verzögern
[148] es gab also einen Bierbrauer und ein Brauhaus in Rotenburg
[149] inn particulier = im Stadthaus
[150] Hatte Claus MEINKEN seiner Nichte Catharina einen Reichstaler gegeben, damit sie
aufhört seine Tochter weiter zu belasten ?
[151] Henning SCHRÖDER war Pastor zu Rotenburg und gab an Catharina zu kennen und
[152] ihr Beichtvater zu sein, obwohl sie ja im Kirchspiel Scheeßel zu Pastor Hinrich
MEYER gehörte. Hier meinte er wohl die Zeit des Prozesses in Rotenburg als
Beichtvater und sprach sich somit als Leumund für Catharina aus.
[153] ante confessionem et absolutionem = vor der Beichte frei zu sprechen (Sünde
vergeben) Bem.: die alte Scheeßeler Kirche hatte noch einen Beichtstuhl
[154] Was hat der Scheeßeler Pastor gegen die Anfeindungen in seiner Kirchengemeinde
unternommen ?
[155] ruchbar geworden = bekannt geworden
[156] Der Küster zu Scheeßel war zu der Zeit Johannes GRELLE, siehe im Teil 6.2b
[157] loco judicii = loco indici(i) = am Ort der Verhandlung / lokale Gerichtsbarkeit [s. 281]
[158] zum Rotenburger Gericht
[159] im Kirchspiel Scheeßel bezeichnet man entfernte Verwandte als Freunde;
Anverwandte hingegen waren enge Verwandte

- -

5. Protokoll der Anhörungen vom den 4. Mai 1664

Mercurii   den 4ten Maiy
Ist der Vater Claus Meineken mit seiner Frauen
und Schwager Herman Hopes abereinst erschienen, da dann
auch der Müller von Scheeßel Berendt Müller, wegen
seines Schwieger Sohns Johann Holsten sich wieder mit
eingestellet, und alß, daß der verarrestirten Vater
der Caution halber sich resolvere [160], begehret, ist derselbe
nach wie vor bey seiner gestrigen erklärung geblieben und maturationem prozessus [161], wie auch nebst seinen Schwager und anderen anverwandten beyständen, fürnehmlich
nurten umb die Waßerprobe innständig und ohn aufhör-
lich angehalten, dann Sie keine processe führen könten;
weiln auch derselbe sich beclagte, daß Er die Tochter
so übel aus dem Hauße und der arbeit enthraten könte,
zu ihme, Claus Meineken, alß einen Herrn Meyer, geboten,
wann Er nur caviren [162] würde, seine Tochter totjes quoties [163]
wieder zustellen, als dann solte Sie des arrests erlaßen
und Ihme wieder mit zu hauße gegeben werden, mit an-
zeigung, daß kegentheil ad cavendum [164] sich nun mehr offerirt,
auch darauf relaxationen [165] erhalten werde;

Claus Meineken sagt, Er könne gantz nicht caviren [166], der
Prozess möchte auf solche weiße zu lange anstehen, Er aber
müste damit auf einen orthe seyn, seine Tochter möchte man behalten, wie auch die andere magd Cathrinen, welche Sie beschuldigte; [167]
Berendt Müller hat für Cathrinen Meineken auf
100 Reichsthaler bürglich [168] sich eingelaßen, selbige dem gerichte
persöhnlich wieder darzustellen, wann und so offte
es begehren würde;

Ist darauf dieselbe inn soweit des arrests hin wieder
erlaßen, die andere Magd Margretha aber, weiln
der Vater sich zu nichtes verstehen [169] wollen, Sie auch
selber nicht loß begehret, würcklich eingezogen und ad
custodiam [170] (:jedoch nicht in carcerem) [171] geführet und alleine
beygesetzet worden; entzwischen ist nach Hamburg
und Buxtehude ann den Magistrat geschrieben und
durch Veranlaßung vorberührten Schreibens Catharinen Meinekens Verhalten halber kundtschaft eingezogen, wie die beylagen sub Lit: D et E. inngleichen was
darauf rescribiret [172], inn mehrern vermelden thun;

Und alß nun diese action sonderlich wegen der Kuehe
so Johann Holsten umbkommen und unter den Schaff-
mist eingegraben, sich erhoben und angefangen, derselbe aber für hiesigen gericht obberührter Ursachen
halber nicht erscheinen dörffen, ob Er gleich mit seinem
Schwieger Vater vorgedachten Berendt Müller, den
umbständtlichen verlauff erst beym Ober Förster zu
Protocoll und Pappier setzen laßen; So ist dieser Berendt
Müller gründtlich und ann eydes statt gefraget, was
es umb die seinen Schwieger Sohne umbgekommene
Kühe für einen eigentlichen, und wahrhafften Zustandt
hette? [173] Welcher darauf zur antwortt gabe, daß
Seiner Tochter Dorotheen und Ihren Manne Johann Holsten, eine zeitlang viel Viehes umb- und zunichte gekommen, wie auch die letzte Kuhe, so unter den mist gebracht,
selbige Kuhe hette sich wunder seltzam gebehret, nichtes gefreßen, als was Ihr zuweilen ann warmen bier
und brodt eingegeben, wie Sie nun gestorben, hette
mann ann ihrer gestalt nicht vermerken können, daß
Ihr etwas sonderliches geschadet und Sie krankheit gehabt hette, nach dem aber dieser schnack, wes nehmlich
zu Buxtehude geschehen, vorgangen und offenbahr
worden, hette Sein Schwieger Sohn und Tochter guten
friede und ann Ihren Viehe keinen abfall mehr gehabt, [174]
Gott möchte wißen, wo das vorige Unglücke sonsten
von hergekommen, addebat [175], alß Seiner Tochter zu
Wester Esche ihre Kuhe so gestorben, und die letzte
so plötzlich umbgekommen, hette dieselbe Margreten
Meineken auf ihren Hoffe einsten zur rede gestellet
und gefraget, woher es doch kähme, daß Sie und
die andere Dirne zu Buxtehude so einen schnack
gehabt, weiters sagende, wann ihr bey Unß armen
leuten so thun wollet; Worauf dieselbe weinendt
geworden und gebeten, ach! saget doch meinen Vater nichtes davon, wann derselbe solches erführe,
Er würde mich todtschlagen oder Ich müßte hingehen
und mich vertrencken [176]; Margrete Meineken aber,
als derselben solches vorgehalten, hat es negiret [177] und
nicht gestehen wollen, Müller aber ist dabey beständig geblieben;

Ferners berichtete auch der Müller und gestunde es
Catharina Meineken kegenwertig, daß dieselbe inn
der Mühlen gerede, daß wann Sie der Margreten
aufn Kopffe nach den ungeziefer gesehen, dieselbe nimmer haben wollen, daß sie Ihr forne ann Kopffe überhalb
der stirnen mit den fingern kommen und lausen sollen,

vorgebendt es thäte ihr am selbigen orthe wehe und könte es also nicht vertragen, hette auch alle Zeit die handt
darauf gehalten; [178]

Der Ober Förster, wie die Partheyen inn etwas abgewiesen, referirte, wie daß der Sehl: Holtz Voigtt Johann Mühlenforth [179] einsmahls zu Ihm gesagt, Er hette einen rechten
Hexenorth, solte sich nur auf leute schicken, Er wolte
sich auf trucken Holtz schicken, wehre auch diese rede
nicht die erste, so von Margreten Mutter und groß
Mutter für gefallen und hette Johann Meineken [180] von
Jersdorff auch ohnlängst gesagt, daß ehe die reden,
zwischen den beyden fürgangen, Ihme auch
Pferde und gutt abgestorben, nunmehr aber hette er
guten friede und wehre Ihm ferner nichts abgestorben, so wehre es auch auf seiner Voigtey communis
fava et rumor [181], daß nicht allein ihr Margreten Mutter
Mette, sondern auch ihre Groß Mutter [182] inn dergleichen
Hexereyverdacht gewesen, sonderlich, daß der
Mutter forne oben am Häubte, ohnweit der stirne
ein Entzen [183] oder Krötenfuß, alß ein Stigma oder mahl-
zeichen eingeheilet wehre, wovon dick besagter Berendt
Müller zukegen, mehrere nachricht würde geben können;
Der Müller sagt, daß Er mehr nicht davon zu sagen
wüste, alß was Er ietz erzehlter maßen, wegen des
Kopflausens und daß solches Margrete Meineken
forne überhalb der stirne nicht zugeben wollen, angezeiget; [184]

Margreta mit ihren Vater und befreundten wiederumb eingefodert, welchen obiges vorgehalten, Margreta aber leugnete ebenmeßig alles dasjenige, was ietzo
von neuen Dingen und dem kopflausen wieder Sie
vorbracht, wie inngleichen die Mutter, mit begehren,
Sie bey der Tochter zu laßen und einzusperren,
wüste von nichtes böses, noch auch, daß Ihrer Sehl: Mutter was übels nachgeredet seyn solte, päthen [185] alle
nochmahln umb werffung auf das Waßer gantz innständig und erbote sich Margreten Mutter Bruder
Herman Hopes eine Verehrung zu thun wann es nur gemacht
werden könte, daß dieselbe aufs waßer käme, so
würde sichs bald ausweißen, wer schuldig oder nicht, [186] und
alß mann nun vor dißmahl inn der sache weiter nicht
fortfahren können, seyn die Partheyen hin wieder
biß auf weiter erfordern nacher Hauße dimittiret [187]
Margreta aber wieder inn Ihre custodi [188] bracht worden;

Anmerkungen:

[160] resolvere = Vorwurf entkräften / Aussage ändern

[161] maturationem prozessus = Prozessentwicklung

[162] caviren = bürgen, gut sagen

[163] totjes quoties = jederzeit, so oft wie

[164] ad cavendum = man muss sich davor hüten

[165] relaxationen = bezeichnet die „Entspannung" nach der Anspannung

[166] caviren = bürgen, gut reden

[167] Claus MEINKEN bat um das Leben beider Mädchen. Ahnte er hier schon den
   möglichen Ausgang seiner eigenen Klage von 1662 ?

[168] das war der Preis, der für den Freikauf von der Anklage bezahlt wurde

[169] Margarethes Vater ließ sich auf den Handel nicht ein.
Bem.: Hätte er hier bezahlt (bezahlen können), so wäre der Prozess hier zu Ende gewesen, zumindestens fürs erste, wenn alle Ruhe gegeben hätten. Die Folge wäre dann auch gewesen, das es den Hexenprozess von 1665 gegen Tibke HOLLMANN, Anna RATKEN und Anna HASTEDE nie gegeben hätte und Anna HASTEDE nicht verbrannt worden wäre. „Wenn das Wörtchen wenn nicht wär"

[170] ad custodiam = zur Bewachung

[171] nicht in carcerem = nicht ins Gefängnis / in den Kerker (sondern: z.B. Hausarrest)

[172] rescribiret = durch Reskript befohlen (per Reskript wurden Anfrage oder Eingabe öffentlicher oder privater Personen schriftlich durch den Gesetzgeber beantwortet)

[173] mit dieser Vernehmung begann nun der 2te und verhängnisvolle Teil des Prozesses, der hiermit seine Fortsetzung hatte

[174] Bernd MÜLLER sagte aus, das es nach dem Vorfall mit der toten Kuh keinen weiteren Vorfall und Verlust von Vieh gegeben habe.

[175] addebat = er fügte hinzu

[176] vertrencken = ertränken

[177] negiret = in diesem Fall „heruntergespielt"

[178] Die Weigerung sich nicht nach Läusen untersuchen zu lassen, könnte auf die Angst der Entdeckung eines Hexenmals hinweisen. War es möglicherweise Angst von Margarethe, von einem Mann angefasst zu werden und da war es egal welcher Mann es gewesen wäre ? [siehe den möglichen Missbrauchsvorwurf, im Protokoll vom 25. Juni 1664 in der Aussage der Mette MEINKEN]

[179] der selige Holzvogt Johann MÜHLENFORTH, siehe Personenübersicht im Teil 6.2b

[180] Johann MEINKEN von Jeersdorf, siehe Personenübersicht im Teil 6.2b

[181] communis fama et rumor = allgemein bekanntes Gerücht & Gerede / es rumort

[182] Ehefrau von Joachim HOOPS in Höperhöfen, siehe Personenübersicht im Teil 6.2b

[183] Entenfuß, auch der Hahnenfuß war ein Zeichen für den Teufel; siehe Teil 10 Bild (11)

[184] in einer Mühle kamen alle, wie heute beim Friseur zusammen und jeder hatte etwas zu berichten, zu erzählen und hatte etwas gehört.

[185] päthen = bäten, bitten

[186] es ging Harm / Herman HOOPS um den Beweis der Unschuld seiner Schwester und Nichte. Glaubte er damit auch, dass beim Beweis der Unschuld gleichzeitig auch die Gerüchte ein Ende fänden ?

[187] dimittiret = ausgeschlossen

[188] custodi = Verwahrung (Zelle)

----

6. Schreiben des Bürgers HOBÖRG vom 4. Mai 1664, Buxtehude [189]

Mit wünschung aller liebes und gutes mein lieber freundt [190]
Claus Meineken, darnach so habe ich vernommen, daß
ihr, Gott beßert seyd dabey gekommen, aber kehret
euch nicht daran, die schlabberten [191] deren nicht, und last
Sie euch das beweißen, denn ihr habt, Gott lob, nach Obrigkeit noch die das richten kann, denn eure Tochter hat ein
halb Jahr bey mir gewest, und hat mir ehrlich gearbeitet.
daß ich über ihr nicht klagen kann inn keinen dingen; aber
der dirne der Ihre Fraw das nachsaget, daß Sie kein
eßen könten vor die Soldaten inn das Schap behalten für
sie, und sie solle noch eins wiederkommen, Ihre Fraw
wolte gerne Rechenschaf machen mit Ihr mit einen Besenstiele, dann die Dirne hat zwischen Ihrer Frau und der
Mutter auch zwischen gelogen, und auch so bald inn
bewehr darzwischen gemacht, alß Sie ann Euch gethan,
und die frau zu Buxtehude der saget, daß die Dirne
die soll ihr das linnen tueg [192] mann wiederbringen, daß
Sie gestohlen hatt, da Sie weggegangen ist, dann dar
ist kein gutt Haar ann die dirne, sie hat auch zu Hamburg so gemacht, daß Sie mit einen Besenstiele ist

Ihr lohn gewest, wann die Dirne solches hier den leuten so nachredeten, so würden sie hingesetert [193], daß
ihr noch Sonne noch Morne bescheinen tuedt, daß ist der
danck dafür daß ihr von euch die 4 Schilling gab da sie
auf den Schwein Marck was, und Eure Tochter der lene-
ste den rogk nach Stade und dar nahm Sie auch 4 Schilling darauß, und sie machet es so allenthalben [194], Die besche Sorge,
ich hette euch noch gerne mehr geschrieben, aber die
zeit will das ietz under nicht leiden, aber ich komme woll
selber einmal bey Euch, so will ich dar mehr von reden
hirmit Gott befohlen,

Actum Buxtehude, den 4ten May

Ao: 1664
Herman Hobörg [195]

Lit: C.

Deckblatt)

Copia
Eines Schreibens eines bürgers aus Buxtehude Herman Hobörgh ann Claus Meineken zu Wester Esche

----

Anmerkungen:

[189] Herman HOBÖRG, siehe Personenübersicht im Teil 6.2b

[190] in welchem Verhältnis standen beide zueinander ? Verwandschaftlich ?

[191] schlabberten = hängt schlapp herab / z.B. das Hemd schlattert am Körper
schlotterten = Glieder schlottern vor Kälte = frieren; vor Angst = zittern
bibbern, frösteln, schauern

[192] linnen tueg = Leinentuch; hier wird Catharina MEINKEN des Diebstahls bezichtigt

[193] hingesetert = hingesetzt / hingestellt

[194] war das der Vorwurf der Unzuverlässigkeit ?

[195] er lobte Margarethe und gab Catharina MEINKEN ein sehr schlechtes Zeugnis in
Arbeitsweise und Ehrlichkeit, wobei er darauf verwies, sie habe sich in der Stellung
in Hamburg nicht anders verhalten

----

7. Schreiben des Bürgers HOBÖRG vom 4. Mai 1664, Buxtehude [196]

Lit: C

Copia eines Schreibens eines Bürgers aus Buxtehude
Herman Hobörgs ann Claus Meineken zu Wester Esche;

Mit wünschung alles liebes und gutes mein lieber freundt Claus Meineken, darnach so
habe ich vernommen, daß ihr, Gott beßert, seyd darbey gekommen, aber kehret euch
nicht daran, die schalberten deren nicht und last Sie Euch das beweißen, denn ihr habt,
Gott lob, noch Obrigkeit nach die das richten kann, denn eure Tochter hat ein halb Jahr
bey mir gewest und hat mir ehrlich gearbeitet; Daß ich über ihr nicht klagen kann inn
keinen Dingen; aber der Dirne der Ihre Fraw das nachsaget, daß sie kein eßen könten vor
die Soldaten inn das Schap behalten für sie und sie solle noch eins wiederkommen; Ihre
Fraw wolte gerne Rechenschaf machen mit ihr mit einem besenstiele, dann die Dirne hat
zwischen ihrer Fraw und der Mutter auch so zwischen gelogen, und auch sobaldt inn
bewehr darzwischen gemacht, alß Sie an euch gethan, und die Fraw zu Buxtehude der
saget, daß die Dirne die soll ihr das Linnen tueg wiederbringen, daß Sie gestolen hatt, da
sie weggegangen ist, dann dar ist kein gut haar ann, die Dirne sie hat auch zu Hamburg
so gemacht, daß sie mit einen besenstiele ist ihr lohn gewest, wann die Dirne solches hier
den leuten so nachredeten, so würden sie hingesettet, daß ihr noch Sonne noch Morne
bescheinen tuedt, daß ist der Danck dafür daß ihr von euch die 4 Schilling gab da sie auf
den Schweinmarck was, und Eure Tochter der lieh sie den rogk nach Stade und da nahm

sie auch 4 Schilling darauß, und sie machet es so allenthalben, die besche Sorge, ich
hette euch noch gerne mehr geschriewen, aber die Zeit will das ietzunder nicht leiden,
aber ich komme woll selber einmahl bey Euch, so will ich da mehr von reden.

Hiermit Gott befohlen
Datum Buxtehude, den 4ten May Ao 1664
Herman Hobörg

Anmerkungen:
[196] vergleiche das Schreiben selben Datums an das Amt Rotenburg

----

8. **Schreiben des Amtes Rotenburg an die Bürgermeister und Räte von Hamburg
   und Buxtehude vom 7. Mai 1664, Lit D**

   (Deckblatt)
   Copia

Abgegangener Schreiben
res putial [197]
ann

   hln. Bürgermeister und Räthe zu Ham-
   burg und Buxtehude
   Innen Sachen
   Margreten und Catharinen Meineken
   Lit: D.

   (Schreiben)
   Lit: D.
   Inn sonders Hochgeehrte Herren und Freunde
   Denen selben laßen nach getrag Unserer willigsten Dienste ohnverhalten, welcher gestalt hiesiger herrschaft angeseßene
   Catharina Meineken von Wester Esche mit Margreten Meineken
   auch von daselbst [198] bürdig inn sothane mißverstände gerathen,
   daß diese sache zum Process gediehen und ausgeschlagen; wann
   wir dann in der Summarischen inquisition [199] unter andern erhalten, daß obbenannte Catharina Meineken bey unserer hochgeehrten herrn bürger einen namens Herman Hoberg ohnver-
   längsterzeit gedienet, und gerne benachrichtiget seyn möchten, wie sie sich zeit ihrer bedienung bey ihren herrn gehalten;
   und ob Sie mit guten willen und anderwertigen ohnbeschul-
   digsten Leimuth von denen weggelaßen; So ersuchen unsere
   hochgeehrte herren wegen Ambtsfreundl: für Unß Dienstl:
   bittende, Herman Hoberg sonder mühe fürfodern zu laßen
   und selben umb seiner gewesenen Magd Cathrinen Meineken
   lebens Wandel, verhalten und dimission zu befragen, Und unß
   deßen aussage, wie Er sie ufn fall mit seinen eyde zu erhalten
   gedenket, und abgestattete nachricht für die gebühr zu communiciren, In welcher zuversicht.

   Dat: Hauß Rotenburg, den 7ten May Anno: 1664
   Jost Protten   Peter Bapstes
   Ann den Rath zu Buxtehude
   Mutatis mutandis [200]

Anmerkungen:

[197] res putial an = res = Sache oder Sachen / puntial ...(?)

[198] ein weiterer Beleg, dass beide junge Frauen aus Westeresch gebürtig stammten

[199] Summarischen inquisition = Kennzeichen für einen summarischen Prozess waren das Geheimhalten der Namen der Belastungszeugen und des genauen Inhalts der Protokolle und der Verhöre sowie das Verlangen, um jeden Preis zu einem Geständnis zu kommen. Ein genau differenziertes System von präzisen Nuancierungen der verschiedenen Verdachtsstufen – wobei man letztlich auch allein auf Grund von Verdacht verurteilt werden konnte. Hier handelte es sich um eine zielgerichtete Protokollaussage, die hier niedergelegt wurde. Auch dieses ist ein Beleg dafür, dass kein Peinliches Gerichtsverfahren in der Öffentlichkeit z.B. an einer Brücke stattfand. Die Verlesung des Schuldspruchs unmittelbar vor der Hinrichtung hingegen fand in der Öffentlichkeit und in diesem Fall auch an einer Brücke nahe des Galgenbergs statt.

[200] Mutatis mutandis = mit den nötigen Abänderungen, auch Abänderungsklage

9. Schreiben des Bürgermeisters von Buxtehude vom 13. Mai 1664, Lit E

Lit: E.

Ann Herrn Ober Inspectorn Und Ambtmann zu Rotenburg
Unsern Freundtlichen Gruß undt Dienste bevor,
Edler und Ehrenwerter pp.

Unseren Freundlichen Gruß undt Dienste bevor;

       Allere auch Ehrenvestere

Alß dieselbe jüngsthin den 7ten Maij ann Unß gelangen laßen, welcher gestalt das Ambts Rotenburg angesessene Catharina Meineken von Wester Esche, mit Margreten Meineken auch daselbst befindlichen mißverstandt und darüber zur rechtfertigung, dabey Summarische inquisition angestellet gerahten, und danebst gesinnen, wir unsern Stadtbürger Herman Hoburg, bey welchen obged. Cathrina Meineken eine zeitlang gedienet haben soll, Ihres lebens wandels, verhaltens und dimission halber, derogestalt, wie Er es auf den fall mit Seinen Eyde zuerhalten gedächte, befragen und die abstatten-de nachricht communiciren möchten; So haben der herrn gesuch bil-lig stattgegeben und besagten Hoburg durch Unsere bitt Rathsfreunde und Berichts Verwaltere darüber bey bürgerlichen Eyde exa-miniren [201] laßen der denn beständig ausgesaget, daß nicht Catharina son-dern Margreta Meineken bey Ihme von Martini biß 14 tage für Ostern gedienet, Ihme treulich gearbeitet, sich auch sonst in allen woll bey Ihme verhalten, daß Er sie nicht zu beschuldigen wüste, und hette Ihr voster Selbige inn Persohne abbenahmbter zeit, mit fürwandt, daß bei ihrer zur haußarbeit selbst bedürfftig wäre, wieder von hinnen abge-holet, welches zu begehrter nachricht hier wieder vermelden wollen; nechst empfehlung;

Geben unters den 13ten   Bürgermeister und Rath der Stadt
May Anno 1664   Buxtehude

Anmerkungen:

[201] HOBÖRG musste seine Aussage unter Hinweis auf die Inquisition bei seinem Bürgeeid sich noch einmal bedenken, dann aussagen und dieses beschwören. Seine Aussage änderte sich in folgender Weise, dass nicht Catharina, sondern Margarethe bei ihm gedient habe, er aber nichts Schlechtes berichten könne. Die Anschuldigungen gegen Catharina hatte er damit fallengelassen. War somit die Glaubwürdigkeit von Catharina, die ja auch von Berndt Müller bekräftigt wurde, gestärkt worden ? Ist damit die Glaubwürdigkeit von Margarethe gesunken, die in der ersten Vernehmung als frech und trozig auftretend beschrieben wurde ?

10. Schreiben des Bürgermeisters von Buxtehude vom 18. Mai 1664, Lit E

Lit: E.

Ann Herrn Ober Inspectorn Und Ambtmann zu Rotenburg
Unsern Freundtlichen Gruß undt Dienste bevor,
     Edler und Ehrenwerter pp.

Unseren Freundlichen Gruß undt Dienste bevor;

 Unsere
Edlere auch Ehren vester

Das dieselbe nach woll erhaltener Unserer antworth auf dero
voriges zum andernmahl wegen Cathrinen Meineken von Wester
Esche den 16ten dieses an Unß gelangen laßen, solches haben wir
aus dero schreiben woll ersehen; Ob wir nun zwar gerne der
herren suchen stattgeben wollen; So ist es jedoch mit der sachen
so bewandt, daß Valentin Weßel [202], Unser Bürger, für einige zeit
bonis cediret [203], sich auch bereits für Ostern nebst Frau und Kindern
von hinnen begeben, dem berichte nach zu Hageburg sich aufhaltendt der Meierarbeit bedienen soll; deßen beschwägerte
auch inn der nachfrage nicht sagen können, ob und wie bald derselbe anhero wieder gelangen werde; Dahero wie die begehrte Kundschafft nacht einziehen, nach denen Herren des falles was gewißet, außer dem daß über eingangs gedachte Persohn keine offenbahre Klagen bey Unß geführet worden, berichten können; Denen wir solches wieder antworttlich nicht
verhalten wollen; stegst. [204]

Geben unter, den 18:ten   Bürgermeister und Rath der Stadt
May Ao: 1664   Buxtehude
     Ann
hln. Ober Inspektore und Ambtmann zu Rotenburg

Anmerkungen:

[202] Valentin WEßEL, siehe Personenübersicht im Teil 6.2b
[203] bonis cediret = ist eine Situation, in der jemand viele Gläubiger hat oder sonst nicht zahlen kann, weil er verarmt oder bankrott ist.
[204] stegst = ...(?) steckst / stecken / stehen ?

11. Aktenvermerk des Amtes Rotenburg zu den Schreiben aus Buxtehude vom 13. und 18. Mai 1664

Copie
Bey der vom hl. Bürgermeister und Rath zu
Buxtehude zurügk gelangter Antwortes
Schreiben auf die ann Selbige von denen
Beambten zu Rotenburg ergangene
Schreiben

In Sachen
Catharina und Margreten Meineken
Lit: E.

12. Aktenvermerk zum Besuch des Vaters vom 14. Mai 1664

Saturni, den 14:ten May 1664
Erschien der gefangenen Tochter Vater und deßen Schwager [205] abereinst pathen ihre Tochter nur wieder inns brau-
hauß [206] zu laßen, Sie wolten dafür bürge seyn, daß selbige nicht entweichen solte, [207] wie dann solches vorhin auch
etzliche tage mehr geschehen, welchen zur antwortt gegeben,
daß Sie an Ihren ietzigen orthe beßer und bequemer
säße, als inn brauhause, dann es eine rechte Cammer
mit vielen fenstern [208] nach dem Platze zu, wo selbst es ihr
ann augenweyde nicht mangelte, und weilen Sie nicht incarverirt [209], hetten Sie nicht Ursache, einige Veränderung
der custodi [210] halber zu suchen, paten endlich, ob Sie denn
ihre respective [211] Tochter und wasen [212] nicht uf 14 tage loß
und mit nach hauße bekommen könten, wolten caviren [213],
dieselbe allsdann wieder zu schaffen, welches ihnen jedoch
gleichfalls abgeschlagen [214], es wehre dann, daß Sie caviren
wolten, Sie toties quoties [215] dem Gerichte zu sistiren [216] und weiln
dasselbe den Process führen und die Kosten darzu her-
geben müste, so müste es auch hinkegen sich ihrer Persohn
ümb sovielmehr versichert halten, schlugen dem Vater
vor, ob er nicht seinen kinde und der gantzen freundtschafft [217]
zum besten mit rechtsgelehrten leuten sprechen wolle, so ihre
nothdurfft beßer vortragen und die Tochter defendiren [218]
könte, worzu Ihnen gebührliche Zeit vergönnet werden
solte, solches aber war nicht annehmlich, sondern wen-
deten ihr ohnvermögen vor und berieffen sich nochmahln
auf das Waßer werffen und die sache doch bald
zum ende zu befördern.

Anmerkungen:

[205] Claus MEINKEN und Harm HOOPS

[206] Brausehaus = Brauhaus, wo sie anfangs mit Catharina zusammen im Hausarrest
saß. Wo befand sich dieses Brauhaus und wer war der Bierbrauer ? Wir sind der
Auffassung, dass sich das Brauhaus auf dem Schlossgelände befunden haben muss
und das Gefängnis unmittelbar daran grenzte. War wohlmöglich das Gefängnis zu der
Zeit belegt oder im Umbau ?

[207] Bürgschaft, daß sie im Hausarrest nicht fliehen würde

[208] Margarethe hatte ein Zimmer mit Fenstern zum Innenhof, welches als bequemer als
das Brauhaus beschrieben wurde. Also befand sie sich vorher noch im Hausarrest.

[209] incarverirt = nicht bürgen, nicht gut sagen

[210] custodi halber = Verwahrung Umstände halber

[211] respective = möglicherweise

[212] wasen = Nichte von Harm HOOPS (nicht mit Base = Cousine verwechseln)

[213] caviren = bürgen, gut sagen
[214] der Bitte, Margarethe 14 Tage nach Westeresch kommen zu lassen wurde abgelehnt
[215] toties quoties = jederzeit, so oft wie
[216] sistiren = etwas einstellen, unterbrechen
[217] verwandte
[218] defendiren = hier = reagieren

13. Umschlag des Schreibens an den Bürgermeister der Hansestadt Hamburg

Ann Herrn Bürgermeister und Rath der Stadt Hamburg
Wegen abhörung Christoff Rosenhaupts und dessen Ehefrau
Catharina Stackebrandt

ann
hl. bürgermeister und Rath der Stadt Hamburg
wegen abhörung Christoff Rosenhaubts und dessen
Ehefrau Catharina Stackebrandts. [219]

Anmerkungen:
[219] ROSENHAUBTS / STACKEBRANDTS, siehe unter Personenübersicht im Teil 6.2b
Bem.: Das Schreiben selbst ist unter Nr.8 „versteckt" zu finden, denn es gab ein
gleichlautendes Schreiben an die Bürgermeister und Räte von Buxtehude und Hamburg
und eines nur an den Rat von Hamburg.

14. Schreiben an den Bürgermeister von Buxtehude und vom 16. Mai 1664

Lit: D
Inn sonders hochgeehrte herren und freunde.

Deroselben über Catharina Meineken von Wester Esche von herman hoberg über deroselben verhalten eingezogene kundt-
schafft und andere dabey für gefallene Unß untern 13ten dieses grg C. communicirte nachricht haben zu guten händen empfangen, gleich Unser hochgeehrten herren für die genommene bemühung dienstlich dank sagen; also laßen dabey ohn an-
gefüget ferner nicht, daß Catharina Meineken bey Valentin N.
einen wandtmacher inn der luetgenstraßen [220] am Flete etzliche wochen gedienet, und ihren berichte nach daselbsten wolle
gesponnen, daß also die namen der wirthe worbey beydertheils mägde gedienet, geirret bitten dahero nochmahls
dienstlig vor angeregten Valentin N. ohnbeschwerdt nach Unsern vorigen ersuchen über Catharina Meinekens zeit bey Ihnen
gehabter dienste allerdings verhalten und uf was maßen Sie
von Ihnen gelaßen, und was sie sonsten innsgemein für gerücht
gehabt, zu befragen, Und zu beschleunigung des Processes Unß
nachrichtliche Communication zu geben,   Verbleiben …:
Jost Prottt   Peter Bapsts.

Hauß Rotenburg, den
16:ten May Ao 1664
Ann den Rath zu Buxtehude

Anmerkungen:
[220] Valentin N., siehe unter Personenübersicht im Teil 6.2b
In diesem Schreiben wurde um Stellungnahme zum Verhalten der Catharina MEINKEN
ersucht.

15. Antwortschreiben der Räte der Hansestadt Hamburg vom 16. Mai 1664

Copia der zurückgelangten Antwortt auf das ann den
Rath inn Hamburg abgegangene Schreiben inn Sachen
Catharina und Margreten Meineken.

Lit: E
  Woll Edle   Innsonders großgönstige Herren und Freunde

Euer Woll Edl: und Verte günstl: werden sich gönstig zu erinnern wißen, was dieselbe ohnlängsten ann E. E. hochwl. Rath
allhier, wegen abhörung Chrisstoffer Rosenhaupts und deßen Ehefrauen, Catharina Stackebrandts, inn Sachen sich haltendt zwischen Cathrinen Meineken entgegen und wieder Margreten Meineken, gelangen laßen; Wann dann von vorwollgemeldten
Rathe, alß Unsern Gönstigen Herrn und Obern, Unß allsolch Examen der gebühr nach zu verrichten, committiret und aufgetragen,
wir auch solchen, wie billig nachgekommen; Alß übersenden
Ewr: woll Edl: und vestl: günstl: wir hiemit verschloßen der
obgedachten Zeugen aussagen, und verbleiben hiernebenst
denenselben hinfür der alle angenehme Dienstfertigkeiten
zu erweisen erbötig; Dieselbe göttlicher obacht hiemit empfehlendt; Geben Hamburg unter unsern Pittschafften [221] den

16ten Maij Ao 1664

Ann	Erw: wohl Erl: und vestl: gunstl:
hln. Jost Protten und Peter	freundwillige
Bapsten respective Ober Inspektorn	Caspar Westermann und [222]
und Amtmann der herrschaft	Marcus Buck J. U. L. Rathmänne [223]
Rotenburgh	und ietzige Gerichts Verwalter hieselbst

Bem.: dieses Schreiben vom 14. Mai 1664 diente als Anlage der Antwort des Räte der
Hansestadt Hamburg.

Ann
Herrn Jost Protten und Peter Vapsten
Respective Ober Instpectorn und Ambtmann
der Herrschaft Rotenburg.
Demnach von denen Woll Edlen und Vesten Herrn Drosten und
Ambtmann des Haußes Rotenburg einige Subsidiates sub dato [224]
Hauß Rotenburg den 7ten May 1664 ann einen E. E. hochwl: Rath
allhier gesandt und umb abhörung des allhier wohnenden Christoffer Rosenhaupts und deßen haußfrauen Catharinen Sta-
kebrandts, inn Sachen betreffende Catharinen Meineken und
Margreten Meineken, ansuchung geschehen, alß seynd darauf
previa Citatione [225], vorgedachte Zeugen vor die woll verordtne-
te Herren Gerichtsverwaltere erschienen und haben beederseits,
nach angehörter verwarnung vor der schweren straffe des Meiney-
des den gewöhnlichen Zeugen Eydt respective mit ausgestreckten
arm und aufgehobenen fingern und dann mit niederlegung ihrer
rechten handt auf ihre linke brust würklich abgeleget, undt
sämbtlich ausgesaget, daß sie nunmehro bey 6 Jahren miteinander getrauet wehren [226], inn solchen ihren wehrenden Ehestande
hetten sie eine dienst Magd, Trine genanndt, deren Zunahm ihnen
aber nicht wißendt, so aus den Hertzogthumb Bremen bey Verden hergewesen seyn solle, ohngefehr 2 Jahr nach ihrer Hochzeit [227] bey sich inn diensten gehabt, welche ein halb oder auch ein gantz

Jahr, so ihnen nunmero vergeßen, inn ihren brodte geweßen, und
hette sich selbige inn all solcher zeit bey ihnen ehrlich und woll verhalten; wüsten derohalben auch nichts, als was ehrengemeß, von
ihr zu sagen, und sey dieselbe, weil sie krank geworden, mit guten willen von ihnen gekommen; [228]

Finierunt depositiones [229]

Actum Hamburgi auf der Weinbude, den 14ten May 1664
     Hieronymus Perterß [230]
Actuarii   In fidem subscripsit et subsignavit [231]

Anmerkungen:

[221] geschrieben zu Hamburg und mit dem Pettschaft gesiegelt

[222] Caspar WESTERMANN, siehe Personenübersicht im Teil 6.2b

[223] Marcus BUCK, siehe Personenübersicht im Teil 6.2b

[224] Subsidiates sub dato = Gehilfen bis heute

[225] previa Citatione = hoch erregte / aufgeregte

[226] verheiratet gerechnet seit 1658

[227] Catharina hatte also 1660/1661 in Hamburg als Magd gedient

[228] sie lobten Catharina und widersprachen damit der Aussage von HOBÖRG

[229] Finierunt depositiones = sie beendeten die Sitzung / Gerichtsverhandlung

[230] Hieronymus PETERS, siehe Personenübersicht im Teil 6.2b

[231] Actuarii In fidem subscripsit et subsignavit =
        Actuarii = actum = geschehen / passiert
        In fidem = nach bestem Wissen und Gewissen
        Subscript = hat er es niedergeschrieben
        et subsignavit = und eingetragen

---

16. Schreiben des Amts Rotenburg an den Bürgermeister von Buxtehude vom 16. Mai 1664

Lit: D

Ann den Rath zu Buxtehude

Innsonders Hochgeehrte Herren und Freunde.
Deroselben über Cathrina Meineken von Wester Esche von Herman
Hoböra über deroselben Verhalten eingezogene Kundtschaft und
Andere darbey fürgefallene Unß untern 13ten dieses ...(?) communicirte [232]
Nachricht haben zu guten händen empfangen, gleich unsern
Hochgeehrten Herren für die genommene Bemühung dienstlich
Dank sagen; Also laßen darbey ohnangefueget ferner nicht,
daß Catharina Meineken bey Valentin N. einen Wandtmacher
in der Luetgenstraße ann Flete etzliche Wochen [233] gedienet,
und ihren berichten nach daselbsten wolle gesponnen, daß
also die nahmen der Wirthe, worbey beydertheils mägde
gedienet, geirret, bitten dahero nochmahls dienstlich vor
angeregten Valentin W. ohnbeschwerdt nach Unsern vorigen
ersuchen über Catharina Meinekens Zeit bey Ihnen gehabter
Dienste allerdings Verhalten und uf wasmaßen sie von
Ihnen gelaßen und was sie sonsten insgemein für gerücht
gehabt, zu befragen, und zu beschleunigung des Processes
Unß nachrichtliche Communication zu geben; Verbleiben

      Jost Prott   Peter Bapst
Hauß Rotenburg, den 16ten Maij Ao 1664

17. Antwortschreiben des Bürgermeisters von Buxtehude vom 18. Mai 1664

Lit: E

Ann Herrn Ober Inspectorn und Ambtmann zu Rotenburg
Edler auch Ehrenwerter pp.

Was dieselbe nach wollerhaltener Unserer antworth auf
dero Voriges zum andernmahl gegen Catharina Meineken
von Westeresche den 16ten dieses ann Unß gelangen laßen,
solches haben Wir aus dero schreiben woll ersehen; So ist
es jedoch mit der sachen so bewandt, daß Valentin
Weßel [234], Unser bürger, für einigerzeit bonis cediret [235], sich
auch bereits für Ostern nebst Frau und Kindern von hinnen
begeben, dem berichte nach zu Haarburg sich aufhaltendt
der Reihearbeit bedienen soll; deßen beschwägeren auch
inn der nachfrage nicht sagen können, ob und wie bald
derselbe anhero wieder gelangen werde; Dahero wir
die begehrte Kundschafft nicht einziehen, noch denen
Herren desfalls etwas gewißes, außer dem, daß über
Eingangs gedachte Persohn keine offenbahre Clagen
bey Unß geführet worden, berichten können; Dann wir
solches wieder antwortlich nicht verhalten wollen;
Negst Empfehlung;

        Bürgermeister und Rath der Stadt Buxtehude
Geben unter den 18ten Maij Ao: 1664

18. Fragenkatalog der Juristen Facultät der Universität Rinteln vom 20. Mai 1664

Copia
Rintelischen Responsi Juris Inn Peinlichen Sachen
Der wegen beschuldigter Zauberey inhafftirten Margrethen
Meineken vom 20ten May ao 1664

Ann Herrn Jost Protten und Peter Bapsten respective
Drosten undt Ambtmann der Herrschaft Rotenburg.

Unsere freundtliche Dienste zuvor, Edle, woll ehrenwerte
und sonders geehrte Herren, sehr werthe Freundte;
Alß dieselbe Unß, was für dortigen Königsmarkischen
Gerichte des Haußes von der Herrschaft Rotenburg
zwischen Cathrinen und Margreten Meineken in puncto

Veneficii inquirirende [236] fürgangen, zugesandt undt welcher
Gestalt wieder Inquisitinnen ferner zu verfahren, Unßer
Rechtliches bedenken begehrt; Demnach haben wir alles
mit fleiß verlesen, Collegiatiter [237] woll erwogen, undt berichten
darauf vor recht, dieweil super fama [238] keine Zeugen eydlich
Examiniret [239] seyn, so seynt diejenige, welche umb der
Inquisitinnen leben und Wandel gute Wissenschaft haben,
über nachfolgende interrogatoria [240] eydlich zu befragen:

1. Ob Zeuginn Margrethen Meineken woll kenne?

2. Ob Zeugin einige feindschaft mit derselben habe gehabt
   oder noch habe undt warumb?

3. Ob Zeugin bewusst sey, alß ob sie solte zaubern können?

4. Woher solch geschrey entstanden und wie alt dasselbe sey?

5. Ob Zeuge Sie selbst für eine Zauberinn halte?

6. Was er deßen für Ursach habe?

7. Ob Zeuge nicht wiße oder gehöret habe, daß sie von einen
   undt andern für eine Hexe gehalten würde, von wem,
   zu welcher Zeit?

8. Ob sie einen undt andern Menschen zaubern zu lehren
   Sich angeboten?

9. Ob Sie jemande zu bezaubern gedränget und dem Gedreueten
   dergleichen geschehen oder wiederfahren?

10. Ob Sie sonderliche Gemeinschaft mit Zaubern oder
    Zauberinnen gehalten oder noch habe?

11. Ob Sie mit verdächtigen sachen, geberden, Wortten und
    Wesen, die Zauberey auf sich tragen, umbgehe oder vor
    diesen damit umbgangen?

Dieweil auch Berendt Müller teste Protocollo deponiret,
daß seine Tochter ein undt anderß der inquisitin solte
vorgehalten haben, so ist dieselbe eydlich zu befragen:

12. Ob sie die Inquisitinn, wie ihre letzte Kuh abgestorben,
    zurede gestellet und gefraget, woher es kähme, daß sie
    so eine böse rede zu Buxtehude gehabt?

13. Ob sie ferner zu derselben gesagt; Wann ihr bey Unß
    leuten so thun wollet?

14. Ob die Inquisitinn sie gebeten, solches ihren Vater
    nicht zu sagen?

15. Wie sich dieselbe sonsten, wie ihr solches ist fürge-
    halten geberdet undt bezeiget? Undt würde diese bey
    ihrer aussage, inquisitin aber bey ihren leugnen verbleiben,
    wehre sie zu confrontiren undt ist nicht ohndienlich, daß
    von einen Barbierer der Inquisitinn Kopf forne ann der stirne
    besichtiget wehre, ob allda etwas zu verspüren undt ob sie

nicht leiden könne, daß man Sie ann selben orth antaste
undt woher solches etwa kommen; Absonderlich aber muß
Catrina Meineken ihre deposition [241], daß inquisitinn ihr das
Zaubern zu lehren angebothen und mit welchen ceremonien
solches geschehen eydlich becräftigen; Solte auch inquisita
noch ferner umb das Waßerbadt anhalten, ob mann gleich
solche Probe für kein argument der schuld undt ohnschuldt
halten tuht, sogar daß, wann einer schwimmet, dahero nicht
schuldig undt welcher nicht schwimmet, für ohnschuldig nicht
zu halten; Alldieweil aber durch solch mittel die inquisitinn
oftermahlen zur freywilligen Bekändtniß wirdt bewogen, so
kann ihr insoweith willfahret werden, jedoch daß sie in loco
Judicii [242] angelobe, inn fall sie oben schwimmen solte, daß sie
alsdann willig bekennen wolte, daß sie zaubern könne;
Ergehet alsdann, wann solches alles vorgangen, auf ander-
weitige Verschickung [243] ferner inn der sache, was rechtens,
von rechts wegen; Haben solches ohnverhalten, sollen die
Herren Gottes schutz empfehlendt;

Rinteln, den 20ten May 1664

Der Herren Dienstwillige
Decanus, Senior undt andere Doctores
der Juristen Facultät bey der Universität daselbst

Anmerkungen:

[236] Veneficii inquirirende = Rücksichtnahme für die der Zauberei angeklagten
Ein Gebot / eine Auflage der Universität: Der inquirirende Richter hatte die Tortur so
einzurichten, dass dem Delinquenten, einesteils nicht zu wenig und andernteils an
seiner Gesundheit und den Gliedmassen nicht zu viel geschehe.
[237] Collegiatiter woll = kollegialem Wohl, amtsbrüderlich; einmütig
[238] super farma = wegen des Gerüchts, auch wie verlautet
[239] Examiniret= befragen; prüfend ausfragen, ausforschen, prüfend untersuchen
[240] interrogatoria = Fragenkatalog
[241] deposition = depositio cornuum = "das Ablegen der Hörner"
[242] in loco Judicii = loco indici(i) = am Ort der Verhandlung / lokale Gerichtsbarkeit [s. 157]
[243] Aufforderung weitere Hexen, Mittäter namhaft zu machen

Mit diesem Fragenkatalog konnte die „Peinliche Befragung", die sich von den bisherigen
Vernehmungen drastisch unterscheidet, beginnen.

---

19. Protokoll vom 21. und 23. Mai 1664, unterschrieben am 23. Mai 1664

Saturni, den 21:ten May s
Kahm der Vater und Schwager abermahls herein und fra-
geten, ob es dann nicht möglich wehre, daß seine Tochter
könte zu Puele [244] und Waßer kommen, Seyn aber wieder
abgewiesen und vertröstet worden, nur noch eine gerin-
ge zeit inn gedult zu stehen, die sache solte erster tage
ad actos [245] verschicket und Urthel [246] und recht darüber eingeholt
werden; Alß nun folgendes tages bey der Post von Ham-
burg und Buxtehude völlige antwortt eingelangeth wor-
von oben her Sub Lit: D. et E. mentioniret [247] worden; So seyn

Lurie, den 23:ten Maij 1664

Beede theile, nehmlich Catharina und Margreta Meineken
nochmahls Persöhnlich vorgefordert und über dasjenige,
was unter ihnen zu Buxtehude und sonsten nach gehends vorgangen, von neuen vermittelst ergster Vermahnung confrontiret worden, da dann jene bey ihre vorigen aussage und bekändtniß beständig und ohnveränderlich persistiret [248], diese aber hinkegen bey ihren negat [249] und frechen
gesichte und geberden geblieben, sagte mehrmahl von waßer
werffen, wolte auch sonsten ausstehen, was man ihr anlegen würde, womit selbige wieder zurügk und jede an
ihren orth gangen;

Mehrgemeldter Ober Förster Johann Jordan und der Pastor
zu Scheeßel seyn ratione fumae [250] nochmahln bey denjenigen
bestanden, was desfalls schon aus ihren munde obbeschrie-
benermaßen verzeichnet stehet, und weilen auch der Korn-
Schreiber Burghardt Schmiedt [251], alß nun mehr ein 38 jähri-
ger bedienter auch befraget, was Ihme von der gefangenen Mutter und groß Mutter leben und nahmen wißendt
hat derselbe zur antwortt geben, daß Er zwar von Margreten Meineken und ihrer Mutter beschuldigter hexerey
halber es vorhin eben so nicht gehöret, die groß Mutter aber
wehre, so lange Er Sie gekenret, inn gantze Ambte inn
solchen Verdacht gehalten worden; [252]

Offtbesagter Berendt Müller thäte ante discessum [253] noch
hier zu, wie daß einer Tietke Holsten [254] genandt, da derselbe für 2 Jahren kränglich gelegen und sich eingebildet,
daß Er von Margreten Mutter Metten behexet worden,
dieselbe inn seines bruders Hauße [255] auf deßen gehaltener
Kindttauffte angegrieffen und umb solchen Verdacht willen
geschlagen, daß Sie geblutet, welches Sie dann nicht geklaget, sondern also verschmertzet und des folgendes tages
mit Ihme wiederumb inn seines bruders hauß auf die
nach kindttauffte gegangen, hette zwar woll nach der
zeit etwas gehimet [256], wehre aber baldt wieder darauf gesundt worden; Inn gleichen wehre es eine gemeine rede gewesen, daß Mette Meineken [257], Lütken Holsten [258]
Sehl: auch eine solche kranckheit zugebracht, daß derselbe endtlich davon den todt nehmen müßen;
Letzlich seyn auch Jacob Ebbers und deßen Haußfrau Elisabeth im Flecken wohnhaft, ein Becker seines handtwercks, [259]
wobey die Denunciantin, Catharina Meineken auch inn diensten gewesen, vorgefordert und dieselbe ihres Verhaltens,
lebens und wandels halber befraget worden, welche dann
ann eydes statt beede einhelliglich bekennet, daß mehr
besagte Catharina Meineken, ein Jahr vorhero, ehe Sie nach
Buxtehude zu Diensten gekommen, gedienet, wie auch noch
ein Jahr lang nach der zeit von neuen, hette sich in aller zeit
ehrlich und woll verhalten, wie einer getreuen dienstmagd gebühret, wüsten ihro nichtes ohnbilliges noch von ihrer
Plauderey etwas nachzureden [260]; womit dann diesen leuten
geheißen wieder nach hauße zugehen und ist darmit kegen wertiges Protocoll vor dißmahl absolviret und geschloßen;
und von denen Beambten und Bediensten, wie auch dem
Bürgermeister des Fleckens, als darzu assidierten Notario
Caesareo [261] Publico, Philip Rudolph Damman in majorem fidem [262]
eigenhändig unterschrieben;

Actum aufn Hause Ro-
tenburg, den 23:ten Maij Ao: 1664

Jost Protten   Peter Bapsten
……..   Burghardt Schmiedt
Johann Jordan   Philip Rudolph Damman
              In fidem auscultatu copiae
                   subscripserunt

      Jost Prott Gerichtsdirector   Philip Rudolf Damman

_____

Anmerkungen:

[244] Puele = Teich

[245] ad actos = als Akte

[246] Urthel = Urteil, hier Bewertung und Stellungnahme

[247] mentioniret = mentio = Erwähnung = hier: erwähnt

[248] ohnveränderlich persistiret = unveränderlich behaupten / an der Aussage festhalten

[249] Negat = Verneinung, Leugnen

[250] ratione fumae = wegen der brenzligen Situation

[251] Burchardt SCHMIDT, siehe Personenübersicht im Teil 6.2b

[252] Burchardt SCHMIDT kannte die Mutter von Mette MEINKEN geb. HOOPS aus
Höperhöfen also persönlich er sei seit 38 Jahren (d.h. seit 1626) als
Kornschreiber tätig. Kannte er sie dienstlich, was die Frage aufwirft, wurde sie auf
Grund der Verdächtigungen auch schon einmal auf dem Amt vernommen ?
Fazit: im Jahre 1626/1627 lebte Mette MEINKENS Mutter noch.

[253] ante discessum = vor seiner Abreise

[254] Titge HOLSTEN, siehe Personenübersicht im Teil 6.2b

[255] Berend MÜLLERS Bruder war Peter MÜLLER, der im Jahre 1646 als Häusling zu
Varel und im Jahre 1660 zu Deepen erwähnt wurde.

[256] gehimet = angestellt / krank gewesen / geziemet / gestöhnt ?

[257] Mette MEINKEN geb. HOOPS, siehe Personenübersicht im Teil 6.2b

[258] der selig genannte Lütke HOLSTEN war Halbhöfner in Westeresch auf LÜTEN, Hof
Nr.9, wurde um 1573 ebenda geboren und 1604 im Pflugschatz ebenda erwähnt.
Seine Tochter Gesche heiratete Harm BADEN aus Hof-1, der den Hof seit ca. 1640
führte.

[259] Jabob und Elisabeth EBBERS, siehe Personenübersicht im Teil 6.2b

[260] sie geben ihrer ehemaligen Magd Catharina MEINKEN, die in Buxtehude, dann in
Hamburg und in Rotenburg diente kein schlechtes Zeugnis, loben sie aber auch nicht.

[261] darzu assidierten Notario Caesareo = als Beisitzer ernannt

[262] majorem fidem = hier: besonders zuverlässig
Der Schlusssatz „In fidem auscultatu copiae subscripserunt" =
Sie haben es niedergeschrieben bei Zuhörerschaft der Menge (als Öffentlichkeit)

_____

(Umschlag)

      Protocollum et Facti Species [263]
                Inn Sachen
Clauß Meineken für sich und inn nahmen
Seiner Ehefrauen und Tochter, Metten
     und Margreten Meineken
               wieder
      Catarina Meineken,s
             In puncto Venesicii [264]
      Mit beylagen Lit: A. B. C. D. E.

163

20. Schreiben Amt Rotenburg an Universität Rinteln vom 24. Mai 1664
(Rückfrage auf das Schreiben vom 14. Mai 1664)

Copia
Der zurückgelangten Antwortt auf das ann
Den rath inn Hamburg abgegangene
Schreiben
Inn Sachen
Catharinen und Margreten Meineken

Lit: E

Woll Edle Innsonders Hochgeehrte herren;

Was bey hiesigen Hochgräffl: Königs Markischen Gerichte des Haußes und der Herrschafft Rotenburg, zwischen Cathrinen und Margreten Meineken in punkto veneficii [265] vorgangen undt wie weith
seith anhero inn solchen ohnumbgänglichen Process
verfahren, solches geruhen Unßere Hochgeehrte
Herren ab angeschloßenen, Protocoll mit zu behö-
rigen beylagen von Lit: A. biß E. inclusive berich-
tern innhalts ohnschwer zuersehen; Alß wir
denn für nöthig erachtet, unß darüber des rechten belehren zu laßen, welcher gestalt inn dieser sache weiters zu procediren [266]; So wollen
Unßere Hochgeehrte Herren dienstliches fleißes
ersuchet haben, die Acta collegialiter zu Verlesen undt diligenti de liberatione pre Subito [267], Unß
darüber dero rechtliches Sentiment [268] undt bedencken bey zeigern expressen, welcher zeit pro
labore et studio [269] die erfoderliche gebühr entrichten werdt, womöglich noch für innstehenden Feste,
nebst remittirung [270] der acten, großgönstig zu communiciren undt mitzutheilen; wir seyn es
auch sonsten inn allen begebenheiten zu erwie-
dern bereitwillig undt gefließen, die wir,
negst getreuer empfehlungh Gottes, verbleiben.

Hauß Rotenburg, den   Unserer Hochgeehrten Herren
24ten May Anno 1664   Dienstbefließenster
                           Jost Prott Peter Bapsten

Und andere Unterschriften

(Umschlag)

Copia Schreibens
Ann
Hln. Dechand Senior undt andere Doctores
der Juristen Facultät bey der Universität Rintelen. [271]

Inn Sachen
Catharinen und Margreten Meineken

Anmerkungen:

[263] Protocollum et Facti Species = Protokoll mit speziellen Fakten

[264] Venesicii = veneficii = der Zauberei / Giftmischerei

[265] veneficii = der Zauberei angeklagt

[266] procediren = sie empfehlen die Fortsetzung des Prozessverfahrens

[267] diligenti de liberatione pre(a) Subito
  = über die genaue
  = sorgfältige Freisprechung vor einem unerwartetem Ereignis

[268] rechtliches Sentiment = rechtliches Gefühl

[269] labore et studio = für die Arbeit und Mühe

[270] remittirung = zurücksenden

[271] Hln. Dechand Senior undt andere ..., siehe Personenübersicht im Teil 6.2c

21. Fragenkatalog der Universität Rinteln (*mit Rechtsbelehrung*) vom 20. Mai 1664

Unsere freundliche Dienste zuvor,

allen woll Ehrenveste sonders geehrte Herren, sehr werthe Freundte;

Alß dieselbe Unß, was für dortigen Königß Markischen Gericht des Hauseß von der herrschafft
Rotenburgs zwischen Catharinen und Margrethen
Meineken in puncto veneficii inquirendo [272] fürgangen, zugesandt undt welcher gestalt wieder
Inquisitinnen ferner zu Verfahren Unßer rechtliches bedencken begehret; Demnach haben
wir alles mit fleiß verlesen, Collegialiter woll [273]
erwogen, undt berichten Darauf vor recht,
dieweil super fama [274] keine Zeugen eydlich examiniret [275] seyn, so seyndt diejenige, welche umb der
inquisitinn leben undt Wandel gute Wißenschafft
haben über nachfolgende interrogatoria [276] eydtlich
zu befragen:

1. Ob Zeuginn Margrethen Meineken woll könne?

2. Ob Zeugin einige feindtschafft mit derselben
   habe gehabt, oder noch habe undt Warumb?

3. Ob Zeugen bewust sey,
   alß ob sie sollte zaubern, können?

4. Wohersolch geschrey entstanden und wie
   alt dasselbe sey?

5. Ob Zeuge Sie selbst für eine Zauberinnen halte?

6. Was er deßen für Ursach habe?

7. Ob Zeuge nicht wißen oder gehöret habe,
   daß sie von einen undt andern für eine Hexe
   gescholten würde, von wem zu welcher Zeit?

8. Ob sie einen undt andern Menschen
   Zaubern zu lehren sich erboten?

9. Ob Sie Je mandt zu bezaubern gedrauet, undt
   dem gedreusten vergleichen geschehen oder
   wiederfahren?

10. Ob sie sonderliche gemeinschafft mit Zaubern
    oder Zauberinnen gehalten oder noch habe?

11. Ob Sie mit Verdächtigen sachen, geberden, Wortten
    und Wesen, die Zauberey auf sich tragen umbge-
    he, oder vor diesen damit umbgangen? Die weil
    auch Berendt Müller, teste Protocollo deponi-
    ret, [277] daß seine Tochter ein undt anderß der inqui-
    sitin solte vorgehalten haben, sonst dieselbe eydt-
    lich zu befragen?

12. Ob Sie die Inquisitinnen,
    wie ihr die letzte Kuh abgestorben, zu rede ge-
    stellet und gefraget, woher es kähme, daß Sie
    so eine böse rede zu Buxtehude gehabt?

13. Ob Sie ferner zu derselben gesagt, wann ihr
    bey Unß leuten so thun wollet?

14. Ob die Inquisitin Sie gebeten solches ihren
    Vater nicht zu sagen?

15. Wie sich dieselbe sonsten, wie
    ähr solches ist fürgehalten, geberdet undt bezei-
    get? Und würde diese bey ihrer aussa-
    ge, inquisita aber bey ihren leugnen Verblei-
    ben, wehre sie zu Confrontiren undt ist nichts
    Hinderlich, daß von einen ...bierer [278] der
    Inquisitinn Kopf forn ann der stirn Ersichti-
    get wehre, ob allda etwas zu Verspüren,
    undt ob sie nicht leiden könne; daß mann Sie
    ann selben ortz anfaste undt woher solches
    etwa kommen; Alsonder ich, aber muß
    Catharina Meineken ihre deposition [279], daß inqui-
    sitinn [280] ihr das Zaubern zu lehren angebothen
    undt mit welchen ceremonien solches geschehen,
    eydlich becräftigen; Solte auch inquisita
    noch ferner umb das Waßerbadt anhalten
    ob mann gleich solche Probe für kein argument
    der schuldt undt ohnschuldt halten thut, sogar
    daß wann einer schwimmet Da hero nicht schul-
    digs undt welcher nicht schwimmet, für ohn-
    schuldigs nicht zu halten; Alldie weiln aber
    durch solch mittel die inquisitinn oftermahlen zur
    freywilligen bekändtniß wirdt bewogen, so
    kann ihr inn so weith willfahret werden, je-
    doch daß sie in loco judicii [281] angelobe, inn fall sie
    oben schwimmen solte, daß sie als dann willig be-
    kennen wolten daß sie zaubern könne [282]; Ergehet
    alls dann; wenn solches alles Vorgangen, auf an-
    derwertige Verschickung forner inn der Sache,

was rechtens, von rechts wegen; Haben solches ohnverhalten sollen die Herren Gottes schutzem-
pfehlendt,

Rinteln, den 20ten May 1664

Der Herren Dienstwillige

Ann hl. Jost Protten undt Pe-   Decarius, Senior und andere Do-
ter Bapsten respect: Drosten   ctores der Juristen Facultät bey
undt Ambtmann der Herr-   der Universität daselbst
schafft Rotenburgs

Unterschriften

(Umschlag)

Copia
Rintelischen Responso Juris
Inn Peinlichen Sachen

Die wegen beschuldigter Zauberey
Inhaftirten Margrethen Meineken

Vom 20:ten May ao 1664

Anmerkungen:
[272] veneficii inquirendo = Untersuchung wegen Zauberei
[273] Collegialiter woll = Floskel = kollegialem Wohl
[274] super fama = wie verlautet, auch wegen des Gerüchts
[275] examiniret = prüfend untersuchen, befragen, ausfragen, ausforschen
[276] interrogatoria = interrogato = hier: Verhör / Befragung
[277] teste Protocollo deponiret = als Zeuge zu Protokoll gegeben
[278] ...bierer = ...(?)
[279] deposition = depositio cornuum = "das Ablegen der Hörner" / die Einstellung
[280] Inquisitinn = die der Hexerei angeklagte / in bösem Verdacht der Hexerei stehend
[281] in loco Judicii = loco indici(i) = am Ort der Verhandlung / lokale Gerichtsbarkeit [s. 157]
[282] Margarethe sollte vor der Wasserprobe geloben, wenn diese mißlang, zu gestehen.

Bem.: Da die Wasserprobe fragwürdig war und man davon ausgehen konnte, dass sie
misslang, hatten die Herren in Rinteln damit einen Trick eingebaut, das Geständnis des
Mädchens zu erhalten. Kurz gefasst: Sie geben nach und lassen sie in die Falle tappen,
aus der sie nicht mehr herauskommt und dann selbst glauben musste, eine Hexe zu sein ?

----

22. Schreiben zur Akte vom (Montag) **Lurie, den 3. Mai 1664** (siehe unter 3.)

Der Hinweis aus dem Protokoll vom 3. Mai ist vorhanden und das Protokoll vom 23. Mai
1664 ist unter dem vom 21. Mai mit dem Hinweis „Lurie, den 23:ten Maij 1664" vorhanden
und nachzulesen.

----

23. Amt Rotenburg an den Vogt von Scheeßel vom 4. Juni 1664

Nr. 3

Demnach auf Johann Holstens Hausfrauen Dorotheen zu
Wester Esche erst bey dem Hl. Ober Förster zu Scheeßel gethane denunciation und anzeige, Margreta Meineken, wegen beschuldigter zauberey aufn Hause Rotenburg allhie ad custodiam [283]
gebracht, und die herrschafft solcher sache halber inn einen Process inpliciret [284], und dann Vermöge eingeholeten Rath
der Rechtsgelehrten obbeme dter [285] Dorotheen Holsten Kegenwarth [286] zu abstattung eines gewißen Eydes und even-
tual confrontation allhie für gerichte ohnumbgänglich zu
desto mehrer facilitir [287], und beschleinigung des Processes erfordert wirdt; Dieselbe aber auf verschiedentliches
beschehenes zu schreiben, von den hl. Voigtte zu Sittenßen [288]
anhero wieder das herkommen in Subsidium juris nicht remittiret werden [289] wollen; gleichwoll Sie und ihr Mann
für hiesiger herrschaft juris dictier [290] zu Scheeßel
die sache alß obgedacht, zum ersten mahle ultro an-
hängig gemacht haben; Alß wird dem hl. Ober
Förster daselbst hiemit zu wißen gemacht, daß Er
dahin sehen solle, wie Er mehrgedachte Dorotheen Holsten,
wann Sie seines orths zu Ihrer sonst eingepfarrten Kirchen,
kombt, zu sprechen bekomme, und Sie anfangs inn guete
sich anhero zu erheben persuadiren [291] möge, fallß Sie aber
sich darzu nicht verstehen wolte, dieselbe durch andere
gebräuchliche mittel zu obbesagten ende überschicke;
Wornach Er sich wird wißen zu achten,

Hauß Rotenburg den 4.ten Juny Ao 1664

     Jost Prott Peter Bapsts
Und andere Unterschriften
      Pro auscustatu Copia [292]

(Rückseite)
Copia
Dero ann den hl. Ober Förster zu Scheeßel Johann
Jordan ergangener Verordtnung
     umb
des Müllers Tochter Dorotheen Holsten, Johann
Holstens Frauen entweder mit glimpff oder
andern zureichenden mitteln aus eingedach-
ten Ursachen nacher Rotenburg über-
    zubringen
    Von 4:ten Junii Ao: 1664

Anmerkungen:

[283] custodiam = die Wächter
[284] inpliciret = impliziert = implicare / = ausgesagt
[285] obbemeldter = obengenannter
[286] Gegenwart / Anwesenheit
[287] facilitir = mehr Leichtigkeit / Schnelligkeit
[288] Amtsvogt FRANTZ, Sittensen, siehe Personenübersicht im Teil 6.2b
[289] in Subsidium juris nicht remittiret werden = im juristischen Beistand nicht
  zurücksenden werden
[290] juris dictier = sicherheitshalber vorsprechen
[291] persuadiren = überreden, überzeugen, bekehren, persuadieren, weich klopfen
[292] auscustatu Copia = pro Akte eine Kopie

----

24. Gerichtsprotokoll gehalten in Rotenburg gegen Margarethe MEINKEN vom 6. Juni 1664

(Grundlage war die Rechtsbelehrung aus Rinteln)

Actum aufen Hauße Rotenburg
Den 6:ten Juny Anno 1664

Inn Sachen
Dero in puncto veneficii eingezogenen Margreten Meineken.

Alß für einigen tagen die von der Universität der Juristen
Facultät zu Rinteln eingeholete Rechtsbelehrung zurügkge-
kommen und einhalts derselben verschiedene Persohnen uf
gewisse darinn vorgestellte articulos [293] eydtlich abgehöret, so
dann auch darin enthalten, welcher gestalt und wie weith
mit der von Inquisitinnen, Ihren Eltern und Verwandten, so
offt und vielmahls begehren Wasserprobe verfahren werden
solle; So ist deswegen der heutige Gerichtstag abereinst darzu verordtnet, und die herren Ambts Voigtte von neuen hinein
gefodert, ietzerwehnten Responso juris [294] ein genügen, zu thun; Und
wie nun des Müllers Tochter, Johann Holsten Fraue Dorothea,
auf vorigen tages ergangene Verordtnung, sich freywillig
gefunden, ist dieselbe zuerst ad praestandium [295] juramentum [296] ein-
gerufen, deroselben die Ursach ihres erscheinens vorgehalten und alß Sie darauf zu begehrter abstattung des Eydes
sich auch willig erkläret, ist Ihr derselbe inn nachgesetzter
formb deutlich und verbotenus vorgelesen, welchen Sie auch in
continenti [297], previa avisatione [298] perjurii [299], mit aufflegung ihrer beeden
fodern finger aus der rechten handt uf die linke Brust würck-
lich praestiret und abgeleget:

Ich Dorothea Holsten, Johann Holsten zu Wester Esche Eheliche
haußfrau, schwere hiemit einen wahren und leiblichen Eydt
zu Gott dem Allmächtigen, daß ich inn Sachen Margreten und Kathrinen Meineken, beschuldigte Zauberey be-
langendt, uf die jenige fragen, so mir werden vorgestellet werden, die reine, lautere und unverfälschte wahrheit sagen und solches nicht unterlaßen will, weder aus
einiger freundtschafft, feindtschafft, haß oder neid, noch
einiger ursache halber, so wahr mir Gott helfen soll
und sein Heiliges Evangelium. [300]

Anmerkungen:
[293] articulos = Fragenkatalog / Artikel
[294] Responso = das Urteil / die Entscheidung / der Bescheid / die Antwort
[295] ad praestandium = die Überreichung / die Aushändigung
[296] juramentum = feierliche Wahrheitsversicherung
[297] continenti = auf der Stelle, sogleich
[398] previa avisatione = nach vorausgegangener Verwarnung (bei Eidesleistung)
[299] perjurii = Meineid / Eidbruch
[300] vorgegebene Eidesformel im Verfahren

Hatt demnegst auf folgende 4. sonsten in dem Responso die 12.
13. 14. und 15. Frage articuliret, nacheinander deponiret [301]
und ausgesaget, maßen für einen jeglichen articul [302] vorge-
schrieben stehet.

Anmerkungen:
[301] deponieret = in der Antwort formuliert, nacheinander aufgeführt und ...
[302] articuliret = gesprochen, nacheinander deponiret = nacheinander beantwortet

Interrogatoria
Fragen 1. 12.

Ob Sie die Inquisitin wie Ihr die
letzte Kuh abgestorben gesagt zur rede gestellet und gefraget, woher es
kähme, daß sie so eine böst rede zu
Buxtehude gehabt?

Frage 2. 13.
Ob Sie ferner zu derselben gesagt
wenn Ihr bey Unß leuten so thun wol
let?

Responsiones
Antwort 1. 12
Affirmat

Antwort 2. 13.
Affirmat, und wehre ihre rede daher
kommen, daß inquisitin ein brauku- -
fen von Ihr gezeuginnen leihen wollen,
so inn der Scheure gestanden wie sie
sie nun beede allein gewesen und inquisitin weggehen wollen, hette sie zu derselben gesagt, Grete töfe [303] noch ein
wenig, ich wolte Dich noch worumb
fragen; Darauf sie also bald die
Hände zusammengeschlagen und gesagt, O Sie solte schweigen, daß es
Ihr Vater nicht erführe, er schlüge
Sie sonsten todt, oder sie müste hingehen und sich inn Waßer ersauffen;
Und alß Sie zeugin zu Ihr geredet, Wie?
weistu schon, was ich dich fragen will,
hette Margreta geantworttet: Ja die
andere Dirne die leugt [304], worauf Sie dann
hinwieder zu Ihr gesprochen, leugt die
Dirne, so ists gutt vor dich, ich habe sonst
mein leben lang solchen schnack nicht gehöret.

Anmerkungen:
[303] töfe = wartete (se tööft=wartet), antwortete nicht gleich
[304] leugt = lücht = lügt

Frage 3. 14
Ob die Inquisitin sie gebeten, solches [305]
Ihren Vater nicht zu sagen?

Frage 4. 15
Wie sich dieselbe sonsten, wie Ihr solches
fürgehalten, geberdet und bezeuget?

Antwort 3. 14
Affirmat [306]

Antwort 4. 15.
Habe die hände zusammengeschlagen
und dabey, wie oben beym 2. Articul
deponiret [307],
sich vernehmen laßen, und berichtete gezeuginne auch daneben, daß
sie, inquisitin, nicht habe aus der Scheu-

nen heraus gewolt, worauf Sie zu
ihr gesaget, Sie müste herausgehen, Zeu-
ginne wolte sonst die scheure zu machen.

Nach abgestatteter aussage ist gezeuginne inn etwas wieder
hin vorgelaßen und Inquisitin wiederumb eingebracht, welche
nachdem Ihr vorgehalten, was Dorothea Holsten ausgesaget, anfangs alles geleugnet, als Sie aber beede darauf kegenein-
ander confrontiret worden, hat Sie anfangs das zusammen-
schlagen der hände, inngleichen daß Sie inn der Scheure [308] von
sich selber ersauffen und daß sie der Vater todtschlagen
würde, etwas gedacht haben solte, nicht gestehen wollen, sondern blieb beständig bey ihren leugnen, und hielte aber einst
zu zweyen unterschiedtlichen mahlen umb das Waßerbadt ann,
und da sie gefraget: Warumb sie so ufs Waßer begehre,
ob sie vermeine, wenn Sie schon ufs Waßer komme, daß Sie
dann ohnschuldig sey und zugrunde gehen werde, oder aber,
wann sie oben schwemmente, eine Zauberinne wehre und auf sothanen fall solches freywillig bekennen wollte [309], hat sie geantwortet, die leute sagten es ja, wer ein Gotteskindt sey der gehe
zu grunde, wer aber ein Henckerskind [310] sey, der schwemme oben,
und solches sagte sie ridendo [311] und mit lachendem munde [312], es hette
keine noth, Sie würde woll zu grunde gehen, dann Sie nichtes,
alß von Gott wüste, auch nichtes anders, als lesen, beten undt
arbeiten gelernet hette, man mögte sonst von ihr sagen, was
mann wolte, und wann sie nicht untergehen, sondern oben treiben würde, so wolten die herren jawoll wißen, was sie weiters mit ihr anfangen wolten, Sie müßte und wolte alles aushal-
ten, es kähme auch wie es wolle, hat jedoch aufs letzte bey der
confrontation, als gezeuginn ihr alle umbstände, was inn der
Scheuren pashieret [313], nochmahln vorgehalten und gesagt, wann
sie das leugnen würde oder könte, was sie vorhin von zusam-
menschlagung der hände und sonsten protocollirtermaßen ausgesagt, so würde Sie woll ein mehrers leugnen und wüste nicht,
was sie von ihr sagen solte, zugestanden, daß, wie gezeuginne Dorothea Holsten [314], sie gefraget, wie sie doch zu solchen
schnack kähmen, so inn Buxtehude vorgangen, wehre Sie alls-
baldt weinen worden, aber, daß Sie die hände zusammengeschlagen und von Waßer ersäuffen etwas geredet haben solle,
leugnete sie nochmahln constanter, wie Sie nun darauf wieder
ad custodiam [315] gebracht werden sollen und dem Commentariensi [316]
befohlen, niemandten frembdes bey ihr kommen zu laßen, [317] gefraget, ob sie noch eine Zeitlang sitzen solte, und als Ihr geantworttet, die Zeit würde es geben, ist Sie etwas weinen
worden und damit weggegangen; [318]

- -
Anmerkungen:
[305] Inquisitin = die der Hexerei angeklagte
[306] Affirmat = Bejahung, sie bejaht es
[307] 2. Articul deponiret = 2te Frage ...(?) ausgesagt
[308] Scheure = ...(?)
[309] Margarethe sagt zu, daß sie ihre Schuld gestehen würde, sollte die von ihr geforderte
Wasserprobe schiefgehen. War damit ein Plan aus Rinteln aufgegangen ?
[310] Henkerskind = es war für Margarethe das Gegenteil zu einem „Gotteskind"
[311] ridendo = komisch / scherzend
[312] sie scheint sich in ihrer Verzweiflung sicher gewesen zu sein, das sie unschuldig sei
und wohl gedacht hatte, es wird schon schiefgehen, was es dann auch tat.
[313] pashieret = geschehen
[314] Dorothea HOLSTEN wurde nur noch als Zeugin befragt

[315] ad custodiam = ins Gefängnis
[316] Commentariensi = auch [343]
[317] hier sollten wohlmöglich Absprachen oder Zuspruch verhindert werden
[318] Der Protokollschreiber dokumentiert die Gefühlsregung von Margarethe nach der
Antwort, als er ihr sagte, dass es die Zeit zeigen würde, wie lange sie noch im
Gefängnis sitzen müsste.

Folgendts ist auch Denunciantin Cathrina Meineken eingefodert
und nach dem Sie diligentissime, de evitando perjurio ad moniret [319]
und erinnert, ihr auch dasjenige, was sie vor ohngefehr 2 Jahren
zu Scheeßel durch den Ober Förster verzeichnen laßen, von Wortt
zu Wortt wiederrumb vorgelesen und vorgehalten, ist Sie nicht
allein nochmahln dabey beständig geblieben, sondern hat sothane ihre aussage auch mittelst ebenmeßiger auflegung ihrer
2 fodern rechten finger auf die linke brust mit einen Cör-
perlichen Eyde, wie folget, becräfftiget:

Ich Catharina Meineken, schwere hiermit einen leiblichen
Eydt zu Gott dem Allmächtigen, daß alle das jenige,
was für ohngefehr 2 Jahren umb Fastelabendt aus
zu Scheeßel kegen [320] den hln. Ober Förstern, Johann
Jordan, von Margreten Meineken ausgesagt und von
demselben verzeichnet, mir auch an ietzo von Wortt zu
Wortt deutlich wiederumb vorgelesen und Ich gar
woll verstanden, mich auch deßen allen noch so woll, als
wann es diesen tag geschehe, erinnere [321], sich alles inn der
wahrheit also verhalten thue, ich auch einigen haß oder
Feindtschafft wieder ietzgedachte Margreta Meineken
niemahln gehabt habe [322], auch noch nicht bey Mir trage,
so wahr mir Gott helffen soll und seyn Heiliges
Wortt hie zeitlich und dort ewiglich durch Jesum
Christum, Amen;

Anmerkungen:
[319] diligentissime, de evitando perjurio ad moniret =
diligentissime = die alles entscheidende Frage
de evitando perjurio ad moniret = er ermahnte sie äußert genau,
Meineid zu vermeiden

[320] kegen = Abkürzung von Kegenwärtig = anwesend / vor Ort / zu gegen
[321] sie erinnere sich noch an den Tag um Faslamsabend vor 2 Jahren (11. Februar
1662), als sei es erst gestern gewesen.
[322] Catharina sagt aus, sie hege keine Feindschaft gegen Margarethe und hätte dieses
auch nie für sie empfunden

Ante juramentum [323] ist Cathrina Meineken auch mit fleiß und ern-
ster befraged, ob sie auch zuvor einigen haß und feindschafft
mit Margreta Meineken gehabt, habe oder noch habe, daß sie
also sich gerne an sie rechen und dieselbe zu ohnfall bringen wolle, hat dieselbe darauf frey heraus mit Nein geantworttet, und hette allbereits vorhin angezeiget, warumb sie solches dem hl. Ober Förster berichtet, welches annoch
bey dem Protocoll verhanden seyn würde, derowegen dann
das Eydt darauf eingerichtet worden, ist darauf dimittiret [324] und hat das Gerichte beschloßen, inn folgender woche das
Waßerbadt, falls inquisitin darauf weiters bestehen und
darumb anhalten würde, vorzunehmen;

In fidem praemissorum subscripserunt [325]

Jost Protten   Peter Bapst
Johann Jordan,   Burghardt Schmiedt
Philip Rudolf Damman

Not: Caes: juratus [326]

              Pro auscustatu Copia [327]
    Jost Protten

Anmerkungen:

[323] Ante juramentum = vor dem Beglaubigungseid
[324] dimittiret = entlassen; nach dem 6. Juni 1664 wurde Catharina MEINKEN aus der Haft und der Anklage entlassen.
[325] In fidem praemissorum subscripserunt = nach bestem Wissen hat ...[s.231]
[326] Not: Caes: juratus = Notar Caesarus juristus, Dammans Zusatzbezeichnung
[327] Pro auscustatu Copia = pro Akte eine Kopie

---

25. Protokoll der Wasserprobe an der Mühlenkuhle vom 14. Juni 1664

Actum Hauß Rotenburg, den 14ten Juny Anno 1664

Der beschuldigten Waßerbadt betreffendt

Nachdem die von der Universität Rinteln eingehohlete belehrung so weit ad effectum [328] gebracht, daß vor dißmahl einhalt derselben das Waßerbadt annoch übrig; So ist heutiger tag dazu bestimmet und angeordnet, vorher aber früh umb Neun uhren, als Inquisitin Vater nochmahln umb seine Tochter aufs Waßer zu werffen angehalten [329], ist inquisitin abereinst vorgefodert und vernommen, ob Sie des Waßerbads halber noch bey voriger meinung verbliebe und ob Sie auf solchen fall, wann sie oben schwimmen würde, freywillig zustehen, wolte, hat sie wieder geantworttet, daß würden die herren woll wißen, Sie wehre ein Gotteskindt und wüste von nichtes böses, derowegen sie nicht oben bleiben, sondern woll zugrunde gehen würde, mann möchte es also mit ihr machen, wie mann wolle, des hengers Kinder aber trieben woll oben; [330]

Wie mann nun nichts anders aus sie bringen können und entzwischen zum Waßerbade alle gestalt gemachet, ist auch selbiges zum effect gebracht, Inquisitin vorm Schloß auf die Mühlenkuhle inn zweyen zusammengebundenen kleinen Schiffen durch zwey Nachrichtern [331], als den von Rotenburg und Verden, erstlich creutzweiß oder zwerg [[332] über die hände und füße zusammengebunden und darauf entkleidet mit bloßen hembde [333] und zufödrist loß gebundenen haaren [334] inn etzlicher hundert Persohnen [335], auch herrn Drosten und Beambten kegenwarth [336] erstlich von vorne; daß andermahl von rügken zu, das dritte und letztemahl gantz frey und ohngebunden [337] hineingelaßen, hat aber allemahl soforth oben zu schwimmen und wie eine Ganß zu treiben angefangen, ist auch niemahln über eine halbe Elle tieff, da doch das Waßer ann selbigen orthe mehr, als Picquen [338] tieff, mit dem haub-

te unterm Waßer, mit den Hindertheil aber (: salva venia :) [339]
alle Zeit bloß gewesen, hatt sich auch fast nicht aufm
Waßer gereget, alß daß sie gerne mit den Kopff versuchen wollen, hinunterzukommen, wie sie auch zuletzt
bloß hinauffgeworffen, hatt sie die Haare mit beeden händen, oben ann kopffe zusammen gegrieffen und
damit hinunter gewolt, aber alles vergeblich, und ob-
gleich selbige von den Nachrichtern mit der stangen und
brete hinuntergeschoben haben Sie doch nicht vermocht,
selbige über eine Ellen tieff hinunter zu bringen, sondern
ist stracks wieder inn hochgekommen und hat auf Gott
geruffen, das gesicht aber immer nach der Mühlen ge-
wendet, worauf dann selbige wieder hervorgezogen,
die kleider angethan und inn ein rechtes gefängniß ein-
gesperret worden, wormit sothaner actus beschlossen;
Der gebadeten Eltern [340] haben selber mit zugesehen, und ist
sonderlich die auch berüchtigte Mutter nahe dabey
unten ann Waßer gestanden und berichteten die spectatores [341], daß alß die Tochter wieder außn schiffe ans land
getreten, sie die Mutter gefraget, ob sie nicht zu grunde gewesen [342], als aber selbige ihr mit Nein geantworttet,
hette sie gesagt, wie mag das zugehen? Als sie ins gefängniß gesetzet und gefraget, ob Sie ietzo bekennen
wolte, hat Sie dem Drosten und Amtmanne zur antwortt gegeben, sie wehre ohnschuldig und keine hexe,
und berichtete denenselben der Commentariensis [343],
Gerdt Körßner [344], daß die Mutter, sollte Er selber
angehöret, zweymahl ihrer gebadeten Tochter zu gesprochen und sie ermahnet beständig zu bleiben, wie
dann auch des Pastorn Sohn zu Schneverdingen rechtsge-
lahrter und Conspectator [345] Ms. Schacht [346] erwehnte, ob solte
die Mutter gesagt haben, wann Ihre Tochter das Zaubern wüste, hette sie es von ihr nicht gelernet, sondern
möchte vielleicht daher rühren, daß sie einstmahls, da Sie
nur noch mann zwey Jahr alt [347] **gewesen aus der Nachbarn
hauße** [348] ein**gekommen, da ihr die kleider aufn leibe zerrißen** [349] gewesen und vorne auf der brust einen großen
Peul gehabt [350], wie sie dann auch sonst mehrmahls zu andern,
auch zu ihres Pastorn Frau zu Scheeßel [351] gesagt, sie hette
ihrer Tochter das Zaubern nicht gelehret, wann Sie davon etwas wißen solte;

Actum ut supra
In fidem praemissorum subscripserunt [352]

Jost Prott   Peter Bapst
Johann Jordan   Burghardt Schmiedt
Philip Rudolf Damman [353]
Not: Caes: juratus.
Und andere Unterschriften

- -

Anmerkungen:
[328] ad effectum = verwirklichen
[329] Warum bat Margarethes Vater noch einmal um die Durchführung des Wasserbades?
[330] Das zu erwartende Geständnis wurde hier noch einmal von Margarethe im Glauben,
    es könne ihr nichts geschehen bekräftigt. Aus dieser Falle kam sie nicht mehr heraus.

[331] Jeder Ort scheint einen Nachrichter / Henker gehabt zu haben, die sich gegenseitig halfen, wie hier belegt. Im Hauptstaatsarchiv ist ein solcher Vorgang abgelegt, als das Domkapitel zu Verden um zeitweise Überlassung des Scharfrichters zu Winsen (Luhe) zur Examinierung etlicher festgesetzter Hexen bat. *[Celle Br.33, Nr.107, 1617]*

[332] zwerg = klein, eng gebunden, fest

[333] sie war also nicht nackt, wie es üblich gewesen wäre und wie es manche Zeichnungen zeigen. Trug das dazu bei, nicht unterzugehen, was nackt schon schier unmöglich ist ?

[334] Warum wurde ihr das Haar aufgebunden ? Trug sie Zöpfe oder einen Dutt ?

[335] etzliche, was in diesem Fall mehrere hundert Personen bedeutete. Es war Pflicht, bei einer öffentlichen Wasserprobe dabei zu sein, wenn eine vermeintliche Hexe zu überführen war. Sicherlich war es aber auch Schaulust. Endlich war mal was los.

[336] Kegenwarth = Gegenwart / Anwesenheit

[337] ohngebunden, d.h. sie schwamm ohne Fesseln, aber mit dem Hemd am Körper. Sie konnte Schwimmen, aber in der Situation gelang ihr das Tauchen offensichtlich nicht.

[338] Picquen = Helebarden / aber auch ca. 3 m Stangen, die zum Abstoßen eines Bootes dienten

[339] salva venia = mit Erlaubnis zu reden

[340] Claus und Mette MEINKEN standen am Ufer und der Protokollführer bezeichnete Mette als „berüchtigte", was auf seine Sichtweise der Dinge Rückschlüsse zulassen könnte. Siehe Personenübersicht im Teil 6.2b

[341] die spectatores = Spectatores wurden bei den Römern diejenigen genannt, welche die Schauspiele mit ansahen (Beisitzer / Wächter)

[342] warum sie nicht am Grund des Teichs wäre

[343] Commentariensis = Kommandoführer im Boot oder Kommentator / Erklärer des Geschehens für das anwesende Volk / Schriftführer = Protokolant (?)

[344] Gerdt KÖRßNER, siehe Personenübersicht im Teil 6.2b

[345] Conspectator = Aufpasser; einer der ein Auge darauf wirft, wachsam sein

[346] Pastorensohn Magister SCHACHT, siehe Personenübersicht im Teil 6.2b
Bem: SCHACHT trat hier als Zeuge auf, der zweimal, also wiederholt und somit bestätigt, etwas gehört zu haben. Es war das einzige Mal, dass dieser Mann, der juristisch ausgebildet war und der des Grafen von KÖNIGSMARCK Sekretär war, genannt wurde. Stand er rein zufällig hier oder war er beauftragt und stand bewusst in Mette MEINKENS Nähe ?
War er als juristische Aufsicht bei der Durchführung der Wasserprobe anwesend, wie der Notar bei der Ziehung der Lottozahlen, um die Rechtmäßigkeit der Durchführung zu bestätigen ?
Zu wem hatte Mette dieses gesagt und was muss in der Mutter vorgegangen sein, als sie ihre Tochter im Beisein hunderter Menschen dabei zusah ?
Wurde diese Zeugenaussage als Entlastung für Mette gewertet, sagte sie doch [...] „wann Ihre Tochter das Zaubern wüste, hette sie es von ihr nicht gelernet" [...] ?
Ganz beiläufig wurde hier ein ganz wichtiger Hinweis und eine einzigartige Aussage über ein Erlebnis der Familie in das Protokoll geschrieben.

[347]
[348] also um 1648/1649

!!! *gewesen aus der Nachbarn hauße (HOLSTENHOF) eingekommen, da ihr die kleider aufn leibe zerrißen gewesen (**wurde Margarethe im Alter von 2 Jahren etwa mißbraucht ?**) und vorne auf der brust einen großen Peul* (Beule; **und wurde Margarethe Gewalt angetan?**) *gehabt* (und wer im Hause HOLSTEN sollte es gewesen sein, Johanns Vater Johann, wenn es ein Mann war und was war wirklich geschehen?) ***(Margarethe wurde im Alter von fast 18 Jahren verbrannt !)***
Bem.: In dieser Aussage und den Fragen stecken viel Dynamik und ein gewaltiger Vorwurf, der, wenn er wahr wäre, bei dem Mädchen Margarethe sicherlich ein gewaltiges Trauma als Kleinkind hinterlassen hat. Wollte sie sich deswegen vom Müller nicht den Kopf nach Läusen untersuchen lassen, weil er ein Mann war ? Diese Fragen bleiben offen und lassen sich nicht beantworten, müssen aber gestellt werden. Diese Aussage wird noch einmal wiederholt. [siehe 350]

[349] „da ihr die kleider aufn leibe zerrißen" ist eine klare Beschreibung

[350] Peul = Beule

[351] des Pastoren Frau im Jahre 1648/49, siehe Personenübersicht im Teil 6.2b

[352] Actum ut supra In fidem praemissorum subscripserunt = wie zuvor oben beschrieben zur Beglaubigung zuverlässig, wie geschehen aufgeschrieben [402]

[353] Philip Rudolf DAMMANN, siehe Personenübersicht im Teil 6.2b

---

26. Notiz Gerichtsprotokoll Amt Rotenburg vom 6. und 14. Juni 1664

Gerichts Protocolla
Inn Peinl: Sachen

Dero in puncto Vencficii beschuldigten
und eingezogenen Dirnen
Margreten Meineken
sambt
Beygefügten darauf erfolgten Responso Juris
von der Juristen Facultät bey der Universität Rinteln

gehalten aufm Hauße Rotenburg, den 6.ten
und 14:ten Juny Ao: 1664
4 und 5

Anmerkungen:
Margarethe wird als der Zauberei verdächtiges und eingesperrtes Mädchen bezeichnet.

---

27. Schreiben an die Universität Rinteln vom 16. Juni 1664

Vorbemerkung:
Die beiden unter Nr.27 und Nr.28 gefassten Schreiben sind Kopien / Abschriften eines Vorgangs. Um die kleinen Unterschiede in den Copien aufzuzeigen, die in diesem Fall inhaltlich nicht relevant sind, haben wir beide nacheinander aufgeführt. Wir möchten auch nur ein Beispiel anführen, durch welches wir sogar feststellen konnten, dass Nr. 27 nach Nr.28 geschrieben wurde. Die hier von uns vergebenen laufenden Nummern sind auf den Schreiben und Kopien nicht enthalten.
♦ in Nr.27 steht: [...] dero in punkto beschuldigter [...]
♦ in Nr.28 steht: [...] dero in po beschuldigter [...] [siehe 359]
Hier hatte der Schreiber bei der weiteren Kopie „dero in **p**unkt**o**" = in der Angelegenheit einfach abgekürzt. Hätte uns nur die 2te Kopie als Unterlage zur Verfügung gestanden, wäre es uns schwer gefallen „po" zu entschlüsseln.
♦ Im Teil 6.1.3 wurde die Abkürzung in pto veneficus verwendet. „in pto" = „in punkto"

Copia

Schreibens an die Universität Rinteln
Vom 16ten Juni ao: 1664

Die wegen beschuldigter Hexerey inhaftirte undt bebadete
Margretha Meineken betreffendt

Unsern Hochgeehrten Herrn thun wir die Acta inn Sachen
dero in puncto beschuldigter Zauberey nunmehro recht
gefänglich eingezogenen Inquisitinnen, Margrethen Meineken,
undt was seither dehme daß dero Responsum Juris [354] Unß zugefertiget worden, inn selbiger Sache, in specie auch des zu
werck gerichteten Waßerbades halber, weiters passiret undt
hinzugekommen, auch sonsten beyläufig protocollirtermaßen
vorgangen abereinst durch Zeigern expressen übersenden,
mit dienstlichen ersuchen, sothane Acta, bevorab die
letztgehaltenen Protocolla nochmahln Collegialiter undt mit
sondern fleiße zu verlesen undt zu erwegen, undt wegen
hiesigen Gerichts ferneren Verhaltens unß dero rechtliches
Sentiment hinwieder zu eröffnen und nebst denen Actis
Actitatis verschloßen, sobaldt möglich, zu remittiren [355], auch
da es für nöthig erachtet wirdt, zugleich mit dero bedenken
Unß ohnbeschwerdt zu secundiren [356], ob und wie weith das
Gerichte auch wieder Inquisitinnen Mutter etwas vorzunehmen
rechtswegen gehalten; Mit dero inn vorigh ertheilten
Responso super fama veranlaßeten inquisition inn der inquisitin
leben und Wandel, haben Wir weiter nicht forthkommen [357]
können, alß schon vorhin in actis angeführet, zumahln
Inquisitinn außer dieser action niemahln berüchtiget gewesen,
ohne daß von der Mutter undt Großmutter jederzeit das
öffentliche Geschrey gegangen, daß selbige inn der Zaubereykunst erfahren, die Großmutter ist längst todt, die noch
lebende Mutter aber, hatt fast ein verdächtig Gesichte undt
grollische augen [358] dann ihre Tochter, die Inquisitin in specie
aber halber will de fama etwas gewißes einzubringen, sich
niemandt verstehen undt impliciren; Wormit negst getreuer
Empfehlung Gottes, verbleiben

Unserer Hochgeehrten Herren
Dienstbereitwilligste

Jost Prott   Peter Bapst

(Umschlag)
Hauß Rotenburgh, den 16ten Junii   ao. 1664
Ann Die Juristen Facultät der Universität Rinteln.

Anmerkungen:
[354] dero Responsum Juris = die juristische Antwort
[355] remittiren = zurücksenden
[356] secundiren = beistehen mit Wort oder Tat
[357] der Prozess stockt, ersucht Rotenburg um Hilfe ?
[358] ein verdächtiges Gesicht und grollende Augen sind alles, was sie gegen Mette in
der Hand haben. Dieses wird aber als so wichtig erachtet, dass es in das Schreiben
aufgenommen wurde.

----

28. Schreiben Amt Rotenburg an die Universität Rinteln vom 16. Juni 1664

Hauß Rotenburg, den 16:ten Junii ao: 1664

Ann Die Juristen Facultät der Universität Rinteln

Unsern Hochgeehrten Herren thun wir die Acta inn
Sachen dero in po [359] beschuldigter Zauberey [360] nunmehro
recht gefänglich eingezogenen Inquisitinnen, Margreten Meineken, undt was seither dehme, das
dero Responsum Juris [361] Unß zugefertiget worden,
in selbiger Sache, in specie [362] auch des zu Werckgerich-
ten Waßerbades halber weiters passeret [363] undt
hin zugekommen; auch sonsten beyläuffig protocollirter maßen vorgangen abereinst durch zeigern expresshen übersenden, mit dienstlichen ersuchen, sothane Acta, bevorab die letztgehaltene
Protocolla nochmahlen Collegiabiter [364] undt mit sonderen
fleiße zu verlesen undt zu erwegen, undt wegen
Hiesigen Gerichts ferneren Verhaltens unß dero
rechtliches sentiment [365] hin, wieder zu eröffnen, undt
nebst deren Actis Axtitatis Verschloßen, sobaldt
möglich, zu remittiren, auch da es für nöthig erachtet
wirdt, zugleich mit dero bedenken, Unß ohnbeschwerdt
zu secundiren, ob undt wieweith das Gerichte auch
wieder Inquisitinnen Mutter etwas vorzunehmen
rechtswegen gehalten; Mit dero inn vorigk ertheilten
Responso supor fama veranlaßeten inquision inn der
Inquisitin leben undt wandel, haben wir weiter
nicht fortz kommen können [366], alß schon vorhin in actis
angeführet, zumahln Inquisitin außer dieser
action niemahln berüchtiget gewesen, ohne daß
von der Mutter undt Groß Mutter jerderzeit daß
offentliche geschrey gegangen, daß selbige inn der
Zaubereykunst erfahren, die Großmutter ist
längst todt, die noch lebende Mutter aber, hatt
fast ein Verdächten gesichte undt Grellische augen
dann ihre Tochter, die Inquisitin in specie aber
halber will de fama [367] etwas gewißes einzubringen sich niemand Verstehen undt impliciren [368]; wormit ergst getreuer empfehlungs Gottes, Verbleiben;

Unsere Hochgehrten Herren
Dienstbereitwilligste
Jost Protten   Peter Bapsten

Hauß Rotenburgh den 16:ten
Juny Ao: 1664

Ann die Juristen Facultät Rinteln

     Und andere Unterschriften
(Umschlag)
Copia
Schreibens ann die Universität Rinteln
Von 16:ten Juny ao: 1664

Die wegen beschuldigter Hexerey inhaftirte
undt gebadete Margretha Meineken betreffend

178

[359] dero in po = in der Angelegenheit = in punkto

[360] Margarethe wurde als beschuldigter Zauberey bezeichnet, was ihr sicherlich die Wasserprobe eingebracht hatte; die Mutter wurde hier nicht erwähnt

[361] dero Responsum Juris = die juristische Antwort

[362] specie = insbesodere

[363] passeret = passiert / geschieht

[364] Rotenburg schrieb .... nochmahlen Collegiabiter ...;
Waren sie der Anfragen überdrüssig oder waren sie sich unsicher ?
Mussten sie den Fall zu Ende bringen, obwohl Margarethe trotz Zusage nicht gestand ?
Wenn ja, lag das an den bisherigen Kosten, die jemand übernehmen musste oder daran, nach so viel Aufwand, möglicherweise eine Schlappe erleiden zu müssen ?

[365] rechtliches sentiment = rechtiche Grundlagen

[366] Rotenburg schreibt, sie wären auch nicht weitergekommen, als sie im letzten Brief geschrieben hätten.

[367] halber will de fama = wegen das Gerüchts

[368] sich niemand Verstehen undt impliciren = mit einbeziehen / mit einschließen / mit einbehalten / sich darin verwickeln (?) passt nicht

---

29. Antwort der Universität Rinteln vom 22. Juni 1664

Unsere freundliche Dienste zuvor, Edle Wollehrenwerte
Innsonders geehrte Herrn, sehr werthe Freundte;

Alß dieselbe Unß die für dortigen Königsmarkischen Gericht
des Haußes von der Herrschaft Rotenburgk wieder Margreten Meineken ergangene peinliche acta abermahl zugesandt, und welchergestalt mit derselben bey so gestalten
sachen zu verfahren? Weniger nicht und ob und wie weith das
Gerichte auch wieder inquisitin [369] Mutter etwas vorzunehmen
recheswegen gehalten? Unser rechtliches bedencken begehret; [370]
Demnach haben wir alles mit fleiß verlesen, collegialiter
woll erwogen und berichten, darauf vor recht, obwoll die
Denunciantin bey ihrer denunciation beständig verbleibet
und dieselbe eydtlich becräfftiget, die inquisitin auch wie
dieselbe gebadet zu dreyen mahlen oben geschwommen;
Soll dieweiln die denunciantin nun Unica et singularis
nec omni exceptione major testis [371], ist auf das baden kein beständ-
dig grundt der schuldt und ohnschuldt nach einhelligen schluß
bewehrter rechtsgelehrten zu setzen, so seyndt solche indicia ad torturam nicht sufficient [372], sondern will alle wege
von nöthen seyn, daß die herren nach Veranlaßung
Unsers sub dato den 20ten May ertheileten Responsi super
Fama [373] fleißig inquiriren und einige Zeugen, die umb ihr
leben und wandel gute wißenschaft haben, eydtlich befragen, solten dann ein oder andere indicicium wieder inquisitin entstehen, so ergehet allsdann inn der sache ferner
was rechtens; Wiedrigenfalls ist dieselbe nach geleisteter Caution de se sistendo toties quoties [374] der hafft zuer-
laßen; Anlangendt aber der inquisitin Mutter, dieweil
die herren berichten, daß wieder dieselbe ein gemein
geschrey und gerücht der Zauberey sey, so ist das peinliche
gerichte gehalten [375], wieder dieselbe inquirendo [376] solcher gestalt zu verfahren, daß einige Zeugen Super fama gleicher
gestalt eydtlich examiniret werden, zu welchen eyde die
inn vorigen Responso abgefaßete ii Innterrogatoria [377] können

gebrauchet werden, Und wann solches geschehen, ergehet
allsdann in der sache ferner was rechtens von rechtswegen; Haben solches unverhalten sollen, die Herren
Gottesschutz empfehlendt;

Rinteln, den 22:ten Juny Anno 1664

Der herren Dienstwillige
Dechandt, Senior und andere Docto-
res der Juristen Facultät bey der
Universität daselbst

Anmerkungen:
[369] wieder inquisitin Mutter = Mette MEINKEN wurde hier der Hexerei verdächtigt
erwähnt, nachdem es ruhig um sie zu werden schien.
[370] Ratsuchung des Amtes Rotenburg
[371] Unica et singularis nec omni exceptione major testis = einzig und einzigartig und
ohne Ausnahme wichtigster Zeuge
[372] indicia ad torturam nicht sufficient = Anzeichen der Folter nicht genügen
[373] ertheileten Responsi super Fama = Antwort wegen des Gerüchts
[374] Caution de se sistendo toties quoties = gegen Kaution aus der Haft zu entlassen
jederzeit. Wurde hier die Tortur für Mette und Margarethe empfohlen, denn es lag
noch kein Geständnis vor ?
[375] für die Mutter Mette wird das Peinliche Gericht empfohlen und am 25. Juni
vorgenommen. Hatte sie sich deswegen am 29. Juni das Leben genommen ?
[376] inquirendo = um zu untersuchen
[377] Innterrogatoria = Fragenkatalog

---

30. Antwort der Universität Rinteln vom 22. Juni 1664
(Copie von Nr.29, deswegen sind unten keine Erklärungen [...] beigefügt; siehe bei Nr.29)

Ann
Den hl. Drost Protten undt Amtmann Peter Bapsten
Hochgräffl. Königsmarischen Ober Inspectorn
Undt Ambtmann der herrschat Rotenburg

Unsere freundtliche Dienste zuvor Edle woll
Ehrenweste Inn sonders geehrte Herren,
sehr werthe freundte;

Alß dieselbe Unß die für dortigen Königß Markischen Gericht des Haußes von der Herrschafft
Rotenburgs wieder Margreten Meineken
ergangene Peinliche Acta abermahl zugesandt,
Undt welcher gestalt mit derselben bey so gestall-
ten Sachen zu Verfahren? Weniger nicht ob
undt wie weit das Gerichte auch wieder Inquisitin Mutter etwas vorzunehmen rechtswegen gehalten? Unser rechtliches bedencken
begehret; Demnach haben wir alles mit
fleiß verlesen, Collegiaciter woll erwogen, undt
berichten darauff vor recht; Ob woll
die denunciantin bey ihrer denunciation beständig Verbleibet undt dieselbe eydlich becräfftiget, Die inquisitin auch, wie dieselbe gebahdet,
zu dreyenmahlen oben geschwommen; All die
weiln aber Denunciantinn nur unica et singularis,
nec omni exceptione major testis ist auf das bahden,

kein beständig grundt der schuldt oder ohnschuldt,
nach einhelligen schluß bewehrter Rechts gelahrten, zu setzen, so seynd solche indicia ad
torturum nicht sufficient sondern will alle wege
von nötgen seyn, daß die Herren nach veran-
laßungh Unsers Sub dato den 20:ten May ertheilten Responsi super fama fleißig inquiriren undt
einige Zeugen, die umb ihr leben undt wandel
gute wißenschaft haben, eydlich befragen,
solte dann ein und ander indicium wieder
inquisitin entstehen, so ergehet allsdann inn
der Sache ferner was rechtens, Wiedrigenfalls
ist dieselbe nach geleisteter Caution de sesistendo
toties quoties der Hafft zuerlassen; Anlangendt
aber der Inquisitinn Mutter, die weil die herren berichten, daß wieder dieselbe ein gemein
geschrey undt gerücht der Zauberey sey, so ist
das Peinliche Gerichte gehalten wieder dieselbe
inquirendo solchergestalt zu verfahren, daß
einige Zeugen super fama gleicher gestalt eydlich
examiniret werden, zu welchen eyde die inn
vorigen Responso abgefaste 11. interrogatoria können gebrauchet werden, Undt wann
solches geschehen, ergehet allßdann inn der Sache
ferner was rechtens von rechts-
wegen; Haben solches ohn-
verhalten sollen die Herren Gottes schutzem-
pfelendt;

Rinteln, den 22:ten Junii 1664

Der Herren   Dienstwillige
Dechand, Senior undt andere
Doctores der Juristen Facultät bey der Universität
daselbst

Und andere Unterschriften

31. Protokoll der Vernehmung vom 23. Juni 1664

Anno 1664
Actum Hauß Rotenburg, den 23:ten Juny Anno 1664

Alß der Herr Ambtmann von Rotenburg berichtet, daß für
einigen tagen inn abwesenheit des hln. Drosten, die gefangene inquisitin Margreten Meineken Ihn durch den Fromen [378]
ersuchen laßen, ob sie nicht mit demselben einmahl allein
zu reden kommen köndte, dann Sie Ihme etwas zu weißen
und anzuzeigen, welcher Ihr dann ein solches vergönstiget
und Sie zu sich auf seine stube kommen laßen, hette Sie angefangen zu reden, daß ein jedermann ietzo sagte, daß Sie
eine Hexe wehre, weiln Sie jüngsthin auf den Waßerbadt
nicht zu grunde gegangen, sie aber vermeinte daß es
geschehen, wo aber nicht, were der strohm, wie ihre Mutter
zu ihr gesagt, zu starck gewesen und daß es ihr auch mit von
bösen leuten angethan, daß Sie nicht zu grunde gehen können;
So hette auch 2 oder 3 tage vorher die Mutter ihr [379]
etzliche harte Eyer zu essen gebracht, wovon 2 gutt, das

dritte aber zwischen der schale und den weißen, auch ein
theil von den Dotter mit kleinen etwas länglichen unten weiß
und oben mit schwartzen köpfen lebendigen Würmen ange-
füllet gewesen, die 2 gute hette sie völlig auf, von dritten aber nur etwas, so keine Würmer gehabt, gegeßen
und das übrige an die seite geleget, so sie wieder hervor gekriegt und Ihme dem Ambtmann inn ietzo gerichtlich reproducirter formb vorgewiesen, sagende, Gott
möchte wißen, wie es darumb wehre, Sie wüste nichtes,
alß was ihr ihre Mutter gelehret; wie nun der Ambtmann Ihr geantworttet, daß ufn Waßer da Sie
gebadet, gar kein strohm sondern dasselbe gantz still,
Sie auch keinen Fueß breit unter Waßers gewesen;
sondern sich von Sathan betriegen laßen, mit fleißiger
ermahnung, Sie solte sich von solcher bösheit, wann
Sie etwas wüste abthun, sich wieder zu Gott bekehren,
und alles frey heraus bekennen, so wehre bey Gott und
auch der Obrigkeit noch gnade, mann wolte ihr auch
Pastores zugeben, welche sie täglich unterrichten und von
Teuffel erledigen solten, hette sie gefraget, ob dann
Er, der Ambtmann; woll exempel wüste, daß dergleichen leute, von bösen feinde wieder erlöset worden,
und als derselbe mit ja geantworttet und daß er solches vielmahl erlebet, hette Sie ihn gebeten, Er mögte
ihr bestes wißen, Sie hoffte noch ein kind des ewigen
lebens zu werden, hette dabey sehr über ihre Mutter
geklagt, woruff der Ambtmann bewogen worden, den
herrn Probst auffodern zu laßen, der sich auch eingestellet und der Inquisitin freundlich aus Gottes Wortt zugesprochen, hette Sie endlich sich soweit herausgelaßen
und bekandt, daß Sie kegen Denunciantinnen Cathrinen
Meineken, alß Sie mit derselben inn Buxtehude gedienet die Wörter, nehmlich: Hier stehe ich auf den mist, undt
Verschwere den Herrn Christ etc: wie solche wortt inn den
Scheeßelschen Protocoll weiters specificiret und enthalten,
woll geredet haben mögte, sey aber nicht aufn mist, sondern auf der stuben geschehen; Und solte Sie ja von der
Zauberey inficiret seyn, so müste es ihr in der Jugendt
seyn beygebracht worden, alß Sie von der Mutter gehöret,
sie hette sonst mit den Teuffel nichtes zu thun, wüste auch nichtes böses; Ist demnach dieselbe, nehmlich inhafftirte
inquisitin gerichtlich wiederumb vorgefodert und derselben obiges von puncten zu puncten wiederumb vorgehalten, mit fleißiger erinnerung nochmahlen die wahrheit deswegen zu gestehen; Welche dann alles von Worten
zu Wortten abereinst gestanden und wie ihr die reliquien [380]
von den Würmern Ey wiederumb vorgezeiget, hatt Sie
nochmahlen bekennet, daß es eben dasselbe sey, so sie
dem hln. Ambtmann zugestellet, wolte sich gerne bekehren,
wann doch nur auch ihre Mutter aufs Waßer geworffen
werden mögte, worumb Sie die Herren gebeten haben
wolte; [381]

(Umschlag)

Protocollum von 23:ten Juny, auch 24:ten und
30:ten ejusdem, Ao: 1664

Anmerkungen:

[378] Hatte der Amtmann von Rotenburg die Gunst der Stunde genutzt, als der Drost für ein paar Tage abwesend war, nach dessen Rückkehr einen Erfolg präsentieren zu können ? Der Fromme = der Pastor. Sollte hier der Pastor Margarethe zum dringend benötigten Geständnis bewegen, da beide noch immer leugneten Hexen zu sein ?

[379] was sollte die Geschichte mit den drei Eiern bewirken oder belegen ?

[380] reliquien = Überbleibsel

[381] sollten hier Mutter und Tochter mit schönen Worten gegeneinander ausgespielt werden ?

32. Protokoll der Fortsetzung der Vernehmung vom 24. des Monats Juni 1664

Sequenti die alß den 24:ten ejqdem Mens:

Hat inquisitin begehret mit den Drosten und Ambtmann noch einmahl zu sprechen, wie nun selbige vorgefodert, hat, sie gesagt, daß die Nacht 2 heilige Engel für der gefängnißthüre und weiß angekleidet gewesen, hetten zu ihr gesagt, daß sie ohnschuldig wehre und ihr von bösen leuten angethan, daß sie ufn Waßer nicht können zugrunde gehen, welches sie den Herren sagen solte; Alß Ihr aber geantworttet, daß solches nur einbilden und ein nichtiges Vorgeben, und wanns gleich geschehn sey, der Teuffel [382] sich auch woll durch Gottes Verhengniß inn einen Engel des lichts verstellen könte, mit treulichen ermahnen, sie solte sich eines andern bedencken, Gott die ehre geben und freywillig bekennen, hat Sie so viel endlich zugestanden, daß Sie Denunciantinne Catharinen inn Buxtehude zwar etwas lehren wollen, Sie wüste es aber nicht mehr, der Teuffel wehre leidig und mögte ihr woll etwas beygebracht haben, Sie hette ihn aber nicht gesehen, auch kein böses gethan, womit selbige wiederumb dimittiret [383];

(Umschlag)

Protocollum von 23:ten Juny, auch 24:ten und 30:ten ejusdem, Ao: 1664

Anmerkungen:

[382] mit dieser Aussage bot Margarethe wohl einen wunden Punkt, an dem der Amtmann ansetzen konnte, wenn sie auch mit den Engeln etwas anderes erreichen wollte.

[383] dimittiret = entlassen

33. Protokoll der Aussage von Mette MEINKEN vom 25. Juni 1664

Actum Hauß Rotenburg, den 25:ten Juny
Anno 1664

Weiln inquisitinnen Mutter Mette Meineken neülicher tage und zwar nach den mit ihrer Tochter für genommenen Waßerbade sich hin und wieder verlauten laßen, wie daß die Tochter da Sie noch jung und von 2 Jahren alt, gewesen und erst zu gehen angefangen, Sie einsmahls inn der Nachbarn hauß gegangen, Ihr darinnen etwas böses wiederfahren und mit zerrissenen kleidern wieder zu hauße

kommen, auch noch jüngsthin derselben nehmlich jeniger Inquisitin kurtz für den Waßerbade von Ihr der Mutter
Metten einige verdächtige Eyer [384] zugebracht, so die Tochter
eßen sollen, aber eines darunter voller kleiner lebendigen Würme gewesen, welche inn abwesenheit des Drosten dieselbe dem Ambtmanne vorgezeiget; Alß ist auch
Sie die Mutter über folgende inquisitionall articull [385] zu befragen, alß

- -

Anmerkungen:
[384] man hatte also etwas gefunden, worin die Fortsetzung der Vernehmung begründet
wurde, in diesem Fall „verdächtige Eier". Mette konnte dazu nun peinlich befragt
werden.
[385] inquisitionall articull = Inqusitionsartikel / Inquisitionsfragen

- -

Interroganda.

Responsiones ad terrogata

Frage 1
Was es für eines Nachbarn hauß
gewesen, worinnen ihrer Tochter
die Kleider vom leibe gerißen und
daher krank wieder zu hauße
kommen?

Antwort 1
Hette solches nicht gesaget, es verhielte sich folgender gestalt; Daß
Sie die inquisitinne, alß sie ohngefehr 2 Jahr alt gewesen und sie
des morgens angekleidet, were sie
zu der einen thüre aus zu der andern wieder eingekommen und wehre
ihr das schnürleibgen so sehr zerrißen
gewesen, daß es ihr gar von den armen herunter gehangen [386], worauf sie
alsobald kranck geworden und sehr
gehiemet und ob Sie sie woll inn die
Wiegen geleget, hette Sie doch keine
ruh gehabt, besondern sie wieder
heraus nehmen und mit inn den hoff gehen
müßen, biß nach 24 stunden, da
hette das hiemen aufgehöret, und sich
wieder gebeßert;

Frage 2
Ob sie dabey einen Peull [387] oder Zeichen für
der brust bekommen, wie die Inquisitinne selber sagte und inn gerichte vorgezeiget, auch vom nachrichter besichti-
get worden;

Antwort 2
Affirmat, hette einen knubben auf
die brust bekommen, wie bald aber
selbiges geschehen, wiße sie nicht.

Frage 3
Ob dann sie dafür hielte, daß solches durch Zaubereykunst geschehen,
und ihrer Tochter der inquisitinnen
dadurch etwas böses sey angethan
worden?

Antwort 3
Könne solches nicht sagen;

Frage 4
Woher sie solches wißen und abmer-
cken könne?

Antwort 4
Cessat.
[388]

184

Frage 5
Ob sie ihrer Tochter für den Wasser-
bade etzliche Eyer zu eßen gebracht
und wie viel?

Antwort 5
Affirmat, Erinnere sich aber nicht mehr,
ob es 2 oder 3 gewesen;

Frage 6
Wie lange es für den Waßerbade
geschehen und wohr sie damahls gewesen?

Antwort 6
Hätte die tage vergeßen wie lange
es für den Waßerbade gewesen;

Frage 7
Was sie für Worte dabey gebraucht?

Antwort 7
Hette keine andere Wortte zu ihr geredet, alß daß sie was eßen solte;

Frage 8
Von wehme sie die Eyer bekommen, und
ob sie alle gutt gewesen?

Antwort 8
Die Eyer haben inn ihren Hauße ufn
Borde gelegen, Sie wiße aber nicht,
wer sie dahin geleget, und ob sie oder
die alte Frauw Margreta [389], so mit
inn Hauße wohnet, sie abgekochet, wiße
auch nicht anders, alß daß sie alle
gutt gewesen;

Frage 9
Ob nicht inn dem einen einige kleine
lebendige weiße längliche Würm-
lein mit schwartzen Köpffen gewesen?

Antwort 9
Könne nicht wißen wie solches zuge-
gangen, mit ihren wißen sey nichtes
geschehen;

Frage 10
Und warumb sie der Tochter ein
solches böses mit Würmern angefül-
letes Ey zugestellet?

Antwort 10
Wiße nicht was darinnen gewesen sey,
habe sie auch nicht offen gehabt, daß sie
sie aber hergebracht, sey wahr und könne
es nicht leugnen;

Frage 11
Ob es nicht darumb geschehen, daß Sie
sie entweder damit gar umbbringen
wollen, oder also zugerichtet, daß
sie ufn Waßer sollen zu grunde
gehen?

Antwort 11
Hette darauf nicht gedacht wüßte auch damit nicht umbzugehen, sonsten wehren die Eyr
frisch abgekocht, wie sie sie hergetragen, wo-
auf Ihr vorgehalten, wann Sie vor der
abkochung wehren darinnen gewesen;
hetten die Würmer sterben müssen;
wehren also nach der kochung dieselbe hineingekommen, sonsten aber
gestehet sie, daß sie die Eyer also-
baldt sie abgekocht gewesen, Ihrer
Tochter nach Rotenburg gebracht;

Frage 12
Weiln die Tochter sagte und gäntzlich
dafür hielte, daß ihr die Eyer von
bösen leuten darumb zugebracht, daß
sie nicht sollen zu grund gehen und offentlich bekennet, daß es ihr, von ihr alß
ihrer Mutter zugebracht, so wehre
ja zu vermuthen, daß Sie was böses
wißen müste, was sie darzu sagte?

Antwort 12
Solches wehre ihr zu behend zu sagen
wiße anders nichtes, alß was in Gottes Wortt und den heil. Zehn geboten verfaßet, solche hette sie auch
ihren kindern vorgebetet;

Frage 13
Ob sie nicht für einigen tagen die Nacht
heimblich aus dem hauße von ihren
Manne, weggegangen und theils ihrer
besten kleider mit weggenommen?

Antwort 13
Negat.
[390]

Frage 14
Wohr sie damahls hingangen?

Antwort 14
Wehre des Morgens ausgangen, alß
es tag geworden und des andern abends
bey Sonnenschein wieder zu hauße
gekommen und wehre nach Bulverstett nach ihrer Schwester gewesen; [391]

Frage 15
Zu was ende solches geschehn und ob
ihr Mann darumb gewußt?

Antwort 15
Hette sie einmahl besuchen wollen
weiln sie fast inn 2 Jahren nicht bey
Ihr gewesen, sey mit Wißen und Willen ihres Mannes geschehen;

Frage 16
Ob Sie nicht nach ihrer Schwester nach
Bulverstett inns Amt Ottersberg ge-
kommen und wie ihr Mann heiße?

Antwort 16
Affirmat, und heiße ihr Schwager
Barthold Papen; [392]

Frage 17
Ob nicht derselben sie gefraget, wie es
jüngsthin zu Rotenburg mit ihrer Tochter aufn Wasser abgelauffen, Ihme
deuchte, daß solches nur schlecht abgange,
und gesagt, der Teuffel mögte Sie zusammen holen und wann er wüßte, daß
sein weib auch eine Hexe wehre, so wolte
er ein fuder holtz nehmen, Sie, nehmlich
seine Frau oben darauff setzen und
den Herrn zu verbrennen hinfahren?

Antwort 17
Affirmat, inclusive biß zu den Wör-
ten, es wehre schlecht abgangen, reliqua non audivit; [393]

Frage 18
Ob nicht inn selbiger Nacht sein bestes Pferd umbkommen und todt geblieben?

Antwort 18
Die Nacht wie sie da gewesen, sey
es nicht geschehen, sondern zuvor, wie
Ihr Schwager gesaget, hette auch geredet, wann dies bewehr [394] nicht wehre ein-
gefallen, hetten Sie ja das brodt noch
woll haben können;

Frage 19
Wie lange sie zu Bulverstett gewesen und wohr sie von dar weiters
hingangen?

Antwort 19
Sey zu Bulverstett eine Nacht gewesen und durch Narten wieder nach
Hauße gangen und bey tage zu hauße
kommen;

Frage 20
Ob Sie von sich selbsten nach Waffensen und zu Hauße gangen, oder ob Sie
von ihren Manne wieder heim geruffen und wie lange Sie weggewesen?

Antwort 20
Sey von sich selbsten wieder nach Hauße
gegangen;

Frage 21	Antwort 21
Warumb Sie heute so ohngerne anhe-ro nach Rotenburg kommen wollen, da es doch so innständig von ihrer Tochter begehret worden?	Hette sich nicht geweigert mitzugehen, sondern nur einen Tuch uf den kopff mitnehmen wollen;

Frage 22	Antwort 22
Warumb Sie dann gelegenheit gesuchet vom Hauße wieder hinunterzukommen und ohne uhrlaub davon zu gehen?	Negat, daß Sie gelegenheit gesuchet vom Hauße Rotenburg zu gehen;

Anmerkungen:

[386] es scheint, als sei ihr das Schnürkleidchen heruntergerissen worden, was wohl nicht so einfach geht, selbst nicht bei einem 2jährigen Kinde. [siehe 350]

[387] Peull = Beule

[388] Cessat = es möge aufhören

[389] die alte Frau Margrethe war Mettes alte Schwiegermutter gewesen, nach der sie die Tochter Margarethe taufen ließ. Sie wurde 1683 in Scheeßel begraben.

[390] Negat = Verneinung, Leugnen

[391] Mette MEINKENS Schwester [siehe 392], siehe Personenübersicht im Teil 6.2b

[392] Barthold PAPE, der Schwager von Mette MEINKEN geb. HOOPS in Bülverstedt [391]

[393] reliqua non audivit = das übrige hat er nicht gehört

[394] bewehr = gewesen / war

Ist nach ietzerwehnter aussage die Frau inn etwas abge-wiechen und Ihr Mann Claus Meineken wiederumb einge-fodert und gefraget, ad interrog [395]: 13. seine wißenschaft zu bekennen, saget: Daß den abendt, wie die Tochter ufm Waßer gewesen, sey sie mit ihm nach Hauße und als Er aufs bette liegen gangen, wehre sie nicht bey ihme aufs bette liegen kommen, besondern ufs Kinderbette, den Mor-gen früh aber inn der tagung, wehre Sie zu ihme vors bette kommen und Ihn aufgewecket, sagende, Sie wolte für die thür gehen, wehre aber den gantzen tag außen geblieben und ehe nicht biß ufn abendt wieder gekommen, wo sie aber ge-wesen, sey ihme gar ohnbewust, denn er ietzo keine große gemeinschafft mit ihr hette; Die andere Nacht sey sie wie-der inn hauße gewesen, aber auch nicht zu ihm ufs bette kommen wo sie gewesen, wiße er nicht, möge woll ufn stroh geschlaffen haben, des Morgens frühe wehre sie wieder vor sein bette ge-kommen und gesaget, Sie wolte nach bulsteste nach ihrer Schwester gehen [396], ob sie nun da gewesen wiße Er nicht, sie sey sonsten die Nacht ausgewesen und folgenden abends wie-der zu hauß kommen;

(Bem.: Bewertungsvermerk)

Die Frau wardt gefraget, ob dann solches so heymblich seyn müße, daß ihr Mann davon nichtes wißen dörffen, hette ja den tag essen müßen und weiln ihr den Morgen früh etz-liche ihres Kirchspiels Eingesessene uff den Kurtzen Mohre nach Brehmen zue, so bey 4 Meil weges von ihres Man-nes haußse zu Wester Esche gelegen, begegnet und von den-selben angeredet, so hette sie ja nicht inn Spieker [397] seyn können; Ist Sie darüber bestürzet worden und hat nichts gewust darauff zu antworten, endlich aber gesaget, die Kinder hetten es woll gewust, daß sie inn Spieker gewesen;

Weiln nun ab solchen allen und sonderlich daß die Tochter vorher bekennet, daß was Sie wüste, solches ihre Mutter ihr
gelernet hette, Sie sehr Verdächtig; Alß ist der Mann
wieder eingeruffen und ihme vorgehalten, daß sich so
viel indicia wieder seiner Frau gefunden, daß das gericht
genugsamb befuegtt, dieselbe einzuziehen und weiter wieder dieselbe zu inquiriren [398]; So stellete mann Ihme frey
ob Er für seine Frauw caviren [399] wolte, selbige allemahl
wieder zu stellen, wann das gerichte ihrer begehren wehre,
Nachdem Er aber darzu sich keinesweges verstehen wollen,
ist mann verursachet dieselbe biß zu fernerer rechtsver-
ordnung inn arrest zu nehmen und uf eine Cammer a part
ad custodiam [400] bringen zu laßen, wormit Sie auch gerne zu-
frieden gewesen, nurten daß sie gebeten, mann mögte
sie solange wieder zu hauße laßen, biß sie ihren kindern
etwas halb wüllen mögte zu rechte machen, worinn ihr
aber nicht willfahret werden können, sondern ist uf
die dazu zugerichtete Cammer geführet, worinn sie
auch biß den 5:ten tag gewesen, da sie sich selber erhencket, [401]

Actum ut supra [402]

Jost Prott   Peter Bapst
Johann Jordan   Burghardt Schmidts
Philip Rudolf Damman
Und andere Unterschriften

Protocollum von 25:ten Juny Ao: 1664

- -

Anmerkungen:

[395] ad interrog. = interrogativ = ...(?)
[396] Claus MEINKEN bestätigte, das er von der Reise zur Schwester wusste
[397] Spieker = Speicher, Vorratshaus (?)
[398] inquiriren = untersuchen (?)
[399] caviren = bürgen, gut sagen
[400] Cammer a part ad custodiam = extra Raum im Gefängnis
[401] Beleg, daß Mette sich selbst erhängt hat. Ist dies aus Kummer, nicht zu den Kindern
nach Hause zu dürfen geschehen, denn bisher konnte man ihr ja nichts nachweisen ?
War es die Angst vor der Folter oder Verzweiflung ? Welchen Grund hatte Mette,
dieses zu tun ? Es können sicherlich viele Gründe angeführt werden, aber keiner wird
den wahren Grund benennen können, wenn es derer nicht gar viele gab ?
[402] Actum ut supra = zuverlässig, wie geschehen aufgeschrieben [352]
Bem.: In den Augen der Häscher war der Selbstmord sicherlich ein Schuldeingeständnis !

- -

34. Schreiben an die Universität Helmstedt vom 26. Juni 1664 (Copie)

Copia
Schreiben ann die Universität Helmstätt
Von 26:ten Junii ao: 1664

Die wegen Hexerey inhafftirte und torquiirte [403]
Margreten Meineken betreffend.

Woll Edle, Gestrenge, Veste undt Hochgelahrte,
Innsonders Hochgeehrte Herren

Welcher gestalt das Gerichte Hiesiger Hochgräflicher Königß Markischen Herrschafft undt Haußes Rotenburgs ohnlängsthin inn einen Hexen Process ohnumbgänglich impliciret undt wie weith auf eingeholeten
Rath der Rechtsgelehrten, auch sonsten darin seithero verfahren, solches gelieben Unsere Hochgeehrte Herren ab bey verwarten Actis undt Proto-
collis nach mehrer Länge zu vernehmen; Undt obzwar
das Gerichte Inquisitinnen nach anweisungk des
von der Juristen Facultät Rinteln anderweith gegebenen Responsi [404] auf die darinnen mentionierte [405]
Caution der Hafft gerne erlaßen undt super fama
inquiriret hette; So haben doch entzwischen sonderlich, wegen des zuletzt in actis beschriebenen Ey-
es sothane nova emergentia [406] sich hervorgethan,
daß das Gerichte ohne anderweithe rechtsbelehrung darunter etwas weiters vorzunehmen,
bevorab der leidige fall mit inquisitinnen incusto-
dia sich selbst erhenckten Mutter, inngleichen daß
Inquisitinnen nunmehro freywillig gestehet, daß
Sie eine Zauberinnen undt von ihrer Mutter solches gelehret, dann auch der respective Ehemann undt
Vater zu keiner Caution durchauß sich verstehen
wollen [407], bedenkens getragen; Gelanget demnach ann Unsere Hochgeehrte Herren unßer
Dienstfreundliches ersuchen, selbige geruhen
wollen, beyhaltende Acta ohnbeschwerdt mit
fleiße Collegiatiter zu verlesen undt nach reiff-
licher erwegung deroselben dero rechtliches bedencken umb die gebühr (: Welche Vorzeiger ex-
presher abzustatten befehlichet.) welchergestalt
nehmblich wieder inquisitinnen fürters zu procediren, nebst remittirungh [408] der acten fordersambst
zu communiciren undt zu übersenden; Wormit,
negst getreuer empfehlung Gottes gnädiger
beschirmung verbleibendt;

Unserer Hochgeehrten Herren
Dienstbereitwilligste

Jost Prott   Peter Bapst
Hauß Rotenburg, den 26:ten Junii ao: 1664

Philip Rudolph Damman
und andere Unterschriften

Anmerkungen:

Mit diesem Schreiben wechselte das Amt Rotenburg die Fakultät von Rinteln nach
Helmstedt. Versprachen sie sich keine Hilfe mehr aus Rinteln oder mochten sie nicht
mehr dort erneut anfragen ? Konnte Helmstedt die erhoffte Hilfe gewähren, den Prozess
schnell und erfolgreich zum Ende zu führen ?

[403] torquiirte = gefolterte
[404] Responsi = Antwort
[405] mentionierte = erwähnte
[406] sothane nova emergentia = sodann erneutes Auftauche ...(?)
[407] eine Kaution hätte beide wohl retten können ?
[408] remittirungh = zurücksenden / Rücksendung

---

35. Protokoll der Leichenschau nach Suicid von Mette MEINKEN vom 29. Juni 1664

Bem.: Es gibt auch hier 2 Ausfertigungen, die gering unterscheiden, Unterschiede sind mit einem [x] in beiden Texten gekennzeichnet

Copia
Rintelschen Responso Juris
Inn Peinlichen Sachen

Der wegen beschuldigter Hexerey inhaftirten [409]
Undt gebadeten Margrethen Meineken
Vom 22:ten Juny Ao: 1664

Protocollum vom 29:ten Juny ao: 1664

Wegen dero auffen Hauße Rotenburg
Sich selbst aufgehenkten Metten
Meineken, als der inhaftirten Dirnen Mutter

Alß den 29:ten Junii [x] Ao: 1664 ohngefehr umb 11 Uhr [410]
Vormittage den hln Drosten und Ober Inspektorn der
Herrschafft Rotenburg angezeiget und vorgebracht,
daß die wegen beschuldigter hexerey inhaftirte Mette
Meineken inn der Custodia, selbigen Morgens zwischen
-8 und -9 unter der Predigt sich selbsten erhencket, hat
derselbe den Herrn Ambtmann hiesiger Herrschafft,
Peter Bapst, Herrn Probsten M. Henning Schrödern,
Herrn Ober Förstern Johan Jordan [411], Herrn Kornschreiber Burghardt Schmiedt [412], Herrn Voigten zu Sottrumb
Henrich Strüwer [413] und mich Philip Rudolff Damman Notarium Publicum [414] zu sich ufs Hauß Rotenburg fordern laßen
und begehret, nebst Ihme [x] Unß nach der Custodia zu ver-
fuegen und die erhenckte Persohn zu besichtigen,
auch als bald geschehen, da sich befunden, das dieselbe
ein Oberhembd zusammengedrehet, und unten an den
Hembte eine kleine linie [x], so von Garn gewesen (wie soln
[x] Ihrs der Scharffrichter also besehen und berichte) welche
Sie umb den Halß gehabt, und sich [x], selbst damit, ohngefehr
[x] 2 Fueß hoch von der erde, ann einen spitzen hölzten nagel,
so durch ein Holz [x] geschlagen gewesen erhencket, beede arme und hände seyn bey Ihr herunter gehangen und inn der
linken hand [x] hatte Sie den Daumen fest eingedrucket,
die Schuhe waren ausgezogen, Ein Wammes und ein
rogk ist neben ihr aufn stroh gelegen, Ihr Schnürleibgen [x],
wie auch einen alten rogk hat sie noch angehabt, [x] wie
auch die strümpffe, ist also bis auf [x] den nach Mittag
umb 5. Uhr behencken blieben, [x] Sie durch des Scharffrichters Diener mit 2 Pferden nach dem Galgenberge
geschleppet und daselbst [x] bescharret worden [415] und berichtet
dabey der Scharffrichter, dass Ihr auch der Hals gantz [416]
entzwey gewesen, und von einer seite zur der andern
gefallen, die Knochen waren entzwey gewesen und [x] hetten
geknurret, daß manns recht [x] hören können, auch wie sie
inn die Erde gescharret, trefflich geblutet hette, daß
davon ein ziemblich Puel [417] uf die erde zu stehen kommen,
Actum Rotenburg Anno, mense, die [x] ut supra

In fidem Protocolli: sub scripsit Philip
Rudolphs Damman Not: Caes: juratus
Jost Protten und andere

190

[409] Das Schreiben ging als Kopie an die Juristische Kammer in Peinlichen Angelegenität der Fakultät Rinteln und Margarethe wird noch immer nur als „Beschuldigte" bezeichnet.

[410] genaue Angaben des Zeitpunkts der Meldung des Todes

[411] Johann JORDAN, siehe Personenübersicht im Teil 6.2b

[412] Burghardt SCHMIDT, siehe Personenübersicht im Teil 6.2b

[413] Henrich STRÜVER, siehe Personenübersicht im Teil 6.2b

[414] P. R. DAMMANN, siehe Personenübersicht im Teil 6.2b

[415] konnte der Nachrichter auch gesondert abrechnen, siehe Teil 6.4 / 6.8

[416] das Genick war also nach der Schleppung zum Galgenberg gebrochen. Vom gebrochenen Genick war im Protokoll nach dem Auffinden in der Zelle noch nicht die Rede. Ist der vom Nachrichter beschriebene Zustand auf das Schleifen auf der Erde mittels der Pferde auf dem Weg zum Galgenberg mit der Schlinge um den Hals zurückzuführen ?

[417] Pfütze, Lache

Bem.: Wollte Mette durch den Selbstmord das Leben ihrer Tochter retten ?

(die zweite Ausfertigungen / Copie)

Als den 29. Juny des [x] tagh Petri und Pauli, ungefehr umb 11 Uhr Vormittage, dem Herrn Drosten und Ober Inspectorn der Herrschafft Roten-burgh angezeigt und vorgebracht, daß die wegen beschuldigter Hexerei inhafftierte Mette Meineken, in der Custodia [418]; selbigen Morgen zwischen -8 und -9 unter der Predigt [419], sich selbsten erhencket, hat derselbe den Herrn Ambtmann hiesiger herrschafft Peter Bapst [420], Herrn Probsten hl. Henningh Schröeder [421], Herrn Ober Förster Johann Jordan [422], Herrn Kornschreiber Burghardt Schmiedt [423], Herrn Voigten zu Sottrumb Hinrich Strüver [424]
und mich Philip Rudolph Damman [[425] Notarium Publicum, zu sich ufs hauß Rotenburg fodern laßen und begeret, nebst Ihme [x] nach der Cu-stodia zu verfüegen, und die erhengte Persohn zur besichtigen, so auch alßbaldt geschehen, da sich befunden, daß dieselbe ein Ober-hembdt zusammengedrehet, und unten am selbigen hembte eine kleine Linie oder strick [x] von garn gewesen; (wie solches [x] der Scharfrichter besehen und berichtet) welcheß Sie umb den Hals gehabt, und [x] damit sich selbsten, ungefehr an [x]2 fueß hoch von der Erde, an einen Spitzen höltzern Nagell, so durch einen Stamme [x] geschlagen geweßen, erhencket, Beide arme und hände sein bei Ihr herunter gegangen und in der Linken handt [x] war der Daume fest eingestrücket, die Schuhe waren ausgezogen, Ein Wammeß und ein Rock ist neben Ihr uffen Strohe gelegen, Ihr Schnürleibichen[x], und einen alten Rock [x] wie auch die Strümpfe hat sie noch angehabt, Ist also biß uffen [x] Nachmittags umb 5 Uhre behencken geblieben, [x] da sie durch deß Scharffrichters Diener mit 2 Pferden nach dem Galgenberge geschleppet und daselbst [x] eingescharrt worden, Und berichtet dabei der Scharffrichter, daß Ihr der Halß ganz entzwei gewesen, und [x] were er von einer seithen zur andern gefallen, die Knochen, war dieselbe entzwei gewesen, gekennet hetten, daß man eß noch [x] hören können, Auch wie sie in die erde gescharret, trefflich geblutet hette, daß davon eine ziembliche Pfuel uff die erde zu stehen kommen; [426]

Actum Rotenburgs, Ao mense, die [x] et loco ut supra [427]

In fidem Protocolli: sub et scripsit Philip
Rudolph Damman Not: Caes: juratus mppr

Anmerkungen:

[418] Custodia = Gefängniszelle

[419] unter der Predigt bedeutet nicht die Rotenburger oder Scheeßeler Kirche, sondern ein Ort im Schloss [siehe im Teil 6.2 Fußnote 12) im Artikel von Hermann RUETE)

[420] Peter PABST, siehe Personenübersicht im Teil 6.2c

[421] Henning SCHRÖDER, siehe Personenübersicht im Teil 6.2c

[422] Johann JORDAN, siehe Personenübersicht im Teil 6.2c

[423] Burghard SCHMIDT, siehe Personenübersicht im Teil 6.2c

[424] Hinrich STRÜVER, siehe Personenübersicht im Teil 6.2c

[425] P. R. DAMMANN, siehe Personenübersicht im Teil 6.2c

[426] das Schleifen zum Galgenberg hat seine Spuren an der Leiche hinterlassen

[427] Ao mense, die = Ao = Anno / mense = Monat / = Jahr, Tag, Ort u. Stunde
et loco ut supra = actum ut supra = wie oben schon beschrieben

36. Protokoll der Vernehmung von Margarethe MEINKEN vom 30. Juni 1664

Act: den 30:ten Juniy

Alß die Mutter in custodia [428] sich erhencket und die Acta anderweit ad Doctos verschicket werden sollen, ist inhaftirte inquisitinne nochmahlen gerichtlich Vorgefodert und ihrer wißenschafft halber, auch in specie was Vorbeschriebener maßen ad Protocollum gebracht, mit fleiße befraget worden, da sie dann nicht allein solches alles nochmahlen freywillig wiederholet undt zugestanden, sondern auch zuletzt bekennet, daß Sie eine Hexe wehre und ihre Mutter ihr solches zu Wester Esche inn ihres Vatern hauße beyde aufn stuhl sitzend gelehret, undt die Wortte, Hier stehe ich auf den mist, verschwere den Herrn Christ, ein mehreres aber davon könte Sie ietzo sich sobaldt nicht erinnern, ihr vorgesagt, Sie hette aber kein böses gethan, wehre auch noch nimmer auf dem tantze gewesen, es solte nach [429] der hand ihr noch woll ein mehrers bey fallen, und ob es geschienen, daß Sie woll gerne mähr sagen wollen, hat mann gemercket, alß wann sie die wortte wieder zurügkgezogen und damit nicht hervorbrechen können oder auch dörffen, und weiln nichtes weiters zu erhalten gewesen, ist Sie damit wiederumb eingesettzet und beschloßen, die Acta anderweith zu verschicken;

Jost Prott   Peter Bapst
Johann Jordan   Burghardt Schmiedt
Philip Rudolf Damman

Und andere Unterschriften

(Umschlag)

Protocollum von 23:ten Juny, auch 24:ten und 30:ten ejusdem, Ao: 1664

Anmerkungen:

[428] custodia = in der Zelle / im Gefängnis

[429] Margarethe beteuert, nichts böses getan zu haben; für den Richter leugnet sie

37. Antwort der Universität Helmstedt vom 14. Juli 1664

Copia

Schreibens ann die Universität Helmstätt
Vom 26:ten Junii ao: 1664

Die wegen Hexerey inhaftirte
Und torquirte Margretha
Meineken betreffend

Unßer freundliche Dienst zuvor Woll Ehrenveste gönstige Herren und Freundte;

Wir haben die hiernebst zurügkkommende undt
wieder Margreten Meineken geführte Inquisitions Acta dem ersuchen nach bey versamb-
leten Collegio mit gehörigen fleiß verlesen undt
woll erwogen; Erkennen darauf für recht,
obwoll die gefangene Margretha Meineken
am 24.ten Junii ausgesaget, daß Sie der Denunciantinnen Catharinen inn Buxtehude etwas lehren
wollen, Sie wüste es aber nicht mehr; Item
am 30.ten ejdem [430] bekennet hatt, daß Sie eine
Hexe wehre undt ihre Mutter ihr solches zu Wester Esche inn ihres Vaters Hauße aufm stuhl
sitzende gelehret undt die Wortte: Hier stehe
Ich auf dem mist; pp. ihr vorgesaget; Dieweil
jedoch darauß nicht eigentlich zu vernehmen, ob
Sie die ietzerwehnte Wortte nachgeredet undt
also Gott im Himmel abgesaget undt dem
Teuffel sich ergeben habe; So ist inn dieser
Peinlichen undt sehr bedencklichen Sache zufodrist
der Inquisitinnen rechtes alter zu erkundigen,
undt deshalber beglaubter schein oder Zeugniß
ad acta zu bringen; Darauf Sie weiter
undt anfangs inn der güte zu befragen; Ob sie
nicht nochmahlß bekennen müße daß ihre Mutter ihr die Hexerey gelehret? Mit waß Wortten undt wo sie solches gethan? Ob Sie derselben die Wortte nachgeredet? Wie die von
anfang biß zu ende gelauttet undt heißen?
Ob Sie nicht darinnen Gott im Himmel abgesaget undt dem Teuffel sich ergeben? Ob Sie
nicht sich mit demselben sich ohnnatürlicher Weiße vermischet undt gebuhlet? Ob undt wehme Sie mit ihrer
Hexerey schaden gethan? Wann Sie
nun die wahrheit nicht bekennen wirdt, ist
Sie von dem Scharffrichter, mittelst deren
zur Peinlichkeit gehörigen Instrumenten zu bedrewen, auch da sie noch nicht recht zugeben [431]
würde, zu gründtlicher erkundigungh mit peinlicher scharfen frage, jedoch menschlicher
weiße zu belegen, undt was Sie bey jedtwe-
den acriby undt darunter mediante tortura, [432]
nach dem Sie deren entlaßen, auf jedtwedes
fragstueck aussagen wirdt eigentlich undt deutlich zu protocolliren, undt aufzuzeichnen; auch des
dritten tages hernachher inn abwesenheit des

Scharffrichters darüber nochmahlß zu vernehmen undt solches wiederumb fleißig nie-
derzuschreiben undt ad acta zu referiren; Er
gehet allsdann nach befindung. Darauf ferner was recht ist, von rechts wegen; Uhr-
kundtlich wie dieses mit Unßer Facultät Inn-
siegel betrügken laßen;

So geschehen Helmstedt, den 14.ten Julii ao: 1664

        Ann

hln. Jost Protten undt Peter Bapten, respect. Drosten Undt Ambtmann der Herrschafft Rotenburgh	Decanus, Senior undt andere Doctores der Juristen Facul- tät daselbst

        Und andere Unterschriften

(Umschlag)

Copia
Helmstedtischen Responso Juris
Inn Peinlichen Sachen

Der inhaftirten undt hexerey beschuldigten
Auch theilß güttlich zugestandenen
Margrethen Meineken

Vom 14:ten July: 1664

Criminalacten
Uhrgerichts Protocollum vom
23:ten July Ao: 1664
Inn Peinlichen Sachen
Dero Zauberey halber eingezogenen
Margrethen Meineken

Anmerkungen:

[430] ejdem = diesen Monats (bezog sich auf das Datum in der Kopfzeile)
Bem.: Sie hat am 30ten gestanden! Hatte sie der Mut nach dem Tod der Mutter
verlassen? Hatte ihre Mutter vor einer weiteren Folter Angst und sich deswegen
umgebracht ?
[431] Helmstedt rät zur Folter, wenn auch in der niedrigeren Form
[432] mediante tortura = leichte Folter, eine noch nicht bis zum Ende durchgeführte Folter,
z.B. das Anlegen und leichtes Anziehen der Spanischen Stiefel. [siehe 534]

Dachte der Richter, dass es nun endlich voran ging und man die Tortur einsetzen durfte ?

----

38. Extract Uhrgerichtsprotokoll von Margarethe MEINKEN vom 23. Juli 1664 <u>Lit. A</u>

Lit: A. Extract
Gehaltenen Uhrgericht Protocolli auffn
Hauße Rotenburg, Saturni, den 23.ten
    July Ao 1664

Bey der Jüngsthin verbrandten Margreten [433]
Meineken vorgenommenen Tortur;
Margareta Meineken bekennet ohne einige
befragung auff folgende Persohnen;

1. Zum Oldenhöffen Peter Meineken fraw Cillie [434]

2. Zum Borstell Cillie [435]

3. Die Buddische zu Abbendorff [436]

4. Greten Henrich zu Wester Esche, so ein Heuß- [437]
      lingk bey Lütken Heidtmanß seine fraw Margrete; [438]

5. Zu Hitzwede Dierich Hastetten sein fraw, wehre [439]
      auch eine Hexe;

6. Zu Weesterholtze wehr auch eine fraw ke-
      nete aber den nahmen nicht; [440]

In fidem praenisshorum subseripsit [441]

    Jost Prott alß Gerichts Director

Und andere Unterschriften

Anmerkungen:

[433] Margarethe wurde hier am 23. Juli 1664 als „jüngsthin verbrandte" bezeichnet, wurde aber erst am 9. September 1664 aktenkundig hingerichtet. Sicherlich wollte der Protokollführer „gebadet" schreiben, aber hier war es wohl eine sogenannte „Freudsche Fehlleistung" welche die Hand führte. War das Urteil über Margarethe zu diesem Zeitpunkt im kleinen Kreise schon beschlossene Sache ?

[434] Cillie MEINKEN, siehe Personenübersicht im Teil 6.2b

[435] Cillie BASSEN, siehe Personenübersicht im Teil 6.2b

[436] Catharina HEITMANN, siehe Personenübersicht im Teil 6.2b

[437] Greten HEITMANN, siehe Personenübersicht im Teil 6.2b

[438] Lütke HEITMANN, siehe Personenübersicht im Teil 6.2b

[439] Anna HASTEDE, siehe Personenübersicht im Teil 6.2b

[440] N.N. aus Westerholz, siehe Personenübersicht im Teil 6.2b

Bem.: Margarethe MEINKEN hatte laut Protokoll aus freien Stücken aus Sicht der Ankläger Namen von Mittätern und Mittäterinnen genannt. Als Folge wurde der Prozess von 1665 abgehalten.

[441] In fidem praenisshorum subseripsit = wie zuvor oben beschrieben zur Beglaubigung

----

39. Uhrgerichtsprotokoll der Margarethe MEINKEN vom 25. Juli 1664

Actum Saturni, den 25:ten July Ao 1664
aufs Hauß Rotenburg

Praesentibus Herrn Drosten und Ober Inspectorn
Jost Protten, Herrn Ambtmann Peter Bapsten,
hl. Oberförster Johann Jordan, hl. Eberhardt
von Münchhausen, Ambts Voigt zu Ahausen,
hl. Burghardt Schmiedt, Kornschreiber zu Rotenburg, hl. Conrad Reden, Ambst Voigt zu Schneverdingk und hl. Philip Rudolf Damman
Bügermeister zu Rotenburg;

In Peinlichen Sachen
Der Inhaftirten Margreten Meineken
Venificii

Alß aufs drittmahlige verschickung
der acten, Die Juristenfacultät zu Helmstädt
respondiret [442] und für recht erkandt, daß der Inhaftirten rechtes alter zu erkundigen, so das dieselbe
über gewisse nachgesetzte fragestueken nochmahln
in güte zu befragen, wann Sie aber die wahrheit nicht
bekennen würde, dieselbe mittelß vorzeigung
deren zur Peinlichkeit gehörigen instrumenten
zu bedrohen, da sie noch nicht recht zugehen wieder
zu gründtlicher erkundigung mit peinlicher schoffen [443]
frage, jedoch menschlicher weise zu belegen, und waß
Sie also bey jeden acriby, meciante tortura [444] nachdem
Sie deren erlaßen, aufs jedwedes fragstücke aussagen
würde eigendtlich und deutlich zu protocolliren und
auffzuzeichnen, auch des dritten tages hernacher
in abwesenheit des Scharffrichters darrüber
nochmahlen zu vernehmen und solches zu ferner
nachrichtlichen erkandtnuß wiederrumb fleißig
zu beschreiben und ad acta zu referiren;
So ist sothaner erkandtnuß zufolge und obbesag-
tes examen ad effectum [445] zu bringen, heutiger Gerichtstag dazu bestimmet, und nach dem der hl. Drost
und Ober Inspector, nebst dem hl. Ambtmanne
und übrigen dazu beruffenen Gerichts Asseshoren
obbemeldt inn der durch verordneten Cammer
auffen Schloße [446] sich gesetzet, auch der Scharffrichter
mit denen darzugehörigen instrumenten zur handt
gewesen, ist die inhaftirte durch den Gerichtsfrohen [447]
auch dahin gebracht, und zu fodrist unter fleißiger ermahnung die wahrheit zu bekennen über
nachgesetzte inn der Helmstättischen Urthell dem
Gerichte vorgeschriebene Peinlichen interrogatoria [448]

nacheinander deutlich und verständig, anfänglich
in güte gefraget, deren außage auch stark
kegen über Protocolliret und angezeiget worden.

Interopatoria	Responsiones ad Interrogata

Frage 1
Ob Sie Margreta Meineken nicht
nochmahln bekennen müße das
Ihre Mutter Ihr die Hexerey
gelernet;
Mit waß worten?

Antwort 1
Affirmat.

Sie solte verschweren Gott
im Himmel, die heilige Drey-
faltigkeit, Gott, Vatter, Sohn
und Heiligen Geist, laud und groß

Und wohr sie solches gelernet?

In ihres Vatters Hauße inn
der Cammer;

Frage 2
Ob Sie derselben die worte
nachgeredt?

Antwort 2
Saget Ja, sey geschehen, wie sie
noch jung gewesen, alß sie aber
solches sobaldt nicht thun wollen
wehre die Mutter mit denen zucerbauwme [449] hinter Ihr hergewesen
und hette Sie gedrowet umbs
lebent zu bringen.

Frage 3
Wie die von anfange biß
zum ende gelautet undt
heißen?

Antwort 3
Sie hette es ja all einmahl gesaget, mehr wüste Sie nicht,
wrung die hende und sagte
etzliche mahl, O meine
Mutter meine Mutter

Frage 4
Ob Sie nicht Gott im Himmel
darinnen abgesagt, und dem
Teuffel sich ergeben?

Antwort 4
Antwortet Ja.

Frage 5
Ob Sie mit denselben unna-
türliche weise sich vermischt
und gebuhlet?

Antwort 5
Sagte neyn, Könne nicht sagen
waß nicht wahr were, won
man Sie auch von gliedern zu gliedern
von einander zöge;

Frage 6
Ob und wehme Sie mit Ihrer
Zauberey schaden gethan?

Antwort 6
Niemanden;

Und wie nun dieselbe abereinß in der güte
ermahnet, auch aufs diese 2. letzte puncte
gleich aufs die vorhergehende geschehen, die wahrheit durch güte zu bekommen, sonsten anders
mittel, die sie für augen sehe, zur handt genommen werden müste, Sie aber bey ihren Negat [450] verblieben, und man fast eine stunde mit Ihr darüber zugebracht, daß ein mehrers in der güte nicht
zu erhalten gewesen, hat der Nachrichter seine instrumente ad torquendum hervorgekriegt, dieselben
Ihr vorgezeigt und angefangen präperatoria zu [451]

machen, welches aber auch nicht helfen wollen,
biß man über diesen und vorigen Actum fast
bey 3 stunden lang zugebracht, und wie es dann
nicht anders sein können, ist sie dem Nachrichter
und seinen gehülfen ad torturam übergeben, [452]
der Ihr erstlich die daumschrauben angemacht,
aber nicht sonderlich zugeschroben, da sie zwar
versprochen zu bekennen, und Sie wieder loß
zu machen gebehten, so auch geschehen, hat aber
doch nicht mit herauß gewoldt, worauff Sie
der Nachrichter an die leiter geführet, hat sich
aber sehr gesperret, und abereinß verheißen
inn güte zu bekennen, wo Sie aber von derselben wird verlassen, ist es eben daßelbe gewesen, worauff den Nachrichter Ihr von hinden zu beede hende zusammen gebunden, und unten
ann lincken füeß die Spannische Stiebell, Jedoch
nur gahr gelinde angeleget, hat sie etzliche mahl
gebehten, man solte Sie nicht peinigen und die
Hände so hart binden, Sie wolte bekennen, worin
Ihr auch zu 2. und 3. mahlen gewilfahret, nach
dem aber dieselbe nicht mit herauß gewoldt, sondern
gleichsamb das gerichte ludificiret [453] und verachtet, in
dem Sie sagte, es wehre ja baldt Mittag, sie hette noch
nichts geßen, man solte Sie salvavonio, ihr brüden [454]
laßen, ist dem Nachrichter befohlen worden, Sie in etwas
anzuziehen, wie nun solches wiewooll ziemblich moderate
von hinden zu geschehen, und die eine Spannische Stiebell
unten ann schenkell etwas harter angespannet,
hat sie abermahls geruffen, man solte sie loß laßen,
nun wolte Sie auffrichtig bekennen, wo man Sie
dann nicht mehr peinigen und brüden wolte, ist darauff die Linie nachgelaßen jedoch tortu an der leiter
geblieben, bekennete darauff ad interogatorium [455] 5.
daß Sie mit dem Teuffel buliret und sich mit demselben vermischet, und alß Sie gefraget, wannen
und an waß orth solches geschehen und wie Ihr
Buhle hieße, sagte Sie daß sie noch klein gewesen
wie Ihre Mutter Ihr das zaubern gelehret, und hette
Ihr Buhle erst für ungefehr 4 Jahren mit Ihr zu thun
gehabt und daß erste mahl in der heide, wehre auch
noch zu Ihr kommen und hette mit Ihr buliret, da
Sie unten in andern Loche geseßen, wehre alzeit
schwartz gekleidet gewesen und hette über ein
mahl od viere nicht mit Ihr zuthun gehabt,
und hieß Ihr Bule Gim;

1. Auff daß sechste Interrogatorium sagt undt
   bekennete Sie, daß sie noch nicht vill böses
   gethan, alß daß Sie Ihres nachbahrn zu Wester
   Esche Johan Holsten Kühe, da Sie noch bey Ihren
   Eltern im Hauße gewesen zu tode gehexet, und
   hette Ihre Mutter darzu geholfen;

2. Hette Sie Ihren Vatter einen jungen schwartzen
   Ochsen von 3 Jahren todt gezaubert;

3. Imgleichen der alten Margreten [456] in Ihres Vattern
Hauße einen kleinen schwartzen Ochsen von 2 Jahren
undt hette einen Topff gehabt, worin schwartz
Zeug gewesen so sie dem Kalbe umbs maull ge-
strichen undt Ihre Mutter Ihr solches gewiesen,
und alß Sie gefraget, wie solch zeug genennet
würde, und wo der Topf stünde, sagte Sie,
daß zeug im Topfe hieße Burrian und stunde
derselbe inn Ihres Vattern Hauße inn der kleinen binnen Cammer in einen orte im Sande verborgen, und ein ledig tonichen [457] dafür;

4. Noch Ihren Vatter ein Schaff todt gezaubert
im Winter;

5. Hette Sie mit Ihrer Mutter auch Ihren Vatter
für ohngefehr 2 Wintern Ein Pferd todt gezaubert, uffen tantze sey sie aber nie gewesen;

6. Herman Baden zu Wester Esche 2 Schafe; [458]

7. Clauws Baden nebst Ihrer Mutter eine weiße
Kühe umbgebracht, umb deßwillen, daß die
Mutter mit demselben streit gehabt; [459]

8. Hinrich Ratken zu Wester Esche ein schwartz
Hengstpferd umbgebracht, darumb daß Er
Ihres Vattern Gäntze geschlagen; [460]

9. Lütken Heitmann ein gelbes Mutter Pferdt
im vorigen Winter ein Jahr, darumb das derselbe ihre Schweine geschlagen; [461]

10. Herman Holsten zur Bulte, im vorigen Winter
ein Schwein und als Sie gefraget, ob sie dann,
auch sonderliche worte dazu gebrauchte, sagte
Sie nichts mehren, alß stirb ins Teuffels nahmen, und hette Gim Ihr auch einen Topff mit
schwartzen Zeuge zu bringen pflegen, Burnoster
genandt, so sie auf den wegk legten, wor das
Vieh und die Pferde übergingen; [462]

11. Johan Baden zu Wenteloh [463] darumb daß derselbe einßen am Sontage mit Ihren Vater
sich schlagen wollen, auch ein Schwein zu tode gehexet, und hette Ihr Buhle Gim haben wollen,
daß Sie solchen Schweine auch von dem schwartzen
Zeuge auff den wegk strewen [464] müßen;
Alß nun Tortu gesaget Daß Sie nun nichts
mehr wüste sondern alles bekennet, man
mochte Sie nun wieder gehen laßen, so wolte sie
noch etwas sagen worüber man sich verwundern solte, und gefraget waß solches
dann wehre, hat sie auff ein und andere fra-
wen bekennet, so auch zaubern konten   Vide Extract
und daß sie einßmahl auffen bringe   beylage lit: A
hinter des Oberförsters Hauße mit auffen
Tantze gewesen, sonst aber nicht mehr, und
zudehm schon am Mittage gewesen ist die Dir-

199

ne wieder zu ihren vorigen Custodi [465] hinunter
gebracht, Path [466] daß doch der Probst und die
Pastoren zu Ihr kommen mügten, sie wolte
Sich gerne bekehren; Ihr alter anlanget
sagte sie nochmahlen, daß sie aufs negsten
künfftig fastelabendt 18 jahr alt wehre, [467]
wie solches Ihr Vatter und nachbahren auch
beständig eingezeuget beim hl. Pastoren ist
auch deswegen nachfrage geschehen, weil aber
derselbe noch solange nicht inn diensten gewesen,
hat Er keine nachricht geben können;
Womit daß Gerichte doßmahl auffgeholen
Den Ober Förster ein verzeychniß geben, bey
den leuten, denen daß Vieh umbgebracht, sich
zu erkundigen, ob sich solches auch in der tadt
und wahrheit also verhielte, und daraus for-
dersamst zu relationiren; Dieser nun
hat den 20.ten Juliy ad Protocollum berichtet,
daß Er bey allen fleißig nachgefraget, so
sich auch befunden, wie die gefangene bekennet, außerhalb den 8. Post weg Hentrich
Ratkenß zu Wester Esche [468] Schwartzen Hengst-
Pferdes, so von nichts wißen wollen;

Actum at supra
      In fidem praesnissorum subscripserunt

Jost Protten [469]   Peter Bapsten [470]
                  Burghardt Schmiedt [471]
            Johann Ernst von Münchhausen [472]

      Conrad Rehden [473]
            Philip Rudolph Damman [474]

In fidem Protocolli Ego [475]
Burchardus Spanhake [476]
Notarius Publicus Caesareus subscipsi mpp

Und andere Unterschriften

Anmerkungen:
Präsident dieses Prozesses: „Praesentibus Herrn Drosten und Ober Inspectorn Jost
Protten"
[442] respondiret = antwortete
[443] schoffen = Schöppe, damit war der oder die Beisitzer gemeint
[444] mediante tortura = leichte Folter
[445] ad effectum = zum Erschrecken, sie sollte verängstigt werden
[446] belegt, daß der Prozess auf dem Rotenburger Schloss stattfand
[447] Frohn = z.B. Frohndienst; Gerichtsfrohn = Gerichtsdiener, auch Büttel
[448] interrogatoria = Fragenkatalog
      Bem.: Margarethe gesteht in dieser Vernehmung. Hat der Tod der Mutter dazu
      beigetragen ?
[449] denen zucerbauwme = Zuckerbaum; Als Zuckerbaum wurde in alten Zeiten der
      Christbaum, also der Weihnachtsbaum bezeichnet.
[450] Negat = Verneinung, Leugnen
[451] zeigen und anlegen ohne Nutzung = **Territion** (dt. Schreckung, Teil 4, LfdNr.12a)
[452] nach insgesamt 4 Stunden Vernehmung mit Territion gab man dem Nachrichter zur
      Folter „grünes Licht"
[453] ludificiret = verteufelt / verflucht

[454] salvavonio, ihr brüden = ggf. in Ruhe lassen / sich erholen lassen (?)
[455] ad interogatorium = der Fragenkatalog,
Bem.: Nun gesteht sie Teufelsbuhlschaft und Schadzauber,
[456] ihre Großmutter Margarethe MEINKEN (Mutter vom Vater Claus, □ 1683),
siehe Personenübersicht im Teil 6.2b
[457] ledig tonichen = lerdig / ledig = freies Tongefäß
[458] Harman BADEN, siehe Personenübersicht im Teil 6.2b
[459] Claus BADEN, siehe Personenübersicht im Teil 6.2b
[460] Gäntze = Gänse und Hinrich RATHJEN, siehe Personenübersicht im Teil 6.2b
[461] Lütke HEITMANN, siehe Personenübersicht im Teil 6.2b
[462] Herman HOLSTEN, siehe Personenübersicht im Teil 6.2b
[463] Johann BADEN, siehe Personenübersicht im Teil 6.2b
[464] strewen = streuen
[465] Custodi = Gefängnis
[466] Path = Bitte
[467] Margarethe sagte: sie wäre am Fastelabendt 1665 18 Jahre alt. Also hatte sie
zwischen dem 9. September 1646 und dem 11.02.1647 Geburtstag. Oder war der
Fastelabend 1648 ihr 18. Geburtstag gewesen ?
[468] Hinweis als Postwirt, Hinrich RATHJEN, siehe Personenübersicht im Teil 6.2b
[469] Jost PROTT, siehe Personenübersicht im Teil 6.2b
[470] Pater PABST, siehe Personenübersicht im Teil 6.2b
[471] Burghardt SCHMIDT, siehe Personenübersicht im Teil 6.2b
[472] Johann Ernst von MÜNCHHAUSEN, siehe Personenübersicht im Teil 6.2b
[473] Conrad REHDEN, siehe Personenübersicht im Teil 6.2b
[474] P. R. DAMMANN, siehe Personenübersicht im Teil 6.2b
[473] In fidem Protocolli Ego = zu Protokoll gegeben und bestätigt durch
[476] Burchard SPANNHAKE, siehe Personenübersicht im Teil 6.2b
Bem.: Es gibt eine zweite Version dieses Protokolls, welche wir darunter eingefügt haben.

- -

40. Urgerichtsprotokoll vom 30. Juli 1664 (Copia)

Über die von inhafftirten Margretheb Meineken, wegen
Gegangener Zauverey ratificirten undt wiederholeten
Uhrgricht   vom 30ten Juli ao 1664

Zu wißen seyn inn Nahmen Unßeres Herrn undt Heylandes Jesu Christi durch dieses
ofene Instrumentum jedermänniglich, daß nach deßen heilsamen geburth, im 1664ten
Jahre, in der 2. Indition bei Herrschaft und Regierung dass (Tit) Herrn LEOPOLDI. Dießes
Nahmens deß ersten gewählten Königlichen Keisers, zu allen Zeiten wehren deß Reichs,
in Germanien Etc. Unsern Allergnädigsten Herrn Ihrer Keiserlichen Majestäth Reiche des
Hungarisch inn 8. deß Böhmischen inn 7. und Römischen inn 6. Jahre, den 30. Juliy
ohngefehr 11 Uhr, uff unseren dass wohl Edlen, großen Drosten Herrn Jobst Protten,
Königlicher Majestät: zu Schweden, woll Verendisch Drosten zur Blumenthal und
Neukirch auch Hochgräflich Königsmarkisch Ober Inspector der Herrschaft Rotenburgs
uff dass gemelter hl. Drosten zur gerichtlichen Logenens auffen Hauß Rotenburgk Ich
ends benannter Notari erschienen bin, und geh; Wie deßen gesiemet nebst dem Gerichts
Assessor die wegen Hexerei beschuldigte und inhafftirte Magdt Mette Meineken von
Westeresche, uff die ...... und so Ihr inder Tortur den am 22ten Juliy vorgehalten, und
zwar dieselbe, bekannt und gestanden, nochmals gütlich zu examiniren und zu befragen,
und Ihre aussagen fleißig ersuchen, danach auch taht: ..... bewolt, deren aussage und
bekenntnisses uffs fleißigste zu protocolliren und inn ad mehr Instrumenta darüber zu
...... und umb die gebür die sembtliche anwesende Herrn Gerichts Assehoren, ledig und
loß, ohne bisher deß Scharffrichters vorgestellet und umb folgende sämbtliche
Instrumentia Ihr dieselbe auch inn obbemelter .... Tortur vorgehalten examiren und
befraget, worauff dieselbe .... Gestehe .... Und aussaget, wegen die Puncte worauff
inhaftirte Mette Meineken güetlich examirte befragen;
Auch ob sie dieselben nochmaln bekennen und geständig sein wollte, Puncte, wie Ihr
dieselbe in der ...... den 23ten July vorgehalten, auch bekannt und gestanden;

(eine zweite Version (Copie?) vom vorstehenden geschriebenen Text)

Zu Wißen seyn inn Nahmen Unseres Herrn undt Heylandes Jesu Christi durch dieses offene Instrument jedermänniglich, daß nach deßen Gnadenreichen Geburth, im 1664ten Jahre, inn der Römer Zinßzahl, Indictio genandt, der 2te bey Hersche undt Regierung des aller Durchlauchtigsten, Großmächtigsten undt Unüberwindlichsten Fürsten undt Herrn, Herrn Leopoldi, dieses Nahmens des ersten, erwählten Römischen Keysers, zu allen Zeiten Mehrern des Reichß, inn Germanien, zu Hungarn Boheimb, Dalmatien, Croatien undt Selavönien, Königß, Ertzhertzogen zu Östereich, Hertzogen zu Burgund, Steyern, Cärnten, Crayn undt Wirttenberg, Grafen zu Habspurg undt Tyroll etc: Unßeres aller Gnädigsten Herrn, Ihrer Keyserl: Mayjestät: Reiche des Hungarischen inn 8ten des Böheimbschen inn 7ten undt des Römischen inn 6ten Jahre, den 30ten Julii, ohngefehr umb 11 Uhr Vormittage, uf erfordern des woll Edlen, Gestrengen, Werten Herrn Jost Protten, Königl: Schwedl: Woll Verordtneten Drosten zum Blumenthall undt Neuen Kirchen, auch Hochgräffl: Königßmarkischen Ober Inspectorn der Herrschaft Rotenburgh inn dessen gewöhnlichen Logiment ufm Hauß Rotenburgh [siehe 498] Ich endtsbenannter Notarius erschienen bin Undt gab wollgemelter hl: Drost undt Ober Inspector zu verstehen, wie daß Er gesinnt, nebst anderen Herrn Gerichts Assessoren die wegen Hexerey beschuldigte undt inhafftirte Margretha Meineken von Wester Esche uf die Interrogatoria [477] so ihr in der tortur den 23ten Julii [478] Vorgehalten, auch Sie damahlß bekandt undt gestanden nochmahln güttlich zu examiniren undt zu befragen; Ersuchte demnach mich Notarium endtsbemelt, deren bekändtniß undt aussage fleißigh zu protocolliren undt ein oder mehr Instrumenta darüber zu Verfertigen undt umb die gebuehr heraußzugeben; Wie nun Obgedachte Margretha Meineken für die Herren Gerichts Assessores ledig undt loß, auch ohne beyseyn des Scharff-richters gebracht undt dargestellet undt güttlich examiniret Undt befraget; Ob Sie die Puncte undt fragen, so ihr den 23ten Julii inn der tortur Vorgehalten, auch bekandt undt gestanden, nochmahln also bekenne undt geständig sey?
Hatt sie darauf folgendergestalt bekandt undt ausgesagt:

Interrogatoria	Responsiones
1	Ad 1
Ob Sie Margrete Meineken, nicht nochmahlen bekennen müße, daß Ihre Mutter Ihr die Hexerei gelehrnet?	Affirmat

| Mit waß wohrten und Sie solle verschwörn, Gott den Vater, Sohn und heiligen Geist und Niemals güedt, ohne den Teuffel, Himmel und Erde, Sonne Mohn und Sterne, leibes ….. | Refert hl et praedeposita d. 23ten Julij, und repitiret ietzo dieselben wohrte, so Ihre Mutter Ihr gelehret: Hier stehe Ich uff den Mist und verschwöre den Herrn Christ, Himmel, Erde, Sonne, Sterne und Mohn und keinen Menschen guets zu thun, Allein den Teuffel; Alß dieß gehört ad Intereog: 3. |
| Wor Sie solches gethan? | Sie habe eß gelehret im Hauße in der Cammer und sei schon lange Zeitte, alß eß geschehen; |

Frage 2	Antwort 2
Ob Sie derselben die Wohrte nachgeredet?	Affirmat

Frage 3	Antwort 3
Wie die von anfangh biß zur ende gelautet und heißen ?	Refert hl ad praedeposita den 23ten Julij, und repitiret ietzo dieselbe wohrte, wie ihre Mutter ihr dieselbe gelehret: Hier stehe ich auff den Miste etc.

Frage 4	Antwort 4
Ob Sie nicht darinne Gott im Himmel abgesaget und dem Teuffel sich ergeben?	Affirmat.

Frage 5	Antwort 5
Ob Sie nicht mit demselben ohnnatür- licher weise sich vermischet und gebuhlet!	Affirmat, und heiße Ihr Buhle Chim, sei allezeit schwartz zur Ihr gekommen und unterschiedlich mit Ihr gebuhlet; [479]

Frage 6	Antwort 6
Ob und weme Sie mit Ihrer Zauberei schaden gethan?	Alß inhafftirten Margrethen Meineken die Peinliche bekentniß denen sie mit Ihrer Zauberei schaden gethan, Vorgelesen undt Von Posten zu Posten vorgehalten; Hatts sie mermahls solches alles also gestanden undt bekennet, dabei gesaget: Ihre Mutter, habe Sie aber habe nicht etwaß Zeugs zu
sich noch in der Nachfrage also bekennen, ohne den Postwirt Henrich Ratken, [480] des schwartzen Pferdes,	rechte gemachet solches haben Sie müßen von den Viehe beibringen, hette auch etwas desselben Zeugs in einen Topff gethan und dahin gegeben da die Pferde und Viehe übergehen müßen; Und dabei diese
Daß Zeug heiße Borrian auch will Badanossen [481]	wohrte gebrauchet: Nun sterbe inß Teuffels Nahmen; Der Topff sei anfänglich an dem ohrte in der Cammer gestanden, wie sie am 23. Julij bekannt,

(eine 2 te Version der Antwort zur 6ten Frage)

Antwort 6

Alß inhafftirten Margrethen Meineken
Die Peinliche bekäntniß, welchen mit
Ihrer Zauberey schaden gethan, vorgelesen undt von Posten zu Posten
vorgehalten; Hatt sie nochmahln solches
Alles also bekandt undt gestanden, hatt
Sich auch inn der Nachfrage alß befunden,
allein der Post mit Henrich Ratken, [482] wegen
des todtgezauberten schwartzen Pferdts,
hatt nicht eingetroffen, hierbey vermeldet
Margretha Meineken, daß nicht sie, sondern
Ihre Mutter etwas Zeugh habe zurecht gemacht, solches habe sie müßen, wo sie
gekondt, dem Viehe beybringen, hette
auch etwas von selben Zeugh inn einen
Topf gethan undt dahin gegraben, da die
Pferde und Vieh übergehen müßen undt
diese Wortte gebraucht: Nun sterbe inns
Teuffels nahmen; Das Zeug hieße Borrian
auch woll Badernossen [siehe 481], der Topff sey
Anfänglich inn der Cammer ann dem orth
gestanden, wie sie am 23ten Julii bekandt,
ob er seither dem sie inn Haft gewesen,
wegkommen, wisse sie nicht, ihre Mutter
hette ihr auch nichtes davon gesaget, sondern
dieß wehren ihrer Mutter letzte Wortte gewesen, welche sie zu ihr geredet: Sie solte
nicht nachgesaget haben, daß inn den Eyern
welche sie ihr zu essen gebracht, Würmer inne
gewesen wehren, welche dem hln. Ambtmann
hernach wehren vorgezeiget;

Hirmit hatt dießmahl mehrbemelte Margretha Meineken ihre güttliche bekendtniß geendiget, dabey nebst den hln. Gerichts Assessoren alß erforderte glaubhafte gezeugen gewesen seyn, der Ehrenwerte und Wollgeachte Clauß Sonnenbergh, Jurate hiesiger Kirchen zu Rotenburgh [483] undt Johann Lauwe, Bürger daselbst, [484]

Geschehen zu Rotenburg, im Jahr Indiction Keyserlich: Regierungh, Monath, tagh, orth undt stunde, wie oben gemeldet;

Demnach nun Ich Notarius endtsbemeldt bey dieser güttlichen examinir undt verhörungh, nebst obgesetzten gezeugen, von anfang biß zu ende mitgewesen, alles Persöhnlich mit angesehen undt angehöret, auch fleißigh protocolliret; So habe dieß offene Instrumentum darüber verfertiget, selbiges mit meiner eigenhändigen subscription auch Notariat Zeichen undt gewöhnlichen Pittschaft beglaubiget, zu allen legitima requiriret undt erfodert;

(L. S.) Philip Rudolph Damman
Not: Caes: Publi

(eine Zusammenfassung von Dammann)

Und hernacher den Herrn Beamten vorgezeiget

ob er seidhero Sie zur Rotenburgh in hafft gewesen weg können, wisse Sie nicht, Ihre Mutter hette Ihr auch nichts davon gesaget, sondern dies weren Ihrer Mutter letzten wohrte gewesen so sie zu Ihr geredet: Sie die Tochter solte nicht nachgesaget haben, daß in den Eyern welche die Mutter ihr gebracht, Würmer innen gewesen weren;

x gefängnis

Weil auch inhaftirte Mette Margrete Meineken, vor diesen extra torturan ausgesaget, eß weren ihr 2 heilige Engell alß sie inn Loche ˣ gesessen zur Ihr kommen, alß sie sie nochmahlen damit befraget, Bekennet aber daß eß nicht 2. R. Engell, sondern der Teuffel und Ihr Buhle gewesen, welcher auch in der gefengnis mit Ihr gebuhlet, und zur Ihr gesaget, Sie sollte vorgeben, eß weren 2 R. Engell bei Ihr gewesen, hat also inhafftirte hiermit diesmal ihre gütliche bekentnis geendiget; Dabei alß glaubhaffte gezeugen gewesen sein, der Ehren Veste und Wollgerechte Claus Sonnenbergs Jurate der Kirchen zu Rotenburgs und Johan Lauwe Bürger daselbsten, geschehen zur Rotenburgh, im Jahr, Indition [485], Keiserlich Regierung Monath, tagh, ohrth und Stunde wie obgemeldet.

....

Weiln nun hl. Notarius endsbemeld, bei dieser gütlichen Verhörung; Nebst obgehalten gezeugen, von anfang biß zur ende mit gewesten, Alles Persöhnlich mit angesehet und angehöret; Auch fleißig annotirt, so habe dieß offen Instrumentum hierüber verfertiget, selbiges mit meinen eigenhändigen subscripition [486] und Notonire zeiten auch gewöhnlichen Pittschafft [487] beglaubiget, zur allen legitiri re…. und erfordert.

Philip Rudolf Damman, Not: Caes:
Publi

Anmerkungen:

[477] Interrogatoria = Fragenkatalog

[478] Margarethe wurde am 23. Juli gefoltert

[479] Buhle Chim; (Chim oder Kim) sie hat einen Namen für den Teufel genannt

[480] Postwirt Hinrich RATKEN, siehe Personenübersicht im Teil 6.2b

[481] Borrian auch Badernossen / Badarnossen = ...(?) [siehe 507]

[482] Henrich RATKEN, [siehe 480]

[483] Claus SONNENBERG, siehe Personenübersicht im Teil 6.2b

[484] Johann LAUWE, siehe Personenübersicht im Teil 6.2b

[485] Indition = Zählweise in Regierungsjahren, nach Beginn der Regentschaft [497]

[486] subscription = Unterschrift / Niederschrift = hier: Niederschrift

[487] Pittschafft = Pettschaft = Siegel mit Wachs

41. Copia Kostenaufstellung vom 30. Juli 1664

Diese sein dem hl. Drosten Papst gelt schultig, 1664

Friedrich Ernst Bergstätte	1 ½ Thaler [488]
Johan Meyer Chirurg	1 ½ Thaler [489]
Item Johan Meyer	1 ½ Thaler
Item Johan Meyer	1 ½ Thaler
Daviedt Sommerlandt	2 ½ Thaler [490]
Hinrich Wilkens	1 ½ Thaler [491]
Item Johan Meyer	1 ½ Thaler
Peter Burlohe	1 ½ Thaler [492]

Anmerkungen:

[488] Friedrich Ernst BERGSTEDT, siehe Personenübersicht im Teil 6.2b

[489] Johann MEYER / item Johann MEYER, siehe Personenübersicht im Teil 6.2b

[490] David SOMMERLANDT, siehe Personenübersicht im Teil 6.2b

[491] Hinrich WILKENS, siehe Personenübersicht im Teil 6.2b

[492] Peter BURLOHE, siehe Personenübersicht im Teil 6.2b

42. Protokoll der Vernehmung vom 30. Juli 1664

Anno 1664 den 30ten Julij, ist inhafftirte
Margarete
~~Mette~~ Meineken, uff die vorhin
bekante Interrogetoria, [493] ohne beisein deß
Scharff-Richters, auch ohne einiger tortur,
günstig wiederumb examiniret [494] und befraget
worden, und hat dieselbe darauff folgende
gestalt bekant und ausgesaget:
Ad. 1
Affirmat und saget Ja
Mit waß wohrten und wie sie solches gethan!

Affirmat, wie sie solches zuvor bekant und
ausgesaget, nemblich daß eß
in der Cammer geschehen;

Ad. 2.
Affirmat, wie sie solches Züna [495] bekant.

Ad. 3.

Refert hl ad prudeporti wie den sie selbige
……….. gemacht, und hergesaget, auch
hat sie dieselbe repetiret und einen

Die Wohrte, so ihre Mutter ihr gelehret
bekennet sie, und repetirt dieselben, wie
bei voriger gethane bekentniß: Hier
stehe ich auf den Mist etc.

Ad. 4. et 5.

Affirmat, wie sie zür uns gesaget:

Ad. 6.

2. Die Beester so sie bekennt, u. wie sie dieselbe
thoet gezaubert, sein Ihr anfangs vorgelesen und gestehet sie dieselben;

1. Ihr Ihr Buhle hieße Chim, und sie allezeit
schwartz zur Ihr gekommen, auch mit
Ihr gebuhlet;

3. Item daß zeug damit Sie daß Viehe und
umbgebracht und sterben laßen, heiße hinter-
nohsen, und Borrian, und habe dabei gesaget: Nun sterbe inß Teuffels Nahmen,
daß Zeug habe Ihre Mutter zurechte gemachet und Sie nicht;

Der Topf sei damalß an dem ohrte gestanden,
wie sie zune bekannt; Ob …. auch dahin
bekennet es, seither sie allhie gesessen wiße
sie nich, Ihre Mutter hette Ihr auch nichts
davon gesaget, sondern hier gesaget; Ob
lebendige Würmer in den Eyern so sie Ihr
gebracht gewesen, und worümb sie selbiges
nachgesaget, solches solte sie nicht gethan
haben, und solches were Ihr letzten
wohrte gewesen;

ihr Chim ad buhle sei allhier inn Loche bei
Ihr einmal gewesen, aber in den Castadia ad
ferner sie ietzo zu ihr, gemachet nichtt,
        welches
dieses alleß sei sagt geschehen, nicht der
Nahme deß ….. alß inß ….. [496]

Eß hat auch inhafftirte von diesen sich
vernehmen laßen, eß waren zwei Heilige
Engell, alß sie in Loche geseßen, zur
Ihr gekommen, nunmehr aber bekennet
Sie, eß sei Ihr Buhle gewesen, und hette
zu Ihr gesaget, sie solte sagen, es waren
2 Eyer gewesen, und hette Er der Teuffel
auch nicht mit Ihr inn Loche
gebuhlet.

Dieß ist hernacher ………… und den Herrn Drosten
zugestellet;

(Tortur plus Fragen 1-3 auf Grund Protokoll vom 23. Juli 1664)

Zu wißen sey im Nahmen Unßers Herrn und Heylandes Jesu Christi durch dieses offene Instrument
jedermann gleich, daß nach deßen Gnadenreichen
Geburth, im 1664:ten Jahre, einen der Römerzinßzahl,
Indictio [497] genandt der 2:ten bey Herschen und Regierung
des Aller durchleutigsten Großenmächtigsten
undt Unüberwindligsten Fürsten undt Herren,
Herren LEOPOLDI dieses Nahmens des ersten
erwählten Römischen Keyßers, zu allen Zeiten
Mehreren des Reichß, inn Germanien, zu Hungarn Boheimb, Dalmatien, Croatien undt
Seluvönien, Königß Ertz Herzogen, zu Östereich, Hertzogen zu Burgund, Steyern, Cärnten, Cräyn undt Wirttenbergh, Graffen
zu Habspurg undt Tyroll etc. Unsers aller
gnädigsten Herren Ihrer Keyserl: May: ntt: Reiche
des Hungerischen inn 8:ten des Böheimbschen inn 7:ten
undt des Königschen im 6:ten Jahre, den 30:ten Julii, ohngefehr umb 11 Uhr Vormittage, uf erfordern
des Woll Edlen, Gestrengen, Vesten Herren Jobst
Protten, Königl: Schwedl: Woll Verordtneten
Drosten zum Blumenthall und Neuenkirchen
auch Hochgräffl: Königßmarckischen Ober Inspectore der Herrschafft Rotenburgh inn deßen
gewöhnlichen Logiament ufen Hauß Rotenburg [498]
Ich endts benandter Notarius erschienen bin,
undt gab Wollgemeldter hl. Drost undt Ober
Inspector zu Verstehen, wie daß Er gesinnet,
nebst andern Herren Gerichts Assessoren [499] die
wegen Hexerey beschuldigte undt inhafftirte Margretha Meineken von Wester Esche
uf die Interrogatoria [500], so ihr inn der tortur
den 23:ten Julii vorgehalten, auch Sie damahlß
bekandt undt gestanden nochmahlen güttlich zu examiniren [501] undt zu befragen. Ersuchte demnach mich Notarium endtsbemelds [502] deren bekandniß undt aussage fleißigh zu protocolliren undt ein oder mehr
instrumenta darüber zu verfertigen undt umb die
gebühr herauß zu geben; Wie nun obgedachte:
Margretha Meineken für die Herren Gerichts
Assessores ledig undt loß, auch ihne beyseyn des
Scharffrichters gebracht undt dargestellet undt
güttlich examiniret [503] undt befraget: Ob Sie die
Puncte undt Fragen, so ihr den 23:ten Julii in der
tortur [504] vorgehalten, auch bekandt undt geständig
nochmahll, also bekenne undt geständig sey?
Hatt sie darauff folgender gestalt bekandt
undt ausgesagt:

Interrogatoria	Responsiones
Frage 1 Ob Sie Margarethe Meineken nicht nochmahlen bekennen müße, daß ihre Mutter ihr die Hexerey gelehret ? Mit was Wortten ?	**Antwort 1** Affirmat, Sie habe es ihr gelehret. Sie solle Verschweren Gott dem Vater, Sohn und Heil: Geist, Himmel undt Erden, Sonn, Mondt undt Sterne, undt niemandt gutts zuthun, dann nur allein dem Teuffel;
Wor Sie solches gethan ?	Sie habe es Ihr gelehret im Hauße inn der Cammer undt sey schon lange Zeit, alß es geschehen.
Frage 2 Ob Sie derselben die Wortte nachgeredet ?	**Antwort 2** Affirmat
Frage 3 Wie die von anfangh, biß zum ende gelautet undt geheißen?	**Antwort 3** Referthead praedeposita den [505] 23:ten Julii undt repetiret [506] ietzo selbige Wortte, wie ihre Mutter dieselbe ihr gelehret: Hier stehe ich ufen Mist undt Verschwere den hl. Christ, Himmel, Erden, Sonn, Mohn undt Sterne undt keinen Menschen gutt zuthun den allein dem Teuffel;
Frage 4 Ob Sie nicht darinnen Gott im Himmel abgesagt undt dem Teuffel sich ergeben?	**Antwort 4** Affirmat.
Frage 5 Ob Sie nicht mit demselben ohnnatürlicher Weiße sich vermischet undt gebuhlet?	**Antwort 5** Affirmat, undt hieße ihr Buhle, Chim, sey alle Zeit schwartz gewesen, wann Er zu ihr kommen undt habe unterschiedtlich mit ihr gebuhlet, auch noch wie sie allhier inn gefängniß undt inn andern Loch geseßen, welcher ihr angegeben; Daß Sie zu der Obrigkeit sagen solte. Daß es 2 heil: Engel gewesen;
Frage 6 Ob undt wehme Sie mit ihrer Zauberey schaden gethan?	**Antwort 6** Alß inhafftirten Margarethen Meineken die peinliche bekändtniß, welchen mit ihrer Zauberey schaden gethan; Vorgelesen undt von Posten zu Posten vorgehalten; Hatt Sie nochmahlen solches alles also bekandt undt gestanden, hatt

(Fortsetzung Antwort 6)

sich auch inn der nachfrage also
befunden, allein der Post mit
Henrich Ratken wegen des todt
gezauberten schwartzen Pferdts,
hatt nicht eingetroffen; hierbey
vermeldet Margretha Meineken,
daß nicht sie sondern ihre Mutter
etwas Zeugh habe zurechtgemacht,
solches habe sie müßen, wo sie gekondt, dem Viehe beybringen, hette
auch etwas beiselben Zeugß
inn einen Topff gethan undt dahin gegraben, da die Pferde
undt Vieh übergehen müßen undt
dabey diese Wortte gebraucht:
Nun sterbe inns Teuffels nahmen;
Das Zeug heiße Borrian auch woll
Budernoshen [507], der Topff sey anfänglich inn der Cammer ann dem
orth gestanden, wie Sie am 23:ten
Julii bekandt, aber seither dem
sie inn Hafft gewesen, weg kommen, wiße sie nicht, ihre Mutter
hette ihr auch nichtes davon gesaget, sondern dieß wehren ihrer
Mutter letzte wortte gewesen,
welche Sie zu ihr geredet: Sie
solte nicht nachgesaget haben, daß
inn den Eyern, welches Sie ihr zu-
eßen gebracht, Würmer inne gewesen wehren, welche dem hl:
Ambtmann hernach wehren vorgezeiget;

Hiermit hatt dießmal mehrbemeldte Margretha
Meineken dießmahl ohne güttliche bekandtniß geendiget, dabey nebst den hln. Gerichts Assessoren
alß erfoderte glaubhaffte gezeugen gewesen
seyn, der Ehren Veste undt Wollgeachte Clauß
Sonnenbergh Jurate hießiger Kirchen zu Roten-
Burgh [508] undt Johann Lauwe Bürger [509] daselbst;

geschehn zu Rotenburgh, im Jahr, Indiction [510]

- -

Anmerkungen:

[497] der Römerzinßzahl, Indictio = Zählweise in Regierungsjahren [siehe 485]

[498] Logiament ufen Hauß Rotenburg = Wohnsitz

[499] Assessoren / Assessor = Beisitzer (es waren also mehrere)

[500] Fragenkatalog

[501] examiniren = prüfen
Bem.: Der Deich war gebrochen. Sie gestand ein ums andere mal, womit die Ankläger
sich die bisherigen Aussagen bestätigen ließen. Durch die Vielzahl der
Wiederholungen wollte man Widersprüche aufdecken und neue Erkenntnisse
erfahren, aber auch neue Schuldige finden.

[502] endtsbemelds = schlußendlich

[503] examiniret = befragt, prüfend ausfragt, ausforscht, geprüft, untersucht

[504] am 23. Juli gefoltert

[505] Referthead praedeposita = das vorher Niedergelegte vom 23. Juli
[506] repetiret = wiederholte
[507] Borrian / Budernoshen = ...(?) [siehe 481, 501]
[508] Clauß SONNENBERG, Jurate zu Rotenburg, siehe Personenübersicht im Teil 6.2b
[509] Johann LAUWE, Bürger, siehe Personenübersicht im Teil 6.2b
[510] Indiction = Ankündigung (Was ist damit gemeint ?)

(Protokollvermerk)

Keyßerl: Regierungh, Monath, tagh, orth undt
stunde, wie oben gemeldtet;

Demnach nun Ich Notarius endtsbemeldt
bey dieser güttlichen examinir [511], undt Verhörungh, nebst abgesetzten gezeugen, von
anfangh biß zu ende mitgewesen, alles
Persöhnlich mit angesehen undt angehöret,
auch fleißigh protocolliret; So habe
dieß offene Instrumentum darüber
verfertiget, selbiges mit meiner eigenhändigen subscription [512] auch Notariat
Zeichen undt gewöhnlichen Pittschafft beglaubiget, zu allen legetime requiriret
undt erfordert;

      Philip Rudolf Damman Not:
und andere Unterschriften

(Umschlag)
Copia
Instrumento Publici

Über die von inhaftirten Margrethen Meineken, wegen begangener Zauberey
Inhaftirten undt wiederholeten Uhrgericht. P.

      Vom 30:ten Julii ao: 1664

Anmerkungen:
[511] endtsbemeldt bey dieser güttlichen examinir = beauftragt bei dieser göttlichen
    Aufgabe / Untersuchung
[512] subscription = Unterschrift

----

43. Schreiben Amt Rotenburg an die Universität Helmstedt vom 22. August 1664

(Umschlag)
Denen Wol Edlen Verten Hochachtbahren
und Hochgelahrten hl. Dechand, Senioren
und andern Doctoribus der Juristen
Facultät bey der Fürßtl: Julius
Universität Helmstädt Unsern Insonders Hochgeehrten Herrn und sehr
wehrte Freunde

      Vom 22.ten Augusti
        Ao 1664
        Helmstät

(das Schreiben)

Woll Edle Veste Hochbachtbahre undt
Hochgelahrte insonders Hochgeehrte
Herrschaft wehrte Freundte;
Denselben ist ob bey verwahrten actis undt
Ihren vom 14.ten Julij jüngsthin an Uns abge-
laßen Rescripto [513] und responso [514] Juris erinnerlich, waß Unsrere Hochgeehrte Herren
uff unsre beschehene requisition in Peinlicher sache wieder die wegen Zauberey inhaftirte Margareta Meineken decretion und in vol-
führung des angestelten inquisitions processes in verschieden Puncten in specie auch
der eventuall tortur halber undt sonsten verleßen,
Wo den sothanen responso Juridico [515] in allen stücken,
gebührende folge geschehn wie daß sub No. 11.
und 12 darrüber abgefaßete respective gerichtliche protocoll und instrumentum publicum
in mehren besaget; Alß gelanget an Unsere
Hochgeehrte Herren abereinß unsere dienstfreundliches suchen, selbige geruhen wollen, obberührte
acta criminalia nochmahlen mit fleiße collegialiter nachzuleßen, und weiln inhaftirte
numehro bey der gelinden tortur Ihre Mißethat, öffendtlich bekennet, auch sothane [516]
Ihre Uhrgericht [517] nach etzlichen tagen for dem Pein-
lichen gerichte gutwillig ratificiret [518] und wie-
derhohlet, ein rechtmeßiges Uhrthell abzufaßen, welchergestaldt praesidint und Assessores [519] des Peinlichen Halßgerichts der Herrschafft
Rotenburg wird mehr bemelte Margareta
Meineken der verwürkten lebensstraffe
halber zu verfahren undt uns sothane Uhrtell
unter der Facultät Insigell mit die gebühr beyzeyger expreshen so baldt möglich
zu übersenden, mit empfehlung Gottes, vereylen

     Unsere Hochgeehrten Herren
Hauß Rotenburg, den 22:ten Aug: Ao. 1664

Jost Prott   Peter Bapsten
   Philip Rudolf Damman

Anmerkungen:
[513] Rescripto = amtlicher Bescheid, Erlass, Verfügung
[514] responso = das Urteil / die Entscheidung / der Bescheid / die Antwort
[515] sothanen responso Juridico = sodann nachdem das Urteil gesprochen war
[516] sothane = sogleich / sodann
[517] Uhrgericht = schriftlich niedergelegtes Geständnis
[518] ratificiret = bestätigt
[519] praesidint und Assessores = Gerichtspräsident und Beisitzer

---

44. Schreiben des Hauses Rotenburg vom 22. August 1664

(offensichtlich an den Graf von KÖNIGSMARCK gerichtet)

Denselben ist ob beyverwahrten actis undt ihrem vom
14ten July jüngsthin an Uns abgelaßenen Rescripto [520]
und responso Juris erinnerlich, waß unsere Hochgeehrte
Herrn uf unsre beschehene requisition in Peinlicher
sache wieder in wegen Zauberey inhaftirte Margreta
Meineken decretion und in vollführung des angestelleten
Inquisitions procesnus in verschiedenen Puncten in specie
auch der eventuall tortur halber undt sonsten verlesen;
Wo der sothanen responso Juridio [521] in allen stücken gebührende folge geschehen wie daß sub No. 11 und 12
darüber abgefaßete respective gerichtliche protocoll und
instrumentum publicum in mehren besaget; Alß gelanget
an Unsere Hochgeehrte Herrn abereinß unser dienstfreundliches suchen [522], selbige geruhen wollen, obberührte
acta criminalia nochmahln mit fleiße collegialiter nachzuleßen und weiln inhaftirte nunmero bey der gelinden
tortur Ihre Mißethat öffendtlich bekennet, auch sothane
Ihre Uhrgericht nach etzlichen tagen fürn Peinlichen
Gerichte gutwillig ratificiret und wiederholet, ein rechtmeßiges Uhrtheil abzufaßen, welchergestalt praesident
und Assessores des Peinlichen Halßgerichts der Herrschaft Rotenburg wird mehrbemeldte Margareta Meineken
der verwürkten Lebensstrafe undt uns sothane Urtheil
unter der Facultät Insigell umb die gebühr beyzeyger
expreßen [523] so baldt möglich zu übersenden, mit
empfehlung Gottes, verbleiben;

Unsrer Hochgeehrten Herren
Dienstwillige

Jost Prott   Peter Bapst
Hauß Rotenburg, den 22ten Aug: Ao 1664

Anmerkungen:
[520] Rescripto = amtlicher Bescheid, Erlass, Verfügung
[521] sothanen responso Juridico = sodann nachdem das Urteil gesprochen war
[522] unser dienstfreundliches suchen = eifriges, dienstbeflissenes, motiviertes
[523] Insigell umb die gebühr beyzeyger expreßen = ... Siegel mit der gebührenden Bitte
um zeitige und schnelle ...

Das mittelalterliche Taufbecken der alten
Scheeßeler Kirche bis 1758. Es war mit
dem Altar zusammen bis 1957
eingelagert.

Mit dem Neubau der Kirche in
Lauenbrück wurde es dort ab 1957
als Taufbecken verwendet.
Die Lauenbrücker waren einst in das
Kirchspiel Scheeßel eingepfarrt.

An diesem Taufbecken wird Margarethe
MEINKEN 1646/1647 von Pastor
DORNEMANN getauft worden sein.
Foto: Jürgen Hoops, November 2008

45. abschließendes Gutachten der Fakultät Helmstedt vom 27. August 1664

(Seite 227) [524]

V. F. D. Z. Woll Ehrenveste, ... [525]
Und Wollgelehrte, gönstige Herren und freunde.
Wir haben die hiernebst zurückkommenden [nun] wieder Margareten Meineken geführte Inquisitionsacta, dem ers. nach bis was. all. undt
geg. [526] fleis verlesen und woll erwogen.

Erkennen damit für recht, ~~daß~~ [wie obwohl] die gefangene
Margarete Meineken ~~-für ein öffentlich gehegtes~~
~~H..... peinliches Halsgerichte zu stellen, als~~
~~ihr itzo den~~ am 24. ~~und 30.~~ Junii ~~zuerst~~ [ausgesaget] ~~be-~~
~~kannt~~, daß sie der Denunciantinnen Catha-
rinen in Buxtehude etwas lehren wollen [527], sie
wüste es aber nicht mehr op it, am 30. ejusd. [528] bekennet hat,
daß sie ein Hexe were, und ihre Mutter
ihr solches zu Wester Esche in ihres Vatters
Hause aufen Stuhl sitzende gelehret, und
die Worte Hier stehe ich auff den Mist, [529]
und verschwöre ~~den Herrn Christ~~ [ihr vorgesagt]; die weil jedoch
~~aber~~ damit nicht eigentlig zuvernehmen,
ob sie die ehrwehnten Wortte nach ~~gesagt~~ [geredet],
und also Gott im Himmel abgesaget
und dem teuffel sich ergeben habe. [530] So ist
in dieser Peinlichen und sehr bedenklichen >> sach zufoderst der
Inquisitinnen rechtes alter zue erkundigen
Und dero halber ~~bezeufter~~ beglaubter Schein oder
Zeugnis ad acta zue bringen <<

(Seite 228 li)

Confika furcrat veresi ...
estia ti..... ...d confu-
s... ___ ___ juli [531]

~~Die Inquisitinn nochmals~~ [Darauff sie weiter] ! und anfangs in der
güete zuebefragen. Ob ~~ihre~~ >>sie nicht nochmals bekennen müsse, daß Ihre<< Mutter
ihr die Hexerei gelehret ! Mit was worten
und wo sie solches gethan ? Ob sie dersel-
ben die wortte nach~~gesaget~~ [redet] ? Wie die ~~wortte~~
von anfang bis zue ende gelautet und Heißen !
~~Ob sie Implorantin derselben die Worte nach~~
~~gesaget~~ Ob sie nicht darinnen Gott
im Himmel abgesaget und dem teuffel
sich ergeben ? Ob sie nicht mit demselben
sich unnatürliger weise vermischet und gebuhlet ? Ob und weme sie mit ihrer Zauberei schaden gethan ? Wenn sie nun die
warheit nicht bekennen wird, ist sie von
dem Scharfrichter, mittels vor Zeigung ~~der~~
deßen zur peinlichkeit gehörigen instrumenten, zue bedrewen, auch da sie noch
nicht recht zuegeben würde, ~~ause~~ zue
gründlicher erkündigung mit peinlichen

v.C.p.3.
q.49
r.23
s.29
... [532]

ViD. Inf. R. den 27.
Aug

213

scharffen frage, jedoch menschlicher weise,
zue ~~befragen~~ ^{belegen} und was sie bey ietweden
actibus! [533] >> und darunter mediante tortura [534],
nach deren sie davon erlassen, auff devodes Fingstücke [535] <<
aussagen wirdt, ~~mit fleis~~ ^{eigentlich und deutlich} zue protocolliren und auf zue zeichnen, auch des dritten
tages [536] hernach in abwesenheit des Scharfrichters ^{dar}über ~~ihr etwan~~ nochmals zue ver-
nehnen und solches wiederumb ~~recht~~ fleißig
wieder zue schreiben und ad acta zue referiren,
Fraget als dann ~~auf ein und minder fall~~ [537] ^{nach befindunge} dar-
rauf ferner was recht ist. u. s. w.
Uhrkündtlige, den 14. Juli ao 1664

An Jobst Prott
und Peter Bapsten
[538] Gräfl:
Königsmarkische
wollgestelten Drosten
und Ambtman zum
Hause Rotenburg

----

x
Johan Bedeles [539]
Hx. Caspar v. Stuckien
du rovi.. aquiret

x
Caspar Bedelus [540]
zue Dincklage

Inerstitus Anno do
1618 Lit. A.
nachtzettel   ao 62.
[541]

x
Johan
Joh. Dietrich Sehed. zue
Minch. A.
[542]

x:l   x   x 62
Diet. Wilh. Caspar
…ow.. dequireur, respecte Secdu quie en
cersensi Dr. Instittect.

[543]

- -

Vend.
Z. Did. tutores

...em wes Dn. Ferdi
Tutuer Caspar Bedelue

[546]

Guet 1622 5. Aug. Empt.
Stoebum   Joh. Wilhelm Endelir
[544]

Dech. v. Henrich Korff ut. Schmiesing

[547]

…cium
zisige Fi62da Zu Mich
Stück geldes ? at.ut.
[545]

Testator
Dietrich Hedel [548]
Clyues Kempf itz
Drost: und ...itt.. Frid....

[553]

Hecdos [549]
1. Hermann v. Dincklage [550]
2. Agnes Wilhelmine Hedewig [551]
M. Seiger von Zittersumb [552]

Sein untersch. mit Stockum investiret, possisseren

Und weil auf die fünfte frag ~~die~~ der
Consulent den ob hier in dieser sich ~~da~~ da-
von trage wird, ~~ist~~ ^{wie} H ^{ist} das wiedahoil ihre
Zi……..tt……..alles^{daß} an vorgesagte kosten
und schäden, ~~exta riguliren~~ ……….. …………. ……….
zue erstatten schuldig, und amtheilig dazue [554]
zue condi……..
[555]

Deutlig und auf die sechste frag zu antworten,
~~ob sie auch von Zweifel~~, weil ~~Gegentheil~~
des consulent~~ter~~ felonia beschüldiget, ~~dass~~ und [556]
~~und solches ein~~ solches auch hier ein delictum feudale und Fallacium

... inquisita^m et perfidia^m ~~ist, daß~~ gehalten wird >> ist auch außer [557]
Zweifel daß << auch ge-
endigter sach, derfals und die negste zum
Hohnhause gehörige agnaten [558] auf welche
diese beschuldigung ridundiret [559] und welche man
dadurch vom Hohn zue verstoßen gesucht,
gemeltes gegentheil ..i..riarium Zubelang [560]
befragt. R. U. W. Uhrtheil, den 20ten Aug.
ao 1664
- -
R. f. d. J. Wollvererster, wollgelehrte
und gutsachtbare, gönstige Herren und freunde

(Seite 259 li)

Die Uns abereins zuegeschickte und hiernebst zue-
rück kommende Inquisitionsacta, die gefangene Margareten Meineken betreffend,
haben wir Dechand Senior p dem ersuchen
nach nochmals bey int coll. [561] mit g. f. d.
und wollerwogen [562]

Bekennen damit für recht, dass dieselbe
für ein öffentlig gehegtes Hoch..peinliges
Halsgerichte zue stellen, allda ihr ihre
den 23. und 30. Julii gethane pein: und guet-
liche bekentnis ~~deutlig~~ verständlig wieder für zue
halten, und wenn sie nochmals dabey verharren wird, ~~daß~~ daß sie alsdan wegen
bekanter und begangenen Zauberey, das Leben verwirket [563], und derhalben >> ihr zue woll
Conditirten Straffe und andern zur absche(k)ligen exempel <<, vermög Kayser Carls des fünften und des Röm: Reichs Peinl. Halsgerichtsordnung unterm 109 articull, ~~ihr~~
~~zue wolle di........~~ zu anderen ^x mit dem fewer

~~x und andern zue~~
~~abschreklichen exempel~~

(Seite 259)

vom leben zum tode zue strafen seyn R.
R.als Uhrkündtlig p den 27. Aug. ao 1664

An E. Jobst Prott und Peter Bapsten, Gräftl.
Königkmarks: bestalte Drosten und Ambtman
Zum Hause Rotenburg

- -
Anmerkungen:
Es ist das Gutachten, welches Helmstedt natürlich nicht nach Rotenburg mitgesandt
hatte, denn denen reichte ja die Antwort gleichen Datums, wie sie unter LfdNr.42
abgebildet ist. Dieses Gutachten war als Ablage der Fakultät gedacht und hat die Zeit bis
heute überdauert. Es befindet sich im Niedersächsischen Staatsarchiv Wolfenbüttel unter
„Rtbg 37 alt 1889 Bl 227-228, 258-259".
Im Gutachten sind auch die Namen der damit befassten Personen vermerkt, während
das Antwortschreiben an das Amt keine Namen enthält.

Um zu verdeutlichen, wie so das Gutachten im Original aussieht, haben wir eine Seite davon (Nr.228) nachstehend abgebildet.

Diese Zusatz- und Randnotizen sind wahrscheinlich während der Besprechung in der Fakultät entstanden. Sie enthalten offensichtlich Bezüge auf vergleichbare Fälle und Entscheidungen im Hause, die zur abschließenden Bewertung wichtig waren. Die Veränderungen des ursprünglichen „Entwurfs" sind anhand der im Text gestrichenen Passagen erkennbar. Anschließend wurde die Antwort an das Amt Rotenburg (siehe LfdNr.46 in diesem Teil) formuliert, welches der Bote mitbekam und noch am gleichen Tag ablieferte. Das Amt hatte noch am gleichen Tag die Akten nach Stade zum Gouverneur zur Entscheidung vorgelegt, wie wir den Amtsgeldrechnungen entnehmen konnten.

Hinweise zur Abschrift:

- ~~befragen~~ [belegen] Korrektur der Verfasser durch „durchstreichen" und ggf. einfügen des neuen Wortes / Textes zwischen den Zeilen darüber.
- actibus! >> ... << / hier wurde eine am Rand stehende Notiz in den Satz des Gutachtens als Ergänzung aufgenommen und eingefügt. Als Zeichen, wo dieser Satz hingehört ist ein Fußangel genutzt worden. Wir haben aus Gründen des flüssigeren Lesens dieser Randnotizen in die vorgesehene Stelle eingearbeitet aber mit Klammern >>......<< kenntlich gemacht.

Bem.: ~~......~~ / ...(?) st nicht zu entziffern

[524] (Seite 227) ist die eingestempelte Seitenzahl des Staatsarchivs
[525] Ansatz einer Andredeformel im Entwurf, wie „Sehr geehrte Herren ecetera pp"
[526] dem ers. nach bis ... ... undt geg. = Ersuchen nach ... ... undt gegebenen
[527] **1.Vorwurf:** sie sollte Catharina in Buxtehude das Hexen lehren; das sagte sie am 24. Juni (Hexerei/Zauberei)
[528] op it am 30. ejusd = ... ob sie am 30ten des Monats ... (ejusd bezieht sich auf den o.g. Monat Juni im Text)
[529] **2. Vorwurf:** sie habe von der Mutter die Worte „Hier stehe ich uff dem Mist und schwöre..." gelernt und sagte das am 30. Juni aus (Hexerei/Zauberei)
[530] **3. Vorwurf:** sie hätte sich damit dem Teufel ergeben und Gott abgesagt, was als Geständnis niedergelegt wurde (Teufelsbuhlschaft).
[531] Die Lücke in der Randnotiz ist unleserlich
[532] Randnotiz, Bedeutung: n.b. (q,r,s =alphabetische Reihenfolge)
[533] bey ietweden actibus! = bei (jedweden) allen Taten {De actibus apostolorum = über die Taten der Apostel, Arator, Kleriker, um Anno 544}
[534] mediante tortura = leichte Folter [siehe 432]
[535] devot = unterwürfig / Fingstück = Verhalten
[536] sie wurde drei Tage lang nicht gefoltert und dann nach Ermahnung / Belehrung wieder befragt, wo sie dann fleißig / willig die Aussagen bestätigte.
[537] die Einschätzung eines minderen Falles, scheint hier in der Besprechung verworfen zu sein. Wäre sie als minderer Fall nicht auf den Scheiterhaufen gekommen und ggf. nur ausgeschleppt worden?
[538] zu diesem Zeitpunkt war PABST noch Amtmann
[539] Johan BEDELUE Hx. Caspar v. Stuckien du rouw aquiret (erwarb) = ...(?) war er der Helmstedter Medizinprofessor Johan Bökel, der mit dem „Tractus de philitris"
[540] Caspar BEDELUE zue Dincklage = Caspar Bedelue (Familienname Breloh / Bredel ?) zu Dincklage (Ort)
[541] Hinweis auf einen Vorgang Anno 1618 und 1662
[542] Joh. Dietrich S___d. zue Minch. A. (Münchhausen) = ...(?)
[543] Diet. Wilh. Caspar .... dequireur ...(?) respecte (Ehre / Wertschätzung) S...du quie en ...(?) cersensi (Zensur) Dr. ....(?)
[544] Hinweis auf einen Vorgang Anno 1622, Gut Stoebum, Johann Wilhelm Endelir; ging es hier um das Gut Stockum bei Osnabrück ?
[545] Hinweis auf einen Vorgang Anno 1662 ?
[546] Tutuor Caspar BEUDELE = wohl eine Verbindungs-/ Kontaktperson, die mit der Unterrichtung / Leitung beauftragt war
[547] Dechant Henrich von KORFF von Schmiesing

[548] Testator Dietrich HEDEL, Testator = Zeuge / hat bezeugt / beglaubigt

[549] Hecdos = ...(?)

[550] Hermann v. DINCKLAGE, er entstammte sicherlich dem westph. Adelsgeschlecht

[551] Agnes Wilhelmine HODEWIG = n.b.

[552] M. Seiger von ZITTERSUMB = n.b.

[553] Clyues KEMPF itz (jetzt) Drost und ...(?) (ein Titel) = Klerus ...(?) nun Drost und ...(?)

[554] das sie auf alle 5 Fragen wiederholt gestanden hat;

[555] zue condi.... = zue = zu / condi ...(?)

[556] consulent felonia beschüldiget = betreffenden Kapitalverbrechens beschuldigt

[557] delictum feudale (Vergehen gegen die Ordnung) und Fallacium (Täuschung) inquisita et perfidiam (der Inquisition mit Treulosigkeit)

[558] agnaten = Hinzu- oder und Nachgeborene, hier Blutsverwandte, die in der männlichen Linie ehelich gezeugt auf einen gemeinsamen Stammvater gemäss dem Adelsrecht, nicht nach dem Römischen Recht, zurückgehen.
hier: negste zum Hohnhause gehörige agnaten = hier sind im übertragenem Sinne der väterlichen Gewalt der Dechant Senior der Universität mit seinen Doctores gemeint gewesen.

[559] ridundiret / redundant = mehrfach vorhanden

[560] ..i..riarium Zubelang = ...(?) (zubelag / hinreichend ?)

[561] int coll. = intensiver Kontrolle = intensiver Prüfung / Begutachtung

[562] die Doktores der Fakultät legten dem Dechant das Ergebnis zur Prüfung und Genehmigung vor. Dechant / Dekan = Vorsteher einer Gruppe; Senior = Leiter, z.B. der Fakultät Rechtswissenschaften

[563] wegen bekanter und begangenen Zauberey, das Leben verwirket = weil sie gestanden hatte, nicht weil man es ihr nachweisen konnte. Ein Geständnis galt als Beweis der Schuld.

Bem.: in Helmstedt erwähnt Heinrich HAHN, (1605-1668), Jurist. Prof in Helmstedt

---

Diese Seite ist dem Gutachten der Universität Helmstedt entnommen und zeigt die vorab geschriebene Arbeitsweise. Daraus entstand die nachfolgende Antwort an das Amt Rotenburg.
Quelle: Nds Staatsarchiv Wolfenbüttel, „37 Alt 1889 Seite 228"
Druckgenehmigung vom 2. Januar 2009.

46. Antwort der Universität Helmstedt vom 27. August 1664

(Urteilsempfehlung)
Unsere freundliche Dienste zuvor, woll,
Ehrenversten, Wollgelahrte und groß
Achtbahre Günstige Herrn urdt Freundte,

Die Uns abereins zugeschickte, und hir-
negst zurückommende Inquisitions acta
die gefangene Margreta Meineken betreffendt, haben wir Decanus Senior und
andere Doctores der Juristen Facultät zu Helm-
stette, dem ersuchen nochmahls woll bey versamb-
leten Collegio mit gehorigen fleiß verlesen und
woll erwogen;
Erkennen darauff für Recht, daß dieselbe
für ein öffentliches gehegtes Hochnothpeinliches
Halßgerichte zu stellen allda hr Ihre den 23ten
und 30ten July gethane pein- und gütliche bekandtnus verstendtlich wird fürzuhalten,
und wo sie nochmahlß dabey verharren
wirdt, daß Sie alßdann wegen bekandter
und begangen Zauberey daß leben ver-
wircket, und derhalben Ihr zu wollver-
dienter straffe und andern zum abscheuhlichen
Exempel, vermögh Kaysers Carlles des
fünfften und des Heil. Römischen Peinl. Halß-
gerichtsordnung unterm 109. articul mit dem
fewer von lebendt zum tode zu straffen sey, [564]
von rechtswegen, Urkundlich wir dieses mit
Unsrer Facultät Insiegell betrücken laßen.

So geschehen Helmstädt, den 27. Augusti Ao 1664

Decanus, Senior undt
andere Doctores der Ju-
risten Facultät daselbst,

Jobst Prott   Philip Rudolf Damman
und andere Unterschriften

(Umschlag)
Denen woll Ehren Vesten, Großacht-
bahren undt wollgelahrten He rn Jobst
Protten und Peter Bapsten, Gräffl:
Königsmarkischen wollbestelten Drosten
und Ambtmann zum Hauße Roten-
burg,
Unsere günstige Herren und Freunde
Rotenburg
Vom 27.ten Augusti Anno 1664

Das Original hatt mit denen übrigen Acten zu
Königl: Canzley nacher Stade eingeschickt
werden müßen;

Anmerkungen:
[564] das Urteil der Todesstrafe „Feuertod"

218

47. Aktenvermerk vom 27. August 1664 (der Übersendung der Akten nach Stade)

Bem.: Dieser Aktenvermerk ist die Notiz der Übersendung der Akte nach Stade. Der gleichlautende o.g. Text hingegen steht auf der Rückseite des Schreibens als Adresse des Empfängers und war nach dem Falten des Blattes quasi der Briefumschlag mit Anschrift.

Denen Woll Ehren Verten, Großachtbaren, undt Wollgelahrten Herrn Jobst Prott undt Peter Bapsten, Gräfl:
Königsmarkischen Wollbestalten Drosten und Ambtmann
zum Hauße Rotenburg,

Unsere gönstigen Herren und Freundte,
                    Rotenburg
          Vom 27ten Augusti ao 1664
NB.
Das Original hatt mit denen
übrigen Acten zu Königl: Cantzley
nacher Stade eingeschicket werden müßen;

48. Protokoll des „Fluchtversuchs" von Margarethe Meineken vom 1. Sept. 1664

Copia Schreibens
Hln. Drost undt Ober Inspektoren Protten
                    von
Des hln. Ambtmanns Schreiber zu Rotenburg
Christoff Keubleren

Worinne derselbe aviciret, dass
Die inhaftirte Margretha
Meineken durchgehen wollen

          vom 1:ten Sept. ao: 1664

Woll Edler etc.

Demselben kanen ohnberichtet nicht laßen, welcher
gestalt der Schließer Gerdt biß dahero für einige leute, so nach hochgönstiger Verordtnungh bey
der allhier inhafftirten Dirnen haben wachen sollen,
geldt aufgenommen undt für selbige zu wachen sich er-
cläret, solches auch bißhero verrichtet biß gestern
abendt, da Er nebenst noch einen Haußmanne
außen Caspel Brockel [565], so neben Ihm gewachet,
von der Dirnen abgangen undt beyde thüren,
auch wie die Dirne berichtet, Sie ohngeschloßen
setzen laßen, also auch daß endlich die Dirne sich
auß den gefängniß begeben undt biß ann dem
Schlagbaum ann der fodersten brügken [566] gekommen,
gleich wie sie nun von der allda gestandenen schildt-
wache, weiln es bereits etwas dunckel gewesen,
angeruffen undt bey erkennung mit blosen Degen
wiederumb biß unter das gewölbe (: wo selbsten
sie sich dennoch verkriechen undt uf die seithe machen wollen:) zurügk gejaget worden also habe
Gerdten soforth auß dem Fischer Hauße holen undt
die Dirne wiederumb ann gehörigen orth bringen

laßen; Undt weilen vermuthe, daß etwan
Gerdt bestochen seyn möchte; Alß habe Ihme
biß auf eingelangte Hochgönstige Verordnungh
ufm Hauße zu bleiben, angedeutet, auch dabe-
neben soforth ann den hln. Ober Förster
geschrieben, nach dem Kerll so stillschweigens
von der Wachte abgangen, fleißigh inquiriren
undt Ihn durch gewiße Leute zur Verantwor-
tungh anhero bringen zu laßen; Alß er-
wartte Hochgönstiger nachricht, wie man sich hier-
unter zu verhalten, bey kommende Peinliche
Hexenacten habe diesen Morgen erhalten undt
alß auch noch etwas ann hl. Titium von Grönen-
thall darbey, also habe es zusammen übersenden wollen, wormit, negst verbleiben;

    Meines Hochgeehrten Herrn Drosten
Hauß Rotenburg, den 1:ten Sept: ao 1664

Ann hln. Drosten undt Ober Inspectorn Protten

auffwertiger Diener   Chr. Keubler [567]
Jost Protten Philip Rudolph Damman
und andere

Anmerkungen:

Bem: [...] „Die inhaftierte Margretha Meineken durchgehen wollen", wobei das Wort
„durchgehen" für abhauen oder flüchten steht.

[565] der Gefängniswärter hatte einen Gehilfen aus dem Kirchspiel Brockel, dessen Namen
nicht bekannt ist ?

[566] der Schlagbaum an der vordersten Brücke, wo die Schildwache stand, befand sich
noch innerhalb des Schlosses, denn es steht da „unter das Gewölbe" und das hatte
nur das Schloss und die dazugehörigen Gebäude selbst.
Der Schließer Gerdt wohnte oder weilte zum Zeitpunkt der Ergreifung im Hause des
Fischers. Also war der Brockeler alleine mit der Bewachung betraut. Der Hinweis,
Gerdt sei bestochen worden, könnte stimmen, muß aber nicht. Ob er sich mit dem
Brockeler abgesprochen hatte, wenn es denn der war, kann nicht gesagt werden. Ein
Bußgeld für ihn oder den Brockeler ist nicht zu finden. So bleibt es bei Spekulationen,
denen der Leser selbst noch hinzufügen möge, wie es ihm beliebt.

    Bem.: Wie kann einem verurteilten Mädchen eine derartige Flucht gelingen ?
         Wurde ihr hier die Flucht durch den Brockeler ermöglicht, indem er zwei Türen
         unverschlossen ließ ?
         Wurde ihr hier dem Anschein nach eine Flucht ermöglicht, um das Mädchen
         noch schuldiger aussehen zu lassen ?

[567] Chr. KEUBLER, siehe Personenübersicht im Teil 6.2b

---

49. Protokoll des Schuldspruchs vom 6. September 1664

(Seite 98 ist nicht zu entziffern)

(es folgt Urteilsbegründung- und Verkündung)

Deren große Mutter waren allezeit in
der gerichte gewesen, alß könnte sie mit hexerey umbgangen berichtete neben Bernd Mül-
lern derbey, alß Titge Holsten [568] für ohngefere 2 Jahren
kränklich gelegen, und sich eingebildet des Er

von Mette Meineken, Margreten Mutter behexet,
habe Er Titge Holsten, da eben in seinen hause von
seinen Bruder Kindtauffe gehalten worden, Metten
solten umb solchen verdachts willen geschlagen
das Sie geblutett welches Sie den gerne von
schwetzet und wäre des andern tages nichts desto
weniger würden zur Kindtauffen kommen
worauff Er den nachgehendt würden gesundt
worden Inplorantin [569] were in gemeiner rede, das
Mette Meineken Titke Holsten eine
solche Kranckheit zur gebracht das Er darvon
den Tode nehmen müßen;

Burghard Schmiedt Kornschreiber und Postmeister
zeigett ein, das Er wen von Metten Meineken
und deren Dochter oder ietzo nicht gewolt, das Sie
der hexerei beschuldiget, deren große Mutter
aber wer solange Er Sie gekennet durch das
gantze Ambt in solchen verdachte gehalten worden;

....

Catharina und Margreten Meineken
belangend

    Anno 1664

(Seite 97)

Ao. 1664 den 6. September, ist Margrete Meineken von den Herrn
Drosten und andere Herrn Gerichts Assesßores, ledig und loß gebracht
und derselben vorgehalten; Wie daß Ihr, wegen Ihre begangenen
Zauberei und selbigen bekanten Übelthat, daß leben zu Recht
aberkant, darbeye ufs fleißigste vernehmet, daß sie ......
schaffene were ließe sich zu Gott bekehren, auch vor allen
dingen sich hüten und verstehen solle, daß sie niemahls mit
unwarheit besagen und von der Hexerei zeichen und beschuldig solte,
worauff sie nochmals die Hexerei gestanden und geweinet und sich
willig darinnen ergeben;

Ist darauff wieder durch den Schließer in die Cestedia [570]
gebracht worden.

Herrn Gerichts Assesßores seien nebst den Herrn Drosten gewesen,
Der hl. Oberförster zur Scheeßel, [571]
hl. Lüder Clüver Voigt zu Visselhövede, [572]
hl. Johan Eberhart von Münchhausen Voigt zu Ahausen, [573]
hl. Bartholt Gieseke Voigt zu Kirchwalsede, [574]
hl. Conrad Rehden Voigt zu Schneverdingh, [575]

- -

Anmerkungen:
Bem.: für den Verdacht, dass Mette MEINKEN Tietge HOLSTEN behext haben soll,
wurde sie blutig geschlagen, so steht es im Protokoll. Wie tief waren die Verwürfnisse und
wie schwer wogen die Abneigungen gegen Mette im Dorf Westeresch und im Kirchspiel
Scheeßel, welche die schwere Last der Verdächtigungen gegen ihre selige Mutter zu
tragen hatte ?

[568] Tietge HOLSTEN, siehe Personenübersicht im Teil 6.2b
[569] inplorantin = ist die Person, die einen Antrag (Imploration) auf gerichtliche Hilfe
    gestellt hat, der Gegner heißt Implorat

[570] den Schließer in die Cestedia = den Gefängniswärter in die Gefängniszelle. Der althergebrachte und noch vor 100 Jahren gebräuchliche Begriff des „Schließers" wurde durch Einführung des Strafvollzugsgesetzes von 1976 im § 2 StVollzG in die heute übliche Berufsbezeichnungen „Vollzugsbedienstete" oder „Beamte des allgemeinen Vollzugsdienstes" für die in den Justizvollzugsanstalten eingesetzten Menschen festgelegt.

[571] Johann Jordan war Oberförster und vertrat den Scheeßeler Amtsvogt nur. Wurde er deswegen hier nicht namentlich erwähnt, obwohl bekannt, weil er nur der Vertreter war.

[572] Lüder CLÜVER, siehe Personenübersicht im Teil 6.2b

[573] Johann Eberhard von MÜNCHHAUSEN, siehe Personenübersicht im Teil 6.2b

[574] Bartholt GIESEKE, siehe Personenübersicht im Teil 6.2b

[575] Conrad REHDEN, siehe Personenübersicht im Teil 6.2b

<u>Was wurde ihr hier tatsächlich vorgeworfen, weswegen sie sterben sollte ?</u>
- ◆ die Grossmutter aus Höperhöfen war als Hexe verdächtigt, so die Gerüchte, welche der Kornschreiber Burghard Schmidt, sowie der Pastor zu Scheeßel Hinrich MEYER, sowie mehrere andere Personen bestätigten.
- ◆ die Aussage vom Scheeßeler Müller, dass Margarethes Mutter ihren kranken Nachbarn Tietke HOLSTEN um 1661/1662 behexte und er daran sterben sollte.

Bem.: Drei Tage vor der Hinrichtung wurde ihr das Todesurteil verkündet, also blieb eine Frist für einen Einspruch beim Appelationsgericht in Stade. Ein Einspruch ist nicht bekannt.

- -

Bem.: Seite 98 nicht zu entziffern, weil auch durchgestrichen

50. Protokoll zur Urteilsverkündung vom 6. September 1664

Actum Mortis den 6:ten September Ao 1664 [576]
auff dem Hause Rotenburgk [577]

Praesentibus Herrn Drosten und Ober Inspectorn Jobst Protten, [578] hl. Lüder Clüvern Amts Voigten zu Veßelhövede [579], hl. Johan Jordan Oberfürstern zu Scheeßell [580], hl. Johann Eberhart von Münchaußen, Ambts Voigten zu Ahausen [581], hl. Conrad Rehden, Ambts Voigten zu Schneverding [582], hl. Bartoldt Gieseke Ambts Voigt zu Kirchwalsede [583], hl. Philip Rudolf Damman, Bürgermeistern zu Rotenburg. [584]

In Peinlichen Sache
Der Inhaftirten Margareten Meineken
Venificii [585]

Als die Urtheil also gefellet, daß der Inhaftirten Dirnen daß lebendt aberkandt, So ist dieselbe vorgefordert, da dan der hl. Drost und Ober Inspector Jobst Protte derselbigen Ihr übelthat nochmahlß vorgehalten, daß Sie wieder Gott groblich gesündiget und sich dem Teuffell ergeben und den gedienet; So thete wollgemelter hl. Prott Ihr aufkündigen, daß Sie auff den freytag wirdt sein der Neunte tag dieses Monats Septembris solte vom leben zum todte gebracht werden, mit fleißiger anmahnung, sich zu Gott zu bekehren und kegen die Zeit sich zum tode gefast zu machen;

Ob sie nun zwaren bitterlich weinete, dennoch gab sie sich willig darein, und ist Sie hierauff wieder in die Custodi gebracht worden.

Anmerkungen:

Eine zusammenfassende Urteilsbegründung bei der Verkündung:
♦ wiederholt Gott groblich gesündiget
♦ sich dem Teuffell ergeben und ihm gedienet (Teufelsbuhlschaft)
Sie wurde noch aufgefordert ihre Sünden zu bereuen und sich zu Gott zu bekehren

[576] Actum Mortis = Todesurteil = Verkündung des Todes; aus > Actum - Akt, Handlung
verhandelt, geschehen & mortis - Tod;
[577] Haus = Schloss Rotenburg
[578] Jobst PROTT, siehe Personenübersicht im Teil 6.2b
[579] Lüder CLÜVER, siehe Personenübersicht im Teil 6.2b
[580] Johann JORDAN, siehe Personenübersicht im Teil 6.2b
[581] J. E. von MÜNCHHAUSEN, siehe Personenübersicht im Teil 6.2b
[582] Conrad REHDEN, siehe Personenübersicht im Teil 6.2b
[583] Bartold GIESEKE, siehe Personenübersicht im Teil 6.2b
[584] Rudolf DAMMANN, siehe Personenübersicht im Teil 6.2b
[585] Veneficii = der Zauberei angeklagt

----

51. Protokoll „Beschuldigungen" vom 7. September 1664

Mercury den 7. Septembris auff dem
Hauße Rotenburg

Praesentibus Hern Protten alß Drosten und Ober In- [586]
spectorn, hl. Johan Jordan Oberförstern zu Scheeßell [587]

hel. Conrad Rehden Ambts Voigten zu Schneverdingk, [588]
hl. Bartoldt Gieseke Ambts Voigt zu Kirchwalsede, [589]
hl. Christoff Mühlenfort Hauß Voigt zu Rotenburgk. [590]

Erschienen der Inhaftirten Vatter Claus Meineken [591]
von Wester Esche und deßen Vatter Titke Meineken [592]
brachten vor, daß die inhaftirte unterschiedliche be- [593]
kennet, die auch zaubern konten, und mehr böses
alß Sie, gethan hetten, bathen also inständig, die
Inhaftirte vorzufordern und Sie darüber zu vernehmen
und also dieselbe darauff einzuziehen, daß Sie nicht
allein den Schimpff mügten haben.

Worauff der hl. Drost Protte die Inhaftirte vor-
fordern laßen, Sie fleißig vermahnet, niemand unschuldig zu bekennen, wan Sie es nicht gewiße wüste,
sondern würde Ihre Seele nur destomehr dadurch
beschmutzen, wan Sie Jemandt unschuldig würde bekennen und beschimpffen;

Die Inhaftirte sagte, Sie wolte niemandt mehr bekennen, alß die Sie nicht gewiße wüste, und bekandte
darauff folgende Persohnen, die gewiße Zauberinnen
wehren, alß,

1. In Rotenburg, Margaretha Sonnenberges des
Glasers fraw [594], so dreymal mit Ihr der Inhaftirten Dirnen
zu Scheeßell uffen Dantze gewesen.

2. Zum Borstell Cillie Baßen [595] so auch zu Scheeßell
mit uffen Dantze gewesen auch zu der inhaftirten
ins gefengknuß kommen, Ihr in kegenwart des
Schließers und der wachte eine kanne biers ge-
botten, wenn Sie nicht auff Sie bekennen wolte,

3. Zu Osterfese piepen Annke, sonsten Anna
fersemanß [596] genandt, so auch zu Scheeßell mit
ufn Dantze gewesen;

4. Zu Abbendorf, Catharina Budden [597] so auch zu
Scheeßel mit auffen Dantze gewesen.
Daß diese nun alle gewiße Hexen wehren, dar-
auff wolte Sie leben undt sterben, und daß heilige
Nachtmahl darauff empfangen.

5. Zum Bartelßdorff Tibke Hollmanß [598] so auch bey
Ihr zu Scheeßell, auffen Tantze gewesen, welche
gegenwertig und mit der Inhaftirten confrontiret
worden, sich zwar entschuldiget und verleugnet,
die Inhaftirte aber Ihr ins gesichte gesagt, daß Sie
eine Zauberinne wehre, und Sie auffen Tantze zu
Scheeßell gesehen, wehre Sie unschuldig, so mögte sie
sich verantworten, wie sie gethan hette, es wehren der
alten Teuffelß noch genug in der weldt, und würden
die andern obgedachten Viere, wan sie eingezogen
würden, Sie auch woll bekennen, daß Sie eine Zauberinne wehre, Tibke Hollmanß aber sagte zu
der inhaftirten, Gretke [599] ich kenne die jo nicht,
du kennest mich oek jo nicht, wo kumbstu dar-
tho, dast du uff mich bekennest, dar ich eine ehrliche frawe bin, so rein und so schuldig, so schuldig, und
ob Sie zwar woll hette unschuldig gemeint und sagen
wollen, so sagte sie allemahl so schuldig, so schuldig; Die inhaftirte aber antworte aber hierauff,
Sie kennete Sie recht woll, und hette Sie in der
Kirchen offt gesehen, Sie sitze nur 3 stüele von Sie
beim Preekstüele; Ob Sie sich zwar nochmahln
entschuldigte, so bliebe die inhaftirte doch bestendig dabey, daß Sie eine Zauberinne wehre, und
hette Sie zu Scheeßell auffen Tantze gesehen;

Veneris den 9. September auff dem Hauße
Rotenburg;

Praesentibus hl. Drosten und Ober Inspektore
Jobst Protten

Anmerkungen:
[586] Jobst PROTT, siehe Personenübersicht im Teil 6.2b
[587] Johann JORDAN, siehe Personenübersicht im Teil 6.2b
[588] Conrad REHDEN, siehe Personenübersicht im Teil 6.2b
[589] Bartold GIESEKE, siehe Personenübersicht im Teil 6.2b
[590] Rudolf DAMMANN, siehe Personenübersicht im Teil 6.2b
Die Amtsvögte CLÜVER und von MÜNCHHAUSEN waren bei dieser Prozedur nicht
anwesend, bzw wurden im Protokoll nicht erwähnt.
[591] Tietke MEINKEN und sein
[592] Sohn Claus beschuldigen andere der Hexerei ohne das die Namen im Protokoll
niedergelegt wurden.

[593] mit der inhaftierten Dirn (Mädchen) ist Margarethe MEINKEN gemeint
[594] Margaretha SONNENBERG, siehe Personenübersicht im Teil 6.2b
[595] Cillie BASSEN, siehe Personenübersicht im Teil 6.2b
[596] Anna VERSEMANN, siehe Personenübersicht im Teil 6.2b
[597] Catharina BADEN, siehe Personenübersicht im Teil 6.2b
[598] Tibke HOLLMANN, siehe Personenübersicht im Teil 6.2b
[599] Margarethe MEINKEN nennt sich selbst mit Rufnamen „Gretke"

Bem.: Tibke HOLLMANN wurde im Vergleich sehr ausführlich beschuldigt

----

52. Letztes Protokoll: „Beschuldigungen" vom 9. September 1664

Veneris, den 9. September auf dem Hauße Rotenburg;
Praesentibus hl. Drosten und Ober Inspectorn Jobst
Protten, hl. Johann Jordan Oberförster zu Scheeßell, [600]
hl. Johan Eberhart von Münchhausen, Ambts Voigt [601]
zu Ahausen, hl. Bartoldt Gieseke, Ambts Voigt [602]
zu Kirchwalsede, hl. Philip Rudolff Damman [603]
Bürgermeistern zu Rotenburgk, hl. Christoffern
Mühleforth, Hauß Voigt zu Rotenburgk p. [604]
Eine stunde [605] zuvor, da die inhaftirte zum fewer
solte geführet werden, erschienen der Vatter Clauws
Meineken [606] nebenst seinen anverwandten, alß Titke
Meineken von Westerholtze [607], Herman Mißner von
Soteln [608], Cordt Heidtman von Ahausen [609], Dierich Heidtman zu Bartelsdorff [610], bahten einhelliglich den hl.
Drosten, diejenigen die die inhaftirte bekennet,
auch einzuziehen, daß diese nicht allein den schimpff
hette, mit erbieten wan Sie unschuldig wehren,
wolten Sie alle die darauff gangene unkostung
bezahlen, und davorstehen, welches Sie alle angelobet; Wehren Sie aber schuldig so mochten
Sie auch gleich ietzige inhaftirten abgestraffet
werden, auß ihren eigenen mitteln; Worauff
wollgemelter hl. Drost Protte die Vier anwesende Pastores, alß hl. Henrich Meyern Pastorn
zu Scheeßell [611], hl. Elardus von der Hude Pastor zu
Kirchwalsede [612], hl. Jacobus Pohleman Pastor zu
Ahausen [613], und hl. Justus Eberhart Wulfius Pastor
zu Rotenburg [614], zu der inhaftirten in die stunde
Ihres todes geschick und befohlen, Sie ernstlich
zu vermahnen; Die wahrheit zu sagen und zu befragen, ob Sie nochmalß beständig dabey bliebe, daß Sie Zauberinnen wehren, die Sie vorhin bekennet; Worauff dan die Herrn Pastores
wieder eingebracht, daß Sie nach fleißiger ermahnung nochmahlß bestendig bekennet, Sie wüste
woll daß Sie ietzo sterben müste, und also niemandt unschuldig bekennen wolte, dennoch wolte Sie darauff leben und sterben, daß diejenigen
Zauberinnen wehren, so sie vorhin bekennet;
Worauff die inhaftirte zum überfluß in die
stunde ihrer Hinaußführung vorgefordert, und
auch in beysein der Herren Vier Pastoren undt
Ambts Voigte, nach fleißiger vermahnung
niemandt unschuldig zu bekennen, befragt;
Da Sie dieselben nochmahlß bekennet, und
beständig dabey verblieben, daß dieselben

Zauberinnen wehren, die vorhin gedacht, undt
wolte darauff leben und sterben
Alß nun drey Weiber hirvon kekenwertig [615] sich eingefunden, und begehret mit der inhaftirten vor ihren
todt confrontiret zu werden, so seindt dieselben auch
vorgefordert, alß.

1. Catharina Budden, welche die inhaftirte Dirne [616]
   ins gesichte gesagt, daß Sie zusammen zu Scheeßel
   auff dem berge auffen Dantz gewesen; Ob sich
   nun dieselbe sehr entschuldigte und geleugnet,
   dennoch bliebe inhaftirte beständig dabey daß
   Sie eine Zauberinnen wehre, wolte darauff leben
   und sterben;

2. Cillie Baßen von Bostell ist auch confrontiret [617]
   worden, die inhaftirte Ihr ins gesichte gesagt,
   Sie wehre eine Hexe und zu Scheeßell mit
   uffen Tantze gewesen, Ihr auch in der gefengknuß in beysein des Schließers und der wachte
   einen Dubbelschilling gebothen, wan Sie nicht auff
   Sie bekennen wolten, Sie Cillie aber alles geleugnet, und daß Sie die inhaftirte nicht kennete;
   Sie wehre zwar bey der inhaftirten in die gefeng-
   nuß gewesen, wie Ihr Pastor Sie von der beichte
   abgewiesen und wißen wollen, ob Sie von Ihr
   mit bekandt, und deßwegen ein attestatum
   begehret, aber niemahlß auffen Tantze gewesen, wobey die inhaftirte aber bestendig dabeyen
   geblieben, wie Sie aber der inhaftirten gefragt
   was Sie auff den Tantze solten gemacht haben;
   Sagte Sie darauff, sie hetten da gesoffen
   und gefreßen, welches Sie zwar abermahlß
   alles geleugnet, dennoch wolte inhaftirte
   darauff leben und sterben;

3. Anna Ratkenß von Westerfrese [618] ist auch mit
   der inhaftirten confrontiret worden, ihr ins
   gesichte gesaget, sie wehre eine Hexe und zu
   Scheeßell zusammen auffen Tantze gewesen,
   ob Sie zwar solches geleugnet, dennoch Sie die
   inhaftirte dabey beständig geblieben und wolte
   darauff leben undt sterben;

4. Und sagte die inhaftirte ferner, daß Anna [619]
   Fersemanß auch eine Zauberinnen wehre,
   und zu Scheeßell mit Sie auffen Tantze gewesen, ob dieselbe zwar nicht kegenwertig,
   dennoch wolte Sie darauff leben undt sterben;

5. Zu Rotenburg, Margareta Sonnenberges des [620]
   Glasers fraw, wehre auch eine Hexe und zu
   Scheeßell dreymal mit auffen Tantze gewesen
   welche aber auch nicht kegenwertig, dennoch
   wolte Sie darauff leben undt sterben;

6. Zu Bartelsdorff Tibke Hollmanß, wehre auch [621]
   einmal zu Scheeßell mit auffen Tantze gewesen, welche auch nicht kegenwertig, dennoch

wolte sie darauff leben undt sterben;
Wie nun hl. Drost Protten, Item die Herrn Pastores
auch Ihr Vatter und Anverwandte, die inhaftirte sehr vermahnet, Sie solte sich nochmahlß
bedenken, und niemandt unschuldig bekennen,
das Sie ietzo solte zum tode geführet werden; So bliebe Sie doch beständig und wolte darauff leben
und sterben;

Ist also hierauff daß Peinliche Gerichte unten
vor der Brücken [622] öffentlich geheget, woselbst
erstlich der inhaftirten Dirnen Ihre übelthat
puncksweise vorgehalten, und wie sie alles nochmahlß bekennet; So ist darauff Ihr daß Uhrtheil (: Daß Sie mit den feuer von leben zum
tode solte gebracht werden :) vorgelesen worden,
Sie aber nochmahlß repetiret, daß diejenigen [623]
so Sie bekennet, Zauberinnen wehren, wolte
darauff leben undt sterben, baht also daß Sie
die auch mochten gleich Sie abgestraffet werden;
Worauff die inhaftirte den Scharffrichter
übergeben und anbefohlen, solch urtell zu exe-
quiren und also hinaußgeführet und mit dem
fewer vom leben zum tode gebracht worden
Actum ut supra

        In fidem Protocolli Ego Bur-
        chardus Spanharke Notarius, [624]
        Publicus Caesarens scr: et subs: manupp
In fidem Protocolli sub: et scripsit
        Philip Rudolps Damman Not: Caes: Pub: mpp [625]
      Unterschriften

Protocollo
Inn Peinlichen Sachen
der inhaftirten Margarethe Meineken
zu Wester Esche
      Veneficy
Vom 6.ten-7.ten und 9. September
      Ao 1664

Anmerkungen:

[600] Johann JORDAN, siehe Personenübersicht im Teil 6.2b
[601] J. E. von MÜNCHHAUSEN, siehe Personenübersicht im Teil 6.2b
[602] Bartold GIESEKE, siehe Personenübersicht im Teil 6.2b
[603] Rudolf DAMMANN, siehe Personenübersicht im Teil 6.2b
[604] Christoph MÜHLENFORT, siehe Personenübersicht im Teil 6.2b
[605] diese Anhörung fand eine Stunde vor der Hinrichtung statt
[606] der Vatter Clauws MEINKEN, siehe Personenübersicht im Teil 6.2b
[607] Titke MEINKEN von Westerholtze, siehe Personenübersicht im Teil 6.2b
[608] Herman MIESNER von Soteln, siehe Personenübersicht im Teil 6.2b
[609] Cordt HEIDTMANN von Ahausen, siehe Personenübersicht im Teil 6.2b
[610] Dierich HEITMANN von Bartelsdorf, siehe Personenübersicht im Teil 6.2b
[611] Hinrich MEYER, Pastorn zu Scheeßell, siehe Personenübersicht im Teil 6.2b
[612] Elardus von der HUDE, Pastor zu Kirchwalsede, s. Personenübersicht im Teil 6.2b
[613] Jacobus POHLEMANN, Pastor zu Ahausen, siehe Personenübersicht im Teil 6.2b
[614] Justus Eberhart WULF, Pastor zu Rotenburg, s. Personenübersicht im Teil 6.2b

[615] von den nachfolgend im Protokoll sechs durch Margarethe beschuldigten Frauen waren drei gegenwärtig, d. h. anwesend. Sie werden schon im Gefängnis auf Grund der Beschuldigungen vom 7. September 1664 gesessen haben. Wie wäre es sonst möglich, sie so schnell zur Gegenüberstellung vorzuführen ? In Ihrer Gegenwart beschuldigte Margarethe die drei vorgeführten Frauen und drei weitere, die nachfolgend ins Protokoll genommen wurden.

[616] Catharina BADEN, siehe Personenübersicht im Teil 6.2b

[617] Cillie BASSEN, siehe Personenübersicht im Teil 6.2b
Der Eintrag belegt, dass Cillie auch im Gefängnis einsaß. Warum wurde ihre Beichte vom Pastor abgewiesen, wobei es der Rotenburger gewesen sein müsste ?
Sollte der Hinweis auf ein „Attest" darauf hinweisen, dass Cillie sich durch die Beichte einen Freispruch erhoffte und woher wusste Margarethe das ? Saßen sie zusammen im Gefängnis und konnten sie dort miteinander sprechen ?

[618] Anna RATKEN, siehe Personenübersicht im Teil 6.2b

[619] Anna VEERSEMANN, siehe Personenübersicht im Teil 6.2b

[620] Margareta SONNENBERG, siehe Personenübersicht im Teil 6.2b

[621] Tibke HOLLMANN, siehe Personenübersicht im Teil 6.2b

[622] „... daß Peinliche Gerichte unter vor der Brücken öffentlich geheget, ..."

Bem.: Sicherlich ist dies der Satz, der zur Inschrift auf dem Gedenkstein in Rotenburg genutzt wurde. Mit „vor der Brücken" kann unserer Meinung nach nicht der Platz, wo der Gedenkstein an der Amtsbrücke liegt, gemeint sein, sondern die Brücke außerhalb der Stadt, Richtung Scheeßel in der Nähe vom Galgenberg.
Leider existiert keine Karte aus dem Jahr 1664, die Aufschluss bringen könnte.

- Zum einen gab es am Standort der heutigen Amtsbrücke 1664 keine Brücke. Die, die in die Richtung Sottrum führte, läge dem Galgenberg entgegengesetzt.
- Aus alten Karten ist zu erkennen, an welchen Stellen die Brücken standen.
- Solch eine Hinrichtung sorgte durch die Teilnahmepflicht und Sensationslust schon für eine Menge Volk, denkt man daran, dass schon bei der Wasserprobe von etlichen hundert Zuschauern berichtet wurde,
- Warum sollte die Menge von Menschen erst in die Stadt (Flecken) kommen, dann in die andere Richtung wandern, um dann dort der Exekution beizuwohnen ?
- Der damalige Bürgermeister hatte sicherlich nach so vielen Stadtbränden wenig Interesse, so viel fremdes Volk in der Stadt zu haben.
- Weiterhin wollten einige ja auch ihre Geschäfte an diesem Tag machen und das ging stationär wesentlich besser, als einer wandernden Menge zu folgen.
- Sinngebender ist deswegen aus diesen wenigen Gründen ein Platz in der Nähe der Hinrichtungsstätte am Galgenberg.
- Die Verkündung des Urteils war öffentlich und danach folgte die ebenso öffentliche Hinrichtung. Aus diesem Protokoll [unten 626] ist eindeutig der Ablauf nachzulesen:
- Margarethe wurde zur Brücke geführt
- das Urteil und die Vorwürfe wurden öffentlich verlesen
- Margarethe bekannte noch einmal ihre Schuld und bat um die Bestrafung
- Margarethe wurde nun vom Gericht dem Scharfrichter übergeben
- Margarethe wurde vom Scharfrichter zur Hinrichtungsstätte geführt und anschließend durch das „Feuer vom Leben zum Tode" gebracht.
Einen Hinweis auf eine vorherige Enthauptung enthält dieses Protokoll nicht !

[623] Diese drei Frauen wurden in der Gegenüberstellung von Margarethe kurz vor ihrer Hinrichtung beschuldigt, was sicherlich schwer wog, denn Margarethe wurde ja von den vier anwesenden Pastoren im Beisein der Amtsvögte eingehend belehrt, keine Unschuldigen zu bezichtigen.

[624] Burchhard SPANNHAKE, siehe Personenübersicht im Teil 6.2b

[625] P. R. DAMMANN, siehe Personenübersicht im Teil 6.2b

_____

53. EXEKUTIONSURTEIL im Namen von Otto Wilhelm Graf von KÖNIGSMARCK vom 9. September 1664 [626]

Inn Peinlichen Sache des hierzu Verordneten Fiscalis, anklägern eines, ent-
kegen und wieder kegenwertige Margretha Meineken, als wegen begangener und selbst zugestandener Zauberey
angeclagtinnen anderentheilß p; Erkennet der Hochwollgebohrner Graff
und Herr, Herr Otto Wilhelm Königsmarck, [627]
Graff zu Westerwiek, und Stogholm,
Herr zu Rotenburgh und Neuhauß p:
aller gerichtlichen Clage, ann, und vorbringen nach, auf eingeholten Rath der
Rechsgelehrten für recht, daß ebbe-
melte Margretha Meineken, wegen ihrer
angeclagten und für diesem Peinlichen
Halßgerichte, nochmahln gestandenen Zauberey, daß Leben verwirket, und Sie also
vermög Keyser CAROLI des Fünfften
und des Heyl: Römischen Reichs Peinlicher
Halßgerichts ordtnungh unterm 109
Articull mit dem feuer vom leben zum
tode abzustraffen sey, maßen Sie dan
dazu hirmit schüldig erkandt und dem Nachrichter die Excecution alsoforth zu verrichten, anbefohlen wird; Alles von Rechtswegen; Pronunciatum ufm Peinlichen Halßgerichte zu Rotenburgh, den 9:ten September
ao 1664

Alß Hoch Gräffl: Königs-
markischer Ober Inspektor   L. S. Jost Prott [628]
und Gerichts Director
dero Herrschafft Rotenburgh

        Copia
Definitiv undt Exsecutions Urtheils [629]
wegen dero zum Feuer [630] Ver-
dammeten Margrethen Meineken
        vom 9:ten September 1664

Anmerkungen:

[626] auch in diesem Urteil gibt es keinen Hinweis, daß sie „zuvörderst", wie von JUNCK beschrieben, enthauptet wurde. Welche Quelle JUNCK seinerzeit vor Augen hatte, ist nicht feststellbar. Wir hegen aber keinen Zweifel an JUNCK`S Aussage, denn er zitiert einen Textauszug, gibt aber keine Quelle an.

[627] Otto Wilhelm von KÖNIGSMARCK, siehe Personenübersicht im Teil 6.2b

[628] Der Oberinspector PROTT unterschrieb den Exekutionsbefehl im Namen von Otto Wilhelm Graf von KÖNIGSMARCK.
Einen Hinweis, dass Graf von KÖNIGSMARCK bei dieser Hinrichtung anwesend war, ist nicht vorhanden.

[629] Definitiv undt Exsecutions Urtheils = endgültiges Hinrichtungsurteil

[630] dero zum Feuer = der zum Feuertod / der zum Verbrennen

Karten von Rotenburg im ehemaligen Stift Verden

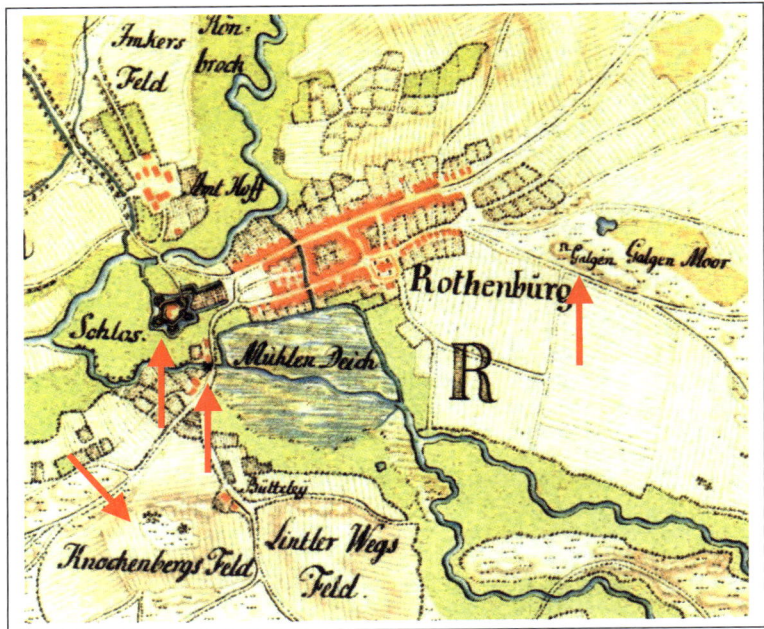

Kurhannoversche Landesaufnahme, 33 Rotenburg, 1:25 000, Anno 1770

Anhand dieses Kartenausschnitts sind die Orte der Festsetzung und Verhöre im Schloss, der Wasserprobe im Mühlenteich und der Hinrichtung am Galgenberg zu sehen. Die Hinrichtungsstätte war mit dem Galgenberg für jede Art von Hinrichtungen festgesetzt und der Ort, an dem sich das Volk dazu zu versammeln hatte. Dort wurde 1664 auch die Hingerichtete verscharrt, wie auch die Mutter von Margarethe Meinken, die sich erhängte.

Das Knochenbergsfeld ist unserer Auffassung ein alter Hinrichtungsplatz, bevor es der Galgenberg wurde.

Noch im Jahre 1465 muss das Knochenbergs Feld die Hinrichtungsstätte gewesen sein. Dieses lesen wir im „Register der Rotenburger Marienbruderschaft" 1403-1567, Seite 22, Ausgabe 1964, wo es in der Fußnote (4) heisst: beim Knochenberge, bekannte Flurbezeicnung, ursprünglich die Begräbnisstätte der hingerichteten Verbrecher.

Gedenkstein in Rotenburg

Standort: Rotenburg/Wümme an der „Amtsbrücke", stadteinwärts, Foto September 2008, Jürgen Hoops

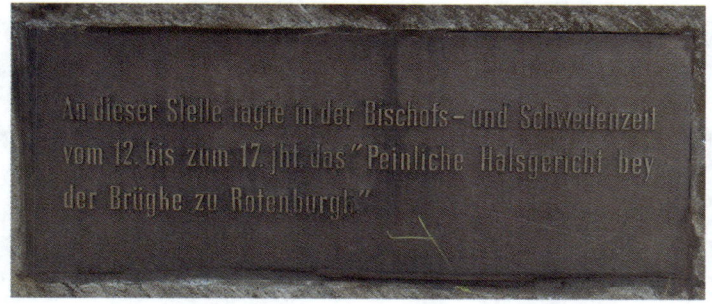

Inschrift Gedenkstein in Rotenburg, Foto September 2008, Jürgen Hoops

Dass genau an dieser Stelle das „Peinliche Halsgericht", also die Folter und Vernehmungen stattgefunden haben sollen, erscheint zweifelhaft. Diese Handlungen haben sicherlich unter Ausschluss der Öffentlichkeit stattgefunden und das aus gutem Grunde. Aus alten Karten ist weiterhin zu sehen, dass in früheren Zeiten die Brücke nicht zwingend an dem Ort, an dem heute eine Brücke steht, gestanden hat. Der Hinweis „bey der Brügke" deutet nicht auf einen Punkt hin, sondern gibt eine Richtung an. (*bei, also in der Nähe und da stand das Schloss*)

Nach unseren Recherchen hatte es zum Schloss gehörend ein Brauhaus und im Schloss ein Gefängnis, letzteres unter der grossen Treppe, gegeben. Im Brauhaus wurden z.B. Catharina und ihre Cousine Margarethe MEINKEN eingesperrt. Weiterhin sind wir der Auffassung, dass der Weg vom Ort der Gefangennahme zum Ort der Verhöre und der Tortur nicht weit auseinander gelegen haben können und bleiben dabei, dass sich alles ausser der Bekanntgabe und der eigentlichen Hinrichtung innerhalb des Schlosses zu Rotenburg zugetragen hatte. Dieses wird mit dem Protokoll über die Flucht der verurteilten Margarethe unserer Einschätzung nach bestätigt.

Der ehemalige Bauamtsleiter von Rotenburg, Herr BENSCH sagte in einem Gespräch im September 2008, das der Stein im Rahmen der Baumaßnahme „Aalter Allee" im Jahre 1979 zur Einweihung an der Amtsbrücke gesetzt wurde. Herr Bernhard HAAKE (†), ein Lehrer für Kunsterziehung und Oberstudienrat am Rotenburger Gymnasium soll seinerzeit den Anstoß für den Stein gegeben haben. Haake ist Ehrenbürger der Stadt Rotenburg. Er war Heimatforscher und es steht zu vermuten, dass die Inschrift auf seine Initiative zurückzuführen ist und den Prozessakten vom 9. September 1664 entnommen wurde [siehe im Teil 6.2c [622]] Es steht auch zu vermuten, dass er sich bei der Platzwahl auf RUETES Aussage in seiner Veröffentlichung von 1895 stützte. [siehe Artikel von Ruete im Teil 6.2]

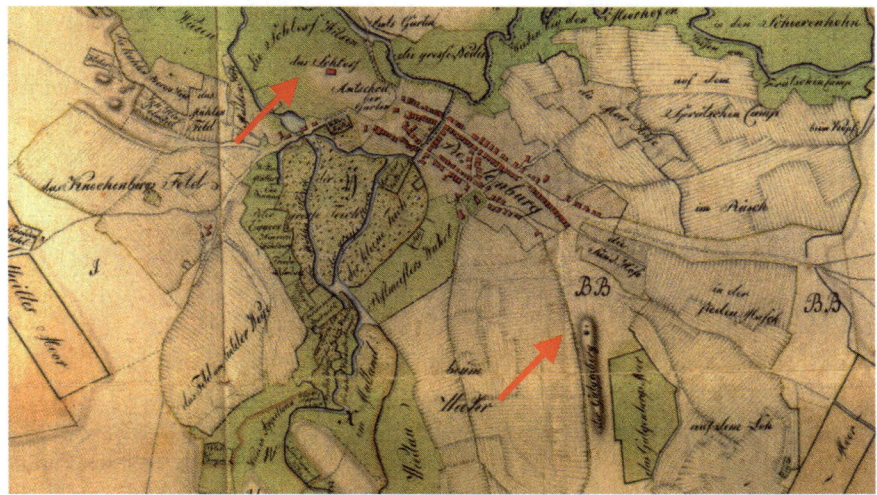

Diese Karte unbekannter Herkunft zeigt Rotenburg und Umgebung um das Jahr 1830. Das Schloss und der Galgenberg sind deutlich zu erkennen, wobei der Galgen eingezeichnet ist.

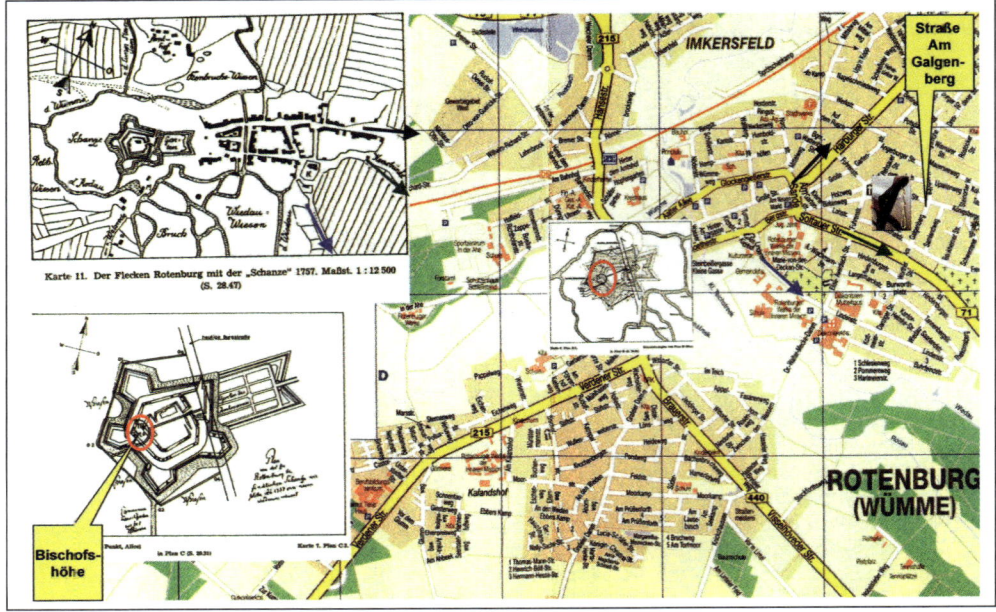

Karte 11. Der Flecken Rotenburg mit der „Schanze" 1757. Maßst. 1 : 12 500
(S. 28.47)

Bischofs-
höhe

Straße
Am
Galgen-
berg

IMKERSFELD

ROTENBURG
(WÜMME)

Am Beispiel dieses Stadtplanausschnittes von Rotenburg möchten wir die Lage der Burg in ihren Ausmaßen sowie die Lage des Galgenberges aufzeigen, um dem Leser die Ausmaße und Entfernungen zu verdeutlichen.

Im Jahre 1664 war die Burg keineswegs fertig. Sie war eine Baustelle, die von den Schweden in der Zeit von 1661-1665 weiter ausgebaut wurde. Über diese Zeit schreibt Henning Eichberg in seinem Aufsatz [c.] sehr ausführlich und er berichtet, dass der Flecken Rotenburg um 1640-1670 von etwa 900 Einwohnern (davon 130 Vollbürger) bewohnt war.
Es gab das feste „Hauß Rotenburg", welches die Regierung des Amtes im Schloß darstellte.
Dann gab es die Stadt Rotenburg, die als Flecken Rotenburg bezeichnet wurde.
Es gab auch noch das Kirchspiel Rotenburg mit dem Flecken, den vier Wasserdörfern Worth, Hasse , Hemsbünde, Hastedt, sowie das Vorwerk Luhne und die Amtshöfe Kesselhof und Grafel.

Quellen:
   a.   Kurhannoversche Landesaufnahme, 33 Rotenburg, 1:25 000, Anno 1770
   b.   Stadtplan Rotenburg / Wümme als Ausschnitt
   c.   Rotenburg an der Wümme als Schwedenfestung, Henning Eichberg, Rotenburger Schriften, Heft 40, Jahrgang 1974.

Zum Flurnamen „Galgenberg" steht bei Hessmann, 1972, „Die Flurnamen des nördl. und östl. Kreises Rotenburg (Wümme) auf Seite 175:
   Der Galgenberg (VKR. S.29) –Ro N 133
   1929 mit Abtragung begonnen. Ho. Jetzt bebaut.
   d.h. erst im Jahre 1929 wurde diese Anhöhe abgetragen und war 1972 bebaut.

Zum Flurnamen „bei dem Galgenberg" stellt er den Vermerk:
   Krhs (Krankenhaus), 1892 LkiA Ro (Ro N134.)
   Anno 1892, Landeskirchenamt Rotenburg, Flurkartennummer Rotenburg N 134.

In Rotenburg gibt es eine Straße „Am Galgenberg", die sich nördlich vom Krankenhaus in Nord-Süd Richtung verlaufend, befindet und in die Soltauer Straße mündet. Die eigentliche Flurbezeichnung finden wir etwas südlich der Einmündung zwischen der Soltauer Straße und dem Platz des alten Krankenhauses. Diese deckt sich nicht ganz mit dem Kartenmaterial, welches durch Vermessungsoffiziere 1770 erstellt wurde.

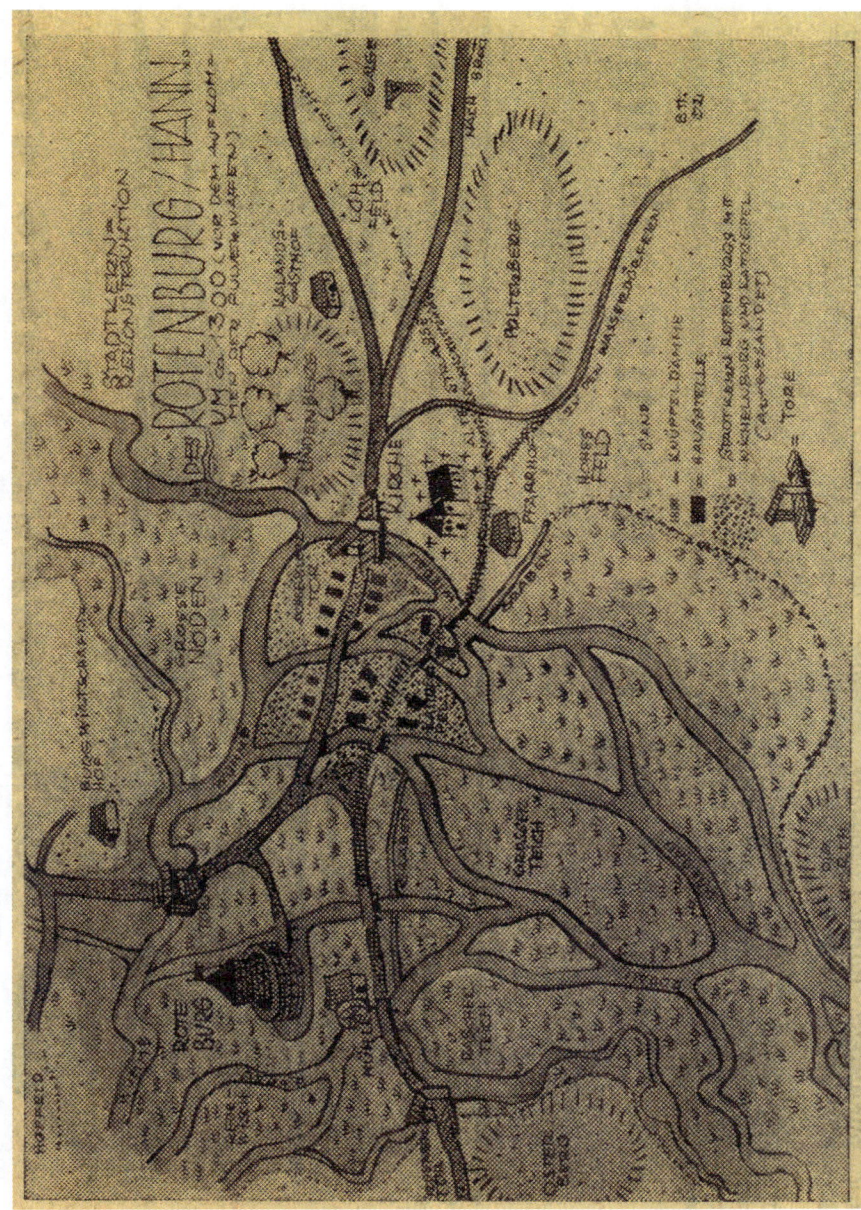

Die Skizze I zeigt den frühmittelalterlichen Zustand Rotenburgs, das vermutlich auf Inseln lag wie Alt-Ottersberg. Durch Zuschütten der Wasserläufe und Anlegen eines Umfluters, des heutigen Stadtstreeks, sowie Aufschütten des Terrains zwischen dem heutigen Amtsgericht und dem Stadtstreek ergab sich eine geschlossene Baufläche.

Quelle:
Der Heimatborn"
Beilage der Heimatzeitung
für den Landkreis Rotenburg (Wümme)
30. Jahrgang
13.10.1962
Nummer 20
Seite 2

Titel:
Ältere Rotenburger Kirchen und Kapellen

Autor: Bernhard Haake (†)

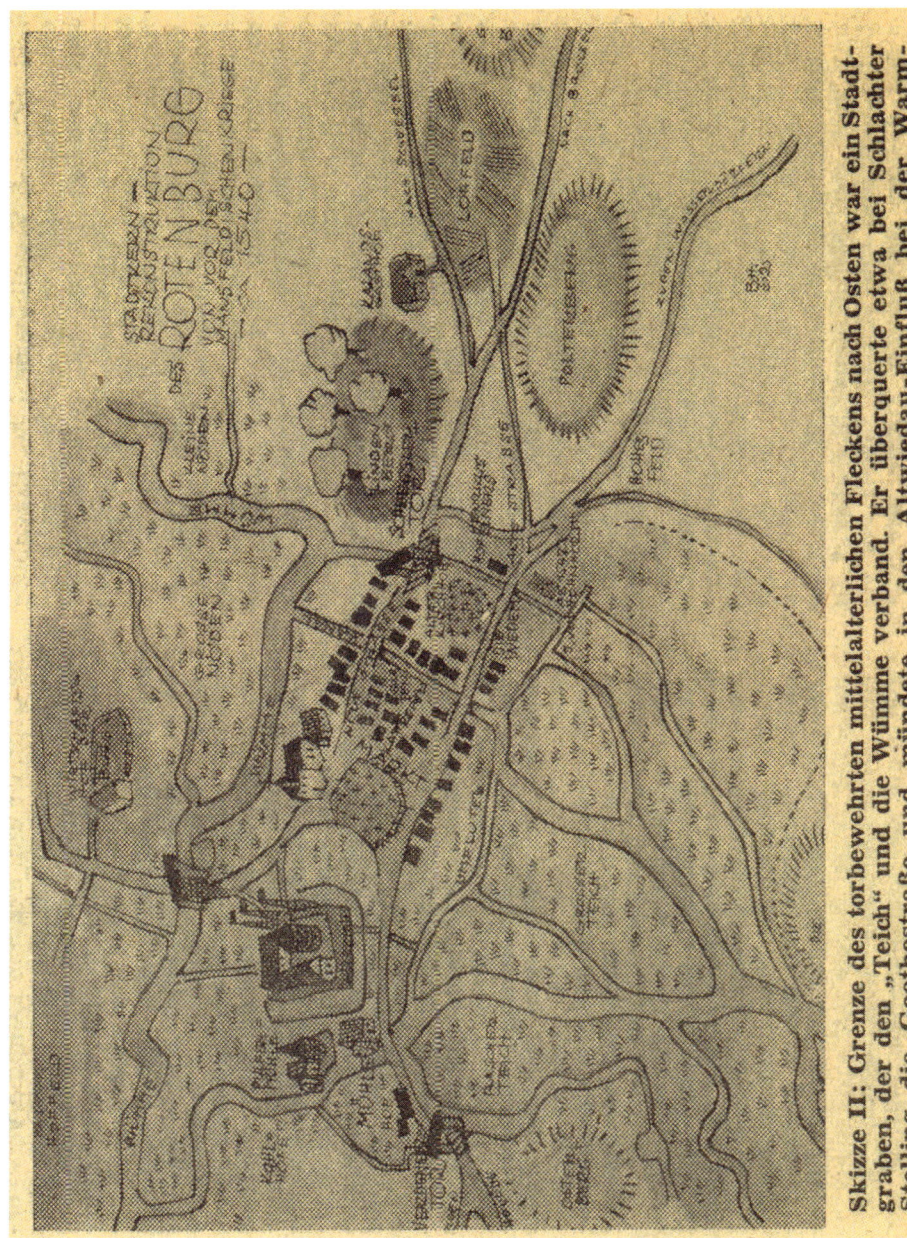

Skizze II: Grenze des torbewehrten mittelalterlichen Fleckens nach Osten war ein Stadtgraben, der den „Teich" und die Wümme verband. Er überquerte etwa bei Schlachter Stelling die Goethestraße und mündete in den Altwiedau-Einfluß bei der Warmbadeanstalt. Der urkundlich erwähnte „Lindenberg vor dem Scheeßeler Tor" ist höchstwahrscheinlich das Gelände des heutigen Rathauses, ehemaligen Posthofes.

Quelle:
„Der Heimatborn"
Beilage der
Heimatzeitung
für den
Landkreis
Rotenburg
(Wümme)
30. Jahrgang
13.10.1962
Nummer 20
Seite 2

Titel:
Ältere
Rotenburger
Kirchen und
Kapellen

Autor:
Bernhard
Haake (†)

Schlussbemerkung der Autoren
zu diesem Prozess von 1664

Aus den Aussagen und den Untersuchungen dieses einen Prozesses ergeben sich für uns Fragen und Stichworte über die Situation der Margarethe MEINKEN.

- Die Familie MEINKEN saß unvermögend auf einem Vollhof, sagte der Vater.
- Der 30jährige Krieg war erst 16 Jahre zuvor beendet worden.
- Die Großmutter HOOPS wurde als Hexe verdächtigt und überall verschrien.
- Margarethes Mutter Mette geb. HOOPS wurde als Hexe beschuldigt.
- Margarethes Mutter Mette stammte nicht aus dem Dorf.
- Ging Margarethes Mutter Mette zur Schwester nach Bülverstedt bei Sottrum, weil es niemanden im Dorf gab, der mit ihr reden wollte oder mit dem sie reden konnte ?
- Mettes Ehemann Clauß sprach nicht viel mit seiner Ehefrau, sagte aber aus, dass es wenig, aber eigentlich keine guten Kontakte zu allen anderen Höfen im Dorf, bis auf einen (*belegt das Soziogramm*) vor 1664 gegeben hätte.
- Wurde Margarethe im Alter von 2 Jahren missbraucht ? (zerrissenes Kleidchen, Beule).
- Wenn ja, wurde sie im Alter von zwei Jahren **„mißbraucht"** und im Alter von 17 Jahren **„verbrannt"**
- Harm HOPES (HOOPS) hatte sich sehr für seine Schwester Mette eingesetzt und verstand sich offensichtlich mit Margarethes Vater.
- Warum zahlte der Vater Clauß MEINKEN die Caution nicht ?
- Hatte er selbst kein Geld, so hatte er doch Verwandte, mit denen er Margarethe vor ihrer Hinrichtung besuchte ?
- Waren diese Verwandten ebenso arm wie er und konnten die Kaution nicht einmal gemeinsam aufbringen ?
- Was hatte die Ehefrau des Scheeßeler Pastoren Albert DORNEMANN (1643-1654 Pastor) getan, als sie von Margarethes Vorfall beim Nachbarn um 1649 erzählte und was der Pastor ?
- Warum konnte oder wollte Hinrich MEYER, DORNEMANNS Nachfolger und Pastor zu Scheeßel, so wenig Gutes über Margarethe und ihre Mutter Mette erzählen ?
- Welche Rolle spielte der Scheeßeler Pastor im Geschehen und warum bestätigte er die Gerüchte über Margarethes als „Hexe" verschrienen Grossmutter ?
- Lebte die Familie MEINKEN im Dorf sozial isoliert ?
- Wenn ja, führte dieses am Ende zum Prozess und trug es wesentlich zum Verlauf bei ?
- Was hat sich nach 1664, dem Tod der Mutter und Tochter, in Westeresch verändert ?
- Warum beschuldige Margarethe am Tag ihrer Hinrichtung ausgerechnet die im Protokoll erwähnten Frauen und keine anderen ?
- ...

Wir wollen es hiermit bewenden lassen, wenn man auch noch dieses und jenes aus religiöser, anthropologischer, medizinischer, sozialpädagogischer ... Sicht betrachten könnte, den ...

... es würde sich nichts ändern.
Sie sind tot,
aber sie sind nicht vergessen !

Mehrfach wurde veröffentlicht, das diese Hexenprozesse z.B. der von 1611 im Amt Winsen sowie dieser von 1664 und der von 1665 im Amt Rotenburg die letzten in Niedersachsen gewesen seien.

Das wollen und können wir so nicht stehen lassen, denn noch 1687 wurde in Niedersachsen ein Mann hingerichtet und verbrannt, weil ihm Schlimmes im Sinne der Hexenprozesse vorgehalten wurde.

Es handelte sich dabei um **Christoffer MEYER** aus Raven im Lüneburgischen.

Dazu zwei Einträge aus dem Kirchenbuch Garlstorf:

"Christopffer Meyer, Sohn ... noch Kirchenjurat ... 1665-1687... verheiratet mit Catharina geborene Keding aus Wohlenbüttel geb. 04.10.1658 gest. 13.05.1701"

"Christoffer Meyer am 6. October 1687 in Garlstorf gerichtet und verbrannt aus Raven gebürtig."

Er war der Sohn von Lütke MEYER (*ein Agnat im Sinne des römischen Rechts des Mitautoren Jürgen Hoops von Scheeßel*), dem Vollhöfner auf dem Fronhof Nr.1 in Raven, der seit 1652 ebenda Kirchenjurat war und Bruder vom Küster Hans MEYER.

Da dieser Hof nicht im bischöflichen Gutsleuteverzeichnis von Salzhausen aus dem Jahre 1630/1631 verzeichnet ist, sind wir nicht weiter auf ihn eingegangen.
Stünde er in dem besagten Verzeichnis, hätte er, obwohl im Braunschweig-Lüneburgischen gelegen, bis zur Säkularisation (1648) dem Verdener Bischof gehört, womit dessen Bewohner dann auch nicht in die Gerichtsbarkeit des Amtes Salzhausen gefallen wären.

Die entsprechenden Prozessunterlagen lagern im Reichsarchiv in Wien.

Der Fall fand ausserhalb des Amtes Rotenburg statt und soll lediglich belegen, dass das Jahr 1665, wie so oft geschrieben, nicht der letzte Prozess seiner Art in Niedersachsen war, der tötlich endete. Ob dieser der allerletzte Fall eines Hexenprozesses mit tötlichem Ausgang war, können wir nicht sagen. Der letzte Hexenprozess war dieser nachweislich sicher nicht, denn es wurden noch nach
dem II. Weltkrieg (1939-1945) einige geführt.
[siehe bei Johann Kruse im Teil 2]

Der mittelalterliche Altar der alten Scheeßeler Kirche bis 1758.
Danach wurde es mit dem Taufbecken zusammen bis 1957 eingelagert.

Mit dem Neubau der Kirche in Lauenbrück wurde er dort ab 1957 in alter Würde wieder als Altar verwendet.

Die Lauenbrücker waren einst in das Kirchspiel Scheeßel eingepfarrt.

Im Angesicht dieses Altars wird Margarethe MEINKEN um 1660 / 1661 von Pastor Hinrich MEYER konfirmiert worden sein.

Foto:
Jürgen Hoops, November 2008

Anna HASTEDE - Tipke HOLLMANN - Anna RATKEN

aus dem Kirchspiel Scheeßel
Amt Rotenburg

Anno 1665

[Teil 6.3]

An den Anfang dieses Teils stellen wir hier unsere Veröffentlichung (*ohne Bilder*) aus der Novemberausgabe der „Lebendigen Heimat" im Jahre 2006 als „Tipke von Bartelsdorf" unter Heinrich von Bartelsdorf & Jürgen von Scheeßel.
Im Anschluss daran sind die Ergänzungen zu diesem Prozess aus dem Jahr 2008 aufgeführt.

A. Vorbemerkungen

Als im Verlauf des Spätmittelalters in jenem historischen Prozess, den man als „Rezeption der gelehrten Rechte" zu bezeichnen pflegt, das römische und kanonische Recht neben die heimischen Gewohnheitsrechte traten, wurde die Strafbarkeit von Schadenszauber zur allgemein verbindlichen und unwidersprochenen Maxime im Rechtsleben und in der Strafrechtspflege. Dementsprechend verfügte die „*Peinliche Halsgerichtsordnung*" Kaiser Karls V. von Anno 1530 und 1532 in ihrem 109. Artikel „Straff der zauberey" unter anderem, „so jemandt den leuten durch zauberey schaden oder nachtheyl zufügt, soll man straffen vom leben zum todt, vnnd man soll straf mit dem fewer thun" [1]

Geschehnisse in den Jahren um 1530/1532 in Glaubensfragen auf dem Kontinent:

1521:
Es fand der Reichstag zu Worms statt, zu dem Martin Luther unter Zusicherung des freien Geleits durch Kaiser Karl V., erschien und sich auf die Heilige Schrift berief, seine Thesen nicht zu widerrufen. Darauf wurde er von Karl V. im Wormser Edikt geächtet.

1529:
Es war der Beginn der ersten Belagerung Wiens durch die Türken bis zum Waffenstillstand von 1533, der die Teilung Ungarns zur Folge hatte.

1530:
Es fand der Reichstag zu Augsburg statt, durch den Kaiser Karl V. die Glaubenseinheit der katholischen Kirche retten wollte. Die Protestanten aber verfassten ihr Glaubensbekenntnis in der „Confessio Augustana" (CA).
Karl V. wies die Apologie der CA zurück und bestätigte das Wormser Edikt.

1531:
Die evangelischen Reichsstände, d.h. die ev. Reichsfürsten bildeten darauf hin im Jahre 1531 den „Schmalkaldischen Bund" mit Bundesheer und gemeinsamer Bundeskasse und suchten Verbindung zum Ausland (*Frankreich*).

Der Hexenbegriff umfasste in der Frühen Neuzeit fünf Hauptelemente: [1]
- ◆ Teufelspakt,
- ◆ Teufelsbuhlschaft,
- ◆ Hexenflug,
- ◆ Hexensabbat, auf dem Gott abgeschworen und der Teufel angebetet wurde,
- ◆ Schadenszauber,

B. Im Heimatborn von 1927 Nr.10 wurde auf Seite 3 berichtet, [2]

dass der Hexenprozess von 1664 gegen Margarethe MEINCKEN und ihre Mutter aus Westeresch [*Hof-3 TIETENS*] und der von 1665 gegen Anna HASTEDT aus *Hetzwege [Hof-6 HASTEDT]*, Tibke von Bartelsdorf [*Hof-11 KÖTS*] und Anna RATKEN aus Westerfese [*Häuslingsfrau aus Westervesede*] nicht die einzigen im Amt Rotenburg waren. Königin Christina von Schweden verbot 1649 die Hexenprozesse [3] [5] *[zu Königin Christinen Zeiten]*. Sie dankte 1654 ab. Karl X. Gustav von Schweden wurde ihr Nachfolger. Dennoch wurden Hexenprozesse durchgeführt und erreichten 1666 Schweden selbst.

C. Tipke (HOLLMANN) von Bartelsdorf

Es ist uns wichtig gewesen, der bisher nur als "Tibke oder Tipke von Bartelsdorf" in der Chronik von Scheeßel (1996) erwähnten und bekannten Ehefrau und Mutter nach 340 Jahren wieder einen Namen, eine Familie und ein Zuhause zu geben.

----

zum besseren Verständnis sei an dieser Stelle eingefügt:
Auszug aus der Höfechronik Bartelsdorf von 2006
Bartelsdorf-11 KÖTS
von Jürgen Hoops und Heinrich Ringe

HOLLMANN Peter II.   (nach 1638-um 1665)   [Sohn vom vorigen]
✳ um 1612 Westervesede   ☐ 04.06.1690 Scheeßel
In einem Schreiben vom 15. Februar 1638 des von HONHORST in Veerse erwähnt. Er hat durch den Verkauf an den Schwager Anno 1665 den Besitz an der Stelle abgegeben.
∞ um 1634 ...
(BEHRENS) N.N. Tipke
✳ um 1614 ... (Ksp Sottrum)   †..., 1665 nachweislich des Landes verwiesen

----

Was ist nun mit dem Hof und Haus der Familie HOLLMANN geschehen ?

Die Kate [*heute Bartelsdorf Nr.11*] wurde von Peter HOLLMANN [*senior, I*] vom Gutsbesitzer auf Gut VEERSE, Philip Sigismundt von HONHORST [*auch de Düvels (Teufel) genannt*] Anno 1638 gekauft. Er hatte von HONHORST wohl kurz nach 1638 30 Taler geliehen und sollte dafür Anno 1677 eine Summe von 120 Taler incl. Zinsen zurück bekommen. *[siehe Höfechronik Bartelsdorf Hof-11 KÖTS]* Es hat den Anschein, als habe Peter HOLLMANN [*junior, II*] für den Freikauf seiner Frau Tibke nicht genug Geld zusammen bekommen und es von Schwager Clawes INDORF bekommen, indem dieser die Kate kaufte.

Die Erben konnten deswegen die Stelle nicht übernehmen. Ein Sohn heiratete nach ECKEWORTS in Bartelsdorf (Nr.14) ein, der andere wurde Häusling in *Bartelsdorf [siehe Höfechronik Bartelsdorf]* und der Ehemann und Vater starb 1690 ohne erneut geheiratet zu haben.

Die Urkunden der Hausstelle KÖTS z.B. von 1638 blieben bis heute auf KÖTS erhalten, weil Peter HOLLMANN nach der Ausweisung der Frau Tibke und dem Verkauf offensichtlich beim Schwager auf Altenteil lebte.

D. Im Protokoll der Vernehmung der Inhaftierten Margrethe MEINEKEN (aus Westeresch) vom 6. September 1664 sagte diese unter Punkte 5 aus:
„zu Bartelsdorf Tibke HOLLMANNß, welche auch einmal zu Scheeßel mit aufb [*auf dem*] Tantze gewesen, welche auch nicht kegenwertig [*nicht bei Sinnen*] danach wollte Sie darauf leben und sterben." [*Es gab nur eine einzige Familie HOLLMANN und diese saß auf KÖTS.*] [4]

E. Aus der Chronik von Scheeßel von 1996, Seite 45 steht zum Hexenprozeß von 1665: [8]

Sie wurde als Hexe "Tibke von Bartelsdorf" [*ohne Familiennamensnennung*] zusammen mit Anna HASTEDT [*aus Hetzwege-6 HASTEDT*] und Anna RATKEN aus *Westervesede [2.EF von Lütke R. aus Westervesede-10 CORDS, erst Häusling in Westervesede und späterer, d.h. ab 1680 Vollhöfner zu Jeersdorf-4 HOLSTEN*] vor Gericht im Amtshaus Rotenburg gestellt. "Sie leugneten alle drei. Sie wurden in der Wasserprobe aufs Wasser geworfen, haben alle oben geschwommen "wie die Gänse"; wobei sie sich selbst bei Kopf und Haaren faßten, in der Meinung sich dadurch unter Wasser zu bringen, doch vergeblich. Die Wasserprobe mißglückte und Anna sagte, sie sei ein Kind Gottes und keine Hexe. Sie [*alle drei*] wurde ins Loch [*Gefängnis*] gebracht und alle drei zusammen lebendig verbrannt."

[*als Quelle wurde angegeben: "Lug ins Land", ein Sonderdruck der Hildesheimischen Zeitung von 1929*] [6] Es steht geschrieben, es war das letzte "Gottesurteil" in Niedersachsen. [6]

F. Aus dem Internet unter www. hexenforschung. historicum. de 2005 entnommen: [3]

Im Jahre 1665 wurde in Rotenburg Anna HAßSTEDTE, Tibke BERENDTS von Bartelsdorf und Anna RATKEN von Waßerfese (Westervesede) der Hexerei beschuldigt. Um ..... .
Weiter heißt es: Anna Haßstedte wurde zwei Monate später, am 24. Juli 1665, lebendig verbrannt. Das Schicksal der beiden anderen Frauen ist unbekannt.

Anmerkung: [10]

Wir sind nach Auswertung aller uns zur Verfügung stehenden Unterlagen gemeinsam zu der Überzeugung gekommen, dass es keine Tipke BEHRENS in Bartelsdorf gegeben haben kann. Möglicherweise war ihr Geburtsname oder Hausname, von dem sie kam „BEHRENS".

- Der Artikel gemäß Bezug [3] bezog sich auf eine Veröffentlichung gemäß Bezug [6], der keine Quellenangabe aufweist und es ist die einzige Nennung einer Tibke BEHRENS, die wohl auf der Veröffentlichung von 1785 [9] basierte.
- In den vorliegenden Prozessunterlagen von Margarethe MEINKEN wurde mehrfach der Name Tipke HOLLMANNS zu Bartelsdorf erwähnt, niemals aber Tibke BEHRENS.
- In keiner weiteren Originalunterlage wurde der Name Tipke oder Tibke BEHRENS, nur Tibke HOLLMANN von Bartelsdorf erwähnt.

Wir sind zu der Auffassung gekommen, daß es sich hier um einen Lese-, Hör- oder Übertragungsfehler gehandelt haben muß, der möglicherweise schon während des Prozesses durch den Amtsschreiber geschah, wobei die Originalprozessakten nicht mehr existieren.

Der Fehler könnte auch bei Erstellung des Artikels im Jahre 1785 entstanden sein, denn auch hier wurde keine Quellenangabe gemacht. Das erscheint uns aber eher unwahrscheinlich.

Möglicherweise wurde der Artikel auch auf Grundlage einer Abschrift erstellt. In alten Zeiten würde man dieses als Transportfehler (Übertragungsfehler) bezeichnen.

Als weiteres deutliches Indiz dafür, dass es sich bei den genannten Frauen mit dem Vornamen „Tibke" um ein und dieselbe Person gehandelt haben muss, wird nachfolgend ausführlich begründet.

Es heißt in den noch vorhandenen [11] Unterlagen von 1664 und 1665 unter [Nr.1396] *„Continuatio der Außgaben zu Fortsetzung des Hexen Processus"* der Margarethe **R**einken (Hörfehler, muß **M**einken heißen, schreibt aber immer **R**einken), des Scheeßeler Untervogts und zwey Köthner von Scheeßel .... aufführen. Dieses sind keine Schriften, die während des Prozesses als Niederschrift gefertigt wurden, sondern Rechnungsbücher, die u.a. die Kosten, die während des Prozesses entstanden waren, erfasst und damit belegt. (Seite 4, siehe auch **H**ATKEN und **R**ATKEN)

Daß auch Tibke HOLLMANNS aus Bartelsdorf auf dem Scheiterhaufen endete, wird einzig im [6] Artikel „Lug ins Land" von 1929 und im Hannoverschen Landboten [12] erwähnt.

G. Aus Journal von und für Deutschland aus dem Jahre 1785, Seite 549 N.1

XVI. Wasserprobe der Hexen im XVII. Jahrhundert

... worden. Hernacher sind erschienen Peter Holtemann, Johannd Berend, Henrich Heitmann, und Curth Hartken, als welche die vorhin ad cautionem verlassene nunmehro aber wieder inhaftierte, zwen Weiber, las Tibke Berendts, und Anna Ratkens de toties quoties coram judicio fifti [*d.h. sie (die Zeugen) sind in aller Öffentlichkeit vom Gericht zu zweit in ihre Zellen (die der 2 Frauen) gebracht worden*] bürglich eingelassen, und ist ihnen vorgehalten, ob Sie die inhaftierte beederseits in Bürger Händen (*Stadt Rotenburg*) wiederum loos (*frei*) haben wollen, dessen sie sich aber ganzlich gewegert, und zur Antwort geben, es weren dieselbe nunmehr wiederum in der Obrigkeit Hände (*Fakultät Rinteln & Graf Königsmark*), hätten auch mit ihren Augen selbst gesehen als inhaftierte aufs Wasser geworfen sie geschwommen, es möchte die Obrigkeit nunmehr mit ihnen verfahren wie es das Recht leiden und bringen wollte. Es ist aber hingegen denenselben angedeutet, daß sie zuförderst die über sich genommenen Unkosten abstatten sollten. (Unterschriften) [s.u. Ermittlungsergebnis Nr.5] (9), Ins Reine geschrieben müsste es heißen: Peter HOLLMANN (Hof-11) [*nicht Holtemann, s.o.*], Johann BEHRENS (Hof-04) [*der 5.Wirt auf Nr.4, die Ehefrau hieß Adelheit und † 1715*], Hinrich HEITMANN [*aus Westervesede-8 HEITMANNS, war Häusling beim Bruder ebenda und wohl der Onkel von Anna*] und Cord HARTKEN [*Hartken gab es im Ksp Scheeßel nicht. Es handelte sich vermutlich um Cordt RATHKEN / RATHJEN aus Westervesede-10 CORDS, der der Schwager von Anna RATHJEN (2te Ehefrau von Lütke) gewesen war.*] Die verschiedenen Schreibweisen der Familiennamen ist gewollt, weil sie auch in den verschiedenen Quellen unterschiedlich niedergeschrieben wurden.

H.

Anmerkung zu 3x Tibke:

Eine „Tibke HOLLMANNS" zu Bartelsdorf wurde 1664 laut Prozeßakten gegen Margretha MEINKEN als Hexe beschuldigt [*Darin begründet sich der Prozess von 1665*]. (4) Tibke stammte eindeutig vom Hof-11 KÖTS.

Eine „Tibke BEHRENS von Bartelsdorf" wurde zusammen mit Anna HAßSTEDTE und Anna RATKEN 1665 angeklagt. Anna HAßSTEDE wurde am 24. Juli 1665 lebendig verbrannt. Das Schicksal der beiden anderen Frauen ist unbekannt, schrieb Dr. Woock und gab als Quelle „JUNCK 1927" an. (2) (3)

Eine „Tibke von Bartelsdorf" wurde 1665 laut der Chronik Scheeßel von 1996, fußend auf der Quelle (6) „Lug ins Land", angeklagt und verbrannt. Es steht dazu in „Lug ins Land" im vorletzten Absatz geschrieben: *„Eine jede ist wieder in ihr Loch ins Gefängnis gebracht. Darnach sind diese drei Weiber lebendig verbrannt."* Eine Quellenangabe für „Lug ins Land" wurde nicht genannt.

„Tibke BEHRENS", die im selben Artikel des Jahres 1785 (9) auch als „Tibke von Bartelsdorf" (8) bezeichnet wurde, war ein und dieselbe Person.

Der Vorname „Tibke" [*absens = auswärts auch Tipke*] war und ist für das Kirchspiel unüblich, für Bartelsdorf einmalig und weist auf eine auswärtige Herkunft der Frau [*z.B. Kirchspiel Sottrum*] hin. Dass es nun gerade zwei Frauen aus Bartelsdorf mit gleichem ortsunüblichen Vornamen gegeben haben soll, die auch noch beide in Hexenprozessen angeklagt oder beschuldigt wurden, erscheint eher unwahrscheinlich. Das Original oder eine Abschrift dieses Prozesses von 1665 liegt nicht mehr vor, und es steht zu vermuten, dass dieses spätestens in den Feuern des II. Weltkrieges verbrannte. Lediglich die Artikel von 1785, 1927 und 1929 sind erhalten geblieben.

Daher standen nur die genannten veröffentlichten Quellen zur Auswertung zur Verfügung.

Es lässt sich das Widersprüchliche nicht eindeutig klären und auch nicht, ob „BEHRENS" ein Lesefehler oder der Hausname, aus dem die Frau gebürtig herstammte, gewesen war.
Somit bliebe der Nachweis für das Schicksal „verbrannt", ja oder nein, im Dunkeln verborgen.

Da aber in [6] „Lug ins Land" geschrieben steht: *„Darnach sind diese drei Weiber lebendig verbrannt,"* musste für diejenigen, die nur abschrieben, davon ausgegangen werden, dass diese Aussage stimmte, auch wenn der Autor seine Quelle nicht preisgab und diese auch nicht zu ermitteln war. Woher der Autor 1785 den Satz *„Darnach sind diese drei Weiber lebendig verbrannt."* hernahm, bleibt für immer im Dunkel der Geschichte.

Ermittlungsergebnisse

im
Hexenprozess von 1665

Wir gehen begründet davon aus, dass es sich bei den drei erwähnten Tibke`s um ein und dieselbe Person gehandelt hat und dass sie **n i c h t** *verbrannt wurde.*

Dieses haben wir oben schon nachhaltig erläutert:
Nach Auswertung aller Unterlagen, insbesondere der letzten Quelle Nr.1399 [11], stellt sich folgendes Ermittlungsergebnis dar:

1. Das Urteil von Anna HASTEDT im Jahre 1665 ist überliefert und in den Akten [11] bestätigt, (als „alte Hastettischen" bezeichnet).

2. Wenn die anderen beiden Frauen Anna RATKEN und Tipke HOLLMANN ebenfalls verbrannt worden wären, hätte es darüber auch Urteile und Aufzeichnungen, zumindest dort gleiche Vermerke wie bei Anna HASTEDT geben müssen, in denen auch Anna HASTEDT erwähnt wurde, sie sind es aber nicht. *Das ist der Beweis, dass sie nicht verbrannt worden sind und widerlegt eindeutig die bisherigen Veröffentlichungen, die dieses behaupteten.*

3. In der Akte Nr.1399 [11] sind auf der Seite 24 <u>nach</u> dem 11. July 1665 folgende Sachverhalte vermerkt:
    ♦   Dem Boten der die Criminal Hexenacten wegen der Hastetten nach Rinteln gebracht an Bottenlohn und Wartegeld gezahlt 3 Taler 4 Schilling. *[es wurde hier also nur ihre Akte nach Rinteln gesandt; sie wurde am* **24. Juli 1665** *hingerichtet.]*
    ♦   Der Juristen Facultät für das Responsum 6 Taler *[eine Stellungnahme 6 Taler]*
    ♦   Meister HANß dem Scharffrichter wegen Außschleppung der zweien Hexen und renovierung der Gefangnüß Darinnen Sie geseßenm bezahlet 8 Rtr

    [Außschleppung war die Ausweisung aus dem Land. Wurde eine Beklagte laut Urteil der Stadt / des Landes verwiesen, musste sie an der Grenze der Gerichtsbarkeit unter Zeugen schwören, den Ort nie wieder betreten zu wollen. [13]*]*

Bei diesen zwei „Hexen" kann es sich nur um die beiden Frauen Anna RATKEN und Tipke HOLLMANN gehandelt haben. Also wurden die Prozesskosten, eine Art Kaution, bezahlt (*und sie wurden nicht verbrannt*), wie 1664 schon der Scheeßeler Müller für 100 Taler Catharina MEINKEN von der weiteren Verfolgung in einem Hexenprozess freikaufte, was er aber für die am 9. September 1664 als Hexe verbrannte Margarethe MEINKEN nicht tat, weil die beiden Familien zerstritten waren, wie es in den Akten niedergeschrieben wurde.
Anmerkung: Margarethe MEINEKENS Vater war finanziell nicht in der Lage, die geforderten 100 Taler, wie es Berend MÜLLER für Catharina MEINEKEN tat, zu bezahlen.

Meister Hanß dem Scharffrichter *[Henker auch Nachrichter]* für Justifizierung der alten Haßstetischen geben 22 *Taler [Vollsteckung des Urteils; sie war um die 60 Jahre alt gewesen.]*

4. Anna HASTEDE wollte nach der misslungenen Wasserprobe [9] ein zweites Mal auf das Wasser, während die beiden anderen darauf verzichteten, was am Ende die Schuld von Anna für die Richter wohl eher bekräftigend beeinflusst hatte.

5. Aus Journal von und für Deutschland aus dem Jahre 1785, Seite 549 Nr.2
   XVI. Wasserprobe der Hexen im XVII. Jahrhundert
   In Peinlichen Sachen deß bey diesem Peinlichen Halß Gerichte verordneten Fiscalis von Klägern eines, entgegen und wider [*gegen*] Anna Hastedten, Zauberen halber Angeklagten andern theils, Erkennet der Hochwohlgebohrne Graff und Herr Otto Wilhelm Königsmark ..., 24. July Anno *1665 [es war das Todesurteil von Anna Hastedt]*

Schlussbemerkung

Es wurde hier hinreichend belegt, dass die beiden Frauen im Jahre 1665 <u>nicht</u> verbrannt wurden, wie in manchen Veröffentlichungen verkündet, und dass es ihr Schicksal war, verbannt worden zu sein. Welches Schicksal ihnen in der Fremde widerfuhr und wo sie geblieben sind, muss allerdings unbeantwortet bleiben.

Anmerkungen:
Von den Verfassern in die Texte eingefügte Erklärungen: z.B. [*beide aus Schwalingen*]

Quellen:
[1] Hexen und Hexenprozesse, ein historischer Überblick von Sönke Lorenz und H.C. Erik Midelfort
[2] Heimatborn 1.Jahrgang / Nr.10, Rotenburg / Oktober 1927 von Walter JUNCK
[3] Woock, Joachim, Geschichtswerkstatt Verden
[4] Hexenprozess gegen Margretha Meinken aus Westeresch, 1664, StA Stade Rep.72 172 Rtbg Nr.1
[5] Heimatborn 1.Jahrgang / Nr.9, Rotenburg / Oktober 1927 von Walter JUNCK
[6] Sonderbeilage Hildesheimer Zeitung „Lug ins Land" (5.Jg., 1929, Nr.25, S.200
[7] Staatsarchiv Wolfenbüttel, 37 Alt 1889, Bl.227-228, Bl. 258-259
[8] Chronik Scheeßel, 1996
[9] Journal von und für Deutschland, Jg.2, 1785, Stück 7-12, S.548 f
[10] Gesprächsrunde Dr. Joachim Woock, Heinrich Ringe und Jürgen Hoops vom 21.04.2006 in Verden
[11] Staatsarchiv Stade, Geldregister Amt Rotenburg, Rep.76 Nr.1396, 1397, 1398 und 1399
[12] Zeitung Hannoverscher Landbote, 28.Jahrgang vom 08.06.1936
[13] Heidelberger Handschrift des Sachsenspiegels um Anno 1330

_E_N_D_E___V_E_R_Ö_F_F_E_N_T_L_I_C_H_U_N_G___2006_

Ergänzungen
(Stand: September 2008)

So wie oben im Text gedruckt, veröffentlichten wir unser Arbeitsergebnis im November 2006.
Nach weiteren intensiven Recherchen und durch Zufallsfunde können wir, Gott sei Dank, das bisher erarbeitete Ergebnis ergänzen und präzisieren. Nun lässt sich auch der Name "Tibke Behrens" belegen, begründen und zuordnen.
Weiterhin ergänzen wir die Forschung an dieser Stelle durch die Genealogie der Familie HOLLMANN sowie von Anna RATKEN und von Anna HASTEDE. Der Höfegeschichte in der Chronik Bartelsdorf können wir zum Hof Nr.4, BEHRENS, einen weiteren Wirt als Interimswirt hinzufügen.

Zunächst einmal möchten wir an dieser Stelle auszugsweise das Forschungsergebnis von Dr. Joachim Woock voranstellen, welches wir seinerzeit 2006 nur inhaltlich ansprachen und aus Platzgründen nicht drucken konnten, was wir an dieser Stelle teilweise nachholen möchten:

„Im Jahre 1665 wurden in Rotenburg Anna Haßstedte, Tibke Berendts von Bartelsdorf und Anna Ratken von Waßerfese der Hexerei beschuldigt. [a] Um ihre Unschuld zu beweisen, forderten die Frauen die sogenannte "Hexenprobe". Die "Wasserprobe" wurde von der Bevölkerung und den Verfolgungsbehörden als Gottesurteil angesehen und sollte vom Menschen nicht beeinflussbar sein. Da die Opfer wussten, dass sie unschuldig waren, forderten sie häufig selbst diese Hexenprobe. Dabei lag der Gedanke zu Grunde, dass man Hexen daran erkenne könne dass sie spezifisch leichter als "normale" Menschen wären, da sie ja fliegen könnten. Würde man also die vermeintliche Hexe entkleiden, an Händen und Füßen zusammen fesseln und sie von einem Boot aus in ein ruhendes Gewässer gleiten lassen, dann müsste ein unschuldiger Mensch untergehen. Schwamm die Person dagegen auf dem Wasser, dann war sie als Hexe entlarvt! Damit Unschuldige nicht ertranken, wurde den Delinquenten ein Sicherungsseil um die Hüfte gebunden. [...]

Es folgte der überwiegende Teil des Textes aus dem Protokoll der Wasserprobe vom 26. Mai 1665, welches wir anschließend vollständig abgedruckt wiedergeben und deswegen hier nicht weiter ausgeführt haben.

[a] Vgl. Junck 1927, Nr. 10
Woock, Joachim: „...so sie angeregten Lasters verdechtig machet...". Die letzten Hexenverfolgungen in den schwedischen Herzogtümern Bremen-Verden, in: Landkreis Verden (Hrsg): Heimatkalender für den Landkreis Verden 2001, Verden 2000, S. 252-278.
Dr. Woock schrieb, dass das Ergebnis der beiden anderen Frauen unbekannt ist, was wir in unserer Veröffentlichung im November 2006, wie oben zu lesen, ergänzen konnten.

Abschriften der überlieferten Texte dieses Prozesses

Protokoll nach erfolgter Wasserprobe vom 26. Mai 1665

Actum Hauß Rotenburg am **26. May 1665**

In Beiseyn des Hrn. Drostens, Amtmanns und sämmtliche Amtvögte. sc. (*etc.*)

Nachdem die gestrige vorgewesene drey Weiber und ihre resp. Ehemann, Söhne, Töchter und Bürgen sich freiwillig wieder eingestellet [1], und ihre voriges Suchen wegen des Wasserbades ganz eifrig wiederholet, auch davon ganz nicht abzubringen gewesen, ist denselben solches verwilligt, jedoch von dem Gerichte vorher nochmahlen vorgehalten, wenn nun ein oder die ander unter ihnen würde oben schwimmen, und nicht zu Grunde gehen, ob sie dem dafür hielten und bekennen wollten, daß sie Hexen und Zauberinnen wehren, worauf sie alle einmüthig und mit ja antwortet, und wer oben treiben würde welches aber keine Noth hätten, weil sie Gottes Kinder wehren und nichtes den das lieben Vater unser und von Gott wüsten, so würde die Obrigkeit wohl wißen was mit derselben zu machen, bäten aber das sie mit ihren Verwandten, selbst nach dem Wasser gehen, und nicht durch die Amtsdiener hingeführt werden möchten, weiln sie doch noch zur Zeit ohnschuldig.
Ist ihnen solches gestattet, und wie sie ans Wasser bey die Mühlen gekommen, haben sie sich selbst ein nach der anderen entkleidet, worauf sie von den Nachrichter Meister Hannssen [2] und seinen Leuten angenommen ins Schif geführt, und dreymahl auf die Mühlenkuhlen, Piekentief geworfen, die zwey ersten machten Hände und Füsse Kreutzweis more solito [3] über und an einandergebunden, ausser den Stricken welche sie ums Leib gehabt um sie damit wieder zurück und herauf zu holen hinauf geworfen, haben aber alle oben geschwommen wie die Gänse, also daß auch keine fast einiger Bewegung sich vermerken lassen, ob sie auch bereits von Stricken frey und ledig gewesen, murten daß sie sich selber bey den Kopf und Haaren gefasset in Meinung sich dadurch unter Wasser zu bringen aber allens vergeblich ... Nachmittags seyn die Weiber eine nach der andern gerichtlich wiederum vorgefordert und ihnen vorgehalten wie das sie alle eben getrieben, und nicht einmal unter Wasser gewesen, und weiln sie nun vorhin ihr eigen Urtheil gesprochen, so wurde auch eine jede ihre Schulde und Ohnthaten frey heraus bekennen, ihnen ihre Sünde vor Herzen laßen leid seyn und sich zu Gott bekehren. Anna Haßstedtin will nicht zustehen, saget daß sie ein Kind Gottes wehre, und kein Hexen gelernet, wobey sie aber ganz wehmüthig anzusehen gewesen, und etliche tiefe Seufzer gethan."

Die andern zwei als Tibke von Bartelsdorf [4], und Anna Ratken von Waßerfese [5] haben desgleichen geleuchnet das sie von keiner Hexeren wüsten, sich ganz frech und verwegen angestellet, also faß aus den Gesichtern und ihren Gebehrden nichts gutes zu praesumieren [6] sagen Gott müßte es ihnen zur Wrate [7] gethan haben daß sie nicht können zu Grunde gehen. Und weiln für diesmahl ein mehreres in Güte aus ihnen nicht zu bringen gewesen, ist eine jegliche wieder in ihr Loch der Gefängniß gebracht worden.

Hernacher sind erschienen Peter Holtemann [8] Johand Berend [9], Henrich Heitmann [10], und Curdt Rartken [11], als welche sich vor die vorhin ad cautionem [12] verlassene nunmehro aber wieder inhaftirte, zwey Weiber [13] als Tibke Berendts, und Anna Ratkens [14] de toties quotie coram judicio fifti [15] bürgerlich eingelassen, und ist ihnen vorgehalten, ob sie die inhaftirte beederseits in Bürger Händen wiederum loos [16] haben wollen, dessen sie sich aber ganzlich gewegert, und zur Antwort geben, es weren dieselbe nunmehr wiederum in der Obrigkeit Händen, hätten auch mit ihren Augen selbst gesehen das als inhaftirte aufs Wasser geworfen sie geschwommen, es möchte die Obrigkeit nunmehr mit ihnen verfahren wie es das Recht leiden und bringen wollte.

Es ist aber hingegen denenselben angedeutet, daß sie zuvörderst die über sich genommenen Unkosten abstatten sollten. [17]

Actum ut supra

Georg Christoph
Viether [18]

Conrad Rheden [19]

Jobst Prott [20]

Burchardt Schmiedt [21]

Philip Rudolf Dammann sc [22]

Not. juratus

Anmerkungen:

Bem.: die angeführten Amtspersonen sind in der Personenübersicht im Teil 6.2b aufgeführt

[1] ... drey Weiber [...] sich freiwillig wieder eingestellet, und [...] d.h. Anna RATKEN, Tibke HOLLMANN und Anna HASTEDE haben sich am 25. Mai 1665 bei dem Gericht wieder zum Verhör eingefunden. Es sieht so aus, als seien sie zuvor gegen Kaution im Hausarrest gewesen. Möglicherweise wurden sie schon einmal zuvor vernommen oder wenigstens angehört worden und saßen ggf. schon einmal im Gefängnis.

[2] der Scharfrichter „Meister Hanß"

[3] More solito = nach althergebrachter Sitte

[4] im Prozess 1664, indem Margarethe MEINKEN sie beschuldigte, wurde sie als Tibke HOLLMANN genannt. Bartelsdorf ist ein Dorf im Kirchspiel Scheeßel.

[5] Westervesede, Dorf im Kirchspiel Scheeßel

[6] praesumieren = ...(?)

[7] zur Wrate = ...(?) zu Rate ?

[8] Peter Holtemann = Peter HOLLMANN, Tibkes 2ter Ehemann

[9] Johand Berend = Johann BEHRENS, Tibkes Sohn aus 1ter Ehe

[10] Henrich Heitmann = Bruder von Anna RATKENs Vater von Westervesede-8

[11] Curdt Rartken = Schwager von Anna RATKEN, der 2ten Ehefrau seines Bruders Lütke, Brinkkötner in Ostervesede-16 BRINKS
Bem:
- ♦ Anna HASTEDTS Ehemann Dietrich steht nicht im Protokoll.
- ♦ Anna RATJENS Ehemann Lütke steht nicht im Protokoll.

[12] *ad cautionem = auf Kaution / gegen Kaution*

[13] d.h. Anna HASTEDE war nicht auf Kaution entlassen worden, was den Verdacht schürt, es gab zu dem Zeitpunkt schon schwere Verdachtsgründe gegen sie. Hatte sie deswegen auch keinen Besuch an diesem Tag ?

[14] 1664 noch als Tibke HOLLMANN beschuldigt, oben als Tibke von Bartelsdorf und nun Tibke BEHRENS genannt. Der Beleg, das es ein und dieselbe Person war.

[15] ce toties quotie coram judicio fifti = d.h. sie (die Zeugen) sind in aller Öffentlichkeit vom Gericht

[16] Bürger Händen wiederum loos = Freilassung aus der Festsetzung im Hausarrest z.B. im Brauhaus oder zu Hause, d.h. sie saßen zu der Zeit nicht im Gefängnis.

[17] das war das Angebot bei Erstattung der Aufwendungen, die das Amt hatte, würde man gegenüber den beiden Frauen Gnade walten lassen. Dieses muss geschehen sein, denn nach dem 11. Juli 1665 wurden beide ausgeschleppt, was wohl vor der Hinrichtung von Anna HASTEDE am 24. Juli 1665 geschah.

[18] Georg Christoph VIETHER, er wurde 1664 noch nicht im Vorgängerprozeß erwähnt; Er war der neue Amtmann von Rotenburg und Nachfolger von Peter PABST [bei HEYKEN als WIETER in der Anl. D aufgeführt]. Ihm folgte 1673 Albert HARTMANN [siehe im Teil 6.6]

[19] Conrad RHEDEN, Amtsvogt zu Schneverdingen, siehe Personenübersicht im Teil 6.2b

[20] Jobst PROTT, Drost und Richter, siehe Personenübersicht im Teil 6.2b

[21] Burchardt SCHMIDT, Protokollführer, siehe Personenübersicht im Teil 6.2b

[22] Philip Rudolf DAMMANN, nun Notar, siehe Personenübersicht im Teil 6.2b

----

Exekutionsurteil ohne Exekutionszeitpunkt

Actum Hauß Rotenburg am **24. July 1665**

In Peinlichen Sachen deß bey diesem Peinlichen Halß Gerichte verordneten Fiscalis [23] von Klägern eines, entgegeb und wider [24] Anna Hastedten, Zauberen halber Angeklagten andern theils, Erkennet der Hochwohlgebohrne Graff und Herr Otto Wilhelm Königsmark, Graff zu Westerwieck und Stegehalm [25], Herr zu Rotenburgh und Neuhauß sc. auf die in dieser Sachen ergangene Acta, auch sonsten allen Vorbringen und ergangenen Umständen nach hiemit vor Recht, daß obbenante Anna Hastedten indem dieselbe Goth und allen Heiligen abgesaget [26], und hingegen dem leidigen Teiffel und allen seinen Höllischen Wesen sich ergene, mit demselben in Verfessung ihrens christlichen Glaubens umggangen [27], und ohnmenschlicher Weise zugehalten, auch viel Menschen und Vieh durch Zaubern [28] und Gift [29] von Leben gebracht, ingleichen viel andern die Hexeren hinwieder gelehret und andere Zauber Werke mehr triebet [30], solches alles auch so wohl außer: alß bei der tortur [31] gestanden, auch auf sothaner ihrer gethanen Bekenntnis für ietzo gehegten Peinlichen Gerichte nochmahlen freywillig beharret [32], wegen sothaner vielfältig begangenen und gestandenen Zauberey und Hexen Werks vermöge Kayser Carls des Fünften Peinliche Halß Gerichts Ordnung in 109 Articul, Ihr zur wohlverdienten Strafe, andern aber zum Schrecken und abscheulichem Exempel mit dem Feuer vom Leben zum Tode zu bringen und abzustrafen sey, maaßen sie denn dazu hiemit nochmahlen schuldig vertheilet wird, Alles von Rechts und Amtswegen. Pronunciatum am Peinlichen Halß Gerichte zu Rotenburgk unter selbiger Herrschaft, Siegell und Dero orp tempore Beambten Unterschrift, den 24 Julii Ao. 1665

(L. S.)

Georg Ch. Viether [33]

Jost Prott [34]

Anmerkung:

Dies ist das Todesurteil, vergleichbar mit dem gegen Margarethe MEINKEN vom 6. September 1664, dem mit Schreiben vom 9. September 1664 das überlieferte Exekutionsurteil folgte.

Die Form dieses Schreibens vom 24. Juli 1665 ist im Aufbau mit dem Exekutionsurteil vergleichbar und deswegen wird Anna HASTEDE auch an diesem Tag hingerichtet worden sein. Wäre sie zu einem späteren Datum hingerichtet worden, stünde es in diesem Schreiben. Dass sie hingerichtet wurde, belegen die Einträge in den Amtsgeldrechnungen.

[23] Fiscalis = Verfahren

[24] wider = gegen

[25] Stockholm

[26] sie muss in den Vernehmungen, deren Niederschriften nicht mehr vorhanden sind, Aussagen getroffen haben, die zu dieser Schlussfolgerung führte.

[27] Vorwurf der Teufelsbuhlschaft

[28] Vorwurf des Schadzaubers

[29] Vorwurf des Mordes durch Gift

[30] Vorwurf der Zauberei

[31] Beleg der Folter

[32] hat ihre Geständnisse wiederholt

[33] Georg Ch. Viether, der neue Amtmann von Rotenburg

[34] Jost Prott, Drost im Hause Rotenburg

Quel e beider Urkundenabschriften vom 26. Mai und 24. Juli 1665:
Journal von und für Deutschland aus dem Jahre 1785, Seite 549 Nr. 2
Da diese Abschrift wörtlich den Originaltext glaubhaft wiederzugeben scheint, kann und muss von der Echtheit ausgegangen werden. Leider sind die Originale nicht mehr auffindbar, und es ist anzunehmen, dass sie Opfer der Flammen des II. Weltkrieges geworden sind.

_____

Amtsgeldrechnungen
Amt Rotenburg
1665
(auszugsweise)

Rep 76 Nr. 1396 Seite 16 R (1665)

Continuatio der Außgaben
Auff Ablager Transport 347 Taler 39 Schilling 2 Pfennig

Den 20. und 21. May des Herrn Graff
und Vice Gouverneur Königsmarcks
hochgel. Excell: hier gewesen und
uff dero Ablager uffgangen [35] 9 Taler 6 Schilling

Vermög Brau Rechnung auff Ablager bey
anwesenheit Ihr Excell: des Herrn Vice
Gouverneurs hl. Drost Protten und
anderer Ambts Bedienten 15 tonnen Bier
27 ½ Stüebigen a 2 Rß [36] 31 Taler 20 Schilling 9 Pfennig

[...]

ein Eintrag wurde entnommen und steht unter der Überschrift „Verpflegungsaufstellung"
im Teil 6.8

Rep 76 Nr. 1396 Seite 29 R (1665)

Den 15. July [37] der Juristen Facultet vor ein [38]
responsum .... 6 Taler 24 Schilling

[...]

Rep 76 Nr. 1399 Seite 24 V (1665)

Den 11. July. Dem Unter Voigt zu Scheeßel wie
Er seinen gehülfen die **Hexe Zillia** [39]
herein gebracht, dem herkommen nach
An Trinkgeld geben .... 24 Schilling

Dem Botten der die Criminal Hexenacten
Wegen der **Hastetten** nach Rinteln gebracht [40]
an Bottenlohn und wartgeldt gezahlt .... 3 Taler 4 Schilling

Der Juristen Facultät für daß Responsum .... 6 Taler [41]

Dem Schließer, wofür Er der **Hastettischen** wie
Sie krank geworden unterschiedliche mahl
Wein geholet .... 15 Schilling

An den Becker Jacob Ebbers für Brodt so die
Hexen bekommen bezahlt ....   3 Taler 44 Schilling

M: Hanß dem Scharffrichter **wegen außschlep-
pung der zweyen Hexen** und renovirung [42]
der Gefängnüß darinnen Sie geseßen
bezahlt ....   8 Taler

[...]

Rep 76 Nr. 1399 Seite 24 R (1665)

Umb Proceskosten	**Transport**	**74 Taler 35 Schilling**

Uf des Herrn Drosten und Ober Inspectors
Protten zu schreiben, an Bürgermeister
Damman, wegen seiner vielen bedie-
nung bey hiesiger Herrschafft bezahlt   30 Taler [43]

Noch dem hl. Bürgermeister Damman, uff des
hl. Drosten und Ober Inspector Prottens
zu schreiben bezahlt   4 Taler

Dem Botten Christoff Rinteln so mit einigen
acten nach Rinteln verschickt gewesen
An Bottenlohn und wartegelt geben ....   2 Taler 30 Schilling [44]

Noch demselben mit gethan 10 Taler sagt aber
daß er wehre unterwegens von den
Münsterschen Neugeworbenen Leuten
angegriffen, und Ihm etwas gelt genommen worden. Hatt der Juristen
Facultät daselbst geben 6 Taler ....   10 Taler [45]

Noch denselben den 10. Augusti nacher Rinteln
geschicket mit einigen **Hexen acten** zu Botten-
lohn und 10 tägieges wartgelt geben ....   3 Taler 12 Schilling [46]

Der Universität für Ihr Responsum geben ....   13 Taler [47]

M: Hanß dem Scharff Richter für Justifici-
rung der **alten Hastettischen** geben ....   22 Taler [48]

[...]

Rep 76 Nr. 1399 Seite 25 V (1665)

[...]

Rep 76 Nr. 1400 Seite 40 V (1665)

Abgang Vieh

[...]

Den 22. Julii auff des Herrn Drosten undt der semptlichen
Voigte ankaufft undt den 24. Julii alst **die alte Hexße verbrandt**,
biß den 26. Julii auffgang Kelber

1 [49]

[...]

Rep 76 Nr. 1400 Seite 42 R (1665)

Außgab Schapffe [50]	Stuek
Vom 22. Juni biß 5. Julii auff des Herrn Vice Gouverneurs Ablager Schapffe	6 [51]
Vom 11. biß 15. Julii uff des Herrn Vice Gouverneurs undt des Herrn Drosten Ablager Lemmer	2 [52]
Vom 22. bis 26. Julii alst **die alte Hexße verbrandt**; Schapffe undt Lemmer	2 [53]

[...]

Rep 76 Nr. 1400 Seite 45 V (1665)

Abgang Kalkunen [54]	Stuek
Den 2. Julii auf deß Herrn Drosten Protten, Herrn Bothmerst, Herrn Kettenborchß, und der Sembtlichen Voigte Ablager	1 [55]
Den 10. Julii alß der Herr Commissarius Dueringk Herr Ambtsschreiber Landtwehr, Herr Droste undt die Sembtlichen Voigte, Beysahmen gewesen	1 [56]
Vom 22. biß 26. Julii, alß die **alte Hexße verbrandt**	1 [57]

[...]

Rep 76 Nr. 1400 Seite 50 V (1665)

Außgab Botteren [58]	Tonne	Pfund
[...]		
Vom 22. biß 26. Julii im beysein Herrn Drosten undt Sembtlichen Voigte, wie die **alte Hexße verbranndt**		33 [59]

[...]

[35] Graf von KÖNIGSMARCK war in Rotenburg anwesend.

[36] dient nur zur Information, was der Kurzbesuch dem Amt gekostet hatte

[37] Belassung, das Datum 15. Juli 1665 dient der Datierung im Teil 6.4

[38] am 15. Juli könnte Zillias (Cilla) Akte nach Rinteln zur Begutachtung gebracht worden sein. (siehe Höhe der Kosten und dem Hinweis = für ein Responsum / eine Antwort) Es wird sich aber um zwei Antworten in einem Schreiben gehandelt haben, deren Fall gleich gelagert war. Dann wäre dieses die Antwort für Tibke HOLLMANN und Anna RATKEN. Zillia lebte nach 1665 nachweislich weiterhin im Kirchspiel Scheeßel (*siehe im Teil 6.4*), während die beiden Frauen [siehe nachfolgend bei [39]] ausgeschleppt wurden.

[39] Die Hexe Cillia wurde durch den Untervogt zum Amt gebracht. Es handelte sich dabei um Cillie MEINKEN, Ehefrau aus Oldenhöfen. [siehe im Teil 6.4]

[40] Der Beleg, daß Anna HASTEDS Akte extra und am oder nach dem 11. Juli 1665 nach Rinteln zur Fakultät gebracht wurde (*zus. siehe Höhe des Botenlohns*)

[41] daß Responsum = die (*eine*) Antwort bezog sich sicherlich auf Anna HASTEDE

[42] der zwei Hexen beziehen wir in diesem Fall zu diesem Zeitpunkt eindeutig auf Tibke HOLLMANN und Anna RATKEN, während die anderen Verdächtigen später begutachtet wurden. Renovierung bedeutete seinerzeit wohl gründlich saubermachen.

[43] Bewirtungskosten und Bürokosten, während die Amtsvögte, Pastoren und andere amtlich am Prozess beteiligte Personen anwesend waren.

[44] Botenkosten für einige = mehrerer Akten Verdächtigter nach Rinteln, die wohl während des Prozesses von 1665 als Helfer und Hexen neu beschuldigt wurden, wie schon im Jahr 1664.

[45] als die „Münsterschen" wurden die Truppen bezeichnet, die ab 1676 während der sogenannten „Münsterschen Zeit" u.a. auch das Amt Rotenburg besetzten.

[46] der Bote wurde am 10. August 1665 noch einmal mit den Akten nach Rinteln gesandt, die ihm offenbar nicht abgenommen wurden. Seiner Erzählung wurde anscheinend Glauben geschenkt.

[47] anhand der Kosten für (*ihr*) das Responsum ist ersichtlich, daß es sich um 3-4 Akten gehandelt haben muß.

[48] Justificirung der alten Hastettischen = erst nach dem 10. August, also 14 Tage nach Verrichtung der Hinrichtung erhielt der Scharfrichter seinen Lohn.

[49] Beleg, daß Anna HASTEDE am 24. Juli verbrannt wurde und das zur Bewirtung der Amtsvögte 1 Kalb geschlachtet wurde.

[50] Schapffe = Schafe

[51] in dem o.g. Zeitraum war Graf von KÖNIGSMARCK in Rotenburg, wozu offensichtlich zur Beköstigung 6 Schafe benötigt wurden.

[52] in dem o.g. Zeitraum war Otto Wilhelm von KÖNIGSMARCK in Rotenburg, wozu zur Beköstigung 2 Lämmer benötigt wurden

[53] in dem o.g. Zeitraum während der Zeit 2 Tage vor und 2 Tage nach der Hinrichtung wurden zur Beköstigung 2 Schafe und Lämmer benötigt. Möglicherweise war das für die Amtspersonen des Hauses Rotenburg, als auch für die Amtsvögte und Pastoren gedacht.

[54] Kalkunen wurden wohl auch als „Kaleunische hanen" bezeichnet. [siehe im Teil 6.8] Es waren wohl Puten gemeint. Es gibt einige Sprichwörter dazu: „Die Haushühner auf dem Herrengut sind stolzer als die Kalkunen auf dem Bauernhof" und Joachim Ringelnatz schrieb dazu unter Halswighof „Die kleinen Kalkunen, die ich als Küken gefüttert hatte, waren groß und hochmütig geworden" oder „Man hält die Hühner nicht des Gackerns wegen" und „Man hält sich die Kalkunen nicht des Gurrens wegen". Fazit: Kalkunen gurren ! Es waren keine Tauben gemeint, die auch gurren, denn diese waren nicht so teuer und wurden nicht sehr groß.

[55] Herr von BOTHMER = Julius August von BOTHMER (1620-1703), Rittergutsbesitzer zu Lauenbrück und Vater von Hans Caspar, der unter dem englischen König Georg I. von England Minister war. Er wurde am 4. November 1713 zusammen mit seinen Brüdern durch Kaiser Karl VI. in Wien in den Reichsgrafenstand erhoben.

Zwei Herren von BOTHMER wurden zu Rotenburg als Drosten erwähnt: [3]

Freiherr Lippold von BOTHMER, Er wurde als Grundherr eines Hofes, dessen Wirt eine Familie HAUSCHILD in den Jahren 1578-98 war und der ebenda in Verbindung mit Christoph von der KETTENBURG erwähnt wurde. [1]

✳ um 1540 ...   † 21.12.1596 Bothmer.

Er war 1575 Drost zu Rotenburg und seine Schwiegermutter war Elisabeth von MÜNCHHAUSEN. [2]

Freiherr Eberhardt von BOTHMER, Sohn von Lippold von BOTHMER

✳ 17.11.1572 (Verden)   † 14.10.1645 Verden ☐ 14.04.1646 Dom in Verden HEYKEN [3] erwähnt ihn für die Jahre 1625-26 (Seite 59 und Anl.D) als Drost zu Rotenburg. Die Stammtafel [2] aus dem Gutsarchiv führt ihn für die Jahre1609 bis 1640 als Drost zu Neubruchhausen, Verden und Rotenburg

Quellen: [1.] Ahnenforschung in Preußen & Lippe, 15.Gen., Dietrich von
                BEHR, geb. 1575,
                [2.] Archiv des Ritterguts von BOTHMER, Lauenbrück
                [3.] HEYKEN, Rotenburg Kirche, Burg und Bürger, 1966

Herr von KETTENBURG = Christoph Dieterich von der KETTENBURG († 1690) war Jägermeister und mit Christina Maria von BARTFELD († 1685) verheiratet. Beide Eheleute wurden in der Kapelle zu Kettenburg beigesetzt.

Dieses Treffen wird mit dem Prozess nichts zu tun gehabt haben, zeigt aber die Verbindungen und Abhängigkeiten. Dass während dieses Treffens der Prozess möglicherweise ein Gesprächsthema war, ist nicht auszuschließen.

[56] da am 11. Juli Akten nach Rinteln gesandt wurden, kann davon ausgegangen werden, das es hier eine Peinliche Befragung gegeben haben könnte, an der o.g. Personenkreis teilnehmen musste.

[57] Beleg des Zeitraums der Verköstigung der beteiligten Amtspersonen um den Hinrichtungszeitraum von Anna HASTEDE

[58] Butter

[59] Beleg des Zeitraums der Verköstigung der beteiligten Amtspersonen um den Hinrichtungszeitraum von Anna HASTEDE

[60] die gelassenen und so gekennzeichneten Lücken [...] durch Auslassung von Einträgen, haben mit den Prozessen nichts zu tun gehabt und würden nur unnötig Platz verschlingen.

Ein Hexenprozeß in Scheeßel 1665

aus der Chronik Scheeßel, 1996, Seite 45

Delikte, wie Zauberei und Hexerei, von der Kirche bekämpft, gehörten zur Ketzerei. Geistliche und weltliche Gerichte nahmen die Kompetenz dafür in Anspruch. In der Untersuchung solcher Fälle spielte die Folter als Mittel zur Erzwingung eines Geständnisses eine Rolle. Formale Beweismittel, wie der Eid, traten dabei in den Hintergrund; der Zeugenbeweis wurde wichtig.

Das wichtigste Beweismittel war nun das Geständnis des Angeklagten. Jedes Mittel war recht, dieses herbeizuführen. Androhung und Anwendung körperlicher Zwangsmaßnahmen, die Folter, war bei der gerichtlichen Beweiserhebung gang und gäbe. Der Angeklagte war der Willkür des Gerichts und der Folterknechte ausgeliefert.

„Am 26. Mai 1665 ist auf dem Amthause in Rotenburg (*Hannover*) in Gegenwart des Herrn Drosten's, Amtmannes Lind sämtlicher Voigte folgendes verhandelt: Drei Weiber aus dem Kirchspiel Scheessel. Anna Hastedtin und Tibke von Bartelsdorf, und Anna Ratken von Westervesede, waren der Hexerei beschuldigt, leugneten sie hätten keine Hexerei gelernt und wären Gottes Kinder. Ihre Ehemänner, Söhne, Töchter und Bürgen hatten sich gleichfalls freiwillig eingestellt und verlangten ganz eifrig, daß sie wollten ihre Unschuld durch die Wasserprobe beweisen. Es wurde ihnen vom Gerichte vorgehalten, daß sie für schuldig zu erkennen seien, wenn sie oben schwimmen und nicht zugrunde gehen könnten.

Sie wurden befragt, ob sie in diesem Falle bekennen wollten, daß sie Hexen und Zauberinnen wären, worauf sie einstimmig Lind mit ja geantwortet: wer oben treiben würde, welches aber keine Not hätte, und sie nichts denn das liebe Vaterunser und von Gott wüßten, so würde die Obrigkeit wohl wissen, was mit ihnen zu machen wäre, bäten aber, daß sie mit ihren Verwandten selbst nach dem Wasser gehen und nicht durch die Amtsdiener hingeführt werden möchten, weilen sie noch zur Zeit unschuldig.

Ist ihnen solches gestattet und wie sie an's Wasser bei den Mühlen gekommen, haben sie sich selbst, eine nach der anderen entkleidet, worauf sie von dem Nachrichter Meister Hansen und seinen Leuten angenommen, in's Schiff geführt und dreimal auf die Mühlenkuhlen Pinkentief geworfen: die zwei ersten machten Hände und Füße kreuzweise, more solito über und aneinander gebunden; sie hatten außerdem Stricke um den Leib, um sie damit wieder zurück- und heraufzuholen. So wurden sie aufs Wasser geworfen, haben aber alle ober geschwommen wie die Gänse: sie faßten sich selbst bei dem Kopf und bei den Haaren, in der Meinung, sich dadurch unter Wasser zu bringen; war aber alles vergeblich. Zuletzt hat <u>Diedrich Hastedt</u> auf seiner Frauen Anhalten gebeten, ihm zu vergönnen, von dem <u>Krämer Valentin</u> einen neuen Strick zu kaufen und damit dieselbe noch einmal hinaufzuwerfen, welches auch placidieret: ist sonst umgebunden wieder hinaufgeworfen, hat aber nach wie vor dahingeschwommen. Danach ist den Amtsdienern anbefohlen, sie wieder aufs Haus zu bringen und einzusperren. Nachmittags seien die Weiber eine nach der anderen wieder neugerichtlich vorgefordert und ihnen vorgehalten, daß sie alle oben getrieben und nicht ein einzigmal unter Wasser gewesen, daß sie vorher ihr eigen Urteil gesprochen; nun möchten sie sich schuldig bekennen, ihre Sünde bereuen und zu Gott bekehren. Anna Hastedtin will nichts zugestehen, saget, daß sie ein Gottes Kind wäre und keine Hexerei gelernt hätte, wobei sie aber ganz wehmütig anzusehen gewesen und etliche tiefe Seufzer getan. <u>Tibke von Bartelsdorf</u> und <u>Anna Ratken</u> von Westervesede haben desgleichen geleugnet, sind aber frech und verwegen gewesen, also daß aus ihren Gesichtern nichts Gutes zu praeservieren gewesen, sagen, Gott müßte es ihnen zur Wrate getan haben, daß sie nicht könnten zu Grunde gehen. Mit Güte war nichts weiter herauszubringen.

Eine jede ist wieder in ihr Loch ins Gefängnis gebracht. Darnach sind die drei Weiber lebendig verbrannt. Die Landdrostei hat aber dem Drosten zu Rotenburg zu verstehen gegeben, daß solch ein Gerichtsverfahren, das sich auf die Wasserprobe gründe, nicht mehr zeitgemäß sei und inskünftig von dergleichen abgesehen werden müsse."

aus: „Lug ins Land", Illustrierte Blätter für niedersächsische Heimatkunde (Sonderbeilage der Hildesheimischen Zeitung, 5. Jg., Nr. 25. 1929. S. 200)

Protokolle aus Himmlers Hexenkartothek
zu
Tibke Berendts, Anna Hastedt und Anna Ratken

Am 13. September 1943 wurden drei Karten angelegt, welche die drei oben genannten Frauen betrafen.

Als Quellen wurden benannt: Wasserprobe der Hexen im XVII. Jahrhundert, Journal von und für Deutschland, Jg. 2, Stück 7-12, Anno 1785, S.548f

<u>Bei Tibke BEHRENS und Anna RATKEN steht geschrieben</u>
Verhaftung	25. Mai 1665
Gefangenschaft	25. Mai 1665 auf eigenen Wunsch
	25. Mai 1665 Verhör, kein Geständnis

<u>Bei Anna HASTEDT steht geschrieben</u>
Verhaftung	25. Mai 1665
Gefangenschaft	25. Mai 1665 auf eigenen Wunsch
	25. Mai 1665 Verhör, kein Geständnis
	24. Juli 1665 Folter: Geständnis
	<u>Anmerkung Autoren:</u> Am 24. Juli wurde sie hingerichtet.

Gedanken zur Ausweisung / Ausschleppung
von Tibke HOLLMANN und Anna RATKEN

Die Verweisung oder auch Ausschleppung bedeutete im Fall der im Amt Rotenburg Verurteilten, wie Tibke HOLLMANN und Anna RATKEN, dass sie die Grenzen des Amts Rotenburg verlassen mussten.
Wohin sie ausgeschleppt wurden, ist nicht bekannt. Ebenso wenig ist bekannt, ob sie es sich aussuchen konnten (*eher nicht*) und was sie mitnehmen durften.
Vermutlich wurden sie in das Amt Ottersberg ausgeschleppt. Diese Grenze war von Rotenburg gemessen, die am nächsten gelegene Amtsgrenze. Die Ausweisung dahin geschah nicht, weil es mit dem Amt ständig Grenzstreitigkeiten gab, eher aus Kostengründen, denn das Ausschleppen kostete Geld.
Der Nachrichter nahm für beide Frauen zusammen nur 8 Taler. Das deutet auf einen kurzen Weg hin. Für die beiden Frauen könnte das bedeutet haben, dass sie im Kirchspiel Sottrum, jenseits der Wieste im Bereich des Amtes Ottersberg bei Verwandten unterkamen und sich somit außerhalb der Gerichtsbarkeit des Amtes Rotenburg unweit von zu Hause aufhalten konnten. Sie durften aber nie wieder nach Hause kommen.
Die Sterbeeinträge in den Kirchenbüchern beginnen in Ottersberg erst im Jahr 1696 und in Sottrum erst 1686. Die beiden Frauen sind dort namentlich nicht enthalten.

Ergänzung der Familien der drei angeklagten Frauen

Tibke HOLLMANN
(auch Tibke von Bartelsdorf oder auch Tibke Behrens)

HOLLMANN Peter II.
Er war nach 1638 bis um 1665 Kötner auf KÖTS Nr.11 Nebenstelle in Bartelsdorf.
✳ um 1612 Westervesede ☐ 04.06.1690 Scheeßel
In einem Schreiben vom 15. Februar 1638 des von HONHORST in Veerse erwähnt. Er hat durch den Verkauf an den Schwager Anno 1665 den Besitz an der Stelle abgegeben.

∞1 um 1635 ...
N.N.
Kinder 2/2/0 bekannt
a. Peter III ✳ r 1635 ebd ☐ 02.04.1695 Scheeßel, Häusling in Bartelsdorf
  ∞ um 1664 mit Gesche N.N. (um1637-1689)
b. Hans ✳ r 1638 ebd ☐ 27.04.1712 Scheeßel, Brinkkötner ECKEWORT
  ∞ 07.09.1676 Scheeßel die Erbtochter auf ECKEWORT, Bartelsdorf Nr.14
  Anna GERKEN (1647-1719)

∞2 um 1645/46 vermutlich in Scheeßel
N.N. Tipke / Tibke / Tibcke, Witwe **BEHRENS**
✳ um 1607 ... (Ksp Sottrum) †..., 1665 nachweislich des Landes verwiesen
Kinder 1/0/1 bekannt
c. Catharina ✳ um 1646 ebd☐ 22.03.1682 Scheeßel
  ∞ 17.10.1678 Scheeßel mit Johann REINEKEN, Anerbe und Dreiviertelhöfner
  aus Westervesede-1 (*SIEMS*)
Bem.:
Tibke wurde am 25. Mai 1665 auf eigenen Wunsch gefangengesetzt und verhört, legte aber kein Geständnis ab. [*aus Himmlers Hexenkartothek, Blatt vom 13. September 1943*] Sie wurde nach dem 11. Juli 1665 freigelassen [Amtsgeldrechnungen] und zusammen mit Anna Ratken des Landes verwiesen.

Neu ist:

Tibke war in erster Ehe mit Johann BEHRENS II. verheiratet, der als 4ter Wirt in unserer Bartelsdorfer Höfechronik aus dem Jahr 2006, Seite 290, erwähnt wurde und schon 1645 verstorben sein muß. Johann wurde 1646 nicht im Kontributionsregister ebenda erwähnt, dafür aber Peter HOLLMANN, aber mit einer Halbhöfnerabgabe, die er, säße er nur auf KÖTS 2ter Stelle, nicht hätte entrichten müssen.

Damit kann begründet davon ausgegangen werden, dass Peter HOLLMANN Johann BEHRENS Witwe ehelichte, die mit seiner später erwähnten Tibke identisch war. Für Peter HOLLMANN ist dann ebenso anzunehmen, dass er Witwer war, was die errechneten Lebensdaten seiner beiden Söhne belegt.
Die Tochter Catharina scheint ein gemeinsames Kind aus der Ehe mit Tibke gewesen zu sein. Wie sich dadurch die Hofgeschichte von Nr.4 und Nr.11 ändert, haben wir ganz unten eingefügt, indem der Wirt Nr.4a, Peter HOLLMANN, als Interimswirt auf Nr.4, der zugleich die 2te Kate von KÖTS innehatte, führte. Letztere war abgabenfrei, weil sie von adliger Herkunft (Kauf 1638 von von HOHNHORST) war.

In unserer Bartelsdorfer Höfechronik von 2006, Seite 328 oben, ist das alte Ergebnis durch die oben ergänzten (*der 2 Ehen*) auszutauschen bzw. zu verändern.

Die Nachkommen von Peter HOLLMANN (III) lebten noch über 200 Jahre als Häuslinge auf der zweiten Stelle von Haus Nr.11 (*KÖTS*), die nur ein Haus, aber keine eigene Stelle war.
Im Jahre 1879 erbte Hinrich WESELOH das besagte Haus auf Nr.11 (*KÖTS*) und nutzte es zur Neugründung der Anbauerstelle Nr.48 (*FRESEN*) in Bartelsdorf.
Das Fachwerk wurde zum Neubau verwandt. Das Grundstück, auf dem die Neugründung stattfand, hatte Hinrich von seinem Onkel Peter WESELOH geerbt. Das Baugrundstück hatte besagter Onkel im Jahre 1867 von Johann INDORF aus Haus Nr.2 (*HARMS*) gekauft.

Als begründende Unterlagen führen wir an:

Kontribution 1646 Rep 5b F 119 Nr.183 Beiheft I, S.2R
Peter HOLLMANN bezahlte als Halbhöfner 1 Thaler 36 Schilling und Johann BEHRENS (II) ist nicht erwähnt.
Damit steht fest, daß Peter HOLLMANN auf der Stelle von Johann BEHRENS (II) saß, zumindest im Jahr 1646. Wie lange er als Interimswirt den Hof führte, ist unklar, denn schon 1647 und 1650 wurde ein Johann Behrens im Abgabenverzeichnis der Vogtey Scheeßel ebenda erwähnt. Ob es sich dabei um den 1624 geborenen Anerbe Johann BEHRENS (III) handelte, oder ob als Transportfehler (*Übertragungsfehler*) zu werten ist, ist unsicher. Wir werten ihn eher als Transportfehler als Nennung des Anerben Johann BEHRENS III, der wohl erst um 1650 geheiratet hatte. Sein erstes Kind wurde 1652 (gerechnet) geboren. Üblicherweise heirateten die Männer im Kirchspiel Scheeßel erst mit ca. 27 Jahren und das käme mit 1650/1651 genau hin.

Im Dienstregister von 1652 (Rep 76 Nr.1379 Seite 3 V
Peter Hollmann, Halbhöfner pflügt (*Nennung als Halbhöfner*)

Im Arbeitsregister beim Schloß Rotenburg von 1656/57 (Rep 76 Nr.1387 Seite 10 V
Peter Hollmann, 1 Tag Mist gefahren und 1 Tag Busch gefahren. (*Diese Hand- und Spanndienste hatte BEHRENSHOF zu leisten*)

Im Arbeitsregister beim Schloß Rotenburg vom 20. Februar 1659 (Rep 76 Nr.5958
Peter Hölmann, ½ Höfner 2 Kannen nach Aghatenburg gefahren (*Diese Hand und Spanndienste hatte BEHRENSHOF zu leisten*)

Im Kopfschatz von 1663 Rep 5b F119, Nr.183 Beiheft II Seite 27R
Johan Behrenß, Herrenmeyer bezahlt 15 Schilling ½ Höfner

Im Michaeliszins 1664
Johann Behrens

<u>Im Kornregister von Trinitatis 1666 bis Trinitatis 1667</u>
Peter Hollmann   (*wird ein Transportfehler = Übertragungsfehler gewesen sein*)
und Lütke Bassen   (*von Hof-5 HANSCHEN*)
Bem.: Beide Halbhöfe waren einst aus der Teilung eines alten Vollhofes hervorgegangen und die
Zusammenveranlagung belegt dieses wie auch, um welche Höfe es sich gehandelt hatte.

<u>Im Zinsroggen unter Bartelsdorf, Rep 76 Nr.1412 Seite 7R 1669/1670</u>
Peter Hollmann   1 Molt Roggen 1 Molt Hafer   (*wird ein Transportfehler gewesen sein*)
Lütke Baßen   1 Molt Roggen 1 Molt Hafer   (*Hof-5 HANSCHEN*)
Johann Gerken   Noten Rocken 1 Himbten   (*Hof-7 EGGERS*)

<u>Im Zinshabern unter Bartelsdorf, Rep 76 Nr.1412 Seite 41 V 1669/1670</u>
Hanß Behrendet   1 Molt 6 Himbten (Roggen) 1 Molt 6 Himbten (Hafer) (*Hans=Kf Johann*)
Lütke Baßen   1 Molt 6 Himbten (Roggen) 1 Molt 6 Himbten (Hafer) (*Hof-5 HANSCHEN*)

<u>Im Jordebuch 1681 steht beim BEHRENSHOF</u>
Johann BEHRENS, vorher Peter HOLLMANN
(Beleg, daß Peter HOLLMANN vor Johann BEHRENS als Wirt auf Hof-4 saß)

Zusammenfassend bewerten wir diese Aussagen der Register wie folgt:
Johann BEHRENS II lebte 1646 nicht mehr und Peter HOLLMANN führte den Hof Nr.4 mit, da er
Johanns Witwe Tibke geheiratet hatte, und war Interimswirt.
Peter HOLLMANN blieb als Interimswirt bis nach 1659 auf dem Hof, obwohl der Anerbe Johann
BEHRENS III schon 1650/1651 geheiratet hatte. Dafür scheint Tibke, die Mutter von Johann
BEHRENS III, einen gewichtigen Einfluß gehabt zu haben.
Johann BEHRENS III übernahm vom Interimswirt und Stiefvater den Hof BEHRENS als Anerbe
zwischen 1659 und 1663, also kurz vor dem Prozess gegen seine Mutter Tibke.
Die veränderte Hofgeschichte Hof Nr.4 haben wir nach den Familieninformationen angefügt.

Anna HASTEDE

HASTEDE Carsten
Er war vor 1628 bis 1629/1630 als Anerbe und Halbhöfner auf HASTEDT in Hetzwege tätig.
Seine Ehe scheint kinder- und erbenlos geblieben zu sein. Ihm folgte sein Bruder Dietrich, der
Carstens Witwe Anna heiratete, auf dem Hof. Sie hatten zusammen nachweisbar 5 Kinder, davon
einen Sohn, der im Jahre 1670 als Anerbe den Hof übernahm. Er hieß Johann (1637-99).
✳ um 1596 Hetzwege Hof-6   † um 1629/1630 Hetzwege Hof-6
∞ vor 1628 vermutlich in Scheeßel mit
N.N. Anna
✳ um 1605 ...   † 24.07.1665 als Hexe auf dem Scheiterhaufen in Rotenburg
                              verbrannt und am Galgenberg verscharrt
Bemerkung:
In der Veröffentlichung in „Lebendigen Heimat" hatte sich ein Druckfehler eingeschlichen, indem
als Tag des Todes bei Anna Hastedt der 29.09.1665, statt dem 24. Juli 1665, abgedruckt wurde.

Hinweis:
Anna HASTEDE wollte nach der mißlungenen Wasserprobe ein zweites Mal auf das Wasser,
während die beiden anderen darauf verzichteten, was am Ende die Schuld von Anna für die
Richter wohl eher bekräftigend beeinflußt hatte.
Sie wurde am 24. Juli gefoltert, hat dabei ein Geständnis abgelegt [lt. Himmlers Hexenkartothek,
Blatt vom 13. September 1943]. Der Eintrag von 1943 erscheint irreführend, denn am 24. Juli
wurde sie als Hexe verbrannt und hingerichtet. Die Akten gingen vorab zur Fakultät. Einen
Hinweis auf eine Folterung am 24. Juli haben wir nicht gefunden (möglicherweise sind die
Prozessunterlagen im II. Weltkrieg verbrannt) und die wären auch nicht notwendig gewesen,
denn das Todesurteil gegen sie wurde offensichtlich am 22. Juli verhängt.

HASTEDE Dietrich, jüngerer Bruder von Carsten
∗ r 1597 Hetzwege Hof-6 † 21.12.1669 – 31.02.1677 Hetzwege Hof-6
∞ um 1630 vermutlich in Scheeßel mit Anna, der Witwe seines seligen Bruders
Kinder 5/1/4 (was wurde aus den Kindern einer verurteilten und hingerichteten Hexe?)
   a. Marlena ∗ r 1631 ebenda □ 18.04.1701 Scheeßel
      ∞ 24.10.1658 Scheeßel mit Dietrich LÜDEMANN, Halbhöfner in Oldenhöfen-1
   b. Catharina ∗ um 1635 ebenda †...
      ∞ 25.11.1662 Scheeßel mit Johann WICHERN aus Stemmen
   c. Johann ∗ r 1637 ebenda □ 14.08.1699 Scheeßel, Anerbe
      ∞ 10.11.1670 Scheeßel mit Anna MIEßNER aus dem Ksp Scheeßel (1644-1720)
   d. Engel ∗ r 1646 ebenda □ 04.05.1704 Scheeßel
      ∞ 08.10.1676 Scheeßel mit Harm BASSEN, ½ Höfner in Hetzwege-2 (*HANSCHEN*)
   e. Margretha ∗ um 1648 ebenda †...
      ∞ 19.01.1670 Scheeßel mit Claus WARNEKEN, Brinkkötner aus Elsdorf

Anna RATKEN

RATHJEN Lütke, aus CORDS HOF (Westervesede-10)
∗ r 1634 Westervesede-10 □ 14.08.1702 Scheeßel
Durch Heirat der 4ten Ehefrau wurde er Vollhöfner auf HOLSTEN, Hof-4, in Jeersdorf.
∞2 um 1660 vermutlich in Rotenburg mit
(*HEITMANN*) Anna, wohl aus Westervesede-8 (*HEITMANNS*)
∗ um 1635 in Westervesede † ..., nach dem 11. Juli 1665 und vermutlich vor
                           dem 24. Juli 1665 nachweislich des Landes verwiesen
Bem.: Wahrscheinlich war sie die Tochter von Hans HEITMANN, dessen Bruder Hinrich 1665 bei der Ausweisung als anwesend erwähnt wurde. Am 5. März 1665 wurde sie im Kirchenbuch Scheeßel das einzige mal als Patin bei einem Kinde aus Bartelsdorf erwähnt, aber als Ehefrau von Lütke HEITMANN zu Rotenburg. Dort scheint sie vor der Heirat als Dienstmagd gelebt zu haben, weswegen vermutlich auch dort die Heirat um 1660, obwohl sie aus dem Kirchspiel Scheeßel stammte, stattgefunden hatte. Eine Proklamation, aber auch eine Hochzeit der Eheleute ist in Scheeßel nicht verzeichnet.
Kinder aus der Ehe mit Lütke RATJEN sind nicht bekannt
Bem.:
Sie wurde am 25. Mai 1665 auf eigenen Wunsch gefangengesetzt und verhört, legte aber kein Geständnis ab. (aus Himmlers Hexenkartothek, Blatt vom 13. September 1943) Sie wurde nach dem 11. Juli 1665 freigelassen und zusammen mit Tibke HOLLMANN des Landes verwiesen.

Im Jahre vor 1655 ehelichte Lütke seine 1te Ehefrau Mette, 1669 seine 3te Ehefrau Catharina MIESNER aus Jeersdorf-8 (*TIETENS*) und 1680 seine 4te Ehefrau Gerdruth HOLSTEN aus Jeersdorf-4 (*HOLSTEN*) Erbtochter ebenda. Der Sohn Joh. aus dieser Ehe erbte 1702 den Hof.

Ergänzung Nr.1 der Hofgeschichte in Bartelsdorf:
Auf Grundlage der Erkenntnisse aus diesem Prozess im Teil 6.3
Halbhof Nr. 4 „BEHRENS"
(früher BULTMANNS)
Eichenweg 9

Seiten 289-290 wären wie folgt zu ergänzen:
Grundherr: Amt Rotenburg, abgelöst 1841
Größe 1839: 90 M, 13 QR   1855: 319 M, 99 QR   entspricht 83,7 ha
Quelle: u.a. Bartelsdorfer Verkoppelungsakten

Die beiden Halbhöfe Nr.4 (BEHRENS) und Nr.5 (HANSCHEN) sind einst aus der Teilung eines alten Vollhofes vor 1560 entstanden.
Der heute als BEHRENSHOF bekannte Hof wurde in früheren Zeiten in den Kirchenrechnungsbüchern Scheeßel auch „BULTMANNS" genannt.

1. **BERENDS** Claus   (1560-1588)   [1. bekannter Wirt]
   - 1560 mit einem 4-Fachhaus und einer 4-Fachscheune erwähnt
   - 1567 im Pflugschatz als Halbhöfner erwähnt
   - 1587/88 im Bruchregister genannt, weil er den Herrendienst verlassen hat
   Kinder 2/2/0
     a.   Joachim   Anerbe und 2. Wirt
     b.   Johann I.   3. Wirt

2. **BERENDS** Joachim   (1591/1592)   [wohl Sohn 1. Wirt]
   - 1591/92 wurde er im Kornregister erwähnt

3. **BERENDS** Johann I.   (1592-1610)   [wohl Bruder 2. Wirt]
   - 1592 in den Brüchen genannt, weil sein Knecht Lorenz mit einer Strafe belegt wurde
   - 1599, 1600 und 1610 im Michaeliszinß erwähnt
   Es scheint, als habe er die Witwe seines früh verstorbenen Bruders Joachim geehelicht.
   Kinder 2/2/0 bekannt
     a.   Johann II.   ✳ um 1595 ebd   Anerbe und 4. Wirt
     b.   Claus   ✳ um 1603 ebd   † vor 1659 ebd
           ∞ um 1630 ... mit N.N., Knecht in Bartelsdorf auf BEHRENS

4. **BEHRENS** Johann II.   (1623-1645)   [Sohn vom 3. Wirt]
   ✳ um 1595 ebd   † um 1645 ebd
   ∞ um 1623 ... mit
   N.N. Tipke, Ehefrau Interimswirt 4a
   ✳ um 1607 ... (Ksp Sottrum)   †..., nach dem 11. Juli 1665 und vermutlich vor
                             dem 24. Juli 1665 nachweislich des Landes verwiesen

   Kinder 6/4/2 bekannt
     a.   Johann III.   ✳ r 1624 ebd   Anerbe und 5. Wirt
     b.   Hans   ✳ um 1626 ebd   † zw. 1660-1665 Bartelsdorf
           ∞ um 1648 mit N.N., Häusling in Bartelsdorf [Hsl-8a]
     c.   Claus   ✳ r 1632 ebd   ☐ 23.08.1683 Scheeßel
           ∞ 1661 Scheeßel mit Marlena HASTEDE aus Oldenhöfen, Interimswirt
     d.   Joachim   ✳ um 1636 ebd   †..., als Pate 1664 erwähnt
     e.   Maria   ✳ um 1640 ebd   †..., als Patin 1656 erwähnt
     f.   Margretha   ✳ um 1643 ebd   †..., als Patin 1665 erwähnt

4a. **HOLLMANN** Peter II.   (1646-nach 1659)   [Interimswirt]
   Er war nach 1638 bis um 1665 Kötner auf KÖTS Nr.11 Nebenstelle in Bartelsdorf.
   ✳ um 1612 Westervesede   ☐ 04.06.1690 Scheeßel
   In einem Schreiben vom 15. Februar 1638 des von HONHORST in Veerse erwähnt. Er
   hat durch den Verkauf an den Schwager Anno 1665 den Besitz an der Stelle abgegeben
   ∞2 um 1645/1646 vermutlich in Scheeßel
   N.N. Tipke, Witwe BEHRENS, Witwe Wirt 4
   ✳ um 1607 ... (Ksp Sottrum)   †..., 1665 nachweislich des Landes verwiesen
   Kinder 1/0/1 bekannt
     c.   Catharina   ✳ um 1646 ebd   ☐ 22.03.1682 Scheeßel
           ∞ 17.10.1678 Scheeßel mit Johann REINKEN, Anerbe und Dreiviertelhöfner
           aus Westervesede-1 SIEMS

5. **BEHRENS** Johann III.   (vor 1663-1678)   [Sohn vom 4. Wirt]
   ✳ r 1624 ebd   ☐ 01.02.1696 Scheeßel
   ∞ um 1650 ...
   N.N. Adelheid
   ✳ r 1635 unbekannt   ☐ 18.10.1715 Scheeßel
   Kinder 9/3/6

Ergänzungen Nr.2 der Hofgeschichten in Bartelsdorf:
Auf Grundlage der Erkenntnisse aus diesem Prozess im Teil 6.2c

Zweidrittelhof Nr. 1 „RAMAKERS"
Am Mühlenweg 6
(Seite 273)

Der 4te Wirt war Diedrich **MEINKEN,** der als Anverwandter von Claus MEINEKEN erwähnt wurde. Aus den Nennungen, wie und mit wem, ist es sehr wahrscheinlich, dass er ein Onkel von Claus und somit der Großonkel von Margarethe war.

Seite 273 wäre wie folgt zu ergänzen:

MEINCKEN (MEINKEN) Dietrich
✳ um 1595 vermutlich Westeresch-3 † zwischen 10.09.1664-31.12.1681 Bartelsdorf
∞ vor 1620 vermutlich Scheeßel
N.N. Margretha vermutlicher Familienname **HEITMANN**, Erbtochter
✳ um 1600 vermutlich Bartelsdorf † zwischen 31.03.1661-31.12.1681 Bartelsdorf

Halbhof Nr. 9 „CARSTENS"
(früher HEITMANNS)
Eichenweg 2
(Seite 317)

Der 2te Wirt, Diedrich Christoph **HEITMANN**, wurde als Anverwandter von Claus MEINEKEN erwähnt. Aus den Nennungen, wie und mit wem, ist anzunehmen, dass er die Schwester von Claus geheiratet hatte und somit der Onkel von Margarethe war.

Seite 317 wäre wie folgt zu ergänzen:
∞ um 1642 vermutlich Scheeßel
N.N. Anna vermutlicher Familienname **MEINKEN**
✳ r 1624 vermutlich Westeresch-3

* * *

Ansicht des mittelalterlichen Taufbeckens der alten Scheeßeler Kirche bis 1758 von oben.

Über dieses Taufbecken wurden, wenn es keine Haustaufen waren, die im Kirchspiel Scheeßel geborenen Kinder zur Taufe vom Gevatter (Paten) gehalten.
Sicherlich wurde Margarethe MEINKEN mit dem Wasser aus diesem Becken getauft, ließen Tibke HOLLMANN, Anna HASTEDT und Anna RATKEN ihre Kinder taufen und hielten Kinder als Patinnen darüber.
Inschrift:
„Lasset die Kindlein zu mir kommen denn solcher ist das Reich Gottes"
Foto: Jürgen Hoops, November 2008

Amtsrechnungen

mit Hinweisen auf weitere Prozesse
im Amt Rotenburg

[Teil 6.4]

Hexenproceßkosten
Rep 76 Nr. 1371 Seite 12 R
(1613/1614)

Am 14. Octobris zu 1613. Dem Cüster zur Sottrum, wegen Der Abgetriebene Menne zur Lune, nebenst Einer Seiten Specks, Jerlich aus gnaden Laut der Quittanz ………………………	½ Taler

Rep 76 Nr. 1371 Seite 12 R
(1613/1614)

Am 9. Januar 1614. Dem Pastoren zu Sottrum, wegen der Abgetriebenen Menne zur Lune Jerlich Auß gnaden. Laut der Quittanz nebent Einer Seiten Specks ………………………..	1 Taler

Rep 76 Nr. 1372 Seite 115 R
Nienkirchen
(1629)

Hans Baden Frawen hat Claweß Bolings Frawen in ihren egen Hauß geschlagen vnd Vor eine Zauberin gescholten …………..	4 Taler

Rep 76 Nr. 1376 Seite 127 R
(1638/1639)

Dem Pastorn zu Sottrum gehört Jerlich eine Seite Speck von wegen des Vorwerks zu Luhne als aber kein Speck in Vorraht dieselbe Seite Bezahlt mit …………………………………….	2 Taler

Rep 76 Nr. 1397 Seite 54 R
(1664/1665)

M. Dem Pastorn zu Sottrumb wegen der abgetriebenen Männer zu Luna	4 Taler
M. 6 Himbten dem Küster daselbst zu dem behueff	2 Taler

Rep 76 Nr. 1408
(1668/1669)

„Dem Pastor zu Sottrum 1 Moldt Roggen wegen der abgetriebenen Menne zu Luna"

Von den Männern (*es waren 8 Familien*) aus Luhne, die **abgetrieben wurden**, erhielten der Pastor und der Küster von Sottrum Abgaben, solange diese im Dorf Luhne lebten.

Unter dem Begriff „abgetrieben" ist zu verstehen, dass die Männer von den Höfen „umgesiedelt" wurden und die Verursacher, nämlich das Amt Rotenburg, die nun ausbleibenden Steuereinnahmen dem Pastor und dem Küster zu Sottrum ersetzen musste.

Bem.: Einzelheiten über Luhne sind nachzulesen bei Dr. Wolfgang DÖRFLER, „Herrschaft und Landesgrenzen", 2004 und im Heimatborn, Nr.23 vom 30. Dezember 1967, „Neues über Alt-Luhne".

Anno 1613/1614 und 1638/1639 war Konrad FABRICIUS 5ter evangelischer Pastor zu Sottrum, der 1613 berufen wurde, 1630 vor den katholischen Truppen weiche und danach bis 1643 wieder eingesetzt war. Wer im Jahre 1613 der Küster zu Sottrum war, ist nicht überliefert.

Anno 1668/1669 war Simon DÄMMLER oder DÖMMLER 7ter evangelischer Pastor zu Sottrum (1654-1680), der 1654 sein Amt ebenda antrat.

behueff = wegen / bezüglich / betreffend; z.B. behuff eines Brunnens; behuff Ausbau der Kirche

Zur Beschuldigung durch die Ehefrau von Hans BADEN, welche Clauß BÖHLINGS Ehefrau der Zauberei beschuldigte und dafür eine Strafe von 4 Talern zahlen musste, kann auf Grund der Aktenlage keine genealogische Zuordnung erfolgen. Die Genannten könnten im Kirchspiel oder im Kirchort Neuenkirchen gewohnt haben. Fest steht aber, dass die Beschuldigung auf Grund der Tatsache der Verhängung eines Bußgeldes, als Beleidigung oder Verleumdung gewertet wurde.
[siehe im Teil 11, Lfd Nr. 6]

Rep 76 Nr. 1377 Seite 51
(1639)

(*Scheeßeler Landgerichts Brüche*)

„Anneke FRÜCHTNICHT [1] zu Brockel hat gesagt zu Metken LÜDEMANNS [2]

Sie ginge mit dem Teufel und das wehre auch ihr Gott [3]" ½ Taler Strafe

„Johann LÜHMAN [4] (*hat*) Anneken FRÜCHTNICHT für eine Hure und

Sack gescholten" 1 Taler Strafe

Anmerkungen:

[1] Anneke FRÜCHTENICHT wurde schon im Bruch von 1639 mit einer Strafe belegt, weil sie einen Häusling zu Söhlingen offenbar beschimpft hatte.
Sie war mit Ludolf F., einem Halbhöfner in Brockel, verheiratet.
1630/1631: Ludolf **FRUCHTENICHT**, Anke uxor (*Ehefrau*); Mette, Katrin, Johan, Kordt - kinder.
(*Einwohnerverzeichnis von 1630/31 = „Ein bischöfliches Gutsleuteverzeichnis von Salzhausen sowie Einwohnerverzeichnisse der Kirchspiele Brockel und Kirchwalsede aus der Zeit des Dreißigjährigen Krieges", veröffentlicht durch Pastor August Asmus in Wolterdingen, Rotenburger Schriften, Heft 8, Jg 1958*)
Der Familiennamen FRÜCHTENICHT war im Einwohnerverzeichnis des Amtes Rotenburg im Jahre 1631 nur 1x vertreten, und zwar in den Kirchspielen Brockel, Kirchwalsede und Rotenburg.
Im Bruch(*Straf- und Buß*)register der Vogtei Scheeßel von 1587 steht, daß Reinke FRÜCHTNICHT seine Frau vor der Ehe geschwängert hatte, wofür er Strafe zahlen musste. Es wird sich hier um Ludolf gehandelt haben.
Zusatz: Viele Namensträger sind mehr im Kirchspiel Visselhövede und Umgebung zu finden. Der Stammvater der Familie im Kirchspiel Brockel wird einst nach Brockel eingeheiratet haben. Im Jahre 1414 verkaufte die Adelsfamilie Schlepegrell dem Verdener Domkapitel einen Lüdinger Hof, den Friedrich Vrochtenicht (FRÜCHTENICHT) bewirtschaftete.
[2] 1631 wurden im Einwohnerverzeichnis zwei Familien Johann LÜHMANN ebenda erwähnt, bei denen die Ehefrau Mette hieß. Eine Zuordnung ist hier nicht möglich.
[3] Anschuldigung der Teufelsbuhlschaft
[4] Ehemann von Metken (Mette) [2]

Bem: Wir nehmen an, dass sich Claus MEINKEN aus Westeresch eine einfache Verurteilung seiner Nachbarin Dorothea HOLSTEN geb. MÜLLER durch den Scheeßeler Amtmann vorstellte, wie es Anneke FRÜCHTENICHT 1639 ergangen war. Daß dabei seine Frau und seine Tochter ums Leben kämen, wäre dem Mann 1662 sicherlich nicht in den Sinn gekommen. Möglicherweise hatte auch die Tatsache, dass bei der Klageerhebung 1662 nicht der Scheeßeler Amtsvogt, sondern dessen Vertreter, der Oberförster JORDAN anwesend war, auf den Verlauf maßgeblich ausgewirkt. JORDAN hatte diesen Vorgang an das Amt Rotenburg weitergereicht, weil er sicherlich nicht die Befugnisse des Amtsvogtes, sondern nur die Vertretung übernommen hatte. Hätte der Amtsvogt BECKER möglicherweise anders reagiert ?

Protokollum Sottrumb
Rep 5b F83 Nr.13 Seite 296-326
Die streitigen Grenzen zwischen dem Stift Bremen und Verden betreffend
Anno **1619** am 18ten Octobris
(auszugsweise)

Seite 303 V 2.)
Sey fürs Ander bekand, daß alle Leüte in civisibus vor den Beamten zum Ottersberge dinckpflichtig, werde auch Mann Zahl gehalten, und die ausbleibenden gestrafft: In Criminasibus müssen Sie den gerichtgroten [5] geben und Holtz fuhren wan **Hexen** gebrandt [6] werden, welche alles eine Superiorotatem praesuppomiert.

Seite 304 V 13.)
In causa Injuriarum Metten BAMMANN [7] contra Heinrichen CORDES [8], vor der Verdischen Cantu ey Rechthengig, sein Compaßbrieffe an die Ottersbergischen Beamten [9] abgegangen, einen von Bötersen in subsidium juris [10] abzuhören.
Bem.: „causa Injuriarum", siehe Dissertation von Gottfiried Ludwig Mencke der Ältere
(✳ 28. Juli 1683 Leipzig † 6. August 1744 Wittenberg) „Observation circa processum Saxon.
Quo causae injuriarum ex mandato regio de anno 1719 peraguntur, Wittenberg 1720"
Causa = Ursache; Injuriarum = belangen, jemand wegen einer Beleidigung verklagen
Fazit: Die Ursache dieses Verfahrens gründete auf einer Beleidigung.

Seite 314/315
[...] Es sey le sonst notorium, dass viel actus uff dem Kirchhoffe verübt, und viel Pastorn vom Kirchhoffe zu Sottrumb abgeholt, so theils zum Ottersberge [11] gehenkt, theils geköpft, auch theils des Landes verwiesen [12] worden, [...]

Seite 316
Hier ist eine Streitigkeit der Ämter Rotenburg und Ottersberg aus dem Jahre 1603 aufgezeigt, als im Amt Ottersberg die Verbrennung einer **Zauberschen** zum Streit führte, weil das Amt Rotenburger Meyer [13], wie die eigenen Meyer zur Hinrichtung bestellte [14], die auch den Gerichtsgroten [15] geben, und zur Verbrennung der Zauberschen das Holtz führen [16], ad dafür 6 Groten geben, wie Anno 1603 die Leüte zum gerichte gefordert ein Urtheil über die Zaubersche zu finden, und Sie sich beschwert, der Ambts Arrest darauff erfolgt, [...].

[5] Gerichtsgroschen, eine Steuer, eine Abgabe zum Unterhalt des Gerichts
[6] Was in Ottersberg Pflicht war, wird in Rotenburg nicht wesentlich anders gewesen sein.
   Die Pflicht im Rahmen der Hand- und Spanndienste Holz für den Scheiterhaufen zu fahren, lässt sich hier klar ableiten.
[7] Mette **BAMMANN** zu Bötersen, (*unterstand der Gerichtsbarkeit des Amtes Ottersberg*)
   Bei ihr kann es sich nur um die Ehefrau des Halbhöfners zu Bötersen, Ernst BAMMANN
   (✳ um 1607), deren Schwiegertochter Trine **VAHJEN** gerechnet etwa 1637 geboren wurde.
[8] Heinrich **CORDES** zu ..., (*unterstand der Gerichtsbarkeit des Amtes Ottersberg*)
   Im Ksp Sottrum ist in den Listen der Zeit vor 1610 kein Heinrich / Hinrich / Henrich CORDES / COHRS / KAHRS ... enthalten. Eine Zuordnung zum oben genannten ist aber nicht möglich.
   In der Musterungsrolle von 1610 sind in der Kompanie Ottersberg z.B. der Oberschütze Henrich CORDES, Henrich CORDES mit der Helebarde, bd zu Ottersberg; Henrich CORDES aus Fischerhude als Baumann und Hellbardenträger, sowie der Kötner Henrich CORDEß zu Otterstedt erwähnt worden.

[9] Beleg, das hier die Gerichtsbarkeit über diese beiden Menschen (*und Höfe*) in Bötersen Anno 1619 das Amt Ottersberg inne hatte und nicht das Amt Rotenburg.

[10] subsidium juris = Beistand / Hilfe; juris = juristisch = juristischer Beistand

[11] Hinrichtungsstätte des Amts Ottersberg

[12] ein Beleg für die Anwendung der Landesverweisung als Urteil jener Zeit

[13] Wirte von Höfen / Katen, deren Grundherren das Amt war und deren Abgaben das Amt erhielt

[14] Die Teilnahme an öffentlichen Hinrichtungen waren Pflicht

[15] Gerichtsgroschen, in diesem Falle eine Teilnahmegebühr / Aufwandsentschädigung / Eintrittsgeld für das Amt (?)

[16] führen = transportieren im Rahmen von Hand- und Spanndiensten, wozu nur die dem Amt Ottersberg gehörigen Meyer verpflichtet gewesen waren.

Seite 325 4.)

Harmes **HOPES** zum Jehoffe hadt seiner frawen Schwester geschwengert, ist gefenglich [17] eingezogen und gestrafft mit 35 Talern [18]

<u>Hinweis auf Seite 378/379 Rep 5b F 83</u> aus dem Jahre 1596 am Ende dieses Teil steht: [...] ... *Der andere Mann war ein Mann aus Jeerhof. Von ihm wehre notorium kund und offenbar, daß derselb seines Eheweibs leibliche Schwester geschwengert ... [...].*

<u>Hinweis auf die gleiche Quelle Blatt 50R:</u>

Anno 1602 hat Herman Höpes (HOPES) zum Jehe, Rodenburger Meier, von wegen deßen, daß er fur etlichen Jahren seiner Hausfrawen Schwester (*Schwägerin*) geschwengert, zu Rodenburg eingezogen und daselbst gebruchet (*bestraft*) worden, zur Straffe (*in Ottersberg*) gegeben 100 Thaler.

Quelle: StA Stade Rep 5b F.83 Nr.13c Bl.50

Interessant an diesen Taten ist, dass es sich nicht um einen Schreib- oder Datierungsfehler gehandelt hat. Es handelt sich dabei um zwei Kindszeugungen mit ein und derselben Frau.

Bei diesem Harm / Harmen / Hermen / Herman HOPES (HOOPS) handelte es sich nicht um den Bruder der 1663 in Scheeßel angeklagten Mette MEINCKEN, denn die stammte nachweislich aus dem Nachbarort Höperhöfen, nicht aus Jeerhof.

So klärte sich aber der am Ende des Artikels enthaltene Fall auf, was die Identität des Mannes angeht.

[17] saß im Gefängnis

[18] eine sehr hohe Strafe im Vergleich zu Steuern und Abgaben. Johann RÖHRS aus Westerholz Nr.3 (*RÖHRSHOF*) der „seiner Frauen verwandtinnen [19] geschwängert" hatte, musste 1596 dahingegen 60 Taler zahlen.

[19] verwandtinnen = mehrere Frauen, deswegen 60 Taler. Möglicherweise war dieses als Wiederholungstat gestraft und nicht mehrere Frauen auf einmal, woraus sich die Höhe der Strafe auch erklären könnte. Dem Bruchregister von 1590 ist zu entnehmen: "Die Rotenburger Beamten wurden in Westerholz tätig und straften Johan RÖRßEN von Westerholte wegen Ehebruchs. Dagegen beschwerten sich die Bremer Beamten und verlangten von den Rotenburgern eine Erklärung".

Quelle: Herrschaft und Landesgrenzen, Dr. Wolfgang Dörfler

Abrechnungseinträge zu Hexenprozessen
Amtsgeldrechnungen Amt Rotenburg
(auszugsweise)

Rep 76 Nr. 1396 Seite 15 R
(1664/1665)

Ausgabe von vorgesetzter Einnahme
Auff Ablager
Den 28. 29 und 30. May uff Ihr hochgel.
Excell: Herrn Vice Gouverneurs Graff

Curth Christoph Königsmargk Ablager [20]	1	31 Taler	22 Schilling
Den 13. Juny uff des hl. Drost Protten Ablager	2	7 Taler	38 Schilling

Den 22. Juny biß den 2. July uff des Herrn Drost und Ober Inspectoris Protten Ablager	3	19 Taler	47 Schilling	6 Pfennig
Den 9. July alß Ihr hochgel. Exi: des Herrn Feldmarschalle und Graff Königsmarcken hochseel. Andenckens Leih Ceremonien begangen	4	89 Taler	14 Schilling	4 Pfennig
Den 22. und 23. July alß in bei sein der hhl. Ambts Vögte die junge Hexe torturet worden [21]	5	26 Taler	27 Schilling	4 Pfennig
Vom 28. biß 31. July uff Ihr hochgel. Excell: des hl. Vice Guverneurs Graff Curth Christoph Königsmarcks Ablager	6	18 Taler	17 Schilling	4 Pfennig
Den 6. 7. 8. 9. und 10. Septemb: alß die Junge Hexe verbrennet worden uffgangen vor den hl. Drost und Ober Inspector Protten [22] und die sämbtlichen Ambts Vögte	7	40 Taler	36 Schilling	10 Pfennig
Den 22. Sept. uff des hl. Notary Spanhackens ablager, wie Er die Sämbtliche Ambts Vögte und der Herren Pastorn Mayer abgehöret	8	2 Taler	13 Schilling	
Den 23. Sept: bey anwesenheit des Herrn Grafen und Vice Gouverneurs Curth Christoph Königsmarcks Excell: uffgangen	9	5 Taler	4 Schilling	
Summa		**241 Taler**	**31 Schilling**	**4 Pfennig**

Anmerkungen:

[20] Der Vice Gouverneur Graf Curth Christoph von KÖNIGSMARCK, auch Conrad Christopher von KÖNIGSMARCK wurde am 24. März 1634 geboren und starb am 31. Oktober 1673. Seit 1663 war er schwedischer Vicegouverneur der Herzogtümer Bremen und Verden, sowie Kommandant von Stade.

[21] „Den 22. und 23. July (1664) alß in bei sein der hhl. Ambts Vögte die junge Hexe torturet" [21] Abrechnung der Folterung und [22] Abrechnung der Hinrichtung von Margarethe MEINKEN.

[22] Bei dem Drosten PROTTEN handelte es sich um Jost PROTT, Drost und Oberinspektor in Rotenburg (1664-65) unter Graf von KÖNIGSMARCK. Der Drost war der ständige Vertreter des Landesherrn, der in dessen Namen die Dienstgeschäfte führte und wie wir im Teil 6.2c gezeigt haben auch befugt war, Exekutionsurteile rechtsverbindlich zu unterschreiben.

Amtsvögte des Amtes Rotenburg zu dieser Zeit waren:

Rotenburg	Peter PABST
Scheeßel	Jacob Lorenz BECKER und in dessen Vertretung der Oberförster Johann JORDAN
Sottrum	Hinrich STRÜVER
Kirchwalsede	Berthold GIESEKEN
Neuenkirchen	war ein Kirchspiel, aber bis 1710 keine Vogtei. Der Amtsvogt von Schneverdingen führte die Vogtei mit.
Visselhövede	Lüder CLÜVER
Schneverdingen	Conrad RHEDEN
Ahausen	Eberhardt von MÜNCHHAUSEN

Brockel war ein Kirchspiel, aber keine Vogtei. Es gehörte zur Vogtei Scheeßel, hatte aber einen Untervogt. 1663 war es Hinrich BARGFREDE.

Bei „Herrn Pastor Meyer" handelte es sich um den Scheeßeler Pastoren.

Eine ausführliche Information über die oben genannten Personen ist im Teil 6.2b enthalten.

Continuatio der Außgaben

Auff Ablager				
	Transport	241 Taler	31 Schilling	4 Pfennig

Den 29. Sept: der Herr Drost und Ober
Inspector Prott alhier ankommen und
biß den 9. Octob: geblieben wehrender
Zeit uffgangen

		20 Taler	14 Schilling	10 Pfennig

Den 20. 21. und 22. Octob: der hl. Grafen
und Vice Gouverneurs Excell: alhier
gewesen,

		27 Taler	28 Schilling	10 Pfennig

Den 9. und 10. Jan: Ao 1665 der hl. Drost
und Ober Inspector Prott hier gewesen
und veruncostet worden

		14 Taler	16 Schilling	

Den 1. Feb: Das Fräulein Elisabeth Vranglin hier gewesen und nacher Vehrden gereiset, auch die Stadt Maiorin von Staade bey Ihr gehabt, ist uffgangen

		1 Taler	14 Schilling	

Den 6. und 7. Marty der hl. Drost und
Ober Inspector Prott hier gewesen und
Burgrecht über den Flecken Rothenburg
und drey Vogteyen, alß Kirchwalsede,
Ahausen und Sottrumb gehalten

		28 Taler	32 Schilling	6 Pfennig

Den 11. 12. und 13. Marty alß der Herr von
des Besten, hl. Ober Haubtman Vildenstein mit dessen Liebste alhier ablager gehalten [23]

		10 Taler	4 Schilling	8 Pfennig

Den 22. Marty alß Ihr Gütlich Fräulein Elisabeth Vranglin hier durch und nach Stade gereiset mit dem hl. Capitain Bettendorff [24] dessen liebste Frau Ambtman [25]
Wolff in Abendtmahlzeit und des andern
Morgens früestück gehalten uffgangen

		3 Taler	41 Schilling	
Summa		**347 Taler**	**39 Schilling**	**2 Pfennig**

- -

Anmerkungen:

[23] Oberhauptmann **VILDENSTEIN**= möglicherweise zur Familie WILDENSTEIN gehörig [siehe 66]

[24] hl. Capitain **BETTENDORFF** = n.b., aber er könnte aus dem Geschlecht der Freiherren von
BETTENDORF oder PETTENDORF stammen, die erstmals Anno
1071 als Zeuge bei einer Schenkung Kaiser Heinrichs IV. in der
Person des Friedrich von BETTENDORF erwähnt wurden. Sie
lebten auf der Burg Pettendorf bei Neunburg vorm Wald.

[25] Frau Ambtman **WOLFF** = es ist z.Zt. nicht zu ermitteln, in welchem Amt der Amtmann
WOLFF, ihr Ehemann im Jahre 1664/1665 lebte. Warum seine
Frau erwähnt wurde, ist ebenso wenig bekannt.

In den Jahren 1651-1671 lebte der Nachmittags- und Garnisonsprediger sowie Rektor zu
Rotenburg Justus Eberhard WOLFF in Rotenburg (HEYKEN, S.153), der mit dem Amtmann
verwandt gewesen sein könnte.

- -

Continuatio der Außgaben

Auff Ablager	Transport	347 Taler	39 Schilling	2 Pfennig
Den 20. und 21. May des Herrn Graff und Vice Gouverneur Königsmarcks hochgel. Excell: hier gewesen und uff dero Ablager uffgangen		9 Taler	6 Schilling	
Vermög Brau Rechnung auff Ablager bey anwesenheit Ihr Excell: des Herrn Vice Gouverneurs hl. Drost Protten und anderer Ambts Bedienten 15 tonnen bier 27 ½ Stüebigen a 2 Rß		31 Taler	20 Schilling	9 Pfennig
Summa		**388 Taler**	**17 Schilling**	**11 Pfennig**

Zu Fortsetzung des Hexen Processes

Margaretha Meineken und deren Mutter
Anno 1664
auch anderer betreffende,

dem Untervogt und zwey Köthern von Scheßell
so vorgedachte Margaretha Meineken Mutter
auch wegen gemelter Hexerey gefänglich
von Wester Esche anhero zu der Tochter
in Hafft bracht, dem herkommen nach trink [26]
geldt geben .... 24 Schilling

Den 29. May vor ein responsum in selbiger Sache
der Juristen Facultät zu Rintell .... 3 Taler

Dem Boden Christoph Richtern im Flecken der selbi-
ges geholet .... [27] 2 Taler 26 Schilling

Dem Feldscherer vom hl. Capitain Lundt Compagni
so der Dirnen wegen eines vermeinten Zeichen [28]
uffen Kopff sehen müßen .... 1 Taler

Den 22. Juny alß die Sache aber eins verschicket worden, der Juristen Facul-
tät zu Rinter vor ein responsum .... [29] 3 Taler

Dem Boden der solches abgehohlet undt 4. Tage
still gelegen .... 2 Taler 26 Schilling

Den 15. July der Juristen Facultet vor ein
responsum .... 6 Taler 24 Schilling

Christoph Richtern so die Acten nacher
Helmstett getragen auch vorher deßen
wegen nacher Vehrden gewesen, vor
23. Meilln und 5. tägiges stillliegen geben .... 3 Taler 34 Schilling

Den 23. Aug: einen Boden von Staade welchen
der Herr Drost mit den Original Hexen
Acten so nach Helmstett [30] wiederumb schicken
müßen anhero gesandt, zahlt .... 1 Taler 8 Schilling

Den 27. Aug: Der Juristen Facultät [31]
zu Helmstett vor ein Urtheil ....   7 Taler   12 Schilling

Summa   **31 Taler**   **10 Schilling**

Anmerkungen:

[26] Mette MEINKEN wurde durch den Untervogt nach Rotenburg ins Gefängnis gebracht, in dem ihre Tochter Margarethe schon saß. Dieses belegt dieser Eintrag.

[27] Christopher RICHTER, siehe Personenübersicht im Teil 6.2b

[28] Hier wurde der Regimentsarzt bemüht, bei Margarethe (der Dirne = Deern = Mädchen) nach Hexenmalen am Kopf zu sehen. Die Kompanie des Capitain Lundt war also in Rotenburg.

[29] Im Teil 6.2c ist die Antwort der Fakultät Rinteln aufgeführt

[30] Hier wurde abschließend um Bewertung durch die Fakultät Helmstedt gebeten, nachdem ein Bote aus Stade von der dortigen Regierung anscheinend grünes Licht für das weitere Verfahren überbrachte.

[31] Im Teil 6.2c ist die gutachterliche Antwort der Fakultät Helmstedt enthalten

----

Rep 76 Nr. 1396 Seite 30 V

(1664/1665)

Transport	**31 Taler**	**10 Schilling**

Item für Herrn Titian Kronenfeldts Acten [32]
so dabey gewesen Urteil Gebüehr ....   6 Taler   12 Schilling

Dem Boden an Lohn und 2. tägiges Lieggeldt
geben..   3 Taler   10 Schilling

Den 20. Sept: M. Hannßen den Scharfrichter [33]
vor mehrbesagter Margaretha Meineken
so Er uffs waßer geworffen 2. mahl
torquiret und hernacher verbrandt
wie auch vor deren Mutter, welche
Sich in der gefängnus erhäncket und
Er darauff hinauß nach dem Galgenberg schleppen und daselbst begra-
ben müßen, geben ....   21 Taler

Valentin Kannen vor Trahn und andere [34]
Sachen, so die woche bey vorgedachter
Margaretha Meineken, gebrauchet
und posten vor Sie an Kääß undt
dergleichen geholt worden vermög
rechnung bezahlt ....   3 Taler   1 Schilling   8 Pfennig

Uff des hl. Drosten undt Ober Inspectoris begehren an hl. Johann Holsten [35]
vermög dessen quittung bezahlt ....   10 Taler   21 Schilling

Den 17. X bris [36] dem Botten so nach Rintel
gangen und die Hexen sachen dahin
getragen an weg undt 12. tägiges
lieg geldt geben in allen ....   4 Taler   12 Schilling

Summa   **79 Taler**   **18 Schilling**   **8 Pfennig**

[32] Herr KRONENFELDT ist nicht weiter belegt. „Titian" ist der Vorname „Tizian".
Fest steht, dass er mit der Gerichtsakte und dem Urteil von Margarethe MEINKEN zu tun hatte. Möglicherweise war er Notar in Stade und arbeitete für die Regierung. Er wurde für seine Arbeit vom Amt Rotenburg entlohnt.

[33] **Meister Hannß** war der Scharf- oder auch Nachrichter. Die Bezeichnung „Meister Hans" stand häufig stellvertretend für den Henker, ohne dass dessen Familienname erwähnt wurde. Er erhielt für seine Arbeit am 29. Juni 1664, die erhängte Mette MEINKEN zum Galgenberg zu verbringen, erst am 20. September, also genau 3 Monate später, seinen Lohn. Weiterhin erhielt er seinen Lohn für die Wasserprobe, die Schreckung und die zwei Folterungen von Margarethe MEINKEN.

[34] Der Rotenburger Krämer Valentin KANNEN lieferte Tran für die verurteilte Margarethe MEINKEN.
Was war es für Tran ? Lebertran, welcher aus Fischen (*z.B. Wal, Kabeljau*) gewonnen wird und ein vitaminreiches Öl ist.
Es wurde unterschiedlich verwandt. Hierzu einige Beispiele:
- Pflege der Pferdehufe (*Horn*) durch Schmieren / Fetten
- Stärkungsmittel bei Krankheiten
- Die Wirkung gegen Rachitis (*engl. Krankheit*) wurde erst 1824 von deutschen Wissenschaftlern entdeckt. Also fällt dieses Argument weg.

Auch Lebertran ist ein Öl, ein Fett und somit brennbar. Da der oben genannte Tran explizit für Margarethe MEINKEN mit Käse und anderen Sachen (?) geliefert wurde, dafür ein Preis von über 3 Talern gezahlt wurde, gehen wir davon aus, dass es sich um Sachen gehandelt hat, die nur ein Krämer lieferte, aber welche, außer Tran und Käse, bleibt offen. Brot lieferte der Bäcker EBBERS, Wein und Bier der Brauer und das Essen kam sicher aus der Gesindeküche des Schlosses.
Wurde der Tran als Öl zur Brandbeschleunigung [siehe Teil 4 Nr.16 III] bei der Verbrennung genutzt ?

[35] Bei dem Drosten handelte es sich wiederum um Jost PROTT; Wer aber war dieser Johann HOLSTEN.
- 1663 im Kopfschatz wurde nur ein Hans (*Kf für Johann*) HOLSTE, ein armer Soldat zu Rotenburg erwähnt.
- 1664 wurde Hans HOLSTEN im Jordebuch zu Rotenburg mit dem Zusatz „ist arm" genannt.
- 1669 wurde die Witwe von Johann HOLSTEN zu Rotenburg erwähnt.

Bem.: Wir gehen davon aus, dass es sich beim erwähnten Johann HOLSTEN um den armen Soldaten handelt, der vor 1669 starb. War das der Lohn für die Bewachung von Margarethe MEINKEN ? In diesem Protokoll wurde Margarethe als Margaretha niedergeschrieben.

[36] 17.X bris = 17. Dezember

Rep 76 Nr. 1396 Seite 30 R
(1664/1665)
(nach dem 9. September 1664 erstellt)

Continativ der Ausgaben	**Transport**	79 Taler	18 Schilling	8 Pfennig
Der Juristen Facultät zu Rinteln vor durch lesung der acten und in der Sachen zu sprechen geben		7 Taler	24 Schilling	
Dem Becker Jakob Ebbers [37] wegen der gefangenen und verbrandten: wie auch den anderen Hexen so wieder Loß [38] kommen vor brod geben		5 Taler	42 Schilling	

Dem Corporal Engel von Cahsit: Lund [39] so mit seinem Sohn von Vehrden hier gewesen, und seine aussage wegen Sonnenbergs Sohne [40] noch mahlen Confirmiret uff des hl. Drosten befehl geben …………………………….	1 Taler
Deßen verzehrung Ihme bey Gabriel Worttman bezahlt …………………………… [41]	32 Schilling
Noch an Elisabeth Steins [42] wegen des Corporalen wie Er mit seinem Sohne zur refrondation [43] von Vehrden gekommen zahlt …………………………	32 Schilling
Wegen der verbrandten Diernen Lüt- ke Delventhall vor bier bezahlt [44] vermög deßen quittung ………………………	12 Schilling
Auff des hl. Drosten undt Ober In- spectoris begehren wegen der gebrandten Diernen dem Schließer Gerth [45] bezahlt ……………………………	1 Taler

Zusammen   96 Taler   16 Schilling   8 Pfennig

- -

Anmerkungen:

[37] Bäcker Jacob EBBERS belieferte die Gefangenen mit Brot [siehe Personenübersicht im Teil 6.2c] und erhielt Geld „**wegen der gefangenen und verbrandten**", womit Margrethe MEINKEN gemeint war. Dieser Eintrag belegt, daß mindestens eine Frau verbrannt wurde und mehrere gefangen waren.

[38] ... „**anderen Hexen so wieder Loß kommen**"... belegt, dass mindestens 2 (*andere Hexen*) freigekommen sind (*Loß*). Dieses können nur Anna RATKEN und Tibke HOLLMANN gewesen sein, die er dann ausschleppte, d.h. aus dem Gerichtsbezirk Rotenburg rausbrachte. Der Zeitpunkt der Zahlung und Abbuchung in den Amtsgeldrechnungen muss nicht zeitnah zum Ereignis, aber auf jeden Fall nach Erbringen der Leistung gelegen haben.

[39] Der Corporal ENGEL von Cahsit ist nicht weiter bekannt

[40] Bei dem Sohn von SONNENBERG handelte es sich offenbar um Johann SONNENBERG, der im Jahre 1646 geboren wurde, Bäcker & Bürger zu Rotenburg war, verheiratet mit Dorothea Elisabeth N.N. Sie hatten nachweislich 4 Töchter, Sophia Mette, Margaretha Catharina, Anna Elisabeth und Anna Gerdruth. Für die ersten drei Kinder sind Heiraten 1688, 1706 und 1709 nachweisbar, wobei Johann im Jahre 1710 noch erwähnt wurde, aber im Totenbuch in Rotenburg nicht enthalten ist. Da er 1710 noch lebte, kann ihm 1664/1665 nichts passiert sein. Johanns Vater war der 1664 erwähnte Bürger und Jurat in Rotenburg Claus SONNENBERG, dessen Ehefrau Margaretha beschuldigt wurden eine Hexe zu sein. [mehr siehe im Teil 6.2.b]

[41] Ein Gabriel WORTHMANN wurde schon 1635 ebenda als Jurat (HEYKEN, Seite 116) erwähnt. Er wurde 1635 als Kirchenjurat in Rotenburg und 1643 als Bürger bezeichnet. Er wird um 1590 geboren sein und wäre 1664 über 70 Jahre alt gewesen. Der alte Gabriel WORTMANN hatte ein Darlehn zum Kirchenneubau von 1621 in Rotenburg gegeben, schrieb Walter JUNCK im Heimatborn, 30.Jg., Nr.12 vom 23.06.1692. „Im Jahre 1661 verlangte Gabriel Wortmann die Rückzahlung eines Dahrlehns, welches er im Jahre 1625 zur Ablösung einer Schuld aus dem Kirchenbau von 1621 gab." Möglicherweise handelte es sich aber auch um dessen Sohn Gabriel, denn hier handelte es sich 1664 um die Begleichung einer Verzehrrechnung des Drosten bey WORTHMANN. In der LMR 1675 wie auch 1694 im Jordebuch wurde sein Sohn Gabriel WORTHMANN erwähnt.

Wir schließen daraus, da der Eintrag zwischen den Auflistungen anderer Hexensachen steht, dass es zumindest eine Vernehmung oder Anhörung in dieser Richtung war, ggf. nur als Zeuge zu SONNENBERG und dass der Drost, das es länger dauerte oder zeitlich so lag, auf Stadtkosten verpflegt werden musste. Doch bleibt dieses reine Spekulation.

War der am 11. September 1603 in Otterstedt mit dem Schwert hingerichtete David (*auch ein biblischer Vorname*) ein enger Verwandter oder gar Ahne von Gabriel ?
Diese Spekulation nährt sich aus der Tatsache, dass in Rotenburg auch Personen der Hexerei verdächtigt und angeklagt wurden, die in ihrer Stellung mehr als einfache Bürger waren, wie z.B. der Pastor STAHL und Consorten (*Ehefrau*) im Jahre 1647 [siehe im Teil 6.1.1.4]

[42] Elisabeth STEIN, sie wurde
- ♦ 1664 im Jordebuch als „Witwe Elisabeth Stinth"
- ♦ 1669 in der Umlage des Flecken Rotenburg als „Elisabeth Stindt" zu Rotenburg erwähnt.
- ♦ 1663 im Kopfschatz steht: „Johann Stindt" ebenda mit einer Abgabe von 0-40-0.
Es sind die einzigen Nennungen des Namens STINDT.

Wohl nicht zu verwechseln mit oder doch?
1. Eine Verwandte (*z.B. Mutter*) von Harm STEINEKEN (* um 1629), dem Halbhöfner zu Hemsbünde im Kirchspiel Rotenburg, dessen Ehefrau Gesche hieß. Dieser Harm hatte 1675 in der 1ten Kompanie von Rotenburg unter Major BRUHS gedient.
2. Der 1663 im Kopfschatz zu Rotenburg als Cordt STEINS Ehefrau (*ohne Vorname*), welche mit einer Abgabe von 0-32-0 erwähnt wurde
3. Der möglichen Ehefrau vom Kornett Hermann STEIN, welcher im Jordebuch von 1664 mit dem Hinweis „ist mit fortgegangen nach Ungarn" eingetragen steht.
[43] refrondation / Frondation = frondieren, staatskritteln, Staatskrittelei;// Thomas Mann, 1947 Faustus (W. VI 370) ein Frondieren gegen bürgerlich liberale Wertsetzungen von der anderen Seite // 1829 entgegnete GOEHTE (Herrn) ECKERMANN in einem Gespräch über andere. „es liegt an Ihnen eine Sucht, alles Große zu frondieren. Es ist keine Opposition, sondern eine bloße Frondation ...// re = gegen, zurück.
Es war das Jahr 1664, als der Begriff genutzt wurde, 16 Jahre nach dem Westfälischen Frieden von 1648, dem Ende des 30jährigen Krieges und der Säkularisation des ehemaligen katholischen Bistums Verden zu einem Herzogtum.
[44] Lütke DELVENTHAL Dierne (*seine junge Tochter*) [siehe Teil 6.6]
[45] Der Schließer Gerth hieß Gerdt SCHELLERMANS und war der Gefangenenwächter.

Rep 76 Nr. 1396 Seite 31 V
(1664/1665)

Continatio der Außgaben	Transport	96 Taler	16 Schilling	8 Pfennig
Dem Schließer Gerth dens Er die Piepen Anna [46] geschloßen, uff des hl. Drost undt Ober Inspectoris befehl geben ……………………………………..			24 Schilling	
Dem Ambtschreiber zum Langwedel hl. Petreo Landtwehren [47] wegen der verferttigten Instrumenti Immih- sorialis in hl. Kettenburgs Mayer [48] vermög deßen quittung bezahlt ………………		17 Taler	24 Schilling	
Auff die geseßene Hexen [48] an Bier ver- mög Braue Rechnung verwendet 3. Tonnen 4. Stüebigen a 2 Rß …………..		6 Taler	10 Schilling	
Summa		**120 Taler**	**26 Schilling**	**8 Pfennig**

Bem.: Die gleiche Auflistung findet man auch unter Rep 76 Nr. 1397 Seite 36 V, 37 und 38 V
(Anno 1664/1665). In der Akte Rep 76 Nr. 1397 steht „gegen Margarethe Reineken (*Meineken*)
und ihrer Mutter" [= Rep 76 Nr. 1397 Seite 40 V]

[46] Piepen Anna war Anna FERSEMAN in Ostervesede, die Ehefrau von Joachim
VEERSEMANN aus Hof-14 KATMANNS in Ostervesede (gelebt um1610 –1676/80).
Wäre Sie zu dem Zeitpunkt noch verheiratet gewesen, wäre ihr Ehemann als solcher ebenda
vermerkt gewesen. „geschloßen" bedeutet eingesperrt, ggf. noch gefesselt / angekettet.

[47] Petreo (*Peter*) LANDTWEHREN war seinerzeit der Amtsschreiber in Langwedel. Es sieht so
aus, als habe er im Auftrag die Folterwerkzeuge anfertigen lassen, und er hat die Auslagen
dafür vom Amt Rotenburg erhalten. Diese Instrumente scheinen zur Tortur eines
„Kettenburgmeyers" angefertigt worden zu sein. Wer war nun dieser Kettenburgmeyer ?
Der Wirt auf KATMANNS in Ostervesede war einst ein „von Zahrenhausenmeyer" den später
das Amt Rotenburg übernahm, was die im Jordebuch 1692 beschriebenen Briefträgerdienste
belegen. War zwischendurch das Haus „von Kettenburg" Grundherr ? Wenn ja, könnte das ein
Indiz für die erwähnte Tortur von Piepen Amken gewesen sein.

[48] „Auff die gesessene Hexen an Bier" belegt, dass mehr als eine Frau zu der Zeit als Hexe
beschuldigt im Gefängnis einsaß.
Anna Versemann (*Piepen Amken*) war sicherlich damit gemeint. Waren die anderen Frauen,
die von Margarethe MEINKEN am Tag ihrer Hinrichtung erwähnten Frauen, derer das Amt ja
unverzüglich habhaft werden konnte, da die Teilnahme an der Hinrichtung (9. September
1664) für die Einwohner Pflicht war ?
Sollte es so gewesen sein, hätte das Erlebnis der Hinrichtung sicherlich einen enormen
furchteinflössenden Eindruck auf die anwesenden Menschen gemacht.
Sollte es so gewesen sein, dann hätte Anna HASTEDT fast 13 Monate bis zu ihrer Hinrichtung
im Gefängnis verbracht. Im Teil 6.3 steht zu lesen, daß zwei Frauen, Tibke HOLLMANN und
Anna RATKEN, auf Kaution bis zur Wasserprobe im Jahr 1665 frei waren, wobei Anna
HASTEDE nicht dabei war. Das spricht dafür, dass Tibke HOLLMANN und Anna RATKEN
damit gemeint waren.

Rep 76 Nr. 1397 Seite 45
(1664/1665)

Dem Scharfrichter für reinigung 4 Cloacen [49] auf abschlag geben	4 Taler
Item ein Molt Rogken	4 Taler

[49] Für welche vier ehemals eingesessenen wurde er hier bezahlt ? Es waren nicht immer
Hexen, die ein Nachrichter zu richten hatte. Die Cloacen waren die Eimer, die zur Verrichtung
der Notdurft dienten, aber 4 Eimer = 4 Personen. Handelte es sich dabei um Tibke
HOLLMANN, Anna RATKEN, Anna HASTEDT und Anna VERSEMANN (VEERSEMANN) ?

Rep 76 Nr. 1397 Seite 47
(3. Mai 1665)

Den 3. Marty M. Hanß dem Scharfrichter vor Reinigung der Löcher (*Gefangniszellen*), unter der großen Treppe [50] geben	2 Taler

[50] Hier ist belegt, wo die Zellen im Schlossgebäude lagen. Anna HASTEDE, Tibke HOLLMANN
und Anna RATKEN wurden am 26. Mai 1665 vernommen. Dieses Protokoll, welches die Zeit
überdauerte, war die erste überlieferte Vernehmung. Sie wurden schon im Juli 1664 während
des Prozesses gegen Margarethe MEINKEN und ihre Mutter Mette beschuldigt. Sie haben
sich allesamt am 25. Mai freiwillig der Anhörung gestellt, steht im Protokoll. [siehe im Teil 6.3]
Quelle: Himmlers Hexenkartothek, Blatt vom 13. September 1943

Den 11. July. Dem Unter Voigt zu Scheeßel [51] wie Er seinen gehülfen die Hexe Zillia [52] herein gebracht, dem herkommen nach An Trinkgeld geben …………………………..	24 Schilling
Dem Botten der die Criminal Hexenacten Wegen der Hastetten [53] nach Rinteln gebracht an Bottenlohn und wartgeldt gezahlt …………..	3 Taler 4 Schilling
Der Juristen Facultät für daß [54] Responsum …	6 Taler
Dem Schließer, wofür Er der Hastettischen wie Sie krank [55] geworden unterschiedliche mahl Wein geholet ………………………………..	15 Schilling
An den Becker Jacob Ebbers für Brodt so die Hexen [56] bekommen bezahlt ……………………….	3 Taler 44 Schilling
M: Hanß dem Scharffrichter wegen außschlep- pung der zweyen Hexen [57] und renovirung der Gefängnüß darinnen Sie geseßen bezahlt …………………………………….	8 Taler
An hl. Heldten wegen der Inrotulation der Acten und deren verschickung, contra Schulten streitiger Jagd Gerechtigkeit halber, auff ceß hl. Drosten begehren laut quittung bezahlt	10 Taler
Uf begehren deß hl. Drosten wegen der Zeugen so deß hittinger zehendten halber zue Stade sein abgehöret worden, an seinen secretarium zahlen lassen	24 Taler
An hl. Jacobs Heldten vermögen deß Herrn Drosten und Ober Inspector Prottens <u>assignation bezahlt</u>	<u>18 Taler 44 Schilling</u>
Summa	**74 Taler 35 Schilling**

- -

Anmerkungen:

[51] Der Untervogt in Scheeßel zu dieser Zeit war der Vollhöfner Johann KÖSTER aus Hof-4 (*UNTERVOGT*). Der damalige Begriff „Trinkgeld" ist nicht mit dem heutigen vergleichbar. Zum Lohn der Anstrengung hatte das Amt quasi ein Bier aus der Amtskasse springen lassen. Ein Lohn für den Untervogt daraus abzuleiten, wäre auch falsch, denn es gehörte zu seinen Aufgaben, ggf. auch auf seinem Hof, für eine bestimmte Zeit Menschen einzusperren und sie dem Amt zuzuführen.

[52] Die als Hexe Zillia genannte Frau war nicht das Mädchen Cillia **BASSEN** aus Wittkopsbostel Hof-1 HILMER, die im Jahre 1677 eine uneheliche Tochter zur Welt brachte, sondern Cillia **MEINKEN** aus Oldenhöfen. Sie wurde vor oder am 11. Juli 1665 eingekerkert. [siehe im Teil 6.2b [434]]

[53] Bei der Hexenacte „Wegen der Hastetten" handelte es sich um Anna **HASTEDTS** Akte. Sie wurde am 24. Juli 1665 als einzige von den drei Angeklagten Frauen im Prozess gegen sie, Tipke **HOLLMANN** / **BEHRENS** aus Bartelsdorf und Anna **RATKEN** aus Westervesede verurteilt und hingerichtet. [siehe Teil 6.3 dieses Buches]

[54] Hier handelte es sich offenbar um das Gutachten der Fakultät Rinteln für Anna HASTEDE

[55] War Anna an den Folgen einer möglichen Folterung oder auf Grund einer langen Inhaftierung erkrankt ?

[56] Hier wurde von mehreren Hexen gesprochen.

[57] Dieser Eintrag bestätigt den Eintrag, dass zwei Frauen (*nach dem 11. Juli*) ausgeschleppt (*des Landes verwiesen*) wurden und es sich dabei um die beiden mit angeklagten Frauen Tibke HOLLMANN und Anna RATKEN gehandelt haben wird.

Rep 76 Nr. 1399 Seite 24 R
(1665/1666)
(nach dem 24. Juli 1665 und vor 11. August 1665)

Umb Proceskosten	Transport	74 Taler 35 Schilling

Uf des Herrn Drosten und Ober Inspectors
Protten zu schreiben, an Bürgermeister
Damman, wegen seiner vielen bedie-
nung bey hiesiger Herrschafft bezahlt   30 Taler

Noch dem hl. Bürgermeister Damman, uff des
hl. Drosten und Ober Inspector Prottens
zu schreiben bezahlt   4 Taler

Dem Botten Christoff Rinteln [58] so mit einigen
acten nach Rinteln verschickt gewesen
An Bottenlohn und wartegelt geben .... 2 Taler 30 Schilling

Noch demselben mit gethan 10 Taler sagt aber
daß er wehre unterwegens von den
Münsterschen Neugeworbenen Leuten
angegriffen, und Ihm etwas gelt genommen worden. Hatt der Juristen
Facultät daselbst geben 6 Taler .... 10 Taler

Noch denselben den 10. Augusti [59] nacher Rinteln
geschicket mit einigen Hexen acten zu Botten-
lohn und 10 tägieges wartgelt geben .... 3 Taler 12 Schilling

Der Universität für Ihr Responsum geben .... 13 Taler

Noch dem Botten Christoff Richtern Einen Duca-
ten uf deß hl. Drosten und Ober Inspectors
Protten zuschreiben gethan, so Er zur
Minden brauchen müssen .... 2 Taler

M: Hanß dem Scharff Richter für Justifici
rung der alten Hastettischen [60] geben .... 22 Taler

Dem Botten Cordt Muttenser so eine protes-
tationschrift den Schmalzehenden betreffend nach Harburg gebracht geben   42 Schilling

Summa		**162 Taler 23 Schilling**

Anmerkungen:

[58] Der als Christoph RINTELN im dritten Absatz erwähnte Bote, war Christoph RICHTER, der nach Rinteln ging. Hier ist dem Schreiber ein Schreibfehler unterlaufen, den er im 7ten Absatz richtig stellt.

[59] Am 10. August 1665, d.h. fast drei Wochen nach Anna HASTEDS Tod wurden einige Akten zur Begutachtung nach Rinteln gesandt. Es handelte sich offensichtlich um die Vernehmungen der Menschen, die in den Verhören als Beschuldigte (wie 1664) erwähnt wurden.

[60] Der Eintrag „M:(*Meister*) Hanß dem Scharff Richter für Justificirung († 24. Juli 1665) der alten Hastettischen" belegt, dass Anna keine junge Frau war. Sie wurde um 1605 geboren und hatte um 1628 zum ersten Mal geheiratet. Somit war sie ca. 60 Jahre alt, als sie starb.

Rep 76 Nr. 1399 Seite 25 V
(1665/1666)

Umb Proceskosten	Transport	162 Taler 23 Schilling
Dem Botten Christoff Richtern so mit deß Seel. Delffenthals [61] sachen nach Rinteln gelauffen, Bottenlohn und Wartgelt geben............		1 Taler 44 Schilling
Der Universität Rinteln für daß Responsum in dießer [62] Sache geben		2 Taler
Behueff der gesessenen Hexen [63] ist von Valentin Kannen laut Rechnung geholet		1 Taler 28 Schilling
Dem hl. Bürgermeister Damman vermög Rechnung wegen unterschiedlicher Sachen bezahlt		10 Taler
hl. Litentat Schwartzen [64] wegen einer Exeptionschrift [65] wieder etzliche Pastores im Ambt den eine streitigkeit wegen der Ehestiftungen erreget, geben		2 Taler 12 Schilling
Dem hl. Bürgermeister Damman, wegen des uffgerichteten Inventary so bey der Extradition der Herrschafft gemachet worden, uff des hl. Ober Hauptman Wildensteins [66] befehl pro arrha geben		2 Taler
Behuff der gesessenen Hexen ist von Valentin Kannen, Laut Rechnung geholet		1 Taler 28 Schilling
Wegen der Bauern zu Schwaling in [67] Stade bey dem Königl. Justitz Collegio außgeleget, wie Sie der Bürgermeister Lieth zu Vehrden mit Pferden und wagen verarrestiren lassen, und vermöge deß Letzgehaltenen Landgerichts. Sie wieder geben sollen		2 Taler 36 Schilling
Summa		**184 Taler 47 Schilling**

Rep 76 Nr. 1399 Seite 27 R
(1665/1666)
(nach dem 28. Januar 1666)

An Lütke Delffenthals wittib [68] vermöge Rechnung wegen des hl. Ober Commissario
Örnstets Pferde, für Rahfutter
bezahlt   1 Taler 16 Schilling

Rep 76 Nr. 1404 Seite 60 V
(1668/1669)
(nach dem 16. Juli 1669)

Ausgaben
Auff Prochese

Der Juristen Facultet zu Rinteln
Für ein Responsum wegen Curdt
Bahden und Margreten Helmers [69]
Zu Helvesiek Prochses den 16. July
Anno 1669 ....   3 Taler

Dem Bohten Christoffer Richter so diese [70]
Acten nach Rinteln gebracht, am
Botdenlohn undt Wartegeldt ....   2 Taler   10 Schilling
                        Zusammen   **5 Taler   10 Schilling**

[69] Hier führten Cordt **BADEN** und Margarete **HELMERS** aus Helvesiek einen Prozess gegeneinander. Da diese Unterlagen auch zur Begutachtung nach Rinteln gingen, kann ebenfalls von einer Anschuldigung im Sinne eines „Hexenprozesses" ausgegangen werden. Cordt BADEN († 1689) stammte nicht aus Helvesiek. Er war Häusling in Westeresch und stammte gebürtig aus Hof-1 (*KLAUS*) in Westeresch. Er hatte 1663 Margretha DITTMER aus Hof-22 (*LÜTKENS*) in Helvesiek geheiratet.

Wer war aber Margreten HELMERS in Helvesiek?

- ◆ Der Halbhöfner auf Hof-21 in Helvesiek, Claus HELMERS, war mit einer Gesche verheiratet.
- ◆ Es gab in anderen Dörfern des Kirchspiels Scheeßel Ehefrauen mit Namen Margarethe HELMERS.
- ◆ Hans HELMERS in Stemmen-1 heiratete 1677 Metta HOLSTEN. Seine 1te Ehefrau hieß Catharina
- ◆ Hans HELMERS in Stemmen-13 heiratete 1663 Margretha KRACKE aus Wohlsdorf
- ◆ Joachim HELMERS in Stemmen-13 hatte eine Tochter Margretha, die in den Jahren 1661 und 1663 als Patin aus Stemmen erwähnt wurde. Sie ist die einzige Frau, die hier in Frage käme, die gesuchte Frau gewesen zu sein, weil sie in der genannten Zeit in Helvesiek als Dienstmagd gelebt haben könnte. Warum Sie später nicht mehr erwähnt wurde, könnte ursächlich mit diesem Prozess zu tun gehabt haben. Sie könnte einfach fortgezogen und das Kirchspiel Scheeßel, gar das Amt Rotenburg, verlassen haben. Ein Hinweis auf eine Ausschleppung war nicht zu finden.
  Möglicherweise hatte sie als junge Magd auf dem selben Hof gedient, aus dem die Ehefrau des Häuslings BADEN stammte. Dieses wäre eine mögliche logische Verbindung, ohne dass es eine Zuweisung einer Schuld beinhaltet. Welche Ursache und welchen Inhalt der Prozess hatte, kann wegen fehlender Prozessakten nicht belegt werden.

[70] Wieder einmal sandte man Akten nach Rinteln. Es waren sicherlich die von HELMERS und BADEN.

Rep 76 Nr. 1409 Seite 28 R
(1669/1670)

Deß alten Schließers Gerdt Schellermans [71] Schwieger Sohn so daß Pfande Vieh von Maytag bis Martini Ao. 1668 als ein halb Jahr gebühret, an Kostgeld und Lohn 12 Thaler 24 Schilling

---

Anmerkungen:
Der gleiche Text ist enthalten in:

Rep 76 Nr. 1410 Seite 27 R (1669/1670) & Rep 76 Nr. 1409 Seite 28 V

darunter steht: „Hiermit hatt mir der Gerichtschreiber 4 Rth. wieder bezahlt, so Curdt Baden dieser prache wegen ins gericht gelegt." [72]

[71] Hier wurde der Familienname des Schließers (*Gefangenenwärter*) von Rotenburg erwähnt. Er wurde 1665 als Schließer Gerdt erwähnt und war im Jahre 1670 ebenda noch in Lohn und Brot. Da er einen Schwiegersohn hatte, war er um 50-55 Jahre alt, verheiratet und Vater einer Tochter. In allen Rotenburger Listen um 1665 ist kein einziger SCHELLERMANN erwähnt.

[72] „.., so Curdt Baden dieser prache wegen ins gericht gelegt." = der Bettelei wegen ...
Ein Pracher war ein Bettler. Dabei handelt es sich möglicherweise um den Häusling Cordt BADEN aus Westeresch, der 1663 zu Scheeßel Margarethe DITTMER aus Helvesiek, Hof-22 (LÜTKENS) geheiratet hatte. Nun haben wir nicht sofort nach Westeresch geschaut, sondern haben geprüft, welche der um 1665-1670 im Amt lebenden Namensträger überhaupt in Frage kommen. Hinzu kommt, dass Cordt nicht einmal als Pate erwähnt wurde und meist enge Verwandte bei seinen Kindern als Pate erwähnt wurden. 1676 waren es nur 3 statt der üblichen 5 Paten bei der Taufe des Sohnes Jacob. Dieses waren weitere Indizien dafür, dass er nicht von Reichtum gesegnet war.

Hier enden unsere Auszüge der Abrechnungen in Bezug auf die Hexenprozesse und wir setzen die Erwähnungen anhand anderer Quellen fort, die sich zum Teil mit den Rechnungseinträgen ergänzen oder neue Fälle aufzeigen.

Hexenverfolgung in Jeersdorf und Höperhöfen

Quelle: „Herrschaft und Landesgrenzen" von Dr. Wolfgang Dörfler

Seite 701

„Aus Bremer Sicht wurden 1588 rückblickend einige Gerichtsfälle aus Jeersdorf und Bult beschrieben, die die Gerichtsherrschaft Sittensens über diese Siedlungen belegen sollten: *Es habe sich bei Zeit Ertzbischoff Christoffers hochloblich und christmilder Gedechtnuß zugetragen, daß ein Frauensperson zu Jeerstorff, vor eine* **Zaubersche** *sei geschuldt und mit Zauberei bezichtiget, dasselbe sei an den Greven zu Sittenßenn geklagt, auch dieselbe Sache vor den Sittenser Gerichts Zwange, zu Rechte geortert und ausgefunden worden, dahin sie dann auch Rechtts wegen gehoret, gehalet.*

Dieser Fall besagt wenig, da zur Zeit der Personalunion in der ersten Hälfte des 16. Jahrhunderts die Kompetenz der Gerichte in Sittensen und Ottersberg/Sottrum beide Länder umfaßte; so lagen in Ottersberg und Sittensen die Hinrichtungsstätten, die für alle Fälle aus den umgebenden Kirchspiele sowohl des Stiftes Bremen als auch des Stiftes Verden benutzt wurden."

Anmerkungen:

Bem.: Beide Dörfer liegen im Amt Rotenburg. Jeersdorf gehört zum Kirchspiel Scheeßel und Höperhöfen zum Kirchspiel Sottrum.

Der Christoffer war Erzbischoff zu Bremen und Administrator zu Verden. Er lebte von 1487 bis 1558 und war der älteste Sohn von Heinrich dem Älteren von Braunschweig-Wolfenbüttel und Vetter von Herzog Heinrich dem Mittleren von Lüneburg.

Bem.: Die angesprochenen Gerichtsfälle fielen in die Amtszeit zwischen 1512 und 1558. Die Namen der Betroffenen sind nicht überliefert und unbekannt.

StA Stade Rep 5b Fach 83 Nr. 13b Bl. 38-57

Seite 378/379 aus Dr. Dörfler

Im Jahre 1596

Durch Referate vorbereitet und in der internen Diskussion eingestimmt, gingen 5 bremische Vertreter in die Besprechung nach Langwedel. Dort trafen sie am 26. März 1596 mit sieben verdischen Abgeordneten zusammen. Wieder sind auf beiden Seiten die Hauptbetroffenen, die Beamten aus Rotenburg und Ottersberg, nicht unter den Teilnehmern. Das Protokoll ist erhalten konnte aber aus Platzgründen nicht in diese Arbeit aufgenommen werden. Der Konflikt ist sehr handfest. Die Rotenburger hatten zwei Personen verhaftet, aus Höperhöfen war es eine Frau [73], die von einem Bötersener namens Hermen Dörneman [74] wegen **„Zauberei"** angeklagt wurde. Er habe auch *caution und Vorstandt gethan, daß er sie daselbst zu Rechte verfolgen und ausclagen wollte. Der andere Mann war ein Mann aus Jeerhof. Von ihm wehre notorium kund und offenbar, daß derselb seines Eheweibs leibliche Schwester geschwengert.* [75] Die Bremer, denen diese Verhaftungen nicht passten, hatten im Gegenzug zwei Bauern aus Hellwege und Westerholz nach Ottersberg gebracht und inhaftiert, obwohl sie nicht klar angeben konnten, welche Vergehen sie ihnen vorzuwerfen hatten. Von verdischer Seite erfolgte die Aufforderung, diese armen unschuldigen Menschen ohne Bedingung loszugeben. Die Bremer Seite kam dagegen mit dem Vorschlag, durch einen einfachen Austausch der Gefangenen das Problem zu beseitigen. Damit waren die Verdener keineswegs einverstanden, da ihre Gefangenen ja wirkliche Verbrechen begangen hätten und die anderen nicht.

[73] Die Mutter von Margrethe **MEINKEN** († 1664), Mette MEINKEN geb. HOPES († 1664) stammte aus Höperhöfen. Ihre selige Mutter war die Ehefrau von Joachim HOPES (✱ um 1590 † weit nach 1626/27) und ihr wurde in den Prozessakten von 1664 nachgesagt, dass sie der Hexerei verdächtig gewesen sei. (Protokoll vom **4. Mai 1664** [im Teil 6.2c]) „... *daß nicht allein ihr Margreten Mutter Mette, sondern auch ihre Groß Mutter inn dergleichen Hexereyverdacht gewesen.*"

Im Fall von 1596 könnte es sich also um die <u>Großmutter</u> von Mette und Hermann HOPES aus Höperhöfen gehandelt haben, denn das Jahr 1596 und der Ort Höperhöfen sowie die überlieferte Beschuldigung der Hexerei von 1664 weisen darauf hin.

[74] Hermann DÖRNEMANN (DOHRMANN) aus Bötersen im Kirchspiel Sottrum klagte eine Frau aus Höperhöfen wegen Zauberei an.

Im Pflugschatz von 1567 und im Michaeliszins von 1575 wurden zu Bötersen die Rotenburgmeyer Jürgen und Johann DORMANN erwähnt, die Hermanns Vater gewesen sein könnten. In späteren Steuerlisten wurde zu Bötersen kein weiterer DOHRMANN etc. erwähnt. Hermann war quasi der letzte seines Namens im Dorf für Generationen. Es könnte sein, dass die Anschuldigung nicht zum Erfolg führte und so der Denunziant des Landes verwiesen wurde, was das Fehlen der Familie in späteren Zeiten begründen würde.

Schlussfolgerung:
Hermann DOHRMANN aus Bötersen hat vermutlich die Ehefrau von Harm HOPES (*Vater von Joachim HOOPS*) in Höperhöfen (*Kirchspiel Sottrum*) als Hexe im Jahre 1596 beschuldigt. Dieser Verdacht, diese Gerüchte wurden als „Generalverdacht" über vier Generationen lang bis zum Jahr 1664 (*Kirchspiel Scheeßel*) in den Köpfen der Menschen bewahrt und auf ihre Tochter, dann auf die Enkelin Mette und zuletzt auf die Urenkelin Margarethe übertragen.
Waren hier Vorurteile und Vorverurteilungen frei nach dem Motto "war die Großmutter eine Hexe, ist deren Tochter auch eine, also muss die Enkelin ebenso eine gewesen sein" am Werk ?
Es gibt keinen Beleg, dass sie 1596 verurteilt wurde. Die Erwähnung von 1664 belegt, dass ihre Schwiegertochter auch nicht verurteilt wurde. Ist Hermann DOHRMANN, wie Claus RÖHRS in Schwalingen 1670/71, gescheitert [siehe Teil 6.1] (1668) und des Landes verwiesen worden ?
War das dann auch der Grund, warum es danach keinen DOHRMANN mehr in Bötersen gab ?
Wir jedenfalls glauben, dass es so war und beantworten beide Fragen mit „ja".

[75] Ein Mann aus Jeerhof im Kirchspiel Sottrum, der seine Schwägerin schwängerte ...
Leider gibt es aus dem Jahr 1596 keinen Eintrag in den gemeinen Brüchen, die den Sachverhalt und einen Namen enthalten. Somit bleibt auch hier der Fall ungeklärt, meinen wir. Es handelte sich auch nicht um einen Hexenprozess. Allerdings taucht dieser Fall im Protokollum Sottrumb von 1619, Die streitigen Grenzen zwischen dem Stift Bremen und Verden betreffend, wieder auf. (siehe dritte Seite dieses Artikels unter [18], Rep 5b F83 Nr.13 Seite 296-326, Seite 325)

Auszugsweise Abschrift aus dem Heimatborn Nr.23, 2. Dezember 1950

Die Hexenprozesse in Rotenburg und Verden
(der Autor wurde namentlich nicht erwähnt)

„In Verden wurden 1517-1585 vier Männer und acht Frauen wegen Hexerei verurteilt und hingerichtet; in den Jahren 1605/1606 wurde weiteren drei Frauen der Prozeß gemacht. Im Rotenburgischen fand noch 1664 ein Hexenprozeß gegen Margarete Meineken aus Westeresch statt, der wegen seiner Grausamkeit weit über die Grenzen der Herrschaft bekannt wurde und von dem uns Einzelheiten überliefert sind, die wir an dieser Stelle (im Heimatborn) bereits ausführlich behandelt haben." [...]
Anmerkung:
Auf den Abdruck des gesamten Artikels, der u.a. noch die Themen „ein Amtsgericht zu Rotenburg" und „Das älteste Gerichtsgebäude in Rotenburg" umfasst, haben wir verzichtet und nur die Einleitung, die zugleich im ersten Absatz das Thema „Hexenprozesse" anspricht, zitiert.

* * *

Peinliche Befragung und Tortur des

Jürgen Wullenwever

im Schloss Rotenburg im Stift Verden

Anno 1536

[Teil 6.5]

Dieses ist zwar kein Fall eines Hexenprozesses des ehemaligen Amtes Rotenburg, da in Rotenburg aber die „Peinliche Befragung" übernommen und durchgeführt wurde, die dann zum Todesurteil führte, und dieser Fall im Protokoll von 1664 angesprochen wurde, gehört auch dieser Fall in dieses Buch.

1 Der **erste Artikel** wurde aus dem Internet von Wikipedia übernommen

Jürgen Wullenwever (Wullenweber)
∗ spätestens 1488 in Hamburg   † 24. September 1537 in Wolfenbüttel
Er war von 1533 bis 1535 Bürgermeister der Hansestadt Lübeck.
Wullenwevers Mutter starb im Jahr seiner Geburt.

Anno 1525 kam er als mäßig erfolgreicher Kaufmann nach Lübeck. Zu dieser Zeit kam es dort im Zuge der Reformation immer wieder zu Unruhen. Immer mehr Bürger kamen in Kontakt mit Martin Luthers Lehre, während der Rat mit aller Macht die Ausbreitung der neuen Religion zu verhindern suchte. Als der Rat, u.a. wegen der dem gesamten Reich auferlegten Türkensteuer Steuererhöhungen verlangte, wählten die Bürger einen Ausschuss und forderten als Gegenleistung mehr Mitspracherecht und evangelische Prediger. Wullenwever hatte sich damals bereits einen Namen als Lutheraner und vor allem als guter Redner gemacht. Deshalb wurde er 1530 in den Bürgerausschuss gewählt, obwohl er weder ein Grundstück in der Stadt noch Bürgerrecht besaß. Er stieg schnell zum Wortführer des Ausschusses auf. Im selben Jahr mussten sich die Ratsherren dem Druck der Gemeinde beugen. Die Einführung der Reformation wurde beschlossen. Johannes Bugenhagen arbeitete eine Kirchenordnung aus, die am 27. Mai 1531 in Kraft treten sollte. Über den Ausschuss und neugeschaffene Ämter wie die Kirchenältesten erhielten die Bürger mehr Einfluss. Die Stadt beschloss, sich dem Schmalkaldischen Bund anzuschließen.

Aus Protest dagegen verließen Ostersonnabend 1531 zwei der vier Bürgermeister, Nikolaus Brömse und Hermann Plönnies, heimlich die Stadt und begaben sich an den Hof Kaiser Karls V., um dessen Hilfe gegen die reformatorischen Kräfte zu suchen. Die Bürger fürchteten nun um ihre Sicherheit. Einige wollten den Rat auflösen, doch Wullenwever empfahl mit Verweis auf ein angebliches Mandat des Stadtgründers Heinrichs des Löwen, ihn durch ratsfähige Mitglieder des Bürgerausschusses zu ergänzen. Er ließ neun Namen auf Zettel schreiben, von denen der älteste der verbliebenen Bürgermeister sieben ziehen musste. Obwohl Wullenwevers Name vermutlich auf einem der Lose gestanden hat, wurde er zur großen Enttäuschung der gesamten Bevölkerung nicht gewählt. Er gelangte erst bei einer weiteren Neuwahl am 21. Februar 1533 in den Rat und wurde kurz darauf erster Bürgermeister.

In der ersten Hälfte des 16. Jh. war die Monopolstellung der Hanse in Nordsee und Ostsee gefährdet. Während in den früheren Jahrhunderten aller Warentransfer von Ost nach West und umgekehrt über den Landweg zwischen Hamburg und Lübeck gegangen war und vor allem Lübeck durch Zölle und Umschlaggebühren zu erheblichem Reichtum gelangt war, segelten nun die nicht zur Hanse gehörigen Niederländer um Dänemark herum, um direkt mit den Dänen sowie den östlichen Ostseeanrainern zu handeln. Auch war Dänemark, bisher mit Verträgen an den alleinigen Handel mit Hansekaufleuten gebunden, nicht mehr bereit, sich diesem Diktat zu unterwerfen. Lübecks Kaufleute sahen ihre Vormachtstellung und ihren Wohlstand gefährdet.

1532 bat der dänische König Friedrich I. Lübeck um Hilfe gegen die Rückeroberungsversuche des abgesetzten Christian II. . Wullenwever als Lübecker Gesandter erhob als Gegenleistung die Forderung, den Holländern die Durchfahrt durch den Sund zu verwehren. Der daraufhin geschlossene Vertrag wurde von dänischer Seite trotz der erfolgreichen Kriegshilfe nicht eingehalten.

Unter Wullenwevers Ägide begann Lübeck 1533 das Problem selbst in die Hand zu nehmen und die Niederländer durch Kaperfahrten aus der Ostsee zu vertreiben. Zur Finanzierung ließ Wullenwever konfizierte Kirchenschätze einschmelzen. Obwohl auf diese Weise für Monate jeglicher Handel lahmgelegt war, scheiterte das Vorhaben an der mangelnden Unterstützung der Nachbarstädte. In Lübeck wuchs die Kritik an Wullenwevers Außenpolitik.
Durch Vermittlung des Hamburger Rats, dem auch Wullenwevers Bruder Joachim angehörte, kam es im März 1534 zu Verhandlungen. Als Hinrich Brömse, der Bruder des entwichenen Bürgermeisters Nikolaus Brömse, im Namen des Kaisers die Wiederherstellung der alten Ordnung in Lübeck forderte, verließ Wullenwever vorzeitig die Versammlung.

In Lübeck brachte Wullenwever die über sein eigenmächtiges Handeln empörte Gemeinde durch feurige Reden wieder auf seine Seite. Um weitere Opposition im Keime zu ersticken, verbat er Versammlungen ohne Zustimmung des Ausschusses. Die kritischen Stimmen im Rat schaltete er mit einem Verweis auf das Mandat Heinrichs des Löwens aus, nach dem jeweils ein Drittel der 24 Ratsherren für ein Jahr ausscheiden.

Im April 1534 bat Christoph von Oldenburg um Hilfe zur Befreiung seines Vetters. Daraufhin stimmten Ausschuss, Rat und Gemeinde geschlossen dem Eintritt Lübecks in den dänischen Erbfolgekrieg, die so genannte Grafenfehde, zu. Man sah darin eine letzte Chance, die alte wirtschaftliche Vormachtstellung zu erhalten. Die Nachbarstädte waren jedoch nicht bereit, diesen Krieg zu unterstützen. Im Juli trafen Wullenwevers Sendboten in den Nachbarstädten ein, wo sie die Bürger gegen ihren kriegsunwilligen Rat aufbringen sollten. Doch auch auf diesem Wege erhielten Wullenwevers Kriegspläne keine große Unterstützung.

Ersten schnellen Siegen in Holstein folgten bald kriegerische Misserfolge. Herzog Christian belagerte Lübeck. Wullenwevers Beliebtheit in der Stadt sank rapide. Zu diesem Zeitpunkt wurden erste Klagen laut, dass er auf niemanden mehr höre als auf den aus Hamburg gebürtigen Syndicus Johann Oldendorp und seinen Feldherrn, den Hamburger Ankerschmied Marx Meyer. Am 18. November 1534 beendete der Frieden von Stockelsdorf den Krieg in Holstein, während mit Zustimmung aller Beteiligten in Dänemark weitergekämpft wurde. Die Bürgerschaft empörte sich wegen der wirtschaftlichen Folgen des Krieges und setzte den Rücktritt des Ausschusses und die Rückkehr der abgesetzten Ratsherren durch.

Wullenwever begab sich nach Kopenhagen, um von dort den Fortgang des Krieges zu koordinieren. Einen erneuten Machtzuwachs Dänemarks konnte er nicht verhindern, zudem zwischen den Verbündeten Unstimmigketen auftraten - meist um den ausbleibenden Sold. Auch in Lübeck schwand Wullenwevers Einfluss. Nach dem Untergang der Lübecker Flotte im Juni 1535 beschuldigten ihn ehemalige Anhänger des Verrats. Wullenwever fand jedoch noch Unterstützung in der Gemeinde. Am 7. Juli traf ein kaiserliches Exekutorinal-Mandat ein, das die Wiederherstellung der alten Ordnung und die Wiedereinsetzung Nikolaus Brömses binnen 45 Tage forderte. Ein Großteil der Bürger und auch der Ratsherren ließ sich lange von Wullenwever überzeugen, dass sein Rücktritt damit nicht gemeint sei. Erst am 26. August 1535, dem letzten Tag vor Ablauf des kaiserlichen Ultimatums, trat er auf Druck des Hansetages gemeinsam mit dem Bürgerausschuss und allen anderen aus diesem Kreis in den Rat Gekommenen zurück.
Wullenwever sollte in Bergedorf den Posten des Amtmanns übernehmen, den normalerweise der dienstälteste Ratsherr innehatte. Diese Stelle trat Wullenwever nicht an. Beim Versuch, südlich von Hamburg Söldnertruppen anzuwerben, um damit die verbündeten dänischen Städte zu unterstützen, wurde er im November 1535 vom Erzbischof von Bremen, Christoph von

Braunschweig-Lüneburg, gefangen genommen, **im März 1536 in Rotenburg peinlich befragt** und am 24. September 1537 durch den Bruder des Bremer Erzbischofs Fürst Heinrich II. von Braunschweig-Wolfenbüttel in Wolfenbüttel hingerichtet.

Literatur

♦ Georg Waitz, Lübeck unter Jürgen Wullenwever und die europäische Politik, 3 Bände, Berlin 1855-56.
♦ Allgemeine Deutsche Biographie (ADB), Jürgen Wullenwever, Bd. 44, S. 299.
♦ Fritz von Unruh, Jürgen Wullenweber, Drama, 1910

2 Der **zweite Artikel** wurde aus Meyers Konversationslexikon übernommen

Wullenweber, Jürgen, Bürgermeister von Lübeck, hanseat. Staatsmann, geb. 1492 zu Lübeck, ward Kaufmann und Führer der demokratisch-protestantisch gesinnten Bürgerschaft und, nachdem er an dem Zug nach Norwegen gegen Christian II. von Dänemark teilgenommen, 1533 zum Bürgermeister erhoben, in welcher Stellung er sich der reformatorischen Bewegung zugethan, dabei als Feind alles aristokratischen Wesens zeigte und sich namentlich die Aufgabe stellte, die sinkende Macht der Hansa durch Unterjochung der Dänen und Ausbreitung der Demokratie und des Protestantismus unter der Hegemonie Lübecks als Beherrscherin der Ostsee wieder zu heben. Ein Volksaufstand brachte die Vertreter der Patrizierherrschaft aus dem Rat, worauf Graf Christoph von Oldenburg mit der lübischen Flotte und einem Landheer 1534 die Unternehmungen gegen Dänemark begann. Als der Krieg gegen Dänemark indes eine ungünstige Wendung nahm, begab sich W. selbst nach Seeland. In seiner Abwesenheit gelangte in Lübeck die aristokratische Partei wieder zu Macht und Einfluß. Zwar siegte seine Beredsamkeit auf einem Hansetag zu Lübeck, so daß die Fortführung des dänischen Kriegs beschlossen wurde; während er aber auf einer Sendung an den Herzog Heinrich von Mecklenburg abwesend war, lief in Lübeck ein kaiserliches Exekutorialmandat des Reichskammergerichts zu Speier vom 7. Juni 1535 ein, welches die Stadt mit der Reichsacht bedrohte, wenn nicht binnen 45 Tagen die alte aristokratische Verfassung wiederhergestellt sein werde. Dies geschah auch im August 1535. W. legte hierauf nach seiner Rückkehr 26. Aug. seine Würde nieder. Als er bald darauf mit Erlaubnis des Lübecker Rats nach dem Land Hadeln reisen wollte, um dort einen Haufen herrenloser Knechte zu werben und nach Dänemark zum Entsatz des in Kopenhagen belagerten Herzogs Albrecht von Mecklenburg zu führen, ward er von dem Erzbischof Christoph von Bremen verhaftet und dessen Bruder, dem Herzog Heinrich dem jüngern von Braunschweig, einem erklärten Feinde des Luthertums, überliefert, welcher ihn zu Steinbrück bei Wolfenbüttel gefangen hielt. **Die Folter** (*in Rotenburg*) **erpreßte ihm die widersinnigsten Selbstanklagen**, wie: er habe Lübeck demokratisch machen und ein Wiedertäuferreich gründen, den Norden aber unter seine Anhänger Mynter und Meyer teilen wollen, während er in Briefen an seinen Bruder in Hamburg seine Unschuld beteuerte. Auf dem Tollenstein bei Wolfenbüttel ward öffentliches Gericht über W. gehalten und er 24. Sept. 1537 zur Strafe des Vierteilens verurteilt, welche der Herzog in die des Schwerts verwandelte. Diese wurde 29. Sept. d. J. an ihm vollzogen; sein Leichnam wurde gevierteilt und aufs Rad gelegt. Vgl. Waitz, Lübeck unter Jürgen W. und die europäische Politik (Berl. 1855-56, 3 Bde.). Gutzkow und Heinrich Kruse benutzten den Stoff zu einem Trauerspiel, Ludwig Köhler zu einem Roman.

Quelle: Meyers Konversationslexikon
Band 16 von Uralsk bis Zz, 1908
Seite 760: Wuk Stefanowitsch Karadschitsch bis Wull

Ein weiterer Artikel ist unter dem Enzyklopädie-Eintrag unter Wikipedia einzusehen, enthält aber keine Neuigkeiten zu den beiden oberen Versionen und wurde hier nicht übernommen. Er unterliegt der GNU Freien Dokumentationslizenz vom 17. Januar 2006 und läßt somit nur lokale Kopien zu.

3 Der **dritte Artikel** wurde aus dem Rotenburger Heimatborn übernommen.

Da dieser nur sehr begrenzt öffentlich wurde und nicht wie die beiden oben genannten für jeden zugänglich, haben wir ihn ans Ende gestellt. Auch hier wird die unterschiedliche Berichterstattung deutlich. Wir haben uns hier nicht mehr die Mühe gemacht die Originalunterlagen einzusehen und eine eigene Arbeit zu präsentieren, denn es handelte sich nicht um einen Hexenprozess.

Jürgen Wullenwever und sein Schicksal

Rotenburger Heimatborn 1955 Nr. 14 Seite 2, Nr. 15 Seite 2 und Nr. 16 Seite 2
(der Autor wurde namentlich nicht erwähnt)

Jürgen Wullenwever, ein ganz einfacher Kaufmann und doch ein großer weitblickender Geist, war mehr als nur Lübecks großer Bürgermeister. Da Jürgen Wullenwever vom Erzbischof zu Bremen in das Verlies des Schlosses zu Rotenburg eingekerkert wurde, ist es besonders anziehend, das Wesen dieses Mannes näher zu betrachten. Er war an der Wende eines Zeitalters geboren: um 1500 versank eine alte Zeit, und eine neue stand auf.
Die deutsche Hanse, mächtig und einst weit in fremde Länder greifend, -versank. Jürgen Wullenwever versucht noch einmal, ihren Glanz im Lichte des neuen Zeitalters heraufzubeschwören. Damit war er seiner Zeit weit voraus, und seine Zeit begriff ihn nicht.

Das war die Tragik seines Geschicks. Neid, Mißgunst, Verräterei und matte Gleichgültigkeit des Bürgertums brachten ihn zu Fall.

Aber es ist nicht nur die Tragik seines eigenen Geschickes, die das Bild von Jürgen Wullenwever in Glanz zu mahlen beginnt und mit Folter und Tod enden läßt, es ist die deutsche Tragik schlechthin, die sich in diesem Einzelschicksal widerspiegelt. Ludwig Tügel hat in seinem weniger bekannten Buch „Jürgen Wullenwever, Lübecks großer Bürgermeister", in kraftvoller Sprache ein Bild dieses großen Geistes umrissen. Er sagt von ihm folgende charakteristische Worte:

„Der Deutsche hat, und das ist der zweite, tiefere Grund seiner Ablehnung des Jürgen Wullenwevers, wenig oder gar kein Verständnis für jene Männer, die seit Jahrhunderten immer wieder aufgestanden sind und das im deutschen Volke und es zur nationalen Einheit zu führen versuchten. Auch in Jürgen Wullenwever ist, wie in allen Deutschen, jener staatsfremde Zug nachweisbar, er steht hier aber neben einen hervorragenden politischen Begabung und Einsicht. So war es möglich, daß er einmal seine so realpolitisch großartige Aufgabe sich stellen konnte, nämlich: auf dem freien Bürgertum, auf dem freien Bauernstande, auf dem Protestantismus eine neue Macht im Norden zu errichten, die an die Stelle der sterbenden mittelalterlichen Hanse treten sollte, zum andern aber dass er dieses versuchte mit den überlebten, unzureichenden Mitteln eben dieser gleichen dahingesunkenen Macht. Und dass ist seine tragische Stellung inmitten aller Geschehnisse: daß er den Kampf um ein staatliches Fundament aus, das dem Zeitgeist Rechnung getragen hätte."

Diese Worte Tügels sind wesentlich, um die Gestalt Jürgen Wullenwevers begreifen zu können.

In demselben Buch schildert Tügel Wullenwevers Aufenthalt in Rotenburg.

Er schreibt darüber:

„Im Lande Hadeln lagen in jenen Tagen einige tausend Landsknechte, die führte Eberhard Orelacker, der war früher lübischer Hauptmann gewesen. Sie sollten dem Grafen Christoph zugeführt werden um das Reich Dänemark für den Pfalzgrafen Friedrich zu erobern, das war des Kaisers und des burgundischen Hofes Plan. Aber ihr Sold stand aus, deshalb lagen sie da still und nährten sich auf Kosten der Bauern. Der Hauptmann ließ bei den Lübeckern anfragen, ob sie in ihren Dienst treten könnten, sie wären 6000 Mann und 300 Reiter und wollten der Stadt getreu diener und zum Siege verhelfen. Herr Claus Brömse aber schlug es ab. Da stand in Herrn Jürgen [1] der Plan auf, diese Knechte auf eigene Faust zu Herzog Albrecht nach Dänemark zu bringen. Da er abreisen wollte, traf er den Herrn Gerken, seinen Amtsbruder von früher, der sagte zu Ihm: „Jürgen, ich will euch raten, treulich wie ein Freund, bleibet in der Stadt und ziehet da nicht hin, wenn ihr in des Bischofs von Bremen Landt kommet, werdet ihr gewisslich angehalten!"

Aber Jürgen antwortete wie es seine Art war: „Soll ich da angehalten werden, so muß ich da sein!", und er reiste nach Hamburg. Zu Hamburg traf er mit englischen Gesandten zusammen, die erzählten ihm, daß sie 10000 Gulden im Auftrag ihres Königs hätten, die sollten dazu dienen, den gefangenen König Christian zu befreien. Herr Jürgen teilt ihnen seinen Plan mit, aber die vorsichtigen Männer sagten, daß sie glaubten, die Knechte im Lande Hadeln seien für den Pfalzgrafen bestimmt. Da reiste Herr Jürgen über die Elbe, um sich Gewißheit zu holen. Hinter Stade, im Gebiet des Erzbischofs von Bremen, wurde er und vier Knechte, die ihn begleiteten, überfallen und nach **Rotenburg** [2] im Stifte Verden gebracht. Also ging Herrn Gerkens Warnung in Erfüllung und zeigte sich, dass er es nicht ganz so schlecht mit Herrn Jürgen gemeint hatte; er wusste auch wohl, dass Claus Brömse mit Geld und guten Worten Jürgen Wullenwever, den „Bösewicht", verraten hatte. Weil er keinen Geleitbrief bei sich geführt hätte, sagte der Erzbischof, deshalb hätte er ihn festgenommen. Aber Jürgen wurde in Ketten gelegt, die Schlösser mit Blei ausgegossen, und er wurde mit etlichen eisernen Banden um den Leib angeschmiedet, wie man es bei Schwerverbrechern tat.

Da die Nachrichter von der Gefangennahme des Herrn Jürgen sich verbreiteten, war in den Niederlanden große Freude; auch zu Lübeck in Claus Brömses eitler Seele. Doch allerorten waren auch etliche, die bangten vor kommender Zeit; die Welt ging schlimmen Dingen entgegen.

Zu Rotenburg hinter dicken Kerkermauern begann jetzt ein Spiel, das sollte lange der Welt verborgen bleiben, aber man sagt mit Recht: „Was auch noch so heimlich ist gesponnen, es kommt dennoch an die Sonne." Als die Herren von Bremen hörten, welchen Vogel ihr Erzbischof geschnappt hatte und in ihrer Nähe gefangen hielt, boten sie ihm ihren Büttel [3] an, den Meister Kord [4], der verstand sein Handwerk säuberlich, er hatte trefflich für sie gearbeitet, da sie das Volksregiment unter Johann Dove vor drei Jahren blutig zerbrachen. Meister Kord machte sich auf den Weg, kam **nach Schloß Rotenburg und legte Herrn Jürgen auf die Folter.**

Der sollte dafür büßen, dass er das Evangelium in Lübeck zur Macht gebracht hatte. Herr Jürgen wurde schwach unter Kords grausamen Händen und sprach dem Erzbischof alles nach, was er ihm in den Mund legte, und das sollte schlimm für ihn ausgehen. Herr Christoph, der Erzbischof, lud seinen Bruder Heinrich, der war Herzog zu Braunschweig und Lüneburg, auf die Neujahrsnacht zu sich aufs Schloß nach Rotenburg. Der Welfe kam, und Meister Kord musste Herrn Jürgen wieder auf die Folter spannen. Das war das Vergnügen, das der Erzbischof seinem Bruder zu bereiten gedachte. Da nun Herr Jürgen unter großen Schmerzen ächzte und bat, man möge ihn doch einen schlichten Tod geben, traten die fürstlichen Brüder an ihn heran und verlasen ihm einige Artikel, die sie geschrieben hatten, darauf sollte er Antworten nach seinem Gewissen. Aber sein Leib war zerbrochen worden von Meister Kord: er konnte es nicht, er wollte es auch nicht.

Da musste Meister Kord wieder herzuspringen, und so zerbrachen die beiden Brüder seine Seele, denn Herr Jürgen war nun willig zu allem, was sie wollten. Sie fragten ihn, ob er nicht die Knechte, die er im Lande Hadeln aufsuchte, nach Lübeck hätte führen wollen, die Stadt zu überrumpeln und einzunehmen, den Rat zu töten und alle seine Widersacher.
Herr Jürgen sagte: „Ja". Sie fragten ihn auch ob er wiedertäuferisch wäre und die Wiedertaufe zu Lübeck und den wendischen Städten hätte verbreiten wollen, und wieder antwortete er „ja". Am Abend des nächsten Tages, es war der Neujahrstag 1536, Herr Jürgen lag auf seinem Stroh und ruhte von seinen Schmerzen und Leiden aus, traten die Brüder wieder zu ihm und verlasen ihm alle Artikel, 34 an der Zahl, mit seinen Aussagen noch einmal.

Aber Herr Jürgen hatte keine Seele mehr. Er sprach ihnen sein Bekenntnis nach und beschloss seine Sache: „Ich habe Gott, den Allmächtigen, schwer erzürnt und arg gesündigt und nicht einen, sondern viele Tode verschuldet!" Da gingen die Brüder von ihm, ließen ihn in Ruh und setzten in ihrem Zimmer einen Vertrag auf, den beschworen sie gegenseitig: kein Wort von dem, was hier geschehen, ohne Wissen des andern zu fremden Ohren kommen zu lassen, Herr Jürgen fest zu verwahren, ihm weder Schrift zu geben, noch ihm das Schreiben zu gestatten, mit Ausnahme eines Briefes an seinen Bruder, Ratsherrn zu Hamburg, dem sollte er des Geldes wegen, was noch in seinen Händen war, schreiben."

Das alles lesen wir im Buch über Jürgen Wullenwever, der in dem Verließ der festen Burg zu Rotenburg seinem schmählichen Ende entgegenharrte. Wenn dieses Verließ erhalten geblieben wäre, dann wüssten wir sicherlich mehr darüber, wie die Seele des festen aufrechten Mannes zerbrach, denn vielleicht würde die eine oder die andere Inschrift uns davon künden, wie hier zu Rotenburg

Recht in Unrecht verkehrt

wurde und ein Mann wie schon viele andere unschuldig zu Tode kam.

Und Jürgen hat Vertrag um Vertrag zu Rotenburg mit seinem Namenszug zeichnen müssen, alles nur, damit seine Feinde das große Spiel um Länder, Bistümer, Städte und Reichtümer spielen konnten, aber die Wahrheit hat nicht dabei gestanden.

Doch Herrn Jürgens kranke Seele wusste nicht mehr, was die Hand unterschrieb!

Dann erhielt Rotenburg hohen Besuch: Claus Brömses Schreiber kam, Claus Brömse, Wullenwevers alter Widerpart, der nun selbst Bürgermeister zu Lübeck wurde. Denn man wollte verhandeln darüber, was nun mit dem Gefangenen zu Rotenburg geschehen solle. Aber nicht nur der war es, der sich um das wertvolle Opfer in der Roten Burg bemühte, da kam auch der Holste Herr von Rantzau, der Kanzler König Christians.

Denn Christian von Dänemark klang es wie Musik in seinen Ohren, als er hörte, dass sein größter Feind Jürgen Wullenwever fest im Gewahrsam zu Rotenburg saß.

Und nun beginnt ein letztes großes Intrigenspiel. Kanzler Melchior von Rantzau war klug, aber einer von denen, die ihre Klugheit nicht zu guten Taten brauchten, sondern sie in den Dienst der eigenen dunklen Vorteile stellen. Langsam stieg Rantzau die abgewetzten Stufen zu Wullenwevers Gelass hinab. Die Rote Burg war fest gefügt, und in die Tiefen des Gefängniskellers drang kein Lichtstrahl. Und dann stand der Kanzler vor dem, was von Herrn Jürgens Seele und Körper übrig geblieben war und las mit einer Stimme, als wenn ihn die ganze Sache eigentlich nichts anginge: „Du bekennest, dass du die Adeligen zu Holstein mit Feuer und Schwert ausrotten wolltest und dich selbst dann erhöbest auf den Stuhl zu Kopenhagen und Ellenbogen und wolltest Knechtschaft und Verderben über die Völker bringen." Herr Jürgen schwieg. Durch sein müdes Hirn lief nur Name und Gestalt König Christians, und dieses Bild war sehr dunkel. Es passte nicht zu dem ersten hellen Eindruck, den er von der Feste Rotenburg erhielt. Damals, als er als Gefangener hier einzog, hatte das Wasser der Wümme geglänzt und Wälder und Wiesen schienen eher hoffnungsvoll als böse zu winken.

Kanzler Melchior biss sich auf die Lippen, er merkte, dass Herrn Jürgens Gedanken nicht bei den Worten waren, die eben durch den Raum halten, aber es stand ein anderer hinter ihm, und dem winkte er mit den Augen.

Meister Kord wusste, was das bedeutete. Und er griff Herrn Jürgen und stieg mit ihm noch einige Stufen tiefer; fast hörte man schon das Grundwasser gegen die Steine spülen. Nun wurde Jürgen Wullenwever wieder auf die Folter gespannt. Und da die Seele schon längst erloschen war, schrie der Körper zu allem, was der Kanzler ihm noch einmal vorhielt, „Ja".

König Christian aber entfaltete die Rolle wieder und lachte über solch furchtbare Bekenntnisse, die sein Kanzler dem Gefangenen in der Roten Burg abgerungen hatte.
Doch es war noch nicht genug der Pein, denn die Lübecker Herren, Claus Brömse an der Spitze, wollten selbst aus Herrn Jürgens Mund hören, dass er nur eitel Bosheit und Verrat gewollt.

Und wieder schnallte Meister Kord die Spanischen Stiefel fester um Herrn Jürgens zerschundenen Fuß, denn man verstand die Kunst des Folterns in Rotenburg. Und wiederum zerbrach Herr Jürgen an der Qual und gab alles zu.

Aber unter denen, die nach Rotenburg gereist waren, war ein getreuer Knecht, dem dieser Handel nicht behagte; er sah die Not Jürgen Wullenwevers und steckte ihm heimlich Briefe zu und ließ ihn auch Briefe schreiben, und da schrieb Herr Jürgen seinem Bruder Joachim in Hamburg, dass der Büttel ihm die Bekenntnisse, die nun ihren Weg von der **Roten Burg** in alle Welt nehmen würden, erpresst hätte und er, hätte er die Wahrheit nicht geleugnet, in der Pein gestorben wäre.

Aber die Mauern der Roten Burg waren fest, allen Bemühungen von Joachim und Heinrich VIII., dem König von England, gelang es nicht, Herrn Jürgen aus der Feste zu erlösen. Denn Herrn Jürgens Feinde waren stärker, und sie schrieen das falsche Bekenntnis, das sie Herrn Jürgen abgepresst hatten, in die Welt hinaus. Noch einmal gelang es Jürgen Wullenwever, eine Rechtfertigung aufzusetzen und König Heinrich in die Hände zu spielen, doch das Unrecht schrie wiederum lauter, und die Ohren wollten die Schande nicht hören, die zu Rotenburg geschehen war.

In diesem großen Spiel um die Seele eines Mannes, der nichts anderes tat, als die Wahrheit ans Licht zu heben, blieb die Seele, die von der Finsternis zerbrochen wurde, dennoch Siegerin. **Es war zu Rotenburg, wo der Geist sich über Qual und Folter hinwegsetzte** und Jürgen Wullenwever mit starker Hand den Quadern der Burg das anvertraute, was die Welt wohl wusste und doch verbarg, nämlich: die Wahrheit. In die Steine seines Kerkers ritzte Herr Jürgen die Worte:

„Kein Dieb, keine Verräter, kein Wiedertäufer auf Erden.
Bin ich niemals gewest, will's auch nimmer befunden werden.
O, Herr Jesu Christ, der du bist die Wahrheit und das Leben.
Ich bitte dich, durch dein Barmherzigkeit du wolltest Zeugnis von der Wahrheit geben."

Die Steine sprachen, aber die Menschen blieben stumm. Und so führte man Jürgen Wullenwever in Ketten nach Steinbrück zwischen Braunschweig und Hildesheim, wo er den Tod erlitt.

In Rotenburg aber blieb
das Zeugnis der Wahrheit

und wenn auch die äußeren Zeichen vergingen, so möge doch der aufrechte Geist Herrn Jürgens und die Wahrheit unsere Kreisstadt erfüllen, so dass die Inschrift an der Kerkerwand der ehemaligen Roten Burg weiter leuchte bis in unsere Zeit, wenn auch kein Stein der Feste mehr auf dem anderen steht.

Unter einem Bild von Jürgen Wullenwever steht geschrieben:

Das Bild Jürgen Wullenwevers, das in der Stadtbibliothek in Lübeck hängt, trägt eine lateinische Unterschrift, die, ins deutsche übertragen, lautet: „Dies ist ein getreues Bild Jürgen Wullenwevers, des vormaligen Bürgermeisters von Lübeck, eines Aufrührers und Anführers der Verschworenen, der endlich im Herzogtum Braunschweig-Wolfenbüttel seine gerechte Strafe litt, indem er in vier Teile zerschnitten wurde und der, als er zur Hinrichtung geführt wurde, nach dem Leben gemalet ward am Montage vor Michaelis des Jahres des Herrn 1537." „Er führt zur Strafe seines Verbrechens diese Wappenzier" steht unterm Wappenschild am Galgen in der oberen linken Ecke des Bildes. Es ist mit Bestimmtheit anzunehmen, dass dieses Bild eine Karikatur des Mannes ist, der von seinen Gegnern über den Tod hinaus gehasst wurde. Vielleicht ist es sogar im Auftrage des Bürgermeisters Brömse angefertigt worden, den sogar das Andenken an den Verhaßten wurmte.

Bem.: Wir haben das Bild oben an den Anfang des Artikels gestellt.

Anmerkungen:
[1] Herr Jürgen = Jürgen Wullenweber
[2] heute die Stadt Rotenburg / Wümme, ehemals das Amt, das Schloss und der Flecken
[3] Büttel = Gerichtsdiener
[4] Meister Kord war sicherlich der Bremer Nachrichter

Letztendlich stellt sich hier die Frage, wer führte im Jahr 1536 die „Peinliche Befragung" durch und wer war der Nachrichter nicht mehr. Der Bremer brachte seinen eigenen Nachrichter mit.

Wir finden im „Register der Rotenburger Marienbruderschaft 1403-1567" einen möglichen entscheidenden Hinweis, wer 1544 der Rotenburger „Meister Hans" war, was aber nicht belegt, dass er schon 1536 zu Rotenburg seinen Dienst verrichtete.
Seite 95, 1544: „de bargermester Hynryck gulssonen vnde mester wylhelmus" wurden als fromme Leute bezeichnet.
Seite 96, 1544: „Mester wyllem" mit einer Abgabe von 1 Himpten
- Bei dem 1544 als „Mester Wyllem" erwähnten handelte es sich nicht um den Bürgermeister !
- Wir vermuten, dass er der Scharfrichter war. Warum sollte er nicht fromm gewesen sein ? [siehe im Teil 6.8b]
- War der 1518 als Amtsvogt zu Rotenburg erwähnte Johan NACKE 1536 noch im Amt ?
- War der 1548 als Drost zu Rotenburg erwähnte Dyryck von BEHR 1536 schon im Amt ?
- War der 1538-1544 erwähnte Bürgermeister Hynryck van GLAHN 1536 schon im Amt ?
- Herzog Christoph von Braunschweig-Lüneburg war ab 1502 Bischof von Verden !

Als Quelle für die Amtspersonen diente das Buch von Enno HEYKENS, Rotenburg Kirche, Burg und Bürger. Auch das nachfolgend abgebildete Wappen von Königsmarck ist dem Buch entliehen.

Abb. 15. Wappen des Grafen von Königsmarck
Unten rechts: Urbild des Rotenburger Kreiswappens. S. 69.

Hexenprozess gegen

Lütke DELVENTHAL

und seine Tochter

N.N. DELVENTHAL

aus Rotenburg

1664-1666

[Teil 6.6]

Es ist keine Prozessakte überliefert, aber aus vielen Originalquellen ist ein Verfahren abzuleiten. Sicher ist auch, dass seine Tochter, deren Vorname nicht überliefert wurde, als Hexe verbrannt wurde und dass der Fuhrmann Lütke D. zwischen dem 26. Oktober 1665 und dem 28. Januar 1666 verstorben ist.

Drei Generationen
Lütke **DELVENTHAL**

DELVENDAAL Lütke (I)   [...]
1587 im Rotenburger Geldregister wurde Lütke nicht erwähnt, aber ein Kurt (*Cord*) Delvendaal, der auch im Michaeliszins von 1587 und mit einer Abgabe von 8 Schillingen genannt wurde.
1587 im Rotenburger Michaeliszins steht: „Lütke Delvendaal für die Wiese bei Walsteg 1 Taler und für eine Viehwiese mit einer Abgabe von 8 Schillinge.
Im Michaeliszinß von 1598/99 sind wiederum beide erwähnt worden, Kord D. mit Klaus Aldag (*1587 noch mit Peter Aldag*) für Land auf Grafel und Lütke Delvedaal für eine Wiese bey Walstegen und mit einer Abgabe von 16 Schillingen und für die Neue Wiese gab er 8 Schillinge.
∗ um 1560 in ...   † ... vermutlich in Rotenburg
∞ vor 1587 vermutlich Rotenburg
N.N.
Kinder 1/1/0 bekannt

DELBENTHALL Lütke (II), 1625 und 1635 erwähnt zu Rotenburg   [Lütkes Sohn]
∗ um 1589 Rotenburg   † vor 1664 vermutlich in Rotenburg
∞ vor 1616 vermutlich in Rotenburg
Die Verwandtschaft der 1635 ebenfalls genannten Cordt, Friedrich und Catarina Delbenthall zu Lütke ist nicht zu klären.
N.N. Anna
∗ um 1592 ...   † nach 1664 vermutlich in Rotenburg
Sie wurde im Jordebuch 1664 als Witwe Anna Delventhal erwähnt.
Kinder 1/1/0 bekannt

DELVENTHAL Lütke (III), Fuhrmann in Rotenburg   [Lütkes Sohn]
∗ um 1618 ...   † zwischen dem 26.10.1665 und 28.01.1666 ...
∞ um 1644 vermutlich in Rotenburg
N.N. Engel
∗ um 1620 ...   † ... nach 1692 vermutlich in Rotenburg
Sie verkaufte am 3. August 1672 „die Waldsteger Wische", für die der Großvater ihres Mannes schon 1587 zahlte, an den Scheeßeler Mühlenpächter Tönnies Müller, dem Sohn von Berend.
[siehe oben unter Jordebuch 1692/94, Seite 200]

Kinder 2/0/2 bekannt
a. 1. Tochter * um 1646 Rtbg   † zwischen 10.09.1664 - 24.07.1665 als Hexe verbrannt
b. 2. Tochter * r 1648   † ... nach 1666
   Die 2te Tochter (*Mägdelein*) war ledig und wahrscheinlich sehr jung. Weitere Kinder sind
   nicht nachgewiesen.

Inwieweit die 1664 im Jordebuch erwähnten Claus und Hermann Delffenthal, deren Hausstellen
abgebrannt sind, sowie der erwähnte Johann Delffenthal Lütkes Verwandte, ggf. Brüder waren,
ist ungewiss.

Diese vorstehende Wiese müsste Lütke DELVENTHAL früher vor seinem Tode einmal gekauft
haben. Es ist nämlich eine Seltenheit, dass ein "normaler" Bürger eine so große Wiese in einer
Parzelle besaß. Es ist auch ein Zeichen, dass er gut verdient haben musste.
Möglicherweise führte Neid zur Untersuchung und Anklage gegen ihn und seine als Hexe
verbrannte Tochter ?

Möglicherweise war die Tortur gegen ihn sein Tod, und die Fakultät sollte die Rechtmäßigkeit der
Anwendungen durch eine Stellungnahme legalisieren, warum sonst ließ man die Akte eines
Toten nach Rinteln bringen? Im Vergleich dazu wurde nach Mette MEINKENS Selbstmord 1664
keine Akte nach Rinteln oder Helmstedt gesandt. Wir schließen daraus, dass Lütke keinen
Selbstmord begangen hat.

aus alten Akten:

1587-1599   **Geldregister und Michaeliszins**
                   [siehe oben bei Lütke (I)]

1625 und 1635   **Umlage der Stadt Rotenburg**
                   Lütke Delbenthall

1652/1653   **Rep 76 Nr. 1396, Seite 331-11-68**

Anno 1652 den 5. Fesorwary
Vor zegenuß dass ich beim Solhbefft 2 mal nacher
Stade gewehsen wegen der bürger halben habe dar
Vor auß gedache Ehrßlich An Zehrung   16 Tha.   4 Schil.
Nocht Leutke Dähl ven dahl tho forlon [1] geben ist   7 Tha.
Johan von Gladen geben müssen dass Er ist von
Vehrden gewesen ist   1 Tha.   8 Schil.

In des: hl: Bürgermeisters stuben Auß gedahn undt
er da vor geholet worden solitze rechnung gesettet
worden ist 24 Schil. ist   1 Tha.   8 Schil.
                   Summa   24 Thaler 4 Schil.

Anno 1653 den 5. Feberwary
Nach stade verzert mytt Unß 3 Person Ehrstlich
den fhor man [2] geben ist   3 Tha.   12 Schil.
den sich gerker Clauß [3] geben ist   3 Tha.
Nocht auf die viele vor zeit ist tho Sahmen -ist- 10 Tha.   7 Schil.
                   Summa –ist-   17 Tha.   3 Schil.

Nocht mit dem: hl: Borgermester [4] Undt: hl: lücke Delven-
dahl nacht stade gewehsen an Zehrung außgedah tho Setzen ist   2 Tha.   8 Schil.
Wie wir zusammen wahren Ber hollen lasen ein Bürgermeisters hiß ist   2 Tha.   3 Schil.
                   Summa In alles ist es   4 Tha.   11 Schil.

Wir erfahren, dass es bereits im Jahre 1625 einen Lütke DELVENTHAL in der Stadt gab und in den Jahren 1652 und 1653 ein Lütke DELVENTHAL erwähnt wurde, der von Beruf „Fuhrmann" in Rotenburg war. Ob dieses ein und dieselbe Person oder Vater und Sohn waren, ist nicht belegbar. Es ist eher anzunehmen, dass es Vater und Sohn waren.

1664	**Jordebuch**

Anna Delffenthal, Witwe (*hier kann es sich nicht um Lütkes II Witwe, eher noch um seine alte Mutter gehandelt haben*)
„Lüetke Delffenthal verkauft eine Wiese an Joachim Brunckhorst in Wohlsdorf."
Selbiger Joachim B. wurde im Kirchenrechnungsbuch zu Scheeßel immer zu Wohlsdorf erwähnt: „1647 S.2 fürs Bauhauß 2/1/- ;
1648 S.5 & 1650 S.8 & 1653 S.13 & 1654 S.16 immer Land für 2/-/1 ;
1656 S.20 Handtgeld 2/1/-."
Joachim war Häusling in Wohlsdorf und stammte gebürtig aus Jeersdorf Nr.9. Ungewöhnlich daran ist, dass ein Häusling eine Wiese kaufte. Er steht über seinen Bruder Claus mit KRÖGERSHOF, Nr.10 in Wohlsdorf, in Verbindung.

1664/1665   **Rep 76 Nr. 1396 Seite 30 R**
Dirnen [5] Lütke Delventhal verbrandt [6]

Rep 76 Nr. 1396 Seite 30 R
Wegen der verbrandten Diernen Lütke Delventhall [7] vor bier bezahlt
vermög deßen quittung ....   12 Schilling

Auff des hl. Drosten undt Ober Inspectoris begehren wegen der
gebranndten Dirnen dem Schließer
Gerth bezahlt ....   1 Taler

26. Oktober 1665   **Aus Urkunden Verträge Abrechnungen
331-11-8c** [8]
Anno **1665 den 26. October** hat Curdt Heyeß, folgende
Gelder so Er in Jürgen Gerken Seel. güeten bezahlet, angegeben
1. Johann Wohlberg bezahlet   23 Tha.
2. Christoffer Richter bezahlet   16 Tha.
3. Johan Gerken zu Hamburgh   8 Tha.
4. Johann Delventhall   5 Tha.
5. **Lütke Delventhall**   3 Tha.
usw.

1665/1666   **Rep 76 Nr. 1399 Seite 25 V**
So mit des <u>Seeligen</u> Delventhals Sachen nach Rinteln gelaufen [9]
[vor dem 28. Januar 1666)
Rep 76 Nr. 1399 Seite 25 V
Dem Botten Christoff Richtern so mit deß
Seel. Delffenthals sachen nach Rinteln ge-
lauffen, Bottenlohn und Wartgelt geben…   1 Taler 44 Schilling

Der Universität Rinteln für daß Respon-
sum in dießer Sache geben …...........   2 Taler [10]

1665/1666   **Rep 76 Nr. 1399 Seite 27 R**
An Lütke Delffenthals wittib vermöge Rech- [11]
nung wegen des hl. Ober Commissario
Ornstets Pferde, für Raufutter
bezahlt   1 Taler 16 Schilling

1669	**Umlage der Stadt Rotenburg**
	Lütke Delfenthals Witwe

28. Januar 1666	**Aus Urkunden Verträge Abrechnungen**
	331-11-3a bis 331-11-3c

....

H. Bürgermeister, Vehrter, guter Freund,
Was ich heute Morgen mit demselben ge-
redt proprio motu, dieweil Mir als Seelsor-
gern dieser Gemeinde, cura pauperum et
miserabilium personarum oblieget: daßselbige

....

darnach, durch einen Mann, dem sie zuvor
gesandt, bittlich an mich gelangen laßen,
Nemlich Ihr bebülfflich zu seyn, daß, sie
bey theilung der verlaßenschaft **weyl.** [12]
Lüdken Delventhal, Ihr das Kostgeld
für das Mägdlein, so sie aufferzogen, mithin [13]
abgestattet, und gedachter ihre Pflege

....

....

Recht kann ausgedrungen, oder daran ver-
kürtzet werden: Auch weil Ihrer Mutter
Kleider und andere mobilien, theils auß dem
Alten lande, da dieselbe gestorben, geholet,
mit dem Kinde, theils Sie aliemiret
und verreißen, Ob nicht rathsamb, daß
deswegem inquisitin durch die Obrigkeit
zu thun gesucht werde.
Das Kostgeld, so sie zu fordern hat, be-
leufft sich auff 40 Rth., Nemlich weil
Ihr jährlich 12 ... zugesagt von Lüdken
Delventhal, und nach verflossenen 6 Jahren
ein ander contract mit ihr gemacht, daß
Ihr 2 Fuder Heu, und der halbe Kohlgarten
zu gebrauchen solt gegeben werden, von
welchem Garten sie von **Engel Delventhals** [14]
abgewiesen, mit versprechung ½ Rth. Auf
jedes Jahr. Von diesen allen sey Ihr mehr
nicht als 47 ... zugewandt, daß Ihr
also von dem 6 Jahren noch zukomme 25 ...
von den Folgenden 10 Jahren 15 ...
Das Mägdlein ist 18 Jahr alt, hat um [15]

....

mit Kleidern, Schuhen und anderen
Nothdurfft versehen müßen.
Diesen nach bitte Ich nochmaln, der H. B.
wolle hierin als ein Advocatus die Nothdurfft verhandln, der Sachen gründliche beschaffenheit weiter erforschen, und die Obrig-
keitliche Hülffe. So weit die Sache erheischet,
gebührend suchen: Und für solche Mühe wal-
tung einen billichmäßigen recompens aus de-
erhaltenen Mitteln gewärtig seyn: welches ich
nach vermögen befordern werde, wie ich ....
und verwißens wegen Ihme dieses aufftra-
gen müßen, Mir frl. Begrüßung und
Empfehlung Gottes verbleibend

Eur. Vorachtb. „und dienstfließener

Rotenb. den 28. Jun. Ao 1666   M. Hemmingus S....... [16]

Auf den Seiten der gleichen Quellen Rep 76 Nr. 1399
Seite 331-11-69a und Seite 331-11-69 b findet man Teilwiederholung der Seite 331-11-68

1692/1694   **Jordebücher des Amtes Rotenburg, Seite 200**

Tönnies Müller zu Scheeßel [17] gibt ins Register 24 Schilling für eine Wische, so etwan 5 Fuder Heu könne thun, die Waldsteger Wische genannt, sey belegen beym Waldstegen und were niemand daran benachbahret, sondern die Rotenburger Weide ginge rund daherum, habe solche Wische von Engel Delventhals als Lütke Delventhals Wittibe [18] in Ao. 1672 den 3. Augusti umb 202 Rt. erblich an sich gekaufft. Bey den Amtsschreiber Hartmann habe er mit 5 Rt. verweinkauffet. [19]

Anmerkungen:
[1]   Fuhrlohn

[2]   Fuhrmann

[3]   Clauß GERKEN, keine weiteren Hinweise vorhanden

[4]   er fuhr den Bürgermeister nach Stade, also fuhr er nicht nur Waren, sondern auch Personen, was Rückschlüsse auf sein Fuhrwerk zulässt.

[5]   Dirn = Deern / Mädchen / Tochter

[6]   die anderen hier erwähnten Personen sind für den Prozess nicht von Relevanz und deswegen nicht weiter betrachtet worden.

[7]   Beweis, daß Lütkes Tochter verbrannt wurde

[8]   Dieses Schreiben vom 26. Oktober 1665 belegt, dass Lütke DELVENTHAL an dem Tag noch gelebt hatte. Es lagert im Stadtarchiv Rotenburg unter der Signatur 331-11-8c.

[9]   Der Eintrag belegt, dass Lütke DELVENTHAL tot war und dass er in des seeligen Lütkes Angelegenheiten und nicht in der seiner seligen Tochter gehandelt haben muss.
Die Bewertung der Universität Rinteln könnte zur Absicherung des Handelns eingeholt worden sein. Vermutlich ist Lütke unter der Folter gestorben. Hätte er sich umgebracht, hätte es einen Eintrag wie bei Mette MEINCKEN [siehe im Teil 6.2c] gegeben.

[10]   es hat also ein Gutachten der Universität Rinteln gegeben. Leider ist es offensichtlich verschollen.

[11]   Lütkes Frau überlebte ihn, was der Eintrag als Witwe belegt

[12]   Dieses Schreiben vom 28. Januar 1666 wurde nach dem Tode von Lütke DELVENTHAL geschrieben. Somit steht fest, er starb zwischen dem 26. Oktober 1665 und dem 28. Januar 1666.

[13]   das 18jährige Mägdelein, welches sie (*Lütke und Engel DELVENTHAL*) aufgezogen, war wohl eine überlebende Tochter oder Pflegetochter des Ehepaars. Der Hinweis belegt, daß das Ehepaar schon mindestens 18 Jahre verheiratet waren, d.h. ∞ vor 1648.

[14]   Engel war der Vorname von Lütkes Witwe.

[15]   Es könnte sein, dass die zweite Tochter eine Pflegetochter von Lütke und Engel DELVENTHAL war, die aus dem Alten Land stammte. Aus dem Schreiben ist zu entnehmen, dass Engel noch Pflegegeld zustand.

[16]   Henning SCHRÖDER, 1658-1676 Magister und 1ter Probst in Rotenburg [erwähnt auch im Teil 6.2c 286a]

[17]   Antonius auch Tönnies MÜLLER, 1637-1708, Mühlenpächter zu Scheeßel und Sohn von Berendt, der im Prozess gegen Margarethe Meinken aus Westeresch 1664 erwähnt wurde.

[18]   Beleg, dass Engel DELVENTHAL die Ehefrau, nun Witwe von Lütke war !

[19]   Amtsschreiber Albert HARTMANN war der Nachfolger von Peter PABST [siehe im Teil 6.2b] der 1673 als Amtmann in Rotenburg erwähnt wurde. (HEYKEN, Anl. D).

Hexenprozess gegen

Elysabeth DITHMERS

aus dem Amt Rotenburg

Anno 1614

[Teil 6.7]

Bemerkung:
Die verbleibenden Restbestände der Rechtsgutachten der Fakultät der Universität Helmstedt (1582-1810) lagern im Niedersächsischen Staatsarchiv Wolfenbüttel unter der Signatur alt 37.

Auszugsweise haben wir zwei Rechtsgutachten in vollem Wortlaut wiedergegeben, um den Aufbau und Inhalt der Gutachten zu zeigen. Diese stellen die Niederschriften, die zugleich Ablage der Fakultät waren, dar. Das formale Gutachten, welches dann an das entsprechende Amt mittels des gesandten Boten gesandt wurde, ist mit Anrede ... versehen, wie bei Margarethe Meinken im Teil 6.2c abgedruckt, zu sehen.

So wie nachfolgend abgeschrieben und gedruckt steht, ist es auch fortlaufend verfasst worden. Das zweite Gutachten betrifft eine Frau aus dem Amt Rotenburg und somit die Fälle in unserem Buch. Die Überschriften und die Trennlinien wurden von uns zur Übersichtlichkeit eingefügt.

Hexenprozess Margerethen FRICKEN

Betreffend, uns zugesandt, und darüber unsere Rechtliche erkandtnus Euch mitzutheilen gebeten, Demnach haben wir Dechandt diese selbe, und dabei die umbstende, mit fleiß erwogen Erkeinen und sprechen darauf vor Recht, das bemelte zweie gefangene, in ansehnung ihrer jugend und andere beschaffenheit noch vor diesmahln die zutreffent ders vor erst zeit offentlich in den Pranger oder .... gestellet, und dann folgende ersterin Gerichte und bottmeßigkeit ewiglich verwiesen werden, von Rechts wegen, zur urkundt p.

Dechandt p.

Unsere freundliche dienste zuvor, Gestrenger Edler und Ehrenvesten günstigere gueter Freundt. Aß Ihr einen Bericht, mit angehefte Frage, die gefangenen, und mit erördeung ihres Kindes beschuldigten **Margerethen Fricken** betreffend, und zugesandt, und darüber unsere Rechtliche belehrung Euch mitzutheilen gebeten, Demnach haben wir Dechandt diesen fall, und dabei die umbstende mit fleis erwogen, Beüchten darauf vor Recht, und gegen bemelte gefangenen soviel zu befinden, das dieselbe nochmals mit ernst in guete und mit bedrawung der tortur, auch fürstellung des Scharff Richters und zeigung seiner Peinlichen Instrumenten zum Bekandtnus der warheit anzuhalten sey, wenn aber die aus Ihr also nicht zu bringen war, Sie endtlich mit **scharffen Peinlicher** Frage .... ..empflicher weise .... und ergehet hernach uf ihre bekandtnus der strap halten oder sonsten ferner was Recht ist, von Rechts wegen zur urkundt p.

Dechandt p.

Philip Friederich von Niedenfehr [(?)] Luipolt [(?)] zur Süpplingburgk 24. Septembris Anno 1614

3 ½ thaler müntz

Bem.: Der Ort Supplinburg ist ein Dorf im Landkreis Helmstedt und liegt im Elm, nur wenige Kilometer von Königslutter entfernt. Kaiser Lothar III., auch Lothar von Supplinburg und Herzog von Sachsen genannt, war ab 1133 Kaiser des heiligen Römischen Reiches deutscher Nation. (1075-1137). Er begründete das Benediktinerkloster in Supplinburg. [Ahn 366.155.130 von Jürgen Hoops von Scheeßel]

Elysabeth DITHMERS

Unsere freundtliche dienste zuvor, Edler, Gestrenger Dechandt p. und Ehrenvester auch Ehrnwollgeachter und Ehrbar günstige guete Freunde. Alß Ihr die wegen der gefangenen und mit Zauberey bezichtigten [1] **Elysabeth Dithmers** ergangene Inquisition acda [2] neben ewern Schreibend uns zugesandt, und darüber was denn nechsten gemeß, zuerkennen gebeten, Demnach haben wir Dechandt diesen fall, und dabei die Umbstände mit fleis erwogen, Erachten darauf Rechtens und zuerkentnus das gegen bemelter [3] gefangenen die noch zuer zeitt einkommene intiria zuer **scharffen Peinlichen** Frage nicht gnugsam [4], sondern dieselbe mit ferner vermahnung, auch bedrawung der **tortur**, denn fürstellung des Scharff Richters, und zeigung seiner Peinlichen Instrumenten woll mag geschrecket [5] und zuem Bekandtnus der warheit angehalten werden. Was denn also Sie außsagen und bekennen, auch uf nachfrag in der that sich befinden wirdt, darauf ergehet ferner wegen der Peinlichkeit, oder ..... nach befindung, der straff halben, wie auch sonsten was Recht ist, von Rechts wegen [6], zue urkundt p.

Dechandt p.

Ernst von Mandelshlo Droste und Heinrich Nieman, Rentmeister zue Rotenburgk

25. Septembris Anno 1614

3 ½ thaler

Prozess HANSEN .... gegen Frau ZIEDLIEN zu Greifswald

In Sachen Hansen .... bürgern zuem Greyffswaldt, Clegern an einem gegen fraw Ziedlien (?) Lepels Jaegl ..[...]

Bem.: Der Ort Greifswald liegt in Vorpommern zwischen den Inseln Rügen und Usedom und war eine Universitäts- und Hansestadt. Warum in diesem Fall die Fakultät in Helmstedt und nicht Rostock bemüht wurde, ist nicht bekannt. Der Fall wurde von uns auch nur in der Kopfzeile hierher übernommen, um zu zeigen, dass es weitere Gutachten nach dem 25. September 1614 gab.

Anmerkungen:

angeklagt: Elysabeth **DITHMERS** aus ... n.b.
Ihre Herkunft lässt sich anhand der wenigen Informationen nicht mehr feststellen und auch nicht vermuten. Ebenso wenig kann über ihr Alter oder ihren Familienstand etwas gesagt werden.

[1] sie war gefangen und wurde der Zauberei bezichtigt

[2] belegt, dass es eine Vernehmungsakte gab, die als "Inquisition acda" bezeichnet wurde.

[3] bemelter = angegebener oder auch angeführter

[4] das Ergebnis der Peinlichen Befragung (*Fragenkatalog*) war im Ergebnis für eine Verurteilung anscheinend nicht ausreichend,

[5] weswegen das Zeigen der Folterinstrumente (*Territion = Schreckung*) durch den Scharfrichter empfohlen wurde.

[6] sollte sie dabei gestehen, so solle sie die Strafe erhalten, die dafür vorgesehen ist

Ob Elisabeth DITTMER unter der Territion gestanden hat oder nicht und verurteilt wurde, ist nicht bekannt. Ob sie des Landes verwiesen oder hingerichtet wurde, bleibt Spekulation.

beteiligte Personen:

Ernst **von MANDELSLOH**, Drost
Er war in der Zeit von 1601-1623 Drost in Rotenburg, dem Hermann von MANDELSLOH als Drost folgte.

Hinrich **NIEMANN**, Rentmeister zu Rotenburg
Der Rentmeister war für die herrschaftliche Finanzverwaltung seines Herren verantwortlich. Möglicherweise war er der Großvater vom Steuereinnehmer und Brinkkötner auf RÖTENS (*SESEMANNS Kate*) zu Scheeßel Carl Hinrich <u>Diedrich</u> NIEMANN (geb. um 1648), der mit Elisabeth Margaretha REIMANN um vor 1676 verheiratet gewesen war.

Die Kosten für ein Rechtsgutachten betrugen im Jahr 1614 3 ½ Taler.

<u>Quellen:</u>
1. Gutachten Fakultät Helmstedt vom 25. September 1614 (*Lagerort 1940 Wolfenbüttel*)
2. Himmlers Hexenkartothek, Blätter vom 26. Juli 1940
3. Niedersächsisches Staatsarchiv Wolfenbüttel, Archivsignatur 37 Alt Nr.1842, Seite 320 V, Auszüge S.76
4. Staatsarchiv Wolfenbüttel, Gutachten Helmstedt, Anfang II.8 Bd.6 Fol. 320

Prozessordnung im Amt Beverstedt von 1549

[Teil 6.8a]

Ordnung der Richter
im
Amt Beverstedt
Anno 1549

Des Gerichts zu Beverstette, Ihre
Alte gerechtigkeit als solches von
Alters hero für dem Gericht zu
Beverstett erkandt und aus ge-
aprochen

In peinlichen Sachen
1.

Dar ein richter tho Beverstede als Stra-
ten und Möhn een for abgriepen will,
hest de richter solches ohne genugsahme
vormalige und verdacht solches nicht
dem endten, he hedde siek dann tho hören
beyden Benaberden der per sohnen darge-
gen de angrepe geschehen sollen, solcher
dat haltenn genugsahm erkundigt und seth
solchem kundschaft so vede vermodige und
verdacht bekennen, da tho dem angrepe und
peinlicher frage genugsam antoging geben.

2.

Geböhret einem Richter tho Beverstede
vestpenns Mißdeder gewen, oder sonder
bahrem haren, bekenntniß oder uthsage.
ehren unberechtigen frawen gerichts
man oder frauwen Peinlich am tho gripen
der richter hebe dem einen beständigen Klage
der dem beklagenden Voigt holden will
oder de richter hebe sie bey den benach-
barten der die beklagende tho Huß gesetten
oder Warnende iß so hebe erh(.... *Rand ist abgerissen*)
dat solcher des Mißdeders be(.... *Rand ist abgerissen*)
muß so hebe vermodige edder (.... *Rand ist abgerissen*)
verhanden, die tho solchen angripen ge(.... *Rand ist abgerissen*)

3.

Up schuldtworte, bo bi haßigem mode, oder
by dem drunck geschehen, der sick neyder
Part vp den nächten morgen nicht tho
entsinnen edder gestendig sei willen
den Richter einer Klage daraber
hefft de richter nicht tho richten, eder brocke
tho fordern, dar idt ewerst geklaget, werden
nun aber mit dem anderen solche schme-
edder schildworte nicht frendlich sie will
genöret dem Richter darvon de Gerichts-

Des Gerichts zu Beverstedt
alte Rechtsordnung überliefert
von Alters her von dem Gericht von
Beverstedt anerkannt und
veröffentlicht / angewandt

in peinlichen Sachen (Straftaten)
1.

Sa ein Richter in Beverstedt als Strafe
und Prüfung jemanden verhaften lassen will,
hat der Richter dieses schnellstmöglich
bei hinreichendem Verdacht einer Tat nicht
fallen lassen, er hat sich dann
beide beteiligten Pateien, die solche Taten
zur Anzeige brachten oder verdächtig waren
schnellstmöglich ausfindig zu machen und sie
von den Vorwürfen und Vermutungen zu
unterrichten, dazu dem Verdächtigen direkte
Fragen, den Fall betreffen zu stellen.

> **Anmerkung:**
> Da es uns lediglich um das Feststellen
> und den Beleg für eine Gerichtsordnung
> schon in alten Zeiten ging, haben wir auf
> eine weitere Übersetzung und die
> Aufnahme der gesamten Ordnung aus
> dem Nachbaramt verzichtet. Diese
> Ordnung galt für andere Verfahren
> ebenso, für die wegen Hexerei, und das
> schon im Jahre 1549.

Vorauff den gerichts leuten unsers guthen
fürsten und hl. Reformation und auch
unter andern punden Handel der pund Und
wegen Zauberei **waßerprobe** vorgehalten
worden, darin vermeldet, **dass die
Waßerprobe abgeschaffet,** und
as solche be schüldigte übelthaten
mit glaubwürdigen gezeugen der andern
warhaftigen beständigen nachrichtungen

brocke, alß nomlich 70 grote, ero selches
hinbetrown, vor langen jahre, vom den
olden er Kondt und tho nechte Uth gesproc-
ken, alßnomlich do de lange Otto tho wellen
dem vorigen Canter richter dorneburg
vor dem gehege den gerichte tho beverstedte
mjervirt und geschmähet darvor fregen
Birkker geweßener Richter tho Bever-
Stete grote Brocke sondern willen, also
Dat udt delange Otto for dath nothgerichte
Thör Heynerhoven tho er Kandtenß des Richten

zu beweisen sein, derowegen doe gerichts
Leute ein ander Urtheil einbringen sollen.

Fazit:
Die Wasserprobe war also schon
1549 im Amt Beverstedt nach-
gewiesener Maßen abgeschafft.

(...*Rand ist abgerissen*) stellen moten, darsülvenß is
(...*Rand ist abgerissen*) Bikker von wenigen sülcher in-
(...*Rand ist abgerissen*) n, nicht mehr alß 40 grote alß den ge-
wohnlichen Gerichtsbrocke tho erkennt
darbi idt alß henserner billig tho latten
undt dißem freien gerichte von dem Richter
nehmen Nin_inge dem guttherren tho stade
so woll dem gerichts buden mag up ge-
drungen werden.

4.

Ist in dießem gerichte tho Beverstedte
tho neueren titlich und gebruck-
lich geweßen, wen sere in neue Zeche
oder sonsten mit meine worde vom onder
gesprochen, dat de Richter dorch seine ver-
renders und Kirschoppers solches sich
tho tragen laten, und vom sülchen lü-
den brocke oder affdracht, als von izige
Richter vor dem gerichte tgo Beverstedt in solchen fellen tho rechte erkandt
wen solches geschehen, und neme dem
anderen, dar aber up den nachten morgen
beschickede, undt hedes nicht gestendig
were, und also dem richter meine Klage
gerne datt de richter darup nichts tho
fordern, bi solcher billigchen undt recht
urtigen finding, de gerichts (...*Rand ist abgerissen*)
tho laten, V. dar aber nicht besch(...*Rand ist abgerissen*)
werden möge.

5.

So by der vorigen Richter tiden, wegen
Injuzien und Schuldmorde, bi dem da ...usw.

Anmerkung:

Im Amt Beverstedt hatte man mit
dieser Gerichtsordnung von 1549
dem Gutachten der Universität
Leiden von 1594 quasi vorgegriffen.

Eine solche Gerichtsordnung von
Rotenburg scheint nicht erhalten
geblieben zu sein.

Das Erzbistum Bremen verfügte
Ao 1603 in einer „Gerichtsordnung"
quasi das Verbot der Wasserprobe.
[StA Stade, Rep 5b Fach 128 Nr.1]
Allerdings gehörte das Amt Rotenburg
nicht zum Erzbistum Bremen.

Warum die Richter des Amtes
Rotenburg noch 1664 und 1665 die
Wasserprobe zuließen, kann hier nicht
abschließend beantwortet werden ?

Eine Gesetzesverordnung für den
Verdener Raum ist im Heimat-
kalender für den Landkreis
Verden 2001, Die letzten
Hexenvervolgungen in den
schwedischen Herzogtümern
Bremen und Verden, Dr. Woock,
S.273 genannt:
Verdener Stadtrecht von 1582.

Quelle: Nds Staatsarchive Stade Dep.10, Nr.241 C-d, Nr.7, Bl.1-22]
    Diese Quelle enthält mehrere Hexenprozesse aus dem Jahr 1619.

Zusatzbemerkung: Anno 1607 wurde in Heyenhöfen (*Nähe Beverstedt*) Engel von GROLLEN
aus Westerbeverstedt im Amt Beverstedt als Hexe angeklagt.

Die Scharfrichter
im
Amt Rotenburg

[Teil 6.8b]

Die Scharfrichter, auch als Nachrichter oder als Henker bezeichneten Männer seinerzeit waren nicht nur diejenigen, die Exekutionen / Hinrichtungen durchzuführen hatten. Sie waren mit ihren Gehilfen schon während der Prozesse für die Tortur / Folter verantwortlich. Ein gutes Zusammenspiel zwischen dem Scharfrichter als Mittel zum Zweck und seinem Richter, der ihn je nach Verfahrensverlauf einsetzte, war seinerzeit sicher unabdingbar, denn der Nachrichter musste genau wissen, was der Richter in welchem Moment wollte und zuließ.
[siehe im Teil 4 (19) und (22)]

ZAPF   Hans, **(I)** Scharfrichter „**Meister Hans**" in Rotenburg um 1664 / 1665
Der Sohn hieß *Hans* Christoph und dessen ältester Sohn *Hans* Christoph ließ seinen Sohn *Hans* Hinrich taufen. Der Vorname *Hans* war in dieser Familie Tradition und deswegen kann davon ausgegangen werden, dass der 1664 genannte „Meister Hans" mit Vornamen auch Hans geheißen hat.

Interimsweise wird der Scharfrichter **Meister Augustus SEMEL** um 1672 die Amtsgeschäfte in Rotenburg ausgeübt haben, denn Hans Christoph war zu jung und der alte Zapf wohl schon zu alt oder krank. *[siehe Artikel am Ende dieses Teils]*
SEMEL wurde weder bei HEYKEN, noch im Jordebuch oder dem Kopfschatz etc. ebenda erwähnt.
Seine Tochter Anna Dorothea SEMEL heiratete 1708 Hans Christoph ZAPF (1682-1731) in Buxtehude, wo ZAPF wohl als Scharfrichter vor 1672 wirkte. Das Haus des Scharfrichters befand sich in der Rosenstraße in unmittelbarer Nähe des Elendsfriedhofs, in dessen Nähe soll sich auch die Abdeckerei befunden haben.

ZAPF Hans Christoph, **(II)** Meister-Scharfrichter Rotenburg ab 1676 & Sohn vom „Meister Hans"
✶ um 1648 ...   † ... vor 1704 ...
∞1 um 1675 ... mit
N.N. Maria Christina
✶ um 1650 ...   † 1685 Rotenburg
Kinder 2/1/1 bekannt
a. Dorothea Elisabeth   ✶ um 1680 ... † ... Diepenau
    ∞ 30.01.1704 Rotenburg mit Philip ROSE, Scharfrichter in Diepenau (*bei Minden*)
b. Hans Christoph   ✶ r 1682 ...   † 16.05.1731 Otterstedt
    ∞ 14.05.1708 Buxtehude mit Anna Dorothea SEMMEL (1680-1738)
    Meister-Scharfrichter im Amt Ottersberg

Sohn Hans Hinrich, Meister-Scharfrichter in Ottersberg
    ∞ 07.08.1739 Rotenburg mit Elisabeth ZAPF,
    die Tochter des Onkels Johann Phillip ZAPF **(III)**, Meister-Scharfrichter in Rotenburg
    sie heiratete erneut Anno 1751 als Witwe den Scharfrichter Niclas KÜKEN aus Hoya

∞2 27.05.1687 Rotenburg mit
HOHMANN Ilse Anna, Tochter des seligen Bürgermeisters Hans HOHMANN
Eintrag im Heiratsbuch 1687: „NB Wider meinen Willen, weil keine Einsprüche vorhanden, sondern die Mutter und deren Brüder Cord Schwarte wie auch Narthold Schartse ihren consens in Präsenz sponsi abgegeben haben", so schrieb der Pastor ins Kirchenbuch.
Eine Bürgermeistertochter heiratete einen Scharfrichter. Damit scheint der Pastor Probleme gehabt zu haben, die Familie der Braut und die Braut offenbar nicht.
Wenn er nicht der Sohn des Scharfrichters "Meister Hans" gewesen wäre, wäre diese Hochzeit sicherlich nicht zu stande gekommen, denn er kann kein Fremder von aussen gewesen sein.

Einen **Bürgermeister Hans HOHMANN** erwähnt HEYKEN nicht. Er ist auch sonst nicht in anderen Listen, außer dem Eintrag im Heiratsregister von 1687 erwähnt. Schon 1663 und 1664 wurde ein Jost HOHMANN zu Rotenburg genannt, der von 1675 bis zu seinem Tod 1682 Bürgermeister zu Rotenburg und wohl der Vater von Hans war. Hans selbst kann nur während der Zeit der Lücke der Bürgermeister (s. HEYKEN, Anl.C) von 1665 bis 1668 im Amt gewesen sein. Im Buch "800 Jahre Rotenburg" wird die Amtszeit von Jost HOMANN von 1677-1682 beschrieben.

✶ um 1663 Rotenburg   † ...

Kinder 6/4/2

c. Johann Philipp **(III)**   ~ 13.12.1687 Rotenburg   † vor 1739 ...
    Meister-Scharfrichter in Rotenburg ab 1722 bis nach 1739
    ∞ ... mit N.N., Tochter Maria Elisabeth, ∞ 1739 ihren Vetter Hans Hinrich ZAPF

    Johann Philips Sohn Frantz Christoffer **(IV)** (1717-1757) war seit 1740 Scharfrichter in Rotenburg (*siehe Schreiben von 19. April 1745 am Ende dieses Teils*)

    Er heiratete 1740 die Tochter des reitenden Försters EINBECKER und 1751 als Witwer die Tochter des Mindener Nachrichters VOSS.

    Ihn schlug das Schicksal: Er wurde 1756 wegen seiner üblen Conduite und desparaten actionen in das Zucht- und Werkhaus nach Celle gebracht, wo er 1757 starb.

d. Jost Wilhelm   ~ 07.07.1689 Rotenburg   † ...
e. Catrina Maria   ~ 18.03.1691 Rotenburg   † ...
f. Sophia Maria   ~ 20.04.1693 Rotenburg   † ...
g. Jürgen Hinrich   ~ 24.11.1695 Rotenburg   † ...
h. Claus <u>Daniel</u>   ~ 26.11.1697 Rotenburg   † ...
    ∞ 28.04.1729 in Otterstedt mit Ann Margret HARTMANN, Tochter des seligen Bürgers Court in Ottersberg; Daniel wurde als Meister-Scharfrichter zu Zeven erwähnt.

Liste der bis 1759 nachgewiesesen Nachrichter im Amt Rotenburg:

1. Anno 1536   n.b.
   Für die Tortur des Jürgen WULLENWEBER im Jahr 1536 hatte der Bremer Erzbischof seinen eigenen Scharfrichter, den Meister Kord nach Rotenburg gesandt.

2. Anno 1544   Wyllem **N.N.**   Meister Wyllem

3. um 1587   Hans **BALBERER**   Meister Hans
   Michaeliszinß 1587: Mester Hans Balberer bei dem Langen Phorde 6 Schillinge
                    Mester Hans für die Luhner Wiese 4 Schillinge

4. um 1600   George **N.N.**

5. um 1664/1665   (Hans) **ZAPF**   (I)   Meister Hans

6. um 1672   August **SEMEL**   interimsweise unter Vertrag

7. ab 1676   Hans Christopf **ZAPF**   (II)

8. 1722-1740   Johan Philipp **ZAPF**   (III)

9. 1740-1757   Frantz Christoffer **ZAPF**   (IV)

10. 1. Juni 1759 -   Johann Christian **GÖBEL**

Scharfrichter in Rotenburg

Rotenburger Schriften
1974, Heft 40, Seite 70

Im Artikel über Philipp Sigismund, postulierter Bischof von Verden und Osnabrück, Herzog von Braunschweig-Lüneburg (1568-1623) von Maria Tielemann unter der Überschrift „Hofhaltung in Rotenburg" steht:
„Der Scharfrichter George wird sicher nicht auf der Burg gewohnt haben. Er musste aber dort die Gefangenen >peinlich verhören< und wurde dafür gut bezahlt: (Anno) 1600 zwei Missetäter torquieret (gefoltert), den einen stranguliert, den anderen ausgestrichen (gepeitscht), dafür 10 Reichstaler 6 Schillinge. Daneben musste er die >(un)heimlichen Gemächer< (Gefängniszellen) der Burg säubern, wofür er einmal 21 Reichstaler und 6 Pfennige erhielt." [StA Stade alt Rep 8 Nr.76 (Rotenburg) Bd. IS.176]
Anmerkungen:
Wir teilen die Auffassung, dass der Scharfrichter nicht auf der Burg wohnte, denn er war häufig Abdecker im Hauptberuf. Die hier angeführte Bezahlung aus dem Jahre 1600 für die Tortur sowie das Reinigen der Zellen sind auch noch 65 Jahre später die Aufgabe der Nachrichters. „Den 3. Marty 1665 M. Hanß dem Scharfrichter vor Reinigung der Löcher (Gefängniszellen), unter der großen Treppe geben 2 Taler". [siehe im Teil 6.4 [bei 50]]
Maria Tielemann schreibt auf der gleichen Seite für die Bischofszeit:
♦   die Belegschaft der Burg betrug etwa 90 Personen an Beamten und Bediensteten
♦   zur Hofhaltung gehörte ein Leibarzt und ein Apotheker mit einer Apotheke im Schloss
Ob dies auch noch 64 Jahre später zutraf, ist nicht gewiss und weniger wahrscheinlich.

Rotenburger Heimatborn
1956, Heft 18, Seite 1
(der Autor wurde namentlich nicht erwähnt)

In früheren Jahrhunderten waren auch hier in Rotenburg Scharf- und Nachrichter ansässig, wie verschiedene im Rotenburger Stadt-Archiv liegende Schriftstücke ausweisen. Bekanntlich war die Profession dieser Leute sehr anrüchig. Dazu übertrug man ihnen auch noch die Beiseiteschaffung des gefallenen Viehs. Eine solche Abmachung scheint auch dem „Revers des **Scharfrichters Meister Augustus Semel**" vom ... Oktober 1672 zu Grunde zu liegen, in dem er sich dem Rat und Bürgermeister gegenüber verpflichtet, diesen, wenn Missverständnisse vorfallen sollten, in allem schadlos zu halten.
Der nachfolgende Vertrag zwischen der Fleckensvertretung und dem Scharfrichter Zappen enthält klare Ausführungen über die Pflichten und Rechte des Genannten bezüglich der Kadaverbeseitigung. Es heisst darin:
„Kund und zu wissen sey hiemit, daß heute dato zwischen Meister Frantz Zappen, Scharf- und Nachrichter, und die Bürgerey einen gütlichen Vergleich ist getroffen wegen die Abdeckerey im Flecken, waß zu Rotenburg gehört, daß Meister Frantz Zappen [1] daß Luder, was hier fallet, aus mach den Nahmen will haben was es wolle, daß derselbe frey sogleich wenn es gemeldet wird, durch sein Knecht mit der Karre und Pferdt hinausschaffen ohne Entgeld, aber der Knecht bekombt dabey drey Schilling, wie es vorhin gewesen ist. Dahinwegen versprechen die Bürgerey Meister Frantz Zappen von Ostern an jährlich zu bezahlen vor seine Karre acht Reichsthaler an Gelde und ist ihnen auch dazu erlaubet einen neuen Graben vor seinen Imzaun umher aufzuführen." Dagegen verspricht Meister Frantz Zappen uns aufs Kindes Kind diesen Contract zu halten gleich wie er geschlossen unwiderruflich. Eigenhändig unterschrieben und mit unserm Weichgebildes Insiegel unter gedrückt und von beiden seiten beliebet worden.
So geschehen
Rotenburg, den 19. Aprill 1745ten Jahr
Johann Philipp Frantzen,
P. t. Bürgermeister
Christoff Jürg. Laue, Rathsmann
Hinrich Claus Bruns, gezeugen
Frantz Christopher Zappe,
meyn Eigenhand

Der Scharfrichter Zappe scheint dann im Jahre 1759 [2] verstorben oder von Rotenburg fortgezogen zu sein; denn am 1. Juni 1759 schloss der Ratsmann Friedrich von der Heyde als Vorsteher des Fleckens mit dem Nachrichter Johann Christian Göbel einen Vertrag gleichen Inhalts. Dieser Mann, oder vielleicht auch ein Nachkomme von ihm, war noch 1810 in Rotenburg ansässig, denn wie aus dem für dieses Jahr vorliegenden Geldregister des Fleckens ersichtlich ist, erhielt der Scharfrichter Göpel damals noch seine acht Reichsthaler „für die Karre".

Das Anwesen des Abdeckers und Scharfrichters in Rotenburg befand sich auf dem Mühlenende am Grafeler Damm. Hier sind noch die alten Flurbezeichnungen „Schinderkuhle" und „Knochenbergsfeld" [3] bekannt, die an die Abdeckerei erinnern. In einer alten Anweisung für die Kuhhirten des Fleckens wird diesen aufgegeben, die Viehherde vor Lintel (*Staatl. Forst*!) her zu hüten und „durch Scharfrichters Straße" nach Hause zu treiben.

Im Jahre 1821 war die Abdeckerei im Besitze eines Nachrichters in Stade namens Pohl, der als Pächter den Einwohner Lefhelm in Rotenburg eingesetzt hatte. Pohl verlegte damals den Abdeckereibetrieb auf einen weiter vom Ort entfernten Platz, und zwar auf ein vom Flecken dem Amte dafür zur Verfügung gestelltes Grundstück beim Stockfortskamp.

Zu Anfang der dreißiger Jahre des 19. Jahrhunderts ging dann vom Staate die Anregung aus, die Gemeinden möchten den Abdeckereizwang durch Kapitalzahlung ablösen; ebenso auch einen Kapital-Beitrag zur Besoldung des Scharfrichters und seiner Gehilfen, die der Staat dann übernehmen wolle, zu leisten. Diese Ablösungsgelder machten einen Betrag von 28 Rthlr. 11 ggr. 6 Pfg. aus, die im Januar 1836 an das Amt bezahlt wurden. Damit war der Flecken Rotenburg seiner Verpflichtungen gegenüber den hier wirkenden Scharfrichtern ledig.

Im Zusammenhang mit diesem Bericht über die Rotenburger Scharfrichter kann auch eine Amtsverfügung vom 27. Oktober 1749 mitgeteilt werden, nach der die gesamte Bürger- und Einwohnerschaft Rotenburgs bei der Aufrichtung eines Galgens zu helfen hatte. Dieser Befehl hatte folgenden Wortlaut:

Aufrichtung eines Galgens

Demnach zu Justificirung des allhier in Haft gerahten Johann Küsells ein Galgen, auf der von hiesigen Sande belegenen Gerichtsstädte aufgerichtet werden muß, und dazu der instehende Sonnabend als der 1te hujus angesetzt worden: So wird Bürgermeister und Rahtsmann hiemit anbefohlen, gesamter Bürgerschaft und Einwohnern hiesigen Fleckens bey 200 Rthlr. Strafe anzubefehlen, das sie gedachten Tages Mann für Mann um 9 Uhr auf dem Gerichtsplatz erscheinen, und den Galgen aufrichten helfen müssen, wobey zugleich denenselben zu bedeuten, dass im Fall bei gehaltener Manneszahl und Nachfrage sich finden sollte, dass ein oder anderer Hauswirth vorsetzlich ausgeblieben, derselben ohn alle Nachsicht sofort 10 Rthlr. gestrafet werden solle.
Rotenburg, den 27. October 1749
Unterschriften

An den Bürgermeister und Rahtsmann des Fleckens Rotenburg

* * *

Man sieht also, dass der Scharfrichter auch in Rotenburg Arbeit hatte.

D.

Anmerkung

[1] geboren 1717, siehe oben in der Genealogie der Familie
[2] hier irrte der Autor, denn ZAPF starb 1757 im Gefängnis in Celle als Gefangener
[3] Knochenbergsfeld ist ein sehr alter Begriff und wir sehen in ihm eher eine alte Hinrichtungsstätte als den Abladeplatz des Abdeckers.

Weitere ähnliche Flurnamen sind im Rotenburger Jordebuch von 1692/1694 bei den Miscellanea der Vogtei Scheeßel (Grundstücksbeschreibungen) erwähnt:
Seite 198: „Johann Heidtmann von Wensebrock ... nach dem Galgen bei Ahlstorff belegen ..."
Gab es um 1680 noch einen Galgen in der heute untergegangenen Siedlung? Zumindest sind bei HESSMANNS Flurnamen die Flurbezeichnung „Galgenacker" unter Nr.91 und „im grossen Ohrt" unter Nr. 89 überliefert, wo sich die Siedlung bei Rotenburg einst befand.

Der Kreisarchäologe Dr. Tempel erwähnte das ehemalige Dorf in den Rotenburger Schriften 83, 1995, Seite 63-71. Im Stadtplan von Rotenburg sind der „Ahlsdorfer Weg" und „Am Forst Ahlsdorf" zu finden.

Seite 199: „Johann Lüdemann zu Scheßell ... und Henrich Böschen zu Waffensen item des Scharfrichter Wischen (Wische = Wiese) ..." Es gab bei Waffensen eine Wiese die als des Scharfrichters Wiese benannt wurde. Also hatte der Scharfrichter einst Land.

Verpflegungsaufstellung
[Teil 6.3 auszugsweise entnommen]
[bei 33][bei 34]

Die Einträge wurden in der Zeit nach dem 21. Mai und vor dem 15. Juli 1665 erstellt und soll aufzeigen, was der Besuch des Grafen von KÖNIGSMARCK dem Amt Rotenburg gekostet hat. Weiterhin zeigt sie auf, dass in dieser Zeit eine Menge an Verpflegung gebraucht wurde, doch zu welchem Anlaß. Die Hinrichtung von Anna HASTEDE war am 24. Juli und die "Gesellschaft" der Amtspersonen, die daran teilzunehmen hatte wurde inclusive des Grafen von KÖNIGSMARCK für den Zeitraum ab dem 22. Juli 1665, 3 Tage vor der Hinrichtung wie bei Margarethe MEINKEN (*Tag der Urteilsverkündung*), erwähnt.

Rep 76 Nr. 1396 Seite 16 R   1665
Continuatio der Außgaben

Auff Ablager	Transport	347 Taler	39 Schilling	2 Pfennig

Den 20. und 21. May des Herrn Graff und Vice Gouverneur Königsmarcks hochgel. Excell: hier gewesen und uff dero Ablager uffgangen		9 Taler	6 Schilling	

Vermög Brau Rechnung auff Ablager bey anwesenheit Ihr Excell: des Herrn Vice Gouverneurs hl. Drost Protten und anderer Ambts Bedienten 15 tonnen Bier

27 ½ Stüebigen a 2 Rß		31 Taler	20 Schilling	9 Pfennig

Über dieses auß den Vorwerken und
Ambts Vorath genommen,

234 Pfund Butter, a 4 Schilling	19 Taler	24 Schilling	
1 Kalb,	1 Taler		
10 Kaleunische hanen [1] a 24 Schilling	5 Taler		
8 Schaaf,	8 Taler		
1 klein Rind,	4 Taler		
3 Göse (größell) [2]		6 Schilling	
4 Mettwürste,		8 Schilling	
4 St. träg fleisch		36 Schilling	
10 ¾ Himbten Salz, a 12 Schilling	2 Taler	33 Schilling	
122 St. Hüener a 3 Schilling	7 Taler	30 Schilling	
482 St. Eyer 6 St. a 1 Schilling	1 Taler	32 Schilling	
3 St. gereuchte Gänß		24 Schilling	
zusammen	439 Taler	18 Schilling	11 Pfennig

[1] Kaleunische hanen = Kalkunen wurden wohl auch als „Kaleunische hanen" bezeichnet. Es waren wohl Puten gemeint [siehe im Teil 6.3 [54]]

[2] Göse (größell) = wohl junge Gänse / Gössel

* * *

Tod eines Scharfrichters
Hinrichtung im Jahre 1607

[Teil 6.8c]

Rotenburger Anzeiger, den 11. August 1898

Eine eigenartige Hinrichtung wurde vor ungefähr 300 Jahren in Zellerfeld vollzogen. Die Hinrichtung galt den beiden Bergleuten Weiß und Pelm welche einen Meuchelmord verübt hatten. Am 21. Januar des Jahres 1607 sollte die Hinrichtung stattfinden und es strömte an diesem Tage Alt und Jung, Groß und Klein auf den Markt, um die Execution mit anzusehen. Martin Weiß wurde zuerst auf den Stuhl gebunden, und mit geschickter Hand hieb der Scharfrichter Simon von Dreckenshausen ihm das Haupt ab. Nicht so schnell ging es mit dem anderen Delinquenten. Diesen traf der Scharfrichter in die Schulter und mußte noch 5 weitere Hiebe thun, um den Kopf herunter zu bringen. Darüber wurden die Berg- und Hüttenleute so erbost, daß sie mit den Worten: „Schlagt ihn todt" auf den Scharfrichter eindrangen und ihn, als er floh, verfolgten und das Richtschwert in Stücke brachen. Der Scharfrichter floh in die Frohnveste, wo er sich in die Wächterstube einschloß. Da nahmen die Verfolgenden, um ihm beizukommen, eine Diele in der Wächterstube auf und zogen ihn unter dem Bette hervor, unter welches er gekrochen war, tödteten ihn und hieben seinen Leichnam, den sie durch das Fenster auf die Straße geworfen hatten, mit Äxten, Hacken und dergleichen in tausend Stücke. Man befürchtete eine allgemeine Revolution, so wütend war das Volk und der Berghauptmann Löhneisen sann vergeblich auf Mittel zur Abhilfe. Da gab der Prediger Luppius den Rath, man möge die Leichname der armen Sünder feierlich in Begleitung der Schüler, begraben lassen, von welchem Verfahren sich Löhneisen allerdings wenig Hilfe versprach. Doch das Mittel war von Bester Wirkung. Denn als der genannte Prediger sammt seinen Amtsgehilfen Andreä und den sämmtlichen Schülern auf dem Hinrichtungsplatze erschien, die Leichen aufhoben und unter Gesang fortgetragen wurden, trat Stille ein und alles Volk folgte dem Zuge noch auf dem Kirchhof, wo nun auch der zerfleischte Scharfrichter begraben ward. Die Hauptredelsführer erhielten jedoch empfindliche Strafen auf Anordnung des Herzogs Heinrich Julius, dem der Berghauptmann Löhneisen den Vorfall berichtete.

* * *

Karte 1, Anno 1648 aus Enno HEYKEN, Rotenburg Kirche, Burg und Bürger, Zeichnung: Gerh. Schnittger, Rotenburger Schriften, Sonderheft 7, 1966

Vorbemerkungen zu den Soziogrammen
Der Prozesse im Kirchspiel Scheeßel
von 1664 und 1665

[Vorwort zum Teil 7 und Teil 8]

Die nachfolgenden Soziogramme möchten wir nicht ohne Hinweise und Anmerkungen nur für sich sprechen lassen. Über die Art der Darstellungen haben wir uns lange viele Gedanken gemacht und uns zu den hier abgedruckten entschieden, wobei uns die Problematik des großen Personenumfangs klar war. Deswegen haben wir nur die Prozesse der Jahre 1664 und 1665 das Kirchspiel Scheeßel betreffend dafür ausgewählt. Hier ist die Informationslage aus den Gerichtsakten und Kirchenbüchern sowie der Steuerlisten derart günstig, dass sich die Betrachtung lohnt. Die visionelle Aussage einer Seite, nicht die einzelne Linie ist entscheidend.

Im Teil 7 haben wir die verwandtschaftlichen Verhältnisse genealogisch in ein Soziogramm gefasst, wobei wir uns auf die notwendige Genealogie beschränkt haben. Da es sich nicht um ein Höfe- und Familienbuch handelt, werden auch die Ahnen- und Höfeforscher Verständnis dafür aufbringen.

Die hier aufgezeigten verwandtschaftlichen Bindungen und Abhängigkeiten sollen den Leser nicht verwirren, aber aufzeigen, wie eng das Geflecht war. Die einzelnen blauen Verbindungslinien zeigen das Beziehungsgeflecht aus den Prozessakten auf: Wer hat über wen gesprochen, wer hat wen beschuldigt oder erwähnt.
Dass der Prozess im Jahre 1664 von Westeresch der Auslöser für den von 1665 war, wurde schon mehrfach erwähnt und nachgewiesen. Hier zeigt sich für den Genealogen die verwandtschaftlichen Beziehungen sowie der Hinweis, auf welchem Hof wer saß.
Für den Historiker und Soziologen ergeben sich sicherlich noch weitere Aspekte in Verbindung mit genealogischen Daten, den wörtlichen Reden, den beschriebenen Reaktionen der Menschen und den Widersprüchen u.v.m. !

Im Teil 8 haben sind insgesamt drei baugleiche Soziogramme abgebildet, die sich nur auf das Dorf Westeresch und den Prozess von 1664 beziehen. Sie werden die wichtigen Fragen beantworten, die wir hierzu gestellt hatten. Grundlage der drei u.a. Soziogramme waren die genealogischen Daten im Teil 6.2a, die die sozialen Kontakte durch Heiraten, Patenschaften und sonstige Verwandtschaftsbeziehungen aufzeigen.
Zielsetzung war es, die Stellung der im Prozess von 1664 schicksalhaft betroffenen Familie MEINKEN auf Hof Nr.3 herauszuarbeiten, und dadurch möglicherweise eine Ursache für den Prozess zu finden. Deswegen wurden drei Bilder als Soziogramme erstellt.
Eine weiteres Ziel war es, damit mögliche Veränderungen der sozialen Kontakte und Beziehungen nach dem Prozess aufzuzeigen und diese zu beschreiben.

Folie 8.1 zeigt die sozialen Kontakte des gesamten Dorfes untereinander und nach außerhalb.
Folie 8.2 zeigt die sozialen Kontakte und somit zugleich die Isolation der Familie MEINKEN für die Zeit
     vor und während des Prozesses
Folie 8.3 zeigt die sozialen Kontakte der Familie MEINKEN nach dem Prozess und verdeutlicht,
     wie diese langsam erblühten.
Folie 8.4 enthält die Legende zu den Folien 8.1 bis 8.3

Anmerkung:
Obwohl die Familie MEINKEN 1664 in Westeresch über mehrere verwandtschaftliche Beziehungen verfügte, ist die Isolation der Familie von Claus MEINKEN vom Hof Nr. 3 deutlich belegbar. Sie pflegten vor dem Prozess nur zu einem Übernachbarn Kontakt. Die anderen Verwandten waren enger mit dem Dorf im Kontakt, auch mit den Prozessgegnern vom Hof Nr. 8.
Auch außerhalb des Dorfes waren die Kontakte der Familie Claus MEINKEN sehr überschaubar, wenn sie sich auch über mehrere Orte in verschiedenen Kirchspielen verteilten.
Die Nachbarn in Westeresch hingegen hatten viele Kontakte untereinander, im Kirchspiel Scheeßel und darüber hinaus. Die Familie MEINKEN war sehr isoliert, was sicherlich nicht auf die Lage des Hofes am Dorfrand zurückgeführt werden kann.

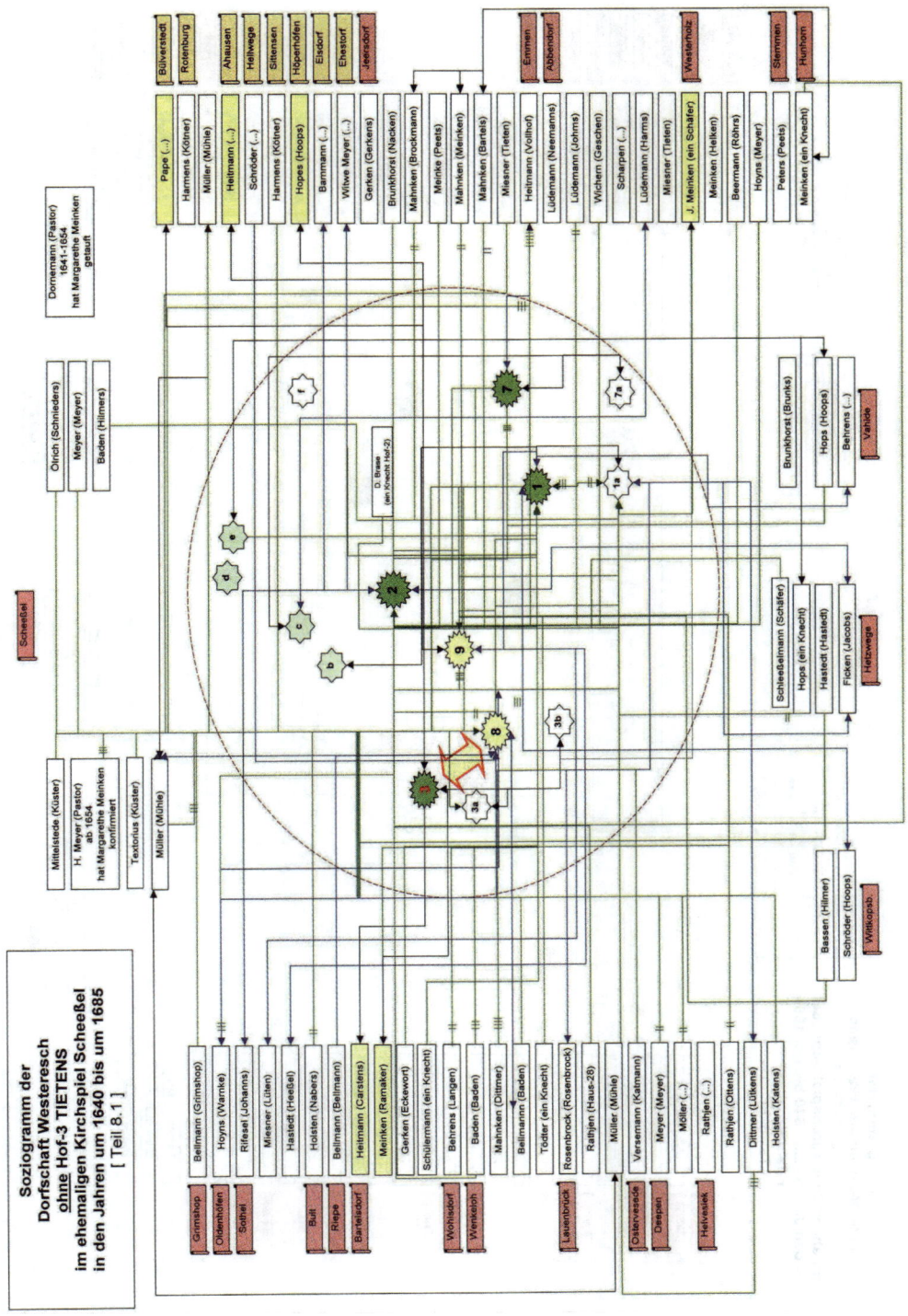

Soziogramm der
Dorfschaft Westeresch
ohne Hof-3 TIETENS
im ehemaligen Kirchspiel Scheeßel
in den Jahren um 1640 bis um 1685
[Teil 8.1]

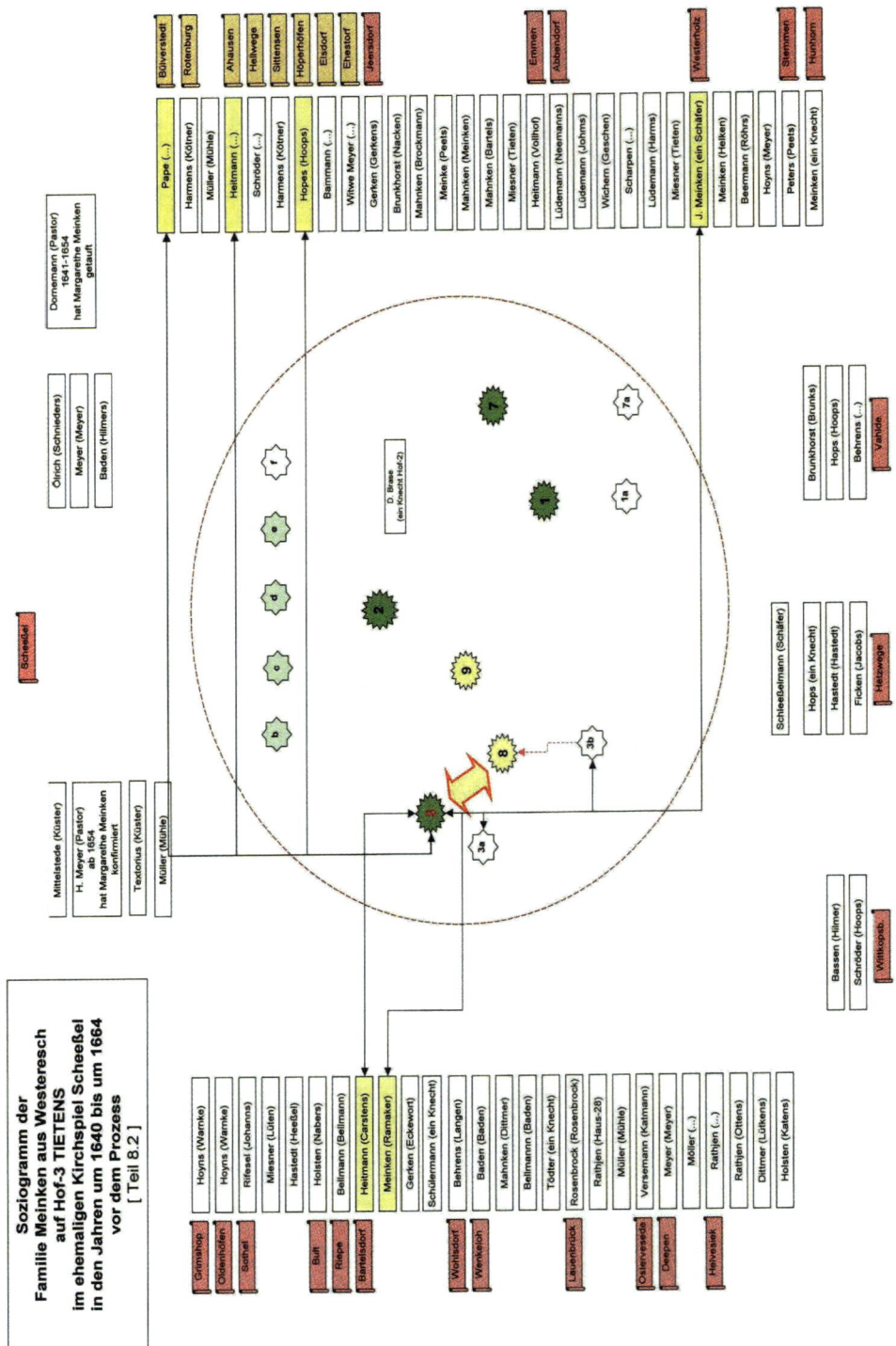

Soziogramm der Familie Meinken aus Westeresch auf Hof-3 TIETENS im ehemaligen Kirchspiel Scheeßel in den Jahren um 1640 bis um 1664 vor dem Prozess [Teil 8.2]

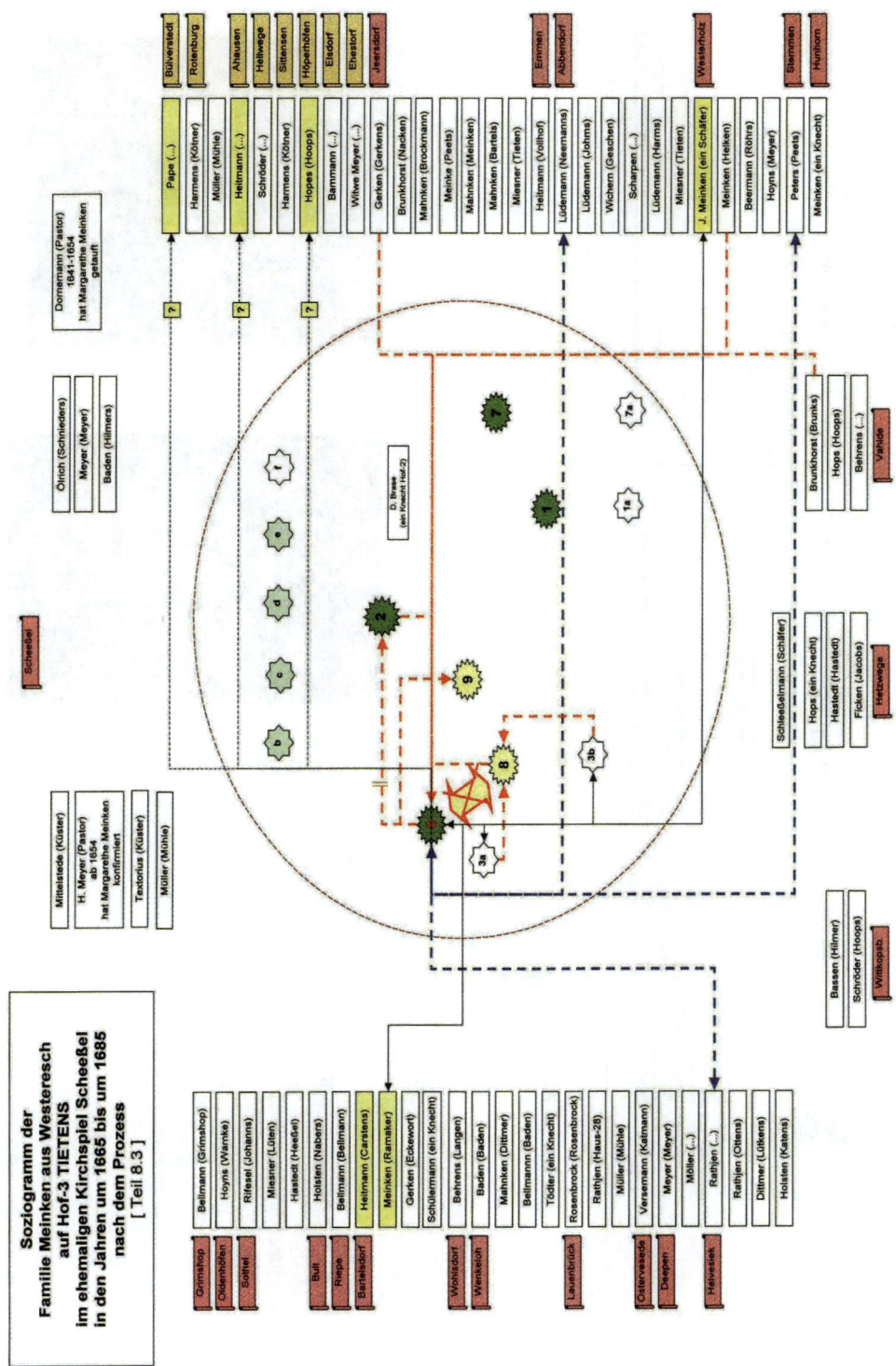

Soziogramm der
Familie Meinken aus Westeresch
auf Hof-3 TIETENS
im ehemaligen Kirchspiel Scheeßel
in den Jahren um 1665 bis um 1685
nach dem Prozess
[Teil 8.3]

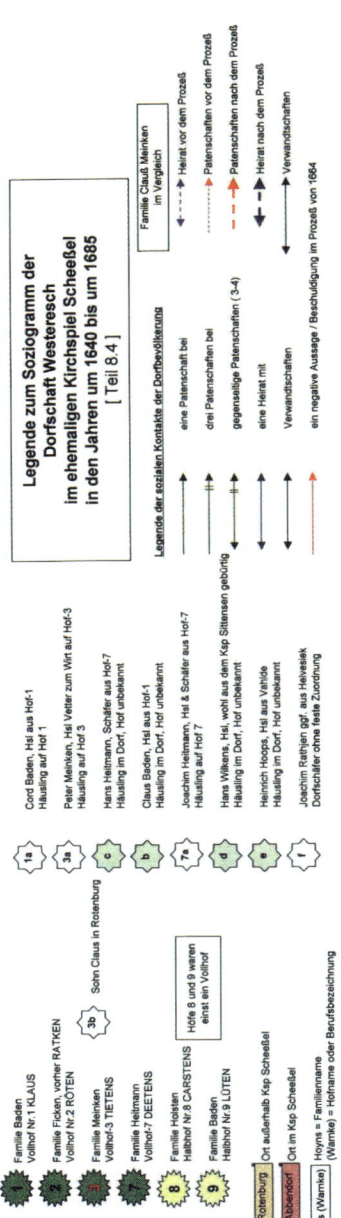

Legende zum Soziogramm der Dorfschaft Westeresch im ehemaligen Kirchspiel Scheeßel in den Jahren um 1640 bis um 1685 [Teil 8.4]

1 – Familie Baden, Vollhof Nr.1 KLAUS
2 – Familie Ficken, vorher RATKEN, Vollhof Nr 2 RÖTEN
3 – Familie Meinken, Vollhof-3 TIETENS
3b – Sohn Claus in Rotenburg
7 – Familie Heitmann, Vollhof-7 DEETENS
8 – Familie Holsten, Halbhof Nr.8 CARSTENS
9 – Familie Baden, Halbhof Nr 9 LÜTEN
Höfe 8 und 9 waren einst ein Vollhof

Rotenburg – Ort außerhalb Ksp Scheeßel
Abbendorf – Ort im Ksp Scheeßel
Hoyns (Warnke) = Familienname
(Warnke) = Hofname oder Berufsbezeichnung

1a – Cord Baden, Hsl aus Hof-1, Häusling auf Hof 1
3a – Peter Meinken, Hsl Vetter zum Wirt auf Hof-3, Häusling auf Hof 3
c – Hans Heitmann, Schäfer aus Hof-7, Häusling im Dorf, Hof unbekannt
b – Claus Baden, Hsl aus Hof-1, Häusling im Dorf, Hof unbekannt
7a – Joachim Heitmann, Hsl & Schäfer aus Hof-7, Häusling auf Hof 7
d – Hans Wilkens, Hsl, wohl aus dem Ksp Sittensen gebürtig, Häusling im Dorf, Hof unbekannt
e – Heinrich Hoops, Hsl aus Vahlde, Häusling im Dorf, Hof unbekannt
f – Joachim Rathjen ggf. aus Helvesiek, Dorfschäfer ohne feste Zuordnung

Legende der sozialen Kontakte der Dorfbevölkerung
eine Patenschaft bei
drei Patenschaften bei
gegenseitige Patenschaften (3-4)
eine Heirat mit
Verwandtschaften
ein negative Aussage / Beschuldigung im Prozeß

Familie Clauß Meinken im Vergleich
Heirat vor dem Prozeß
Patenschaften vor dem Prozeß
Patenschaften nach dem Prozeß
Heirat nach dem Prozeß
Verwandtschaften

Gr. Hexenkraut = Circaea lutetiana
Die an dieser Stelle abgebildeten sogenannten „Hexenkräuter" sind bezugnehmend auf den Folgenden Teil 9b „Hexen- und Aberglaube in Westersch" gewählt. Sie zeigen vermutlich das Kraut, welches der Lehrer Wilhelm WAHLERS 1906 in seinem Aufsatz erwähnte.

<u>Schlussbemerkung:</u>
Möglicherweise könnte eine der Ursachen in den bekannten Gerüchten über die Großmutter HOPES aus Höperhöfen liegen, muss es aber nicht, sie könnten den Verlauf des Prozesses aber erheblich beeinflusst haben.
Weiterhin lässt sich aufzeigen, wie schwer es seinerzeit eine Frau hatte, die in ein fremdes Dorf einheiratete. Und vielleicht kamen dem einen oder anderen die Gerüchte um deren Mutter gerade recht. Der neue Lebensmut, die Heirat und die Einbindung von Claus MEINKEN nach dem Prozess, lassen die Vermutung zu, dass der Tod der Frau eine Befreiung für ihn gewesen sein könnte. Keiner seiner Verwandten aus Höperhöfen stand Pate bei seinen Kindern in 2ter Ehe. Das Leben im Dorf ging weiter und die Isolation der Familie MEINKEN hatte ein Ende. Claus hatte geheiratet, hatte Kinder, die Nachbarn standen wieder als Pate füreinander zur Verfügung, ein Schwiegersohn heiratete in den Hof ein. Wer nun genau mit wem, war und ist im Teil 6.2a von uns schon ausführlich erarbeitet und beschrieben.
Am Ende gibt es auffällige Parallelen zwischen den beiden Prozessen der Jahre 1664 und 1665 im Kirchspiel Scheeßel, denn auch Tibke HOLLMANN, verwitwete BEHRENS, geborene N.N. stammte eindeutig nicht aus Bartelsdorf.
Ihr Vorname lässt den begründeten Schluss zu, dass sie wie Mette HOPES aus dem Kirchspiel Sottrum stammte und als Fremde ins Dorf kam. ^[siehe im Teil 6.3 unter H. Anmerkung zu 3x Tibke]
Sicherlich war es für eine Frau schon schwer auf den Hof des Schwiegervaters und der Schwiegermutter zu gehen, wie umgekehrt auch für den Mann. Wenn es dann noch ein anderes Dorf war, welches auch noch in einem anderen Kirchspiel lag, hat das die Situation sicherlich noch erschwert, und manch einer wird sich gefragt haben, warum der Vollhöfner nicht eine Frau aus dem Dorf oder dem Kirchspiel geheiratet hat. Er wird seinen Grund gehabt haben.
Als Fremde / als Fremder in eine bestehende und gefestigte Dorfgemeinschaft einzuheiraten, war in alten Zeiten nicht immer leicht und ist es heute hier und da wohl auch noch nicht.

* * *

Verwandtschaftverhätnisse
Übersicht der beteiligten Personen zum Teil 6.2 und Teil 6.3
[Teil 7]

Das Faltblatt dazu befindet sich am Ende des Buches eingearbeitet.

Die in der Übersicht enthaltenen Personen wurden in eine genealogische Darstellung gefasst. Die verwandtschaftlichen Bindungen sind durch die schwarzen Verbindungslinien dargestellt. Die in den verschiedenen Prozessen beschuldigten Personen sind mit verschiedenen Farben unterlegt worden, um eine schnellere Zuordnung zu ermöglichen. Aber auch die beteiligten und nur erwähnten Personen sind farblich gemäß Legende gekennzeichnet.
Personen in den weißen Kästchen dienen nur dazu, die familiären Bindungen aufzuzeigen. Sie sind in den Prozessen weder erwähnt noch beschuldigt worden.

Die Verbindung zwischen Beschuldigten und Beschuldigenden sind anhand der dünnen Verbindungslinien mit den Pfeilen nachzuvollziehen. Weiterhin sind in bestimmten Kästchen, wo wir es für notwenig erachtet haben, Zusatzbemerkungen eingefügt worden.

Die Zuordnung zu den Dörfern und Höfen haben wir durch entsprechende Kästchen ermöglicht.

Hexen- und Aberglaube

Die Buche
(Rotbuche, Waldbuche; Fagus sylvatica)

[Teil 9a]

Am Beispiel der Buche und des von Dr. Heinrich Marzell verfassten Artikels zu dem Thema möchten wir an dieser Stelle den heute noch überlieferten Hexen- und Aberglauben aufzeigen, wie man es auch mit Eichen oder Linden hätte zeigen können.

Dafür greifen wir auf eine Veröffentlichung „http://www.sagen.at/doku/hda/buche/html" aus dem Internet im März 2007 zurück, die einst von Dr. Heinrich Marzell, Reutlingen, 1922 verfasst wurde und die das Thema Aberglaube nicht trefflicher hätte aufzeigen können, weswegen wir sie ungekürzt und unkommentiert übernommen und eingefügt haben.

A. Botanisches. Die Buche, leicht kenntlich an der glatten silbergrauen Rinde, hat ihr Hauptverbreitungsgebiet im westlichen Europa (*etwa bis zur Linie Königsberg-Kaukasus*).
In der Urzeit war sie wegen ihrer ölhaltigen Früchte (*Bucheckern*) ein wichtiger Nahrungsbaum. Schon in der vorgeschichtlichen Zeit hat sich die Buche auf Kosten der Eiche weit ausgebreitet [1].
Die Rotbuche darf nicht mit der zu den Birkengewächsen gehörigen Weißbuche (Hainbuche; Carpinus betulus), die etwas gefaltete, am Rande scharf gezähnte Blätter hat, verwechselt werden [2].
[1] Prof Johannes Hoops, Reallexikon 1, 344.
[2] Marzell Kräuterbuch 88. 97.

B. Die Sage kennt verschiedene wunderbare Buchen, so Hexenbuchen, unter denen die Hexen tanzen [3] und *Blutbuchen (botanisch ist darunter die var. purpurea mit rötlichen Blättern zu verstehen)* [4]. Unter der Zauberbuche in Unter-Seeland (*Kärnten*) wurde den Vorübergehenden allerhand Schabernack angetan [5]. Auch in der christlichen Legende spielt oft die Buche eine Rolle (Wallfahrtsort, heiliger Baum usw.) [6].
In Westfalen ist die Buche der "Kleinkinderbaum" (vgl. Esche), aus dem die kleinen Kinder geholt werden [7]. Vielleicht schimmert hier noch die Anschauung von der Buche als einem Fruchtbaum durch, vgl. die Volksmeinung in der Franche-Comté: Wenn es viele Bucheckern gibt, wird es viele uneheliche Kinder geben [8] (*siehe Hasel*). Gehört auch der Glaube hierher, daß neugeborenen Mädchen, die in einer buchenen Wanne gebadet werden, später einmal die Männer sehr nachlaufen (*Stettin*) [9] ? Oder denkt man an einen Vergleich der glatten glänzenden Buchenrinde mit der Haut der Mädchen?
[3] z. B. Meier Schwaben 195.
[4] Herzog Schweizersagen 1, 251; Schweizld. 4, 982.
[5] Graber Kärnten 21.
[6] Höfler Waldkult 73 ff.; Schöppner Sagen 1, 274; Gredt Luxemburg 273. 278.
[7] Urquell 5, 287; Schell Berg. Volkskunde 108; Sartori Westfalen 77.
[8] Beauquier Faune et flore 2, 63.
[9] Urquell 5, 279.

C. Weit verbreitet ist der Volksglaube, daß die Buchen nicht vom Blitz getroffen werden, und daß man sich daher bei einem Gewitter unter einer Buche unterstellen könne ("doch die Buchen mußt du suchen") [10]. Es ist übrigens durch die wissenschaftlichen Untersuchungen des Botanikers E. Stahl [11] festgestellt, daß die Buche (z. B. im Gegensatz zur Eiche) von starken Blitzschäden meist verschont bleibt. Besonders die Buchen (vgl. Birke), die an Fronleichnam zum Schmuck der Altäre gedient haben, sollen vor Blitz schützen [12].
[10] z. B. Grimm Mythologie 3, 64; Schweizld. 4, 980; ZfrwVk. 1908, 227; Marzell Bayerischer Volksbote 138; ebenso in den Ardennen und in Lothringen: Sébillot Folk-Lore 3, 381.
[11] Die Blitzgefährdung der verschiedenen Baumarten 1912, 52.
[12] Reiser Allgäu 2, 147; Andrian Altaussee 125.

D. Ein Buchenblatt mit T bezeichnet [13], einem Menschen oder Vieh eingegeben, heilt allen Schaden und schützt vor Behexung [14]. Kniet man an Weihnachten während der Mitternachtsmesse auf ein neues buchenes Stühlchen, worauf noch niemand kniete, so sieht man die Hexen [15] (vgl. neunerlei Holz). Hat das Vieh Läuse, so besiebt man es mit gebrannter Zwölften-Buchenasche [16].

[13] T als Schutzmittel vgl. Andree Eysn Volkskundliches 65.
[14] Montanus Volksfeste 118.
[15] JbElsaß-Lothringen 10, 237.
[16] Bartsch Mecklenburg 2, 152.

E. Buchenholz, im Neumond gehauen, ist dauerhaft und wird vom Wurm nicht leicht zerfressen [17] oder die Nachtriebe treiben, wenn es im zunehmenden Mond geschlagen worden, besser und kräftiger aus [18].

[17] Bartsch Mecklenburg 2, 200.
[18] Wilde Pfalz 37.

F. In der Volksmedizin wird die Buche nur wenig verwendet. Die hl. Hildegard [19]) bringt eine "Beschwörung" gegen Gelbsucht, in der die Buche eine Rolle spielt. Durch das "ungebohrte" Loch einer alten Buche bei Fischbach (Pfalz) steckte man "rauhliche" Kinder, die nicht gedeihen wollten [20]) (vgl. Durchziehen). Ein Absud von dem Holz der Wunderbuche bei Kattenbuch (BA. Weissenburg in Bayern) sollte bei schwangeren Weibern die Geburt eines Knaben, der Absud von dem Holz der Linde aber die eines Mädchens bewirken [21].

[19] Physika 3. 26.
[20] Becker Pfalz 136.
[21] Jäckel Oberfranken 178.

G. Am Mittag des Johannistages tun sich die Bucheckern auf, und wenn es dann regnet, werden die Früchte taub [22]. Andrerseits heißt es aber gerade im Gegenteil, daß die Buchenmast gut werde, wenn es am Johannistage regne [23]. Viele Bucheckern im Herbst bedeuten einen folgenden strengen und harten Winter [24] oder ein Mäusejahr [25], daher der Schweizer Spruch: "Vil Buech, vil Fluech" [26]. Wenn die Buche bald austreibt, dann gibt es eine frühe Ernte [27], oder so lang der Buchenwald vor oder nach Georgi (23. April) grün wird, so lang vor oder nach Jakobi (25. Juli) fällt die Ernte [28]. Wenn die Buchen zuerst unten ausschlagen, so steigen die Getreidepreise, grünen sie aber zuerst oben, so sinken die Preise [29]. Will man wissen, wie der kommende Winter wird, so schneide man an Allerheiligen (1. November) einen Span aus einer Buche: Ist er trocken, so gibt es einen trockenen, warmen Winter, ist der Span naß, so folgt ein sehr kalter Winter (in verschiedenen Gegenden) [30].

[22] Kuhn Westfalen 2, 176; Bartsch Mecklenburg 2, 271; Andree Braunschweig 410; Jb Elsaß-Lothringen 10, 231.
[23] Kuhn und Schwartz 393; Bartsch Mecklenburg 2, 292.
[24] Schweizld. 4, 983; Wilde Pfalz 37; vgl. auch Eberesche, Esche, Hasel.
[25] Schweizld. 4, 983; ebenso in Ungarn: Verh. der Vereinigung für Natur- und Heilkunde zu Preßburg. NF. 7 (1887-91), 100.
[26] Schweizld. 4, 983.
[27] Fischer Schwäbisches Wörterbuch 2, 828.
[28] Ebd. 3, 374.
[29] Birlinger Aus Schwaben 1, 412; Schweizld. 4, 980.
[30] Bereits bei Colerus Oeconomia oder Hausbuch 1 (1604), 206; ferner ZfVk.10, 211; Wrede Rhein.

Volkskunde.9o; Wirth Pflanzen 14; Heimatblätter 1 (Kufstein 1923 bis 1924) H. 11, 9; Yermoloff Volkskalender 457.

Marzell

* * *

Hexen- und Aberglaube in Westeresch

[Teil 9b]

An dieser Stelle lassen wir einen aus dem Kirchspiel gebürtigen Menschen sprechen, der uns noch 240 Jahre nach dem Hexenprozess Interessantes aus dem Heimatort berichtete.

Wilhelm Wahlers

✴ 1886 in Westeresch, ⚭ 1915 als led. Lehrer, der Vater stammte aus Westeresch-2 RÖTENS

Schulaufsatz vom 21. August 1906
im Kgl. Seminar in Bederkesa verfasst

Wilhelm Wahlers schrieb in seinem Aufsatz Nr.3 „Ein Hexenprozeß in meiner Heimat" [Margarethe Meinecken stammte auch aus Westeresch und wurde 1664 als Hexe verurteilt und verbrannt] als Fazit seiner Arbeit „Leider wurzelt auch noch heute (1906) der Aberglaube tief in den Herzen des Volkes jener (*seiner*) Gegend. Namentlich erzählt man noch von den früheren Hexentänzen, von denen man noch Spuren vor(*zu*) finden glaubt. (*ihm 1906 noch überliefert*)
In der Nähe meines Heimatortes (*Westeresch*) wächst nämlich eine eigentümliche Pflanze, eine Art Bärlappengewächs, die im Volksmunde Hexenkraut genannt wird. Diese Pflanze trifft man nicht einzeln an, sondern viele stehen zusammen. Sonderbar ist es nun, daß diese Pflanzen alle zu einem Kreise (*Ring*) angeordnet sind; in der Kreisfläche selbst stehen keine."

An diesen Stellen, so erzählt das Volk, haben früher die Hexen getanzt. Ihre Plätze sind deshalb noch heute (1906) im Volke (*Dorf*) verrufen."
Diese Aussagen zeigen deutlich auf, dass sich seit dem Prozess von 1664 bis mindestens 1906 dieser Glaube, diese Überlieferung in der Gegend gehalten hat, also gut noch rund 240 Jahre lang.
Das Grosse Hexenkraut gehört zu den Hexenkräutern (*Circaea*) und ist ein Nachtkerzengewächs, ist bekannt als „Circaea lutetiana", wird 30-70 cm hoch, treibt ab Juli weiße bis blasse rosafarbige Blüten aus. Ihre Blätter sind eiförmig-lanzettlich. Die kleinen Nussfrüchte sind zur Klettverbreitung mit borstigen Hakenhaaren versehen.
Das Kleine Hexenkraut (*Circaea alpina*) hingegen wird schlechthin als Alpen- oder Gebirgshexenkraut bezeichnet, ist nur 4-20 cm hoch, kommt aber auch im Flachland vor, wurde als Aphrodisiakum genutzt.

Der Name Circaea ist der griechischen Zauberin Circe (*Zirze ist aus der Odysseussage bekannt*), die ja bekanntlich eine ausgesprochen anziehende und unwiderstehliche Wirkung auf Männer (*bezirzen*) gehabt haben soll, entlehnt, zumal die Hakenhaare eine ähnliche Wirkung des „Hängenbleibens" auf Kleidung und Tierfell haben dürften.

Als Hexenkräuter bezeichnet man (siehe z.B. Bild unten) Pflanzen der Gattung Circaea sowie vielen Pflanzenarten, deren Gebrauch den „Hexen" zugeschrieben wurde oder heute noch werden. Dazu gehören Nachtschattengewächse (Solanazeen), wie z.B. das Bilsenkraut oder die Tollkirsche, aber auch die Kartoffel und die Tomate sowie Pflanzen, die das Wort Hexe schon im Namen tragen: Hexenblum (*Anemone*), Hexenzwiebel (*Bärlauch*), *Hexenkraut (Bilsenkraut, Mistel, Baldrian und echtes Johanniskraut*), Hexenleiter (*Farne*), Hexenmehl (*Bärlappsporen*), Hexenmilch (*kreuzblättrige Wolfsmilch und Schöllkraut*), Hexennest (*Mistel*) und Hexenrauch (*Haselwurz*). [siehe im Teil 3 Begriffserklärungen unter „Hexenkräuter"]
Wir finden den Begriff „Hexenkraut" heute auch in der Spielewelt für Kinder, z.B. Bibi Blocksberg PC Spiel 4 (Folge 70) „das vertauschte Hexenkraut"

Weiterhin kennen wir alle den Begriff „Hexenschuss", eine schmerzhafte Lumbago, das sogenannte Lendenweh oder auch als Muskelrheuma bezeichnet.

Der Begriff der „Hexenmilch" bezeichnet noch heute die Flüssigkeit, die sich aus den Brustdrüsen Neugeborener beiderlei Geschlechts auf Druck aus selbiger drücken ließ, wobei die Ursache die Wirkung der mütterlichen Hormone sein soll.

29

Nr. 3

Ein Hexenprozeß in meiner
Heimat

Bald nach der Reforma-
tion kam in Deutschland die
Zeit der fürchtbaren Hexenprozesse, in der manche tausen-
de von Menschen ihr Leben
lassen mußten. Viehseuchen,
Mißernten, Feuersnoth, Erkran-
kungen von Menschen und
Vieh, alles das wurde einfach als Hexerei betrachtet.
Das Volk hegte Verdacht gegen
einzelne Personen, und damit wurden dann die lang-
wierigen Hexenprozesse ein-
geleitet. Im begannen meistens mit der Wasserprobe.
Ging die Hexe dabei nicht unter

Die Walpurgisnacht
vom 30ten April zum 1ten Mai
aus der Rotenburger Zeitung 1897
(ohne Nennung des Autoren)

[Teil 9c]

Die Hexen zu dem Brocken ziehn,
Die Stoppel ist gelb, die Saat ist grün.
Dort sammelt sich der große Hauf,
Der Urian sitzet oben auf.

Es trägt der Besen, trägt der Stock,
Die Gabel trägt, es trägt der Bock;
Wer heut sich nicht heben kann,
Ist ewig ein verlorener Mann!

Also gruselich berichtet Goethe in seinem Faust von den geisterhaften Dingen der Walpurgisnacht, gerade als ob die unheilvollen Dämonen der nun entschwundenen garstigen Jahreszeit noch einmahl zum Abschied einen tollen Kehraus tanzen wollen.
Aehnlich legen auch myttologische Forscher die ehemalige Bedeutung resp. Den Ursprung der Walpurgisnacht aus. Als das Christenthum auch bei unseren heidnischen Vorfahren seinen Einzug hielt, wird auch mit der walkür der segenspendenden Wolke aufgeräumt. Aus taktischen Gründen schaffte das Christenthum für jeden beseitigten heidnischen Götzen oder Kult Ersatz, so setzte man dann auch an Stelle der früher verehrten auf Windschnellem Rosse durch die Lande eilen den Gaugött in die heilige Walpurga und weiht ihr die Nacht vom 30. April bis zum 1. Mai. Als später in der Volksanschauung die heidnischen Götter zu Teufeln herabsanken und der Hexenglaube in Schwung kam, da erlangte auch die ehemalige Göttin des 1. Mai berüchtigte Bedeutung, die in gleichem Umfange zunahm, wie sich der Kultus der Walpurgis ausbreitete, und dieses geschah in ganz Deutschland, Frankreich, England und in den Niederlanden.

Die Fahrt zum Bocksberge, deren es in Deutschland übrigens eine ganze Anzahl giebt, unternahmen in der Walpurgisnacht die Hexen nach dem Glauben des Volkes auf einer Mistgabel oder einen Besenstiel, wohl auch auf einem Kater mit feurigen Augen oder einem Bock. Von dem Teufel, der immer in Gestalt eines Bockes erschien, wird jede mit einem Talisman und einem Leibteufelchen, daß ihr auf Schritt und Tritt folgte und jedem Ihm aufgetragenen Dienst sofort verrichtete, beschenkt: Junge Hexen bekamen Unterricht im Hagelbeschwören, Felder verwüsten, sie lernten, wie man Kinder krank macht, Alpdrücken erzeugt und Hexensalbe bereitet. Punkt 12 Uhr bestiegen die Hexen ihre Besenstiehle und Katzen wieder, und in sausendem Galopp stoben sie nach allen Richtungen hin auseinander. Verspätete sich eine, so war es um sie Geschehen, sie stürzte in den Abgrund und brach sich das Genick. Das Volksleben kennt noch, wie schon in früherer Zeit, allerhand Schutzmittel gegen die am frühen Morgen von dem Blocksberge zurückkehrenden bösen Geister. Am Vorabende werden zuweilen über die Thüren Kreuze gemahlt und an die Eingänge Drudenfüße gestellt. Auch Salzhäuschen, Besen, Sensen und viele andere Dinge sollen den ungebetenen Besuch der Hexen fernhalten. Unsere jungen Leserinnen, die mit Amors Gunst noch nicht beglückt worden, eröffnet die Walpurgisnacht eine rosige Perspective, denn ein falscher Kranz immer grünen Epheus, auch wer nur wenige Augenblicke getragen, vermag schon nach kurzer Zeit einen Freier, der jedem Wunsch entspricht, herbeizuzaubern.

* * *

Hexensachen Walpurgisnacht

von
Moritz Busch

1876

[Teil 9d]

Während bei dem Aberglauben, der sich an eine Anzahl von Tagen des deutschen Jahres knüpft, sich fast immer Nachklänge aus dem germanischen Heidenthume mit christlichen Vorstellungen mischen, ist die Fülle abergläubischer Meinungen, die sich früher allenthalben an den ersten Mai knüpfte und ihn noch heute in Mancher Augen bedeutungsvoll, unheimlich und zauberhaft erscheinen läßt; von rein heidnischem Charakter. Der „Walperntag", jetzt der heiligen Walpurgis geweiht, ist mit dem gesammten Brauch, Glauben und Spuk, der sich auf ihn gehäuft hat, nichts Anderes als der Rest eines dem Donar, dem Gewittergotte unserer Urväter, gewitmeten Frühlingsfestes. Er ist darum reich an Zauber und Zukunfsbedeutung theils guter, theils schlimmer Art. In Holstein sagt man: Thau an diesem Morgen bewirkt ein gutes Butterjahr. In der Oberpfalz galt und gilt wohl hier und da noch jetzt dieser Thau als Sympathiemittel. In ihm sich unbekleidet wälzen, schützt in Niedersachsen vor Ungeziefer und gewissen Hautkrankheiten, und mit ihm sich waschen, vertreibt die Sommersprossen. In Westphalen pflegt man zu Walpurgis bei Sonnenaufgang einen Zweig von einer Eberesche (*die dem Donar heilig war*) zu schneiden und die Kühe damit auf`s Kreuz zu schlagen, denn damit werden sie milchreich gemacht. Linsen, an diesem Tage gesäet, gedeihen besonders gut; ein Kranz von Epheu, von einem Mädchen an ihm aufgesetzt, lockt Liebhaber und Freier an; ein Kranz von Sundermann, an ihm getragen läßt seinen Träger in der Kirche alle Hexen erkennen, indem sie sich von den andern Weibern der Gemeinde dadurch unterscheiden, daß sie Melkkübel auf den Köpfen haben. Regnet es am 1. Mai, so giebt es nach den mecklenburgischen Bauernregeln eine schlechte Ernte; dagegen sichert sich zu Stockach in Tirol der, welcher sich mit solchem Regen die Stirn wäscht, auf das ganze folgende Jahr vor Kopfweh. In Schlesien weiß man, daß Kinder, an diesem Tage geboren, ungeschickt und blöde werden, in Ostpreußen, das Gäsen, die an ihm auskommen, nicht gerathen.

Noch bedeutungsvoller als der Walpurgistag ist die ihm vorhergehende Nacht, in welcher alle Zaubermächte losgebunden sind, denn in ihr feiert der Teufel mit den Hexen auf dem oder jenem Berge ein großes Fest, nach dessen Beendigung die bösen Weiber sich nach allen Richtungen hin zerstreuen, um den Menschen mit ihrer Kunst allerlei Schabernack anzuthun. Um sich dagegen zu schützen, hat man in Norddeutschland verschiedene Mittel. Welche der Vorsichtige und Altgläubige nicht ungebraucht läßt. Das gewöhnlichste ist, daß man am Abend vor dem Walperntage an allen Thüren ein Kreuz oder einen Trudenfuß malt. An einigen Orten nimmt man drei Häufchen Salz, streut sie dem Vieh schweigend zwischen die Hörner und geht dann rücklings aus dem Stalle fort. Gleichfalls für ein gutes Recept gegen Behexung und gegen den bösen Blick gilt, daß man in der Walpurgisnacht Zweige von Erlen und Drachenblutbäumen über die Stallthüren hängt. Anderswo schützt man die Thiere dadurch vor den Unholdinnen, daß man jenen am Abende des 30. April eine Gemenge von wildem Knoblauch, Dill, Mehl und Honig zu fressen giebt. Wieder anderwärts genügt es, wenn man eine Sense oder ein Beil vor die Stallthür legt, um die Hexen fern zu halten, und in manchen Dörfern thut es ein bloßer Besen. Die Saat wird dadurch vor Schaden bewahrt, daß man am Walpurgisabende mit Gewehren darüber hinschießt oder eine Weile die Kirchenglocken läutet.

Hexen waren dem Aberglauben (*und ist es in manchen Gegenden noch heute*) Weiber, die sich dem Teufel verschreiben und mit seiner Hülfe allerlei Unfug treiben. Oft vererbte sich die Hexerei von der Mutter auf die Tochter. Gewöhnlich aber wurde sie jungen Mädchen, bisweilen schon kleinen Kindern, durch alte Frauen gelehrt. Vorher hatten die betreffenden Gott, der Taufe und der Kirche zu entsagen und „dem Meisterlein" zu huldigen. Sie traten dazu auf einen Kreuzweg oder auf den ersten besten Düngerhaufen, legten die Hand auf einen die ihnen von der Verführerin hingehaltenen abgeschälten Stab und sprachen:

> „Ich greif` an diesen weißen Stock
> Und verleugne unsern Herrn Gott
> Und seine zehn Gebot".

Damit war der Bund für alle Ewigkeit geschlossen. Besiegelt aber wurde er auf dem großen, jährlich einmal stattfindenden Hexenconvente oder Hexensabbathe, der in Norddeutschland in der Walpurgisnacht und auf dem Blocksberge, in Süddeutschland auch zu anderen Zeiten und an anderen Orten abgehalten wurde. In Schwaben feiern die Hexen ihre Feste vorzüglich auf dem Heuberge bei Rotenburg. In Tirol gelten als Hexentanzplätze u. A. die Marlingerwiesen bei Meran, die Scharnitzer Klause und der Axelkopf bei Innsbruck.

Kam der Tag des Festes heran, so bereitete sich die norddeutsche Hexe mit gewissen Zaubermitteln auf die Fahrt nach dem Blocksberge vor; sie entkleidete sich und bestrich sich mit einer Salbe, die sie einschlafen ließ. Wir sehen sie dann, auf einer Katze oder auf einem Bocke, einem Besen oder einer Ofengabel mit fliegenden Haaren zum Schornsteine hinausfahren und durch die Luft reiten. Von allen Seiten kommen andere alte und junge Zauberschwestern, Teufel und Kobolde, gespenstige Thiere, Drachen, Kröten, Eulen, Fledermäuse, Menschen ohne Kopf und andere Spukgestalten herzugeflogen, bis die Versammlung vollzählig ist. Dann erscheint die Gestalt eines Bocks mit Menschenantlitz der Fürst der Hölle und ermahnt von einer Felsenkanzel seine Gemeinde zur Treue gegen sich, wofür er ihr Reichthum, Ehre und langes Leben verspricht. Darauf werden ihm von den älteren Hexen die Neuangeworbenen vorgestellt; es erfolgt eine kurze Prüfung, und findet er die Novizen willig, den Glauben endgültig zu verleugnen, so haben sie ihm eine Formel nachzusprechen, in der sie Gott und der „dicken Frau" so heißt in der Sprache der Hölle die heilige Jungfrau, den Geboten und Sakramenten entsagen, dem Vater der Lüge und Sünde unter Handschlag Treue und Gehorsam geloben und versprechen, ihm so viel neue Diener wie möglich zuzuführen.

Der Teufel beschenkt nun die Hexen mit einer Kleinigkeit, die ärmeren mit etwas Butter, Käse und Speck, die reicheren wohl auch mit einer Rose, einem Ringe, einer Spange oder einem Halstuche. Er tauft sie mit „garstigem Wasser", versieht sie mit dem Trudenzeichen und weist jeder einen Leibteufel zu, der ihr Liebhaber und zugleich ihr dienstbarer Geist ist. Die Hexen erhalten eine Bohne oder eine Nuß, an welche ihr Leibteufel gebunden ist. Derselbe führt bisweilen einen christlichen, gewöhnlich aber nicht im Kalender zu findenden Namen. Er heißt manchmal Caspar, Kunz, Martin oder Hinz, häufiger aber Blaustrumpf, Weißfeder, Grünwedel, Federwisch, Spiegelglanz, Breitfuß, Hurlebusch, Kränzlein, Rautenstrauch, Dickbauch, Kapaun, Auerhahn oder Kuhhörnchen. Er ist immer um die Hexe und erscheint, so oft sie ihn ruft, aber auch ungerufen, auf dem Felde, beim Spinnen, während des Kirchganges, wo er aber selbstverständlich an der Kirchthür stehen bleibt; er macht seiner Gebieterin und Geliebten oft kleine Geschenke und treibt allerlei Kurzweil mit ihr. Die jungen Hexen werden in der Zauberkunst unterwiesen und zu allen bösen Streichen angeleitet. Sie bekommen Hexenpulver, und man zeigt ihnen die Bereitung der Hexensalbe. Sie lernen, wie man Gewitter und Hagelschlag zum Verderb der Saaten hervorbringt, wie man Kinder krank macht, wie man bewirkt, dass die Kühe statt der Milch Blut geben, wie man den Leuten Alpdrücken verursacht oder sie den Reihtanz tanzen lässt und dergleichen.

Die alten Hexen aber haben vor ihrem Herrn und Meister ein Verhör zu bestehen und anzugeben, was sie im Laufe des Jahres böses gethan haben, worauf sie entweder als fleißig gelobt oder als träg gezüchtigt werden.

Inzwischen hat sich der Schauplatz mit Volk aus aller Herren Ländern, Männern und Weibern, Weltlichen und Geistlichen, Fürstinnen, Bauernweibern und Bettlerinnen, Verhüllten und Unverhüllten gefüllt. Allerlei Trachten, Stände und Altersstufen tummeln sich durcheinander. Unanständige Lieder werden gesungen, unsaubere Späße gemacht. Dann beginnt die Anbetung des Teufels, indem die Anwesenden sich, ihrem Meister die Kehrseite zudrehend, bei den Händen fassen und einen großen Ring um ihn bilden, der sich dann hüpfend um ihn herum bewegt und sich schließlich wieder auflöst, um jenem dadurch seine Huldigung darzubringen, dass man den Actus vollzieht zu welchem Götz von Berlichingen, zur Uebergabe seiner Burg aufgefordert, den kaiserlichen Hauptmann einladen läßt.

Wilde Tänze und ein reichliches Schmausen folgen. Dann giebt es eine Parodie des Abendmahles. Die höllische Hostie ist schwarz und zäh wie eine Schuhsohle, und der Trank, statt in einem Kelche in einer Kuhpfote gereicht, schmeckt wie Jauche. Zum Schluß verbrennt sich der Teufel zu Asche, die dann an die Hexen vertheilt wird, auf daß sie damit Schaden stiften, und nachdem die Höllengeister mit den Hexen bei ausgelöschten Lichtern noch eine weile sich vergnügt, geht die greuelvolle Gesellschaft aus einander. Die Hexen besteigen ihre Böcke und Ofengabeln wieder und fliegen in alle Richtungen davon. Verspätet sich eine, kommt sie nicht vor der morgentlichen Betglocke heim, oder wird sie auf ihrer Luftfahrt von Jemand, der nicht zur höllischen Gemeinde gehört, gesehen, so stürzt sie herab und bricht sich den Hals.

Dergleichen Thorheit wurde in der „guten alten Zeit" so ziemlich von aller Welt geglaubt, von Bürgern und Bauern nicht blos, sondern auch von den Gelehrten und Obrigkeiten. Und – was schlimmer war - die „alte gute Zeit" bestrafte die Betreffenden, nachdem sie dieselben mit der Folter überführt, bestrafte sie mit nichts Geringerem, als mit dem Feuertode. Die Walpurgisnacht erinnert uns an eine der schrecklichsten Krankheiten, von welcher die Phantasie und das Rechtsgefühl der europäischen Menschheit je heimgesucht worden sind. Die Evangelischen waren nicht weniger bethört und nicht weniger unbarmherzig als die Katholiken dieser entsetzlichen Zeit, die sich über drei Jahrhunderte ausdehnte, in Deutschland kurz vor und kurz nach dem dreizigjährigen Kriege ihre grimmigsten Perioden hatte und in Spanien, in der Schweiz und in Polen bis in Tage hereinreichte, die einige von den ältesten Lesern dieses Blattes noch gesehen haben können.

Ein paar Zahlen mögen zeigen, daß hiermit eher zu wenig als hier zu viel gesagt wurde. Ich spreche dabei nur von Deutschland, obwohl es in anderen Ländern, vorzüglich in Italien und in Spanien, nicht im Mindesten milder zuging und allein in Sizilien binnen anderthalb Jahrhunderten gegen dreizigtausend der Zauberei Beschuldigte den Scheiterhaufen bestiegen, in Schottland in einem einzigen Jahre sechshundert solche Unglückliche den Feuertod erlitten und in der einen Stadt Genf im Jahre 1515 nicht weniger als fünfhundert angebliche Hexen hingerichtet wurden. Mit besonderer Wuth raste diese schreckliche Geisteskrankheit, wenn wir uns nach Deutschland wenden, in einigen Theilen Frankens, in verschiedenen Gegenden Schwabens, in Schlesien und im braunschweiger Lande. Im Bisthum Bamberg wurden von 1627-30 bei einer Bevölkerung von etwa hunderttausend Seelen zweihundertfünfundachtzig, und im Bisthum Würzburg binnen drei Jahren hundertsiebenundfünfzig Hexen „eingeäschert", im Ganzen aber ließ der damals dort gebietende Unhold, Bischof Adolph, während seiner Regierung zweihundertneunzehn des Umgangs mit dem Teufel Angeklagte verbrennen. Auch Bischof Johann von Trier zeigte großen Eifer; er sandte 1585 in seinem Gebiet so viele Weiber auf den Scheiterhaufen, daß an zwei Orten nicht mehr als zwei am Leben blieben. In der kleinen Reichsstadt Nördlingen wurden von 1590-94 zweiunddreizig Zauberer und Hexen verbrannt.

Noch gräßlicher wüteten die Hexenrichter in Schlesien. Im Fürstenthum Neiße sollen in dem zuletzt erwehnten Zeitraum gegen tausend Hexen verurtheit worden sein, über zweihundert Brände liegen Urkunden vor, und unter den Hingerichteten finden wir Kinder von ein bis sechs Jahren. In Braunschweig wurden zwischen 1590 und 1600 so viele Hexen hingerichtet, daß die Stelle, wo die Scheiterhaufen gestanden, wie die Stätte eines Waldbrandes aussah. Den furchtbaren Rhum, das größte Autodase in Deutschland gefeiert zu haben, hat die Stadt Quedlinburg, wo 1589 an einem einzigen Tage hundertdreiunddreizig Hexen verbrannt wurden.

Die nicht beneidenswerthe Ehre, das letzte Autodase innerhalb der Grenzen des damaligen deutschen Reiches veranstaltet zu haben, gebührt einem Erzbischof von Salzburg, der 1678 dem Aberglauben, von dem wir hier reden, ein Brandopfer von siebenundneunzig Menschen darbrachte. In Spanien starb 1781, im Kanton Glarus 1783 die letzte Hexe den Feuertod. Am längsten hielt sich dieser wüste Spuk in Polen, wo in einem Orte an der preußischen Grenze noch im Jahre 1793 zwei Hexen den Scheiterhaufen bestiegen, nachdem kurz vorher ein ganzes Dorf sich der Wasserprobe unterziehen müssen – auch eine von den Segnungen, welche ein langes Jesuitenregiment für das Land im Gesetze gehabt hatte.

Die Hexenrichter sind wir los, der Hexenglaube aber lebt in einem guten Theile des Volkes fort, nur sind ihm die Nägel beschnitten, so daß er ein ziemlich harmloser Aberglaube geworden ist, der gewöhnlich nur üble Nachrede und Meidung des Umgangs mit den Verdächtigen, sowie Verweisung derselben aus Haus und Stall zur Folge hat. Indeß kommen nach den Zeitungen doch gelegentlich Fälle vor, wo der Wahn weiter geht und sich zu Mißhandlungen und Peinigungen der Betreffenden versteigt, und gar nicht selten sind die Fälle, wo eine Magd, die eine Hexe sein soll, aus dem Dienste gejagt, oder eine Familie, in welcher die Mutter oder Großmutter in den Ruf gekommen ist, Vieh oder Menschen „etwas anthun" zu können, durch allerhand Unbill genöthigt wird, ihren Wohnort zu wechseln. Die Schule hat hier noch manche Aufgabe.

In Ostfriesland nennt man die Hexen „dat roode Volk" oder „de lichte Lüe", die leichten Leute, weil sie auf Kuhrippen über das Land hinschweben. Es giebt dort ganze Familien, in denen die Hexe forterben soll, und in welche deshalb Andere nicht gern hineinheirathen.

In Tirol wird nach J. Zingerle das Hexenhandwerk von alten Weibern gelehrt, und erst wenn die Schülerin sich in allen ihren Künsten dreimal sieben Jahre bewährt hat, erhält sie vom Teufel das „Siegel", indem er ihr einen Bocksfuß auf das Kreuz einbrennt, womit die volle Zaubermacht und der „böse Blick" verbunden ist, der Alles, was er trifft, beschädigt, krank macht und verdirbt. Die Hexen werden hier, wie anderwärts, an rothen Triefaugen, aber zugleich an verschiedenen anderen Zeichen erkannt. Wenn im Innthale ein altes Weib weiße Schnecken sucht, ist es eine Wetterhexe, die Gewitter und Wirbelwinde machen kann. Die Hexen können die Bergwiesen vergiben und verdorren lassen, bei verschlossenen Thüren ein Stück Vieh aus dem Stalle entführen, den Kühen die Milch nehmen, aus Nägeln, die im Stalle sind, melken, das Buttern hindern; sie können sich in Katzen und Hasen verwandeln, auch stehlen sie sich in Gestalt von Schmetterlingen durch offen gelassene Fenster in die Stuben und Kammern, wo sie dann des Nachts den Leuten Alpdrücken verursachen und die Kinder würgen, bis sie blau werden. Zum Glück giebt es allerlei Mittel, mit denen man sich gegen ihre Bosheit schützen kann. Wenn ein von Hexen verursachtes Ungewitter im Anzuge ist, so vertreibt man es von verbrennen von Kräutern, die am Tage Mariä Himmelfahrt geweiht worden sind. Schießt man gegen die heraufsteigende Wolke, so wird die Hexe getroffen. Die Ställe verwahrt man gegen die Unholdinnen dadurch, daß man einen Benediktus-Pfennig oder ein kleines Rad, dessen Speichen ein Kreuz bilden, daran befestigt, was man in den Gebirgsdörfern Truden, Aldein, Raditsch und Radein fast in jedem Gehöfte beobachten kann. Gekreuzte Eisenstangen vor den Fenstern halten in Passeier die Hexen fern.

Will beim Buttern die Milch nicht brechen, so nimmt man einen Bratspieß, macht ihn glühend und stößt ihn in das Butterfaß, dann wird die Hexe, die das Mißlingen verursacht, gebrannt und ihr Zauber zerstört. Oft geschah es bei Stockach, daß Leute, die in einer Quatemberzeit nach dem abendlichen Gebetläuten vor die Thür gingen, von Hexen geholt, auf einen hohen Berg getragen und in zwei Stücke gerissen wurden. In Meran, wo das auch befürchtet wird, schützt sich der, welcher nach dem Läuten noch ausgehen muß, vor aller Gefahr dadurch, daß er in den Wagengleisen hinschreitet. Wer in Absam und Zirl von der „Trude", das heißt der Hexe als Alp, gedrückt wird, schafft sie sich vom Leibe, wenn er das nächste Mal sich eine Hechel so auf die Brust legt, daß die Stacheln aufwärts stehen.

Auch in Schwaben scheint nach E. Meier der Glaube an Hexen noch sehr verbreitet zu sein. Berüchtigt und gefürchtet sind die Weiber mancher Orte, z.B. die von Somaringen und Pfrondorf bei Tübingen. Saulgau in Oberschwaben heißt in der ganzen Nachbarschaft wegen seiner vielen Hexen das „Hexenstädtle"; das Wiesenstieger Thal wird das Hexenthäle genannt, und von Möhringen auf den Fildern sagt man, es seien dort sechs Hexen mehr als Milchhäfen im ganzen Orte. Die Hexen reiten auf Katzen zu ihren nächtlichen Festen. Solche Thiere werden davon oft mager und krank. Schneidet man ihnen aber ein Stück vom Ohre oder dem Schwanze ab, so sind sie zu ferneren Ritten untauglich und erholen sich wieder. Wenn eine Hexe jemand drücken oder „reiten" will, so verläßt ihre Seele des Nachts ihren Körper und schlüpft als Maus zum Munde heraus. Der Leib liegt dann mit offenen Munde wie todt auf dem Rücken, und wollte man ihn umkehren und mit dem Gesichte auf`s Kissen legen, so würde er todt bleiben, da die Seele nicht wieder hinein könnte.

Die Hexen können ein Kind durch bloßes Anblicken krank machen und Milch aus einem Handtuche melken. Sie stehlen ungetaufte Kinder und bringen sie um, worauf sie ihnen die Hände abschneiden, die dann zu einem Zauberbrei zerkocht werden. Erkannt werden sie daran, daß sie am Sonnabend spinnen, daß sie mit den Augen blinzeln, daß ihnen die Augenbrauen in der Mitte zusammen gewachsen sind. Sieht man ihnen in die Augen, so blickt das Bild verkehrt heraus.

Schutzmittel gegen Hexen sind folgende. Man malt mit Kreide drei Trudenfüße an die Thür; man bringt dasselbe Zeichen an Krippen und Kornsäcken an; man nagelt einen Pferdefuß über die Stallthür; man wirft etwas Salz in den Melkkübel und das Butterfaß.
Auch Messer mit drei Kreuzen auf der Klinge schützen gegen Hexen. In den Ställen muß man das Spinngewebe sitzen lassen, sonst beschädigen einen „die bösen Leute".

Legt man „Neunfingerleskraut" unter sein Kopfkissen, trögt man Asche von Erlen- und Wacholderzweigen bei sich, so können einem die Unholdinnen nichts anthun. Hat eine Hexe ein Stück Vieh beschädigt oder umgebracht, so kann man sie zur Strafe ziehen. Man stecke in das Herz des todten Thieres drei Nägel und drücke dieselben täglich etwas tiefer hinein. Dann muß die betreffende Person sterben, wenn sie nicht kommt und um erbarmen bittet, und man die Nägel herauszieht. Ebenso stirbt sie an der Schwindsucht, wenn man ihre Fußstapfen ausschneidet und in den Rauch des Schornsteins hängt.

Norddeutscher Hexenglaube ist unter Anderm die Meinung, dass die Hexen aus einem Stücke Holz einem Stricke oder Besenstiele melken, dass sie sich in dreibeinige Hasen verwandeln, dass sie an Mauern hinauflaufen und in der Luft schweben können. In der Mark und gewissen Theilen Mecklenburgs kann man den Hexenzug nach dem Blocksberge sehen, wenn man sich unter eine Erbegge setzt, deren Zähne nach oben stehen, oder wenn man eine Furche um das Dorf zieht, dann den Pflug in die Höhe richtet und daselbst bis zur Dunkelheit wartet, oder wenn man sich auf einen Kreuzweg stellt und sich ein ausgeschnittenes Stück Rasen auf den Kopf legt. Ebendaselbst erkennt man die Hexen in der Kirche, wenn man das erste Ei einer schwarzen Henne in der Tasche trägt. Im Harze leistet ein Gründonnerstagsei dieselben Dienste. Im Elsaß wieder muß es ein Charfreitagsei sein, und man sieht die Hexen mit einem Stücke Speck statt des Gesangbuches in der Hand.

Die Moral von unserer Betrachtung ist eine doppelköpfige: Die „gute" alte Zeit war in Wahrheit nach verschiedenen Richtungen hin eine sehr „schlimme", eine recht dumme alte Zeit, und wir sind besser daran als unsere Großväter und Urgroßväter, aber so gut und gescheidt wir vergleichsweise auch sein mögen, noch leben wir keineswegs überall im neunzehnten Jahrhundert.

Hexen

„Auch jene grausen alten Weiber,
Die man nicht gerne beim Namen nennt,
Weil ihnen sonst die dürren Leiber
Das tolle (rasende) Volk zu Asche brennt"

Ein Beispiel für das Weiterleben im Volksmund Anno 1898. Der folgende Text im Artikel beginnt mit „Die Hexen hatten, so erzählt man sich, ... [...] Auf einem Bauernhof geschah viel Unglück, ein Stück Vieh starb nach dem anderen. Schon lange vermutete man, die böse Nachbarin trage die Schuld an diesem Unheil. [...]"
Quelle: Niedersachsen, Halbmonatsschrift für Geschichte, Landes- und Volkskunde, Sprache, Literatur, Jg 1897/98, Nr.11 vom 1. März 1898, III. Jahrgang, Seite 173 ll.
Nachtrag der Autoren:
Moritz Busch hat einige Werke von Mark Twain ins Deutsche übersetzt
z.B. „Die Arglosen auf Reisen" oder „Die Pilgerfahrt"

* * *

Allerhand Aberglaube

[Teil 9e]

Gustav Engel, Heimatborn Rotenburg ,1932, Seite 6-7

Eine junge Bäuerin wurde auf ihren Ausgängen immer von einer Katze begleitet, eines Tages raunte ihr die Nachbarsfrau ins Ohr, daß ginge nicht mit rechten Dingen zu. Die Katze wäre niemand anders als ihre böse Schwiegermutter, die hinter ihr her ginge, um ihr Tun und Treiben auszuspionieren.
Die beiden abergläubischen Frauen beschlossen eine exemplarische Bestrafung. Sie lockten das Kätzchen, als es wieder einmal getreulich seiner Herrin folgte, in das Haus der Nachbarin und schlugen es halbtot.
Zufällig war um diese Zeit die Schwiegermutter auf den Boden gegangen, um Torf herunter zu werfen. Beim herabsteigen fiel sie von der Leiter, verletzte sich schwer und konnte sich nur mit Mühe und Not in ihr Bett schleppen. Wer beschreibt aber den Triumpf der Schwiegertochter, als sie die alte Frau vor Schmerzen wimmernd fand, sah sie sich doch zu ihrer Genugtuung davon überzeugt, daß die der Katze verabfolgten Prügel an die richtige Adresse gekommen waren. Sie verhöhnte die Ärmste obendrein und ließ sie hilflos liegen.
Man kennt noch heute auf dem Land allerhand Mittel, um sich gegen Zauber und Hexen zu schützen oder diese festzustellen. Erwartet man den Besuch einer verdächtigen Frau, so legt man quer vor die Stubentür einen Besen. Geht die vermeintliche Hexe arglos über den Besen hinweg oder nimmt sie ihn auf oder stellt ihn in die Ecke, dann ist sie unschuldig. Geht sie aber vorsichtig um ihn herum, ist sie zweifellos eine „Zaubersche" und wird bei erster Gelegenheit ihre gebührende Strafe empfangen.
Ueberall im Schwange sind heute noch die „Todesansager". Wenn die Hausuhr plötzlich stehen bleibt, wenn der Spiegel von der Wand fällt, wenn das Käuzchen schreit, wenn der Holzwurm bohrt, dann ist der Knochenmann mit Sicherheit zu erwarten. Bis vor kurzem und in manchen Gegenden noch heute hielt man in den Bauernhäusern immer einen besonderen Stapel mit Brettern bereit, aus denen in Sterbefällen der Sarg hergestellt wurde. Wenn die Sargbretter klapperten, so war das ein untrügliches Zeichen.
Ein Landarzt wurde einst an das Krankenbett eines alten Mannes gerufen. Es stand schlecht, und die Schwiegertochter war offensichtlich froh, den unbequemen Ballast los zu werden. Sie erzählte denn auch dem Doktor bei seinem zweiten Besuch, daß die Sargbretter sich schon „gerührt" hätten. Der Arzt aber wollte sie beruhigen mit seiner Feststellung, daß sich der Zustand des Kranken gebessert hätte. Da rief die junge Frau erblassend aus: „Dann gilt es mir"! –Und in der Tat; der alte Mann erholte sich, die junge Frau aber starb wenige Wochen später an der galoppierenden Schwindsucht.

* * *

Rotenburger Anzeiger, 1902

De Hex up dat Steg

Erzählt von F. M. in Söhlingen
(*vertellt up platt von F. M. in Söhlingen im Kirchspiel Brockel, Amt Rotenburg*)

[Teil 9f]

Wenn Du von Jilvern na Neenkaken hendal wullt, so kannst Du en Richtweg maken und geist von Baern ärn Barg öwer de Wischen grad in Ort rin. Du kummst denn öwer dat Steg, wo de Amtmann woller dat grote Malöer harr und de ole Geometer den groten Höög. Du kannst da nu awer drist up dohlgahn, denn dat Steg is all lang wedder in Ordnung.

Hier is in fröhern Tieten as de Lüer noch väl an Hexen un Speuken glöwen, mal een drullig Stück passert, dat ick hier woll mol vertelln mögg. Ick kann dor abernich vor instahn, dat mi dar hen und wedder nich mal'n lütt Stück mangdör löppt, denn de mi düsse Geschichte toerst vertellt het, de säh, ganz genau könn he vör de Wahrheit uck nich mehr upkamen, dat wör all to lang her, as se sick todrogen harr.

Hans Hinnerk ut Jilwern harr mol ins'n lütt Geschäft in Neenkarken to besorgen un dat harr üm onig upholn. He harr de meisten Weertshüüs besöcht un harr schließlich in een Gesel schapp dropen. Dor set'n ganten Hümpel goe Bekannten un unnerhölen sick mit dat Book, dat 32 Bläer un 64 Sieten hett. Hans Hinnerk, de uck gar to giern Kortenspeeln mögg, sett sick uck mit ran un nu güng dorbi. Se späln erst Solo mit Söß vörn Gröschen un wer mit Mackebuern un den ganzen Klimbim, de dor süß noch to hürt.
Dat kann awer uck'n anner Spell wäsen sin, wer kann dat so genau wäten. Genog, dat güng dor dull häär, un de Gröschens flögen man so.

As dat Bettgahnstied wör, do puck dor watt ant Finster un da stünn'n dree Spälers up un sähn, se mössen nothwendiger Wies no Hus. (*De Nachtwächter schall dat anpucken awer nich dahn hebben; ick heff nahär man hört, dat schölln Frogensminsch wäsen sin.*)
De Dree güngen also na Hus, und Hans Hinnerk, de Koopschooster un noch een – de rücken beeten nöger an'n anner rann un nu güng dat von Frischen wedder los.

Harrn se erst man lütt Geschütz in jümm ärn Kortenkrieg brukt, so dommerdeern se sick nu mit grote Kanonen, denn dat güng nu vör dree Kort, dree Dahler. Un dat mutt ick seggen, us Hans Hinnerk hööl sick tapfer in dütt Gefecht de ganze Nacht hendör un uck noch bett an'n annern Middag un'n Nahmiddag. Do wört ower mit em to Enn, denn da möß he sick ergeben, un sin Geldbütel wör so leddig, as de Kornböhn to Johannjahr.

Mit'n leddig Tasch, aber mit'n fulln Kopp von wegen den Kloern un mit Angst in Liew von wegen Sin Froo güng Hans Hinnerk na Hus.

He schlög natürlich den Richtweg in un Köm to in de Schummere ant Steg an. Hier blew he ower erst'n beten vör bistahn un öwerlä sick dat erst ördentlich, wie he dor woll an besten röwer köm. Wenn he mit'n klaren Kopp marschiern könnt haar, denn woll ick dat nich seggt hebben, denn harr üm dat woll glückt awer von wegen den Köm, denn he in'n Liew harr, wör üm dat mit de Been doch'n bäten to reskant; he künn bito petten un denn spattel he in'n Water, as'n Fleg in de Supp. He köm na'en goe tein Minuten to den Entschluß, he woll man de Hänn to hülp nehmen un awer dat Stegg krepen. Un darto mak he nu Anstalten.

As Hans Hinnerk dor stünn un awerlä un dorbi sowatt in'n Bort murmel. Köm von de annern Siet een Kirl un wull ok jüst awer dat Steg gahn. Ick heff hört, dat wör de ole Geometer A. wäsen, de jümmer allerhand verfluchte Faxen und Knäp in Kopp harr. As de nu seeg, dat Hans Hinnerk an to krepen füng, do reer den Geometer jowoll de Düwel, wie man to seggen pleegt, denn he bück sick uck dahl un wollt uck mal mit allen Veern versöken un woll mal sein, watt Hans Hinnerk dorto sä.

So kröpen se denn up en anner los, as son poor näsche Böck, de mal sein willt, wer von jümm den dicksten Brägen hett. Se dröpen denn uck mit „tötlicher Sicherheit". Wie Klaus Kamp to segen pleeg, just mit de Köpp tosamen. Awer de Geometer versög sick dorbi so gräsig, dat he binah vont Steg falln wär, denn bi den Tosamenstoß knäter und knaster üm dat in de Ohren, as wenn de Blitz in'n Eekbohm hendal schleit. He dag jowoll erst he harr sick den ganzen Brägen tweistött. Awer dat stell sick bald herut, dat dat nich de Fall wör. De Köpp wörn beide heel bläwen; dat Knätern wör von Hans Hinnerk sin groten Hoat kamen, de hierbi in de Wüken gahn is. Dat wöör noch een von de Ort, de uck as Kornmaat got to bruken sünd.

Usen Hans Hinnerk wörn bi den Tosamenstoß un bi de Kräterie binah de Ohnmachten öwerkamen. Uem wör dat up eenmal stickendüster vör de Ogen worn, denn de ole Geometer harr üm den groten Hoot ganz öwer Nääs und Ohren stött, dat üm de Luft ganz wegbliewen wol un üm Hörn un Sein vergüng.

Dit erst wör nu, dar he sick wedder rut den Hoot arbein dä. He gräp awer mit solker Gewalt to, dat he de Kremp von den Hoot glicks afreet un de üm as son Sparherdsring up den Hals füll. Bald glück üm dat nu uck, dat he den Rest von sin Koppbekledung rünner kreeg un he ördentlich wedder to Athen kamen künn.

Hre keek nu ganz wild umher un sög mit de Ogen den Gegenstand, de üm in'n Weg lägen un üm den dullen Streich spält harr, awer dor wör niks to sein, denn de Geometer wär trüg sprungen un harr sick achter de Büsch verstäken.

As Hans Hinnerk niks fünn un uck niks to hörn wör, da löpen em awer doch de kohlen Gräsen up'n Puckel hendal, un he kreeg mehr Angst as Wehdag. „Dat mutt hier nich mit rechten Dingen togahn. De Hex ist wäsen, de hett mi der Hoot öwer dat Gesicht stött", son Gedanken schöten em dörch den Kopp, un dormit reet he denn uck all ut, as wenner de Wessen achter wörn.

Bleeg vör Angst as de Dot, so köm he in N. bi dem Weert, bi den he Korten speelt harr und erst vör korte Tied weggahn wör wedder an. Up den ersten Stohl sack he man so dahl un japphals, as'n Karpen ut'n Wader.

De Weertsmann un sin Gäst löpen nu um üm tohopen un wunnern sick nich schlecht öwer üm, as he in son Verfatung anköm. „Hans Hinnerk, wat is di denn passeert", so gung dat nu mit Fragen up üm in. He kann awer vör Hachpachen erst gar nicht to Wort kamen. „Up dat Steg sitt'n Hex", dat wört ganze, watt he rutbringen könn.

„Hans Hinnerk, di hett woll wat drömt". „Du hest de Hex wull in Buddel sein", so spotten un lachten se nu üm em rüm. He awer wies jüm sin affgereetene Hootkremp un den Put dorto vör un sä: „Süh, dat hett de Hex mi andahn". Un so stünn he dor un vertell jüm dat, wo üm dat Steg gahn harr. He schlöt sin Vertellers mit de Wörd: „All min Lew gah ick nich wedder öwer dat ole Steg; keene tein Päär treckt mi dor röwer. Dat is de Straf davör, da tick hier rümmsuup un min Geld verspäl. Dat schalln Enn hebben. Lever will ick jeden Dag na'e Heide gahn un naher uns Muddern de Spolen maken und är Schwienfuddern helpen, as mit jo hier den Dag un de Nacht dörch Korten späln. Dat schall mi nich wedder passeeren."

Hans Hinnerk hett Wort holn. Bi dat Kortenspäln kreeg em nich wedder to sein un öwer dat Steg güng he uck nich wedder.

As man em naher vertelln dä, dat wär gor keen Hex wäsen, de em stött har, dat wör de Geometer wäsen, harr he seggt, dor glöw he dat nich un sä: „Und dat is mi ganz egel, ick weet; wat tick weet; dat si niks anners wäsen, as de Hex dor up dat Steg".

* * *

aus dem Buch Niedersachsen
von 1898/99 Seite 43/44

[Teil 9g]

Bilder aus dem alten Angeln
von P. Andresen (Rabenholz)

II.

Hexenprozesse und Aberglaube

In der so viel gepriesenen guten alten Zeit stand hier bei uns in Angeln der Aberglaube auf einer recht hohen Stufe. An vielen Stellen war es damals keineswegs recht geheuer. Noch jetzt weiß man viele solche Plätze namhaft zu machen, an welchen es einstmals spukte. Manchem ängstlichen Gemüt ist, wenn er an solchen Platz vorüber mußte, ein richtiges Gruseln angekommen. Ich habe nun gefunden, daß an allen diesen Plätzen, soweit sie mir bekannt geworden sind, alte Hünengräber liegen oder doch lagen. Diese waren jedenfalls die Ursache davon, das ihre Umgebung von abergläubischen Leuten thunlichst gemieden wurden. Damals glaubte man fest an Teuffelserscheinungen, Bündnisse mit dem Teuffel, Hexen und Zauberern. In den Jahren 1628, 1641 und 1647 ergingen Verordnungen gegen die Zauberei. Nach der Verordnung vom Jahre 1647 sollte derjenige der der Zauberei überführt wurde, **Kirchbuße** thun und mit **Gefängnis** und **Landesausweisung** bestraft werden. Vielfach verbrannte man die Hexen auch, hier auf dem Scheiterhaufen. Hin und wieder sind noch jetzt die Plätze bekannt, auf welchen die Opfer des schlimmen Aberglaubens verbrannt wurden. Zwischen den beiden Dörfern Schwackendorf und Rabel (*Station der Kreiseisenbahn Flensburg-Kappeln*) ist z. B. ein solcher Platz, auf diesem Platze hat man dereinst eine unglückliche Frau aus Schwackendorf verbrannt. Sie hieß Karen Michels. Ihr wurde nachgesagt, daß sie "andere in ihren bösen Künsten unterwieß". 6 bis 8 Fuder Holz wurden zur Herstellung des Scheiterhaufens gebracht. Dieses Holz schlug man in einem Gehölz auf der zum Gute Buckhagen gehörenden Koppel Dowerott. Später erhielt dieses Gehölz den Namen " Karen Michels Hörst". Auf dem Beekfelde bei Goldhöft verbrannte man die Heltinger Hexen.

Damals stand den Besitzern der adeligen Güter das Recht zu, über ihre Unterthanen die vollste Gerichtsbarkeit auszuüben. In den alten Gutsarchiven liegen noch jetzt manche Prozeßakten aus jener Zeit, die davon Zeugnis ablegen, daß mancher Gutsherr geradezu gegen die angeblichen Hexen gewütet hat. So haben wir Nachricht über den Gutsherrn Henneke Rumohr auf Roest, laut welcher dieser Ritter nebst seiner Ehehälfte behext gewesen sein soll. Beide mußten ein ganzes Jahr krank auf ihrem Bette liegen. Auch konnte man während dieser ganzen Zeit keine Butter aus der Milch auf dem Hofe Roest gewinnen. "Daher ließ er 1551 den 17. Juli bei Kappeln nach gehaltenem Dinge (*Dinggericht*) die Küsterfrau und vier andere Hexen verbrennen". Sein Urenkel Hinrich Rumohr, ebenfalls Besitzer von Roest, war auch ein Feind der Hexen. Derselbe ließ 1632 die Anna Stieges und 1641 Ellen Lassen verbrennen. Bartram Ratlov auf Dänisch-Lindau bewirkte 1557, daß 10 Hexen auf einmal bei der Kirche zu Boren verbrannt wurden. Dieser Edelmann scheint übrigens nette Begriffe über Eigentumsrecht gehabt zu haben. Auf die Leuchter der Kirche zu Boren ließ er nämlich die Inschrift setzen, daß er sie 1559 im Dithmarscher Kriege aus der Kirche zu Meldorf weggeführt, aber 1598, als er seinen Hof abgab und auf die Abnahme (*Altentheil*) zog, der Kirch zu Boren "zur Ehre Gottes" verehret habe.

Gegen das Ende des 17. Jahrhunderts traten in Deutschland wie in Holland einige Männer mit Wort und Schrift gegen den Hexenglauben auf. Namentlich suchten sie das Verbrennen der angeblichen Hexen zu verhindern. Besonders waren es Thomasius aus Halle und Balthasar Becker. Damals eiferten aber auch noch viele Geistliche gegen die Hexen, so z. B. der Prediger Peter Goldschmidt zu Sterup in Angeln. Becker hatte eine Schrift "Die bezauberte Welt" gegen die Hexenverfolgung erscheinen lassen. Goldschmidt schrieb eine 1704 erschienene Gegenschrift "Höllischer Morphäus". Bereits 1705 erschien von ihm eine zweite, gegen Thomasius aus Halle gerichtete Schrift. Dieselbe führte den bezeichnenden Titel: "Verworfener Hexe und Zauberer-Advokat, d. i. wohl gegründete Vernichtung des thörichten Vorhabens Herrn

Christiani Thomasti, und aller derer welche durch superkluge Phantasiegrillen dem teuflischen Hexengeschmeiß das Wort reden wollen." Diese Bücher sind voll von Geschichten der abenteuerlichen Art, deren Schauplatz zum Theil Angeln ist. Das gerade ein Prediger das Hexenwesen als wirklich bestehend hinstellte, mußte von sehr schwerwiegenden Folgen sein; Denn gerade die Prediger standen in dem Rufe bei dem Volke, daß sie, vermöge ihres Amtes, der Zauberei wirksam entgegen wirken, den Teuffel bannen, die Widergänger wegmahnen, und dergl. übernatürliche und ansinnige Dinge mehr verrichten konnten. Solches Vorgehen des Herrn Goldschmidt und ähnliches seitens anderer angesehener Männer jener Zeit bewirkten, daß der Aberglaube sich hier in Angeln recht lange hielt, und das es schwer wurde ihn gänzlich auszurotten. Unser Chronist Jensen bemerkte hierzu in seinem 1844 geschriebenen Buch "Angeln". Dieser Wahn (*daß Geistliche übernatürliche Dinge verrichten konnten*) ist noch nicht gänzlich ausgerottet, ich könnte aus eigener Amtserfahrung (*Jensen war Prediger in Selting*) manches darüber anführen, wenn dazu hier der Ort wäre. Was aber bei dem Aberglauben das aller verderblichste, das wer der Einfluß, den er auf die Vorstellung vom Christentum hatte, nämlich als ob man der Macht des Böser entrinnen könnte durch gewisse äußere Handlungen, durch Beobachtungen einzelner kirchlicher Gebräuche und das war dann den pharisäischen Sinn überaus zusagend und willkommen. Aberglaube macht den schmalen Glaubensweg zu einem breiten und darum findet er in der Tiefe des menschlichen Herzens einen Bundesgenossen. Es wäre sonst unbegreiflich, wie er sich hätte halten können, freilich zurückgedrängt und verkrochen, bis auf den heutigen Tag unter einem Volke, dem man das Lob eines verständigen und nachdenkenden nicht versagen kann. Wiederum, wo man gegen den Aberglauben zu Felde gezogen ist, und das auch vielfach geschehen, da ist es oft ergangen, wie der Dichter sagt man „bekämpft den Wahn und untergräbt den Glauben!"

Wohn- und Lebensverhältnisse in alten Zeiten
Rudolf-Schäfer Haus in Rotenburg (Wümme)
Große Straße, Bj. 1675, Foto: Jürgen Hoops, 2006
Ein Beispiel für das Aussehen der Häuser im Flecken
Rotenburg in alten Zeiten.

Zeichnungen
zum Thema
„Hexerei & Ketzerei"
[Teil 10]

< Hexenanbetung...
Hexe betet Dämon an
Buchillustration Sebastian Muns,
Cosmograhia Universalis 1544, 5.29
(1)

Flug zum Sabbat
(2)
Ulrich Mlitor „De Lamlis" ...1489

**< Anbetung durch Afterkuß
(Teufelsverehrung)**
(3)
aus Francesco Maria Guazzo,
Compendium Maleficarum, 1626

**Schadzauber und
Feuertod, >**
im Sachsenspiegel
(4)

*Schon der Sachsenspiegel (um 1350) sah für den „Schadenszauber"
die Hinrichtung auf dem Scheiterhaufen vor*

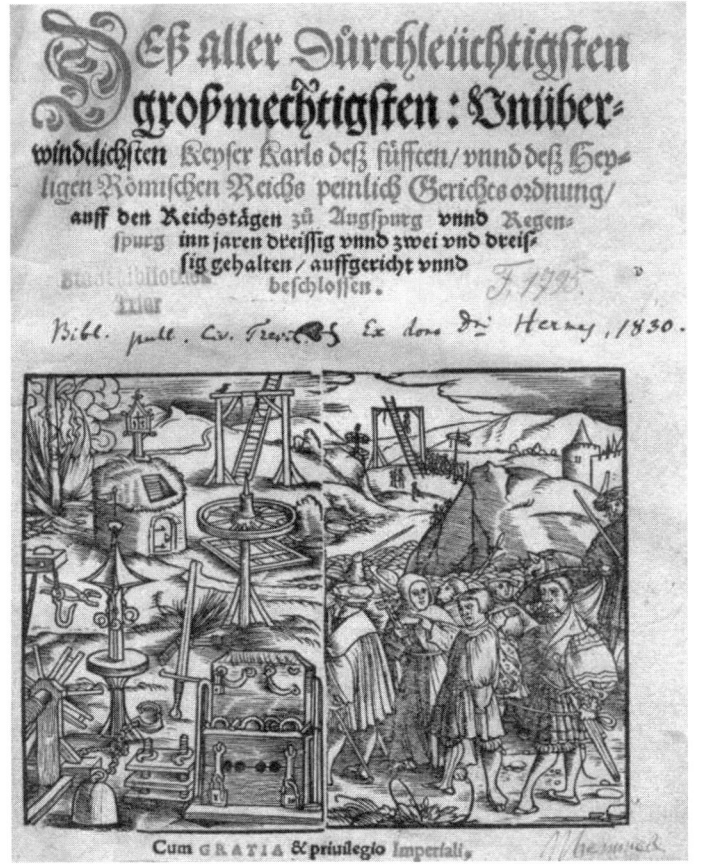

Abb. 5: Die Schrift des Hexenverfolgers Peter Binsfeld, Weihbischof von Trier, wurde 1591 auch in deutscher Übersetzung gedruckt. Das Titelblatt enthält alle wesentlichen Elemente des Hexereibegriffs: Das Paar Zinks steht für den Glaubensabfall (gehörnter Teufelspriester), in der Mitte steckt eine Hexe einen Säugling in einen Zaubertopf, im Hintergrund verursachen reitende Hexen einen Wetterzauber
Foto: Herzog August Bibliothek Wolfenbüttel

Abb. 4: Der Molkenzauber - eine „Hexe" melkt aus einer Axt Milch, die nach gängiger Vorstellung von andernorts herbeigezaubert wird; Holzschnitt 1517   Foto: bpk

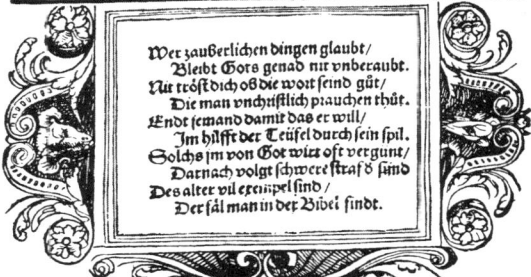

Wer zauberlichen dingen glaubt/
Bleibt Gots genad nit vnberaubt.
Nur tröst dich ob die wort seind gůt/
Die man vnchristlich prauchen thůt.
Endt jemand damit das er will/
Im hilfft der Teüfel durch sein spil.
Solchs jm von Got witz oft vergunt/
Darnach volgt schwere straf o sind
Des alter vil exempel sind/
Der fäl man in der Bibel findt.

< **Illustration Hexenzauber**
(10)
Werk Ciceros, 1531

Schadzauber
(11)
Titelblatt von Ulrich Molitor „De Lamiis et
phitonicis mulierbus (Von den Unholden
und Hexen) Köln 1489

**Verführung durch einen Teufel
(Teufelsbuhlschaft) >**
(12)
Ulrich Molitor (1442-1507) De Lamiis et
phitonicis mulier bus, Köln 1489

< **Teufelskonvent**
(13)
auf dem Blocksberg.
Buchillustration
Johann Prätorius:
Blockes-Berges
Verrichtung. Leipzig
1669

Übersicht und vergleichende Betrachtungen
der überlieferten Prozesse im ehemaligen Amt Rotenburg
[Chronologische Aufstellung Teil 11]

Nr	Jahr Beschuldigung / Anklage	Familien-name, Vorname	Alters-an-gaben	Mann Frau Kind	Ort Kirchspiel Hofname / Hofart Hof Nr. (Brandkasse)	Grundherr im Jahr der Anklage	Familieninformation	Ergebnis	Bemerkung
1	vor 1588	N.N.		Frau	Jeersdorf Ksp Scheeßel	---		angehört in Sittensen	
2	vor 1588	N.N.			Bult Ksp Scheeßel	---		unbekannt	
3	1596 Harm **Dörneman**	**(Hopes)** geb. N.N.		Frau	Höperhöfen Ksp Sottrum		Hermans & Mettes Großmutter, Joachims Mutter, verheiratet mit Harm HOPES (Senior)	stand unter Verdacht der Hexerei	
4	um 1600 ff	**Hopes** geb. N.N.		Ehefrau	Höperhöfen Ksp Sottrum		Mette verh. Meinken in Westeresch Mutter, Joachims Frau	stand unter Verdacht der Hexerei	
5	25.9.1614	**Dittmer** Elisabeth		n.b.	Helvesiek Ksp Scheeßel			verhaftet vor 25.9.1614 Ergebnis unbekannt **wohl verbrannt**	Gutachten Helmstedt vom 25.9.1614 Teil 6.4
6	1629	**Boling** N.N.		Ehefrau	Neuenkirchen		Ehemann Claus (BÖHLING)	Beschuldigt der Zauberei	Teil 6.4 Amt-geldrechnung
7	1640/1641 A. **Früchtenicht**	**Lüdemann** Metke		Ehefrau	Brockel		Ehemann Johann	½ Taler Strafe für Früchtenicht	Teil 6.4
8	1647	**Stahl** Ernst	um 60 Jahre alt	Ehemann	Rotenburg		4.ev Superintendent = Pastor 1613-1658	lebte bis zu seinem Tod im Jahr 1658 im Amt	
9	vor 1664	**Brügemann** Marie	n.b.	Ehefrau	Behningen Ksp Neuenkirchen		Ehemann Christoph 1675 / 1682 erwähnt	unbekannt	Teil 6.1

Nr	Datum / Ereignis	Name	Alter	Verwandtschaft	Ort	Amt	Vater / Ehemann	Status	Bemerkung
10	1662 & 5.10.1663 **Klageerhebung Vater** 3.5.1664 Vernehmung	**Meinken** Margarethe	17 Jahre alt	Tochter	Westeresch Ksp Scheeßel TIETENS, Vollhof Nr.3	Amt Rotenburg	Vater: Claus	am 3.5.1664 war sie noch frei Am 6.9.1664 verurteilt und am 9.9.1664 **verbrannt**	Beleidigungsklage des Vaters (1662) war der Auslöser Teil 6.2c
11	1662 5.10.1663 **Klage Ehemann** 3.5.1664 Vernehmung	**Meinken** Mette geb. **Hopes**	ca. 40 Jahre alt	Ehefrau	Westeresch Ksp Scheeßel TIETENS, Vollhof Nr.3	Amt Rotenburg	Ehemann: Claus	am 3.5.1664 war sie noch frei 29.6.1664 im Gefängnis selbst **erhängt**	Beleidigungsklage vom Ehemann 1662 war der Auslöser Teil 6.2c
12	7.9.1664 Marg. **Meinken** 9.9.1664 M. **Meinken**	**Sonnenberg** Margaretha	über 50J Sohn *1646	Ehefrau	Rotenburg		Ehemann Bürger & Jurat Clauß	wohl 1664 gegen Kaution entlassen	wohl am 9.9.1664 eingekerkert
13	23.7.1664 7.9.1664 9.9.1664 immer Marg. **Meinken**	**Bassen** Cillie	ca. 16 Jahre alt	Tochter	Wittkopsbostel Ksp Scheeßel HILMER, 2/3 Hof	Vogtei Scheeßel	Vater Peter (um 1624-1702) 1677 Mutter einer unehelichen Tochter	wohl 1664 gegen Kaution entlassen	wohl am 9.9.1664 eingekerkert
14	23.7.1664 Marg. **Meinken**	**Meinken** Cillie	ca. 64 Jahre alt	Ehefrau	Oldenhöfen Ksp Scheeßel PEETS, Hof-2	Amt Rotenburg	Ehemann Peter (geboren Anno 1600)	am 11.7.1664 verhaftet, wohl später gegen Kaution entlassen	kurz vor oder am 11.7.1665 eingekerkert
15	9.9.1664 Marg. **Meinken**	**Ratken** Anna geb. **Heitmann**	ca. 30 Jahre alt	Ehefrau	Jeersdorf Ksp Scheeßel HOLSTEN, Vollhof Nr.4		2. Ehefrau von Lütke (*† 1634) sie war gebürtig aus Westervesede-10	kein Geständnis und nach dem 11.7.1665 **des Landes verwiesen**	am 25.5.1665 auf eigenen Wunsch verhört und eingekerkert Teil 6.3

Nr.	Datum / Ankläger	Name	Alter	Stand	Ort	Amt/Herkunft	Beziehung	Ausgang	Schluss
16	7.9.1664 Marg. Meinken 9.9.1664 Marg. Meinken	Hollmann Tibke Witwe **Behrens** geb.N.N.	um 60 Jahre alt	Ehefrau	Bartelsdorf Ksp Scheeßel BEHRENS, Halbhof Nr.4	Amt Rotenburg	2. Ehefrau von Peter „Freikauf 1638" KÖTS Nebenhaus Hof-11 Bartelsdorf sie war wohl aus dem Ksp Sottrum gebürtig	kein Geständnis und nach dem 11.7.1665 des **Landes verwiesen**	am 25.5.1665 auf eigenen Wunsch verhört und eingekerkert Teil 6.3
17	23.7.1664 Marg. Meinken	N. N.	n.b.	Frau	Westerholz Ksp Scheeßel			unbekannt	wohl am 9.9.1664 eingekerkert
18	23.7.1664 Marg. Meinken	Heitmann Grete geb. **N.N.**	um 50 Jahre alt	Ehefrau	Westeresch Ksp Scheeßel Häusling auf Hof-7 DEETEN		Ehemann Hinrich	wohl 1664 gegen Kaution entlassen	wohl am 9.9.1664 eingekerkert
19	23.7.1664 Marg. Meinken	Hastedt Anna geb. **N.N.**	um 60 Jahre alt	Ehefrau	Hetzwege Ksp Scheeßel HASTEDT, Halbhof Nr.6	von Zahrenhausen	Ehemann Dietrich „Freikauf" vor 1664	am 24.7.1665 **verbrannt**	am 25.5.1665 auf eigenen Wunsch verhört und eingekerkert Teil 6.3
20	7.9.1664 9.9.1664 Marg. Meinken	Anna **Versemann** geb. **Gerken**	ca. 55 Jahre alt	Witwe	Ostervesede Ksp Scheeßel KATMANN, Brinkkate Nr.14	Amt Rotenburg	Witwe von Joachim	wohl 1664 gegen Kaution entlassen	nach dem 9.9.1664 eingekerkert
21	23.7.1664 7.9.1664 9.9.1664 immer Marg. Meinken	Heitmann Catharina geb. **Baden**	über 60 Jahre alt	Ehefrau	Abbendorf Ksp Scheeßel BUDDEN, Halbhof Nr.3	Amt Rotenburg	Witwe von Hinrich	wohl 1664 gegen Kaution entlassen	wohl am 9.9.1664 eingekerkert
22	nach 9.9.1664	**Wortmann** Gabriel	über 70J oder über 40J	Bürger	Rotenburg		Sohn vom Bürger und Jurat Gabriel der 3.kaiserl Posthalter ggf. als Zeuge	wohl nur vernommen / angehört	Teil 6.4

Nr.	Datum	Name	Alter	Rolle	Ort	Amt	Angaben	Status	Verweis
23	1664	**Peters** Agnes		Ehefrau	Rotenburg		Ehefrau von Caston Peters, an den Johann Sonnenberg 1664 eine Wiese versetzt hatte ?	unbekannt	
24	1664	**Otten** Catharina		Ehefrau	Rotenburg		Ehemann Heinrich	unbekannt	
25	1664	**Wichern** Jürgen		Mann	Stemmen			unbekannt	
26	1664	**Wichern** Joachim		Mann	Stemmen			unbekannt	
27	1664-1665	**Delventhal** N.N.		Tochter	Rotenburg		Vater: Lütke	vor dem 26.10.1665 **verbrannt**	Teil 6.6
28	1664-1666	**Delventhal** Lütke		Vater	Rotenburg	Amt Rotenburg	Vater einer Tochter, die 1665 als Hexe verbrannt wurde	† zwischen 26.10.1665 und dem 28.1.1666 Ursache: unbekannt	Teil 6.6.
29	1665	**N.N.**		Mann	Schwalingen		Teil 6.1: 9. Juni 1665	unbekannt	
30	1668	**von Fintel** Heinrich	um 30J	Sohn	Schwalingen			unbekannt	
31	1668	**von Fintel**	ca. 60 J	Mutter	Schwalingen		Heinrichs Mutter	unbekannt	
32	1668	**Röhrs** Clauß		Mann	Schwalingen			1670/71 **des Landes verwiesen**	
33	16.7.1669	**Baden** Cordt	um 35 Jahre alt	Ehemann	Westeresch Ksp Scheeßel Häusling KLAUSHOF, Nr.1	Amt Rotenburg	verheiratet mit Margrethe DITTMER aus Helvesiek-22	Responsum der Fakultät Rinteln angefordert. Ergebnis n.b.	war er nur der Denunziant ?
34	16.7.1669	**Helmers** Margrete	ca 18-19 Jahre alt	Mädchen	Helvesiek Ksp Scheeßel Diente dort wohl als Magd ebenda Nr.22	---	Vater Joachim Halbhöfner in Stemmen, HOOPSHOF, Nr.13	Responsum der Fakultät Rinteln angefordert. Ergebnis n.b.	wurde beschuldigt
35	für alle Zeiten	**N.N.**			stellvertretend für		alle, deren Akten nicht	mehr auffindbar	sind

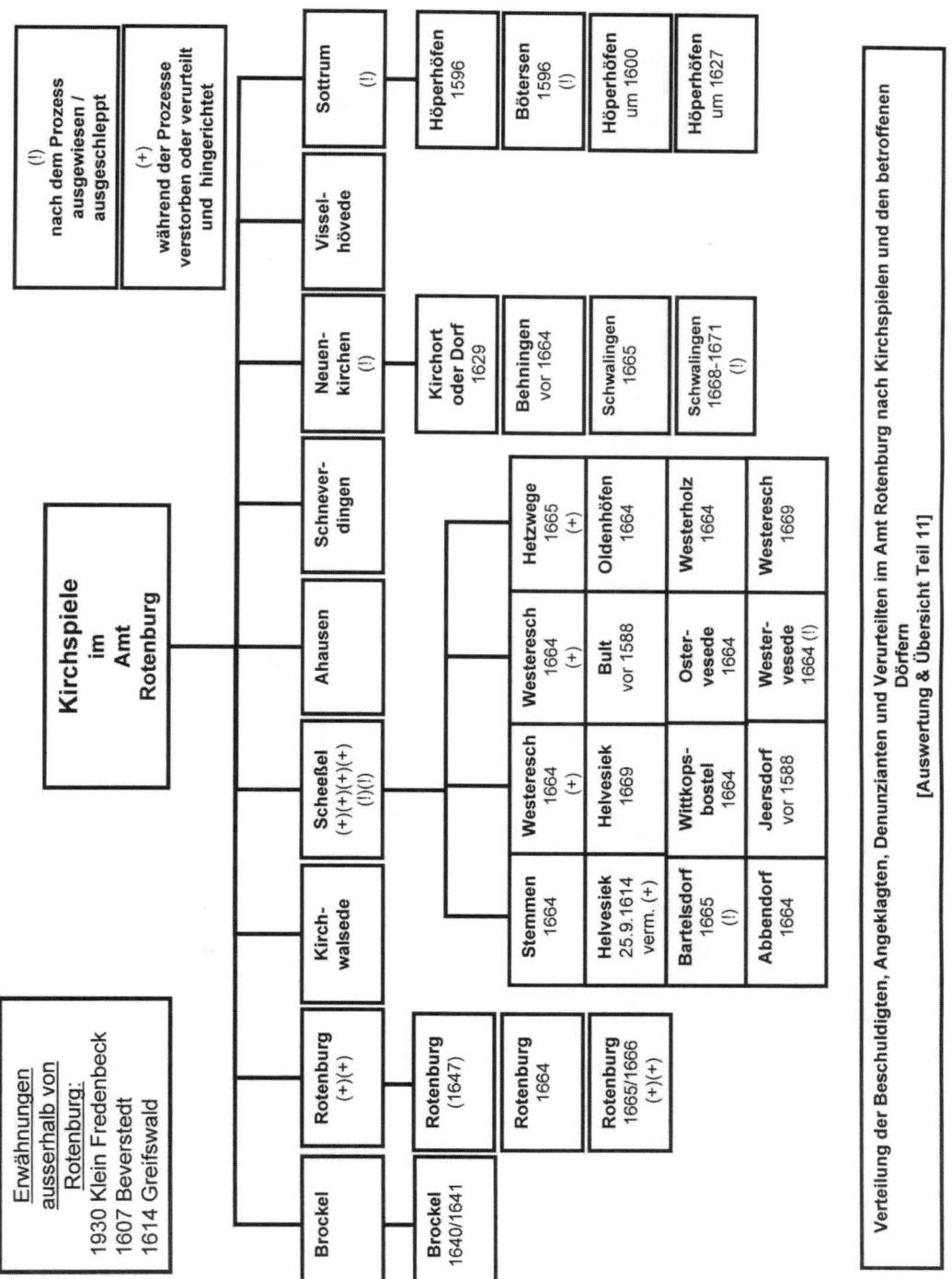

**Kirchspiele
im
Amt
Rotenburg**

Erwähnungen
ausserhalb von
Rotenburg:
1930 Klein Fredenbeck
1607 Beverstedt
1614 Greifswald

Brockel	Kirch-walsede	Scheeßel (+)(+)(+)(+) (!)(!)	Ahausen	Schnever-dingen	Neuen-kirchen (!)	Vissel-hövede	Sottrum (!)

Sottrum (!)
- Höperhöfen 1596
- Bötersen 1596 (!)
- Höperhöfen um 1600
- Höperhöfen um 1627

Neuenkirchen (!)
- Kirchort oder Dorf 1629
- Behningen vor 1664
- Schwalingen 1665
- Schwalingen 1668-1671 (!)

Ahausen
- Westeresch 1664 (+)
- Bult vor 1588
- Oster-vesede 1664
- Wester-vesede 1664 (!)

Hetzwege 1665 (+)
- Oldenhöfen 1664
- Westerholz 1664
- Westeresch 1669

Scheeßel
- Westeresch 1664 (+)
- Helvesiek 1669
- Wittkops-bostel 1664
- Jeersdorf vor 1588

Kirchwalsede
- Stemmen 1664
- Helvesiek 25.9.1614 verm. (+)
- Bartelsdorf 1665 (!)
- Abbendorf 1664

Rotenburg (+)(+)
- Rotenburg (1647)
- Rotenburg 1664
- Rotenburg 1665/1666 (+)(+)

Brockel
- Brockel 1640/1641

Verteilung der Beschuldigten, Angeklagten, Denunzianten und Verurteilten im Amt Rotenburg nach Kirchspielen und den betroffenen Dörfern
[Auswertung & Übersicht Teil 11]

329

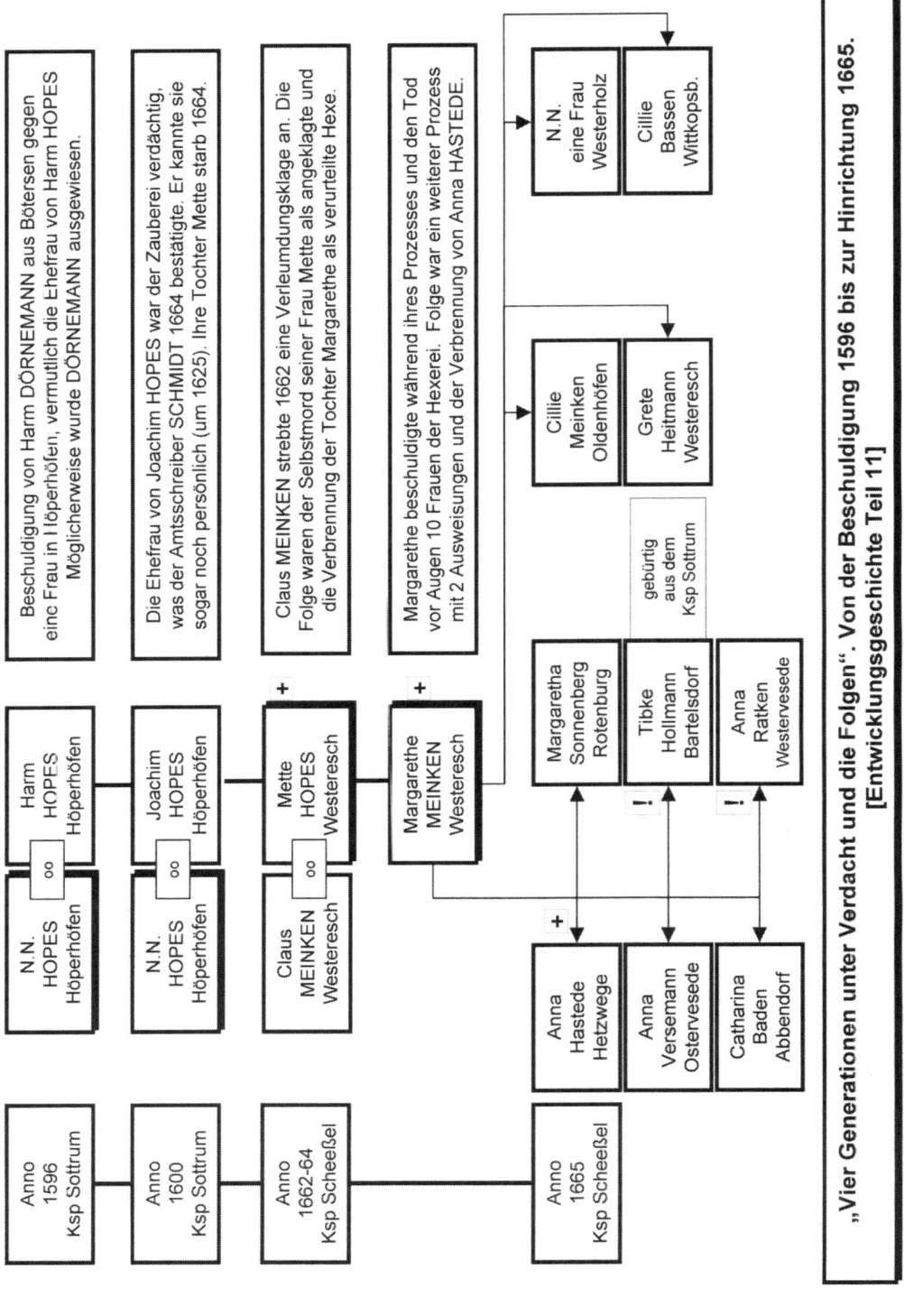

Beschuldigung von Harm DÖRNEMANN aus Bötersen gegen eine Frau in Höperhöfen, vermutlich die Ehefrau von Harm HOPES Möglicherweise wurde DÖRNEMANN ausgewiesen.

Die Ehefrau von Joachim HOPES war der Zauberei verdächtig, was der Amtsschreiber SCHMIDT 1664 bestätigte. Er kannte sie sogar noch persönlich (um 1625). Ihre Tochter Mette starb 1664.

Claus MEINKEN strebte 1662 eine Verleumdungsklage an. Die Folge waren der Selbstmord seiner Frau Mette als angeklagte und die Verbrennung der Tochter Margarethe als verurteilte Hexe.

Margarethe beschuldigte während ihres Prozesses und den Tod vor Augen 10 Frauen der Hexerei. Folge war ein weiterer Prozess mit 2 Ausweisungen und der Verbrennung von Anna HASTEDE.

N.N. eine Frau Westerholz

Cillie Bassen Wittkopsb.

Cillie Meinken Oldenhöfen

Grete Heitmann Westeresch

Harm HOPES Höperhöfen

Joachim HOPES Höperhöfen

Mette HOPES Westeresch +

Margarethe MEINKEN Westeresch +

N.N. HOPES Höperhöfen

N.N. HOPES Höperhöfen

Claus MEINKEN Westeresch

Margaretha Sonnenberg Rotenburg

Tibke Hollmann Bartelsdorf
gebürtig aus dem Ksp Sottrum

Anna Ratken Westervesede

Anna Hastede Hetzwege +

Anna Versemann Ostervesede

Catharina Baden Abbendorf

Anno 1596 Ksp Sottrum

Anno 1600 Ksp Sottrum

Anno 1662-64 Ksp Scheeßel

Anno 1665 Ksp Scheeßel

„Vier Generationen unter Verdacht und die Folgen". Von der Beschuldigung 1596 bis zur Hinrichtung 1665. [Entwicklungsgeschichte Teil 11]

Familienbeziehungen danach

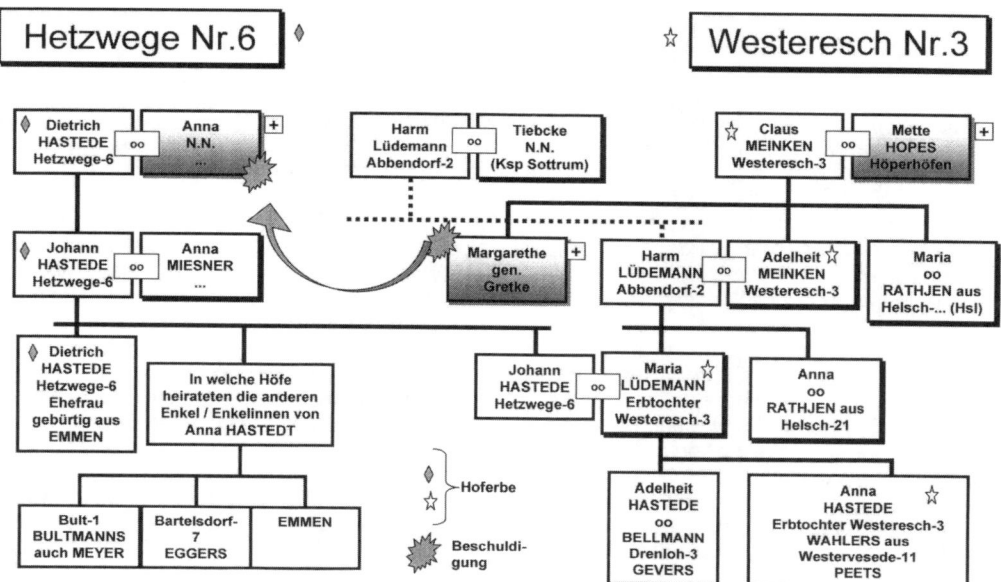

Hetzwege Nr.6 ◆   ☆ **Westeresch Nr.3**

- ◆ Dietrich HASTEDE Hetzwege-6 — oo — Anna N.N. ... +
- Harm Lüdemann Abbendorf-2 — oo — Tiebcke N.N. (Ksp Sottrum)
- ☆ Claus MEINKEN Westeresch-3 — oo — Mette HOPES Höperhöfen +

- ◆ Johann HASTEDE Hetzwege-6 — oo — Anna MIESNER ...
- Margarethe gen. Gretke +
- Harm LÜDEMANN Abbendorf-2 — oo — Adelheit ☆ MEINKEN Westeresch-3
- Maria oo RATHJEN aus Helsch-... (Hsl)

- ◆ Dietrich HASTEDE Hetzwege-6 Ehefrau gebürtig aus EMMEN
- In welche Höfe heirateten die anderen Enkel / Enkelinnen von Anna HASTEDT
- Johann HASTEDE Hetzwege-6 — oo — Maria ☆ LÜDEMANN Erbtochter Westeresch-3
- Anna oo RATHJEN aus Helsch-21

- Bult-1 BULTMANNS auch MEYER
- Bartelsdorf-7 EGGERS
- EMMEN
- ◆ / ☆ — Hoferbe
- 💥 — Beschuldigung
- Adelheit HASTEDE oo BELLMANN Drenloh-3 GEVERS
- Anna ☆ HASTEDE Erbtochter Westeresch-3 WAHLERS aus Westervesede-11 PEETS

Ein Witwer nach dem Prozess

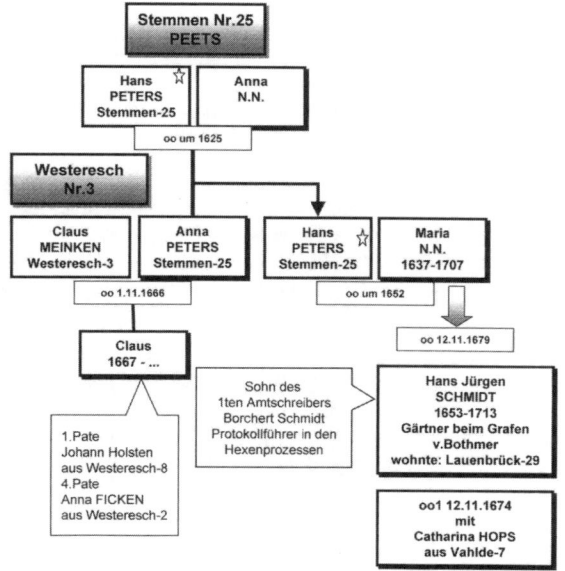

- Stemmen Nr.25 PEETS
- Hans PETERS ☆ Stemmen-25 — Anna N.N. — oo um 1625
- Westeresch Nr.3
- Claus MEINKEN Westeresch-3 — oo 1.11.1666 — Anna PETERS Stemmen-25
- Hans PETERS ☆ Stemmen-25 — Maria N.N. 1637-1707 — oo um 1652
- oo 12.11.1679
- Claus 1667 - ...
- Sohn des 1ten Amtsschreibers Borchert Schmidt Protokollführer in den Hexenprozessen → Hans Jürgen SCHMIDT 1653-1713 Gärtner beim Grafen v.Bothmer wohnte: Lauenbrück-29
- 1.Pate Johann Holsten aus Westeresch-8 4.Pate Anna FICKEN aus Westeresch-2
- oo1 12.11.1674 mit Catharina HOPS aus Vahlde-7

Ein Witwer nach dem Prozess

Claus Meinken heiratete zwei Jahre nach dem Tod seiner Ehefrau und Tochter erneut und hatte mit der Ehefrau einen Sohn, bei dem der einstige Prozessgegner und Nachbar Johann Holsten bei diesem Sohn Pate war. Weiterhin heiratete die Schwägerin seiner zweiten Frau in zweiter Ehe den Sohn des Amtsschreibers, der bei dem Prozess gegen Claus Meinkens Frau und Tochter die Prozessprotokolle schrieb.

Familienbeziehungen danach

Margarethe Meinken beschuldigte am Tag ihrer Hinrichtung 1664 die alte Anna Hastede der Hexerei. Anna wurde daraufhin 1665 als Hexe verurteilt und hingerichtet.

Annas Enkel Johann Hastede hat die Nichte von Margarethe Meinken geheiratet, obwohl deren selige Tante einst dessen Großmutter beschuldigte und somit deren Tod mit verschuldet hatte. Dennoch haben deren Nachfahren untereinander geheiratet.

Konnten Sie keine anderen Partner finden, weil sie aus diesen gebrandmarkten Familien stammten ? Dass die anderen Verwandten auch in andere Familien eingeheiratet haben, widerspricht dieser Annahme. War das Geschehene also vergeben und vergessen, denn es scheint so ?

Harm Lüdemann heiratete 1682 Claus und Mette Meinkens Tochter, die den Hof erbte.
Tibcke, die Mutter von Harm Lüdemann aus Abbendorf, stammte auch aus dem Kirchspiel Sottrum. Bestanden hier verwandtschaftliche Beziehungen zu Mette Meinken geb. Hoops ?
War Harm eine Cousin seiner Ehefrau, was nichts ungewöhnliches zur damaligen Zeit darstellte. Fand sich sonst niemand, der in den Hof einheiraten wollte, aus dem zwei Frauen stammten, welche als „Hexen" starben ?

Epilog

[Teil 12]

All diese grausamen Taten sind in unserer Heimat geschehen und zeigen doch nur einen Ausschnitt der Grausamkeiten der Menschen und aller Völker untereinander, die überall auf der Welt seit Jahrtausenden geschehen und das mit einer unvorstellbaren unmenschlichen Hingabe, welche sich in vielen Pogromen der Menschheitsgeschichte wiederholt, aber welche an Frauenverachtung ihres Gleichen sucht.

Wir haben versucht, die Perversität, mit der diese Prozesse geführt, die Menschen gequält und die Urteile vollstreckt wurden, anhand der glücklicherweise wenigen Beispiele aus dem ehemaligen Amt Rotenburg deutlich zu machen und sie mit der von uns ausgesuchten, begleitenden und hinführenden Literatur erklärend und beschreibend dem Leser vor Augen zu führen.

Dass wir über die Rolle der großen Institutionen nicht urteilen wollten, beinhaltete aber nicht, unsere Auffassung nicht bewertend und fragend einfließen zu lassen. Wir hatten am Beginn unserer Arbeit eine andere neutralere Position, die sich mit dem Fortschreiten der Arbeit an dem Buch verändert hat. Es war und ist auch keine Absicht, heute lebende Nachkommen der Opfer und der Täter damit zu konfrontieren, aber es hat uns nicht kalt gelassen, die „Fratze des Teufels" im Menschen in dieser Weise gesehen zu haben, sie aufzuzeigen, die unserer Auffassung nach noch heute in Menschen zu stecken scheint. Dieses wird uns in den Medien täglich vor Augen geführt, wie grausam Menschen andere Menschen missbrauchen, foltern und quälend töten (*morden*) und das sogar vor den Augen ihrer Kinder.

Mögen die Menschen endlich ernsthaft beginnen, daraus und aus vielen anderen Taten wirklich zu lernen. Abschließend möchten wir den Apostel Paulus sprechen lassen.

Der Apostel Paulus hat in seinem „Galaterbrief" folgendes geschrieben:
(Gal 5,13-26, revidierter Text 1956, Meriar Bibel)

„13 Ihr aber, liebe Brüder, seid zur Freiheit berufen. Allein sehet zu, dass ihr durch die Freiheit nicht dem Fleisch Raum gebet, sondern durch die Liebe diene einer dem anderen. 14 Denn das ganze Gesetz ist in einem Wort erfüllt, in dem (3.Mose 19,18): >> Liebe deinen Nächsten wie dich selbst <<. 15 Wenn ihr euch aber untereinander beißet und fresset, so sehet zu, dass ihr nicht voneinander verzehret werdet. 16 Ich sage aber: Wandelt im Geist, so werdet ihr die Lüste des Fleisches nicht vollbringen. 17 Denn das Fleisch streitet wider den Geist und der Geist wider das Fleisch; dieselben sind widereinander, dass ihr nicht tut, was ihr wollt. 18 Regiert euch aber der Geist, so seid ihr nicht unter dem Gesetz. 19 Offenbar sind aber die Werke des Fleisches als da sind: *Unzucht, Unreinigkeit, Ausschweifung, 20 Götzendienst, Zauberei, Feindschaft, Hader, Eifersucht, Zorn, Zank, Zwietracht, Spaltung, 21 Neid, Saufen, Fressen* und dergleichen, von welchen ich euch vorausgesagt habe und sage noch einmal voraus, dass, die solches tun, werden das Reich Gottes nicht erben. 22 Die Frucht aber des Geistes ist *Liebe, Freude, Friede, Geduld, Freundlichkeit, Gütigkeit, Glaube, Sanftmut, Keuschheit.* 23 Wider solche ist das Gesetz nicht. 24 Welche aber Christus Jesus angehören, die haben ihr Fleisch gekreuzigt samt der Lüsten und Begierden. 25 Wenn wir im Geiste leben, so lasset uns auch im Geist wandeln. 26 Lasset uns nicht eitler Ehre geizig sein, einander nicht reizen, einander nicht neiden.

Pater Anselm Grün (* 14. Januar 1945 im fränkischen Junkershausen. Benediktinermönch und seit 1977 Cellerar (*wirtschaftlicher Leiter*) cer Abtei Münsterschwarzach, nahm in seinem Buch „Quellen innerer Kraft", erschienen im Herder Verlag, zum 2ten Teil des Galaterbriefes ausführlich Stellung, indem er sagt, Paulus zählt zu den neun „Früchten" des göttlichen Geistes Tugenden, die aus der Ethik der griechischen Philosophie, vor allem der Stoa übernommen wurden und die wir in einer Kurzfassung wiedergeben möchten. Der Geist der Nächstenliebe wurde unserer Auffassung nach im Kreise der Täter gänzlich vergessen, obwohl sie quasi die „Grundlage" dessen war und ist, was das Christentum und unsere europäische Kultur ausmachen.

Paulus spricht:

„Die „Frucht des Geistes" aber ist die Liebe, Freude, Friede, Langmut, Freundlichkeit, Güte, Treue, Sanftmut und Selbstbeherrschung" (Gal 5, 22f,).

Liebe ist die erste Haltung, die Paulus nennt und er meint damit nicht die Forderung der Liebe, sondern die Qualität der Liebe, die wir manchmal in uns spüren. Die Liebe, die in uns strömt, lässt uns auch die Liebe spüren, die uns von den Menschen entgegen kommt.

Freude ist die zweite Haltung, die zweite Quelle, aus der wir in unserem Miteinander schöpfen. Jeder weiß, dass er mehr und besser arbeiten kann, wenn ihm das, was er tut, auch Freude macht und die Freude ist in uns.

Friede ist die dritte Quelle des Geistes, aus der wir für unser Miteinander schöpfen können und ist der Inbegriff des Heils und Glücks, sowie des Wohlergehens und der Lebensfülle des Menschen. Menschen, die mit sich im Frieden sind, werden das, was zu tun ist, ruhig und gelassen tun. Was wir gewaltsam zum Verstummen bringen, das gärt in uns weiter und wird zur inneren Blockade, die uns viel Kraft kostet.

Langmut oder Großmut ist die vierte Quelle und geht aus der Bibel hervor, in der steht, Gott ist ein Gott der Langmut. Er hat langen Atem und er hat Geduld mit uns und verzeiht uns großmütig unsere Schuld. Mit einem weiten Herzen kann ich energiesparender durch die Welt gehen. In einem weiten Herzen hat vieles Platz. Es kann großzügig und gelassen und langmütig sein.

Freundlichkeit (Gutsein) ist eine Haltung, die Paulus der Güte zur Seite stellt. Sie ist die Fähigkeit des Menschen, der auf das Gute aus ist, der rechtschaffen lebt und in seiner Gesinnung gut ist, milde und gut zu sein.

Güte ist die sechste Tugend und beinhaltet auch Freundlichkeit und Milde. Milde kommt von mahlen und der milde Mensch ist in der Mühle des Lebens zermahlen und zerrieben worden. Er hat schmerzliche Erfahrungen gemacht und sie haben ihn milde gestimmt. Seine Güte ist eine Kraft, die Gutes schafft, auch gegenüber dem Widerstand negativer Kräfte.

Die Treue ist die siebte Quelle und bedeutet Zutrauen und Vertrauen und sie beinhaltet die Verlässlichkeit. Vertrauen bedeutet nicht misstrauisch zu sein, weil der Mensch sonst nicht zur Ruhe kommt und somit Kraft und Zeit für das wirkliche Leben verliert.

Die Sanftmut ist die achte Quelle, die eine stille und freundliche Gelassenheit beinhaltet, die sich nicht erbittert oder erbost gegenüber Unfreundlichem, seien es Menschen oder Geschicke. Sie bedeutet dabei aber kein passives Hinnehmen, sondern eine überlegene Gelassenheit, die auf innere Werte schließen lässt. Sie wird auch als der Schmuck der Seele bezeichnet.

Selbstbeherrschung ist die neunte Quelle und diese Haltung ist eine Gabe, aber zugleich eine Aufgabe, wobei Paulus davon berichtet, dass sie trainiert werden muss und in früheren Zeiten als „Zucht" bezeichnet wurde und von „ziehen" kommt. Diese Haltung verwirklicht der, der sich selbst führt, der sich dorthin zieht, wohin er möchte.

Diese Beschreibungen des Apostel Paulus wurden von uns auszugsweise übernommen. Sie zeigen nach vielen belastenden Buch- und Gerichtsaktenseiten, die einen Blick durch ein kleines Fenster in ein höllisches Geschehen gewährten, wo die Zukunft für uns alle liegen kann.

Wir glauben auch, dass die Worte des Apostels sich nicht auf das Christentum beschränken, sondern die Sehnsucht aller Menschen in allen Religionen widerspiegelt.

gez.   gez.

Jürgen Hoops   **&**   **Heinrich Ringe**
von Scheeßel   von Bartelsdorf

Hauptquellenverzeichnis

[Teil 13]

1. Sönke Lorenz & H.C. Erik Midelfort, **Hexen und Hexenprozesse**, ein historischer Überblick
2. Junck, Walter, **Heimatborn** 1. Jahrgang / Nr.10, Rotenburg / Oktober 1927
3. Woock, Joachim, **Geschichtswerkstatt Verden**
4. StA Stade Rep.72 172 Rtbg Nr.1, 1664 **Hexenprozeß** gegen Margrethe Meinken aus Westeresch
5. Junck, Walter, **Heimatborn** 1. Jahrgang / Nr.9, Rotenburg / Oktober 1927
6. Sonderbeilage Hildesheimer Zeitung „**Lug ins Land**" (5.Jg., 1929, Nr.25, S.200
7. Staatsarchiv Wolfenbüttel, **37 Alt 1889**, Bl.227-228, Bl. 258-259
8. Gemeinde Scheeßel, **Chronik** (Kirchspiel) **Scheeßel**, 1996
9. **Journal von und für Deutschland**, Jg.2, 1785, Stück 7-12, S.548 f
10. **Peinliche Halsgerichtsordnung Kaiser Karls V.**, Constitutio Criminalis Carolina, 1532
11. Meyer, Heinrich, **Geschichte des Kirchspiel Scheeßel**, 1955
12. Zeitung **Hannoverscher Landbote**, 28.Jahrgang vom 08.06.1936
13. Woock, Joachim, **Praxis Geschichte**, Seite 39 Abb. Schnedestein mit Text, Nr.4/1991
14. **Heidelberger Handschrift** des Sachsenspiegels um Anno 1330
15. **Geschichte der Hexenprozesse** in der Erstfassung 1843, Soldan, Neuauflagen 1880, 1911, 1938
16. Kruse, Johann, **Hexen unter uns**, Verlag Schuster, Leer, 1951, Nachdruck 1978
17. Eike von Repgow. Der **Sachsenspiegel**, Hrsg. Clausdieter Schott, Manesse Bibliothek der Weltliteratur, Zürich 1996
18. Wilhelm Wahlers aus Westeresch, **Schulaufsatz** vom 21. August 1906 im Kgl Seminar in Bederkesa verfaßt, geb. 1886 in Westeresch, ✠ 1915 als led. Lehrer, der Vater stammte aus Westeresch Hof-2, RÖTENS
19. Kramer, Heinrich, **Malleus Maleficarium**. 1486, bekannt als „Der Hexenhammer", in der kommentierten Neuübersetzung von Jerouschek / Behringer, Deutscher Taschenbuch Verlag, 5.Aufl., 2006
20. Singer, Claire, **Das große Buch der Hexen**, Die Geschichte eines Mythos vom Paradies bis heute, Litho: DBB Bruckmaier, München, 2000
21. Greenwood, Susan, **Hexen im Mittelalter**, Eine illustrierte Geschichte der Hexen und ihrer Verfolger, Edition XXL GmbH, Reichelsheim, in der Übersetzung von Elisabeth Liebl, München, 2003
22. Staatsarchiv Stade, **Geldregister Amt Rotenburg**, Rep. 76 Nr.1396-99
23. Staatsarchiv Stade, **Kontributionsregister**, Rep 5b Fach 119 Nr.183III, Bl.10-14, um 1650
24. Staatsarchiv Stade, **Kontributionsregister**, Rep 5b Fach 121 Nr.192, Bl.185-188, 1691
25. Heimatverein Stemmen & Jürgen Hoops. Hexenprozeß 1664 Wichern gegen Wichern, Stemmen, **Höfe- und Familienbuch Stemmen**, Geiger-Verlag in Horb am Neckar, 2006
26. Jürgen Hoops & Heinrich Ringe, Tibke von Bartelsdorf, Höfe- und Familienteil, Hof-11 KÖTS, **Chronik Bartelsdorf**, Dörpsverein Bartelsdorf, Verlag Hamelberg, Rotenburg/Wümme, 2006
27. Jürgen Hoops & Heinrich Ringe, **Lebendige Heimat**, Beilage zur Rotenburger Kreiszeitung, "Hexenprozeß 1665 gegen "Tipke von Bartelsdorf", November 2006
28. Internetauftritt Wikipedia, 2007, **Hexenkräuter oder Hexenpflanzen**
29. **Raths- und Handelsbuch des Weichbildes Rotenburg** ab 1683, Archiv der Stadt
30. **Johann Kruse Archiv**, Hamburg
31. Kruse Johann, Hexen unter uns, Magie und Zauberglaube unserer Zeit, 1951, Hamburg, Nachdruck Schuster Verlag, Leer, 1978
32. **Die** (Merian) **Bibel** (1630), Die ganze Heilige Schrift des Alten und Neuen Testaments nach der deutschen Übersetzung von Dr. Martin Luther mit den Kupferstichen (1625-1628) von Matthäus Merian, ABI Melzer Verlag, Dreieich, 1977
33. Sönke Lorenz (Hrsg.) u.a., „**Himmlers Hexenkartothek**. Das Interesse des Nationalsozialismus an der Hexenverfolgung." (Hexenforschung Bd.4), Bielefeld: Verlag für Regionalgeschichte, 218 S., 1999
34. Kloth, Hans Michael: **Wo die Raben kreisen**, in DER SPIEGEL, Hamburg, 2/2000- 10.01.2000
35. **Pfaffenspiegel**, Otto von Corvin, 1845, Nachdruck in den 1930ern, Verlag Hubert Freistühler, Schwerte/Ruhr
36. Otto von Corvin, **Die Geißler**, Historische Denkmale des Fanatismus in der röm-kath. Kirche, A.Bock Verlag, Berlin, als Ergänzungswerk zum „Pfaffenspiegel", 1879
37. Brian P. Levack, **Hexenjagd**, Die Geschichte der Hexenverfolgung in Europa, , Verlag C.H. Beck, aus dem Englischen übersetzt von Ursula Scholz, 2.Aufl. 1999

38. Carl van Bolen, **Geschichte der Erotik**, Erotik und Sexualwissenschaft der Menschheits-geschichte, World-Copyright 1951 by NIGGLI & VERKAUF, Teufen (AR), Schweiz Artikel Seite 98-105 **„Das Christentum als Kraft gegen den Verfall"**, 1951
39. Carl van Bolen, **Geschichte der Erotik**, Erotik und Sexualwissenschaft der Menschheits-geschichte, World-Copyright 1951 by NIGGLI & VERKAUF, Teufen (AR), Schweiz Artikel Seite 114-130 **„Der Sturm des Hexenwahns"**, 1951
40. **Heimatborn** Nr.21, Beilage zur Rotenburger Zeitung vom 1. Dezember 1951 „Johann Kruse schützt die Hexen"
41. **Rotenburger Schriften**, 1974, Heft 41, Seite 121-122, Thomas von Aquino
42. Sönke Lorenz Himmlers **Hexenkartothek**, das Interesse des Nationalsozialismus an der Hexenverfolgung, Band 4, Verlag für Regionalgeschichte, 2000
43. Hermann Ruete, Schulrat in Frankfurt/O., Gedenkblätter zur 700jährigen Jubelfeier am 21. Juli 1895**, Der Flecken Rotenburg in Hannover in Vergangenheit und Gegenwart**, Druck von August Temme, Seite 266-273, 1895
44. Pater Anselm Grün, **„Quellen innerer Kraft"**, Herder Verlag, 5.Aufl. 2006,
45. Lehrmann, Joachim, Niedersächsischer Frühaufklärer Justus Oldekop, **„Kämpfer wider den Hexenwahn,** Alt Hannoverscher Volkskalender, Seite 73-77, 2006
46. Lehrmann, Joachim, **Hexenverfolgung im Stift Hildesheim**, 2003
47. Heyken, Enno, **„Rotenburg-Kirche-Burg-Bürger"**, Rotenburger Schriften, Sonderheft 7, Seite 94-95, 1966
48. **"Verda Evangelica"**, StA Stade Nds, Rep (alt) 8, Fach 27 Nr.13 Fasz. 6 Bl. 16/16 b, Intradenverzeichnis der Rotenburger Kirche, 1661
49. König, B. Emil, **Hexenprozesse, Ausgeburten des Menschenwahns**, Bock-Verlag / Berlin Friedenau, erschienen, alte Version, neue Auflage siehe auch bei Volmedia-Verlag, Paderborn
50. Die **abergläubischen und heidnischen Gebräuche der alten Deutsche**n nach dem Zeugnis der Synode von Liftinae im Jahre 743, bischöfl. Konsistorialrat Frank Wildak,
51. Lehrmann, Joachim, **Kämpfer wider den Hexenwahn**, Justus Oldekop, Lehrte, Alt-Hannoverscher Volkskalender, Seite 73-77, 2006, siehe auch 46.
52. von Spee, Friedrich, **Cautio Criminalis** oder Rechtliche Bedenken wegen der Hexenprozesse, 1982, 8.Auflage 2007
53. Blazek, Matthias, **Hexenprozesse, Galgenberge, Hinrichtungen, Kriminaljustiz im Fürstentum Lüneburg** und im Kgr. Hannover, ibidem-Verlag Stuttgart, 2006
54. Hoops, Prof. Johannes, **Reallexikon**, Hildesheim, 1, 344, 1913-1915
55. Woock, Joachim: „...so sie angeregten Lasters verdechtig machet...". Die letzten Hexenverfol-gungen in den schwedischen Herzogtümern Bremen-Verden, in: Landkreis Verden (Hrsg): Heimatkalender für den Landkreis Verden 2001, Verden 2000, S. 252-278.
56. **Urkunden**, Verträge, Abrechnungen ... der Stadt Rotenburg, Archiv der Stadt Bd.1-3
57. Brinkmann, Bodo, **Hexenlust und Sündenfall**, Die seltsamen Phantasien des Hans Baldung Grien, gebundene Ausgabe, Michael Imhof-Verlag,
58. Schild, Wolfgang, **„Von peinlicher Frag"**, Die Folter als rechtliches Beweisverfahren, (= Schriftenreihe des Mittelalterlichen Kriminalmuseums Rothenburg o. d. Tauber, Nr. 4), Rothenburg
59. Scheffler, Jürgen, Hexenverfolgung als Ausstellungsgegenstand: Das Beispiel **"Hexenbürgermeisterhaus"**, in: Regina Pramann (Hg.), Hexenverfolgung und Frauengeschichte. Beiträge aus der kommunalen Kulturarbeit, Bielefeld, 1993
60. Schild, Wolfgang, **Folterstuhl und Maulsperre**, in: Cord Meckseper (Hg.), Stadt im Wandel. Kunst und Kultur des Bürgertums in Norddeutschland 1150-1650. Bd. 2, Stuttgart-Bad Cannstadt 1985,
61. Der **Heimatborn** Nr.23, 2. Dezember 1954
62. Wilhelm, Georg Dietrich: **Hexen-Prozesse aus dem 17. Jahrhundert** / mitgetheilt von ... [Georg Dietrich] Wilhelm, Diepholz, - Hannover: Klindworth, S. 91, 1862.
63. Grotefend, Hermann, **Taschenbuch der Zeitrechnung**, 13.Auflage 1991
64. Grun, Paul Arnold, **Schlüssel zu alten und neuen Abkürzungen**, Starke Verlag, 1966
65. Katalog zur Wanderausstellung **„Hexen"**, Museum für Völkerkunde, Hamburg
66. **Staatsarchiv Stade**, Rep 72 Rotenburg, Nr.1 BB, Blatt 1-74, 1664

zu empfehlende Internetseiten:
hexenforschung.historicum.net
histor.ws/hexen/gald-prozes.htm

Redaktionsschluss: 24. Dezember 2008
Druckfreigabe: 31. Juli 2009

Lebendige Heimat

Aus Kultur und Geschichte

| 18. Jahrgang | Rotenburg, Ausgabe November 2006 | Nr. 11 |

Hexenprozeß gegen Tipke von Bartelsdorf

Heinrich von Bartelsdorf & Jürgen von Scheeßel

Teil 1

A. Vorbemerkungen

Als im Verlauf des Spätmittelalters in jenem historischen Prozeß, den man als „Rezeption der gelehrten Rechte" zu bezeichnen pflegt, das römische und kanonische Recht neben die heimischen Gewohnheitsrechte traten, wurde die Strafbarkeit von Schadenszauber zur allgemein verbindlichen und unwidersprochenen Maxime im Rechtsleben und in der Strafrechtspflege.

Dementsprechend verfügte die „Peinliche Halsgerichtsordnung" Kaiser Karl V. von Österreich und dem „Heiligen Römischen Reich deutscher Nation" von Anno 1530 und 1532 in ihrem 109. Artikel „Straff der zauberey" unter anderem, „so jemandt den leuten durch zauberey schaden oder nachtheyl zufügt, soll man straffen vom leben zum todt, vnnd man soll straf mit dem fewer thun".

Geschehnisse in den Jahren um 1530/1532 in Glaubensfragen auf dem Kontinent:

1521: Es fand der Reichstag zu Worms statt, zu dem Martin Luther, unter Zusicherung des freien Geleits durch den Kaiser Karl V., erschien und sich auf die Heilige Schrift berufend, seine Thesen nicht widerrief. Darauf wurde er von Karl V. im Wormser Edikt geächtet.

1529: Es war der Beginn der ersten Belagerung Wiens durch die Türken bis zum Waffenstillstand von 1533, der die Teilung Ungarns zur Folge hatte.

1530: Es fand der Reichstag zu Augsburg statt, durch den Kaiser Karl V. die Glaubenseinheit der katholischen Kirche retten wollte. Die Protestanten aber verfassten ihr Glaubensbekenntnis in der „Confessio Augustana" (CA). Karl V. wies die Apologie der CA zurück und bestätigte das Wormser Edikt.

1531: Die evangelischen Reichsstände, d. h. die Reichsfürsten bildeten darauf hin im Jahre 1531 den „Schmalkaldischen Bund" mit Bundesheer und gemeinsamer Bundeskasse und suchten Verbindung zum Ausland (Frankreich).

Der Hexenbegriff umfaßte in der Frühen Neuzeit fünf Hauptelemente:
- Teufelspakt,
- Teufelsbuhlschaft,
- Hexenflug,
- Hexensabbat, auf dem Gott abgeschworen und der Teufel angebetet wurde,

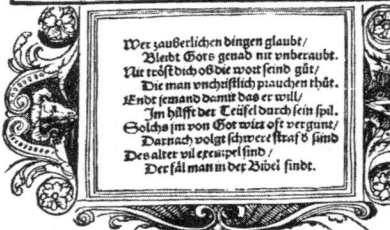

Hexenzauber – 1531.

- Schadenszauber.

B. Im Heimatborn von 1927 Nr.10 wurde auf der Seite 3 berichtet,

dass der Hexenprozeß von 1664 gegen Margarethe MEINCKEN und ihrer Mutter aus Westeresch [Hof-3 TIETENS] und der von 1665 gegen Anna HASTEDT aus Hetzwege [Hof-6 HASTEDT], Tibke von Bartelsdorf [Hof-11 KÖTS] und Anna RATKEN aus Westerfese [Häuslingsfrau aus Westervesede] nicht die einzigen im Amt Rotenburg waren.

Königin Christina von Schweden verbot 1649 die Hexenprozesse [zu Königin Christinen Zeiten]. Sie dankte 1654 ab. Karl X. Gustav von Schweden wurde ihr Nachfolger. Dennoch wurden Hexenprozese durchgeführt und erreichten 1665 Schweden selbst.

Quellen:
[1] Hexen und Hexenprozesse, ein historischer Überblick von Sönke Lorenz und H.C. Erik Midelfort.

C. Tipke von Bartelsdorf

Es ist uns wichtig gewesen, der bisher nur als „**Tibke oder Tipke von Bartelsdorf**" in der Chronik von Scheeßel (1996) erwähnten und bekannten Ehefrau und Mutter nach 340 Jahren wieder einen Namen, eine Familie und ein Zuhause zu geben.

Wir wollen und werden die Aussagen und Vorgänge von 1664 und 1665 nicht bewerten. Die Hexenprozeße sind schon hinreichend untersucht und als großes Unrecht gegen die Menschen verurteilt worden. Es wurde aber deutlich gemacht, daß die Aussagen der Beschuldigten unter der Folter und in Todesangst zustande kamen.

Auszug aus dem Hof Bartelsdorf-11 KÖTS

HOLLMANN Peter II. (nach 1638 – um 1665) [Sohn vom Vorigen] *um 1612 Westervesede, † 04.06.1690 Scheeßel.

Fortsetzung auf Seite 2

Beilage zur Rotenburger Kreiszeitung
Dieser Artikel war sozusagen die Ausgangslage für dieses Buch und zugleich unsere erste Veröffentlichung zum Thema „Hexenprozesse". Wir schließen mit der hier gezeigten Titelseite unser Buch.